Wissenschaftliche Untersuchungen
zum Neuen Testament

Herausgegeben von
Martin Hengel und Otfried Hofius

85

Das Volk Gottes

Zur Grundlegung der Ekklesiologie bei Paulus

von

Wolfgang Kraus

J. C. B. Mohr (Paul Siebeck) Tübingen

Die Deutsche Bibliothek – CIP-Einheitsaufnahme

Kraus, Wolfgang:
Das Volk Gottes: Zur Grundlegung der Ekklesiologie bei Paulus / von Wolfgang
Kraus. – Tübingen: Mohr, 1996
  (Wissenschaftliche Untersuchungen zum Neuen Testament; 85)
  ISBN 3-16-146432-X
NE: GT

© 1996 J. C. B. Mohr (Paul Siebeck) Tübingen.

Das Buch wurde von Gulde-Druck in Tübingen auf alterungsbeständiges Werkdruckpapier
der Papierfabrik Weissenstein gedruckt und von der Großbuchbinderei Heinr. Koch in Tübingen gebunden.

ISSN 0512-1604

Vorwort

„Es ist kein Zufall, daß die Fragen der Theologen, die aus der Bekennenden Kirche kommen, nach diesem Krieg in erster Linie auf dem Felde der Nachfolge, des Ethos, der praktischen Bewährung liegen. Da ist unter den bedenklichen Punkten zuerst einmal die Judenfrage zu nennen, die uns innerlich bis heute zu schaffen macht. Wir haben nicht klar genug gesehen, ... daß der Angriff auf die Juden *Ihm* galt, Jesus Christus selbst. Wir haben theologisch zwar an der Menschheit Jesu Christi festgehalten, aber daß dieser Mensch ein Jude war, das haben wir dogmatisch oder im Sinne eines allgemeinen Humanismus ethisierend für irrelevant erachtet. Wir haben den inneren Zusammenhang zwischen dem Alten und dem Neuen Bund weniger klar und scharf gesichtet, als es der Gegner tat, der die schwächste Stelle in unserem modernen Christentum erspäht hatte. In diesem Falle lag die Decke eher vor den Augen der Kirche als über der Synagoge. Wir haben nicht gesehen, daß wir mit der Entwurzelung aus Israel unsere Ökumenizität als Kirche verlieren sollten und verloren hätten ... Wer damals seine jüdischen Freunde nicht preisgab, den behütete dieses Bekenntnis an der Seele. Es war ein erstaunliches Geheimnis, dem wir damit auf die Spur gekommen sind. Aber der Preis! Ist er nicht allzu hoch? Wer wird diese Schuld einmal von uns und unseren Vätern – denn dort begann es – nehmen? ... Was muß geschehen, damit wir das hinter uns bekommen? Wie kann ein Volk rein werden, das den – freilich vergeblichen – Aufstand gegen Israel und seinen Gott hinter sich hat?"
(Hans Joachim Iwand, Brief an Josef L. Hromádka, 8.6.1959, in: ders., Briefe, Vorträge, Predigtmeditationen. Eine Auswahl, hg. von Peter-Paul Sänger, Berlin 1979, 122–133, hier: 126.)

„Wir haben das verborgene Band der Einheit zwischen Kirche und Israel nicht mehr gesehen; wir haben es nicht begriffen, daß, wer dieses Band zerschneidet, der zerstört die Existenz der Kirche in solcher Tiefe, daß diese Zerstörung irreparabel ist. Wir haben uns von der Schmach der Juden distanziert und damit die Gefahr heraufbeschworen, daß wir, die Heiden, die Gott aus Gnade in den Ölbaum eingepflanzt hat, uns von der einmal gepflanzten Wurzel lösten. Steht nicht auch hier die Umbesinnung aus, die für die Gesundung des deutschen Geistes unerläßlich ist?"
(Hans Joachim Iwand, Die politische Existenz des Christen unter dem Auftrag und der Verheißung des Evangeliums von Jesus Christus, ThB 9, 1959, 183–201, hier: 192.)

Pfr. Dr. Rudolf Landau, Ahorn-Schillingstadt, hat ab Herbst 1976 – damals als Assistent im praktisch-theologischen Seminar in Heidelberg – uns, seinen Studenten, die Begegnung mit dem literarischen Nachlaß Hans Joachim Iwands eröffnet. Die Sachlichkeit der theologischen Arbeit Iwands, sein an der Schrift geschulter Blick für die Wirklichkeit von Kirche und Welt und sein Insistieren darauf, daß die Zukunft von Theologie und Kirche entscheidend von einer umfassenden Umkehr – vor allem in der sog. ‚Judenfrage' – abhängt, haben sich uns tief eingeprägt. Als Prof. Dr. Jürgen Roloff mir 1990 ermöglichte, nach Jahren des Pfarrdienstes als sein Assistent wissenschaftlich weiterzuarbeiten, war der Themenbereich schnell abgesteckt: Kirche und Israel im Neuen Testament, speziell bei Paulus.

Die vorliegende Arbeit wurde im Sommersemester 1994 unter dem Titel „Freut euch, ihr Heiden, mit seinem Volk!" (Röm 15,10) Untersuchungen zur Gottesvolkthematik bei Paulus" als Habilitationsschrift von der Theologischen Fakultät der Universität Erlangen-Nürnberg angenommen. Es ist der Versuch, eine These zur paulinischen Ekklesiologie zu entwickeln und zugleich eine neutestamentliche Grundlegung für die Neubesinnung im Verhältnis von Christen und Juden zu erarbeiten. Für den Druck wurde die wichtigste bis Ende 1994 erschienene Literatur nachgetragen.

Vielfach habe ich zu danken: An erster Stelle Prof. Dr. Jürgen Roloff, der die Arbeit von Anfang an mit lebhaftem Interesse begleitet und mir in großzügiger Weise Freiraum zur Fertigstellung eingeräumt hat. Viele Gesprächspartner halfen bei der Klärung meiner Überlegungen: Prof. Dr. Reinhard Feldmeier, Profin. Dr. Jutta Hausmann, Pfr. Peter Hirschberg, Prof. Dr. Martin Karrer, Pfr. Dr. Rudolf Landau, Prof. Dr. Hermann Lichtenberger, Pfr. Peter Marinković, Prof. Dr. Volker Stolle, Prof. Dr. Hans-Christoph Schmitt, Prof. Dr. Nikolaus Walter, und die Assistentenkollegen Dr. Theo Heckel, Dr. Martin Meiser, Dr. Markus Müller, Pfr. Florian Wilk. Vor der Drucklegung gaben wichtige Hinweise zur Überarbeitung Prof. Dr. Martin Hengel, Prof. Dr. Hans Hübner, Prof. Dr. Otto Merk, Prof. Dr. August Strobel und Wiss. Ass. Kai Süchting. Unermüdlich, zuverlässig und kompetent bei der Literaturbeschaffung und beim Korrekturlesen waren Annette von Stockhausen und Barbara Eberhardt. Zu ihnen kamen in der Schlußphase Michael Schlierbach und Axel Töllner. Stets hilfsbereit waren die Mitarbeiter der Bibliothek der Augustana-Hochschule, Neuendettelsau, und ihr Leiter OBibR Dr. Wolfgang-Friedrich Krämer.

Den Herausgebern von WUNT, Prof. Dr. Martin Hengel und Prof. Dr. Otfried Hofius danke ich für die Aufnahme meiner Arbeit in ihre Reihe, dem Mohr-Verlag und seinen Mitarbeitern für die professionelle Betreuung. Frau Andrea Siebert danke ich für die Erstellung der Druckvorlage, dem Landeskirchenrat der Evang.-Luth. Kirche in Bayern sowie der Zantner-Busch-Stiftung, Erlangen, für namhafte Zuschüsse, durch welche sie die Drucklegung gefördert haben.

Angesichts der vielfachen Hilfe ist eine erneute Erinnerung an 1Kor 4,7 nur sachgemäß.

Erlangen – Neuendettelsau
im Sommer 1995   Wolfgang Kraus

Inhalt

III. Teil
Strukturen paulinischer Gottesvolk-Ekklesiologie

Abkürzungen

Die Abkürzungen richten sich im allgemeinen nach IATG² (Schwertner) bzw. ThWNT. Folgende weitere Abkürzungen werden benützt:

Aq.	Aquila
ATTM I/II	Beyer, Aramäische Texte I/II
Bauer-Aland	Bauer-Aland, Griechisch-deutsches Wörterbuch 6. Aufl.
BDR	Blass/Debrunner/Rehkopf, Grammatik
BHS	Biblia Hebraica Stuttgartensia
diff.	im Unterschied zu
EJ	Roth/Wigoder, Hg., Encyclopaedia Judaica, Jerusalem 1971ff
EncJud	Klatzkin, Hg., Encyklopaedia Judaica, Berlin 1928–1934
Hs(s)	Handschrift(en)
KBS	Köhler/Baumgartner/Stamm, Hebräisches und aramäisches Lexikon
LA	Lesart
LSJ	Liddell/Scott/Jones, Greek-English Lexicon
m.R.	mit Recht
MT	Masoretischer Text
NTG²⁶/²⁷	Nestle-Aland, Novum Testamentum Graece 26./27. Aufl.
Sm.	Symmachus
Th.	Theodotion
ThB	Theologische Bücherei
t.t.	terminus technicus
u.a.	und andere / unter anderem
Üs.	Übersetzung
v.l.	varia lectio
v.a.	vor allem
WB	Wörterbuch

I. Teil
Prolegomena

§ 1 Einleitung: Israel und die Kirche im Neuen Testament und heute

a) Beträchtliche Zeit hatte es den Anschein, als sei die Frage „Wer ist Gottes Volk?" für die Christenheit endgültig beantwortet: Das christliche Selbstverständnis im Sinn einer Beerbung Israels war jahrhundertelang weitgehend unbestritten.[1]

Hatte Jesus seine Sendung primär an Israel gerichtet gesehen[2] und versucht, Israel zum „Volk der Gottesherrschaft" zu sammeln[3], und war die nachösterliche Gemeinde zunächst innerhalb des Judentums entstanden und hatte sich als legitime Fortsetzung[4] des mit Jesu Sammlung begonnenen eschatologischen Aufgebotes Gottes verstanden[5], so war durch das Hinzukommen von Heiden zur christlichen Gemeinde eine neue Frage gestellt: Welchen Status sollten unbeschnittene Heiden(christen), die nicht an das jüdische Gesetz gebunden waren, im endzeitlichen Gottesvolk bekommen? Der auf dem Apostelkonzil gefundene Weg erwies sich schon in der Urchristenheit als eine nur vorübergehend tragfähige Lösung. Doch spätestens seit dem Siegeszug des Heidenchristentums hatte sich die Fragerichtung umgekehrt. Zur Debatte stand nicht mehr, inwiefern Heiden(christen) als Unbeschnittene dem Volk Gottes angehören können, sondern inwiefern Juden, die die Botschaft von Christus ablehnen, überhaupt noch einen Anspruch auf Gliedschaft im Got-

---

[1] Vgl. MEINHOLD/LUX, Hg., Gottesvolk, 7. Zur Bestätigung dessen genügt ein Blick in die liturgische und hymnologische Tradition der Kirche, die hierbei einen Spiegel des Selbstverständnisses darstellt.

[2] Vgl. ROLOFF, Kirche, 26ff.

[3] ROLOFF, Kirche, 15.31ff.

[4] Nach dem Zeugnis der Apg geschah dies im Sinn einer „Neukonstitution des Zwölferkreises"; ROLOFF, Kirche, 61 (im Original kursiv).

[5] Dies wird u.a. deutlich durch die Selbstbezeichnung als ἐκκλησία τοῦ θεοῦ; ROLOFF, Kirche, 83ff, s.u. S. 124–126.

tesvolk erheben dürfen.[6] Neben der Kirche als dem ‚neuen Volk Gottes' oder dem ‚wahren Israel' blieb für das jüdische Volk kein Platz mehr.[7]

b) Durch den nach 1945 in Gang gekommenen christlich-jüdischen Dialog wird diese Tradition zunehmend in Frage gestellt[8]. Der Völkermord an den Juden im 20. Jh., für den der tiefverwurzelte christliche Antijudaimus zumindest eine der Voraussetzungen geliefert hat, stellt ein „Datum der Theologiegeschichte" dar, aufgrund dessen die Kirche zu einer „geduldige[n], aber umfassende[n] Sichtung der gesamten theologischen Tradition" hinsichtlich ihres Verhältnisses zu Israel genötigt ist[9].

Die Erklärung der EKD-Synode in Berlin Weißensee (1950)[10] und die beiden im Anschluß an Veranstaltungen des Deutschen Evangelischen Kirchentages veröffentlichten Sammelbände ‚Der ungekündigte Bund' (1961)[11] und ‚Das gespaltene Gottesvolk' (1966)[12] stellen Marksteine auf dem Weg einer

---

[6] Zur Geschichte dieser Bestreitung s. die umfangreiche Materialsammlung und Interpretation bei SCHRECKENBERG, Adversos-Iudaeos-Texte, I–III. Unter dem Aspekt der altkirchlichen Kanongeschichte hat FRANK, Kanongeschichte, 128–155, die Enterbung Israels nachgezeichnet. An seiner Darstellung ist jedoch zu bestreiten, daß solche Enterbung grundsätzlich auch schon bei Paulus nachweisbar sei, wie FRANK dies in seiner Auslegung von 2Kor 3,16ff zeigen möchte: Gottes „Gaben an das alte Volk gehen jetzt an dieses neue Volk; dazu gehört auch sein Wort, ergangen im Gesetz und in den Propheten" (129f). Abgesehen von der Tatsache, daß diese Auslegung für 2Kor 3,16ff m.E. nicht zutrifft, soll in dieser Arbeit die differenzierte paulinische Position in ihrer geschichtlichen Entwicklung herausgearbeitet werden.

[7] „Wenn sich die Kirche für das wahre Israel hält, ist das historische Israel jedenfalls für sie kein heiliges Volk mehr"; CONZELMANN, Heiden, 2 (unter Bezug auf P. VIELHAUER, G. KLEIN und A.H.J. GUNNEWEG); vgl. ebd., 120.228.238.322. Dabei bestreitet CONZELMANN trotz terminologischer Anknüpfung jegliche heilsgeschichtliche Komponente im Selbstverständnis der Kirche als Gottesvolk: Christliches „‚Volks'-Verständnis" sei „von jedem heilsgeschichtlichen Element, damit auch von jeder völkisch-messianischen Zukunftsperspektive und also aus dem Konkurrenzverhältnis zu Israels Geschichte und Geschichtsverständnis völlig gelöst"; aaO, 10 A.4. Auch nach BULTMANN, Weissagung, 179ff, ist die Kategorie ‚Gottesvolk' letztlich untauglich, das neutestamentliche und speziell das paulinische Kirchenverständnis auszudrücken. Die Widersprüchlichkeit dieses Begriffs zeigt sich nach BULTMANN schon im AT und dann besonders im Judentum, welches versuchte, nicht nur religiöse Gemeinschaft, sondern „zugleich Gottesvolk und Volksgemeinschaft" zu sein (181). Zur Auseinandersetzung mit BULTMANN s. KÜHN, Volk Gottes, 278, der BULTMANN „ekklesiologischen Spiritualismus" vorwirft.

[8] Die Ansätze, die aus der Zeit vor 1933 zu einem Gespräch zwischen Christen und Juden vorliegen, wie z.B. der Dialog zwischen M. BUBER und K.L. SCHMIDT (dokumentiert in: SCHMIDT, Neues Testament – Judentum – Kirche, 149–165), sind von Umfang und Breitenwirkung her nicht vergleichbar mit dem Dialog nach 1945.

[9] HAACKER, Holocaust, 145; vgl. JÜTZLER, Holocaust, 49–59.

[10] Text bei RENDTORFF/HENRIX, Hg., Kirchen, 548f; vgl. zur Bedeutung RENDTORFF, Volk, 15f. Vgl. die instruktiven Bemerkungen H.J. IWANDS zum Zustandekommen der Erklärung, die zusammengestellt sind bei SEIM, J., Israel und die Juden im Leben und Werk Hans Joachim Iwands, in: H. KREMERS u.a., Hg., Die Juden und Martin Luther – Martin Luther und die Juden. Geschichte, Wirkungsgeschichte, Herausforderung, Neukirchen [2]1987, 249–286, hier: 257ff.

[11] GOLDSCHMIDT/KRAUS, Hg., Bund.

[12] GOLLWITZER/STERLING, Hg., Gottesvolk.

Neubesinnung in der Gottesvolkfrage dar[13]. Die Frage „Wer ist Gottes Volk?" stand implizit seit Beginn des christlich-jüdischen Gespräches im Hintergrund[14]. Sie wurde in der EKD-Studie „Christen und Juden", 1975, erstmals in einem offiziellen kirchlichen Dokument explizit als ungelöstes Problem angesprochen[15]. Die Formulierungen sind dabei bewußt offen gehalten und auf weitere Diskussion angelegt[16].

Eine neue Situation hat sich durch die EKD-Studie „Christen und Juden II" vom Herbst 1991[17] ergeben, denn hierin wird in Anknüpfung an die frühere Ausarbeitung die Behandlung des Gottesvolkthemas ausdrücklich (auch als Aufgabe theologischer Forschung) eingefordert. Die Studie hält – neben der Frage einer Christologie im Horizont Israels – das Gottesvolkthema für eines der zentralen, einer Lösung harrenden Probleme für den künftigen Dialog mit dem Judentum wie auch für das Selbstverständnis der Kirche. Sie bietet dazu einerseits einen Aufriß neutestamentlicher Konzeptionen zum Thema Gottesvolk, aus dem unterschiedliche Akzentsetzungen der einzelnen neutestamentlichen Autoren deutlich werden[18], und betont andererseits die „Aufga-

---

[13] Die Entwicklung des christlich-jüdischen Dialoges kann hier nicht im einzelnen nachgezeichnet werden. Die genannten Veröffentlichungen bilden jedoch bei allen Beteiligten anerkanntermaßen herausragende Beiträge in der Entwicklung; vgl. BAUMANN, Zeugnis, 8f. Zur Diskussion um das Gottesvolk-Thema in der katholischen Kirche s. BEA, Kirche; KIRCHBERG, Theologie.

[14] Vgl. dazu PFAMMATTER/FURGER, Hg., Judentum und Kirche; RENDTORFF, Hg., Arbeitsbuch, 66ff.141ff.172ff; HARDER, Kontinuität, 155–169 (erstmals 1966 in: GOLLWITZER/STERLING, Hg., Gottesvolk, 267–282); ZENGER, Israel, 104–107.

[15] S. die Abschnitte I.3 und II.3. Unter dem Aspekt der ‚gemeinsamen Wurzeln' wird festgestellt, daß Juden und Christen sich beide als Volk Gottes verstünden und beide dazu berufen seien, „Zeugen Gottes in der Welt zu sein" (I.3). Unter dem Aspekt des ‚Auseinandergehens der Wege' wird die auf den jeweiligen Gottesvolk-Anspruch zurückgehende Belastung des Verhältnisses seit den frühesten Wurzeln herausgearbeitet (II.3) und nach der notwendigen (?) Ausschließlichkeit des jeweiligen Anspruchs gefragt. Text bei RENDTORFF/HENRIX, Hg., Kirchen, 558–578; zur Diskussion s. RENDTORFF, Volk, 58.61.68ff.114ff.

[16] Verschiedene andere Synodalerklärungen seither haben sich hier weiter vorgewagt, insbesondere die Erklärung der Rheinischen Synode, 1980, Abschnitt 4.4; Text bei RENDTORFF/HENRIX, Hg., Kirchen, 593–596, hier: 594; zur Diskussion s. RENDTORFF, Volk, 81ff.115f, und die dort genannte Literatur. RENDTORFF selbst nimmt die in der Formulierung „... daß die Kirche durch Jesus Christus in den Bund Gottes mit seinem Volk hineingenommen ist" liegende Problematik jedoch nur unzureichend wahr.

[17] Christen und Juden II. Eine Studie der Evangelischen Kirche in Deutschland, im Auftrag des Rates der EKD hg. vom Kirchenamt der EKD, Gütersloh 1991.

[18] Dabei geht die Studie zunächst beschreibend vor und stellt die Disparatheit und auch die prinzipielle Unabgeschlossenheit der neutestamentlichen Konzeptionen dar. Mit zunehmendem zeitlichen Abstand zu Geschick und Verkündigung Jesu sei schon im NT eine größer werdende Distanz zu den jüdischen Wurzeln des christlichen Glaubens feststellbar, bis dahin, daß sich in Schriften der 3. Generation eine „Israel-Vergessenheit" eingestellt habe (1Petr) bzw. heilsgeschichtliches Denken, welches Israel als Gottesvolk in den Denkhorizont einbezieht, verschwunden sei (Joh); Christen und Juden II, 43–55; vgl. hierzu die jeweiligen Abschnitte in ROLOFF, Kirche, deren sachliche Übereinstimmung nicht von ungefähr kommt.

be der christlichen Theologie, das Selbstverständnis der Kirche so zu formulieren, daß dasjenige des jüdischen Volkes dadurch nicht herabgesetzt wird"[19].

c) Die Aufgabe, die Gottesvolkthematik zum Gegenstand einer wissenschaftlichen Untersuchung zu machen, ist damit gestellt, zumal die letzte größere Bearbeitung durch Leonhard Goppelt bereits im Jahr 1954 erfolgte[20]. Die Arbeit von Goppelt zeichnet sich dadurch aus, daß sie ein in sich schlüssiges Gesamtbild der Entwicklung des Verhältnisses von Christen und Juden in den ersten beiden Jahrhunderten bietet. Sie ist jedoch inzwischen in mancher Hinsicht überholt. Dies betrifft Voraussetzungen und Resultate, und zwar sowohl im Bereich des Frühjudentums wie auch des frühen Christentums[21]. Gefordert wäre daher eine umfassende Sichtung des neutestamentlichen Befundes unter dieser Topik aufgrund neuerer Forschungsergebnisse. Eine Gesamtbearbeitung ist heute jedoch angesichts der disparaten Forschungslage und des damit zu erwartenden Umfangs ein zu weitgehendes Vorhaben. Die vorliegende Arbeit konzentriert sich deshalb auf das paulinische Schrifttum.

d) Die Beschränkung auf Paulus, deren Recht die Darstellung selbst erweisen muß, findet wiederum Unterstützung in der EKD-Studie „Christen und Juden II". Denn so sehr diese die Unabgeschlossenheit und Disparatheit der neutestamentlichen Behandlung des Themas herausstellt, so sehr betont sie, daß unser heutiges Nachdenken über das Verhältnis von Christen und Juden

---

[19] Christen und Juden II, 54. Auf einige jüngste Veröffentlichungen kann ich nur noch hinweisen: WILLI, T., Kirche als Gottesvolk? Überlegungen zu einem Verständnis von Kirche im Kontext alttestamentlich-frühjüdischer Konzeptionen von Gottesvolk, Gebot und Gottesreich, ThZ 49, 1993, 289–310; LARSSON, G., People of God and the Churches' Self-Understanding, Current Dialogue 25, 1993, 32–47; RENDTORFF, R., Ein gemeinsamer „Bund" für Juden und Christen? Auf der Suche nach einer neuen Bestimmung der christlichen Identität, KuI 9, 3–8; CRÜSEMANN, F., „Ihnen gehören ... die Bundesschlüsse" (Röm 9,4). Die alttestamentliche Bundestheologie und der christlich-jüdische Dialog, KuI 9, 1994, 21–38; ZENGER, E., Juden und Christen doch nicht im gemeinsamen Gottesbund? Antwort auf Frank Crüsemann, KuI 9, 1994, 39–52; STEGEMANN, E.W., Zwischen Juden und Heiden, aber „mehr" als Juden und Heiden? Neutestamentliche Anmerkungen zur Identitätsproblematik des frühen Christentums, KuI 9, 1994, 53–70; RENDTORFF, R., Israel, die Völker und die Kirche, KuI 9, 1994, 126–137.

[20] GOPPELT, Christentum und Judentum im ersten und zweiten Jahrhundert. Es handelt sich um eine Fortführung seiner Erlanger Habilitationsschrift „Die Stellung der alten Kirche zum Judentum während der ersten drei Jahrhunderte" von 1941/42. Vgl. daneben die Arbeiten von DAHL, Volk Gottes, 1941 (²1963) und OEPKE, Gottesvolk, 1950, bes. 1–245.

[21] Um nur einige Punkte zu nennen, an denen erhebliche Veränderungen stattfanden: 1. Die verbreiterte Quellenbasis, insbesondere durch die Qumranfunde; 2. die vermehrten Kenntnisse über die jüdischen Gruppierungen zur Zeit Jesu und Jesu Stellung innerhalb des Judentums; 3. die Beurteilung der neutestamentlichen Entwürfe aufgrund redaktionsgeschichtlicher Forschung; 4. die Beurteilung der Entwicklung der paulinischen Theologie und ihrer Stellung innerhalb der urchristlichen Verkündigungsgeschichte aufgrund traditionsgeschichtlicher Forschung. Dies alles ist GOPPELT nicht vorzuwerfen, rechtfertigt jedoch eine erneute Beschäftigung mit der Materie.

entschieden bei Paulus einsetzen muß[22]. Folgende Gründe lassen sich anführen: 1. Die Briefe des Paulus sind die ältesten schriftlichen Zeugnisse der Urchristenheit, die uns erhalten sind. 2. In der Zeit des Paulus erfolgten die grundlegenden theologischen Weichenstellungen im Urchristentum. 3. Paulus schreibt vor 70 n.Chr., jenem Datum, das u.a. einen Umbruch in der urchristlichen Stellung zu Israel markiert. 4. Für die Zeit des Paulus ist noch nicht von einer strikten Trennung von ‚Kirche' und ‚Synagoge' wie in späteren Epochen auszugehen. 5. Paulus ist der einzige Zeuge des Neuen Testaments, der das Thema Gottesvolk im Horizont des Verhältnisses von Christen und Juden eigenständig behandelt hat[23]. 6. Die paulinische Rechtfertigungslehre gilt protestantischer Theologie zu Recht als „summa evangelii" und erfordert eine Diskussion des christlich-jüdischen Verhältnisses in eben diesem Rahmen.

e) Die vorliegende Untersuchung nimmt somit bewußt einen Impuls der EKD-Studie auf und setzt noch einmal bei der Untersuchung der Gottesvolkthematik im Corpus Paulinum ein. Sie versucht dabei die grundlegende Bedeutung der Thematik für die Theologie des Apostels herauszustellen und damit die Basis für die weitergehende Frage, inwiefern die paulinische Lösung für die heutigen Problemstellungen Relevanz gewinnen kann, zu erarbeiten.

Forschungsgeschichtlich ist die Zuwendung zu diesem Thema in seiner Zuspitzung auf Paulus insofern gerechtfertigt, als hinsichtlich der Bedeutung der Gottesvolkthematik in der paulinischen Theologie und auch hinsichtlich der Stellung des Paulus zu Israel bzw. einer möglichen Entwicklung seiner Position keineswegs von einem Forschungskonsens gesprochen werden kann[24]. Es wird daher u.a. ein Ziel der Untersuchung sein, weitere Argumente für oder gegen die These einer Entwicklung der paulinischen Theologie beizubringen und zu diskutieren.

Damit ist die Anlage der Untersuchung durch die Fragestellung vorgegeben: Nach der Einführung in den Problemhorizont erfolgt die Rückfrage ins Alte Testament und Frühjudentum unter sachlichen Gesichtspunkten. Die Darstellung des paulinischen Befundes geschieht in chronologischer Reihenfolge. Dies bringt gewisse Schwierigkeiten mit sich, zumal stets Einleitungsfragen zu diskutieren sind. Jedoch können nur so die Konstanten und Variablen paulinischer Theologie angemessen berücksichtigt werden. Eine Ertragssicherung soll die Ergebnisse unter sachlichen Gesichtspunkten bündeln[25].

---

[22] Christen und Juden II, 49.54.

[23] Die Frage ist bei Paulus deshalb so brisant und unausweichlich, weil sie eine Funktion seines in der Heidenmission praktizierten Verständnisses der Christusbotschaft darstellt.

[24] Vgl. HAINZ, Volk Gottes, 145.

[25] Da es die primäre Absicht der Darstellung ist, eine These zu unterbreiten und nicht ein Handbuch zu verfassen, mußte die Literaturverarbeitung auf ein noch erträgliches Maß begrenzt werden. Ich hoffe gleichwohl nichts wirklich Relevantes übersehen zu haben.

§ 2 Problemhorizont: Israel und Kirche in der paulinischen Ekklesiologie

Das Gottesvolkthema bei Paulus enthält verschiedene Komponenten, die zwar voneinander unterschieden werden müssen, jedoch vielfach miteinander verzahnt sind, so daß eine konsequente Trennung nicht möglich sein wird. Folgende Aspekte lassen sich unterscheiden: (a) Die Kirche als Gottesvolk und die Bedeutung dieses Motivs für die paulinische Ekklesiologie; (b) das Urteil des Paulus über Israel; (c) das Verhältnis der Gemeinde zu Israel als dem Gottesvolk; (d) Israels Zukunft als Gottesvolk.

a) Die Kirche als Gottesvolk und die Bedeutung dieses Motivs für die paulinische Ekklesiologie

In der Forschung lassen sich zwei gegenläufige Ansätze aufzeigen, die paulinische Ekklesiologie zu erfassen: einer, der das Leib-Christi-, ein anderer, der das Volk-Gottes-Motiv in den Mittelpunkt rückt[1]. Hatte Oepke den Volk-Gottes-Gedanken ins Zentrum seiner Darstellung der paulinischen Ekklesiologie gestellt und das Motiv vom Leib Christi diesem untergeordnet[2], so hat Käsemann dies gerade umgekehrt und den Volk-Gottes-Gedanken nur noch als historische Reminiszenz an die jüdische Vergangenheit des Paulus gelten lassen wollen[3]. Im Hintergrund dieser Kontroverse steht der Problemkreis: „Paulus und die Heilsgeschichte"[4]. Sieht Oepke bei Paulus eine „heilsgeschichtlich-eschatologische" Grundlinie vorliegen, so schließen sich nach Käsemann Heilsgeschichte und Rechfertigungsbotschaft grundsätzlich aus[5].

---

[1] S. die prägnante Charakteristik bei ROLOFF, Kirche, 89. Forschungsgeschichtlich wichtige Literatur: OEPKE, Leib Christi; KÄSEMANN, Problem; WEISS, Volk Gottes; KLAIBER, Rechtfertigung; MERKLEIN, Entstehung.

[2] OEPKE, Leib Christi, 365; vgl. DERS., Gottesvolk, 218.224.230 (innerhalb 198–230), wobei OEPKE das neutestamentliche Volk Gottes in scharfer Antithese zu Israel sieht, s. DERS., Gottesvolk, 205f.209.

[3] KÄSEMANN, Problem, 190.

[4] Dies wird v.a. bei CONZELMANN, Heiden, 223f.242.279f.279 A.363. 322, deutlich.

[5] Hinter KÄSEMANNs Position wird nach ROLOFF, Kirche, 89, die These von K. HOLL sichtbar, wonach das Kirchenverständnis des Paulus sich grundlegend von dem der Jerusalemer Urgemeinde unterschieden hat; vgl. HOLL, Kirchenbegriff, 44–67.

Die bisherigen Versuche, beide Motive miteinander in Verbindung zu bringen bzw. die Frage der sachlichen Priorität zu lösen, sind noch nicht zureichend[6]. Zwar hat Klaiber im Gefolge Käsemanns die zentrale Bedeutung der Leib-Christi-Vorstellung hervorgehoben, jedoch macht gerade seine Arbeit etwas deutlich von der Problematik, die in dem Versuch liegt, die Bedeutung der Gottesvolkthematik zu reduzieren. Klaiber hält bewußt an der Zentralität der Leib-Christi-Vorstellung fest und setzt diese in Beziehung zur Rechtfertigungslehre des Paulus, kann jedoch v.a. in seiner Untersuchung der ekklesiologischen Semantik nicht umhin, das Übergewicht ekklesiologischer Bezeichnungen, die aus dem Bereich der Gottesvolkthematik herrühren, einzuräumen[7]. Auch der Versuch von Weiß, den inneren Zusammenhang von Leib-Christi- und Gottesvolkvorstellung bei Paulus aufzuzeigen, führt zu einer Überordnung des Leib-Christi-Gedankens. Dabei betont er zu Recht den christologischen Ansatz der paulinischen Ekklesiologie[8]. Seine Leitthese freilich, daß das Motiv vom Leib Christi dem paulinischen Kirchenverständnis mehr entspreche als jenes vom Gottesvolk, kann er letztlich nur damit begründen, daß Paulus jenes „nirgends unmittelbar auf die christliche Gemeinde angewendet hat"[9]. So richtig dies vordergründig scheint, so ungeklärt bleibt dabei, warum andererseits das Motiv vom Leib Christi explizit nur an zwei Stellen und nicht durchgängig in der paulinischen Korrespondenz begegnet (und noch dazu in einem ethischen Kontext, in dem nicht die Gesamtheit aller Christen, sondern die Zusammengehörigkeit einer Ortsgemeinde thematisiert wird).

Im Gegensatz hierzu hat Merklein versucht, das Motiv vom Leib-Christi als ad-hoc-Bildung des Paulus im Zuge der Abfassung des ersten Korintherbriefes zu erweisen[10]. Merklein sieht den Gottesvolk-Gedanken als zentrale Kategorie paulinischer Ekklesiologie und begründet dies u.a. mit dem Verständnis der Gemeinde als ἐκκλησία. An der christologischen Zentrierung der paulinischen Ekklesiologie möchte jedoch auch er nicht rütteln.

Es läßt sich somit davon ausgehen, daß in der paulinischen Ekklesiologie zwei Linien zusammentreffen: eine christologische und eine erwählungsgeschichtliche[11]. Dem Leib-Christi-Gedanken steht komplementär der Gottesvolk-Gedanke zur Seite. Es scheint, als müsse das paulinische Kirchenverständnis im geometrischen Bild einer Ellipse mit zwei Brennpunkten nachge-

---

[6] Nach ROLOFF, Kirche, 89, ist die Frage, „welches von beiden [Motiven] Ausgangspunkt und tragendes Fundament sei", noch immer „unentschieden".

[7] KLAIBER, Rechtfertigung, 11–50, bes. 48ff.

[8] WEISS, Volk Gottes, 417.

[9] WEISS, Volk Gottes, 418. Dies trifft jedoch schon angesichts von Röm 9,25f und 2Kor 6,16 nur bedingt zu, s.u.

[10] MERKLEIN, Entstehung, bes. 332ff.341ff.

[11] Vgl. MANSON, Church's Ministry, 22ff; DINKLER, Earliest Christianity, 181ff; SCHWEIZER, Kirchenbegriff, 257ff.

zeichnet werden[12]. Doch auch dieses Verständnis drängt auf weitere Durchdringung, insbesondere im Blick darauf, wie christologisches und erwählungsgeschichtliches Denken miteinander in Beziehung zu setzen sind.

b) Das Urteil des Paulus über Israel

Schon ein flüchtiger Blick auf die verschiedenen Aussagen des Paulus zu Israel
läßt eine große Spannung erkennen: Neben den grundsätzlich positiven Ausführungen in Röm 9–11 (v.a. Kap. 11fin), die schließlich mit einer Rettung
ganz Israels rechnen, finden sich etwa in 1Thess 2,15f; Gal 4,21–31; Phil 3,2–
11 Aussagen, die mit denen des Röm kaum vereinbar sind und eine Verwerfung Israels als Gottesvolk zu implizieren scheinen. Die Forschungsgeschichte
zeigt mehrere Möglichkeiten, mit diesem Problem umzugehen: Einige haben
versucht, beide Aspekte gelten zu lassen und von der grundsätzlichen Einheit
der paulinischen Sicht des jüdischen Volkes auszugehen[13]. Hierbei besteht die
Gefahr, daß sowohl den Positiv- wie auch den Negativaussagen jeweils die
Spitze genommen wird, um eine Reduktion der Spannung zu erreichen. Andere rechnen mit einer Entwicklung innerhalb der paulinischen Theologie, in
welcher die frühen Negativaussagen bewußt überholt und korrigiert wurden[14]. Unbefriedigend ist dabei jedoch die Frage gelöst, ob sich eine innere
Logik innerhalb der paulinischen Aussagen erkennen läßt, die einer solchen
Entwicklung entsprechen würde, oder ob äußere Einflüsse dafür verantwortlich zu machen sind. Wieder andere sehen hinsichtlich der Israel-Frage bei
Paulus nicht zu vereinende, disparate Äußerungen vorliegen, die sich evtl.
psychologisch klären lassen[15], oder unterscheiden kohärente und kontingente
Aussagen in der paulinischen Theologie[16].

c) Das Verhältnis der Gemeinde zu Israel als dem Gottesvolk

Hierbei geht es um die Frage einer Gleichstellung oder bleibenden Unterscheidung von Juden und Heiden. Nach verschiedenen Aussagen des Paulus
ist die Unterscheidung von Juden und Heiden in der Ekklesia irrelevant (Gal
3,26–29; 6,15; Röm 3,30 u.ö.). Heiden und Juden sind aufgrund der Zugehö-

---

[12] Dieses Bild verwendet z.B. ROLOFF, Kirche, 90.
[13] So z.B. HOLTZ, Gericht, 313–325.
[14] So z.B. SCHNELLE, Wandlungen, 77–87.97.
[15] So z.B. RÄISÄNEN, Römer 9–11, 2891–2931, bes. 2935.
[16] So z.B. BEKER, Paul's Theology, 364–377. Demnach rechnet BEKER mit Kohärenz, wenn es
um „Paul's proclamation of the gospel, i.e., ‚the truth of the gospel‘ (Gal 2.5,14)“ (368) geht, mit
Kontingenz, wenn die bestimmten psychologischen, soziologischen und ökonomischen Bedingungen paulinischer Missionsarbeit durchschlagen.

rigkeit zur Gemeinde des Christus gleichgestellt. Um volles Mitglied der ἐκ-κλησία τοῦ θεοῦ zu sein, ist keine Beschneidung notwendig (Gal 3f; Röm 4). Die Vorzüge Israels als des erwählten Volkes bedeuten keinen Vorteil, sondern verführen zum Eigenruhm (Röm 2). Ist damit der Glaube an eine Erwählung Israels aufgehoben und befinden sich Heiden und Juden gleicherweise „in der Situation der Gottlosen"?[17] Andererseits spricht Paulus weiterhin von „Israel" als dem Volk, dem die Verheißungen gelten (Röm 9,4f), und er bezeichnet die Kirche aus Juden und Heiden nirgends als neuen λαὸς τοῦ θεοῦ. Vielmehr nennt er die Israeliten „Geliebte um der Väter willen" (Röm 11,28), statuiert, daß Christus „Diener der Beschneidung" wurde zur Bestätigung der Väterverheißungen (Röm 15,8), und fordert die Heiden auf, sich „mit Seinem Volk" zu freuen (Röm 15,10). Spricht daraus eine bleibende Unterscheidung zwischen Israel und den Christen aus den Völkern? Und wie ist unter solcher Voraussetzung das Verhältnis der christlichen Gemeinde zu Israel zu bestimmen?

d) Israels Zukunft als Gottesvolk

Zwei zu unterscheidende Aspekte der Stellung zu Israel bei Paulus wurden schon benannt: Zum einen die Frage nach der Kohärenz der Aussagen über Israel selbst, zum andern die Frage nach der Gleichstellung oder der bleibenden Unterscheidung von Juden und Heiden. Ein dritter Aspekt kommt hinzu: Wie sieht Paulus die Zukunft Israels als Gottesvolk? Wenn die eschatologische Rettung allein durch den Glauben, um Christi willen erfolgt, dann stellt sich die Frage, was dies für die Zukunft Israels bedeutet. Wird Israel nur dann gerettet, wenn es zum Glauben an Jesus findet, und geht es andernfalls verloren? Gibt es Heil für Israel auch ohne Christus? In letzter Konsequenz geht es hier um die Stellung der Rechtfertigungslehre im Horizont der Gottesvolkthematik: Hat die Rechtfertigungslehre ihre Grenze am Volk Israel oder gilt diese auch hier?

e) Ausgangspunkt und Gang der Arbeit

Methodisch sind zwei Möglichkeiten denkbar, die Bedeutung der Gottesvolkthematik in der paulinischen Theologie darzustellen: a) Deduktiv: Ausgehend vom AT werden Strukturen erarbeitet, die dann ein Raster abgeben, um an die paulinische Überlieferung heranzutreten. b) Induktiv: Von einer bestimmten Fragestellung paulinischer Theologie herkommend wird ins AT

---

[17] KLEIN, Christlicher Antijudaismus, 445.

und Frühjudentum zurückgefragt, um Analogie und Differenz gleicher/ähnlicher/unterschiedlicher Strukturen dort wahrzunehmen. Der Vorzug des deduktiven Weges ist es, daß die gesamte Bandbreite der in alttestamentlicher und frühjüdischer Überlieferung zum Thema Gottesvolk gehörenden Topoi zur Sprache kommen kann. Der Vorteil des induktiven Weges besteht in der prägnanteren Fragerichtung. Dieser zweite Weg soll in der vorliegenden Arbeit beschritten werden.

Der Ausgangspunkt der folgenden Überlegungen zu Paulus liegt für den Verfasser historisch gesehen in einer homiletischen Beschäftigung mit Gal 3,26–29[18]. Aus ihr resultierte die Frage nach der Bedeutung der Gottesvolkthematik in der paulinischen Theologie. Die Textpassage stellt zweifellos eine Zentralaussage paulinischer Ekklesiologie dar[19]. Es geht Paulus im Galaterbrief um den Nachweis, daß die von irgendwelchen Gegenmissionaren geforderte Beschneidung für Heidenchristen aus theologischen Gründen unnötig und daher abzulehnen sei. Am Ende seiner Ausführungen über die Gerechtigkeit aus dem Glauben und die Funktion des Gesetzes spricht Paulus die Galater als υἱοὶ θεοῦ ... ἐν Χριστῷ Ἰησοῦ an. Aufgrund des Glaubens sind die Galater in jene Position eingesetzt, die nach alttestamentlicher und frühjüdischer Überlieferung Israel bzw. den Gliedern dieses Volkes gebührt: Sie sind in Christus zu Söhnen Gottes geworden. Die Begründung in V.27 nimmt Bezug auf die Taufe. Getauft zu werden bedeutet: ‚Christus anzuziehen', d.h. ganz in seinen Machtbereich einzutreten und von ihm bestimmt zu sein. V.28 spezifiziert die sich daraus ergebenden Konsequenzen: Erwählungsgeschichtliche, soziologische und biologische Unterschiede werden in ihrer Wertigkeit aufgehoben. Es zählt allein die Zugehörigkeit zu Christus. Wer aber Jesus Christus angehört, ist damit auch Mitglied der Nachkommenschaft Abrahams, also des sich auf Abraham zurückführenden Gottesvolkes, und deshalb Erbe gemäß der Verheißung.

Zwei Brennpunkte paulinischer Ekklesiologie lassen sich somit in dieser Textpassage nachweisen[20]. Die christologische Grundlegung wird durch V.26b.27 klar ausgesprochen: Der eine Brennpunkt paulinischen Denkens ist das Christusgeschehen und die Teilhabe daran mittels der Taufe. Ziel dieser Gemeinschaft mit Christus ist jedoch nicht einfach die Herausführung aus

---

[18] Die Relevanz gerade dieses Textes im christlich-jüdischen Gespräch zeigt ein Beitrag bei einer Veranstaltung der ‚Arbeitsgemeinschaft Christen und Juden' am Kirchentag, Berlin 1989, wo Prof. M. WYSCHOGROD versucht hat, anhand dieses Textes die Abkehr Pauli von seinen jüdischen Voraussetzungen nachzuweisen. Gerade die Aufhebung der Unterschiede sei nach jüdischem Verständnis auch unter eschatologischem Vorzeichen nicht nachvollziehbar. Der Beitrag von Prof. WYSCHOGROD, der für den Verfasser dieser Arbeit eine Initialzündung zur Beschäftigung mit dem Thema darstellte, ist im Dokumentenband zum Deutschen Evangangelischen Kirchentag, Berlin 1989, leider nicht verzeichnet. Vgl. aber den Bericht in „Allgemeine Jüdische Wochenzeitung" 24, vom 23.6.1989.

[19] Für alle exegetischen Detailfragen s.u. zu Gal, S. 217–231.

[20] Vgl. KLAIBER, Rechtfertigung, 48.

dem Heidentum, sondern die Integration der Glaubenden in die Nachkommenschaft Abrahams, ins Gottesvolk, als Söhne Gottes. V.26a.29 belegen damit den anderen, nämlich den erwählungsgeschichtlichen Brennpunkt. Das Ergebnis des Glaubens an Jesus ist die völlige Gleichstellung der Glaubenden mit Israel, die Aufnahme von Heiden in das Gottesvolk, ohne daß diese dazu Proselyten werden müßten.

Dies scheint durch weitere paulinische Texte bestätigt zu werden: Juden und Heiden bilden aufgrund des Glaubens die ἐκκλησία τοῦ θεοῦ, die Endzeitgemeinde Gottes (1Kor 1,2; 2Kor 1,1; vgl. 1Thess 1,1). Nach Gal 6,15 gilt weder Beschneidung noch Unbeschnittenheit etwas, sondern καινὴ κτίσις (vgl. 1Kor 7,19). Damit scheint für Paulus das Problem der Beziehung von jüdischem Volk und Heidenwelt beantwortet: Seit Ostern gibt es keine Unterschiede mehr zwischen erwähltem Volk und Getauften aus der Völkerwelt, vielmehr haben alle als Gerechtfertigte unterschiedslos Zugang zu dem einen Gott – und zwar im Glauben an Christus (Röm 5,2).

Ausgehend von dieser paulinischen Position sollen im folgenden zwei Fragerichtungen bedacht werden: Zum einen wird traditionsgeschichtlich zurückgefragt ins AT und Frühjudentum, zum anderen sollen Strukturen der Gottesvolkthematik im paulinischen Schrifttum erarbeitet werden. Dabei wird versucht, der inneren Logik der paulinischen Ausführungen zum Thema Gottesvolk nachzugehen und ihre Beziehung zur Rechtfertigungslehre, wie sie uns in ihrer ausgeführtesten Form im Römerbrief begegnet, darzustellen.

II. Teil
Die Vorgeschichte in Israel:
Zur Frage der legitimen JHWH-Verehrung durch Nicht-Israeliten und der Aufnahme von Heiden in das Gottesvolk

§ 3 Einführung und Abgrenzung der Fragestellung

Blickt man von den erwähnten paulinischen Texten zurück ins AT und in die frühjüdische Literatur, so stellt sich die Frage, ob für die Vorstellung einer Aufhebung der Unterschiede zwischen dem Gottesvolk Israel und den Völkern Vorbilder im AT und Frühjudentum existieren. Konkret: Gibt es nach alttestamentlich-jüdischem Verständnis eine legitime JHWH-Verehrung durch Nicht-Israeliten, und wie können Heiden – als einzelne oder als Gruppen – Aufnahme in das Gottesvolk finden?

Schon ein grober Überblick macht deutlich, daß sich eine einheitliche Stellungnahme für das AT und das Frühjudentum nicht nachweisen läßt. Die Fragen zu den im AT miteinander verbundenen Themen „Israel und die Völker" bzw. „JHWH und die Völker" sind dort nicht endgültig entschieden worden[1]. Auch Mischna und Talmud lösen die Probleme nicht unisono[2].

Zwar scheint die Frage der Zugehörigkeit zum Gottesvolk in der vom Deuteronomismus geprägten Theologie eindeutig geregelt zu sein: Entscheidendes

---

[1] S. für die atl. Texte insbes. GROSS, YHWH und die Religionen, 34–44; DERS., Wer soll YHWH verehren, 11–32; DERS., Israel und die Völker, 149–167; LOHFINK, Universalisierung, 172–183; DERS., Der neue Bund, 115–133; ZENGER, Israel, 99–114; SCHMIDT, W.H., Volk Gottes, 30f; PREUSS, Theologie II, 305–327, dort weitere Lit.; MARINKOVIĆ Sonderformen, 3–21 (ich danke R. FELDMEIER, dem Mithg. von WUNT 70, daß er mir seinerzeit im Fall von P. MARINKOVIĆ wie auch bei den im folgenden zitierten Aufsätzen von R. DEINES, F. SIEGERT und N. UMEMOTO Einblick in die Druckfahnen gewährte).

[2] Zu Mischna und Talmud s.u. S. 92–94.

Kriterium ist die Abstammung aus einem der zwölf Stämme Israels[3]. Doch damit ist bei weitem noch nicht alles über das Verhältnis der Völker zum Gott Israels und zum Gottesvolk gesagt[4]. Zudem stellt die dtr Lösung nicht die einzig mögliche dar, vielmehr finden sich Texte[5], die einen anderen Akzent setzen[6].

Der Dissens reicht bis ins Fundamentale: Die Motive vom Völkerkampf bzw. Völkeransturm, der Völkerversammlung und der Völkerwallfahrt stehen im AT unausgeglichen nebeneinander[7]. Insofern ist die Frage eines grundsätzlich positiven oder negativen Charakters künftiger Beziehungen der Heidenvölker zu Israel und seinem Gott durchaus offen[8]. Doch selbst für die Möglichkeit eines positiven Verhältnisses des Gottesvolkes zu den Völkern bietet das AT eine ganze Bandbreite von Lösungen an. Mit W. Groß lassen

---

[3] MARINKOVIĆ, Sonderformen, 4; vgl. die Bedeutung der Genealogien bes. in 1Chr 1–9; dazu OEMING, Israel, 206–218.

[4] STIEGLER, JHWH-Gemeinde, hat versucht nachzuweisen, daß die nachexilische Gemeinde in Jerusalem „keine ethnische, auf Blutsverwandtschaft und Abstammung fußende Größe" gewesen sei und auch „nicht in erster Linie durch ökonomische, politische oder soziologische Strukturen", sondern in entscheidendem Maß durch „die religiöse Komponente" geprägt wurde (56). Er interpretiert dazu Texte aus Esra-Nehemia, Jes 56,1–8, Sach 2,5–9, Maleachi und dem Psalter. Dieser Nachweis dürfte jedoch für die Esra-Nehemia-Belege schwerlich gelungen sein. STIEGLER hat gewiß eine wichtige theologische Linie aufzeigen können, daß nämlich die genealogische Zugehörigkeit zu Israel in nachexilischer Zeit nicht mehr ausreichte, um als Gemeindeglied zu gelten, sondern vielmehr zusätzliche Kriterien, wie Tora-, speziell Sabbatobservanz, Verzicht auf Mischehen, Einhaltung des Sabbatjahres und Entrichtung der Tempelsteuer (vgl. Neh 10,29f) als Bekenntnisakt gefordert wurden. Daß es jedoch nur noch um das Bekenntnis zu JHWH und die Toraobservanz gegangen wäre und die ethnische Komponente keine Rolle mehr gespielt hätte, scheint überzogen, vielmehr wird die ethnische Zugehörigkeit zu Israel vorausgesetzt. Auch für die „JHWH-Fürchtigen" bei Maleachi und in den Psalmen will STIEGLER nachweisen, daß es sich losgelöst von der Frage nach Abstammung und Herkunft um die Teilnehmer am nachexilischen Tempelgottesdienst handelt. Doch dürfte es zumindest bei Maleachi eher um ein zusätzliches Kriterium als um eine Alternative gehen; vgl. dazu MEINHOLD, Zustand, bes. 182ff.185.

[5] Zusammenstellung der Texte bei ZENGER, Israel, 112 A.10. GROSS, YHWH und die Religionen, 35f, unterscheidet 3 Aussagestränge: 1) Die Übertragung grundlegender Theologumena des Gottesvolkes auf die Fremdvölker; 2) heilvolles Handeln JHWHs an den Fremdvölkern; 3) religiöse Verhaltensweisen der Völker gegenüber JHWH analog dem Verhalten Israels.

[6] Nach GROSS gab es in der Perserzeit und am Beginn der hellenistischen Periode Versuche, „in utopischen Zukunftsentwürfen die Existenz der Völker unter dem Weltregiment YHWHs theologisch positiv zu werten" (GROSS, Wer soll YHWH verehren, 31). Dagegen setzte sich in der Zeit der Makkabäer die Abgrenzungstendenz durch, die dann auch für die neutestamentliche Zeit in Geltung blieb (hier dann erstmals Ἰουδαϊσμός, 2Makk 2,21 und Ἑλληνισμός, 2Makk 4,13). BLANK, Studies, 159–191, sieht den Umschlag vom nachexilischen Universalismus hin zum Partikularismus im 4. Jh. v.Chr. erfolgen. Die in der vorliegenden Arbeit diskutierte Fragestellung berührt sich auch teilweise mit dem Buch von HANSON, Volk.

[7] Vgl. PREUSS, Theologie II, 299.323ff; MARINKOVIĆ, Sonderformen, 3 A.1.

[8] PREUSS, Theologie II, 307–316. Aufgrund der im folgenden zu besprechenden Texte ist die Feststellung von PREUSS, Theologie II, 321, wonach auch in jenen Texten, die von einem positiven Verhältnis der Völker zu Israel ausgehen, dennoch stets „Israel der eigentliche Heilsempfänger" sei, noch einmal zu problematisieren.

sich drei Modelle unterscheiden[9]: 1) Die Eingliederung eines Fremdvolkes in das Gottesvolk, 2) die Verehrung JHWHs in den jeweiligen Ländern der Völker, ohne daß diese im Gottesvolk aufgehen, 3) die „vermittelnde Lösung": Völkerwallfahrt zum Zion und JHWH-Verehrung dort. Das entscheidende Problem hierbei ist: Wie kann das Hinzukommen der Heiden theologisch gedacht werden, ohne den Gottesvolkgedanken zu sprengen?

Im folgenden Kapitel kann das Problemfeld „Israel/JHWH und die Völker" nicht in seiner Gesamtheit zur Sprache kommen, vielmehr ist eine themabezogene Abgrenzung notwendig.

Von den paulinischen Aussagen herkommend ist festzuhalten, daß die hinzukommenden Gläubigen aus den Heiden bei ihrer Eingliederung in die ἐκκλησία keinen Status zweiter Klasse neben den Gläubigen aus den Juden erhalten, sondern durch die Taufe gleichgestellte Vollmitglieder werden[10]. Es handelt sich also nicht nur um eine Anerkenntnis des Gottes Israels und die Möglichkeit seiner Anbetung durch Angehörige der Völker, sondern weitergehend um die *Gleichstellung von Heiden und Juden bzw. um die gleichberechtigte Aufnahme von Heiden ins neutestamentliche Gottesvolk*, ohne daß von ihnen Beschneidung und Toraobservanz gefordert wird. Die traditionsgeschichtliche Rückfrage darf somit nicht eingeengt werden auf das Problem, inwiefern im AT und Frühjudentum Heiden die Möglichkeit zur JHWH-Verehrung eröffnet wurde, sondern inwiefern sie darüber hinaus Aufnahme ins Gottesvolk finden konnten bzw. unter welchen Umständen Heidenvölker dem Gottesvolk Israel gleichgestellt wurden. Dabei stellt die zeitliche Einordnung der atl. Texte ein wissenschaftlich interessantes, für unsere Fragestellung jedoch untergeordnetes Problem dar, da die biblischen Texte für Paulus in jedem Fall schon Hl. Schrift waren und ihre Endgestalt, nicht aber ihre Entstehungsgeschichte maßgeblich geworden war. Es soll gleichwohl versucht werden, zu fragen, ob sich eine bestimmte Tendenz im Alten Testament aufzeigen und zeitgeschichtlich einordnen läßt[11].

Die Frage lautet somit: Stellt die urchristliche Konzeption ein durch das Christusereignis entstandenes völlig neuartiges Konzept dar oder lassen sich traditionsgeschichtliche Voraussetzungen und Anknüpfungspunkte benennen?

---

[9] GROSS, YHWH und die Religionen, 38–40.

[10] Die Urgemeinde versteht sich, wie noch näher gezeigt wird, als ἐκκλησία τοῦ θεοῦ, d.h. in Kontinuität des Gottesvolkes. S. dazu ROLOFF, EWNT I, 998–1011; MERKLEIN, Ekklesia; und weiterhin unten § 9 zu 1Thess, S. 124–126.

[11] Es geht daher im folgenden nicht um eine umfassende, den historischen Entwicklungslinien nachspürende Darstellung der atl. und frühjüdisch möglichen Bandbreite zur Frage „Israel/JHWH und die Völker". Dies würde eine andere Anlage der Arbeit erfordern. Es geht vielmehr um die Abschreitung des atl.-frühjüdischen Horizontes als Vorarbeit zur Gottesvolkthematik bei Paulus. Eine eingehende Behandlung des Themas ist auch innerhalb der atl. Wissenschaft ein Desiderat, v.a. eine Untersuchung des Verhältnisses von Zions-Motivik und JHWH-Volk-Konzeption; so GROSS, YHWH und die Religionen, 38 A.9.

Das begrenzte Ziel dieses Kapitels ist es, das auf unser Problem zugespitzte traditionsgeschichtliche Umfeld abzuschreiten: d.h. zu fragen, welche atl. Texte die Haltung des Paulus und seiner Vorgänger stützen konnten (§ 4), welche Positionen im Frühjudentum sichtbar werden (§ 5) und wie die zeitgenössische Praxis der Integration von Heiden ins Gottesvolk im 1. Jh. n.Chr. aussah (§ 6). Am Ende steht eine Zusammenfassung (§ 7).

§ 4 Die Eingliederung von Heiden ins Gottesvolk oder deren Gleichstellung mit Israel in alttestamentlichen Texten

Neben dem Buch Hiob, in dem „ein Nichtisraelit als vorbildhafter JHWH-verehrer dargestellt wird"[1], und dem Buch Ruth, aus dem die „Weitherzigkeit gegenüber den Angehörigen eines anderen Volkes [spricht], in deren Geschick die gütige Vorsehung" JHWHs waltet[2], fallen bei der Frage legitimer JHWH-Verehrung durch Nicht-Israeliten besonders Stellen wie Jon 1,14.16; Zef 2,11 und Mal 1,11 ins Auge. Hier werden dem Gott Israels Gebete und Opfer wie selbstverständlich von Heiden dargebracht (vgl. 1Kön 8,41–43; Jes 45,22.23; Ps 22,28; 72,11.17; 86,9; 102,23; 145,10.21; vgl. auch 4QOrNab). Dies hat jedoch keine Aufhebung der Grenze zwischen dem Gottesvolk und den Völkern zur Folge, wie u.a. aus der am Jerusalemer Tempel üblichen Praxis der Darbringung von Opfergaben durch Heiden hervorgeht[3].

---

[1] MARINKOVIĆ, Sonderformen, 5 A.9.

[2] FOHRER, Geschichte, 370; zustimmend MARINKOVIĆ, ebd.

[3] Vgl. Josephus, Bell 2,409–418; Philo, SpecLeg 2,167; LegGai 296f.306; s. zur Sache SAFRAI, Wallfahrt, 105–111.287, bes. 109; SCHÜRER, History II, 309–313, und jetzt SCHWARTZ, Sacrifice, der die relevanten frühjüdischen, tannaitischen und späteren rabbinischen Belege diskutiert. Sein Ergebnis lautet, daß es ein regelrechtes Opfer durch Heiden nicht gegeben hat. Auch die beiden biblischen Texte, die bei SCHÜRER zum Beleg einer Akzeptanz heidnischer Opfer am Tempel angeführt werden, Lev 22,25 und 1Kön 8,41ff stehen dem nicht entgegen: Nach 1Kön 8,41ff soll der Fremdling, der zum Tempel kommt, um anzubeten, zwar erhört werden, an ein Überschreiten der Tempelschranken und einen Abbau der rituellen Grenzen ist jedoch nicht gedacht (s. aber hierzu unten zu Jes 56,3–8). In Lev 22,25 begegnet der בֶּן־נֵכָר nur als Lieferant von Opfertieren, nicht als Opferer (dazu SCHWARTZ, ebd., 103).

In diese Kategorie gehört auch 2Kön 5,1–27 (zum Text s. GROSS, YHWH und die Religionen, 42–44; MARINKOVIĆ, Sonderformen, 7–15, jeweils mit weiterer Lit.). Der Text spielt in der Diskussion unserer Fragestellung gewöhnlich eine untergeordnete Rolle. P. MARINKOVIĆ hat versucht, aus der Begegnung des Aramäers Naaman mit dem Propheten Elischa, 2Kön 5,1–19.20–27, die These zu begründen, daß Naaman „Zugang zum JHWHvolk" gewinne und zu verstehen sei als „Prototyp des JHWHverehrers außerhalb Israels, der auf keine genealogisch abgesicherte Zugehörigkeit zum Volk Israel zurückgreifen ... [könne] und dessen Teilhabe an der JHWHverehrung dennoch als legitim betrachtet" werde (MARINKOVIĆ, ebd., 12). Bedeutsam ist sein Hinweis, daß es sich um ein Geschehen im Nordreich handelt, in dem eine Mischbevölkerung lebte, deren Praxis der JHWH-Verehrung im Südreich mehr und mehr auf Ablehnung stieß. Daher könnte die Erzählung der in nachexilischer Zeit sich durchsetzenden Hauptrichtung eine andere „legitime Umsetzung des monotheistischen Bekenntnisses zu JHWH, dem

Frühe Überlieferungen, die für unsere Fragestellung relevant sein können, finden sich hinter Jos 6,1–27 und Jos 9,1–27.

Jos 6,1–27 berichtet von der Einnahme der Stadt Jericho. V.22–25 gehen auf die Verschonung Rahabs und ihrer Familie ein. V.25 heißt es: Rahab „wohnt mitten in Israel bis auf den heutigen Tag". Dahinter steht gewiß eine ätiologische Überlieferung, die heute jedoch sekundär übermalt ist[4]. Die früheren Kundschafter und jetzigen Eroberer Jerichos sollen Rahab und ihre Familie aus der Stadt herausführen, wie es ihnen versprochen wurde (Jos 2,12–21). Zunächst erhält Rahab einen Platz „außerhalb des Lagers Israels" (V.23), dann jedoch wird sie seßhaft בְּקֶרֶב יִשְׂרָאֵל, und das ohne irgendwelche Aufnahmerituale. Rahab wird jedoch nicht ins Gottesvolk aufgenommen, vielmehr ist der Text lediglich dafür ein Beleg, daß „mitten in Israel bis auf den heutigen Tag" weiterhin ein „als kanaanäisch betrachtetes ‚Haus der Rahab' – doch wohl an der Stätte des zerstörten kanaanäischen Jericho – existierte"[5].

Jos 9,1–27 berichtet vom Vertrag Israels mit den Gibeoniten. Wiederum steht dahinter eine ätiologische Überlieferung, wie aus dem Schlußvers hervorgeht[6]. Die Gibeoniten, ein Stamm im Westjordanland, wenden eine List an, um nicht im Kampf mit dem als übermächtig empfundenen Israel zu unterliegen. Sie erschleichen sich einen Nichtangriffspakt, den die Fürsten Israels mit einem Schwur bekräftigen. Als die List an den Tag kommt, halten die Fürsten Israels ihren Schwur ein und zerstören ihre Städte nicht, die Gibeoniten werden jedoch von Josua mit einem Fluch belegt (V.23) und dann aufgenommen als „Holzfäller und Wasserträger für die Gemeinde und den Altar Jahwes" (V.27), d.h. sie erhalten eine niedere Funktion beim Tempeldienst[7]. Noth sieht die Eingliederung der Gibeoniten auf der gleichen Ebene wie auch sonst Kanaanäerstädte in den israelitischen Stammesverband eingegliedert wurden[8].

Die beiden Belege tragen somit für unsere Fragestellung unmittelbar nichts aus. Sie zeigen jedoch, daß es eine Zeit gegeben hat, in der die Eingliederung fremder Familien oder Stämme zum Werden Israels selbst beigetragen hat.

Die Belege für die endzeitliche Völkerwallfahrt zum Zion gehen z.T. von einer künftigen Verehrung des Gottes Israels durch die Heiden aus[9]. Das Motiv der Völkerwallfahrt ist jedoch in sich nicht einheitlich und läßt unterschiedliche Varianten zu[10]: Jes 2,2–5 par Mi 4,1–4; Jes 25,6–8[11]; Jer 16,19–21

Gott Israels" entgegensetzen (MARINKOVIĆ, ebd., 15. Er hat dies dann in Beziehung gesetzt zu Josephus, Ant 20,17ff und weitreichende Schlüsse gezogen; zu Josephus s.u.). Alles Weitere würde m.E. jedoch eine Überinterpretation des Textes zu sein: Wie in Jon und Mal wird aufgrund der Tatsache, „daß es auf der ganzen Welt keinen anderen Gott gibt, als in Israel" (V.15b) die Möglichkeit der Anrufung JHWHs zugestanden. Der Text setzt grundsätzlich einen ähnlich universalistischen Gottesbegriff wie Dtjes voraus und dürfte daher aus nachexilischer Zeit stammen (zur Datierung s. MARINKOVIĆ, ebd., 13f). Die rabbinische Tradition geht m.R. nicht davon aus, daß Naaman ins Gottesvolk Aufnahme fand, sondern sieht in ihm einen Gottesfürchtigen bzw. einen גר תושב (bSan 96b; bGit 57b; s. SIEGERT, Gottesfürchtige, 122). Von einer Eingliederung ins Gottesvolk ist keineswegs die Rede. Naaman bleibt „a godfearing gentile" (DAUBE, Conversion, 1).

[4] NOTH, Josua, 22f.40f.

[5] NOTH, Josua, 22.

[6] NOTH, Josua, 53.

[7] NOTH, Josua, 53.59.

[8] NOTH, Josua, 53; vgl. DERS., System, 126ff.

[9] Vgl. auch Tob 14,6f; 1Hen 10,20f; 90,30; TestBenj 9,2; TestNaph 8,3; 1QM 12,13ff; 1QH 6,12; dazu JEREMIAS, Jesu Verheißung; ZELLER, Logion; SCHENKE, Urgemeinde, 175.

[10] SCHMIDT, Israel, unterscheidet Völkerwallfahrt, Völkerhuldigung und Völkerversammlung.

[11] Vgl. hierzu auch Ps 22,27; zu Jes 25,6–8 s. jedoch unten S. 28f.

sprechen nur von einer Ankunft der Völker am Zion, nicht jedoch von gottesdienstlichen Handlungen Ausdrücklich um Gottesverehrung durch die
heranströmenden Heiden geht es in Jes 66,20.23; Sach 8,20-23; 14,16-19; Zef
3,9-10; Ps 22,28-30[12]; 86,9; 100,2-4[13]; 102,23; Tob 13,13. Wie diese Gottesverehrung im einzelnen aussieht, geht aus den Texten nur teilweise hervor.
„In keinem biblischen Text, der eine Wallfahrt der Völker zum Zion verheißt, wird gesagt, die Völker würden auf dem Zion in den Bund Israels aufgenommen werden."[14] Neben der Gottesverehrung der heranströmenden
Heiden taucht auch der Gedanke der Ankunft der Völker am Zion und der
Unterwerfung unter bzw. des Dienstes an Israel auf: Jes 14,2; 45,14f;
49,18ff.22f; 55,4f; 60,4ff.10f.12.14; vgl. 4QDibHam IV,8-13. Von einer Eingliederung der Heiden ins Gottesvolk ist nur in Ausnahmefällen die Rede:
Sach 2,15; Jes 66,18-24.

Schon diese geraffte Zusammenstellung wichtiger Texte zeigt, daß es in unserem Zusammenhang nötig ist, eine Differenzierung innerhalb der Vorstellung der Völkerwallfahrt zum Zion bzw. der Anbetung Gottes durch Heiden
durchzuführen. Die Anerkenntnis JHWHs als des einzigen Gottes und die
Anbetung durch die Völker einerseits ist zu unterscheiden von der Eingliederung von Heiden ins Gottesvolk bzw. der Gleichstellung der Völker mit
Israel andererseits. Beide Motive können, müssen sich jedoch nicht über-
schneiden[15]. Traditionsgeschichtlich bedeutsam sind für unser Thema nur
jene Texte, die die Aufhebung der (rituellen) Grenze zwischen Israel und den
Völkern und die Eingliederung von Heiden ins Volk Gottes beinhalten[16].

a) Der Befund

Sach 2,15[17]

Der Text steht im Zusammenhang zweier zusammengehöriger Spruchreihen
(2,10-13.14-17), die eine gegenläufige Tendenz aufweisen: einerseits Partikularismus (V.12f.16), andererseits Universalismus (V.10b.11b.15). Dies muß

---

[12] Wobei in Ps 22,28-30 unklar bleibt, ob die Proskynese in Jerusalem stattfindet.

[13] S. dazu unten S. 31.

[14] LOHFINK, Der neue Bund, 115. LOHFINKs Aussage trifft zwar generell zu, muß jedoch für
manche Texte differenziert werden.

[15] Diese Unterscheidung innerhalb der atl. Belege fehlt z.B. auch bei WESTERMANN, Heilsworte, 70-74, und bei PREUSS, Theologie II, § 15; bei JEREMIAS, Jesu Verheißung, 48ff, findet
keine Differenzierung, sondern eine Kumulation der Motive statt; ähnlich FÜGLISTER, Ekklesiologie, 77f.

[16] Es handelt sich im folgenden um Texte aus der ersten Kategorie von GROSS. Wie dieser
(YHWH und die Religionen, 34f) betont, geht es um ein Kernproblem des israelitischen Gottes-
glaubens: „Wie kann ein Fremdvolk YHWH verehren, ohne zu YHWHs Eigentumsvolk zu gehören? Wie aber könnte es zu YHWHS Volk werden, ohne Israels Identität zu zerstören, und
wie stünde es unter solchen Umständen mit der Einheit des YHWH-Volkes?"

[17] Zu Sach 2,15 vgl. jetzt HANHART, BK XIV.7, Lfg. 2, 114-160, bes. 132f.152-156.

nicht unbedingt zu literarkritischer Scheidung führen, sondern kann auch als ein zeitliches Nacheinander verstanden werden[18]. Sein geschichtlicher Ort ist aufgrund des Zusammenhanges wahrscheinlich gegen Ende des 6. Jh., nach der Grundsteinlegung des Tempelneubaus zu suchen[19].

Gott verheißt, nach erfolgtem Gericht an den Völkern, die Israel bedrängt haben, in Zion Wohnung zu nehmen[20]. Sach 2,15 gehört in den Traditionskreis der Völkerwallfahrt zum Zion, und zwar wird hier deutlich von einem „an jenem Tage" erfolgenden Anschluß der Völker an JHWH gesprochen, der sie zum עָם־יהוה werden läßt[21]. Dies „führt über bloße Wallfahrten hinaus, hier klingt ja direkt die Erwählungsformel Israels an: »Ihr sollt mein Volk sein«"- Die LXX hat noch verstärkt, indem sie (diff. MT, wo dies von Gott ausgesagt wird) das „Wohnen" (V.15b) auf die Völker bezieht, die innerhalb Israels leben sollen: καὶ ἔσονται αὐτῷ εἰς λαὸν καὶ κατασκηνώσουσιν ἐν μέσῳ σου. V.16 rückt dann jedoch wieder Juda/Jerusalem ins Zentrum[23]: Mit adversativem Anschluß heißt es, daß JHWH Juda in Besitz nehmen und sein Erbteil im Hl. Land sein wird und daß er Jerusalem wiederum erwählen wird. Der Möglichkeit des Anschlusses der Völker an das Gottesvolk entspricht auf der anderen Seite die Juda- und Jerusalemzentriertheit[24].

Jes 56,3–8

Mit Jes 56,1–8 wird der dritte Teil des Jesajabuches eröffnet. Die neuere Forschung betont die Beziehung dieses Textes zu Jes 66,18–24 und sieht einen gemeinsamen Redaktor am Werk[25]. Ein Vergleich von Jes 56,3ff und 66,18ff

---

[18] Eine detaillierte Analyse wird in Kürze P. MARINKOVIĆ in seiner Dissertation ‚Stadt ohne Mauern', § 5, vorlegen.

[19] Vgl. HANHART, BK XIV.7, 99.120ff; eine spätere Datierung ist jedoch nicht ausgeschlossen.

[20] Aus dem Zusammenhang ergibt sich m.E. unzweifelhaft, daß es sich um das von JHWH in Zion in Aussicht genommene Wohnen handelt.

[21] Sach 2,15 gehört nicht in einen Kontext mit Jes 14,2 (bzw. Sach 8,20-23), denn es heißt hier ausdrücklich גוים und nicht גרים (gegen WILDBERGER, BK X.2, 526). TgSach 2,15 fügt (diff. MT) ausdrücklich hinzu, daß sich viele Völker an das „Volk" JHWHs anschließen werden. Zur zeitlichen Einordnung des Tg s. CATHCART/GORDON, Targum of the Minor Prophets, 16-18, die die Endredaktion v.a. aufgrund von TgNah 1,9 in die Zeit nach 70 n.Chr. datieren.

[22] RUDOLPH, KAT XIII.4, 91; vgl. GROSS, YHWH und die Religionen, 38. Nach HANHART, BK XIV.7, 129 (vgl. 154) handelt es sich (im Anschluß an SMEND, Bundesformel, 39) um die letzte Stufe der atl. belegten Abwandlungen der Bundesformel. Sach 2,14f wird aufgenommen in Apk 21,3, wo es heißt: καὶ αὐτοὶ λαοὶ [!] αὐτοῦ ἔσονται, καὶ αὐτὸς ὁ θεὸς μετ' αὐτῶν ἔσται.

[23] Vgl. PREUSS, Theologie II, 313.

[24] Vgl. HANHART, BK XIV.7, 153. Nach RUDOLPH, KAT XIII.4, 91, fällt sich damit „der Prophet selbst ins Wort". Eine Einschränkung der universalistischen Weite von V.15 sieht auch BEUKEN, Studien, 325.

[25] Zur Auslegung s. ZENGER, Israel, 106; GROSS, Wer soll YHWH verehren, 27; DONNER, Abrogationsfall, 81-95 (mit weiterer Lit.); außerdem HANSON, Dawn, 388f (H. rechnet 56,1-8 wie 66,17-24 zum „redactional framework" und ordnet die Texte zeitlich etwa wie Sach 14 ein);

ergibt jedoch hinsichtlich der Aufnahme ins Gottesvolk mindestens unterschiedliche Akzente[26], was der Annahme einer einheitlichen Redaktionsschicht entgegenstehen und auf unterschiedliche Redaktoren schließen lassen könnte[27]. Die Perspektive von Jes 56,3–8 ist nach innen, auf die Struktur der Heilsgemeinde selbst, gerichtet[28]. Sachliche Voraussetzung der Aussagen ist eine tiefe Spaltung innerhalb des empirischen Volkes Israel[29].

Der Text enthält in V.3 die Klagen der Fremden (בֶּן־הַנֵּכָר) und der Verschnittenen (הַסָּרִיס), nicht als Mitglieder des Gottesvolkes anerkannt zu sein, in V.4–7 in Form eines Gottesspruches die Abweisung dieser Klage und in V.8 den Abschluß in Gestalt eines prophetischen Botenspruches[30].

WESTERMANN, Heilsworte, 185f (W. rechnet V.1-2 und V.3-8 zur „bedingten Heilsankündigung"); WALLIS, Tritojesajabuch, 80ff; KOENEN, Ethik, 27–32.223f; BULTMANN, Der Fremde, 207–212 (B. setzt den Text zeitlich in der 2. Hälfte des 5. Jhs. an); SEKINE, Tritojesajanische Sammlung, 42 (S. datiert in unmittelbare Nähe nach dem Wiederaufbau des Tempels); KOMLOSCH, Prophecy, 11–16.
Die von ELLIGER u.a. noch vertretene Einheitlichkeit des Tritojesajabuches läßt sich angesichts der gegenwärtigen Forschungslage jedenfalls nicht mehr halten (Zusammenfassung bei KOENEN, Ethik, 1–10). Nach STECK, Abschluß, 94f.98, (vgl. GROSS, Wer soll YHWH verehren, 27) gehört Jes 56,1-8 zusammen mit 63,7–66,24 zu einer dritten Redaktionsschicht des Jesajabuches. Auch KELLERMANN, Tritojesaja, 46ff.64ff.72, und KOENEN, Ethik, 28–32.212–214, ordnen die hier zu behandelnden Texte Jes 56,3ff und 66,18–24 derselben Schicht zu (KOENEN datiert jedoch anders). Zur Einordnung von Jes 56 in die Redaktionsgeschichte des Jesajabuches s. bes. die jetzt gesammelt und vermehrt vorliegenden Arbeiten von STECK, Studien (dort auch 229–265 eine explizite Auseinandersetzung mit den jüngsten Arbeiten zu Jes 56,1–8; 63,7–66,24). Eine Aufstellung der Arbeiten STECKs zum Jesajabuch seit 1985 bei GROSS, Israel und die Völker, 150 A.5. GROSS, ebd., stimmt dem redaktionsgeschichtlichen Konzept von STECK zur Erklärung des Jesajabuches ausdrücklich zu.
[26] Vgl. GROSS, Wer soll YHWH verehren, 30.
[27] Die zeitliche Ansetzung dieser Fortschreibung des Jesajabuches dürfte nach STECK, Abschluß, 197, an der Wende vom 4. zum 3. Jh. v.Chr. anzusetzen sein. Die Frage muß zwar für unsere Belange nicht letztlich entschieden werden, da es v.a. auf die inhaltlichen Akzente der einzelnen Perikopen bezüglich einer möglichen Aufnahme von Heiden ins Gottesvolk ankommt. STECKs Argumentation erscheint jedoch – abgesehen von einzelnen Details – aufs Ganze gesehen plausibel.
[28] Dieser Blick nach innen, verbunden mit einer unterschiedlichen Akzentsetzung zwischen 56,1–8 und 66,18–24, könnte ein Gegenargument sein, das Tritojesajabuch insgesamt als Sammlung unter der Fragestellung der „Teilhabe der Völker am Endheil" zu begreifen, wie KELLERMANN, Tritojesaja, 68, dies versucht hat. RÄISÄNEN, Zionstora, 357, weist darauf hin, daß Jes 56,3-5 nicht eschatologisch gemeint sei, sondern „von jetzt ab" gelte. Ebenso legt FREDRIKSEN, Judaism, 545f, Wert darauf, daß es sich in Jes 56,3ff keinesfalls um eine Prophezeiung einer „End-time mission to the Gentiles" handelt (ebd. A.39), die dann für die Mission des Paulus als Vorbild fruchtbar gemacht werden könnte. Die Bestimmung in V.3ff steht jedoch unter dem Vorzeichen von V.1, wonach „das Heil nahe ist", und ist damit prinzipiell offen für ein eschatologisches Verständnis, wie dies dann ja auch bei der Interpretation der Tempelreinigung Mk 11,17 erfolgt ist.
[29] STECK, Abschluß, 94.
[30] KRAUS, Evangelium, 177, möchte V.8 von V.3-7 absetzen, dies ändert jedoch nichts an der Bedeutung von V.4-7. STIEGLER, JHWH-Gemeinde, 97f, sieht V.1-8 im Anschluß an SEHMSDORF, Studien I, 542, als eine Einheit an, was wiederum zu keinen gravierenden Änderungen in der Auslegung führt.

Das Wort hat – ganz abgesehen davon, welcher redaktionsgeschichtlichen Stufe es zuzuweisen ist – aufgrund seiner Stellung zu Beginn des Tritojesaja-buches „programmatischen Charakter"[31]: Die Zugehörigkeit zum Gottesvolk wird künftig entschieden durch die Einhaltung des Sabbat, das Erwählen dessen, was JHWH gefällt, und das Festhalten an der בְּרִית[32]. Worin diese בְּרִית besteht, wird nicht näher definiert. Sie ist als „Weisung" bzw. „Satzung" zu verstehen und beinhaltet damit die „Setzung des göttlichen Willens gegen-über den Menschen"[33]. Fremdlinge und Verschnittene dürfen am Tempelgot-tesdienst teilnehmen[34]. Der Tempel soll „Haus des Gebets heißen für alle Völker"[35]. Dadurch ist die Unterscheidung Israels und der Völker, die sich u.a. im Verbot des Zutritts zum inneren, eigentlichen Tempelbezirk nieder-schlägt[36], überholt[37]. In Jes 56,3–8 handelt es sich um eine sakralrechtliche

---

[31] WESTERMANN, ATD 19, 252; vgl. SMEND, Entstehung, 154; daneben STIEGLER, JHWH-Gemeinde, 97.

[32] Der MT spricht in 56,3a.6a von einem Anschluß an JHWH, wohingegen der Tg dies sach-gemäß als Anschluß an das „Volk" JHWHs interpretiert (vgl. TgSach 2,15). Darüber hinaus geht es hier ausdrücklich um „Heiden", die Anschluß an das Gottesvolk suchen. Zur zeitlichen Einordnung des TgJes s. CHILTON, Isaiah Targum, The Aramaic Bible 11, XX–XXV. Oἱ προσ-κείμενοι κυρίῳ (τῷ θεῷ) 56,6 stellt ein Beiwort für Proselyten dar (vgl. JosAs 15,7; 16,14 – jedoch nicht in jedem Fall, wie aus JosAs 22,13 hervorgeht). Es ist möglich, daß die LXX 56,6 im Sinn von Proselyten verstanden hat (vgl. BURCHARD, JSHRZ II.4, 676 A.7f). Nach WELTEN, Frage, 134, geht es nicht generell um Integration der נֵכָרִים, sondern lediglich um eine Ausnahme. Es soll ihnen der Weg zur gottesdienstlichen Gemeinde geöffnet werden. Dies scheint mir der Brisanz des Textes nicht angemessen, handelt es sich doch um den singulären Fall der expliziten Aufhebung einer Torabestimmung (vgl. DONNER; WALLIS).

[33] KUTSCH, THAT I, 349; vgl. WESTERMANN, ATD 19, 250 („Bundessatzung", „Gesetz"); FOHRER, Jesaja III, 189 („Religion", „Gesetzesfrömmigkeit"); KRAUS, Evangelium, 178 („Got-tesgebote"); vgl. sachlich gleich: Ex 31,16 P[S] (KUTSCH, ebd., 350). BULTMANN, Der Fremde, 210, sieht darin im Anschluß an DUHM die Beschneidung angesprochen.

[34] Die Aussage könnte nach STECK, Studien, 246f A.111, direkt antithetisch auf die Sepa-rationsaussagen in Esr 9–10; Neh 9–10; 13 beziehen. Eine Antithetik zu Esr/Neh und deren Ausgrenzungspolitik wird auch von KOENEN, Ethik, 223f, gesehen, wenngleich er sich in seiner Datierung des Redaktors von Steck unterscheidet.

[35] Dabei ist entgegen der Benutzung in Mk 11 keine opferlose Gottesverehrung anvisiert, sondern die Teilnahme der Verschnittenen und Fremden am Opferkult.

[36] KOENEN, Ethik, 29, sieht in 56,6 gar die priesterliche Tätigkeit der Fremden angezeigt. Dagegen handelt es sich nach ORLINSKY, Nationalism, 222, nur um die Rechtfertigung der Beschäftigung von Eunuchen und Fremden als Tempeldiener durch die Priesterschaft. Doch davon steht nichts im Text. Im Gegenteil, Fremde und Eunuchen sollen volle Gleichheit erlan-gen: V.5.7.

[37] Eine diesem Verbot widersprechende Belegstelle könnte sich lediglich in 2Chr 5,6 LXX finden. Bei der Einweihung des Tempels waren versammelt: ὁ βασιλεὺς Σαλωμων καὶ πᾶσα συναγωγὴ Ισραηλ καὶ οἱ φοβούμενοι καὶ οἱ ἐπισυνηγμένοι αὐτῶν. Können die φοβούμε-νοι Gottesfürchtige sein? Das erste καί könnte auch explikativ zu verstehen sein; zur Diskus-sion s. SIEGERT, Gottesfürchtige, 162f. Nach FELDMAN, Omnipresence, 59.63, gibt es den Be-griff des Gottesfürchtigen als t.t. erst ab dem 3. Jh. n.Chr., dies scheint mir jedoch zu spät zu sein.

Außerkraftsetzung von Dtn 23,2–9[38] und damit verbunden um eine grundlegende Wandlung der Gestalt des Gottesvolkes, deren Voraussetzungen in der „Trennung der Jahwe-Gemeinde vom Staatswesen" und dem „Heilsangebot Jahwes an die Völker" (vgl. Jes 45,20–25) zu suchen sind[39]. Dabei geht es bei den Fremdlingen ausdrücklich nicht um Proselyten, sondern um בְּנֵי־הַנֵּכָר[40], und es ist von besonderer Bedeutung, daß es sich bei der Zulassung von Verschnittenen[41] um den im AT einmaligen „Fall von Abrogation eines hl. Textes durch die Autorität Gottes" selbst handelt[42]. Die theologischen Implikationen dieses Textes sind kaum hoch genug zu veranschlagen.

Sachlich berührt sich Jes 56,6f mit einer Passage aus dem dtr Tempelweihgebet Salomos, 1Kön 8,41–43[43]. Auch hier scheinen die Fremden Anteil am Tempelgottesdienst zu bekommen, wenn sie wegen der Großtaten JHWHs kommen, um ihm zu huldigen. Doch besteht zu Jes 56,6f ein bedeutsamer Unterschied: Das Gebet der Fremden findet nicht „im Tempel", sondern אֶל־הַבַּיִת statt, sie beten somit nur „aus der Nähe in Richtung auf dieses Haus hin"[44], wodurch die bleibende Unterschiedenheit zwischen dem Gottesvolk und den Völkern festgehalten wird[45]. Nach 1Kön 8,48 beten auch die Israeliten אֵלֶיךָ (sc. JHWH), doch handelt es sich hier um Exilierte, wie aus der Näherbestimmung deutlich wird: וְהִתְפַּלְלוּ אֵלֶיךָ wird erläutert durch „zum Land hin, das du ihren Vätern zugeschworen hast, zur Stadt hin, die du erwählt hast, und zum Haus hin, das ich deinem Namen gebaut habe". Die Ausdrucksweise unterstreicht insofern gerade die schmerzliche Distanz.

---

[38] So schon WESTERMANN, ATD 19, 249f.252; erneut betont von DONNER, Abrogationsfall, 87f.

[39] WESTERMANN, ATD 19, 249f. Die von ZENGER, Israel, 106, angeführte Problematik, daß sich das in Jes 56 vorgestellte Modell nur „für die Integration von Individuen, aber nicht von Ethnien in das Gottesvolk" eignet, kann im Rahmen der augenblicklichen Fragestellung unberücksichtigt bleiben. Sie wird zumindest Jes 66,18–21 weitergeführt.

[40] Gegen ZELLER, Logion, 229 A.41. Daher hat auch Jes 14,1–2 in unserem Zusammenhang keine Relevanz. An Proselyten denkt auch LANG, ThWAT V, 460, doch würde dies einen völlig singulären Gebrauch von נכר darstellen.

[41] Die LXX bietet hier ὁ εὐνοῦχος, dagegen in Dtn 23,2 θλαδίας καὶ ἀποκεκομμένος.

[42] DONNER, Abrogationsfall, 88.92.94. Die drei anderen von DONNER, ebd., 92ff, diskutierten Stellen Mal 2,13–16; Jes 23,17–18; Ez 20,25 entsprechen nicht dem Sachverhalt, wie er in Jes 56 vorliegt. Sollte es sich dagegen beim בֶּן־נֵכָר tatsächlich um einen Proselyten handeln, der überdies „bereits in eine Beziehung zur Religionsgemeinschaft [Israels] getreten ist" (so BULTMANN, Der Fremde, 210), würde die Bestimmung überhaupt keine Besonderheit darstellen und dann wäre auch die Parallelität zur Aufnahme des Eunuchen nicht einsichtig.

[43] S. dazu PREUSS, Theologie II, 317. Die sachliche Berührung bedeutet jedoch nicht eo ipso eine zeitliche.

[44] Vgl. NOTH, BK IX.1, 188; von PREUSS, Theologie II, 317; LANG, ThWAT V, 461, nicht ausgewertet.

[45] So jetzt auch SCHWARTZ, Sacrifice, 103, im Anschluß an FINKELSTEIN, L., New Light from the Prophets, 1969, 99, und RABELLO, News, 28f.

Jes 66,18–24[46]

Mit diesem Text schließt Tritojesaja und damit das Jesajabuch insgesamt. Wie oben ausgeführt, steht der Text in enger Beziehung zu Jes 56,1–8 und ist vermutlich der gleichen Redaktionsstufe zuzuordnen[47].

Jes 66,18–24 gehört wie Sach 2,15 in den Traditionskreis der Völkerwallfahrt zum Zion, wobei auch hier Besonderheiten vorliegen. Auf den ersten Blick könnte es scheinen, als lägen zwei Tendenzen, die sich nicht im Sinn eines zeitlichen Nacheinander auflösen lassen, miteinander im Streit: auf der einen Seite das Herzukommen der Völker, die Mission an anderen Völkern durch Abgesandte aus den Herzugekommenen und die Einsetzung von Priestern und Leviten aus ihren Reihen[48], auf der andern Seite eine Tendenz, dann doch Israel in den Mittelpunkt zu rücken. Ging es in V.18.19.21 um eine Bewegung hin zur Völkerwelt, so findet sich in 20.22–24 wiederum die Umkehrung hin zum Zion und zu Juda[49], wobei am Ende mit einer Scheidung in Errettete und Verlorene gerechnet wird. Der Text hat zu literar- bzw. redaktionskritischen Überlegungen Anlaß gegeben[50]. Nach Durchmusterung vieler Vorschläge empfiehlt es sich, den Abschnitt als literarische Einheit aufzufassen.

V.18 überträgt die häufig belegte Erwartung, wonach Gott die Zerstreuten Israels sammelt, auf die Heiden[51]. Es liegt eine steigernde Anknüpfung an Jes 45,20–25 vor[52]. Eine direkte Aufnahme von Jes 56,8 (vgl. 60,3.4a) ist evident. V.19 bedeutet, daß den Völkern eine Funktion zugewiesen wird, die Jes 42,1.4; 49,6 dem Gottesknecht zukommt: Sie werden zu „Missionaren der Weltvölker, zu Mandatsträgern der jahweeigenen und in den Ebed-Liedern

---

[46] Dazu s. KELLERMANN, Tritojesaja, 46ff.64–80; ZENGER, Israel, 106; GROSS, YHWH und die Religionen, 38; DERS., Wer soll YHWH verehren, 27–31 (dort 23 A.37 und 27 A.44 weitere Lit.); SEHMSDORF, Studien II, 562–576; STECK, Beobachtungen; DERS., Heimkehr, 40.46.64.72; SEKINE, Tritojesajanische Sammlung, 52ff.54ff.57.

[47] Siehe v.a. STECK, Abschluß, 93.94.95.124.197. Eine zeitliche Ansetzung hätte somit ebenfalls an der Wende vom 4. zum 3. Jh. v.Chr. zu erfolgen.

[48] Zu den Ländernamen in V.19 vgl. Jub 9,1.14.

[49] Vgl. WESTERMANN, ATD 19, 336.

[50] Die Überlegung von WESTERMANN, ATD 19, 336, wonach sich V.20.22–24 wie eine „bewußte Korrektur" des „Unerhörten" in V.18.19.21 ausnehmen, hat sich jedoch in der Forschung nicht durchsetzen können. SCHREINER, Berufung, 111ff; GROSS, YHWH und die Religionen, 38 A.10; DERS., Wer soll YHWH verehren, 27ff; SEHMSDORF, Studien II, 573; STECK, Heimkehr, 72.74ff; DERS., Studien, 262–265, gehen von einer literarischen Einheit aus. ZELLER, Logion, 231 A.50, hält V.21 für eine Glosse; KRAUS, Evangelium, 253, rechnet mit Einschüben in einen ursprünglich tritojesajanischen Text; KOENEN, Ethik, 208.257, hält den Text insgesamt für redaktionell, V.23.24 für Zusätze, ebenso die Namenslisten in V.19.20; KELLERMANN, Tritojesaja, 64–66, bes. A.80, geht wieder von literarischer Einheit aus. Die zahlreichen Versuche zeigen zumindest, daß im Text unterschiedliche Tendenzen vorliegen.

[51] Vgl. Dtn 30,4; Jes 11,12; Jer 23,3; 29,14; 31,10f; 32,37; Ez 11,17; 20,34.41; 34,13; 36,24; Zef 3,19; Jes 40,11; 43,5; 54,7; KELLERMANN, Tritojesaja, 68f.

[52] Vgl. WESTERMANN, ATD 19, 337.

auf den Gottesknecht übertragenen Völkermission"[53]. Dies beinhaltet eine
ungeheure Auszeichnung! In V.20 scheint sich zunächst die gegenläufige Tendenz Gehör zu verschaffen[54]. Das Gegenteil trifft jedoch zu: Daß sie „eure
Brüder aus den Völkern als Opfergabe für JHWH herbeibringen", bedeutet
eine weitere Steigerung, nämlich die kultische Gleichsetzung mit Israel. Die
Völker sind eingeschlossen in die kultische Reinheit des Gottesvolkes. Die
literar- bzw. redaktionskritische Beurteilung hat Konsequenzen für das Verständnis von V.21: Aus welcher Gruppe sollen Priester und Leviten zusätzlich genommen werden, aus den heimkehrenden Exulanten oder aus den
Völkern? Aufgrund dessen, daß die Abgesandten aus den Völkern in V.19.20
auch grammatikalisch jeweils handelnde Subjekte sind, liegt es nahe, an Priester und Leviten aus ihrem Kreis zu denken. Der MT läßt syntaktisch keine
eindeutige Entscheidung zu[55]. Setzt man eine Nachinterpretation voraus, so
wäre evtl. mit einer bewußten Sinnverschiebung zu rechnen: Die Priester und
Leviten sollen jetzt aus den zurückkommenden Israeliten stammen. Stellt
jedoch schon V.20 keine spätere Korrektur, sondern eine Steigerung von V.19
dar, dann bedeutet V.21 nur die konsequente Fortsetzung der Gleichstellung
der Heidenvölker mit dem Gottesvolk[56]. V.21 hat somit zum Inhalt, daß
Gott selbst aus den Heidenvölkern Priester und Leviten erwählen werde, die
am Heiligtum Dienst tun sollten[57]. Eine für traditionelle Ohren unerhörte
Nivellierung![58] Dies bedeutet jedenfalls eine Änderung der gängigen Gliederung des Gottesvolkes in Priester, Leviten und Israeliten und den Eintritt von
Heiden in dessen innersten Kreis[59]. Will man nicht von einem Widerspruch
zu Jes 56,7 ausgehen, so bedeutet Jes 66,21 mindestens eine Akzentverschiebung oder eine interpretierende Weiterführung[60]. Ob V.23 auch in seiner

---

[53] KELLERMANN, Tritojesaja, 71. Dies ist ein gravierender Unterschied zu Sach 14,16: gegen
KELLERMANN, ebd., 70.

[54] So WESTERMANN, ATD 19, 339; VERMEYLEN, Prophète, 501.514.

[55] So auch KELLERMANN, Tritojesaja, 73. Auch die Übersetzung in TgJes 66,20ff läßt keine
eindeutige Entscheidung zu (Übersetzung bei CHILTON, Isaiah Targum). Bei literarkritisch
einheitlicher Beurteilung geht GROSS, Wer soll YHWH verehren, 29, im Anschluß an
FELDMANN von den Völkern aus; ebenso STECK, Abschluß, 95, im Anschluß an BEUKEN,
Jesaja IIIA, 142f; anders KRAUS, Evangelium, 254, der an die heimkehrenden Exulanten denkt
und 66,21 im Kontext von 61,6 sieht.

[56] Die Vokalisation der Masoreten von לכהנים ללוים jeweils mit Artikel bedeutet, daß die
Ankommenden nur zu Dienern der Priester und Leviten gemacht werden (vgl. KOENEN, Ethik,
211 A.15). Dies dürfte schon den Versuch einer Abmilderung darstellen. Zur Übersetzung der
Asyndese und dem Verständnis von ללוים als Apposition s. KOENEN, ebd. V. 21 stellt m.E.
jedoch keine Parallele zu Jes 60,9 dar, sondern geht weit darüber hinaus (gegen KOENEN, Ethik,
213).

[57] Vgl. WESTERMANN, ATD 19, 338. Weitere Argumente bei KELLERMANN, Tritojesaja, 73f;
GROSS, Israel und die Völker, 163.

[58] HANSON, Dawn, 388, sieht in 66,21 „close resemblance to the tolerant spirit of Zech
14,20–21" und eine Attacke gegen die zadokitische Priesterschaft (389).

[59] Vgl. WESTERMANN, ATD 19, 338.

[60] Vgl. KELLERMANN, Tritojesaja, 73.

heutigen Gestalt einen Umbau des Gottesvolkkonzepts voraussetzt[61], kann nicht mit letzter Sicherheit entschieden werden. V.22 bezieht sich vom Kontext her auf die neue Heilsgemeinde[62]. Ihr, dem neuen „Stamm", wird verheißen, daß sie Bestand hat[63]. V.23 heißt es, daß „alles Fleisch" *wöchentlich* kommen wird, „um sich anbetend niederzuwerfen" vor JHWH. Dies geht über die Pilgerfahrten in Sach 8,20-22; 14,16f hinaus[64] und setzt eine andauernde Teilnahme am Tempelgottesdienst voraus. Insgesamt bietet Jes 66,18-21.23 eine (endzeitliche) Aufhebung des Unterschiedes zwischen Israel und den Völkern, der Zion wird zum „Weltheiligtum"[65]. Durch die Eingliederung einer Vielzahl von Menschen und der betonten Gleichstellung der Heiden auch hinsichtlich Priester- und Levitenschaft geht der Text noch über das zu Jes 56,3-8 Erhobene hinaus.

Jes 19,16-25[66]

Der Text enthält 5 Sprüche (V.16f.18.19-22.23.24f), die inhaltlich nicht völlig kongruent sind und von denen der 4. und 5. aufeinander aufbauen[67]. Die bisher z.T. festgestellte Jerusalem-Zentriertheit fehlt in diesem Text: Es wird keine Völkerwallfahrt zum Zion erwartet, sondern die Offenbarung Gottes vor den Ägyptern (V.21). Daraufhin werden diese sich zu JHWH bekehren. Für die Darbringung der Opfer wird es in Ägypten selbst einen Altar geben (V.19)[68]. Damit steht auch das Jerusalemer Heiligtum nicht mehr unangefoch-

---

[61] So ZENGER, Israel, 106.

[62] Vgl. KOENEN, Ethik, 211; SEHMSDORF, Studien II, 573; KELLERMANN, Tritojesaja, 75.

[63] Die These einer Nachinterpretation, wonach Israel entgegen dem bisherigen Duktus eine Sonderstellung eingeräumt werde (WESTERMANN, ATD 19, 336), schafft mehr Probleme als sie lösen kann.

[64] Vgl. GROSS, Wer soll YHWH verehren, 30 A.54. Zu Pilgerfahrten von Heiden nach Jerusalem und der Frage der Teilnahme am Tempelkult s.o. S. 16 A.3.

[65] KELLERMANN, Tritojesaja, 76, mit berechtigtem Bezug auf Mk 11,15-17.

[66] Der Text ist nach GROSS, Wer soll YHWH verehren, 23, vermutlich älter als Jes 66,18-24. S. erneut DERS., Israel und die Völker, 150f.160f, hier jedoch rechnet er beide Texte derselben Redaktionsschicht zu; anders m.R. ZENGER, Israel, 107; STECK, Abschluß, 30.71.94.98f; DERS., Studien, 229.243: danach handelt es sich bei Jes 19,18-25 und 25,6-8 jeweils um eine späte redaktionelle „Einschreibung" (STECK, Abschluß, 98) etwa aus der Mitte des 3. Jh. v.Chr. Zur Auslegung s. bes. WILDBERGER, BK X.2, 727-746; FEUILLET, Sommet; WILSON, In that Day; VOGELS, L'Égypte; MONSENGWO-PASINYA, Universalisme; SAYWER, People; WESTERMANN, Heilsworte, 72-74; RENAUD, Verhalten, 458-460; GROSS, Wer soll YHWH verehren, 15-22; ZENGER, Israel, 106; zuletzt HAUSMANN, Israel; DEISSLER, Gottesbund. Zum zeitgeschichtlichen Hintergrund: GROSS, Wer soll YHWH verehren, 11-14; DERS., Israel und die Völker, 153ff A.8.

[67] Vgl. WILDBERGER, BK X.2, 730.

[68] WESTERMANN, Heilsworte, 73, sieht im Hintergrund des Textes (wie schon bei Jes 66,18-24) Jes 45,20-25 stehen, wobei jedoch das „Motiv der Darbringung von Geschenken (an Könige) und von Opfergaben (an Heiligtümer) von Gästen oder Pilgern" dahingehend abgewandelt sei, daß die Völker ein grundlegend gewandeltes Verhältnis zu Israel haben würden und in eine „gemeinsame Gottesbeziehung" einträten. Ob hinter dem ‚Altar' der JHWH-Tempel in Leontopolis stand, kann man fragen; vgl. CLEMENTS, NCeB 12.1, 171.

ten im Zentrum. Und auch das Hl. Land wird erweitert, denn an der Grenze Ägyptens wird ein Steinmal für JHWH stehen (V.19b)[69]. Auch Assur wird zusammen mit Ägypten Gott dienen[70]. Es fällt auch auf, daß Ägypten und Assur nicht auf die Einhaltung der Tora verpflichtet werden.

Die Erwartung der Anerkennung JHWHs durch die Völker findet sich auch bei Dtjes und Ez[71]. Im vorliegenden 5. Spruch jedoch sehen wir eine sonst im AT in dieser Eindeutigkeit kaum belegbare, konsequente Übertragung des Gottesvolkkonzepts auf Assur und Ägypten[72]. Dabei stehen „mein Volk" – „Werk meiner Hände" – „mein Erbbesitz" miteinander in Parallele, ohne daß damit eine Steigerung beabsichtigt sein muß[73]. Die LXX hat diese Spitze abgeschwächt, indem sie aus der Formulierung עַמִּי מִצְרַיִם וּמַעֲשֵׂה יָדַי אַשּׁוּר – ὁ λαός μου ὁ ἐν Αἰγύπτῳ καὶ ὁ ἐν Ἀσσυρίοις gemacht hat[74]. Die Erzfeindschaft zwischen Israel und Ägypten bzw. Israel und Assur wird aufgehoben sein, wenn „an jenem Tag" ein Dreierbund zwischen Israel, Ägypten und Assur entsteht. Dabei könnte es sich um eine „eschatologische Projektion zeitgeschichtlicher Gegebenheiten" handeln[75]. Die Erwartung geht noch über Jes 66,18–24 hinaus. Jes 19,24.25 stellen jene Verse innerhalb des AT dar, die am weitesten gehen hinsichtlich des heilvollen Verhältnisses JHWH – Israel – Völker[76].

---

[69] Zur Deutung der מצבה (die LXX hat στήλη) als Grenzstein s. Gen 31,44–54 (dazu GAMBERONI, J., Art. מצבה, ThWAT IV, 1064–1074, hier: 1071); gegen WILDBERGER, BK X.2, 740, zu V.19. Aus V.20 geht m.E. eindeutig hervor, daß es sich nicht um ein Kultobjekt handeln kann; vgl. WILDBERGER, BK X.2, 740, zu V.20.

[70] עבד ist hier im Sinn des Opferdienstes zu verstehen; WILDBERGER, BK X.2, 740.

[71] Ez 29,6.9.16; 30,8.19.25f; 32,15.19; WILDBERGER, BK X.2, 741.

[72] Vgl. WILDBERGER, BK X.2, 745f; ZENGER, Israel, 107.

[73] Vgl. SCHREINER, Segen, 25; DEISSLER, Gottesbund, 17f; anders PROCKSCH, KAT IX, 254. WILDBERGER, BK X.2, 746: „vielleicht" soll durch נחלה eine „noch engere Verbindung" JHWHs zu Israel bezeichnet werden; vgl. GROSS, Wer soll YHWH verehren, 20.

[74] Dies mag durchaus von V.18 her mitbegründet sein, insofern die Diasporajuden sich hier angesprochen fühlen konnten. Dennoch handelt es sich um eine Abschwächung der prophetischen Aussage. Vgl. dazu HANHART, Bedeutung, 74f. Zur LXX-Version von V.24f s. SEELIGMANN, Version, 117. Auch der Targum schwächt den MT ab: „Gesegnet mein Volk, das ich aus Ägypten herausgeführt habe. Weil sie vor mir schuldig geworden sind, habe ich sie nach Assur ins Exil geführt. Aber jetzt, da sie umgekehrt sind, werden sie genannt mein Volk und mein Erbbesitz Israel" (Übersetzung nach GROSS, Wer soll JHWH verehren, 14). Der Text wird „seiner Tendenz, die kultische YHWH-Beziehung über Israel hinaus auf andere Völker auszudehnen, entkleidet" (GROSS, Wer soll YHWH verehren, 14; vgl. STENNING, Targum; CHILTON, Isaiah Targum, 39). WILSON, In That Day, 83, weist ausdrücklich darauf hin, daß 1QJesª in V.23–25 mit dem MT übereinstimmt. Zur Deutung und Bedeutung des Textes bei Josephus, Bell 7,432 und Josephus, Ant 13,62–68 s. GROSS, Israel und die Völker, 158 A.14.

[75] STECK, Abschluß, 98. Nach GROSS, Wer soll YHWH verehren, 16, handelt es sich jeweils um Chiffren, die für Ptolemäer und Seleukiden stehen.

[76] Die von KAISER, ATD 18, 90, festgestellte Alternative zwischen einem Israel als einer „irdische[n] Größe unter anderen oder auf Kosten anderer" und einem Israel, „das seine Existenz und seine Existenzberechtigung in seiner bisherigen Absonderung von den Völkern allein seiner Antwort auf Gottes Ruf verdankt", scheint mir jedoch in den Text eingetragen. Gegen

Dabei fragt es sich, wie das Verhältnis vorzustellen ist, das sich zum Segen der ganzen Erde auswirken soll: Ist Israel als Segensmittler gedacht? Logisches Subjekt von V.25b ist eindeutig Israel. Es liegt vermutlich analog Sach 8,13 ein Anklang an Gen 12,3 (vgl. Gen 18,18; 22,18; 26,4; 28,14 s.u.) vor[77]. Jedoch ist das Problem Israel und die Völker auch damit keineswegs gelöst: Die Aussage ist in sich unausgeglichen. Einerseits wird Ägypten ein JHWH-Volk, andererseits bleibt Israel Volk JHWHs. Ein Oberbegriff, der beide zusammenfassen könnte, wird nicht gebildet[78]. Jes 19,24f denkt nur von Gott her: „Auf YHWH hin wird Ägypten in Zukunft ein eigenes YHWH-Volk sein."[79] Nach Groß führt dies „zur Konzeption mehrerer YHWH-Völker, einem Unding, das freilich im Alten Testament nicht ausformuliert wurde"[80]. „Israel wäre Gefahr gelaufen, seine Identität zu verlieren und in den Völkern aufzugehen, ohne daß man die daraus entstehende höhere Einheit begrifflich hätte fassen können."[81] Doch kann diese negative Konsequenz nicht das letzte Wort sein. Es sollte dem Apostel vorbehalten sein, hier eine Antwort zu geben.

Ps 87,4–6

Ähnlich wie in Jes 19 werden auch in Ps 87 neben Philistäa, Tyrus und Kusch an erster Stelle Rachab (Ägypten) und Babel, die Erzfeinde Israels, als solche angeführt, die JHWH bekennen. Aus V.4–6 scheint die Vorstellung zu sprechen, daß der Zion sich als die Mutter aller Menschen herausstellen wird[82].

Die Interpretation steht jedoch vor großen Schwierigkeiten, da die Anordnung der Verse wahrscheinlich durcheinandergekommen ist[83].

Universalismus in Jes 19,24f votiert M. HARL, in: HARL, M./DORIVAL, G./MUNNICH, O., La Bible Greque des Septantes, Paris 1988, 217.

[77] So GROSS, Weltherrschaft, 61; SCHREINER, Segen, 20–26; WEHMEIER, Segen, 87f; KAISER, ATD 18, 86A.5.91; PREUSS, Theologie II, 322; DEISSLER, Gottesbund, 18; von WILDBERGER, BK X.2, 729.745, erwogen; von GROSS, Wer soll YHWH verehren, 21; RENAUD, Verhalten, 459, abgelehnt. Zu den möglichen Übersetzungsvarianten von V.25 s. SCHREINER, Segen, 24. Daß die Rede vom Segen durch Israel auf eine bleibende Vorrangstellung Israels hindeuten soll (so MARTIN-ACHARD, Israël, 44; ähnlich DEISSLER, Gottesbund, 18), scheint mir eine Überinterpretation. Der Beitritt Israels als Dritter im Bund wirkt sich segensreich für die ganze Erde aus. Und nach V.25 ist es JHWH Zebaot selbst, der „die Erde segnet, indem er spricht …" (mit LXX ist ברכה mit Suffix, das sich auf „Erde" bezieht, statt ברכו zu lesen; vgl. WILDBERGER, BK X.2, 729). Man sollte daher auch nicht wie PREUSS, Theologie II, 321, bei Jes 19,24f von Israel als dem „eigentliche[n] Heilsempfänger" sprechen.

[78] Anders z.B. SCHREINER, Berufung, 110; DERS., Segen, 22.

[79] GROSS, Wer soll YHWH verehren, 21.

[80] GROSS, Wer soll YHWH verehren, 21; DERS., Israel und die Völker, 157.

[81] GROSS, Wer soll YHWH verehren, 22; DERS., Israel und die Völker, 158f.

[82] Der Psalm gehört zur Gruppe der Korachpsalmen, wobei vom Formalen her Ps 42–49.84f.87f als „geschlossene Sammlung" anzusprechen sind; WANKE, Zionstheologie, 21f.31. Die Korachiten sind eine am nachexilischen Tempel angestellte „Sängergilde"; WANKE, ebd.

[83] Vgl. KRAUS, BK XV.2, 600; s. die Rekonstruktion ebd., 600f. Sie entspricht in der Abfolge im wesentlichen der bei WANKE, Zionstheologie, lediglich V.3 und V.7 sind umgestellt. WAN-

Nach R. Kittel haben wir es mit einem „Wallfahrtslied der Proselyten" zu tun[84]. H.-J. Kraus deutet dagegen die Mutterschaft Zions allein auf die zerstreuten Israeliten[85]. Doch sind seine Gründe nicht durchschlagend: (1) Zwar sind es die Israeliten, die nach Jes 60,4ff auf dem Zion zusammenkommen werden, jedoch sind die Völker mit dabei, und nach Jes 25,6–8 werden ausdrücklich auch die Völker dort von JHWH versammelt werden. (2) Die Anleihe bei jener mythologischen Vorstellung, wonach Israel aus einem Felsen gehauen sei (Jes 51,1f; Dtn 32,18), ist zur Interpretation von Ps 87 nicht notwendig. Nach der von H.-J. Kraus vorgelegten Rekonstruktion der Reihenfolge der Stichen[86] handelt es sich in V.4a.5a um eine steigernde Aussage gegenüber 6a.4b.6b: „JHWH zählt bei der Niederschrift Völker auf: Dieser ist da, jener dort geboren."[87] Dahinter steht die Vorstellung der Verzeichnung der Völker im Himmelsbuch[88]. Dann aber sind V.4a.5a am besten als universalistische Aussage zu verstehen, wonach Menschen aus den verschiedensten Ländern für JHWH gewonnen wurden und nun im Lebensbuch verzeichnet sind: „Ich nenne Rachab und Babel als meine Bekenner, auch Philistäa, Tyrus samt Kusch. Doch Zion nenne ich Mutter, Mann für Mann ist dort geboren"[89]. Damit gewinnen die von H.-J. Kraus genannten – aber dann doch abgelehnten – Parallelen Jes 49,20ff; 54,1ff; 56,4ff; 66,7ff an Plastizität: „Die Kinder, die Zion geboren werden, sind Heiden, die sich Israel angeschlossen haben"[90]. Ob es sich dabei um Proselyten handelt und unter welchen Bedingungen eine Aufnahme geschah, dürfte kaum zu entscheiden sein, da der Text dafür keinen Anhalt bietet. Bedeutsam an diesem Text ist jedoch v.a. die Aufnahme von Erzfeinden in die Reihe derer, denen Zion Mutter ist.

Jes 25,6–8

Ein weiterer Text, der von einer (endzeitlichen) Gleichstellung Israels und der Völker ausgeht, findet sich in Jes 25,6–8, dem „Freudenmahl auf dem Zion"[91]. Die Verse gehören in den Zusammenhang der Jesaja-Apokalypse und stellen

---

KE hat jedoch im Anschluß an SCHMUTTERMAYR אם ausgeschieden und liest statt יאֹמַר nunmehr אָמַר, d.h. auch er kommt ohne Konjektur nicht aus (WANKE, Zionstheologie, 22). אם wird dabei erschlossen aufgrund der LXX, die μήτηρ Σιών bietet. Am meisten leuchtet die Konjektur von DUHM ein, der sich auch KRAUS, BK XV.2, 600, anschließt, wonach der ursprüngliche Text ולציון אם אמר gelautet haben dürfte; vgl. auch PREUSS, Theologie II, 322.

[84] KITTEL, KAT XIII, 289; ähnlich auch WEISER, ATD 15, 380f.
[85] Vgl. KRAUS, BK XV.2, 604f.
[86] Vgl. KRAUS, BK XV.2, 600f.
[87] Übersetzung in Anlehnung an KRAUS, BK XV.2, z.St.
[88] Vgl. KITTEL, KAT XIII, 290.
[89] Übersetzung in Anlehnung an KITTEL und KRAUS.
[90] So die abgelehnte Meinung bei KRAUS, BK XV.2, 605; dagegen PREUSS, Theologie II, 322.
[91] WILDBERGER, BK X.2, 959. Zur Frage der Beziehung von Jes 25,6–8 zu Mt 8,11f par, s. ZELLER, Logion, passim; SCHREINER, Berufung, 109f; LUZ, EKK I.2, 13f.

vermutlich einen der jüngsten Texte des Jesajabuches dar[92]. Die universale Perspektive ist kaum mehr zu überbieten: Das Freudenmahl soll für alle (!) Völker stattfinden. Es wird eine „Überhöhung wie Ausweitung des Bundesmahles Israels auf dem Sinai sein" (Ex 24,10f)[93].

Der Text schließt an den in Jes 24,21–23 verkündeten Antritt der Königsherrschaft JHWHs an[94]. Alle Völker sollen Anteil bekommen an einem opulenten Mahl, das JHWH bei seiner Thronbesteigung und der endgültigen Aufrichtung der Gottesherrschaft ausrichten wird. Zwar handelt es sich hier um den einmaligen Akt eines „Krönungsmahles", und an eine Aufnahme der Völker ins Gottesvolk ist nicht gedacht, jedoch werden die Völker, indem sie am Mahl teilnehmen, faktisch dem Gottesvolk gleichgestellt. Die Bestimmung, daß kein Unbeschnittener am Opfermahl teilnehmen darf, wird damit überholt. „Mit dieser Mahlgemeinschaft sind die Völker in die Gottesgemeinschaft aufgenommen"[95].

Die LXX hat dem Text die auch die Völker heilvoll betreffende Spitze teilweise gebrochen:

„[6] καὶ ποιήσει κύριος σαβαωθ πᾶσι τοῖς ἔθνεσιν ἐπὶ ὄρος τοῦτο. πίονται εὐφροσύνην, πίονται οἶνον, χρίσονται μύρον. [7] ἐν τῷ ὄρει τούτῳ παράδος ταῦτα πάντα τοῖς ἔθνεσιν· ἡ γὰρ βουλὴ αὕτη ἐπὶ πάντα τὰ ἔθνη. [8] κατέπιεν ὁ θάνατος ἰσχύσας, καὶ πάλιν ἀφεῖλεν ὁ θεὸς πᾶν δάκρυον ἀπὸ παντὸς προσώπου· τὸ ὄνειδος τοῦ λαοῦ ἀφεῖλεν ἀπὸ πάσης τῆς γῆς, τὸ γὰρ στόμα κυρίου ἐλάλησεν."

Es fehlt v.a. in V.6 die Aussage, daß es sich um ein Freudenmahl handelt, das JHWH eigens für die Völker veranstalten wird, in V.7 die Entfernung der Hülle vom Angesicht der Völker und in V.8 die Vernichtung des Todes „für immer".

Ps 25,12–15

N. Lohfink hat jüngst mit Ps 25 noch einen Beleg in die Diskussion gebracht, der in der Forschung in diesem Zusammenhang noch nicht gesehen wurde. Aufgrund sprachlicher und formaler Indizien[96] ist die Entstehung des Psalms vermutlich nachexilisch anzusetzen[97].

---

[92] STECK, Abschluß, 30, setzt den Text gleichzeitig mit Jes 19,18–25, d.h. zu Beginn des 3. Jhs. v.Chr. an; vgl. DERS., Heimkehr, 40A.5.64.75A.81.90. Zum redaktionellen Ort des Textes s. auch o. zu 19,18–25; zur Jes-Apokalypse s. PREUSS, Theologie II, 300f (Lit.).

[93] PREUSS, Theologie II, 322, im Anschluß an WILDBERGER, Freudenmahl.

[94] Vgl. KAISER, ATD 18, 161; WILDBERGER, BK X.2, 960.968.

[95] KAISER, ATD 18, 161. Der Text dürfte zudem den biblischen Kardinalbeleg für die frühjüdische und rabbinische Vorstellung vom eschatologischen Mahl darstellen: vgl. 1Hen 62,14; slHen 42,3ff (SOKOLOV = BILL. IV.2, 1138 A.1); mAv III,17f; weitere Belege bei BILL. IV.2, 1154–1159 (zum Leviathan-Mahl s. auch unten).

[96] S. insbesondere den alphabetischen Zeilenanfang.

[97] KRAUS, BK XV.1, 209.

Bevor wir zu den inhaltlichen Aussagen des Psalms kommen, ist kurz auf die durch Lohfink und andere praktizierte Methode der Psalmenexegese einzugehen. Sie ist dadurch gekennzeichnet, daß sie die einzelnen Psalmen im Rahmen ihrer redaktionellen Stellung im Psalmenbuch und als Elemente kleinerer Sammlungen betrachtet, wobei sie davon ausgeht, daß die Sammler von ganz bestimmten theologischen Ideen geleitet waren. Dies führt dazu, daß die Einzelaussage eines Psalms eine neue Zuspitzung erfährt, die zwar nicht explizit ausgesprochen zu sein braucht, jedoch aufgrund der redaktionellen Stellung evident wird[98].

Wie Lohfink aufgrund seiner den redaktionellen Ort einbeziehenden Methode herausgearbeitet hat, muß Ps 25 in seiner Beziehung zu Ps 24 und 26 im Zusammenhang der „Völkerwallfahrt zum Zion" gelesen werden und zwar als Gebet aus den Völkern[99]. Das aber bedeutet, daß in V.12–14 „für die Endzeit der Geschichte auch den Menschen aus den Völkern Anteil an Israels »Bund« zugesprochen" wird[100]. Insofern geht auch Ps 25 über die Völkerwallfahrt als Ankunft am Zion und Huldigung des Gottes Israels hinaus, da die Ankommenden Aufnahme in das Gottesvolk finden, ja sogar Anteil am Land bekommen: „Wer ist der Mann, der Gott fürchtet? Ihm zeigt er den Weg, den er wählen soll. Dann wird er wohnen im Glück. Seine Kinder werden das Land besitzen. Die sind Vertraute des Herrn, die ihn fürchten; er weiht sie ein in seinen Bund."[101] „Die Verheißung des Bundes Israels auch für die Völker, die Ps 25 also umschließt, ist ... in der ganzen hebräischen Bibel einmalig."[102] Sie ist sachlich vergleichbar mit Sach 2,15; Jes 56,3–8 und Jes 19,24f. Es ist bedeutsam, daß es analog Jes 56 in Ps 25 konkret um die Teilnahme am Tempelgottesdienst geht, d.h. um die Frage, ob die Tempelschranken überschritten werden dürfen und die Heiden in die Heilsgemeinde Israels integriert werden. Die Möglichkeit einer Teilhabe am Land für Fremde ist (außer Ez 47,22f) eine singuläre Bestimmung[103].

Das Recht dieser Exegese Lohfinks hängt entscheidend an seinem Verständnis von Ps 24,4–6 und der von ihm postulierten Theologie der Psalmensammlungen. Dies kann hier nicht weiterverfolgt werden[104]. Das stark Hypothetische solcher Auslegung liegt jedoch (bislang noch) offen zutage. Dies gilt auch für den folgenden Versuch von Zenger.

---

[98] Zu dieser Methode der Psalmenexegese s. u.a. BRENNAN, Harmonies; SCHREINER, Stellung; ZENGER, Psalmenauslegung; DERS., Beobachtungen; LOHFINK, Der neue Bund; DERS., Beobachtungen.

[99] Für den Einzelnachweis, der hier nicht wiederholt zu werden braucht, s. LOHFINK, Der neue Bund. Entscheidend ist hierbei die Beobachtung, daß in Ps 24,6 von „Jakob" und nicht vom „Gott Jakobs" die Rede ist. LOHFINK folgert daher, daß Ps 25 Ausdruck des Gebets der Völker sei, „wenn sie ‚in den späteren Tagen' zum Zionsheiligtum kommen" (122).

[100] LOHFINK, Der neue Bund, 127.

[101] Ps 25,12–14 nach der Übersetzung der Neuen Jerusalemer Bibel.

[102] LOHFINK, Der neue Bund, 130; s. jedoch unten – gleich anschließend – zu Ps 100,3!

[103] S. dazu unten zu Gal 3,29, S. 228ff.

[104] Gleichfalls kann die interessante Frage hier nicht diskutiert werden, welche Rückschlüsse die Tatsache, daß in 11QPs^a die Reihenfolge der Psalmen gegenüber unserem Psalmenbuch völlig verändert ist, auf die Kanonisierung zuläßt.

Ps 100,3

Einen weiteren, ebenfalls im Zusammenhang des Verhältnisses JHWH – Israel – Völker bislang kaum gesehenen Text[105] hat E. Zenger unter Aufnahme einer Beobachtung Lohfinks zur Diskussion gestellt[106]: Ps 100,3. Es handelt sich bei Ps 100 um ein „gewiß nachexilische[s]" Produkt[107]. Voraussetzung für Zengers Auslegung ist die These, daß es im „theologischen Programm des 4. Psalmenbuches (Ps 90–106)" um Israel und die Völker gehe, die gemeinsam Gott anbeten[108].

Psalm 100 beginnt mit drei Imperativen, JHWH als König zu huldigen, ihm zu dienen und vor ihm zu erscheinen. An wen richten sich die Aufforderungen? Üblicherweise werden sie auf die Jerusalem-Wallfahrer bezogen[109]. Die Bezüge zu Ps 93–99, insbesondere die wörtliche Aufnahme von Ps 98,4a in Ps 100,1 und der gute Anschluß an Ps 99, sowie die Anspielung von Ps 100,5 auf die Psalmengruppe 46–48 machen es jedoch wahrscheinlich, daß Ps 100 sich an Heidenvölker richtet: „Die gesamte Völkerwelt [wird] dazu aufgerufen, bei einer großen ‚Völkerwallfahrt' zum Zion JHWH als ihren König anzunehmen"[110]. Das hat zur Folge, daß die sonst für Israel reservierte Würde als Bundesvolk in V.3 auf die Völker ausgedehnt wird. Die zur Huldigung anwesenden Völker werden nun eingeladen, in die Tore und Vorhöfe des Tempels einzutreten (V.4). Und sie tun es und preisen den Gott Israels mit einem Kehrvers, der mehrfach in der Bibel zitiert wird (V.5; vgl. Jer 33,11; Ps 106,1; 107,1; 118,1f; 136,1f; 1Chr 16,34; 2Chr 5,13; 7,3; 20,21; Esr 3,11; 1Makk 4,24). Sie übernehmen damit „die Mitte des Credo Israels"[111], was als „eine der spektakulärsten theologischen Aussagen der hebräischen Bibel" beurteilt werden muß[112].

---

[105] Die Ausführungen von ZENGER gehen weit über das hinaus, was bislang dazu erörtert wurde; vgl. ZELLER, Logion, 227; KRAUS, BK XV.2, z.St. Zu den methodischen Prinzipien s.o. zu Ps 25.

[106] LOHFINK, Universalisierung, 174; ZENGER, Israel, 246ff; Zustimmung bei GROSS, Israel und die Völker, 160.

[107] ZENGER, Israel, 246, im Anschluß an LOHFINK. Dieser nennt als wichtigstes Indiz dafür die Zusammensetzung aus „stereotypem, im Psalter vielfach begegnendem Wortmaterial"; LOHFINK, Universalisierung, 174.

[108] ZENGER, Israel, 246ff.

[109] GUNKEL, Psalmen, 432; KRAUS, BK XV.2, 687.

[110] ZENGER, Israel, 247.

[111] ZENGER, ebd., 250. Die von ZENGER, ebd., 250–253, aus Gründen der Komposition von Ps 93–100.101–104 vorgeschlagene Beziehung von Ps 103 ebenfalls auf die Völker, hat nicht die gleiche Evidenz wie die Ausführungen zu Ps 100, bedeutet auch nicht, daß der Psalm ursprünglich die Völker im Blick hatte (s. ebd., 252 A.68) und bleibt daher hier außer Betracht.

[112] ZENGER, Israel, 248. Neben Detailfragen stellt sich freilich auch hier das grundsätzliche Problem, ob von einer bewußten theologischen Programmatik einzelner Psalmenbücher ausgegangen werden kann.

Ps 47,10

Ein Text, der eine der Bezeichnung „Gottesvolk" analoge Begrifflichkeit auf Heiden anwendet, findet sich noch in Ps 47,10:

> „Die Fürsten der Völker (עמים) sind versammelt als Volk des Gottes Abrahams (עם אלוהי אברהם). Denn Gott gehören die Mächte; er ist hoch erhaben."

Die LXX korrigiert אם אלוהי אברהם in μετὰ τοῦ θεοῦ Αβρααμ, weshalb H.-J. Kraus Haplographie annnimmt und „als Volk ..." durch „mit dem Volk ..." ersetzt[113]. Doch muß man eher damit rechnen, daß der LXX die Aussage des MT zu weit ging (vgl. oben zu Jes 19,16–25) und deshalb eine bewußte Korrektur erfolgte[114].

Die Forschungslage zu Ps 47 ist in jeder Hinsicht umstritten[115]. Dies gilt schon für den Aufbau: Gliedert sich der Psalm nach den einen in „zwei gleich lange Strophen von je zehn Stichen" (V.2–6.7–10), die „jeweils dem Strukturschema des sog. imperativischen Hymnus" folgen[116], so sehen andere zwei Strophen bestehend aus V.2–5 und V.6–10[117]. Es setzt sich fort in der Frage, ob es sich um eine kultdramatische Vergegenwärtigung der Inbesitznahme des Zion mittels der Ladeprozession handelt[118] oder um die Deutung der Erhabenheit JHWHs „vom *Vorgang des ‚Aufstiegs'* zum ‚Thron seiner Heiligkeit'", d.h. „von seiner *Inthronisation als Königsgott* bzw. der *Inbesitznahme des Zion*" her[119].

In seinem Interpretationsvorschlag geht Zenger davon aus, daß der Psalm zwar ursprünglich aus vorexilischer Zeit stammt, jedoch eine nachexilische Bearbeitung erfahren hat, zu der auch V.10 zu rechnen ist[120]. Durch diese Bearbeitung werde der Psalm zu einem „theologischen Programmtext"[121], der in V.10 seinen Höhepunkt habe. „Insofern die ‚Edlen der Völker' sich von ihren Göttern abkehren und JHWH den einzig wahren Gott als ihren Gott-König anerkennen, werden bzw. sind sie ‚Volk des Gottes *Abrahams*'"[122]. Es

---

[113] Vgl. KRAUS, BK XV.1, 348; zur Textkritik s. DELITZSCH, Psalmen, 350. Nach SCHAPER, Psalm 47, 262, ergäbe sich bei Annahme von Haplographie „ein unwahrscheinliches stilistisches Ungetüm".

[114] Dies wird bestätigt von JEREMIAS, Königtum, 51 A.4: אסף wird im AT stets mit אֶל, עַל oder לְ konstruiert, nicht aber mit עִם.

[115] Vgl. dazu ZENGER, Gott Abrahams, 413–419, mit breiten Literaturhinweisen; zuletzt SCHAPER, Psalm 47.

[116] ZENGER, Gott Abrahams, 419, im Anschluß an CRÜSEMANN; so auch JEREMIAS, Königtum, 50f.

[117] Vgl. JANOWSKI, Königtum, 438f, im Anschluß an SIBINGA (ebd., A.200).

[118] So JEREMIAS, Königtum, 65.

[119] So JANOWSKI, Königtum, 441, kursiv im Original.

[120] Vgl. ZENGER, Gott Abrahams, 425f; anders JEREMIAS, Königtum, 69, im Anschluß an BEAUCAMP; bei JEREMIAS, ebd., A.30, weitere Autoren, die von vorexilischer Entstehung ausgehen. JANOWSKI, Königtum, 437: nachexilisch mit „?".

[121] ZENGER, Gott Abrahams, 426.

[122] ZENGER, Gott Abrahams, 429; vgl. so schon SCHREINER, Segen, 13; DERS., Berufung, 101f, der in V.10 die Völker und das Gottesvolk zu einer Kultgemeinde vereinigt sieht. SCHREINER konzediert jedoch, daß der Heilsempfang für die Völker nicht direkt ausgesprochen sei

geht dabei (auch im unkorrigierten MT) nicht um das Thema der Aufnahme von Heiden ins Gottesvolk, wie schon die Bezeichnung der Völker als eigenständige עמים nahelegt, sondern darum, daß die Völker dem Gottesvolk gleichgestellt werden. Über das Verhältnis zu Israel ist dabei nichts ausgesagt[123].

Gen 12,1-3 (parr)
Als letzter Beleg bei der Suche nach atl. Aussagen zur Eingliederung oder Gleichstellung von Heiden soll noch Gen 12,1-3 betrachtet werden. Der Text nimmt eine besondere Stellung ein, denn er begegnet in Variationen mehrfach im AT (und dann später in den Apokryphen) und hat schon innerhalb des AT eine Wirkungsgeschichte (vgl. Jes 19,24; Sach 8,13; Jer 4,2; Ps 72,17)[124].

Die Frage der Datierung ist in der Forschung gegenwärtig umstritten. Die Zuweisung des Textes zur Quellenschrift J(ahwist) und dessen zeitliche Ansetzung ins davidisch-salomonische Großreich erfährt zunehmend Widerspruch[125]. Dies kann hier nicht entschieden werden[126].

Doch abgesehen von der Frage der zeitlichen Einordnung von Gen 12,1-8*: Wie ist V.2f inhaltlich zu verstehen? Die traditionelle Auslegung deutet die

---

(Segen, 13). JEREMIAS, Königtum, 65ff, sieht einen Unterschied zwischen dem Rahmen und dem Corpus des Psalms: im Corpus würden die Völker als Unterworfene begegnen, im Rahmen würden sie „zur Teilnahme am Festgottesdienst Israels gerufen" (66, vgl. 69). Der Unterschied zu Israel bleibe jedoch erhalten: „unser Gott", V.7.

[123] So m.R. ZENGER, Gott Abrahams, 429; die Auskunft von ZELLER, Logion, 226f, daß nur gesagt sei, die Völker könnten sich der Herrschaft JHWHs nicht entziehen, greift zu kurz. Nach JEREMIAS, Königtum, 67f, schließen V.10b wie auch der Kontext die Annahme aus, daß es sich um eine Aufhebung der Grenze zwischen Israel und den Völkern handeln könne. Möglicherweise verbanden sich jedoch mit dem Abschluß des Psalms für Spätere Hoffnungen auf universale Anerkenntnis des Gottes Israels.

[124] Dazu SCHREINER, Segen, 12-31; anders SCHMITT, Josephsgeschichte, 170.

[125] Vgl. KÖCKERT, Vätergott; BLUM, Komposition, bes. 298ff.339ff.353ff; DERS., Studien; RENDTORFF, Problem, 40ff; SCHMITT, Josephsgeschichte, 100-116.169-173.

[126] Jüngst hat L. SCHMIDT mit bedeutenden Gründen dafür votiert, daß es sich in Gen 12,1-8* - wenn auch nicht unbedingt um einen Text aus dem 10. Jh. v.Chr. - so doch in jedem Fall um einen vorexilischen Text handelt; SCHMIDT, Väterverheißungen, 1-27. Nach SCHMIDT liegt in Gen 12,1-4a.6a.7.8 und Gen 28,13f die gleiche literarische Schicht vor, die Abraham- und Jakobüberlieferungen enthielt. Diese Schicht sei älter als die Landzusage als Schwur (vgl. Dtn 1,35 etc.). Insofern sei Gen 13,14-17 von Gen 28,13f abhängig. Die Landzusage in ihrer einfachen Form muß schon dem DtrH bekannt gewesen sein, ist also in jedem Fall vor 550 v.Chr. anzusetzen, auch wenn damit noch keine Ansetzung eines jahwistischen Geschichtswerks und schon gar nicht dessen Entstehung im 10./9. Jh. v.Chr. präjudiziert ist. Anders SCHMITT, Josephsgeschichte, 170ff: nach ihm stammt die Vorstellung, daß ein Mensch zum „Segen" werde, aus der Königsideologie (vgl. Ps 21,7 vorexilisch, ebd., 170). Sie sei dann nachexilisch auf das Volk übertragen worden (ebd., 170f). SCHMITT sieht von hier aus Gen 12,2f wie auch Sach 8,13; Jes 19,24; Ps 37,26 in der Wirkungsgeschichte von Ps 21,7. Ähnlich die Argumentation bei KÖCKERT, Vätergott, 294-299: er verortet Gen 12,2f nachexilisch zwischen Sach 8,13 und Jes 19,24 (ebd., 298f), was nicht unplausibel erscheint.

Verse im Sinn einer universalistischen Segenszusage, die die Segens*mittler-schaft* Abrahams für alle Völker beinhaltet[127]. Doch handelt es sich in V.3b, „in dir sollen sich Segen wünschen alle Sippen[128] des Erdbodens"[129], wirklich um eine alle Völker einschließende, universalistische Aussage?

Im Gegensatz zur Verwendung in der Urgeschichte hat אדמה in V.3 nicht den Sinn „Ackerboden", „Krume des Ackers", sondern meint in der Tat „die ganze Erde"[130]. Der Sinn wird deutlicher, wenn V.3 im Zusammenhang mit V.2b gelesen wird: „du sollst ein Segen sein" bzw. „sei ein Segen"[131]. Die Diskussion drehte sich lange um die Übersetzung von וְנִבְרְכוּ. Doch die Entscheidung, das verwendete Nifʿal in V.3b reflexiv oder passiv (bzw. rezeptiv) zu verstehen, bedeutet keinen prinzipiellen Unterschied[132]. Die reflexive Übersetzung ist die philologisch wahrscheinlichere, doch sie „sagt in Wirklichkeit nicht weniger als die passive oder rezeptive. Wenn ‚die Geschlechter der Erde' sich ‚in Abraham segnen', d.h. sich unter Nennung seines Namens Segen wünschen (...), so ist dabei natürlich vorausgesetzt, daß sie dann auch Segen empfangen. Wo man sich mit dem Namen Abrahams segnet, da wird tatsächlich Segen verliehen und Segen empfangen."[133] Die Übersetzung ändert somit am universalistischen Sinn nichts. Jedoch ist zu fragen, worin die eigentliche Spitze der Segenszusage und damit der „Verkündigungswille"[134] des Erzählers zu suchen ist[135]. Ist es wirklich der Segen für die Völker, also die Segensmittlerschaft Abrahams/Israels?

Nach der Auslegung von H.W. Wolff ist die eigentliche Absicht des Verfassers, seinen Hörern – antithetisch zu dem in Gen 2–11 Erzählten – zu sagen, was „alle Sippen der Erde" brauchen, nachdem in der Urgeschichte das ‚Warum' geklärt wurde: nämlich Segen; und daß dieser Segen durch Israel zu den

---

[127] Vgl. v.a. WOLFF, Kerygma.

[128] Zum Begriff s. ZOBEL, ThWAT V, 86–93, bes. 92f.

[129] Zur Übersetzung s. unten.

[130] Vgl. CRÜSEMANN, Eigenständigkeit, 17.

[131] Die LXX hat ברכה abgeändert in εὐλογητός, die Vulgata in *benedictus,* Targum und die syrische Übersetzung lesen מְבֹרָךְ, was jeweils keinen Anspruch auf Ursprünglichkeit hat. Auch die Änderung von וְהָיָה in וֶהְיֵה (so der Apparat in BHS; GUNKEL, GIESEBRECHT u.a. [s. dazu SCHREINER, Segen, 4 A.10]) ist eine sekundäre Glättung.

[132] Vgl. dazu im einzelnen WESTERMANN, BK I.2, 175f; SCHMITT, Josephsgeschichte, 103 A.45; KÖCKERT, Vätergott, 298 A.657.

[133] WESTERMANN, BK I.2, 176.

[134] Zu diesem Begriff s. WOLFF, Kerygma, 350.

[135] Seitdem die Zuordnung von Gen 12,1–3 zum jahwistischen Geschichtswerk und dessen Ansetzung ins davidisch-salomonische Großreich in Frage gestellt wurde, wurde auch Gen 12,1–3 als „Kerygma des Jahwisten", so wie es H.W. WOLFF noch formulieren konnte, problematisch. Doch selbst bei Zuordnung von 12,1–3 zu einem „jahwistischen Geschichtswerk" stellt sich die Frage nach dem Verkündigungswillen in Gen 12,1–3 neu.

Völkern kommen soll[136]. Es fragt sich jedoch, ob hier der Text nicht zu stark von den Propheten des 8. Jhs. her gelesen wird, wenn die Absicht dieses Erzählers darin gesehen wird, gegen die „Hybris der Großgewordenen in Salomos Tagen" sein „schneidendes Wort" zu setzen und ihnen zu sagen, daß „sie erst dann ihre Größe als Segen Jahwes gewinnen, wenn bei ihnen alle Völker Segen als Rettung freien, fruchtbaren Lebens gefunden haben"[137], oder ob die Betonung der Völker bei der Interpretation des Textes nicht eher durch die Zitation in Gal 3,8 mitveranlaßt ist, wo Paulus die Segensverheißung an Abraham anführt, jedoch in der Form „ἐνευλογηθήσονται ἐν σοὶ πάντα τὰ ἔθνη", was mit keiner der atl. Belegstellen, auch nicht der LXX, völlig identisch ist[138].

Gen 12,1–3 hat für die folgende Vätergeschichte einerseits die Funktion eines „Introitus" und damit „deutlich Verknüpfungscharakter"[139], aber auch programmatischen Sinn für das Folgende[140].

Die Vätergeschichte läuft zielstrebig zu auf die Volksgeschichte, d.h. die Geschichte Israels[141]. Wie Wolff herausgearbeitet hat, hat der Jahwist wenig Interesse an der Landnahmetradition[142]. Dies ist auch in Gen 12,1–3 der Fall. Verstärktes Gewicht liegt jedoch auf dem Auszug aus Ägypten und den Vätererzählungen[143]. An der Spitze der Verheißung in Gen 12,1–3 steht die Zusage, Abraham zu einem גוי גדול zu machen. Damit wird Bezug genommen auf die Notiz in 11,29–30[144], wonach Abraham als Sohn Terachs in Ur in Chaldäa lebt, mit seiner Frau Sarai, die aufgrund ihrer Unfruchtbarkeit keine Nachkommen hat[145]. Die Verse 11,27–32 haben einen „die Vätergeschichte

---

[136] So WOLFF, Kerygma, 359f. Gegen eine zu starke Verknüpfung von Ur- und Vätergeschichte im Sinn einer antithetischen Anknüpfung s. neben WESTERMANN, BK I.2, 1ff, auch CRÜSEMANN, Eigenständigkeit, passim.

[137] So die bestechende Interpretation bei WOLFF, Kerygma, 369f, die zwar auch SCHMIDT, Israel, 136, konzediert, um sie dann jedoch einer grundsätzlichen Kritik zu unterziehen.

[138] Ἐν σοί haben Gen 12,3 und 28,14, πάντα τὰ ἔθνη dagegen Gen 18,18; 22,18 und 26,4. Auch das Zitat Apg 3,25 stimmt mit keinem der atl. Belege völlig überein.

[139] CRÜSEMANN, Eigenständigkeit, 29; vgl. KÖCKERT, Vätergott, 264f.

[140] Abgesehen von den z.T. offengebliebenen literarischen Entscheidungen ist CRÜSEMANN in jedem Fall zuzustimmen, daß die Verknüpfung von Gen 12,1–3 nach rückwärts im Anschluß an G. V.RAD häufig überinterpretiert wird und damit die Eigenständigkeit der Urgeschichte einerseits und der vorausweisende Charakter der Verse 12,1–3 andererseits zu kurz kommt. Literatur s. bei CRÜSEMANN, Eigenständigkeit, A.4.10.12.19.

[141] Vgl. KÖCKERT, Vätergott, 266.

[142] WOLFF, Kerygma, 347; differenzierend hierzu SCHMIDT, Israel, 144: die Landnahme ist deswegen kein eigenständiges Thema, weil sie in der Verheißung, ein großes Volk zu werden, enthalten ist.

[143] Vgl. WOLFF, Kerygma, 348.

[144] Die Verse 28–30 werden gewöhnlich auch J zugeschrieben. Differenziert argumentiert WESTERMANN, BK I.2, 152f, der keine „bis in jeden Satz" vollziehbare Quellenscheidung hier für möglich hält und von einem aus J- und P-Material zusammengesetzten Stück ausgeht.

[145] Der Bezug von Gen 12,1–3 auf 11,28–30 wird von KÖCKERT, Vätergott, 262, m.E. unterbewertet.

vorbereitenden Charakter"[146]. Der Anruf JHWHs zum Aufbruch aus der angestammten Heimat stellt zusammen mit der Mehrungsverheißung somit in erster Linie einen Neuanfang für einen Mann dar, der ohne Nachkommen und damit für damalige Verhältnisse ohne Zukunft leben muß. D.h. die Verheißung in Gen 12,1–3 kann nur richtig interpretiert werden, wenn sie in diesem Verhältnis zu 11,29f gesehen wird. Dies wird auch von der Syntax her nahegelegt: der Folgesatz V.2aα kann konsekutiven wie finalen Sinn haben. V.2a wäre damit zu übersetzen: „(Geh aus deinem Land ...), auf daß ich dich zu einem großen Volk mache, indem ich dich segne und deinen Namen groß mache"[147]. Das zentrale Stichwort des Abschnitts heißt „Segen", es begegnet in Variationen fünfmal. Doch wie steht es um das Verhältnis von „großem Volk" – „Segen" – „großer Name"? Zumindest jene Schreiber, die Gen 12,3 später aufgenommen haben und sich in 18,18; 22,17f; 26,4 und 28,14 zu Wort melden, haben eine Verbindung der Segens- und der Mehrungsverheißung gesehen[148]. Die Segensverheißung, die Zusage der Erhöhung seines Namens in V.2aβ wie auch des Segens für die Sippen der Erde in V.3 nehmen sich insofern als *Konkretionen* von V.2aβ aus, wonach JHWH Abraham zu einem גוי גדול machen wird[149]. Die Zusagen richten sich an einen Einzelnen, gelten jedoch dem Volk: „Nicht Abraham als solcher, sondern Abraham als Ahn des sich auf ihn zurückführenden זרע (V7) und damit der sich auf Abraham gründende גוי (V2a) ist Adressat der Gottesrede"[150]. V.3 schließt mit einem Perfekt Consecutiv: Den fünf imperfektisch-kohortativen Konsekutivsätzen in V.2–3a folgt in V.3b ein Abschluß durch einen perfektischen Konsekutivsatz mit konstatierendem Sinn[151]. Sieht man die Segenszusage an Abraham jedoch im engen Zusammenhang der Verheißung, ihn zu einem großen Volk zu machen, dann wird klar, wie V.3b, den Wolff m.R. als Zielsatz betrachtet, gemeint ist[152]: „Die Völker werden zueinander sagen: Sei gesegnet wie

---

[146] WESTERMANN, BK I.2, 152.

[147] S. zur Begründung WOLFF, Kerygma, 351f mit A.28; KBS, Lexicon s.v. נ; SCHREINER, Segen, 2. Anders bestimmt WESTERMANN, BK I.2, 172, das Verhältnis der Sätze in V.2: nach ihm ist in der Segensverheißung ואברכך „alles weitere beschlossen".

[148] Nach KÖCKERT, Vätergott, 288 A.602, handelt es sich bei der Verheißung, Abraham zu einem „großen Volk" zu machen, nicht um eine Mehrungsverheißung, sondern um die Zusage, ihm einen großen Namen, d.h. Bedeutung zu verschaffen. Doch auch in Gen 17,20; 26,4; 28,14 stehen Segen und große Nachkommenschaft zusammen. Die Alternative ist m.E. insgesamt unzutreffend. Darüber hinaus läßt auch die Beziehung zu 11,28–30 an einen großen Namen denken, der u.a. durch zahlreiche Nachkommenschaft entsteht.

[149] Anders KÖCKERT, Vätergott, 267f, der „großes Volk" und „großer Name" als Konkretionen der Segensverheißung ansieht; ebenso WESTERMANN, BK I.2, 172f. Doch warum steht dann nicht die Segensverheißung voran, sondern kommt erst an zweiter Stelle?

[150] KÖCKERT, Vätergott, 266. Vgl. Gen 46,3, die Nahtstelle zwischen Vätergeschichte und Volksgeschichte, wo erneut das Thema גוי גדול anklingt; vgl. KÖCKERT, Vätergott, 266f.287. 295.

[151] WOLFF, Kerygma, 353, unter Hinweis auf BROCKELMANN.

[152] Vgl. WOLFF, Kerygma, 353.

Abraham"[153] (vgl. Gen 48,20; Jer 29,22). D.h. Gott möge es dir (hinsichtlich deiner Nachkommen und auch sonst) ergehen lassen, wie er es dem Abraham ergehen ließ[154]. Von einer Segens*mittlerschaft* ist dabei jedoch nichts zu spüren[155].

Von hier aus wird dann auch deutlich, worin das Segnen und Verwünschen besteht, das man Abraham entgegenbringt: JHWH „wird Abraham/Israel in einer Weise segnen, daß andere Menschen davon ... überwältigt werden und ihrerseits dieses Israel segnen. Nur eine Minderheit wird dem ... seine Anerkennung verweigern und sich damit Jahwes Fluch zuziehen."[156] Es geht somit um die hervorgehobene Stellung, die JHWH Abraham/Israel verleihen wird. Und genau dies sagt auch V.3b: „und so können in dir (= unter Berufung auf dich) alle Sippen der Erde für sich Segen erwerben"[157]. Abraham wird zu einer ברכה, einer „Verkörperung des Segens"[158], und dadurch bekommt er Bedeutung für die Menschheit.

Die Frage nach dem Recht der hier vorgetragenen Interpretation läßt sich beantworten, wenn wir versuchen, den Skopos von Gen 12,1–3 mit anderen Texten der Vätergeschichte in Beziehung zu setzen. Hier stellt sich heraus, daß die Erfüllung der Zusage, Abraham zum großen Volk zu machen, wiederholt in Frage gestellt wird[159].

Der Erzähler, der in Gen 12,1–3 zu Wort kommt, setzt somit nicht einfach an den Beginn der Vätergeschichte eine umfassende Segenszusage Gottes für alle Menschen[160], die noch jenseits der Unterscheidung von Volk Israel und Heidenvölkern zu stehen kommt, sondern er hat mit der Segenszusage an die

---

[153] So nach Neue Jerusalemer Bibel, Anm. zu Gen 12,3.

[154] So auch EHRLICH, Randglossen, 47: „Die Völker der Erde, einander segnend, sollen Abraham in ihren Segnungen als Muster eines gesegneten und glücklichen Mannes nennen."

[155] Vgl. SCHMIDT, Israel, passim; SCHMITT, Josephsgeschichte, 108–112; KÖCKERT, Vätergott, 267 A.506 (KÖCKERT hält jedoch diese Linie aaO, 298f, m.E. nicht konsequent genug durch); anders WEHMEIER, Segen, 99.199–204. Vgl. zur Sache besonders Num 24,3–9.15–19, ein dem Jahwisten in der Regel zugeschriebener Text, wo jedoch lediglich die überragende Stellung, aber keine Segensmittlerschaft Israels zur Sprache kommt; SCHMIDT, Israel, 136f.

[156] SCHMIDT, Israel, 138.

[157] Zur Übersetzung s. SCHMIDT, Israel, 138; SCHARBERT, J., Art. ברך, ThWAT I, 808–841, hier: 829; WESTERMANN, BK I.2, 176.

[158] SCHMIDT, Israel, 139. Abraham soll ein „Gestalt gewordener Segen sein"; SCHREINER, Segen, 5. Wie Schmidt herausgearbeitet hat, kommt für den Jahwisten insgesamt hinzu, daß ihm an der Betonung des Handelns JHWHs gegenüber der Herausstellung von Menschen gelegen ist; SCHMIDT, Israel, 141–143.

[159] Sara im Harem des Pharao, 12,10–20 (J); Abrahams Sohn mit Hagar wegen Saras Kinderlosigkeit 16,1–16* (J).

[160] So aber u.a. V.RAD, ATD 2–4, 122; WEHMEIER, Segen, 179; WESTERMANN, BK I.2, 176: „Wo in dieser Weise der Name Abrahams in einem Segenswunsch laut wird, da strömt der Segen Abrahams über, und für dieses Überströmen gibt es keine Grenzen, es reicht zu allen Geschlechtern der Erde ... Das in der Verheißung an Abraham angekündigte Wirken Gottes findet seine Grenze nicht an Abraham und seinen Nachkommen, es kommt zu seinem Ziel erst unter Einschluß aller Geschlechter der Erde."

Sippen der Erde zunächst Abraham und seine Nachkommen im Blick. Im Segen für die Völker soll die Segnung Abrahams sich bewahrheiten – und seine einzigartige Stellung unterstreichen.

Nun hat Gen 12,3b mehrere Parallelen in der Genesis und darüber hinaus. Entscheidend sind die Formulierungen im Detail[161]:

12,3 (an Abraham): וְנִבְרְכוּ בְךָ כֹּל מִשְׁפְּחֹת הָאֲדָמָה

LXX: καὶ ἐνευλογηθήσονται ἐν σοὶ πᾶσαι αἱ φυλαὶ τῆς γῆς.

18,18 (an Abraham): וְנִבְרְכוּ בוֹ כֹּל גּוֹיֵי הָאָרֶץ

LXX: καὶ ἐνευλογηθήσονται ἐν αὐτῷ πάντα τὰ ἔθνη τῆς γῆς.

22,18 (an Abraham): וְהִתְבָּרְכוּ בְזַרְעֲךָ כֹּל גּוֹיֵי הָאָרֶץ

LXX: καὶ ἐνευλογηθήσονται ἐν τῷ σπέρματί σου πάντα τὰ ἔθνη τῆς γῆς.

26,4 (an Isaak): וְהִתְבָּרְכוּ בְזַרְעֲךָ כֹּל גּוֹיֵי הָאָרֶץ

LXX: καὶ ἐνευλογηθήσονται ἐν τῷ σπέρματί σου πάντα τὰ ἔθνη τῆς γῆς.

28,14 (an Jakob): וְנִבְרְכוּ בְךָ כָּל־מִשְׁפְּחֹת הָאֲדָמָה וּבְזַרְעֶךָ

LXX: καὶ ἐνευλογηθήσονται ἐν σοὶ πᾶσαι αἱ φυλαὶ τῆς γῆς καὶ ἐν τῷ σπέρματί σου[162].

Bei den angeführten Parallelen fällt auf, daß ברך ni. neben Gen 12,3 noch in 18,18 (Abraham) und 28,14 (Jakob) gebraucht wird. Gen 22,18 (Abraham); 26,4 (Isaak) gebrauchen die hitp.-Form. Die hitp.-Form begegnet also dann, wenn das Segen-Gewinnen auf den Samen Abrahams bezogen ist. Am nächsten kommt Gen 12,3 die Formulierung in 28,14. Nur hier lesen wir noch משפחת האדמה, alle anderen Belege bieten גויי הארץ (bzw. nur גוים, Sir 44,21). Jedoch findet sich auch in 28,14 eine Änderung, nämlich die Erweiterung וּבְזַרְעֶךָ, was häufig als Glosse angesehen wird[163]. Der Gebrauch von גוים weist auf eine spätere Zeit[164].

---

[161] Vgl. KÖCKERT, Vätergott, 264.

[162] Sir 44,21 (über Abraham): על כן בש(בו)עה הקים לו לברך בזרעו גוים (Text nach BOCCACCIO, Ecclesiasticus). LXX: διὰ τοῦτο ἐν ὅρκῳ ἔστησεν αὐτῷ ἐνευλογηθῆναι ἔθνη ἐν σπέρματι αὐτοῦ. Zur Wirkungsgeschichte von Gen 12,1–3 in Jub 18,15f; 19; 22; 24,11 s. unten.

[163] Vgl. SCHREINER, Segen, 17.19f; WESTERMANN, BK I.2, 555. Ob die Segenszusage ursprünglich mit der Jakobüberlieferung verbunden war oder nicht (PREUSS, Theologie II, 10, im Anschluß an SCHARBERT; dagegen WOLFF), spielt für unsere Belange keine Rolle. Im jetzigen Zustand der Überlieferung begegnet sie erstmals als Zusage an Abraham, aus der sich alle anderen Parallelen ableiten lassen.

[164] WESTERMANN, BK I.2, 350f; SCHMIDT, De Deo, 137.

Gen 18,18 bietet die Segensaussage im Nif'al.[165]. Auch hier ist von einer Segensmittlerschaft Abrahams an die Völker nichts zu spüren. Die Interpretation, Abraham habe Gelegenheit, „sein Amt als Segensmittler der übrigen Völker auszuüben", indem er Fürbitte tue[166], hat keinen Anhalt am Text. Vielmehr geht es darum, daß in V.18f das „Bewahren des Weges JHWHs" als Bedingung der Erfüllung der Verheißung zum Ausdruck kommt[167].

Gen 22 wird in der Regel als elohistisch angesehen. E kennt ansonsten jedoch keine Väterverheißung. V.18 wird daher einer späteren Bearbeitung zugeschrieben[168]. „Segnen" steht hier in der hitp.-Form. Außerdem heißt es „mit/in deinem Samen (sollen sich segnen)". Dies lasse nach Westermann auf eine stärkere Betonung Israels und seiner „Bedeutung für die Völker" schließen[169]. Dabei müsse offen bleiben, wie der Sieg über die Völker (V.17b) und der Segen für die Völker (V.18a) sich zueinander verhalten[170]. Es ist jedoch die Frage, ob בְזַרְעֶךָ nicht durch den Erzählkontext, nämlich die überstandene Bewährungsprobe, veranlaßt ist: Mit einer Tötung des einzigen Nachkommen wäre die Verheißung, Abraham zum großen Volk zu machen, nicht mehr einlösbar gewesen. Gleichwohl liegt auch hier keine Aussage über Segensmittlerschaft vor.

Bei **Gen 26,4** handelt es sich wohl auch um einen späteren Zusatz[171]. Die Begründung in V.5 entspricht der in 22,18. Die Erfüllung der Mehrungsverheißung führt dazu, daß die Völker sich im Namen Abrahams Segen wünschen.

Gen 28,10–22 „ist aus mehreren Schichten zusammengewachsen"[172]. Die Spitze der Aussage 12,2b, „du sollst ein Segen sein", wird auch hier nicht erreicht. Durch die Glosse ובזרעך wird die Beziehung auf das Gottesvolk stärker betont: Unter Berufung auf den Samen Jakobs sollen sich die Geschlechter der Erde Segen wünschen.

Die Wiederaufnahmen der Segensverheißung an Abraham bleiben hinter der Formulierung in Gen 12,2f zurück. Abraham begegnet nur dort als Ver-

---

[165] Der Vers gehört zu einer nachexilischen Schicht; vgl. WESTERMANN, BK I.2, 348f; SCHMIDT, De Deo, 133–138; SCHMITT, Josephsgeschichte, 102ff; ebd. A.31–43 weitere Autoren.

[166] SCHREINER, Segen, 11.

[167] WESTERMANN, BK I.2, 351f; WESTERMANN, ebd., sieht V.18f als zusammengehörig an, gegen NOTH und L. SCHMIDT, die V.18 und V.19 auseinanderreißen und verschiedenen Schichten zuordnen.

[168] Vgl. SCHREINER, Segen, 9f.20; SCHMITT, Josephsgeschichte, 107f.

[169] WESTERMANN, BK I.2, 446.

[170] Vgl. WESTERMANN, BK I.2, 446.

[171] Vgl. NOTH, Überlieferungsgeschichte, 30; SCHREINER, Segen, 16; WESTERMANN, BK I.2, 516, geht von einem Einschub zwischen Kap. 25 und 27 aus, in dem ein altes Itinerar mit Brunnennotizen verarbeitet ist.

[172] WESTERMANN, BK I.2, 550; vgl. SCHMITT, Josephsgeschichte, 104ff. V.14 ist nach SCHREINER, Segen, 20, bis auf den Zusatz jahwistisch. WESTERMANN, BK I.2, 554, sieht in V.13f eine „sekundäre Erweiterung", was auch von der Traditionsgeschichte der Verheißungen her naheliegt.

körperung des Segens. Dagegen rückt Israel in den Vordergrund. Segen für
die Völker ist nicht das Ziel, sondern Abraham als Beispiel für Gehorsam und
die darauf folgende Bestätigung der Zusage. Schon im AT läßt sich also eine
stärkere Zurückbiegung des Völkersegens auf Israel feststellen[173]. Dies dokumentiert sich auch im Gebrauch des hitp. gegenüber dem nicht eindeutig zu
übersetzenden ni. Es ist somit festzuhalten: Gen 12,1–3 parr haben nicht in
erster Linie eine Segensverheißung an die Völker im Blick und verstehen
Israel in keinem Fall als Segens*mittler*.

Neben den Texten aus der Genesis lassen sich noch einige weitere Belege
nennen, die in der Wirkungsgeschichte von Gen 12,1–3 stehen. Sie sollen
noch kurz daraufhin befragt werden, ob sie eine universale Segensmittlerschaft Israels im Blick haben.

Ps 72,17: „Sein Name sei ewig. Solange die Sonne [scheint], sprosse sein
Name. Und in ihm soll man sich segnen, alle Völker sollen ihn seligprei-
sen"[174]. Der Psalm stellt ein Gebet für den König dar. Dabei wird die Abrahamsverheißung auf den König bezogen[175], jedoch nicht ohne Modifikation:
Er ist Segensträger für das Volk. Die Völker preisen ihn aufgrund des ihm
widerfahrenen Segens.

Jer 4,2: Sofern Israel umkehrt zu Gott, die Greuel entfernt, beim Herrn
schwört und nach Recht und Gerechtigkeit trachtet, werden sich Völker „in
ihm" segnen (התברכו בו) und sich seiner rühmen (בו יתהללו). Die Konstruktion im hitp. entspricht Gen 22,18; 26,4.

Sach 8,13: Die Beziehung von Sach 8,13 auf Gen 12,3 ist evident[176]. Der
Prophet verheißt, daß, so wie das Haus Juda/Israel bisher ein Fluchwort
unter den Völkern darstellte, es künftig ein Segenswort sein soll. Die Stellung
Judas/Israels wird sich dergestalt zum Positiven wenden, daß die Völker in
seinem Ergehen eine ברכה, eine Verkörperung des Segens erblicken.

Jes 19,24: Der Text wurde schon analysiert. Im Zusammenhang wird eine
Gleichstellung von Ägypten und Assur mit dem Gottesvolk angesprochen.
Wenn überhaupt in der hebräischen Bibel, dann ist hier Israel Mittler des
Segens, jedoch so, daß sich der Beitritt Israels als Dritter im Bund segensreich
für die Erde auswirkt. Der Segen geht in jedem Fall von Gott aus (V.25).

---

[173] Vgl. SCHREINER, Segen, 18.

[174] WESTERMANN, BK I.2, 175, ergänzt mit LXX in V.17a „alle Geschlechter der Erde". Der
Parallelismus macht eindeutig, wie ברך hitp. hier zu verstehen ist, nämlich reflexiv.

[175] KRAUS, BK XV.2, 499. Es steht jedoch nichts davon da, daß der König der „universale
Segensträger Gottes" wäre (so KRAUS, ebd.).

[176] Vgl. RUDOLPH, KAT XIII.4, 149f.

Auch die prophetischen Belege und Ps 72,17 haben also bis auf Jes 19,24 keine Segensmittlerschaft Israels im Blick. Anders wird dies, wenn wir auf die LXX-Übersetzung von Gen 12,1–3 parr blicken[177].

Die LXX übersetzt stets passiv mit ἐνευλογέομαι ἐν: „durch dich/ihn/seine Nachkommen sollen gesegnet werden alle Völker/Stämme der Erde". Das ἐν hat dabei instrumentalen Sinn, und die Aussage wird verstärkt durch das Kompositum ἐνευλογέω. Ἐνευλογέομαι ist außerhalb der LXX nicht belegt[178]. Auch die Pseudepigraphen bieten hier nichts. Im AT begegnet es Gen 12,3; 18,18; 22,18; 26,4; 28,14; Ps 9,24 (10,3); 71(72),17 (v.l. in Cod. Sinaiticus²); Sir 44,21. 1Sam 2,29 ist die Verwendung unsicher[179]. Die Belege bei Philo, Migr 1.118.122; Her 8; Som I,3.176 sind LXX-Zitate von Gen 12,3; 26,4; 28,14. Das bedeutet, alle passivischen Belege bis auf Ps 9,24 (10,3) stehen zu Gen 12,3 in Beziehung.

Hier ist nun in der Tat von einem universalistischen Zug der Segensmittlerschaft Israels in der Formulierung von Gen 12,3 parr zu sprechen. משפחת in Gen 12,3 und 28,14 wird mit φυλαί, גוים jeweils mit ἔθνη übersetzt. Durch Abraham soll der Segen Gottes an alle Völker und Sippen weitergegeben werden. Hier ist dann auch der Punkt, an den Paulus in Gal 3 anknüpfen wird.

Zu Gen 12,1–3 und seinen atl. Parallelen ist somit festzuhalten, daß die Segenszusage in Gen 12 die universale Bedeutung Abrahams als Segensmittler für „alle Sippen des Erdbodens" zunächst nicht im Blick hat, sondern es darin um die Bewahrheitung der Verheißung an Abraham geht. Der Sinn von Gen 12,3 wird in den Parallelstellen teilweise noch zurückgenommen oder auf Israel zugespitzt. Um eine Gleichstellung der Völker mit Israel geht es dabei nirgends, vielmehr hat der Erzähler von Gen 12 die Bedeutung des Segens Abrahams unterstreichen wollen.

Die LXX hat jedoch aus Abraham einen Segensmittler für alle Völker gemacht und ist damit für den universalen Charakter der Aussage, an den Gal 3,8 und Apg 3,25 anknüpfen, verantwortlich. Damit zeigt sich jedoch keine generelle Tendenz der LXX, denn wie an Jes 19,24f LXX deutlich wird, gibt es auch den umgekehrten Vorgang.

Von einer Gleichstellung der Völker mit dem Gottesvolk kann bei Gen 12,1–3 (MT) und seinen Aufnahmen (außer in Jes 19,24 MT) keine Rede sein. Damit stehen wir bei der Frage, wie in der frühjüdischen Literatur über eine

---

[177] Sir 44,21 findet eine Reduktion des Segens auf die Stämme Israels statt, s. dazu unten S. 47ff, ähnliches gilt für Jub 19; 22; 27, s. dazu unten S.58ff.

[178] So die Auskunft des Thesaurus Linguae Graecae der University of California, Irvine, ed. 1991.

[179] Vgl. MT; LSJ, s.v., vermuten hier medialen Gebrauch.

Eingliederung der Völker ins Gottesvolk oder eine Gleichstellung gedacht wurde. Bevor hierzu die Texte befragt werden, blicken wir zunächst auf das AT zurück und fassen zusammen.

b) Auswertung

Für das AT läßt sich festhalten, daß sowohl im Zusammenhang der Vorstellung von der Völkerwallfahrt zum Zion als auch abseits davon[180] Texte existieren, die eine Eingliederung von Heiden ins Gottesvolk[181] bzw. eine Gleichstellung im Blick haben[182]. Geht es in 2Kön 5 wie in Hiob, Ruth, Maleachi und Jona noch um die Frage einer legitimen JHWH-Verehrung durch Heiden, so gehen die Texte aus dem Jesaja- und Sacharjabuch insofern einen Schritt weiter, als sie – ohne dies im Sinn des Proselytismus zu verstehen – die (endzeitliche) Möglichkeit der Aufnahme von Heiden in das Gottesvolk bzw. deren Gleichstellung zum Ausdruck bringen. Gleiches gilt für die Psalmen 25, 47, 87 und 100, sofern die als Möglichkeit vorgetragene Exegese sich als tragfähig erweist.

An folgende Varianten einer Beziehung zwischen Gottesvolk und Völkern ist dabei zu denken: (1) Angehörige der Völker werden in das bestehende Gottesvolk aufgenommen, indem auch ihnen die Bundeszusage zugesprochen wird (Sach 2,15; Ps 25,12-15; 100,3). (2) Gott legt neben Israel einem anderen Volk ebenfalls das Prädikat עַם־יהוה bei (Jes 19,16-25) bzw. die Völker werden dem Gottesvolk gleichstellt (Jes 25,6-8; Ps 47,10; 87,4-6). (3) Es erfolgt ein genereller Umbau des Gottesvolkkonzeptes, bei dem die Zugehörigkeit nicht mehr von der Herkunft abhängig gemacht wird (Jes 56,3-8; auch Ps 25,12-15) bzw. die Heiden eine Stellung erhalten, die sonst nur Israeliten vorbehalten war (Jes 66,18-24).

Rückblickend stellt sich die Frage, ob es sich bei den angesprochenen Texten nur um Einzelbelege handelt oder ob sich dahinter eine Tendenz bzw. Strömung verbirgt, die sich (theologisch, soziologisch, chronologisch) noch näher bestimmen läßt.

---

[180] Die Vorstellung einer Integration der Völker ins Gottesvolk bzw. deren Gleichstellung hat also ihren Ort nicht unbedingt nur in der Zionstheologie (s. v.a. Jes 19)!

[181] Jer 12,14f wurde nicht diskutiert, da es nicht in diesen Bereich gehört: Abgesehen von der Frage, ob es sich um einen jeremianischen Text oder um eine Nachinterpretation handelt, ist die Auferbauung der Heidenvölker „inmitten meines Volkes" (V.16b) abhängig von der Übernahme der דַּרְכֵי עַמִּי („Wege/Sitten meines Volkes"), d.h. der jüdischen Religion (RUDOLPH, HAT I.12, 90), es geht folglich um die Integration von Proselyten (RUDOLPH, ebd; gegen WEISER, ATD 20, 108).

[182] ZELLER, Logion, 237, sieht richtig, daß die Frage nach dem Heil der Heiden nicht mit der Völkerwallfahrt gekoppelt sein muß, er engt jedoch zu sehr ein, wenn er formuliert, daß „das Geschick der Heiden einzig im Rahmen der Verheißung für Zion in den Blick" komme.

Nachdem Gen 12,1–3 und seine Parallelen als Belege, die eine Gleichstellung zum Ausdruck bringen, entfallen müssen, ist die Möglichkeit, einen vorexilischen Beleg zu finden, geschwunden. Alle anderen Texte waren – zumindest in ihren für unsere Fragestellung relevanten Passagen – relativ sicher in nachexilische Zeit einzuordnen. Hierbei zeigte sich insbesondere bei den Belegen aus dem Jesajabuch eine Tendenz, die eine fortschreitende Gleichstellung Israels und der Völker deutlich werden ließ: Ging es in Jes 56 noch um einzelne, die dem Gottesvolk gleichberechtigt zugehören sollten, so wurde in Jes 66 schon eine Vielzahl von Menschen dazugerechnet. In Jes 19 wurden dann die Erzfeinde Israels, Ägypten und Assur, mit Gottesvolkprädikaten belegt und in Jes 25 alle Völker zum Freudenmahl eingeladen. Nicht von ungefähr handelt es sich um Texte aus dem Jesajabuch, die alle nach der Verbindung von Jes 1–39* mit Jes 40–55*.60–62 zum „Großjesajabuch" redaktionell hinzugefügt wurden[183]. Der Universalismus Deuterojesajas stellt insgesamt die theologische Voraussetzung für eine in nachexilischer Zeit erfolgte Neuorientierung dar. Es kann vermutet werden, daß sich hinter den behandelten Texten Repräsentanten einer Strömung verbergen, die in nachexilischer Zeit ausgehend von der Prophetie Deuterojesajas und angesichts der gewandelten Umstände eine Neuordnung des Verhältnisses Israels zu den Völkern anstrebten[184]. Interessanterweise steht diese Strömung in zeitlicher Korrespondenz zu den partikularistischen Bestrebungen Esras und Nehemias im 4./3. Jh. v.Chr. und stellt die theologische Antithese dazu dar[185]. Jene suchten die Identität Israels durch Absonderung Israels von den Völkern, diese im (utopischen) Entwurf einer Integration der Völker in die Gottesgemeinschaft[186]. Daß es sich im weitesten Sinn um eine Gegenströmung gegen den

---

[183] Vgl. STECK, Abschluß, 196.

[184] Es spielt dabei keine Rolle, daß sich diese Strömung nicht durchsetzen konnte. Nach FOHRER, Israels Haltung, 73, vertreten Jes 25,6–8 wie auch Jes 2 eine „unrealistische und utopische Haltung", die sich – ebenso wie die in Joel 4; Jes 13; Jes 14,1–23 zum Ausdruck kommende, feindliche Ablehnung – nicht durchsetzen konnte, sondern an der Realität scheitern mußte.

[185] Lediglich Sach 2,15 ist unter der Voraussetzung der obigen Exegese älter und seinerseits Voraussetzung für die partikularistischen Bestrebungen bei Esra/Nehemia.

[186] Von besonderer Bedeutung ist dabei, daß die Beschneidung in den behandelten Texten (bis auf Jes 56) keine explizite Rolle spielt. Hieraus läßt sich jedoch kaum ableiten, daß sie untergeordnete Bedeutung hatte. STIEGLER, JHWH-Gemeinde, 185, vermutet, daß sie erst in hellenistischer Zeit ihre „eigentliche Bedeutung als Bekenntniszeichen" erhalten habe. Schon in der späten Königszeit lasse die Betonung der Herzensbeschneidung etc. (Jer 4,4; 9,25, 6,10; Dtn 10,16; 30,6) auf einen Bedeutungsverlust schließen. Das Umgekehrte ist jedoch wahrscheinlich: Die Beschneidung war üblich, daher wurde nach einem zusätzlichen Kriterium gesucht, das die Zugehörigkeit zur JHWH-Gemeinde ausdrücken sollte (vgl. PREUSS, Theologie II, 257f; KÖCKERT, Leben, 33–44, bes. 40). Wie STIEGLER aus der Beleglage folgern zu wollen, die Beschneidung sei in persischer Zeit kein „ethisch-nationales Kennzeichen des Judentums" gewesen (aaO, 185), scheint mir nicht möglich. Dies würde bedeuten, daß Ex 12,43.48 vorübergehend außer Kraft gesetzt bzw. in dieser Zeit auch kein Passafest gefeiert worden wäre. Es ist daher m.E. eher davon auszugehen, daß die Beschneidung, auch wo sie nicht erwähnt wird, still-

Deuteronomismus handeln dürfte, wird auch durch die antithetische Beziehung von Jes 56,3–8 zu Dtn 23,2–9 nahegelegt.

Der letztgenannte Beleg steht inhaltlich wiederum mit Texten wie Esr 9,1–4; 10; Neh 13,23ff in enger Beziehung[187].

Das atl. Bild wäre unvollständig, würde nicht jener Komplex von Texten wenigstens genannt, der zwar nicht von einer Integration von Völkern ins Gottesvolk handelt und auch nicht von einer Gleichstellung, aber dennoch hinsichtlich des Verhältnisses Israel/JHWH – Völker „zu atl. Spitzenaussagen"[188] gelangt: die sog. Gottesknechtslieder bei Dtjes (42,1–4; 49,1–6; 50,4–9; 52,13–53,12), speziell das letzte der vier. Nach ihm hat der Knecht[189] nicht nur eine Aufgabe an Israel (vgl. 42,3f; 49,1–6), sondern auch an der Völkerwelt: „Er hat sühnende Bedeutung (Jes 53,10: אָשָׁם) als Schuldopfer für die ‚Vielen', damit aber auch für Menschen, die nicht zu den ‚Wir' des Mittelstücks des vierten Liedes, damit also auch nicht zu Israel gehören (Jes 53,11f.)."[190] Schon vorher wurde gesagt, daß der Knecht den מִשְׁפָּט Gottes, seinen positiven Rechtsentscheid, zugunsten der Völker hinausträgt (42,6; 49,6)[191] und ihnen Heil („Licht") vermittelt. Jes 53,10 geht jedoch darüber hinaus, indem er „die Vielen", d.h. alle anvisiert, für die das Opfer des Knechtes Bedeutung gewinnt. Die Unterscheidung zwischen dem Gottesvolk und den Völkern wird dadurch aber nicht angetastet[192].

---

schweigend vorausgesetzt wird. Ob dies jedoch auch für Texte wie Jes 19,18–25; 25,6–8; 66,18–24 gilt, läßt sich nur vermuten.

[187] Vgl. PREUSS, Theologie II, 310.

[188] PREUSS, Theologie II, 324.

[189] Zu dessen Deutung s. PREUSS, Theologie II, 325, und die dort angegebene Lit. Zum letzten Lied s. jüngst JANOWSKI, Sünden.

[190] PREUSS, Theologie II, 325.

[191] So JEREMIAS, Gottesknechtslied; PREUSS, Theologie II, 325.

[192] In ein anderes Licht rücken die Gottesknechtlieder, wenn man sie mit STECK, Gottesvolk, bes. 71–73, in die letzte Redaktionsschicht des Jesaja-Buches einzeichnet. Dann wird die „Nachkommenschaft des Gottesknechts" gleichbedeutend mit dem „wahre[n] Gottesvolk aus Israel und Völkern" (71). Doch dies ist veranlaßt durch red. Texte wie Jes 56,1–8 und 66,19ff und nicht durch die Gottesknechtslieder selbst.

§ 5 Möglichkeit und Grenze der Erweiterung des Gottesvolkes in frühjüdischen Texten

a) Der Versuch der Assimilation unter Aufgabe des Gottesvolkgedankens durch die Hellenisten des 2. Jhs. v.Chr.

Die Makkabäeraufstände des 2. Jhs. v.Chr. waren mitverursacht durch Hellenisierungsbestrebungen jüdischer Kreise, die – zumindest in ihrer Endphase – eine Gleichstellung der Heiden mit Israel bzw. eine Assimilation Israels an die Völker unternahmen[1]. Wenn wir uns im folgenden dem Frühjudentum zuwenden, so wird die aus 1Makk 1,11–15 (vgl. 2Makk 4,1–17) erschließbare Geisteshaltung der „Hellenisten" des 2. Jhs. v.Chr. keiner näheren Analyse unterzogen. Denn selbst wenn zuzugeben ist, daß es sich in 1Makk 1,11–15 um die Darstellung der Ereignisse durch die siegreichen Gegner handelt[2] und die Entwicklung aufgrund politischer Ungeschicklichkeiten und sozialer Spannungen unglücklich verlaufen ist, so muß dennoch festgestellt werden, daß jene Hellenisierungsbestrebungen nicht nur eine Modifikation des Gottesvolkgedankens bedeuteten, sondern schließlich unter Aufhebung oder Umgehung desselben vonstatten gingen[3]. Sie tragen daher für unsere Fragestellung positiv nichts aus[4]. Mit dem Gottesvolkgedanken war auch der Erwählungsgedanke hinfällig geworden, und es interessierten

---

[1] Vgl. dazu HENGEL, Judentum, Kap. IV; die wichtigsten Hinweise auch bei SCHUNCK, JSHRZ I.4, 299f; HABICHT, JSHRZ I.3, 214ff.

[2] Zum Grad der Zuverlässigkeit des 1Makk s. SCHUNCK, JSHRZ I.4, 292.

[3] Vgl. z.B. Dan 11,30; zit. bei BRINGMANN, Reform, 103. BRINGMANN betont, daß die hellenistische Reform nicht auf Antiochius IV. zurückgeht, sondern auf den Hohenpriester Jason (67.73; durch BRINGMANNs Analysen muß auch die Darstellung der Gründe für den Makkabäeraufstand bei ALT, A., Galiläische Probleme, in: DERS., Kleine Schriften II, München 1953, 363–435, hier: 402f, modifiziert werden). Zur Absicht der Reformer s. BRINGMANN, aaO, 74–82, wobei BRINGMANN die These TCHERIKOVERs ablehnt, ökonomische Gründe hätten hinter der Reform gestanden. BRINGMANN bringt ebenfalls verschiedene Modifikationen an der Darstellung der Entwicklung durch HENGEL bzw. BICKERMANN, auf den HENGEL sich stützt, an (99–111). Er legt u.a. Wert darauf, daß die Motivation des „Reformers" Menelaos keineswegs religiös war (105). Es war zunächst nicht vorgesehen, die Kultgesetze aufzuheben, da davon die kultische Stellung Jerusalems und damit seine Prosperität abhing (76–82). Der Reformversuch endete gleichwohl in der Umgestaltung des jüdischen Ethnos in ein „hypertrophes, in einer staatsrechtlichen Grauzone angesiedeltes Gebilde, das im Sommer 163 v.Chr. im Zuge der religiösen Restitution liquidiert und durch die alte Ethnosverfassung ersetzt wurde" (94). Zu BRINGMANN s. kritisch die bei HENGEL, Judentum, XI A.1, genannte Literatur.

[4] Grundlegend dazu BICKERMANN, Gott der Makkabäer, bes. 91–115; TCHERIKOVER, Civilisation, 117–234; daneben HENGEL, Judentum, 486–564, bes. 549ff; HEGERMANN, Judentum, bes. 333–338; BRINGMANN, Reform, 108ff.

an der Geschichte Israels nur noch „jene Züge, die Anlaß gaben, die Väter der Urzeit wie Abraham und Mose als »Prōtoi Heuretai« und wahre »Weltbürger« zu verherrlichen"[5].

Gleichwohl haben der „hellenistische Reformversuch" und sein Scheitern die Entwicklung des Judentums seit den Makkabäerkämpfen bis in die Zeit des Neuen Testaments nachhaltig geprägt. Hengel nennt sieben Punkte[6]: 1. eine äußerste Empfindlichkeit gegenüber allen Übergriffen auf Gesetz und Heiligtum; 2. die verstärkte Tendenz zur Absonderung, die im Gegenzug wiederum Antijudaismus fördert; 3. die Stärkung des Nationalbewußtseins; 4. die Verhinderung synkretistischer Tendenzen im Mutterland (nicht aber in der Diaspora); 5. die Fixierung der weiteren Entwicklung auf die Tora (Toraontologie); 6. die Unterbindung der Möglichkeit einer freien Entfaltung von Kritik an Kult und Gesetz; 7. die Förderung von Dynamik und Vitalität der jüdischen Religion, die sich in weltweiter Mission niederschlägt.

b) Die Abgrenzung von allem Heidnischen in Schriften des palästinischen Frühjudentums

Als Belege, die Stellung des Frühjudentums zu den Heiden zu charakterisieren, werden bei Bousset-Greßmann neben PsSal 17,28 v.a. Joel 4,17; Jub 23,30; 50,5; 1Hen 38; 45; 62,8–16; 69,28ff genannt[7]. Sie sollen die Austreibung aller Gottlosen aus der Gemeinde Israels und die Aversion gegen alles Fremde im Judentum belegen. Allein, die angeführten Stellen geben dies nicht her, denn es handelt sich jeweils um die Feinde des Gottesvolkes und nicht um Fremde schlechthin. Gleichwohl scheint die Gesamttendenz auf Abgrenzung und nicht auf Integration hin zu gehen[8]. Doch dies ist im folgenden genauer zu überprüfen. Auch hier ist wie schon im AT zu unterscheiden, ob es sich um Texte handelt, die eine positive oder negative Haltung zu den Heiden insgesamt einnehmen, um Texte, die von einer endzeitlichen Bekehrung der Heiden zum Gott Israels reden, oder um Texte, die eine Aufnahme der Heiden ins Gottesvolk bzw. eine Gleichstellung mit diesem beinhalten.

---

[5] HENGEL, Judentum, 552; vgl. WALTER, JSHRZ I.2, 92.

[6] HENGEL, Judentum, 558–564.

[7] BOUSSET-GRESSMANN, Religion, 236.

[8] Eine Rücknahme in der theologischen Beurteilung von Heidenvölkern mußte schon für die LXX-Übersetzungen von Jes 19,24f; 25,6–8 und Ps 47,10 festgestellt werden, doch gab es eben auch die gegenläufige Tendenz, s. Gen 12,1–3 parr LXX.

Jesus Sirach[9]

Ben Sira ist in seiner Ausrichtung binnenorientiert[10]. Obgleich er von den Gojim nicht verächtlich spricht[11], so interessieren ihn die Völker selbst bis auf wenige Äußerungen kaum[12]. Für ihn steht Israel nahezu einsam im Zentrum[13]. Mittelpunkt seines Denkens ist „die als Gnadengabe und Geschenk empfundene Offenbarung Gottes an sein Volk"[14]. Erwählt ist allein Israel: es ist nach 17,17 Erbbesitz des Herrn (vgl. Dtn 7,6) und nach 51,12 das Volk, das Gott nahen darf; die Weisheit schlug nach 24,8 in Jakob – und nur dort – ihr Zelt auf, da sie bei den Völkern vergeblich einen Ort suchte[15]. Von einem Universalismus kann bei Ben Sira keine Rede sein[16]. Zwar „stellt die Verbindung zwischen Weisheit und gesamter Schöpfung ein universalistisches Motiv dar"[17] (vgl. 1,1–10; 24,3–9), jedoch liegt der Akzent bei Jesus Sirach darauf, daß die Weisheit nur durch *Gottesfurcht*, und d.h. durch Beachtung der Mosetora erreicht wird[18]. Dies gilt nach 10,22 auch für Gäste, Fremde und Ausländer. Wer das Gesetz übertritt, gilt als verachtet (10,19)[19].

8,18 warnt vor der Preisgabe von Geheimnissen an einem Fremden (זר), 9,3 vor Kontakt mit einer fremden Frau (אישה זרה)[20]. Mit der Aufnahme eines

---

[9] Für Einleitungsfragen und Bibliographie s. SCHÜRER, History III.1, 198–212; ROST, Einleitung, 47–50; SKEHAN/DI LELLA, Ben Sira, 3–92 (Lit. 93–127); SAUER, JSHRZ III.5, 494–504; NICKELSBURG, Literatur, 55–69; MAIER, Zwischen den Testamenten, 70.95f.148. Zur Theologie: HANSON, Volk, 333–339; SANDERS, Paulus, 309–325; SAUER, JSHRZ III.5, 490–493; WISCHMEYER, Kultur, bes. 259–305; MARBÖCK, Geschichte. Jesus Sirach wurde vermutlich um 200 v.Chr. in Palästina auf Hebräisch verfaßt. Der LXX-Text, dem die Übersetzung des Enkels Ben Siras zugrunde liegt, unterscheidet sich z.T. erheblich vom hebräischen Original. Dieses liegt jedoch nicht vollständig vor. Näheres bei SAUER, JSHRZ III.5, 483ff; SKEHAN/DI LELLA, Ben Sira, 51–62; WISCHMEYER, Kultur, 3ff. Die Verszählung erfolgt in diesem Abschnitt nach SAUER, JSHRZ III.5.

[10] Der Aspekt des Verhältnisses Israels zu den Fremden, der für die Kultur Ben Siras nicht unbedeutend ist, wird bei WISCHMEYER, Kultur, nicht eigens thematisiert, vgl. lediglich die Bemerkungen aaO, 74 A.8.112f.198.261f.303f.

[11] Vgl. MIDDENDORP, Stellung, 164. MIDDENDORP geht jedoch in seiner Zusammenstellung (164ff) auf wichtige der unten genannten Texte nicht ein.

[12] SAUER, JSHRZ III.5, 491, betont im Anschluß an HENGEL und im Gegensatz zu MIDDENDORP, der in Ben Sira einen Vertreter hellenistischer Geisteshaltung erblicken möchte, die „starke Traditionsgebundenheit an das jüdische Erbe".

[13] Dies kommt auch in der Darstellung von Tempel und Kult zum Ausdruck; vgl. HANSON, Volk, 334f.

[14] SAUER, JSHRZ III.5, 491.

[15] Dazu SANDERS, Paulus, 309.

[16] Mit SANDERS, Paulus, 624 A.3. 625 A.8, gegen JANSSEN, Gottesvolk, 29f.

[17] So SANDERS, Paulus, 311, im Anschluß an MARBÖCK.

[18] SANDERS, Paulus, 311; SAUER, JSHRZ III.5, 492.

[19] Gegen BURKILL, Antinomies, 121–179, der in 10,19 ein Beispiel für Ben Siras Universalismus finden möchte; zu 10,19ff s.u.

[20] Vgl. auch den Zusatz in 26,19ff in einigen LXX-Hss. Nach ZIEGLER, J., Jesus Sirach, Septuaginta XII.2, 1965, 249, handelt es sich um die lukianische Rezension (Minuskeln 248.493.637), die Minuskel 743 sowie die syrische Übersetzung. 41,20 fordert auf, keine „frem-

Fremden (זר) besteht nach 11,32 die Gefahr der Entfremdung von der eigenen Lebensart (דרך). Deshalb ist Separation vonnöten. 10,15ff rechnet damit, daß Gott so, wie er Sünder und Stolze vernichtet, auch Völker (גוים) vertilgen und ihr Andenken von der Erde verschwinden lassen wird[21]. Zwar gilt das Erbarmen Gottes nach 18,13f allen Menschen, doch nur insofern er zurecht-weist und belehrt und damit zum Halten der Gebote erzieht[22]. Nach 35,18–20 ist es die göttliche Gerechtigkeit, die nicht eher ruht, bis an den Völkern (גוים) Vergeltung geübt wurde. Und in 36,1–17 schließt sich ein Gebet um Befreiung und Wiederherstellung Israels daran an, in dem die Niederwerfung der feindlichen Völker, die Sammlung Israels und die Verherrlichung Jerusalems erbeten werden[23]. Zwar sollen die Völker Gottes mächtige Taten sehen (V.3) und zur Anerkenntnis der Gottheit kommen (V.17)[24], jedoch wird die Israel-Zentrierung damit nicht aufgehoben: Die Völker sind lediglich Zuschauer der Verherrlichung, wobei die LXX dies gegenüber dem ursprünglichen hebräischen Text noch verstärkt hat[25].

Eine Ausnahme scheint 10,19–25 zu bilden. Es geht um das Ansehen von Personen: Am meisten geachtet ist der, der den Herrn fürchtet (V.19a). V.20 stellt fest, daß in den Augen der Mitmenschen das gesellschaftliche Oberhaupt geehrt wird; mehr Ehre gebührt jedoch dem, der gottesfürchtig ist. Der Text ist zwar an dieser Stelle nicht einhellig überliefert[26], klar ist jedoch, daß dem,

---

den" Frauen anzublicken. Der hebr. Text ist lückenhaft, der LXX-Text bietet jedoch ἀπὸ ... γυναικὸς ἑταίρας (41,22 LXX).

[21] Nach 39,23 hat Gott in seinem Zorn schon früher ganze Völker (גוים) vertrieben (vgl. 46,6).

[22] Unzureichend die Darstellung bei JANSSEN, Gottesvolk, 29, der nur auf die Huld Gottes gegenüber allen Menschen abhebt.

[23] Dazu HENGEL, Judentum, 273f; WISCHMEYER, Kultur, 261f.

[24] SKEHAN/DI LELLA, Ben Sira, 421, verweisen auf Dan 3,26–45 und betonen den universalen Horizont. M.E. stellt es jedoch eine zu weitgehende Interpretation dar, hier einen Beleg für einen universalen Gottesbegriff finden zu wollen: „God of *all*, i.e., Jews, Gentiles, the whole universe" (ebd.). Dabei lesen sie in 36,17 הכל אל und nicht עולם אל. Die beigebrachte Parallele für diese Gottesbezeichnung aus dem apokryphen Psalm 151,4 aus Qumran (11QPs[a] 151 XXVIII,7–8) hat jedoch je nach textkritischer Entscheidung entweder הכל אדון oder אלוה הכל und ist somit nicht völlig deckungsgleich. Es empfiehlt sich daher bei der von BOCCACCIO und dem Historical Dictionary of the Hebrew Language vorgeschlagenen Lesart עולם אל zu bleiben (vgl. Gen 21,33; so auch WISCHMEYER, Kultur, 261f A.36, trotz Verweis auf SKEHAN/DI LELLA). Nach SANDERS., Psalms Scroll, DJD IV, 55, ist überdies aus metrischen Gründen weder אדון noch אלוה mit הכל zu verbinden (vgl. jedoch die ebd. 54 A.4 genannten Arbeiten von SKEHAN und RABINOWITZ, die eine andere metrische Einteilung vorschlagen). Im übrigen geht Ben Sira selbstverständlich davon aus, daß der Gott Israels als Schöpfer der Herr der Welt ist (vgl. 36,1.5; 50,22). Doch gerade aus dem Gebet Sir 36 (wie auch aus dem späten Einschub in den hebr. Text 51,12, der im griech. Text fehlt,) wird deutlich, wie sich das Herr-Sein Gottes im Dasein für sein Volk konkretisiert (36,10–17; 51,12f–o).

[25] V.14 (= LXX V.13, BOCCACCIO V.19) bietet folgenden Befund: die LXX liest λαός als Objekt der Verherrlichung, der hebr. Text bezieht dagegen auf den Tempel und liest היכל.

[26] Vgl. dazu RÜGER, Text, 56; SAUER, JSHRZ III.5, 530 A.20a; ZIEGLER, Septuaginta XII.2, 172.

der Gott fürchtet, das Ansehen gebührt[27]. V.22 hebt den Sachverhalt ins Grundsätzliche: גר זר נכרי ורש תפארתם יראת ייי[28]. Die Frage stellt sich, ob mit jenen, ‚die den Herrn fürchten' (LXX: οἱ φοβούμενοι [τὸν] κύριον, V.19.20), „Gottesfürchtige" im technischen Sinn gemeint sein können. Die Unsicherheit des Verständnisses schlägt sich auch in der handschriftlichen Überlieferung der LXX nieder: Während Rahlfs in V.22a πλούσιος καὶ ἔνδοξος καὶ πτωχός liest, bietet Ziegler προσήλυτος καὶ ξένος καὶ πτωχός. Dies kommt dem hebräischen Text zwar näher, dennoch ist auch hier der נכרי ausgelassen, für den ἀλλότριος zu erwarten wäre. Es spricht somit manches dafür, daß die LXX V.22a nicht generell auf Heiden beziehen und damit auch in V.19.20 φοβούμενοι [τὸν] κύριον nicht im technischen Sinn von „Gottesfürchtige" verstanden wissen will. Dennoch ist einzuräumen, daß für Sirach die Gottesfurcht, die als „ganzheitliche Lebensprägung des Weisen" das Leitmotiv in 1,8–43,29 abgibt[29], eine Größe darstellt, aufgrund derer andere Unterschiede zurücktreten: Sowohl Randsiedler der Gesellschaft (V.22) als auch solche, die an erster Stelle stehen (V.24), werden allein an ihrer Gottesfurcht gemessen und gewinnen von daher ihren Status (vgl. 25,11). Es würde jedoch zu weit gehen, hierin eine grundsätzliche Gleichstellung von Heiden und Gottesvolk zu erblicken.

Gegen Ende seiner Schrift (Kap. 44ff) kommt Ben Sira auf die Heilsgeschichte zu sprechen[30], die er mit Henoch beginnen läßt und unter dem Motto: „Reich ist die Herrlichkeit, die der Höchste zugeteilt hat" (44,2a) darstellt[31]. Dabei wird auch die Segenszusage an Abraham erwähnt (44,19–21) und nicht verschwiegen, daß diese sich auf Völker (גוים) bezieht[32]. Abraham wurde Vater vieler Völker (V.19). Hervorgehoben wird in 44,20 die von Abraham auf Befehl Gottes vollzogene Beschneidung und die bestandene Prüfung – hier ist wohl Gen 22 gemeint –, was für Gott Anlaß wurde, den Segen für Völker durch Abrahams Nachkommen eidlich zu versprechen. Damit sind die Verhältnisse von Gen 12,1–3 jedoch umgekehrt. Die Fortsetzung in V.22f macht dann deutlich, daß Ben Sira das כל משפחות האדמה aus Gen 12 bewußt in גוים geändert hat, denn er bezieht die Segenszusage im

---

[27] V.21 ist nur in einigen griechischen Hss überliefert.

[28] Text nach The Book of Ben Sira, Jerusalem 1973. Eine Unsicherheit zwischen Textform A und B besteht nur in זר (so B) bzw. וזד (so A). Nach SAUER, JSHRZ III.5, 530 A.22a, dürfte זר ursprünglich sein. גר ist in beiden Fällen eindeutig belegt.

[29] WISCHMEYER, Kultur, 192, im Anschluß an HASPECKER, Gottesfurcht.

[30] Vgl. WISCHMEYER, Kultur, 276–281; JANSSEN, Gottesvolk, 16–33; HENGEL, Judentum 184f; MARBÖCK, Geschichte.

[31] Vgl. WISCHMEYER, Kultur, 277.

[32] גוים ist dabei indeterminiert. PETERS, Jesus Sirach, 381, findet in der in V.21 ausgedrückten Verbreitung die endzeitliche Weltherrschaft angesprochen. Dagegen votiert JANSSEN, Gottesvolk, 18.

folgenden nur auf die zwölf Stämme, die Nachkommen Israels[33]. גוים wird hier verstanden als die Nachkommen der zwölf Stammväter: Ihnen ist das Erbe zugesagt, das „von einem Meer zum andern, vom Fluß bis an die Grenzen der Erde" gehen soll (V.21b)[34]. Der Hohepriester bringt dies durch seine Kleidung, v.a. den Gürtel mit den Namen der zwölf Stämme, stets bei Gott in Erinnerung (45,11). Diese Engführung der Abrahamsverheißung wird auch deutlich aus 44,22f[35]: Gott überträgt den Bund mit allen Vorfahren (Noah, Abraham etc.) auf Isaak (der sonst eine untergeordnete Rolle spielt[36]) und dann auf Israel-Jakob, von dem Mose, der Führer des Volkes abstammt (45,1)[37].

Die Teilhabe von Heiden am Heil hat Ben Sira nicht im Blick. 50,17 in dieser Weise zu verstehen[38] ist aufgrund des Kontextes ausgeschlossen. כל בשר heißt hier wohl „alle Anwesenden" bzw. „alle Versammelten"[39]. Die LXX gibt sachlich richtig wieder mit πᾶς ὁ λαὸς κοινῇ. Eine Gleichstellung von Heiden oder deren Eingliederung ins Gottesvolk liegt nicht im Horizont Ben Siras.

PsSal 17[40]

Hatten wir es bei den Belegen aus den Propheten und Psalmen des AT mit Texten zu tun, die die endzeitliche Möglichkeit einer Eingliederung von Heiden ins Gottesvolk im Blick hatten, so begegnet uns in den PsSal der Kontrapunkt (evtl. aus dem pharisäischen Milieu). In 2,2f.19.23f erscheinen die Heiden als Entweiher des Heiligtums (vgl. 8,7ff)[41]. Gott wird gebeten, ihnen

---

[33] Zutreffend HAHN, Genesis 15,6, 99 A.42. Die Stelle Sir 44,19–21 liegt insofern nicht auf einer Linie, die von Gen 12,1–3 zu Gal 3,8ff führt; gegen MUSSNER, Gal, 213.

[34] Das würde bedeuten, daß die klare Unterscheidung zwischen Volk Gottes und Völkern nicht am Begriff גוים festgemacht werden kann, so aber WISCHMEYER, Kultur, 74 A.8, unter Hinweis auf Sir 10,8; 50,25.

[35] Zur Textkritik vgl. SAUER, JSHRZ III.5, 616 A.23a.

[36] Vgl. ähnlich unten zum Jubiläenbuch.

[37] V.23 wird von JANSSEN, Gottesvolk, 18f, als Ausdruck der universalen Ausrichtung des Siraziden verstanden, was jedoch vom Kontext her kaum möglich erscheint.

[38] So JANSSEN, Gottesvolk, 30.

[39] Vgl. die Einheitsübersetzung z.St.

[40] Die Psalmen Salomos stammen vermutlich aus der Mitte des 1. Jhs. v.Chr. (vgl. SCHÜPPHAUS, Psalmen Salomos, 138–150.155; SCHÜRER, History III.1, 192–197. TROMP, Sinners, 361, datiert in die letzte Hälfte des 1. Jhs. v.Chr.) und werden meist pharisäischen Kreisen zugeschrieben. Zur literaturgeschichtlichen Einordnung s. auch KRAUS, Tod Jesu, 136 A.113 und die dort genannte Lit. Die Zuordnung zu pharisäischen Kreisen, die u.a. von HOLM-NIELSEN, JSHRZ IV.2, 59; SCHÜPPHAUS, Psalmen Salomos, 5–11.127–137; SCHÜRER, History III.1, 195; DENIS, Introduction, 64; NICKELSBURG, Literature, 223, vertreten wird, erfährt zunehmend Widerspruch: vgl. STEMBERGER, Pharisäer, 106f (Lit.); unsicher auch NIEBUHR, Heidenapostel, 48 A.207 (eindeutiger für pharisäische Herkunft noch NIEBUHR, Gesetz, 223 A.266).

[41] Nach HOLM-NIELSEN, JSHRZ IV.2, 57, handelt es sich bei den Gottlosen, die von der Polemik der PsSal getroffen werden, „meist um abtrünnige Volksgenossen". Nicht so jedoch in Kap. 1; 2; 8; 17. Hier sind es „deutlich" (ebd.) äußere Feinde.

dafür „auf ihr Haupt zu vergelten" (2,25). Die Bedrückung, die Israel auszuhalten hat, stellt dabei das Gericht Gottes dar; die heidnischen Herrscher sind nur Gottes Zuchtrute (8,15ff; 17,7ff). Die Hoffnung geht aber dahin, daß Gott der Bedrückung ein Ende machen und Jerusalem zu neuem Glanz verhelfen werde (17,14f.30f). Dabei wird sich die Königsherrschaft Gottes in ihrer richterlichen Gewalt über die Heiden auswirken (17,3), und ihr Same wird von der Erde weggenommen (17,7). Der David-Messias soll deshalb von Gott nicht länger zurückgehalten werden, sondern das (irdische)[42] messianische Reich aufbauen[43]:

„[(17,21)] Ἰδέ, κύριε, καὶ ἀνάστησον αὐτοῖς τὸν βασιλέα αὐτῶν υἱὸν Δαυιδ εἰς τὸν καιρόν, ὃν εἴλου σύ, ὁ θεός, τοῦ βασιλεῦσαι ἐπὶ Ισραηλ παῖδά σου·"

Im Zuge des Auftretens des Messias soll Jerusalem von Heiden, die zerstörend auftreten, und ebenso von Sündern gereinigt werden:

„[(17,22)] καὶ ὑπόζωσον αὐτὸν ἰσχὺν τοῦ θραῦσαι ἄρχοντας ἀδίκους, καθαρίσαι Ιερουσαλημ ἀπὸ ἐθνῶν καταπατούντων ἐν ἀπωλείᾳ, [(23)] ἐν σοφίᾳ δικαιοσύνης ἐξῶσαι ἁμαρτωλοὺς ἀπὸ κληρονομίας, ἐκτρῖψαι ὑπερηφανίαν ἁμαρτωλοῦ ὡς σκεύη κεραμέως."

Die „frevelhaften Heiden" sollen mit dem Wort seines Mundes (vgl. Jes 11,4) vernichtet und in die Flucht geschlagen und andererseits soll das dem Herrn geheiligte Volk gesammelt werden:

„[(17,24)] ἐν ῥάβδῳ σιδηρᾷ συντρῖψαι πᾶσαν ὑπόστασιν αὐτῶν, ὀλεθρεῦσαι ἔθνη παράνομα ἐν λόγῳ στόματος αὐτοῦ, [(25)] ἐν ἀπειλῇ αὐτοῦ φυγεῖν ἔθνη ἀπὸ προσώπου αὐτοῦ καὶ ἐλέγξαι ἁμαρτωλοὺς ἐν λόγῳ καρδίας αὐτῶν. [(26)] Καὶ συνάξει λαὸν ἅγιον, οὗ ἀφηγήσεται ἐν δικαιοσύνῃ, καὶ κρινεῖ φυλὰς λαοῦ ἡγιασμένου ὑπὸ κυρίου θεοῦ αὐτοῦ·"

Unter den Übriggebliebenen wird die Ungerechtigkeit verbannt sein, und sie werden mit dem Ehrentitel „Söhne Gottes" bezeichnet werden:

„[(17,27)] καὶ οὐκ ἀφήσει ἀδικίαν ἐν μέσῳ αὐτῶν αὐλισθῆναι ἔτι, καὶ οὐ κατοικήσει πᾶς ἄνθρωπος μετ' αὐτῶν εἰδὼς κακίαν· γνώσεται γὰρ αὐτοὺς ὅτι πάντες υἱοὶ θεοῦ εἰσιν αὐτῶν."

---

[42] Dazu KARRER, Der Gesalbte, 254; erst PsSal 18 setzt einen eschatologischen Akzent.

[43] PsSal 17f wird gewöhnlich als Beleg für die zum NT zeitgenössische herrscherliche Messiaserwartung gewertet (z.B. HOLM-NIELSEN, JSHRZ IV.2, 56f; WÄCHTER, Messiasverständnis, 17). KARRER, Der Gesalbte, 249–255, hat jüngst die messianische Erwartung der PsSal als singuläre Ausnahme von der Regel dargestellt und damit die Diskussion erneut angeregt. Vgl. dazu jedoch ZELLER, D., Zur Transformation des Χριστός bei Paulus, JBTh 8, 1993, 155–167.

Dann wird es auch keine „Beisassen" und „Fremdstämmige" in Jerusalem mehr geben; der Messias wird als ein neuer Josua das Land an die Stämme verteilen[44]. Völker und Völkerschaften werden mit Gerechtigkeit gerichtet:

„[(17,28)] καὶ καταμερίσει αὐτοὺς ἐν ταῖς φυλαῖς αὐτῶν ἐπὶ τῆς γῆς, καὶ πάροικος καὶ ἀλλογενὴς οὐ παροικήσει αὐτοῖς ἔτι· [(29)] κρινεῖ λαοὺς καὶ ἔθνη ἐν σοφίᾳ δικαιοσύνης αὐτοῦ."

Die Völker werden Fronarbeit leisten (V.30) und dürfen allenfalls als Zuschauer Jerusalems Glanz und die Herrlichkeit Gottes bewundern (V.31)[45].

„[(17,30)] Καὶ ἕξει λαοὺς ἐθνῶν δουλεύειν αὐτῷ ὑπὸ τὸν ζυγὸν αὐτοῦ καὶ τὸν κύριον δοξάσει ἐν ἐπισήμῳ πάσης τῆς γῆς καὶ καθαριεῖ Ιερουσαλημ ἐν ἁγιασμῷ ὡς καὶ τὸ ἀπ' ἀρχῆς [(31)] ἔρχεσθαι ἔθνη ἀπ' ἄκρου τῆς γῆς ἰδεῖν τὴν δόξαν αὐτοῦ φέροντες δῶρα τοὺς ἐξησθενηκότας υἱοὺς αὐτῆς καὶ ἰδεῖν τὴν δόξαν κυρίου, ἣν ἐδόξασεν αὐτὴν ὁ θεός."

Die Aussagen sind gesättigt mit Anklängen aus dem AT, insbesondere aus dem Jesajabuch[46]. Ins Auge fällt jedoch der durchweg negative Aspekt, unter dem die Heidenvölker erscheinen. Besonders auffällig ist, daß es keinen Beisassen (πάροικος) und Fremden (ἀλλογενής) mehr darin geben soll (V.28). Ein „freiwilliges Kommen", von dem V.31 scheinbar ausgeht, wiegt in keiner Weise den Frondienst auf, von dem V.30 spricht[47], denn das Kommen geschieht ja nicht zum Heil der Völker, sondern ausschließlich zur Huldigung Israels (vgl. Jes 60,9 innerhalb von 60,1–22)[48]. Auch ist nicht zu erkennen, daß der Psalm in irgendeiner Weise „die Linie heilvoller Einbeziehung der Heidenvölker unter das Wirken des Gesalbten" darstellen soll[49]. Der Text macht vielmehr die andere Seite der möglichen Bandbreite deutlich, wenn man ihn mit Jes 19,16–25; 56,3–8; 66,18–24; 1Hen 10,21; 90,38 vergleicht. Die Möglichkeit der JHWH-Verehrung durch Heiden oder gar deren Aufnahme ins Gottesvolk wird zwar nicht – wie in Qumrantexten – explizit verneint, an sie ist hier jedoch überhaupt nicht gedacht.

---

[44] Ἐπὶ τῆς γῆς muß hier im Sinn von „im Land" verstanden werden; vgl. HOLM-NIELSEN, JSHRZ IV.2, 103 A.28a.

[45] Hier sind möglicherweise verschiedene Vorlagen verarbeitet: Ps 72,9–11; Jes 66,18ff; 2,2–4; 49,22f; vgl. HOLM-NIELSEN, JSHRZ IV.2, 103 A.31a.

[46] Vgl. im einzelnen die Anmerkungen bei HOLM-NIELSEN.

[47] So aber KARRER, Der Gesalbte, 253.

[48] Zur deutlichen Verschiebung des Akzentes von Dtjes zu Trtjes s. ZIMMERLI, W., Zur Sprache Tritojesajas, ThB 19, 1969, 217–233, bes. 223.

[49] So aber KARRER, Der Gesalbte, 253, im Anschluß an KELLERMANN, DAVENPORT und MACK. Richtig dagegen ZENGER, Jesus, 69.

4Esr und SyrBar

Die beiden anderen in der Regel dem Bereich des Pharisäismus zugewiesenen Schriften 4Esr (ca. 90 n.Chr.) und syrBar (ca. 90 n.Chr.) [50] kommen im Blick auf die Völker zu ähnlichen Vorstellungen wie die PsSal. Nach syrBar 68,5–7 kommen die Völker, um Israel zu preisen, es erfolgt jedoch ein Völkersturz. Das Völkerkampfmotiv begegnet auch in 70,7f: Auf ein Zeichen Gottes hin werden die Völker Krieg führen, und keiner wird dem Verderben entrinnen. Heil gehen aus dem Krieg nur die Bewohner des hl. Landes hervor, das die Seinigen schützt (71,1). Etwas besser ergeht es nach 72,2–6 den Völkern, die Israel nicht bedrängt haben, sie werden durch den Gesalbten nicht getötet, werden sich jedoch Israel unterwerfen. Alle anderen werden untergehen. Die Vernichtung der Feinde des Menschensohnes bzw. des Gottesvolkes beinhaltet auch 4Esr 13,5ff.33–37.49[51].

c) Die Idee der Rückkehr aller Menschen in den Stand der Abrahamsohnschaft in 1Hen 90

1Hen 90,38 (10,21f)

Die sog. „Tiersymbolapokalypse" 1Hen 85,1–90,42 bietet ein weltgeschichtliches Panorama in Form einer Tierallegorie[52]. Die Weltgeschichte wird in 3 bzw. 4 Epochen aufgeteilt, die jeweils anhand verschiedener Tiere dargestellt werden[53]. Die erste Epoche reicht von Adam bis Isaak, die zweite von Jakob

---

[50] Zu Einleitungsfragen s. ROST, Einleitung, 94–97 bzw. 91–94; SCHÜRER, History III.1, 294–306; III.2, 750–756. Im allgemeinen gilt syrBar als von 4Esr abhängig.

[51] Nach ZELLER, Logion, 235 A.69, trifft auf syrBar und 4Esr am ehesten das pauschale Negativurteil von BOUSSET-GRESSMANN, Religion, 234f, zu.

[52] Sie gehört zum dritten Teil des 1Hen (83–90), den Traum-Visionen. Die zeitliche Einordnung geschieht zwischen ca. 250–160 v.Chr.; vgl. ROST, Einleitung, 104; NICKELSBURG, Literature, 90–94; BLACK, Enoch, 19–21; DENIS, Introduction, 15–30; CHARLESWORTH, Pseudepigrapha, 98f; HENGEL, Judentum, 320 A.442.342 (vor dem Tod des Judas Makkabäus); MILIK, Enoch, 44, datiert ins Frühjahr 164 (v.a. aufgrund von 90,16, was er zu makkabäischen Aktionen in Beziehung setzt, und 90,31, wo Judas Makkabäus gemeint sei; ebd., 45); dagegen SCHÜRER, History III.1, 250–268, hier: 255 A.9: 2. Hälfte der 160-er Jahre. DIMANT, Jerusalem; DIES., History; DIES., Literature, 544–547, versucht die qumranische Herkunft der Traumvision 1Hen 85–90 zu erweisen; dagegen m.R. GARCÍA MARTÍNEZ, Qumran, 78. Zur Beziehung von 1Hen zu 1QM s. DEINES, Abwehr, 63f A.16, und die dort genannte Lit.

[53] HENGEL, Judentum, 342f. MÜLLER, TRE 3, 212–215, will das Heil in 1Hen 90 nur auf Israel bzw. die Diaspora, nicht aber auf die Heiden beziehen. Von V.40f her sei deutlich, daß es nicht um Weltgeschichte, sondern um Geschichte Israels gehe. Die Verse 37–39 beurteilt MÜLLER als sekundären Zusatz aus dem 1. Jh. v.Chr. (TRE 3, 245; vgl. die erweiterte Form des Artikels in: MÜLLER, Apokalyptik, SBAB NT 11, 164ff.171ff; im Anschluß an MÜLLER, U.B., Messias und Menschensohn in jüdischen Apokalypsen und in der Offenbarung des Johannes, StNT 6, 1972, 65–72). Dies gehe daraus hervor, daß mit V.36 das Corpus der Tiervision „unzweideutig" abgeschlossen sei (165) und mit V.37 „ohne erkennbare Vorbereitung die Geburt des *Messias* als ‚eines weißen Farren mit großen Hörnern'" eingeführt werde (165). MÜLLER sieht darin den

bis zur Preisgabe der Schafe (Israels) an 70 Hirten, an deren Ende das Gericht steht. Die dritte Epoche beginnt nach dem Gericht und die vierte mit dem Kommen einer „messianischen" Gestalt[54].

Die wissenschaftliche Diskussion drehte sich über weite Strecken um die Frage, ob es sich bei dem weißen Farren (90,37) um eine Messiasgestalt handelt oder nicht. Dabei fällt der Schluß der Tiersymbolik häufig unter den Tisch. Nachdem der weiße Farre in klarer Parallele zu 85,3 steht, wo er Adam symbolisiert, hat Milik dafür plädiert, in ihm eher einen zweiten Adam als eine messianische Figur zu sehen[55]. Damit ist jedoch nicht ausgeschlossen, daß „the new Adam may have been the apocalypticist's idea of the coming Messiah; the Gentiles fear and revere him as they are to fear the traditional Messiah"[56]. Man wird somit zwar nicht von einem Messias ben David sprechen können, „messianische" Implikationen jedoch nicht völlig ausschließen dürfen.

Die für unsere Belange wichtigere Aussage in 1Hen 85–90 bezieht sich jedoch auf das Verhältnis von Israel zu den Völkern anhand der Tiergestalten. Die Linie der von Gott Erwählten läuft von Adam bis Isaak über die Gestalt weißer Farren (85,3–89,11), von Jakob an über weiße Schafe (89,12–90,36)[57]. Bis zu Isaak sind Völkergeschichte und Geschichte des Gottesvolkes noch nicht zu trennen. Mit den beiden Söhnen Isaaks, Jakob und Esau, beginnt die Trennung: Künftig symbolisieren die Schafe das Gottesvolk Israel, die Völker werden dagegen durch Wildesel, Wildschweine, Wölfe u.a. dargestellt. Die Führer Israels begegnen von Saul ab in Gestalt von Widdern (89,42ff). Nach der Zeit der Preisgabe der Schafe an 70 Hirten (Fremdherrscher) und dem

---

Versuch, die national-restaurative Messiaserwartung in die Tiervision einzubauen und versteht die Verse als „literarische[n] Niederschlag des Einspruchs einer asidäisch-pharisäischen Koalition gegen den hasmonäischen Anspruch auf das Königtum" (171 und ff). MÜLLER will damit zeigen, daß im Frühjudentum keineswegs zwei konkurrierende Eschatologien (national-irdisch und universal-transzendent) im Sinn eines Gegensatzes existierten, vielmehr von einer Korrelation beider auszugehen sei. Letzteres zugestanden ist MÜLLERs Interpretation jedoch nicht zwingend: Zunächst handelt es sich – wie MÜLLER, aaO, 173, selbst feststellt – bei der „messianischen" Gestalt (V.37) keineswegs um einen Davididen als Repräsentanten einer national-irdischen Eschatologie (s. hierzu gleich im Anschluß). Zum andern geht es in V.38 nicht nur um Israel, sondern um eine neue Menschheit, was MÜLLER zwar registriert, aber nicht weiter auswertet. Zum dritten läßt MÜLLER die Sachparallele 1Hen 10,21f außer acht, die ebenfalls die gesamte Menschheit im Blick hat (s.u.).

[54] Vgl. HENGEL, Judentum, 342ff.

[55] MILIK, Enoch, 45; rezipiert von BLACK, Enoch, 280, vgl. 20f; DERS., New Creation, 19f; GARCÍA MARTÍNEZ, Qumran, 75; keine herrscherliche Messiaserwartung, sondern „die Wiederherstellung uranfänglicher Zustände nach dem Gericht" sieht auch KARRER, Der Gesalbte, 129 A.156; skeptisch auch CHESTER, Expectations, 30 A.37; COLLINS, Messianism, 97–109; anders GOLDSTEIN, Authors, 72ff.75; UHLIG, JSHRZ V.6, 704 A.37a; KLAUSNER, Messianic Idea, 288; unsicher HENGEL, Judentum, 347.

[56] BLACK, Enoch, 280 vgl. 21.

[57] Zur Schaf-Symbolik s. JEREMIAS, J., Art. ποιμήν κτλ., ThWNT VI, 484–501, zu 1Hen 85–90: 488; KVANVIG, Roots of Apocalyptic, 106ff.

erfolgten Gericht wird das alte Heiligtum von Gott „ein-" und ein neues Heiligtum „ausgewickelt" (90,28f). Die Tiere des Feldes und die Vögel des Himmels, welche die Heidenvölker darstellen, unterwerfen sich den Schafen (90,30). Die Prärogative Israels bleibt also zunächst bestehen[58]. Danach versammeln sich alle im neuen Heiligtum, um Gott anzubeten (90,33), und das Schwert der Feindschaft wird im Heiligtum versiegelt (90,34). In einem letzten Abschnitt erscheint jene „messianische" Gestalt: ein weißer Farre mit großen Hörnern (90,37). Zu ihm nun kommen alle Tiere des Feldes und Vögel des Himmels, um ihn für immer anzuflehen. Doch damit nicht genug: Schließlich werden alle Geschlechter in weiße Farren verwandelt, wie es die Patriarchen von Adam bis Isaak waren (90,38):

„[37] Ich sah, daß ein weißer Farre mit großen Hörnern geboren wurde. Alle Tiere des Feldes und alle Vögel des Himmels fürchteten ihn und flehten ihn an alle Zeit. [38] Ich sah, bis daß alle Geschlechter verwandelt und alle weiße Farren wurden; der erste unter ihnen wurde ein Büffel, und jener Büffel wurde ein großes Tier und bekam auf seinem Kopfe große und schwarze Hörner[59]. Der Herr der Schafe aber freute sich über sie [ihn?] und über alle Farren."[60]

Dieser Schluß überrascht nach 90,30[61]. Könnte man 90,30 und die Aussage 90,36, wonach das ‚Haus' voll werden würde, daß es die Eingeladenen nicht fassen kann, noch im Sinn von Jes 49,19ff verstehen, so liegt 90,38 eine „alle nationalen Schranken brechende [...] Darstellung des Heils für die gesamte Menschheit" vor[62]. Der Unterschied von Juden und Heiden wird hierdurch endzeitlich aufgehoben[63]. Es findet eine Rückkehr in die Zeit vor der Trennung seit Jakob statt[64].

Die Aussage erinnert an 1Hen 10,21f, einen Text aus dem in die Henochüberlieferung eingefügten Noahbuch[65], in dem für die Endzeit eine von aller

---

[58] Vgl. BEER, in: KAUTZSCH II, 297 A.m; man sollte hier jedoch noch nicht von der messianischen Zeit reden, denn die steht noch aus. V.31 spricht dann im letzten Teil nochmals vom Gericht, das stattfinden soll, dies beruht jedoch vermutlich auf Textverderbnis; so UHLIG, JSHRZ V.6, 703 A.31d, im Anschluß an DILLMANN und CHARLES.

[59] Die schwarzen Hörner könnten auf die Hamiten hinweisen, die wie die Heiden in die Familie des neuen Adam aufgenommen werden. Vielleicht liegt auch ein Schreiberversehen vor und statt μελάνοις müßte es μεγάλοις heißen; BLACK, Enoch, 280.

[60] Übersetzung nach BEER, in: KAUTZSCH II, 297f; sachlich gleich UHLIG, JSHRZ V.6, 704; BEER hält „und jener Büffel wurde ein großes Tier" in V.38 für eine mögliche Glosse. Leider existiert hierzu kein griechisches und auch kein hebräisches/aramäisches Fragment (s. BLACK, Apokalypsis Henochi Graece; MILIK, Enoch).

[61] Anders BLACK, Enoch, 19, im Anschluß an JEREMIAS.

[62] HENGEL, Judentum, 344. VOLZ, Eschatologie, 358f, erwähnt zwar auch die Möglichkeit einer gleichberechtigten Teilnahme von Heiden am Heil, nennt jedoch nicht so entscheidende Stellen wie 1Hen 10,21f; 90,38.

[63] Vgl. NICKELSBURG, Literature, 93; vgl. 51.

[64] 1Hen 85,3 ist Adam als weiser Farre dargestellt, aber eben auch Isaak!

[65] Vgl. ROST, Einleitung, 103. Die Entstehung liegt nach NICKELSBURG, Literature, 48, vor 175 v.Chr. Zum Noahbuch s. jetzt GARCÍA MARTÍNEZ, Qumran, 1–44.

seit der Flut geschehenen Sünde gereinigte Erde und die Anbetung Gottes durch alle Völker erwartet wird:

„(21) Alle Menschenkinder sollen gerecht sein, alle Völker sollen mich verehren, mich preisen und sie alle werden mich anbeten. (22) Die Erde wird rein sein von aller Verderbnis, von aller Sünde, von aller Plage und von aller Qual, und ich werde nicht abermals eine Flut[66] über sie senden von Geschlecht zu Geschlecht und bis in Ewigkeit."[67]

„(21) καὶ ἔσονται πάντες λατρεύοντες οἱ λαοὶ καὶ εὐλογοῦντες πάντες ἐμοὶ καὶ προσκυνοῦντες. (22) καὶ καθαρισθήσεται πᾶσα ἡ γῆ ἀπὸ παντὸς μιάσματος καὶ ἀπὸ πάσης ἀκαθαρσίας καὶ ὀργῆς καὶ μάστιγος, καὶ οὐκέτι πέμψω ἐπ' αὐτοὺς εἰς πάσας τὰς γενεὰς τοῦ αἰῶνος."[68]

Auch hier geht es nicht nur um die endzeitliche Anbetung Gottes durch die Heiden, sondern es wird ausdrücklich vermerkt, daß alle Menschen gerecht sein werden.

Das Besondere an 1Hen 90,38 liegt darin, daß die heilsgeschichtliche Differenzierung in Israel und die Völker ausdrücklich zurückgenommen wird und daß dies in Verbindung steht mit dem Kommen einer „messianischen" Gestalt[69]. Dieser am Schluß geborene weiße Farre knüpft an die seit Jakob nicht mehr existente Tiergestalt an: Er gleicht Adam, dem ersten Menschen, aber auch Isaak, dem Sohn Abrahams, dem letzten, der in diesem Bild erschienen war[70]. Mit seinem Kommen hebt die Verwandlung aller Geschlechter in

---

[66] „Eine Flut" ist textkritisch schlecht bezeugt; s. UHLIG, JSHRZ V.6, 532 A.22d.
[67] Übersetzung des äthiopischen Textes nach BEER, in: KAUTZSCH II, 243; vgl. UHLIG, JSHRZ V.6, 532. Sachlich erinnert die Aussage an Gen 8,21.
[68] Text nach BLACK, Apokalypsis Henochi Graece, 26f.
[69] Die Abfolge des Geschehens in 1Hen 90 weist gewisse Parallelen mit Sach 2 auf:

Sach 2	1Hen 90
1. Gericht an den Israel bedrängenden Völkern	1. Gericht an den Sternen, den 70 Hirten und den verblendeten Schafen
2. Gottes Präsenz in Israels Mitte	2. Abschaffung des alten und Errichtung eines neuen Heiligtums als Ort göttlicher Präsenz
3. – (folgt später, vgl. 8.)	3. Unterordnung der anderen Tiere unter die Schafe (Israel)
4. Versammlung der Völker	4. Versammlung aller im neuen Heiligtum
5. –	5. Abschaffung des Kriegshandwerks
6. –	6. Ankunft einer „messianischen" Gestalt
7. Völker werden zum JHWH-Volk	7. Gleichgestaltung aller Tiere zu Farren = Rückkehr aller in die Noah-Abraham-Linie
8. Endzeitliche Erwählung Jerusalems	8. –
9. „Alles Fleisch" ist stille vor Gott = Aufhebung aller Unterschiede	9. – (vgl. 7.)

Strukturgleichheit besteht in folgenden Punkten: Gericht – neue Präsenz Gottes – Versammlung aller – Aufhebung der Unterschiede zwischen dem Gottesvolk und den Völkern.
[70] Es spielt dabei keine Rolle, daß er hier „wesentlich als Mensch" (BEER, in: KAUTZSCH II, 298 A.a.) und nicht als himmlische Gestalt gezeichnet wird. Entscheidend ist, daß die die Völker symbolisierenden Tiere und Vögel sich an ihn wenden.

weiße Farren an, d.h. alle sind von nun an als „Söhne Adams/Abrahams" zu verstehen.

Damit ist freilich zugleich gesetzt, daß die Existenz der Schafe von begrenzter Dauer ist: Jakob und seine Nachkommen leben eine begrenzte Zeit in Gestalt weißer Schafe, bis sie dann nach dem Gericht zurückverwandelt werden in weiße Farren und damit den übrigen Völkern wieder gleichen. 1Hen 90,38 trifft sich in dieser Hinsicht mit Jes 66,23, wonach כל־בשר nach Jerusalem kommen wird, um JHWH anzubeten.

Zieht man die sachlich-theologischen Konsequenzen aus 1Hen 90, so ist erstaunlicherweise festzustellen, daß zum neuen Heiligtum ein neues Gottesvolk gehören wird, das alle Menschen umfaßt. Damit ist eine endzeitliche Gleichstellung der Heidenvölker mit Israel vollzogen und die Zeit der Nachkommen Jakobs (und d.h. die Existenz Israels) als alleiniges Gottesvolk wird zu einer zeitlich begrenzten Episode[71].

d) Die überwiegende Abgrenzungstendenz in Schriften aus dem Einflußgebiet der Qumrangruppe[72]

Die Essener stellen verglichen mit den anderen jüdischen Religionsparteien eine rigoristisch-konservative Gruppe dar[73]. Die Anfänge der essenischen Bewegung liegen zu Beginn des 2. Jhs. v.Chr., der Zeit der Hellenisierung Palästinas[74]. Als Partei treten sie ab 152 v.Chr. in Erscheinung, jener Zeit, als der Makkabäer Jonathan als Nicht-Zadokite in Jerusalem das Hohepriesteramt okkupierte. Die Hauptmasse der Qumranschriften stammt aus den darauf folgenden hundert Jahren[75]. Bei allen Schriften aus den Höhlen von Qumran ist aber zu fragen, ob es sich tatsächlich um Qumran-Typisches handelt oder um Schriften, die nur dort gesammelt wurden. Dies gilt insbesondere für das Material aus 4Q, da es hierbei vermutlich um Bestände aus der

---

[71] 1Hen 48,4–5 gehört nicht in unseren Zusammenhang, denn hier ist zwar von der Anbetung der Völker die Rede, nicht jedoch davon, in welchem Verhältnis diese zum Gottesvolk stehen.

[72] Diese Bezeichnung nach ROST, Einleitung, 7.98. Eine bibliographische Erschließung der Qumran-Texte bietet FITZMYER, Dead Sea Scrolls, und der Forschungsbericht von A.S. VAN DER WOUDE, ThR 54, 1989, 221–261; 55, 1990, 245–307; 57, 1992, 1–57.225–253.

[73] Dies gilt trotz der Unsicherheit bei der näheren Beschreibung der Religionsparteien, wie dies aus STEMBERGER, Pharisäer, passim, deutlich wird.

[74] S. hierzu die fesselnde Darstellung von STEGEMANN, Essener, 198ff.

[75] S. hierzu HENGEL, Judentum, 319f; DEINES, Abwehr, 62f und die dort genannte Lit. Einen Überblick auf dem neuesten Stand der Forschung vermittelt jetzt STEGEMANN, Essener, 116–193.

Bibliothek der Gemeinschaft geht, die nicht nur für Qumran typische Schriften, sondern auch in Qumran gepflegte Traditionsliteratur enthielt[76]. Schon aus dieser Tatsache erklären sich z.T. die unterschiedlichen Tendenzen der Schriften: Die Abgrenzungstendenz, die z.B. in der Damaskusschrift, insbesondere aber in 4QMMT, 4QFlor und 11QT deutlich wird, und daneben die freundlichere Haltung gegenüber Heiden z.B. in 1Q27 [Livre des Mystères], 4QDibHam [Dibre HamMe'orot] und in 4QOrNab [Gebet des Nabonid].

Das Jubiläenbuch[77]
Beim Jubiläenbuch handelt es sich um eine vorqumranisch-essenische Schrift[78]. In ihr sind Abgrenzungsprozesse von grundlegender Bedeutung[79] und machen eine wichtige Komponente der Identitätsfindung aus[80].

Folgende Merkmale sollen die Identität Israels kennzeichnen[81]: unbedingte Einhaltung des Sabbat (2,1–2.21.25–27.31; Kap. 50); Ablehnung der Nacktheit (3,31); keine Entweihung der Feste (6,17ff.23ff; 16,20ff; 34,18f; Kap. 49); Festhalten am solaren Kalender (6,18.32.38); Ablehnung des Götzendienstes (11,16f; 12,1–14); Beachtung der Speisegebote, v.a. des Verbots von Blutgenuß (6,7–14; 7,28.31f; Kap. 21); Vollzug der Beschneidung und Ablehnung des Epispasmos (15,11–14.25–30.33f; 20,3); keine Mischehen und sexuelle Beziehungen in verbotenen Verwandtschaftsgraden (20,3f; 22,20f; 25,1–10; Kap. 30; 33; 41).

Zwar gehören Gott alle Völker, Israel jedoch ist besonderer Nähe gewürdigt (15,31f). Die Aussonderung durch Gott (2,19) und die Absonderung von den heidnischen Völkern (22,16; vgl. 21,21–23[82]; 25,1) korrespondieren. Zwei Bestimmungen erhalten besonderes Gewicht: die Sabatheiligung und die Be-

---

[76] S. dazu STEGEMANN, Essener, 108f. Daher muß unterschieden werden zwischen protoessenischen Traditionen und Anschauungen der Qumrangemeinschaft. Die Detailforschung an diesem Punkt kann hier nicht geleistet werden, sondern ist weiteren Spezialuntersuchungen vorbehalten.

[77] Für Einleitungsfragen s. die Diskussion bei BERGER, JSHRZ II.3, 298–300; ROST, Einleitung, 98–101; NICKELSBURG, Literature, 73–80; SCHÜRER, History III.1, 308–318 (zu den Qumranfragmenten ebd., 309 A.1); DENIS, Introduction, 150–162 (zu den griechischen Fragmenten), 157f (zu den Fragmenten aus Qumran). Die Schrift war ursprünglich hebräisch abgefaßt, ist vollständig jedoch nur in einer äthiopischen Übersetzung erhalten, die selbst wiederum auf eine griechische Übersetzung zurückgeht. Die Qumranfragmente belegen die zuverlässige Wiedergabe des hebräischen Originals; vgl. VANDERKAM, Studies, 18–95.

[78] Die Entstehungszeit der Schrift liegt vermutlich im 2. Jh. v.Chr. Nachdem die Schrift zwar stark essenisch geprägt ist, jedoch bestimmte, qumran-typische Züge nicht aufweist, ist das Werk am ehesten als vorqumranisch-essenisch einzuordnen; NIEBUHR, Gesetz, 207 mit A.179, im Anschluß an VANDERKAM, BERGER, TESTUZ, ROST, EISSFELDT, DENIS, CHARLESWORTH, V.D. OSTEN-SACKEN.

[79] Vgl. SCHWARZ, Identität, 15, im Anschluß an EISSFELDT, Einleitung, 823, und RÖNSCH, Buch der Jubiläen, 525; vgl. BERGER, JSHRZ II.3, 281.

[80] Vgl. den Titel der Arbeit von SCHWARZ: Identität durch Abgrenzung.

[81] S. dazu im einzelnen SCHWARZ, Identität, 103–129.

[82] Zu Kap. 21 s. jetzt VANDERKAM/MILIK, Preliminary Publication, 62–83.

schneidung. Wie die von Natur aus beschnittenen Engel, so sollen auch die Israeliten beschnitten sein (15,27). Wer die Beschneidung verweigert, wird ausgerottet (15,14.26.28.34)[83]. Der Sabbat hat solche Bedeutung, daß die seit der Schöpfung nicht gefeierten Sabbate des Landes nachgeholt werden (50,1ff).

Die Heidenvölker tauchen in Jub fast nur unter negativem Aspekt auf[84]: Sie sind Bedrücker des Gottesvolkes (23,23f), sie sind dem Untergang geweiht (15,31; 22,20–22; 23,30; 24,28–30; 26,34). Durch Geister, die sie beherrschen, läßt Gott sie bewußt in die Irre gehen (15,31). An anderen Stellen werden sie als Diener Israels angesehen (22,11f; 26,23.31.34; 31,18; 32,19; 38,12–14). Eine Eingliederung von Heiden ins Gottesvolk wird nur im Zusammenhang der Beschneidung und der Aufnahme von Fremden in Abrahams Sippe bedacht. Voraussetzung ist jedoch eindeutig die Beschneidung (15,24).

Besondere Beachtung hinsichtlich der Stellung zu den Heidenvölkern im Jub verdient die Segensverheißung an Abraham und die Weitergabe des Segens an Jakob. Einerseits heißt es, durch Abraham sollen „alle Väter der Erde gesegnet werden" (12,23)[85]; Abraham sei „Vater aller Völker" (15,6–8); Könige würden von ihm abstammen (15,8); in Abrahams Samen würden „gesegnet sein alle Völker der Erde" (18,16). Andererseits wird die Segenslinie auf Jakob und seine Nachkommen (19,16f.20–24.27; 27,11) hin verstärkt und eingegrenzt. Es ist „die besondere Konzeption des Jub, daß alle normativen Überlieferungen der gesamten Väter der Menschheit wie auch aller Segen, den je die Väter der Menschheit über ihre Nachkommen aussprachen, auf Jakob/ Israel zielen und ihm vereinigt sind"[86] (vgl. bes. 19,27)[87]. Noch bevor Isaak geboren ist, wird verheißen, daß einer unter den Söhnen Isaaks „heiliger Same" sein werde: ein „Volk der Sohnschaft vor allen Völkern" und ein „Königtum und Priestertum und heiliges Volk" (16,17f). Nur in Isaak wird der Segen weitergegeben (16,16; 17,6), die anderen Söhne werden zu Völkern werden und unter die Heidenvölker gezählt (16,17). Der Segen Abrahams geht direkt von ihm auf Jakob über (19,26ff), Abraham segnet Jakob vorrangig vor Isaak (22,10ff.27–30; 27,11)[88]. Auch wird Jakob als „Sohn Abrahams" bezeichnet (19,17; 22,10.23), als der, den Abraham liebt (19,15.21) und der „in Ewigkeit" gesegnet sein wird (19,21). Jakob ist sogar rückwirkend den Vätern vor ihm

---

[83] Vgl. hierzu insbesondere SANDERS, Paulus, 347–354.

[84] Vgl. SANDERS, Paulus, 354f.

[85] Zur Textkritik s. BERGER, JSHRZ II.3, 395 A.23b.

[86] BERGER, JSHRZ II.3, 280.421. Der Autor von Jub nimmt mit dieser Zentrierung auf Jakob/Israel eine Linie auf, die schon im Dtn angelegt ist (SCHREINER, Segen, 17f, mit zahlreichen Belegen).

[87] Der erste Bundesschluß, von dem Jub berichtet, ist der Noahbund. Die Gebote Gottes wurden jedoch nach dem Tod Noahs von dessen Söhnen gebrochen, indem diese Blut aßen (6,18). Erst Abraham und seine Nachkommen hielten sich wieder daran (6,19). Der Abrahambund ist insofern eine Erneuerung des Noahbundes (14,20; vgl. BERGER, JSHRZ II.3, 402 A.XIVa).

[88] Nach Gen 25,7ff stirbt Abraham vor der Geburt von Jakob und Esau.

ein Segen (19,20), und in seinem Samen werden die Väter gepriesen (19,24)[89]. Eine Segnung Isaaks durch Abraham entfällt (nach 24,1 wird Isaak von Gott, nicht von Abraham gesegnet), der Segen für Ismael fällt bedeutend geringer aus (20,10), dennoch wird die Verheißung an Abraham, die Erde zu erben, in Ismael miterfüllt (17,2–24)[90]. Zwar wird die Segensverheißung an Isaak durch Gott erneuert (24,1.11), aber Isaak (wie auch Ismael) spielt (auch in 22,1–23,8) nur eine untergeordnete Rolle, der „eigentliche Traditionsträger" ist Jakob[91]. Als Jakob nach Bethel kommt, bestätigt Gott ihm alle Segnungen, die ihm vorher zugesagt wurden: Besitz des Landes, Nachkommenschaft, Segen für die Länder der Völker[92] (27,19ff). Jakob gelobt Gott, ihm alles zu verzehnten (27,27; 31,1.29), wobei dann Levi den 10. Teil seiner Söhne darstellt, der als „Anteil des Herrn" Priester wird (32,1–3).

Von besonderer Bedeutung ist, daß es Jub 27,19–27 um einen zweiseitigen Bundesschluß geht. Die biblischen Belege, auf die sich der Text bezieht, finden sich Gen 28,10–22; 35,1–15; Lev 26,42 und evtl. in 1Chr 16,15–18. Daneben sind noch Sir 44,23 und 11QT 29,7–10 zu nennen[93]. Ausdrücklich von einem „Bund" mit Jakob spricht neben Sir 44,23[94] und 11QT 29,7–10[95] als biblischer Text nur Lev 26,42[96]:

וְזָכַרְתִּי אֶת־בְּרִיתִי יַעֲקוֹב וְאַף אֶת־בְּרִיתִי יִצְחָק וְאַף אֶת־בְּרִיתִי אַבְרָהָם אֶזְכֹּר וְהָאָרֶץ אֶזְכֹּר.

In umgekehrter Reihenfolge als der historische Ablauf es nahelegt, wird hier der Bund mit Jakob neben dem Abraham- und dem Isaakbund genannt[97]. Das Gedenken an das Land wird ausdrücklich herausgehoben. Es handelt sich hierbei um den Typ des „Verheißungsbundes", der die königliche Schenkung zum Vorbild hat[98]. In Gen 28,10–22; 35,1–15 ist zwar nicht ausdrücklich von einem Bund die Rede, dennoch wurden die Zusagen Gottes im Sinn eines Verheißungsbundes verstanden, wie aus Lev 26,42 und auch aus 1Chr 16,15–18 hervorgeht. An letzterer Stelle heißt es von Gott:

[89] Bei BERGER, JSHRZ II.3, 421 A.XIXa, ist „seinem Namen" in „seinem Samen" zu korrigieren, s. V.24.
[90] Vgl. BERGER, JSHRZ II.3, 415 A.XVIIa.
[91] BERGER, JSHRZ II.3, 434 A.XXIIa; vgl. oben zu Jesus Sirach.
[92] Cod. A bietet nach BERGER, JSHRZ II.3, 461 A.23d: „alle Völker je in ihren Ländern".
[93] In analoger Weise spricht Sir 44,23 davon, daß Gott den Segen aller Menschen und den Bund auf das Haupt Jakobs übertrug.
[94] Auf Jakob konzentrieren sich nach der Konzeption von Sir 44 Segen und Bund, s.o.
[95] Das eschatologische Heiligtum soll am „Tag der (Neu-)Schöpfung" entsprechend dem Bundesschluß mit Jakob von Gott selbst bereitet werden. Zu 11QT 29,7–10 s. MELL, Neue Schöpfung, 104–112; KRAUS, Tod Jesu, 75–78.163–165; weiterhin: WISE, Temple Scroll, 233–238.261f; DERS., Covenant, 49–60; WENTLING, Relationship, 61–73 (jeweils mit weiterer Literatur).
[96] Der Vers gehört nach der Analyse von ELLIGER, HAT I.4, 362.370, zur zweiten Schicht des Heiligkeitsgesetzes (Ph²). Dagegen nennt Ex 6,4 nur generalisierend den Bund, den Gott mit Abraham, Isaak und Jakob geschlossen hat. Von einer Isaak-ברית spricht Gen 17,21.
[97] Die Reihenfolge ist singulär im AT. ELLIGER, HAT I.4, 378, erwägt deshalb, ob ursprünglich nur von dem Bund mit Jakob die Rede war und Abraham und Isaak erst sekundär hineingekommen sind.
[98] Dazu WEINFELD, Art. ברית, ThWAT I, 781–808, hier: 799.

„(15) Er gedenkt für immer seines Bundes, seines Wortes, das er tausend Generationen anbefahl, (16) den er mit Abraham geschlossen, und seines Schwurs zugunsten Isaaks! (17) Für Jakob setzte er ihn fest als Grundgesetz, für Israel zum Bund für ewig, (18) indem er sprach: ‚Dir will ich geben das Gebiet von Kanaan, als Anteil eures Erbes'."[99]

Das regierende Substantiv ist ברית. דבר, שבועה und חק sind parallel gebraucht. Die Zusage Gottes konkretisiert sich in der Landgabe. Dies stimmt mit Gen 15,18 überein, wo das Land Abraham und seinen Nachkommen von Gott ebenfalls in einer „feierlichen Versicherung" zugesprochen wird (כרת ברית)[100]. Bedeutsam ist, daß auch hier der Begriff ברית nicht „Bund" im Sinn eines zweiseitigen Verhältnisses meint, sondern die einseitig eingegangene „bindende Verpflichtung"[101].

Die „Verpflichtung", die Gott gegenüber Jakob in Bethel eingegangen ist, bezieht sich auch Gen 28,10–22 und 35,1–15 auf das Land. Jedoch sind noch weitere inhaltliche Bestimmungen zu verzeichnen: die zahlreiche Nachkommenschaft und die segensreiche Wirkung im Völkerhorizont[102].

Der Unterschied von Jub 27,19–27 gegenüber Gen 28,10–22 besteht darin, daß Jakob nach erfolgter Zusage gelobt, Gott den Zehnten von allem zu weihen[103]. Auf dieses Gelübde nehmen Jub 31,1.29; 32,1–10 wiederum Bezug.

32,17–19 erfolgt dann erneut eine Segnung Jakobs durch Gott, wobei der Segen konkretisiert wird in einer Mehrungsverheißung, der Abstammung von Königen aus Jakob, der Landzusage, der Herrschaft über die Völker und der ewigen Erbschaft der ganzen Erde. Darin klingen die Segnungen Jakobs durch Abraham (Jub 22,11.14: Unterwerfung der Völker; Erbe der ganzen Erde) und Isaak (Jub 26,23: Unterwerfung aller Nationen) an. Jub 22,15 und 22,30 wird der Segen, den Jakob erhalten soll, ausdrücklich mit der Erneuerung des Bundes in Verbindung gebracht.

Damit ergibt sich für die Konzeption des Bundes Gottes mit Jakob, wie sie im Jubiläenbuch vorliegt (in Übereinstimmung mit der übrigen Konzeption dieser Schrift), daß der Völkerhorizont zwar im Blick ist, der besondere Akzent jedoch darauf liegt, daß die Völker Jakob dienen werden. Für eine gleichberechtigte Eingliederung der Völker ins Gottesvolk oder eine Teilhabe der Heiden am Erbe ist im Jubiläenbuch kein Raum. Im Gegenteil: Die Nachkommen Jakobs sind als Erben der Erde vorgestellt.

---

[99] Übersetzung in Anlehnung an Jerusalemer Bibel.

[100] S. dazu WESTERMANN, BK I.2, 252.272ff.

[101] Vgl. WESTERMANN, BK I.2, 272; ebd. weitere Lit. Der Versuch von WISE, Covenant, 55, Gen 28 analog der Struktur eines zweiseitigen Bundes aufzuteilen, geht somit am Text vorbei.

[102] „Segen ist Lebensmacht, Lebenssteigerung, Lebensüberhöhung, und äußert sich konkret als Fruchtbarkeit" (HORST, F., Gottes Recht, ThB 12, 1961, 194), die Landgabe dagegen ist nie „Gegenstand des ‚Segens'" (WOLFF, Kerygma, 356); anders Jub, s.u.

[103] Hierin sind die Anklänge an eine Zweiseitigkeit der Bundesverpflichtung zu suchen. Zu Jub 27; 31f und seinen möglichen zeitgeschichtlichen Bezügen s. SCHWARTZ, Jubilees.

Die Damaskusschrift[104]

CD 6,14–19; 7,3.4 betonen die Absonderung von der Gottlosigkeit und die Durchführung der Unterscheidung von rein und unrein. Explizit auf die Absonderung von Heiden bezieht sich CD 12,8–11[105]. Der Text verbietet, reine Tiere oder Vögel an Heiden zu verkaufen, damit sie nicht zu Opferzwecken mißbraucht werden; gleiches gilt für Korn und Most[106]. Auch Knechte und Mägde eines Israeliten dürfen, da sie in den Bund Abrahams eingetreten sind, nicht an Heiden verkauft werden[107]. Nach CD 14,15 soll ein bei einem ‚fremden Volk‘ (לגוי הנכר) in Gefangenschaft Geratener freigekauft werden[108]. Dienstleistungen eines בן הנכר am Sabbat werden nach CD 11,2 untersagt; nach 11,14f soll man Kontakt mit Heiden am Sabbat vermeiden. Hieraus wird deutlich, daß um pragmatischer Regelungen willen Umgang mit Heiden nicht generell verboten wurde, aber auch nicht dem Ideal entsprach, wie es die Gruppe in Qumran praktizierte und in 1QH 6,24–28 Ausdruck fand[109].

---

[104] Überblick bei SCHÜRER, History III.1, 389–398. Die Damaskusschrift enthält halachisches Material aus unterschiedlichen Zeiten. Nach LICHTENBERGER, Menschenbild, 36–38, handelt es sich bei CD um eine gegenüber der Sektenregel etwas jüngere Schrift. DAVIES, Damascus Covenant, hält CD für eine voressenische, von den Essenern überarbeitete Schrift (vgl. STEMBERGER, Pharisäer, 115 A.175). HENGEL, Qumran, 342, rechnet damit, daß CD „einem weiteren Kreis galt, der weder Gütergemeinschaft noch ehelose *vita communis* kannte, sondern in ‚Lagern‘ unter Beibehaltung der Familienstruktur und des Privatbesitzes lebte". Zur sog. Gütergemeinschaft der Essener s. STEGEMANN, Essener, 245–264, der diese aus der Land-Theologie herleitet und auf die Unterscheidung zwischen Besitz und Eigentum abhebt. Nach STEGEMANN, Essener, 165, sind in CD „Gemeinde- und Disziplinarordnungen ... auch aus voressenischen Zeiten" aufgenommen. Es geht um eine für die Qumranleute gültige „Gesamtdarbietung" essenischer Regelungen (ebd.), deren Fertigstellung um 100 v.Chr. liegt (aaO, 166). Die Unterschiede zwischen den Bestimmungen in CD 12,6–11 und 11QT und die Übereinstimmungen von CD 12,6–11 mit Aussagen der Mischna untersucht SCHIFFMAN, Legislation.

[105] Zum Text s. STEMBERGER, Pharisäer, 123 (Lit.); SCHIFFMAN, Legislation, 379–389. Nach MILIK, Ten Years, 151f (vgl. SCHÜRER, History III.1, 389f), enthalten die 7 CD-Hss aus Höhle 4 Gesetzesbestimmungen, die in den Geniza-Fragmenten fehlen, eine davon mit Hinweisen zum Kontakt mit Nichtjuden.

[106] Vgl. mAZ I,5.6; mPes IV,3; SCHIFFMAN, Legislation, 385ff.

[107] Die Aussagen in 12,8–11, die in 12,6f mit dem Verbot der Tötung von Heiden zum Zweck der Bereicherung einsetzen, scheinen aus dem Kontext von CD 12 herauszufallen. Nach SCHIFFMAN, Legislation, 381f, handelt es sich dabei um Kritik an der makkabäischen Eroberungspolitik. Versteht man 12,6f als Ausdruck dafür, die kultische Reinheit des Gottesvolkes nicht zu gefährden, wird der Zusammenhang klar: Erst im letzten Krieg darf vorübergehend getötet werden (vgl. 1QS 9,21–23).

[108] Nach DEINES, Abwehr, 84, ist dabei in erster Linie an ein Mitglied des Jachad zu denken, aber auch an die übrigen Israeliten. In ähnliche Richtung geht eine Bestimmung in 4Q159, wo ausgehend von Lev 25,47.55 der Verkauf in die Schuldsklaverei verboten wird, wenn es sich beim Käufer um einen גר oder Heiden handelt; vgl. SCHÜRER, History III.1, 443f; zur Frage der Lesarten in 4Q159 s. WEINERT, Legislation, 182.197f; zustimmend zu WEINERT: DEINES, Abwehr, 85.

[109] Vgl. DEINES, Abwehr, 85.

4QMMT[110]

Es handelt sich hierbei vermutlich um einen Brief des Lehrers der Gerechtigkeit, in welchem zwischen ihm und der offiziellen Priesterschaft strittige Halachot genannt werden[111]. Teil B,3–5 dreht sich um die Getreidehebe der Völker: Weder sollen die Priester vom Korn der Heiden essen, noch soll es überhaupt zum Heiligtum gebracht und angenommen werden. Es gibt zu diesem Verbot keine einschlägige, vergleichbare rabbinische Diskussion[112]. Der Inhalt von B,8–9 ist wegen Textverderbnis nicht vollständig rekonstruierbar, aufgrund des gesamten Gefälles des Textes läßt sich jedoch erkennen, daß es sich um eine Beanstandung der Schlachtopfer der Heiden gehandelt haben muß[113]. Der Text steht im Gegensatz zur üblichen Praxis am Jerusalemer Tempel, wonach Heiden zwar als unrein galten, selbst keinen Zutritt zum inneren Vorhof hatten und auch vom Verzehr des Opferfleisches ausgeschlossen waren, ihre Dankopfer von Priestern aber dennoch in Empfang genommen und dargebracht wurden[114]. Er bestätigt jedoch die in der Tora vorausgesetzten Eigentums- und Abgabenverhältnisse: Eigentümer des Landes ist allein Gott. Israel erhält gemäß den zwölf Stämmen das Land als Besitz und zum Nießbrauch (nicht als Eigentum). Von den Erträgen des Landes sind Abgaben zu entrichten. Dies betrifft nicht die in heidnischem Besitz befindlichen Teile des Landes. Die Qumran-Gemeinschaft hatte offenbar die Absicht, die in der Tora vorausgesetzten Verhältnisse wieder herzustellen[115]. Für Heiden ist dabei kein Platz im Gottesvolk.

---

[110] Nach der anonymen Edition in Z. KAPERA, Hg., The Qumran Chronicle 2, Krakau 1990, 1–12 (dort auch Lit.) und dem Abdruck bei EISENMAN/WISE, Dead Sea Scrolls, 182–200 (s. dazu jedoch die sehr kritische Besprechung von HARRINGTON, D.J./STRUGNELL, J., JBL 112, 1993, 491–499, bes. 494ff) liegt nun endlich die wissenschaftliche Edition in DJD X vor. Übersetzung auch bei GARCÍA MARTÍNEZ, Dead Sea Scrolls, 77–85. Bibliographie zu den halachischen Fragen in 4QMMT bei QIMRON/STRUGNELL, DJD X, 124–130.

[111] Vgl. SCHIFFMAN, Temple Scroll, 245; DEINES, Abwehr, 72f. Nach QIMRON/STRUGNELL, Halachic Letter, 401, handelt es sich um die älteste Qumranschrift, in der der Lehrer der Gerechtigkeit seinen Schritt der Separation begründet. Dabei darf die Bezeichnung „Brief" nicht gepreßt werden; vgl. jetzt QIMRON/STRUGNELL, DJD X, 113–121.203–206, mit Modifikationen. In völlig andere Richtung geht die Hypothese von GARCÍA MARTÍNEZ: Nach ihm handelt es sich bei den Qumranleuten um abtrünnige Essener. Adressat von 4QMMT ist nicht die Jerusalemer Priesterschaft, sondern der Führer der Essener; vgl. GARCÍA MARTÍNEZ, Origins; DERS., Hypothesis; vgl. SCHIFFMANN, Halakhic Letter; SACCHI, Problem, 95 A.37.

[112] Mögliche Anklänge werden genannt bei QIMRON/STRUGNELL, DJD X, 148.

[113] Vgl. DEINES, Abwehr, 72; QIMRON/STRUGNELL, DJD X, 147.149f.

[114] Zur Sache s. SAFRAI, Wallfahrt, 105–111.287; SCHWARTZ, Sacrifice, 102–116; SCHÜRER, History II, 309–313.

[115] Vgl. dazu STEGEMANN, Essener, 246–264. Nach QIMRON/STRUGNELL, DJD X, 142ff, vertritt 4QMMT hinsichtlich der rituellen Reinheitsvorstellungen eine „maximalistische Position" (142); vgl. B,27–33; B,58–62.

Die Tempelrolle[116]

Die Tempelrolle stellt den Entwurf einer Neukonzeption des Tempelkultes dar. Er soll von jeglichen fremden Einflüssen freigehalten werden. Dies beginnt schon bei den Baumaterialien (11QT 3,5–6.9)[117]. Größere Bedeutung hat jedoch, daß der Tempelentwurf der Tempelrolle überhaupt keinen Heidenvorhof kennt. Der äußerste Vorhof ist der für Frauen und religiös unmündige Kinder. Nur zu ihm sollen die Nachkommen der Proselyten Zutritt haben (11QT 40,5f)[118]:

„(5) Und du sollst machen einen d[ritten] Hof [...], (6) [...] für ihre Töchter und für die Proselyten, die [ihnen] gebore[n werden als dritte Generation]."[119]

Die Interpretation der Stelle ist umstritten. Der Text weist große Lücken auf. In Kol. 39 werden die aufgezählt, die keinen Zutritt zum Tempel haben. Schon dort findet sich in Z. 5–7 eine Unterscheidung hinsichtlich der Generationen. Yadin ergänzt daher in analoger Weise auch in Kol. 40[120]. Das führt

---

[116] Zum Text s. YADIN, Scroll I–III; MAIER, Tempelrolle; zur Bibliographie von 11QT s. neben SCHÜRER, History III.1, 418–420, und FITZMYER, Dead Sea Scrolls, 73, v.a. GARCÍA MARTÍNEZ, Rollo del Templo; DERS., Temple Scroll. Zur Stellung der Tempelrolle innerhalb der Qumranliteratur s. (neben YADIN und MAIER und den Forschungsberichten von LICHTENBERGER, H., VF I, 1988, 2–21; und WOUDE, A.S. v.d., ThR 54, 1989, 221–261; 55, 1990, 245–307; 57, 1992, 1–57.225–253) die bei SCHÜRER, History III.1, 412ff genannte Lit.; weiterhin: HENGEL/CHARLESWORTH/MENDELS, Character; SCHIFFMAN, Law; DERS., Temple Scroll; DERS., Miqsat Maʿaśeh Ha-Torah (SCHIFFMAN bringt die Frage, ob sich sadduzäische Anschauungen hier niedergeschlagen haben, wieder ins Gespräch); WENTLING, Relationship; LICHTENBERGER, Heiligkeit, 94–96; WACHOLDER, B.Z., Redefining Qumran (bislang unveröffentlicht, zit. bei WENTLING, Relationship, 64 A.13); WISE, Temple Scroll, 1–50 (hier ein ausführlicher Forschungsbericht; nach WISE ist 11QT als eschatologische Programmschrift ein Werk des Lehrers der Gerechtigkeit, der aus der CD-Gemeinde herkommt und sich von dieser abgespalten und die Qumran-Gemeinde gegründet hat, ihre Herkunft liegt somit nicht im יחד; 260.269. 290ff); STEGEMANN, Land, 156 (nach STEGEMANN handelt es sich bei 11QT um einen vorqumranischen Text aus dem 4./3. Jh. v.Chr.).

[117] Es handelt sich hier evtl. auch um eine Kritik der am salomonischen Tempel verwendeten Materialien; MAIER, Tempelrolle, 72; vgl. DEINES, Abwehr, 75. Vergleichbar hiermit ist eine Bestimmung aus 4Q513 Ordonnances (Ord^b) 1–2 i 3, wo sich der Vorwurf findet, heidnisches Geld profaniere den Tempel; vgl. dazu BAILLET, DJD VII, 1982, 288; SCHÜRER, History III.1, 443f; DEINES, Abwehr, 77.

[118] Zur vorliegenden Fragestellung s. bes. BAUMGARTEN, Exclusions; SCHIFFMAN, Exclusion; WISE, Temple Scroll, § 5; DEINES, Abwehr, 81f; LICHTENBERGER, Heiligkeit, 96.

[119] Zur Ergänzung des Textes in Analogie zu Kol. 39,5 s. YADIN, Scroll II, 170.166; vgl. DEINES, Abwehr, 82.

[120] Nach WISE, Temple Scroll, 84–87.198.218–220.244.283f.288, handelt es sich u.a. bei 39,5–11a und 40,6f um Interpolationen des Tempelrollen-Redaktors. 39,11b–40,5 gehören nach WISE, aaO, 96, zur „Temple-Source". In 40,6 würde sich damit die Meinung des Redaktors niederschlagen. Zur Redaktionsschicht der Tempelrolle und ihren Akzentsetzungen s. WISE, aaO, 229–278: Es fällt auf, daß die Tempelrolle alle Texte aus Dtn 12–26 ausläßt, die sich auf den „Ger" bzw. den „Fremden" beziehen. Analog 4Q174 (Florilegium) geht sie davon aus, daß diese keinen Zutritt zum eschatologischen Tempel erhalten (WISE, aaO, 288). Dtn 14,21 wird in 11QT 48,6 ausgelassen (dazu WISE, aaO, 61), gleiches gilt für 24,14f; 24,17–22 (dazu WISE, aaO,

dazu, daß Proselyten einschließlich der zweiten Generation ihrer Nachkommen vom Betreten des Tempels ausgeschlossen sind. Nachdem auch das Pesachlamm nach Anweisung der Tempelrolle in den Tempelvorhöfen gegessen werden soll (17,6–9), kann erst ein Proselyt der dritten Generation daran teilnehmen, und die Darbringung eines eigenen Schlachtopfers ist gar erst einem Proselyten der vierten Generation möglich[121]. Dies steht in eklatantem Gegensatz zu den biblischen Vorschriften, die von einer Gleichstellung des Proselyten ausgehen (vgl. im Unterschied dazu z.B. Ex 12,48), und bedeutet eine drastische Zurücksetzung der zum Judentum Übergetretenen[122]. Gleichwohl ist die Zurückstellung nur zeitweilig und mit der Möglichkeit des Anschlusses von Heiden an das Gottesvolk wird grundsätzlich gerechnet[123].

4QFlor 1,2–5[124]

Eine über 11QT 40 hinausgehende, strikt partikularistische und auf Absonderung bedachte Haltung findet sich in dem (fragmentarischen) Text aus einer Sammlung eschatologischer Midraschim (4Q174)[125]:

„[2] ... Das ist das Haus, das [er dir bauen wird am E]nde der Tage, wie geschrieben steht im Buche [3] [des Mose: ‚Das Heiligtum, Herr, welches] deine Hände [gegrün]det. JHWH sei König für immer und ewig!' (Ex 15,17f) Das ist das Haus, in welches nicht eintreten darf [4] [ein Blinder und ein Lahmer (?) und ein ... für] immer, und ein Ammoniter, ein Moabiter, ein Bastard, ein

---

253ff). Dtn 23,2–9 wird ersetzt durch Bestimmungen nach 39,5 und in 40,6 (dazu WISE, aaO, 244). Die Tempelrolle geht davon aus, daß es im Eschaton keine Fremden im Land geben wird, weshalb solche Bestimmungen hinfällig sind.

[121] Vgl. DEINES, Abwehr, 82; YADIN, Scroll II, 166, sieht in der „vierten Generation" eine Bezugnahme auf Gen 15,6, bzw. Ex 20,5; DEINES, ebd., A.67, votiert nur für Ex 20,5.

[122] Nach Ez 47,21–23 soll der גר (LXX: προσήλυτος), der sich Israel angeschlossen hat, wie ein Eingeborener unter den Israeliten behandelt werden und an der Neuverteilung des Landes in dem Stammesgebiet, in dem er wohnt, teilhaben (dazu ZIMMERLI, BK XIII.2, 1218f). R. Jᵉhuda (2. Jh. n.Chr.) verbietet, den Sohn eines Proselyten an seine Herkunft zu erinnern, mBM IV,10; tBM III,25. Eine Gegenüberstellung der Vorschriften der Tempelrolle einerseits und der Tannaiten andererseits bietet SCHIFFMAN, Exclusion, bes. 314.

[123] Zu den Motiven, die zu dieser Haltung führen konnten, s. DEINES, Abwehr, 82 samt A. und die dort genannte Lit. Nach WISE, Temple Scroll, 252 A.35, handelt es sich (im Anschluß an SCHIFFMAN) nur um eine bestimmte Generation von Proselyten und nicht um eine generelle Bestimmung.

[124] Zu 4QFlor s. allg. SCHÜRER, History III.1, 445f; zur vorliegenden Fragestellung in 4QFlor s. ALLEGRO, DJD V, 53–57; BROOKE, Exegesis; BLIDSTEIN, Rabbinic Sources; BAUMGARTEN, Exclusion; DERS., Exclusions (hier korrigiert B. teilweise den vorher genannten Artikel); BEN-YASHAR, miqdaš᾽ ādām; SCHWARTZ, Three Temples; WISE, Temple Scroll, 248–253; STEUDEL, 4QMidrEschat.

[125] KLINZING, Umdeutung, 81. Übersetzung nach KLINZING, ebd., 80; vgl. dazu (mit wichtigen Unterschieden) LOHSE, Texte, 257; MAIER, Texte I, 185; DIMANT, 4Q Florilegium, 166ff; WISE, Temple Scroll, 249; DEINES, Abwehr, 78f; die verschiedenen Lesarten werden diskutiert bei BROOKE, Exegesis, 101.103–107. Die Arbeit von STEUDEL, A., Der Midrasch zur Eschatologie aus der Qumrangemeinde, StTDJ 13, 1994, wurde mir erst nach Abschluß des Manuskripts zugänglich.

Ausländer und Fremdling für immer, denn seine Heiligen [werden] dort ⁽⁵⁾[sein für] immer. Beständig wird er über ihm erscheinen, und nicht wieder werden es Fremde zerstören ..."

In diesem Midrasch werden Abschnitte aus 2Sam 7; Ps 1 und Ps 2 ausgelegt. So umstritten die Auslegung mancher Details sich erweist, so ist die uns interessierende Passage klar zu verstehen: V.2f spricht vom eschatologischen Heiligtum, das Gott bauen wird[126]. Wegen der Gemeinschaft mit den Engeln und der Erscheinung Gottes, die dort stattfinden wird, werden bestimmte Menschengruppen ausgeschlossen. Solche Ausschlußbestimmungen finden sich auch in 4QD^b[127] und 1QSa 2,3ff (vgl. 1QH 6,27), wobei jeweils die Anwesenheit der Engel das Eintrittsverbot begründet[128]. Für uns von Bedeutung ist, daß neben den Ammonitern, Moabitern und Bastarden, deren Ausschluß Dtn 23,2ff im Hintergrund hat, auch der Nichtjude (בן־נכר) und der Fremde (גר) genannt werden[129]. Für den „an Herz und Fleisch unbeschnittenen Fremdling" findet sich in Ez 44,9 die eindeutige Bestimmung, daß dieser das endzeitliche Heiligtum nicht betreten darf (vgl. Jes 52,1f; Joel 4,17; PsSal 17,22.28.30[130]). Daß jedoch auch der beschnittene גר (d.h. der Proselyt) ausgeschlossen sein soll, ist eine äußerst harte Vorschrift[131]. Kuhn/Stegemann[132] und auch Yadin[133] haben deshalb vermutet, daß hier ein anderer als technischer Gebrauch des Begriffes גר vorliege[134]. Dies wird jedoch u.a. von Deines zu Recht zurückgewiesen[135]. Für einen gänzlichen Ausschluß von Proselyten

---

[126] Es geht in 4QFlor 1 nach KLINZING, Umdeutung, 80ff.86, nicht um die Vorstellung von der Gemeinde als Tempel, da hierfür die eindeutigen Anzeichen fehlen. Zur Interpretation s. auch DEINES, Abwehr, 78–81. Doch selbst wenn es, wie DIMANT erneut versucht hat, darzulegen, um die Gemeinde als Tempel gehen sollte, würde dies an der abwehrenden Haltung Fremden gegenüber nichts ändern.

[127] Zu den Fragmenten der Damaskusschrift in den Qumranfunden s. MILIK, Travail, 61; DERS., Ten Years, 151f; SCHÜRER, History, III.1, 389–398, hier: 389f.

[128] Vgl. KLINZING, Umdeutung, 85. Eine englische Übersetzung von 4QD^b bei KLINZING, ebd., 107 A.8.

[129] Dabei geht es in Dtn 23,2–9 jedoch nicht um den Zugang zum Heiligtum, sondern um den zur Gemeinde. Außerdem wird 4QFlor auf den eschatologischen Tempel Bezug genommen (vgl. WISE, Temple Scroll, 249).

[130] S. HENGEL, Zeloten, 123.202.

[131] Nach STEUDEL, 4QMidrEschat, 540, begegnen die Nationen in 4Q174 außer in 1,18–19 noch nicht generell als Feinde der Juden. Der Autor sei nur an innerjüdischen Opponenten interessiert.

[132] KUHN/STEGEMANN, Art. Proselyten, 1268.

[133] YADIN, Scroll II, 166, versucht mit der rabbinischen Literatur zu harmonisieren, indem er גר als „Fremdling" versteht.

[134] Unentschieden WISE, Temple Scroll, 249f A.29, obwohl es sich in zwei anderen Belegen der Schriftrollen vom Toten Meer (11QT 40,6; 4QpNah 2,9) beim Stichwort גר mit Bestimmtheit um Proselyten handelt. Seine Argumentation aufgrund von Ez 47,21f kann jedoch letztlich nicht überzeugen und ist nicht frei von Harmonisierungstendenzen.

[135] Vgl. DEINES, Abwehr, 82 A.67, unter Bezug auf BAUMGARTEN, Exclusion, 75 A.1. DEINES, ebd., verweist auch auf frühere Versuche YADINs und BAUMGARTENs, mit der Härte der Aussage zurechtzukommen.

vom Tempelgottesdienst gibt es in der Tat sonst keine Parallelen. Neben 11QT 40,5f liegen jedoch auch aus rabbinischer Zeit – als Nebenstrom – einige Aussagen vor, die gegen die Gleichstellung eines Proselyten mit einem geborenen Juden sprechen (ARN A 12; tQid V,4 [Zuckermandel 342]; yQid 64d; mBik I,4; mQid IV,1; bAZ 3b)[136]. Ebenso ist die rabbinische Ansicht belegt, wonach in der Endzeit keine Proselyten aufgenommen werden (bYev 24b [Bar]; bAZ 3b [Bar]) oder sich für Israel negativ auswirken (bNid 13b [Bar]; bQid 70b)[137]. Es erscheint daher durchaus möglich, daß aufgrund der rigoristischen Heiligkeitsbestrebungen in Qumran an die Möglichkeit eines Ausschlusses der גֵּרִים vom eschatologischen Heiligtum gedacht wurde[138]. Außerdem belegt 4QMMT zumindest tendenziell ebenfalls die Ablehnung von Fremden, die aus 4QFlor 1,2–5 spricht.

4QDibHam[139]

In Gegensatz zur Sicht der Völker in 4QMMT steht die in 4QDibHam. Der Text stammt nach Baillet wohl aus dem 2. Jh. v.Chr. Er enthält keine für die Qumran-Gemeinschaft besonders typischen Elemente, wurde jedoch wohl von ihr gebraucht[140]. Er erinnert inhaltlich an Ps 132. Möglicherweise wurde er schon vorher auch außerhalb Qumrans benutzt[141]. Es handelt sich um einen Lobpreis der Liebe Gottes zu Israel/Juda, die sich in der Erwählung Jerusalems als Ort des מִשְׁכָּן und der מְנוּחָה[142], in der Errichtung des Thrones Davids, der Stiftung des Bundes mit ihm und seiner dauerhaften Einsetzung zum Hirten des Volkes Ausdruck verschafft. Von den Völkern wird zunächst gesagt: „Alle Völker sind [wie ni]chts gegenüber Dir, [wie] Chaos und Nichts

---

[136] Weitere Belege bei FELDMAN, Jew, 338–341; s. dazu DEINES, Abwehr, 82f A.68; BLIDSTEIN, Rabbinic Sources, 431ff; BAUMGARTEN, Exclusion, 80ff; BROOKE, Exegesis, 261f; SCHWARTZ, Priestly View, 165f.

[137] Vgl. BILL. I, 929f; vgl. FELDMAN, Jew, 338–341.

[138] Zur Stellung der Proselyten: Der Bergriff גר ist in den bisher veröffentlichten Qumrantexten insgesamt nicht sehr häufig belegt: CD 6,21 in einer Reihe mit Elenden und Armen (hier könnte nach DEINES, Abwehr, 83 A.69, der Schutzbefohlene gemeint sein); CD 14,4.6 als Mitglied des vierten „Lagers" nach den Priestern, Leviten und Israeliten; 4QpNah 2,9 wiederum in einer Reihe mit Königen, Fürsten, Priestern und Volk. 11QT 60,12f ist der Levit als גר im Sinn eines Beisassen ohne Landbesitz bezeichnet. 4Q520, 45,3; 4Q498, 9,1 lassen aufgrund des Textzustandes keine Deutung zu. Der Begriff ist, soweit erkennbar, hier nirgends negativ konnotiert.

[139] Literatur: BAILLET, Recueil; DERS., DJD VII, 137–170, bes. 143–145; STECK, Israel, 116–119.121–127; KUHN, Nachträge zur Konkordanz, 166f; LEHMANN, Reinterpretation, 106–110; KOESTER, Dwelling, 33–35; CHAZON, 4QDibHam, 447–456.

[140] Vgl. KOESTER, Dwelling, 35. Darauf weist auch die Tatsache, daß die drei gefundenen Hss 4Q504–506 aus unterschiedlichen Zeiten stammen, der Text also wiederholt kopiert wurde; DEINES, Abwehr, 70.

[141] STECK, Israel, 116f, im Anschluß an KUHN und BAILLET.

[142] Sowohl משכן wie auch מנוחה (Kol. IV,2) sind aufgrund des äußeren Zustandes des Fragments textlich unsicher, aber wahrscheinlich.

(sind [sie] geachtet) vor Dir" (Kol. III,3)[143]. Doch dann heißt es (Kol. IV,8–13):

„[8] Alle Völker sahen deine Herrlichkeit, [9] der du dich geheiligt hast inmitten deines Volkes Israel. Und zu deinem großen Namen [10] brachten[144] sie ihre Opfergaben: Silber und Gold und wertvolle Steine [11] mit all den Schätzen ihres Landes, um dein Volk zu verherrlichen und [12] Zion, deine heilige Stadt, und dein prächtiges Haus. Und es gibt keinen Gegner und kein [13] böses Mißgeschick, sondern Friede und Segen."

Die Verse 10ff erinnern an Texte wie Jes 60,5ff; 49,18ff; vgl. auch PsSal 17,31: Die Völker bringen Opfergaben[145]. Im Zentrum der Verherrlichung steht jedoch das Gottesvolk und die Gottesstadt mit ihrem Tempel. Der Beter scheint zurückzublicken auf eine Zeit, in der die Darbringung der Opfergaben der Heiden schon stattgefunden hat[146]. Das Verhältnis der beiden Gruppen Israel – Völker ist positiv bestimmt. Von einer Integration der Völker ins Gottesvolk oder von einer Gleichstellung beider ist jedoch nichts zu spüren[147]. Es geht um die Verherrlichung des Volkes und des Tempels. Sie bringen keine Opfergaben im Sinn von θυσίαι, sondern von ἀναθήματα[148]. Aufgrund des Mangels an Qumrantypischem darf der Beleg auch nicht überstrapaziert werden. Seine Aussagekraft für die Einstellung der Qumrangemeinde zu Heiden ist begrenzt.

4QOrNab[149]

Auch die Aussagekraft von 4QOrNab ist begrenzt. Es geht um ein aramäisch abgefaßtes Gebet des heidnischen Herrschers Nabonid zum „höchsten Gott", dem Gott Israels, der ihn hat gesund werden lassen. Es tun sich einerseits Parallelen zum Traum Nebuchadnezars, Dan 4, auf, andererseits erinnert der

---

[143] Text nach DEINES, Abwehr, 70.

[144] Mit BAILLET ist statt ויביאו in Anlehnung an Jes 66,20; 2Chr 32,23 vermutlich הביאו zu konjizieren.

[145] Der Aspekt des Heils für die Heiden gehört nach STECK, Israel, 123 A.3.5. 133 A.2, nicht zum dtr Geschichtsbild.

[146] Aufgrund des Textes von BAILLET ist auch eindeutig präterital zu übersetzen; vgl. auch KOESTER, Dwelling, 34.

[147] Mit 4QDibHam zu vergleichen ist auch 4Q185, eine weisheitliche Mahnrede, in der sich universalistische und partikularistische Aspekte durchdringen, jedoch so, daß dies völlig auf weisheitlichem Boden geschieht: דעת kommt von Gott her auch den Völkern zu; dazu LICHTENBERGER, Mahnrede; zur schwierigen Lesung von Kol. II,8 s. LICHTENBERGER, ebd., 158f. Vgl. ferner V.D. WOUDE, ThR 57, 1992, 37; DEINES, Abwehr, 70, A.33.

[148] Vgl. SCHWARTZ, Sacrifice, 107f.111f.

[149] Literatur zu 4QOrNab: MEYER, Gebet; V.D. WOUDE, Bemerkungen (V.D. WOUDE hält gegen MEYER 4QOrNab für „ein in eine Proklamation eingebettetes Gebet" [127], wobei der Text als „Seitentrieb jener Vorlage der danielschen Erzählung" anzusehen sei [128]); Text und deutsche Übersetzung bei BEYER, ATTM I, 223f; II, 104 (engl. Übersetzung bei GARCÍA MARTÍNEZ, Qumran, 119f; deutsche Übersetzung auch bei MEYER, 30f); weitere Lit. bei V.D. WOUDE, ThR 57, 1992, 33f.

Freimut, zum Gott Israels zu beten, an Texte wie Jon 1; Zef 2; Mal 1 und an die Heilung Naamans durch Elisa, 2Kön 5. Weitergehende Schlüsse, insbesondere hinsichtlich des Verhältnisses eines Heiden zum Gottesvolk, sollten auch hier nicht gezogen werden[150], zumal die direkte Anrede Gottes durch einen Heiden bewußt vermieden wird, indem von Gott nur in der dritten Person gesprochen wird[151].

Das Heil für die Völker

In den Schriften eindeutig qumranischen Ursprungs existieren Belege, die für die letzte Stufe des universalen Heils auch die Völker einbeziehen. Deines nennt hierfür: 1QM 12,13–16; 19,4–7; 1QSb 3,18–21.27f; 4,27f; 5,24–29; 4QpJes^a (=4Q161) 7 II,22–29[152].

Betrachtet man die Texte jedoch genauer, so ist festzustellen, daß die Völker entweder als Israel huldigende (1QM 12,13–16) bzw. dienende (1QM 19,4–7; 1QSb 5,28f), als unterworfene (1QSb 3,18–21; 5,24–27; 4QpJes^a7 II,20–24), als durch Israel erleuchtete und die Herrlichkeit Gottes erkennende (1QSb 4,27f), keinesfalls jedoch als eigenständig in das Heil einbezogene oder gar in die Heilsgemeinde aufgenommene Gruppe erscheinen.

Diese Haltung findet ihre Bestätigung auch durch 4Q246. Die interpretatorischen Streitfragen bei diesem Text beziehen sich in erster Linie auf die Figur in Kol. I[153]. Klar verständlich sind die Aussagen in Kol. II. Nur sie sind für die vorliegende Darstellung relevant:

(4) (vacat) until there arises the people of God, and everyone rests from the sword. (5) (Then) his kingdom (shall be) an everlasting kingdom, and all his ways (shall be) in truth. He shall jud[ge]

---

[150] Das Gebet ist nach HENGEL, Judentum, 56, A.202 (im Anschluß an MEYER) untypisch für Qumran. Als Abfassungszeit rechnet HENGEL mit der persischen Zeit, V.D. WOUDE, ThR 57, 1992, 33–35, mit dem 3. Jh. Nach DEINES, Abwehr, 61 A.6, spiegelt das ab dem 2. Jh. feststellbare Verschwinden der Gattung „Hofgeschichten", zu der auch 4QOrNab zu rechnen ist, die von dieser Zeit an sich durchsetzende Abgrenzungstendenz des Judentums.
Ebenso nur begrenzte Aussagekraft hinsichtlich der Qumrantheologie besitzen die Psalmen der Rolle 11QPs^a (vgl. dazu SCHÜRER, History III.1, 188–192; MEYER, Bemerkungen, 201ff; Texte bei SANDERS, DJD IV). Wie aus paläographischen Indizien hervorgeht, stammt die Rolle vermutlich aus der 1. Hälfte des 1. Jhs. n.Chr. Die beiden bei DEINES, Abwehr, 69, angeführten Belege für Partikularismus und Universalismus belegen bestenfalls, daß die Völker die Herrlichkeit JHWHs anerkennen werden, so 11QPs^a XXIV,9f. Von einem „kosmischen Heil" (DEINES, Abwehr, 69), in das auch die Völker einbezogen werden, ist nichts zu verspüren.
Auch aus 1Q27 läßt sich für unseren Zusammenhang nichts gewinnen (zum Text s. DJD I, 102–107), deshalb wird auf den Text hier nicht näher eingegangen. Nach HENGEL, Qumran, 355, trägt 1Q27 1,8–12 „den Charakter einer geschichtstheologischen Reflexion".
[151] Vgl. BEYER, ATTM I, 223.
[152] DEINES, Abwehr, 66 A.24. M.E. müßte es bei DEINES zu 4QpJes^a (nach ALLEGRO, DJD V) heißen: Frgm. 7, Kol. II,20–24.
[153] Hierzu haben PUECH, GARCÍA MARTÍNEZ, FLUSSER, HENGEL, COLLINS und jüngst FITZMYER unterschiedliche Antworten gegeben (FITZMYER, 4Q246, interpretiert m.E. zu Recht nicht „messianisch"; vgl. auch KARRER, Der Gesalbte, 32 A.111).

(6) the land with truth, and everyone shall make peace. The sword will cease from the land, (7) and all the provinces shall pay him homage. The great God is himself his might; (8) He shall make war for him. Peoples He shall put in his power, and all of them (9) He shall cast before him. His dominion (shall be) an everlasting dominion, and none of the abysses of [the earth shall prevail against it]|«[154]

Auffällig sind die Parallelen von II,4 zu PsSal 17,29 und von II,8 zu PsSal 17,30[155]. Der Text bestätigt im übrigen die anderwärts schon erhobenen Akzente, wonach die Völker Israel in der Endzeit untertan sein werden[156].

Zusammenfassend läßt sich feststellen: In den Schriften aus dem Umfeld der Qumrangruppe sind – ähnlich wie im AT – zwei unterschiedliche Tendenzen im Verhältnis zu den Heiden zu verzeichnen. Die Mehrzahl der Belege fordert eine deutliche Abgrenzung bis hin zur Ausgrenzung. Daneben finden sich jedoch durchaus Texte, in denen eine positivere Haltung zu den Völkern vorherrscht. Dabei handelt es sich teilweise um protoessenisches Material, aber auch um Texte, die die Zeit nach dem Krieg der Söhne des Lichts gegen die Söhne der Finsternis betreffen. Deines hat v.a. aufgrund der letztgenannten Texte die These entwickelt, „daß die allem Anschein nach zweistufige Eschatologie der Qumrangemeinde mit der ambivalenten alttestamentlichen Stellung zu den Heiden im Eschaton verrechnet werden kann"[157], wobei die erste der zwei Stufen von einer Trennung von allem Fremden geprägt ist[158] und die zweite Stufe in universalem Sinn die Völker in das Heil Israels mit einbezieht[159]. Insofern sei die erste Phase der Abwehr „als die Voraussetzung für die Ermöglichung des Heils der Völker" zu verstehen[160]. Was jedoch angesichts der Texte auffällt, ist zweierlei: (1) Die Abgrenzung von den Heiden wird sehr viel konkreter dargestellt als deren Teilnahme am eschatologischen Heil. Bei letzterem bewegt man sich in allgemeinen Formulierungen. (2) „Der zentrale *Heilsort* war für die Essener das irdische Jerusalem, umgeben von Gottes Heiligem Land mit ausschließlich jüdischer Bevölkerung"[161]. Selbst

---

[154] Text nach FITZMYER, 4Q246, 155f. Vgl. jetzt auch BEYER, ATTM II, 109–113; GRACÍA MARTÍNEZ, Dead Sea Scrolls, 138.

[155] Vgl. dazu FITZMYER, 4Q246, 164.166.

[156] BEYER, ATTM II, 111, zieht eine Parallele zur Herrschaft des Gottesvolkes in Dan 7,13 und ordnet 4Q246 auch zeitlich parallel zu Dan ein.

[157] DEINES, Abwehr, 64, im Anschluß an DIMANT.

[158] DEINES, Abwehr, 64–66, unterscheidet drei Etappen bei Stufe eins: 1. „Bildung der Qumrangemeinde als Nucleus des neuen Bundesvolkes"; 2. „Inbesitznahme und Reinigung von Jerusalem und dem Tempel", „Befreiung des Landes", „Restitution des Volkes", Sammlung der Exilierten; 3. Krieg der Söhne des Lichts gegen die Söhne der Finsternis, der auf die endgültige „Restitution des Volkes und des Tempeldienstes" zielt; vgl. dazu YADIN, Y., The Scroll of the War, 18ff.

[159] DEINES, Abwehr, 66.

[160] DEINES, Abwehr, 66.

[161] STEGEMANN, Essener, 289.

wenn die Heiden irgendwie am eschatologischen Heil teilhaben, eine Aufnahme ins Gottesvolk ist gerade im Eschaton aufgrund der besonderen Vorstellung vom Land als Erbe Israels, welche die Voraussetzung der Aussagen in
4QMMT, 11QT und 4QFlor bildet, völlig ausgeschlossen[162]. Die These von
Deines ist daher zu präzisieren: Das Heil der Völker ist (1) kein primäres
Interesse der Qumran-Frommen, die Teilhabe am Heil ist (2) reduziert auf die
Funktion von Zuschauern oder Israel Dienenden.

*e) Die Eingliederung von Heiden ins Gottesvolk durch Zwangsbeschneidung
in der zelotischen Bewegung*

Die in 4QMMT zum Ausdruck kommende Haltung begegnet wieder kurz
vor dem jüdischen Krieg, als die Zeloten[163] sich weigern, Weihegeschenke und
Opfer von Nichtjuden anzunehmen[164]. Die Einstellung des Kaiseropfers
durch den Tempelhauptmann Eleazar stellt dann den äußeren Anlaß für den
Ausbruch des Krieges dar[165]. Bei allem Eifer der Zeloten für Gesetz und Heiligtum[166], für die Reinheit Israels und seines Landes[167], für die religiösen Vor-
rechte des Gottesvolkes[168], trotz der teilweise praktizierten Zwangsbeschneidung[169] und aller strikten Absonderung von den Heiden[170], findet sich in den
von Hengel herangezogenen Texten kein Beleg, nach dem die Zeloten die
Möglichkeit des Anschlusses von Heiden an das Gottesvolk grundsätzlich
verneint hätten. Im Gegenteil, die erstmals von Mattathias berichteten
Zwangsbeschneidungen an jüdischen Kindern und dann von dessen Enkel
Hyrkan und Urenkel Aristobul an Idumäern und Ituräern[171] und an Römern
während des Krieges belegen vielmehr die Möglichkeit, durch Beschneidung
auch als Heide ins Gottesvolk integriert zu werden. Jedoch wird gerade aus

---

[162] Ich sehe daher mit u.a. LICHTENBERGER, Heiligkeit, 94–96, in 11QT doch einen – wenn
auch frühen – qumranischen Text, dessen Vorstellung vom Land sich unter eschatologischem
Blickwinkel gerade nicht von den übrigen Qumran-Texten unterscheidet; gegen STEGEMANN,
Land, 165f.

[163] Auf die Frage der Identität (so z.B. HENGEL) oder Unterscheidung (so z.B. BAUMBACH)
von Zeloten und Sikariern wird hier nicht näher eingegangen. Vgl. dazu BAUMBACH, Aufstandsgruppen; HENGEL, Zeloten; STROBEL, A., Art. Meuchelmörder, BHH II, 1209, jeweils
mit weiterer Lit.

[164] Zur Darstellung dieses Sachverhaltes bei Josephus (Bell 2,409–416) s. SCHWARTZ, Sacrifice, 111ff.

[165] S. HENGEL, Zeloten, 210; zur Beziehung zu den Achtzehn Halachot der Schule Scham-
majs s. HENGEL, Zeloten, 204–211; DEINES, Abwehr, 72.

[166] Vgl. HENGEL, Zeloten, 188–234.

[167] Vgl. HENGEL, Zeloten, 202f.

[168] Vgl. HENGEL, Zeloten, 190–201.

[169] Vgl. HENGEL, Zeloten, 201–204.

[170] Vgl. HENGEL, Zeloten, 204–211.

[171] S. HENGEL, Zeloten, 202, mit Belegen und Lit., weitere Beispiele ebd., 203f.

dem „Eifer für das Gesetz", der als Reaktion auf den „Eifer gegen das Gesetz", wie er sich erstmals in den Hellenisierungstendenzen Ausdruck verschaffte, verstanden werden muß[172], deutlich, wie die Gottesvolkthematik tangiert ist, denn der „Eifer gegen das Gesetz" bedeutete die „Auflösung des jüdischen Eigenwesens und die konsequente Assimilation an ihre hellenistisch-orientalische Umgebung"[173] – d.h. die Auflösung des Gottesvolkgedankens.

f) Der universale Horizont der Testamente der Zwölf Patriarchen[174]

Die Forschungslage zu den TestXII ist noch immer alles andere als einheitlich. Dies betrifft die Frage der Herkunft wie der Literarkritik. Die TestXII gehören nach Rost u.a. in das Einflußgebiet der Qumrangruppe[175]. Doch diese Einordnung ist sehr zweifelhaft, zumal noch nicht einmal entschieden ist, ob die TestXII ursprünglich griechisch oder hebräisch/aramäisch abgefaßt wurden[176].

Die forschungsgeschichtlichen Eckpositionen zur Literarkritik werden markiert v.a. durch Becker, wonach es sich um eine jüdisch-hellenistische Schrift des 2. Jhs. v.Chr. mit christlichen Interpolationen handelt, und durch de Jonge (1953), der eine judenchristliche Komposition unter Verarbeitung jüdischen Materials vorliegen sah[177]. Man wird – bei allem Vorbehalt in Detailfragen – doch von einer Entstehung des Grundstockes im 2. Jh. v.Chr. auszugehen haben[178].

---

[172] HENGEL, Judentum, 557.

[173] HENGEL, Judentum, 556.

[174] Zu den Einleitungsfragen s. SCHÜRER, History, III.2, 767–781; ROST, Einleitung, 106–110; BECKER, Untersuchungen, 129–158; DERS., JSHRZ III.1, 17.23–27; CHARLESWORTH, Pseudepigrapha, 211–215 (Lit. 215–220.305–307); DENIS, Introduction, 49–59; JERVELL, Interpolator; DE JONGE, Interpretation; DERS., Testaments; HOLLANDER/DE JONGE, Commentary; BEYER, ATTM I, 188–192; II, 71f; SLINGERLAND, Testaments; THOMAS, Aktuelles. Zur Literarkritik der TestXII s. zuletzt die Besprechung des Sammelbandes von DE JONGE durch NIEBUHR, K.-W., ThLZ 118, 1993, 203–205. Die Arbeit von ULRICHSEN, J.H., Die Grundschrift der Testamente der zwölf Patriarchen. Eine Untersuchung zu Umfang, Inhalt und Eigenart der ursprünglichen Schrift, AUU 10, 1991, war mir nicht zugänglich. Nach der Rez. von HOLLANDER, H.W., JThS 44, 1993, 210–212, unterscheidet sich ULRICHSEN in der Anwendung der Literarkritik nicht prinzipiell von SCHNAPP, CHARLES, BECKER und HULTGÅRD, kommt jedoch oft zu völlig anderen Ergebnissen, was auf die Problematik moderner, literarkritischer Kriterien hinweist. Nach ULRICHSENs Analyse finden sich in den TestXII eine etwa um 200 v.Chr. entstandene Grundschrift (hebr. oder aram.), sodann zwei vorchristliche Überarbeitungen. Die 4. Phase bildet die Übersetzung ins Griechische im 1. Jh. n.Chr., der dann noch christliche Interpolationen ab dem Ende des 1. Jhs. folgen.

[175] Weitere Vertreter bei NIEBUHR, Gesetz, 85 A.59; ausführlich zu Entstehung und Ursprungsmilieu NIEBUHR, ebd., 73–86.

[176] Vgl. NIEBUHR, Gesetz, 85f; SCHÜRER, History III.2, 772ff. Für TestLev ist nach BEYER, ATTM I, 189, Aramäisch als Originalsprache eindeutig, dies gilt jedoch nicht generell für Test XII.

[177] DE JONGE mußte seine Position gegenüber 1953 sukzessive erheblich modifizieren, s. jetzt zusammenfassend HOLLANDER/DE JONGE, Commentary, 2–8, und KRETSCHMAR, Kirche, 31f.

[178] So auch von HULTGÅRD, L'eschatologie I + II (vgl. dazu die Rez. von DE JONGE in: JSJ, 10, 1979, 100–102; 14, 1983, 70–80) befürwortet: Komposition einer antihasmonäischen Gruppe. NIEBUHR hat sich ihm weitgehend angeschlossen. Im übrigen lege ich die literarkritischen Ergebnisse BECKERs zugrunde.

Die TestXII enthalten einige universalistisch ausgerichtete Belege, die den Völkern eine Teilhabe am Heil zugestehen[179]. Die massiv universalistische Tendenz, die von früheren Autoren noch gesehen wurde[180], dürfte zwar auf einen christlichen Interpolator zurückgehen[181], doch halten einige Texte auch kritischer Nachfrage stand.

TestLev 18[182] handelt von der Einsetzung eines neuen Priesters[183], dessen Priestertum in Ewigkeit bestehen wird (V.8). V.9 fährt fort:

„Und unter seinem Priestertum werden die Völker erfüllt werden mit Erkenntnis auf der Erde und erleuchtet werden durch die Gnade des Herrn. [Es folgt ein israelkritischer Zusatz.] Unter seinem Priestertum wird die Sünde aufhören, und die Gesetzlosen werden ruhen, Böses zu tun."

Der Text bewegt sich im Rahmen der Vorstellung, daß die Völker am Ende den Gott Israels anerkennen und ihre Götzen entfernen werden (vgl. Tob 14,6; Ps 22,28). Über die Erfüllung mit der Erkenntnis Gottes hinaus ist von einer ausdrücklichen Beteiligung der Völker am Heil nichts Näheres ausgesagt[184]. Ebensowenig kann von einer Integration ins Gottesvolk gesprochen werden. Die Gnade des Herrn gilt nach dem Text jedoch allen. Die Fortsetzung in V.10–14, die von der Öffnung der Tore des Paradieses spricht, stellt eine an den ursprünglich mit V.9 endenden messianischen Hymnus angefügte jüdische Apokalypse dar[185].

TestJud enthält zwei benachbarte Texte, die zu diskutieren sind. 24,5f verheißt für die Zeit nach der Unterdrückung und der Rückführung aus der Gefangenschaft:

---

[179] Der Frage Israel – Heiden widmen HOLLANDER/DE JONGE, Commentary, immerhin die Seiten 64–67.

[180] So z.B. CHARLES, z.St.; RIESSLER, z.St.; BRAUN, Testaments, 546f.

[181] S. DE JONGE; BECKER. JERVELL, Interpolator, 42, führt gänzlich alle universalistischen Stellen und damit alle im folgenden behandelten Texte auf einen christlichen Interpolator zurück.

[182] Bei TestLev 2,11 („Und durch dich und Juda wird der Herr unter den Menschen erscheinen, rettend durch sich das ganze Geschlecht der Menschen.") handelt es sich höchstwahrscheinlich um einen christlichen Zusatz; BECKER, JSHRZ III.1, 48 A.11c; DERS., Untersuchungen, 265f; DE JONGE, Testaments, 50; anders HAUPT, Testament, 36. Vom TestLev wurden Fragmente in Qumran gefunden, es gehört daher seinem Grundbestand nach in vorchristliche Zeit (Texte bei BEYER, ATTM I, 193–209; II, 72–82). Der hier behandelte Text TestLev 18 ist nach HOLLANDER/DE JONGE, Commentary, 64.181, freilich nicht zum Grundbestand zu rechnen.

[183] Zu TestLev 18,2–6 s. KLAUSNER, Messianic Idea, 313f.

[184] Anders UHLIG, JSHRZ V.6, 703 A.33c.

[185] Vgl. BECKER, JSHRZ III.1, 61 A.10a. Eine völlig andere Interpretation ergibt sich, wenn man HOLLANDERS/DE JONGES Ergebnisse zugrunde legt: dann ist der Abschnitt einschließlich V.10–14 als Einheit zu betrachten, und die Völker sind dann in der Tat in das Heil einbezogen (Commentary, 181f).

„⁽⁵⁾ Dann wird das Zepter meines Königtums aufleuchten, und an eurer Wurzel wird ein Sproß entstehen. ⁽⁶⁾ Und durch ihn wird ein Zepter der Gerechtigkeit den Völkern heraufkommen, zu richten und zu retten alle, die den Herrn anrufen."

25,1ff spricht von der dann erfolgenden Auferstehung Abrahams, Isaaks und Jakobs, der Einsetzung der 12 Stämme in ihre Herrscherrollen und ihren Empfang des Segens. V.3 fährt fort:

„Und es wird ein Volk des Herrn sein und eine Sprache, und der Geist der Verführung Beliars wird dort nicht sein, denn er wird für immer ins Feuer geworfen werden."

V.4 handelt von einer Auferstehung der in Trauer Gestorbenen und der Märtyrer, und V.5 schließt mit der Erwartung: „alle Völker werden den Herrn für immer preisen".

Während 24,6 noch relativ allgemein gehalten ist hinsichtlich des Einschlusses der Völker ins Heil[186], könnte in 25,3–5 eine wirkliche Belegstelle für die Gleichstellung aller Völker im Eschaton vorliegen. V.3 bedeutet inhaltlich die Umkehrung der babylonischen Sprachverwirrung. Nach Klausner[187] bezieht sich V.3ff nur auf die Vereinigung der zwölf Stämme zu einem Volk. Wozu aber dann der Hinweis auf die eine Sprache? Besonders der Schluß von V.5, wonach alle Völker den Herrn preisen, legt auch eine andere Interpretation nahe. Eine sachliche Beziehung zu 1Hen 10,21 (vgl. Tob 13,13; Ps 22,28 etc.) scheint möglich[188].

TestNaph 8,3 enthält eine Aussage, daß Gott „das Geschlecht Israels retten und Gerechte aus den Völkern hinzuführen wird". Wie die Fortsetzung in V.4 zeigt, geht es auch hier um die endzeitliche Verherrlichung Gottes unter den Völkern. Die Begrifflichkeit „Gerechte hinzuführen" entspricht TanB, Wayera §38[189] (vgl. auch Tob 13,13–15 Cod. S)[190]. Daß es sich um „Gerechte aus den Völkern" handelt, legt der Zusammenhang nahe.

TestAss 7,3 geht von der endzeitlichen Rettung Israels und der Völker aus.

---

[186] Anders BECKER, JSHRZ III.1, 104 A.3e; UHLIG, JSHRZ V.6, 703 A.33c.
[187] KLAUSNER, Messianic Idea, 316.
[188] HOLLANDER/DE JONGE, Commentary, 231. TestJud 24,1–3 wird in der Regel für eine christliche Interpolation gehalten; dagegen jedoch SCOTT, Adoption, 109–114.
[189] Wobei es nach dieser Stelle eindeutig um Proselyten geht, die nicht wie früher als einzelne, sondern in großer Zahl sich Israel in der Endzeit anschließen. Vgl. die bei BILL. III, 150f, angeführten Belege: bAZ 3b; tBer VI,2; bBer 57b (Bar); TanB, Bemidbar §3; MTeh 72 § 5; MShir 1,3.
[190] S. dazu unten zu Tobit.

TestBenj 9 ist stark christlich überarbeitet[191]. V.2 lautet:

„Doch der Tempel Gottes wird in eurem Anteil sein. [Und der letzte (Tempel) wird herrlicher sein als der erste]. Und dort werden die zwölf Stämme zusammenkommen und alle Völker, [bis der Höchste sein Heil sendet durch die Heimsuchung des Einziggeborenen]."

Die zweite Klammer ist relativ eindeutig als christlicher Zusatz erkennbar[192]. Anders verhält es sich mit der ersten. Es wird wohl Bezug genommen auf die Vorstellung vom eschatologischen Heiligtum (vgl. Jub 1,29; 1Hen 90,28f). Daher ist ein Zusatz nicht zwingend zu erweisen[193]. Doch selbst wenn es sich um einen Zusatz handelt, ist in diesem Text ähnlich wie in 1Hen 90,33 die gemeinsame Anbetung Gottes durch alle Menschen angesprochen.

Dieser universalistische Zug des TestBenj wird in 10,9–11 noch verstärkt. Nach der allgemeinen Auferstehung werden Israel und die Völker gerichtet:

„[8] ... Und der Herr wird Israel als erstes richten wegen der Ungerechtigkeit, die sie vollbrachten. [9] Und dann wird er alle Völker richten. [10] Und er wird Israel durch die Auserwählten der Völker zurechtweisen, wie er Esau durch die Midianiter zurechtwies, die ihre Brüder liebten. So wurden sie Kinder im Anteil derer, die den Herrn fürchten! [11] Ihr nun, wenn ihr in der Heiligung vor dem Angesicht des Herrn wandelt, werdet ihr wiederum auf Hoffnung in mir wohnen und ganz Israel wird sich zum Herrn versammeln."

Der Abschluß von V.10 ist textkritisch nicht völlig gesichert[194]. Die Zurechtweisung Esaus durch die Midianiter und die Zurechtweisung Israels durch die Auserwählten der Völker werden parallelisiert. Damit ist zumindest mit der Möglichkeit von Auserwählten aus den Völkern eindeutig zu rechnen. Die Midianiter wurden durch ihr Verhalten „Kinder im Anteil derer, die den Herrn fürchten". In der jetzigen Gestalt beinhaltet der Vers, wenn man die Parallelisierung auch hier durchführt, die Integration der Auserwählten der Völker im „Anteil derer, die den Herrn fürchten", d.h. im Gottesvolk Israel. Das würde bedeuten, daß „ganz Israel" in V.11 auch die Auserwählten aus den Heiden mitumfassen würde.

Die Testamente der Zwölf Patriarchen enthalten somit durchaus Texte, die eine universalistische Tendenz aufweisen und eine Teilhabe von Heiden am Heil anvisieren[195], TestBenj 10,9–11 rechnet vielleicht sogar mit einer Integra-

---

[191] Zu TestBenj 3,8 s. DE JONGE, Testaments (1985), 274f; HOLLANDER/DE JONGE, Commentary, z.St.; BECKER, JSHRZ III.1, 132f A.8b. Die Erwähnung des Heils für die Völker ist mit hoher Wahrscheinlichkeit als christliche Interpolation anzusehen.

[192] Dies gilt auch für den Anschluß V.3–5; s. BECKER, JSHRZ III.1, 136 A.2b.

[193] BECKER, JSHRZ III.1, 136 A.2a mit „?"; ZELLER, Logion, 234, unsicher; vgl. sachlich Hag 2,9.

[194] S. BECKER, JSHRZ III.1, 137 A.10d; HOLLANDER/DE JONGE, Commentary, 438.440, deren textkritische Entscheidung den gegenteiligen Sinn erzeugt.

[195] In TestSeb 9 handelt es sich nach V.8, wo von der Bekehrung der Völker die Rede ist, um eine christliche Interpolation; vgl. BECKER, JSHRZ III.1, 90 A.8c; JERVELL, Interpolator, 42.

tion der Auserwählten der Völker in das Gottesvolk. Aufgrund der komplizierten literarkritischen Verhältnisse und der unklaren Entstehungszeit der
einzelnen Aussagen kann die Aussagekraft der Belege jedoch nicht zu hoch
veranschlagt werden.

g) Die Eröffnung einer Beziehung zum Gott Israels für Heiden bei
gleichzeitiger Beibehaltung des jüdischen Propriums im
griechischsprechenden Diasporajudentum

Die Sicht der Heiden in den Schriften des griechischsprechenden Diasporajudentums unterscheidet sich – von Ausnahmen abgesehen – am entscheidenden Punkt nicht grundlegend von der Haltung der in Erez Israel beheimate-
ten Schriften, wenngleich aufgrund der Diasporasituation mit einer größeren
Offenheit gegenüber Heiden zu rechnen ist[196].

Die sog. jüdisch-hellenistischen Historiker[197] tragen zu unserer Fragestellung nur indirekt etwas
bei und bleiben daher im folgenden außer Betracht. Lediglich der um 100 v.Chr. schreibende
Artapanos[198] könnte von Interesse sein. In ihm begegnet nach dem Makkabäeraufstand „ein
vom strengen Judentum auffällig abweichendes, zum Synkretismus hin offenes Bild eines ägyptischen Juden"[199]. Das Ziel ist jedoch auch bei Artapanos nicht die bedingungslose Akkulturation des Judentums an den Hellenismus, sondern die Darstellung der Überlegenheit des Mose
und damit des Judentums[200]. Es ist im übrigen nicht zu entscheiden, ob in ihm ein Außenseiter
oder der Vertreter einer Gruppe spricht[201]. Der (indirekte) Beitrag der jüdisch-hellenistischen
Historiker zu unserer Fragestellung besteht darin, daß sie bewußt eine Öffnung zum Hellenismus betreiben, indem sie griechisches Gedankengut explizit übernehmen und vor allem durch
ihre Sicht der Mosetora als universalem Gesetz einen universalistischen Zug einbringen (vgl.
auch Ps-Orpheus und Gnomologion)[202].

---

[196] Von Ausnahmen abgesehen hielten auch die Diasporajuden „inmitten der hellenistischen
Kultur und bei zunehmend intensiverer Teilnahme an ihr am Glauben der Väter fest" (HEGER-
MANN, Judentum, 339). Zur Abgrenzung des hellenistischen Judentums s. auch DELLING,
Begegnung, ANRW II.20.1, 3–39, hier: 5–11. Einen Überblick vermittelt auch WALTER, Literatur, ANRW II.20.1, 67–120.
[197] S. dazu WALTER, JSHRZ I.2; CHARLESWORTH II, 855–919.
[198] Datierung nach WALTER, JSHRZ I.2, 125; anders WACHOLDER, Chronology, 460 A.34,
der in die vormakkabäische Zeit datiert, da er eine synkretistische Öffnung wie bei Artapanos
nach dem Makkabäeraufstand für undenkbar hält; COLLINS, in: CHARLESWORTH II, 889–903,
hier: 890, trifft keine Entscheidung und hält jeglichen Zeitpunkt zwischen 250 und 100 v.Chr.
für möglich.
[199] WALTER, JSHRZ I.2, 124.
[200] WALTER, JSHRZ I.2, 124f; HENGEL/LICHTENBERGER, Hellenisierung, 12f.
[201] WALTER, JSHRZ I.2, A.14.
[202] Zum Tragiker Ezechiel s.u. S. 109 A.1.

Tobit[203]

Im Buch Tobit begegnet dem Leser ein Diasporajude aus dem Stamm Naftali, der sich genau an die väterlichen Vorschriften hält[204]: Während seiner Zeit im Land Israel wallfahrtet er als einziger seines Stammes nach Jerusalem (1,6ff). In heidnischer Umgebung meidet er unreine Speisen (1,11f). Er übt Barmherzigkeit an seinen Brüdern (1,16ff) und kommt der Bestattungspflicht nach (2,4ff). Er ermahnt seinen Sohn Tobias, keine Mischehe einzugehen (πορνεία, 4,12f), und sorgt sich darum, daß der Begleiter seines Sohnes ein Israelit ist (5,12). Hierin zeigt sich deutlich eine Abgrenzungstendenz gegenüber dem Heidentum. Im Unterschied zu anderen Schriften hat diese jedoch „keine aggressive Spitze"[205]. Zwei Texte aus dem Buch zeigen einen universalistischen Horizont: 13,13–15 und 14,5–7[206]. Da die textliche Überlieferung des Buches problembeladen ist, müssen die Textfassungen des Vaticanus/Alexandrinus einerseits und des Sinaiticus andererseits gesondert aufgeführt werden[207].

Tob 13,13–15[208]:

Nach Cod. B, A kommen Völker von weit her zum Namen des Herrn. Sie bringen Geschenke mit für den Gott des Himmels und einen viele Generationen umfassenden Jubel für Israel („σοι", V.13)[209]. Diejenigen, die Israel hassen, werden dann verflucht, die, die Israel lieben, gesegnet sein. In Cod. S

---

[203] Für Einleitungsfragen s. ROST, Einleitung, 44–47; NICKELSBURG, Literature, 30–35.41f; ZIMMERMANN, Tobit, 1–42; SCHÜRER, History III.1, 222–232; DESELAERS, Buch, 15–56; BEYER, ATTM I, 298f; II, 134f. Die drei erhaltenen Rezensionen gehen auf ein semitisches Original zurück. Die ursprüngliche Fassung dürfte in vormakkabäischer Zeit entstanden und in der Diaspora anzusetzen sein; vgl. BEYER, ATTM I, 299, und die Diskussion bei NIEBUHR, Gesetz, 201. Man kann darüber diskutieren, ob angesichts der in Qumran gefundenen Fragmente Tobit eher in den vorhergehenden Abschnitt b) einzuordnen wäre. Dies würde das Ergebnis der vorliegenden Arbeit jedoch nicht wesentlich verändern.

[204] Die im Buch Tobit aufgegriffenen, unterschiedlichen Traditionen beschreiben in der vorliegenden Kombination „das Idealbild eines frommen und gerechten jüdischen Mannes"; NIEBUHR, Gesetz, 202.

[205] NIEBUHR, Gesetz, 203. Zur Intention des Buches Tobit s. die ebd., A.167, genannten Literaturhinweise.

[206] Möglicherweise sind beide Kap. 13; 14 als Anhang zu betrachten; ROST, Einleitung, 46; WISCHMEYER, Kultur, 265 A.50. NIEBUHR, Gesetz, 201, hält aufgrund von Überlegungen zur frühjüdischen Paränese an der Einheitlichkeit des Buches fest. Die Ansicht von ZIMMERMANN, Tobit, 24–27, wonach Kap. 13 und 14 nach 70 n.Chr. anzusetzen seien, ist durch die hebräischen und aramäischen Tobitfragmente von Kap. 13 und 14 unter den Schriftrollen vom Toten Meer widerlegt; vgl. NICKELSBURG, Literature, 40 A.39.

[207] Nach HANHART, Text, 11–48, kommt der Textform des Sinaiticus zwar Priorität zu, doch ist auch diese nicht frei von sekundären Bearbeitungen.

[208] V.13 gehört nach DESELAERS, Buch, 473–475, zur dritten Erweiterungsschicht, ebenso das „zusammengeführt werden" in V.15. Zur Kritik an der literarkritischen Methode DESELAERS s. die wichtigen Überlegungen bei NIEBUHR, Gesetz, 201f A.161.

[209] Das ἐν σοί in Cod. S dürfte ein Hebraismus sein und von בך herrühren (vgl. Gal 1,16 ἐν ἐμοί: בי).

fehlt das Verbum für ἔθνη und für κάτοικοι, sofern damit „Bewohner der Enden der Erde" gemeint sind. Ἥξει σοι ist ergänzt nach der Vetus Latina[210]. Es hat den Anschein, daß die Ankömmlinge zwar auch mit Geschenken für Gott ankommen, dann aber in Israel wohnen werden und dem Gottesvolk zujubeln. Von einem Aufgehen der Fremden im Gottesvolk lesen wir jedoch nichts[211]. V.14 greift jeweils auf Gen 12,3a zurück, nicht aber auf V.3b. Israel steht im Zentrum. Dies wird auch durch den Makarismus in V.15 unterstrichen.

Tob 14,5–7:
Der Text handelt nach Cod. B, A wie auch nach Cod. S von einem zweimaligen Wiederaufbau des Heiligtums: einem vorläufigen, der in seiner Prachtfülle nicht an den ersten Tempelbau heranreicht und nur eine begrenzte Dauer hat, und einem endgültigen, der herrlich sein und für alle Zeit Bestand haben wird. Danach werden sich alle Völker Gott zuwenden (Cod. S betont ‚alle Völker der ganzen Erde'), ihre Götzen vernichten und Gott verehren (Cod. S setzt hinzu, daß dies ‚in Gerechtigkeit' geschehen wird). Nach Cod. B, A wird Gott selbst seinen λαός dann erhöhen (ὑψόω). Cod. S fügt den Bezug auf das Land, das Abraham zugesagt wurde, an und betont die dauerhafte Sicherheit.

Die beiden Texte lassen sich verstehen im Rahmen der endzeitlichen Völkerwallfahrt zum Zion und der Anerkenntnis der Gottheit JHWHs durch die Völker[212]. Daneben ist auch die Erwartung des eschatologischen Heiligtums angesprochen, in deren Zusammenhang der Völkerhorizont seinen Platz hat[213]. Von einer Eingliederung der Heiden ins Gottesvolk oder einer Gleichstellung mit Israel ist jedoch auch hier kaum die Rede. Tob 14,6 (Cod. S) reißt in der Tat einen universalen Horizont auf:

„καὶ πάντα τὰ ἔθνη τὰ ἐν ὅλῃ τῇ γῇ, πάντες ἐπιστρέψουσιν καὶ φοβηθήσονται τὸν θεὸν ἀληθινῶς, καὶ ἀφήσουσιν πάντες τὰ εἴδωλα αὐτῶν, τοὺς πλανῶντας ψευδῆ τὴν πλάνησιν αὐτῶν, καὶ εὐλογήσουσιν τὸν θεὸν τοῦ αἰῶνος ἐν δικαιοσύνη."

---

[210] S. dazu RAHLFS, LXX, z.St.

[211] So m.R. DESELAERS, Tobit, z.St. GROSS, NEB 19, 50, sieht in Tob 13,13 (textliche Grundlage ist die Einheitsübersetzung) eine Anlehnung an Gen 12,1–3; 27,29 und Num 24,9, wobei der göttliche Segen jedoch nur für diejenigen gelte, „die Jerusalem lieben und die folglich im Einverständnis mit Gott und nach der Weisung des mosaischen Gesetzes ihr Leben führen". Letzteres ist jedoch eine Eintragung in den Text.

[212] Vgl. DESELAERS, Buch, 473. Das Motiv ist hier ein „Reflex auf das Handeln" JHWHs an Jerusalem (ebd., 474).

[213] Vgl. Jer 3,14–18, auch hier gehört der Völkerhorizont zur Vorstellung der Errichtung eines endzeitlichen Heiligtums. Zudem liegt eine Aufnahme der Abrahamsverheißung vor (vgl. SCHREINER, Segen, 26ff).

Es bleibt in der Schwebe, ob die Umkehr zu Gott auch die Übernahme des Mose-Gesetzes für die Völker beinhaltet, denn nur unter dieser Bedingung könnte von Gleichstellung oder Eingliederung gesprochen werden[214]. Für eine generelle Relativierung der Unterscheidung zwischen Israel und den Völkern kann das Buch Tobit aufgrund der betonten Gesetzestreue Tobits (1,6ff.11f.16ff; 2,4ff; 4,12f; 5,12) kein Beleg sein. Der Akzent in 14,6 scheint jedoch anders zu liegen: „Der Schritt vom israelitisch-völkischen zum universalen Horizont dient einzig der Verherrlichung der Stadt"[215].

Aristeasbrief[216]
Den erzählerischen Rahmen des Aristeasbriefes bildet die Darstellung des Unternehmens, der Bibliothek von Alexandria auch eine Übersetzung des jüdischen Gesetzbuches einzugliedern (10.317). Hierzu werden Schriftgelehrte aus den Stämmen Israels nach Ägypten gebracht, um dort eine Übersetzung anzufertigen[217]. In diesen Rahmen ist eine Apologie des Judentums eingebaut, wobei der Verfasser, der sich selbst als nichtjüdischen Hofbeamten des Königs Ptolemaios II. (285–246) ausgibt, bemüht ist, seiner heidnischen Umwelt die Eigentümlichkeiten der jüdischen Religion „von deren Denkweise her verständlich zu machen"[218]. Zwei Aspekte sind dabei von besonderer Bedeutung: 1. das Verhältnis des Gottes Israels zu den anderen Göttern, 2. der Sinn der jüdischen Speisevorschriften.

Der Aristeasbrief zeigt insgesamt zwei einander gegenläufige Tendenzen: Einerseits werden Heiden und Juden über Tora und Weisheit so eng wie möglich aneinander gerückt. Die Tora wird dabei zum Inbegriff des in der Weisheit der Völker erstrebten Wahren und Guten. Andererseits und zugleich wird die Unterscheidung aufgrund des jüdischen Ritualgesetzes streng aufrecht erhalten. „Im Grunde ist die ganze Schrift auch ein Versuch, die Erwählung Israels und das Bewußtsein seiner Aussonderung durch Gott unter völlig veränderten Bedingungen für das Diasporajudentum neu zu formulieren und zu begründen. ... Der Aristeasbrief ist eine auch nach innen gerichtete Apologie, sein Ziel ist hier die Vergewisserung der eigenen Identität ..."[219]

---

[214] Auch 4QTobit liefert keine weiteren Argumente; vgl. BEYER, ATTM II, 147.

[215] DESELAERS, Buch, 475, vgl. 483f zu Tob 14,6.

[216] Die wahrscheinliche Abfassungszeit liegt im 2. Jh. v.Chr., der Abfassungsort in Alexandria; vgl. MEISNER, JSHRZ II.1, 42f (im Anschluß an BICKERMANN); s. weiterhin ROST, Einleitung, 75; SCHÜRER, History III.1, 677–684; CHARLESWORTH, Pseudepigrapha, 78; SHUTT, in: CHARLESWORTH II, 8f.

[217] Vgl. ROST, Einleitung, 74f.

[218] DELLING, Bewältigung, 9. Zum Anliegen des Aristeasbriefes, das zu Unrecht lange Zeit *„hauptsächlich* in der Darstellung der LXX-Legende" gesehen wurde, s. MEISNER, JSHRZ II.1, 37–43 (Zitat S. 38); dazu WALTER, ANRW II.20.1, 83–85. Weder Aristeas noch der fiktive Adressat Philokrates sind geschichtlich belegt; vgl. SCHÜRER, History III.1, 677.

[219] FELDMEIER, Weise, 34 (im Original z.T. kursiv).

Schon zu Beginn der Ausführungen wird deutlich gemacht, daß die Juden den gleichen Gott verehren wie die anderen Völker, ihn nur nicht ‚Zeus' nennen (16)[220]. Mose erscheint dabei als Weiser (139); die Weisheit ist es, die Juden und Heiden verbindet[221]. Gott ist der Verehrung durch Juden wie Heiden in gleicher Weise zugänglich: Die von Aristeas dem König empfohlene Freilassung von Sklaven soll als Weihegeschenk an den höchsten Gott verstanden werden (37). Die Gesandtschaft nach Jerusalem bringt ebenfalls Weihegeschenke mit (49). Der Hohepriester Eleazar anerkennt die Gottesverehrung des Ptolemaios (42). Das jüdische Volk betet und bringt Opfer für Ptolemaios dar, damit sein Vorhaben gelinge (45). Ptolemaios läßt gemäß den Toravorschriften Kultgeräte anfertigen (51–82). Besonders die breit ausgeführten und nach dem Schema ‚Frage – Antwort – Erwähnung Gottes' ablaufenden Tischgespräche[222] belegen die Einmütigkeit in Lebensfragen und sind Ausweis für den in der Weisheit aller Völker wirkenden einzigen Gott (187–292)[223].

Hinsichtlich der Frage nach dem Sinn der jüdischen Gesetze (128–171.306), insbesondere der Speisevorschriften, die (Pseudo-)Aristeas vom Hohenpriester Eleazar erklären läßt, geht er den Weg der Ethisierung[224]: Die Gesetze zielen „auf die Gerechtigkeit und das gerechte Zusammenleben der Menschen" (169), sie wurden „wegen ihres Symbolgehalts" erlassen (150). Zu Beginn seiner Ausführungen nennt er die mit den Speisevorschriften verbundene Problematik: Die Kaschrut scheinen dem einheitlichen Ursprung allen Lebens zu widersprechen (129; vgl. 143). Dennoch will er keineswegs die Absonderung der Juden von der heidnischen Bevölkerung zurücknehmen[225]. Im Gegenteil, er versteht die mosaischen Gesetze als Schutz gegenüber jenen

---

[220] (Ps-)Aristeas verwendet dabei die pagane Etymologie des Zeus-Namens; vgl. DELLING, Begegnung, ANRW II.20.1, 10; DERS., Bewältigung, 9 A.6, unter Hinweis auf WALTER, Thorausleger, 101f.113. Dieselbe Ansicht begegnet auch bei Aristobul, Euseb, praep. Ev. 13,12,7f; Text bei DENIS, Fragmenta, PVTG III, 223; Übersetzung in JSHRZ III.2, 275f; zur Sache s. HENGEL, Judentum, 481–484.549. HENGEL betont m.R., daß man Aristeas nicht des Synkretismus verdächtigen darf (481). Zur Diskussion über das Alter der Aristobul-Fragmente gegenüber (Ps-)Aristeas s. SCHÜRER, History III.1, 580.680 A.281.682f.

[221] Auch eine solche Beziehung findet sich bei Aristobul: Nach ihm ist es das Ziel der Tora, die in engster Beziehung zur Weisheit gesehen wird, zu ‚Frömmigkeit, Gerechtigkeit, Enthaltsamkeit und den übrigen der Wahrheit gemäßen Gütern' anzuhalten; Frgm. 4, JSHRZ III.2, 276. Dabei geht Aristobul davon aus, daß die griechischen Philosophen von Mose abhängig seien; Frgm. 2, JSHRZ III.2, 270f; Frgm. 3, JSHRZ III.2, 274; vgl. Walter, ANRW II.20.1, 79–83.

[222] Dazu s. MEISNER, JSHRZ II.1, 40.

[223] (Ps-)Aristeas ist hierbei von einer hellenistischen Schrift περὶ βασιλείας abhängig; ZUNTZ, Aristeas Studies, pass.

[224] Vgl. DELLING, Bewältigung, 9, der ebd., A.5, auf den Unterschied zu Philo, SpecLeg 4,100–109.116.119 und Agr 131–145 hinweist.

[225] Er erwähnt auch ausdrücklich, daß die jüdischen Gelehrten gemäß ihren Bräuchen versorgt (181) und die Tischgebete nicht von ägyptischen Priestern, sondern von Elissaios verrichtet (184f) wurden.

Völkern, die durch ihre Gottesdienstpraxis „lebendigen Kadavern" gleichen (138):

> „[139] Da nun der Gesetzgeber als Weiser, der von Gott zur Erkenntnis aller Dinge befähigt wurde, (dies) alles klar erkannte, umgab er uns mit undurchdringlichen Wällen und eisernen Mauern, damit wir uns mit keinem anderen Volk irgendwie vermischen, (sondern) rein an Leib und Seele bleiben und – befreit von törichten Lehren – den einzigen und gewaltigen Gott überall in der ganzen Schöpfung verehren ... [142] Damit wir nun nicht besudelt und durch schlechten Umgang verdorben werden, umgab er uns von allen Seiten mit Reinheitsgeboten in Bezug auf Speisen und Getränke und Berühren, Hören und Sehen."[226]

Es geht im Aristeasbrief um die Apologie der jüdischen Religion vor einem heidnischen Forum[227]. Hierzu werden die Übereinstimmungen zum Glauben der Völker aufgezeigt und gleichzeitig die Besonderheit des jüdischen Volkes in Erinnerung gerufen. Die Frage einer Aufnahme von Heiden ins Gottesvolk oder einer Teilhabe von Heiden am Heil steht nicht direkt zur Diskussion. Zwar läßt der Ton der Darstellung auf eine werbende Absicht schließen[228]. Die Ausführungen machen jedoch auch deutlich, daß dem Verfasser an einem Abbau der Unterscheidung des Gottesvolkes und der Völker in keiner Weise gelegen ist. Bedeutsam ist, daß die Reinheitsvorschriften, die zur Absonderung führen, unmittelbar mit der Gottesverehrung des Gottesvolkes verbunden sind[229]. Die kultische Reinheit ist nicht nur Vorbedingung für den Vollzug religiöser Handlungen, sondern Voraussetzung der dauerhaften Zugehörigkeit zum Gottesvolk[230].

---

[226] Übersetzung nach MEISNER, JSHRZ II.1, 63f.

[227] Ob die Adressaten Griechen sind – so die überwiegende Meinung – oder Juden – so TCHERIKOVER, Ideology, 182 – kann dann letztlich offen bleiben; vgl. SHUTT, in: CHARLESWORTH II, 11; FELDMEIER, Weise, 34; WALTER, Erwägungen, 156.

[228] Der Schreiber ist durchaus „torabegeistert"; WALTER, Diaspora-Juden, 11.

[229] Vgl. DELLING, Bewältigung, 92. SIEGERT, Predigten II, 282, weist auf die – z.B. im Unterschied zu JosAs 21,8 – in Arist 143-157.161-166.184 vorliegende Präzision in der Darstellung der Einhaltung der Reinheitsvorschriften hin.

[230] Vgl. DELLING, Bewältigung, 93. Ich kann daher nicht sehen, daß der Aristeasbrief in seiner „Hellenismusbejahung" so weit ginge, wie HEGERMANN, Judentum, 333, das erkennen möchte.

Josef und Asenet[231]

Die historischen und theologischen Probleme der Interpretation von JosAs sind nach wie vor vielfältig[232]. Im vorliegenden Zusammenhang interessiert nur die implizit oder explizit zum Ausdruck kommende Haltung zum Verhältnis des Gottesvolkes zu den Völkern. Hierzu sind Aussagen möglich, ohne in die Gesamtdiskussion ausdrücklich einzusteigen.

Der „Roman" JosAs zerfällt deutlich in zwei Teile (1–21; 22–29), wobei es im ersten Teil am Beispiel Asenets um die Bekehrung vom Heidentum zum Judentum und im zweiten Teil um die Gestaltung jüdischen Lebens geht[233]. Dabei können Muster und Traditionen unterschiedlicher Provenienz verarbeitet sein[234].

Für unsere Frage bedeutsam ist die Darstellung der beiden Hauptpersonen Asenet und Josef: Durchgehend wird die Jungfräulichkeit Asenets und Josefs betont (1,4; 2,1.4.7.9; 4,7; 7,2–8; 8,1.3.9; 10,4; 11,13; 12,5.14; 13,10; 14,12; 15,1.8.14; 21,1), die auf seiten Asenets die spätere Heirat mit Josef überhaupt erst ermöglicht. Josef speist wegen möglicher Verunreinigung allein (7,1)[235]. Er meidet auch den Umgang mit fremden Frauen (7,2–6; 8,5–7), stößt daher Asenet zunächst zurück (7,2ff) und hat auch vor der Hochzeit keine sexuelle Beziehung zu ihr (21,1). Asenets Bekehrung geschieht, indem sie sich von den Götzen (9,2; 10,12) und von heidnischen Speisen abwendet (10,13; vgl. 11,9) und einen siebentägigen Bußritus mit anschließenden Waschungen durchführt (10,14–17; 14,12.15). Ausdrücklich wird vermerkt, daß die Bekehrung zu Gott die Feindschaft der bisherigen Familie nach sich zieht (11,4ff; 12,12f). Dies alles trägt dazu bei, das Bewußtsein Josefs als Angehöriger des Gottes-

---

[231] Die Textüberlieferung für JosAs ist noch nicht letztlich gesichert; s. BURCHARD, JSHRZ II.4, 588f; DERS., in: CHARLESWORTH II, 177–181. Ich gehe (wie u.a. DENIS, Concordance, und zuletzt MELL, Neue Schöpfung, 226–251) im folgenden vom „vorläufigen Text" BURCHARDs (DBAT 14, 1979, 2–53) und dessen Verbesserungen (DBAT 16, 1982, 37–39; vgl. DERS., JSHRZ II.4; DERS., in: CHARLESWORTH II, 202–247) sowie dessen Verseinteilung aus.

[232] Einen Überblick gibt BURCHARD, JSHRZ II.4, 579–619; DERS., Untersuchungen, bes. 91–112.133–151 (Datierung am Ende des 1. Jhs. v.Chr.); DERS., Zeuge, 59–86; BERGER, Missionsliteratur; HOLTZ, Interpolationen; PHILONENKO, Joseph et Aséneth, 27–32.99–109 (Datierung ins 2. Jh. n.Chr.); jeweils mit weiterer Literatur.

[233] Vgl. BURCHARD, JSHRZ II.4, 601.

[234] Nach PHILONENKO, Joseph et Aséneth, 53–98, sind in JosAs drei Romane zu einem verarbeitet: ein „missionarischer Roman", ein „Schlüsselroman" und ein „mystischer Roman"; dagegen SÄNGER, Judentum, 58–83. SÄNGER, ebd., 148–190, findet in JosAs neun Elemente eines „Proselyten-Aufnahmeformulars" (zusammengefaßt bei BURCHARD, JSHRZ II.4, 610). ANANDAKUMARA, Gentile Reactions, 29–91.316–335, will in JosAs 8–21 eine Initiationsliturgie erkennen, wohingegen BERNER, Initiationsriten, 156–172, nur von rituellen Begleithandlungen und nicht einem ausgeführten Initiationsritus sprechen möchte. Vorsicht signalisiert auch BURCHARD, JSHRZ II.4, 611, der die in JosAs verarbeiteten Ritualien entweder als „unvollständig" oder als „die Fassung B für Frauen" kennzeichnet.

[235] Nach BURCHARD, JSHRZ II.4, 646f A.1d, geht es dabei nicht um die levitischen Reinheitsvorschriften, sondern um die Möglichkeit, über heidnisches Essen mit Götzen in Berührung zu kommen.

volkes und die Radikalität der Bekehrung Asenets zu betonen, die einem Kommen von der Finsternis ins Licht, vom Irrtum zur Wahrheit und vom Tode zum Leben vergleichbar ist (8,9; vgl. 12,1f; 15,12; 27,10)[236]. Den Anfang zu Asenets Bekehrung bildet der Segen Josefs (8,9)[237]. Er segnet Asenet und erbittet die „Erneuerung" für sie. Diese hat ihr Ziel in der Eingliederung ins Gottesvolk und der Teilhabe an dessen Heilsgütern. Die einzelnen Aspekte der Bekehrung zu Gott sind: Neuschöpfung durch Gottes Geist, seine Hand und sein(e) Leben(skraft), Teilhabe am Lebensbrot und am Segenskelch, Zugehörigkeit zum auserwählten Volk, Ruhestatt und ewiges Leben (8,10). Nach der Bekehrung liegen sich Josef und Asenet in den Armen, und Asenet erhält durch Küsse Josefs den Geist des Lebens, der Weisheit und der Wahrheit (19,10f). Auch von Jakob wird Asenet gesegnet (22,9). Sie steht damit direkt innerhalb der von den Patriarchen herkommenden Segenslinie, und Josef kann ihr zusagen, daß Gott mit ihr sein (vgl. Gen 26,3; 28,15; 31,3; 39,21) und sie wie einen Augapfel behüten werde (26,2; vgl. Dtn 32,10; Sach 2,12). Verbunden mit der Bekehrung ist eine neue Namensgebung: Asenet soll „Zufluchtsstadt" genannt werden (15,7; vgl. 16,16; 19,5.8)[238]. Hierin kommt die zentrale Stellung Asenets für die Proselyten zum Ausdruck[239]. ‚In ihr' sollen alle die Zuflucht und Schutz finden, die umkehren zu Gott wie sie. Sie wird damit zur ‚Mutter der Proselyten'[240].

Aus der Geschichte geht hervor, daß in dem von JosAs repräsentierten hellenistischen Judentum die Grenze zwischen Juden und Heiden strikt eingehalten wird. Die Ehe eines jüdischen mit einem nichtjüdischen Menschen ist nur bei Übernahme der jüdischen Religion möglich (8,5ff)[241]. Durch ihren Kontakt mit den Götzen sind Heiden unrein (11,8f;12,5). Allein die Angehörigen des Gottesvolkes sind teilhaftig des Lichtes, der Wahrheit, des Lebens und der Unsterblichkeit. Sie leben in der Nähe Gottes wie die Engel[242]. Nichtjuden leben von Haus aus in einem „defizitären nur-menschlichen Status", während das Leben der Juden von einer „engelgleichen Lebensfülle" gekennzeichnet ist[243]. Die Teilhabe am Gottesreich ist auch nach JosAs nur dem

---

[236] Vgl. zum sprachlichen Ausdruck Philo, Virt 179f; Abr 70; Migr 122f; weitere Belege bei BERGER, Missionsliteratur, 232–248. Zur Frage nach der inhaltlichen Bestimmung der „Neuschöpfung" in JosAs s. MELL, Neue Schöpfung, 230–249; vgl. weiterhin unten zu Gal 6,15; 2Kor 5,17.
[237] Hierzu im Detail: MELL, Neue Schöpfung, 230f.238–241.
[238] Nach BURCHARD, JSHRZ II.4, 676 A.7c, könnte der Begriff durch Sach 2,15 LXX veranlaßt sein; DELLING, Einwirkungen, 42, denkt an Jes 54,15 LXX.
[239] Der Name erinnert an die in Num 35; Jos 20f; 1Chr 6,42.52 genannten Asylstädte; vgl. BURCHARD, JSHRZ II.4, 600.
[240] Vgl. BURCHARD, JSHRZ II.4, 600: „Was sie und die Proselyten verbindet, ist nicht Analogie, sondern Genealogie".
[241] Vgl. DELLING, Bewältigung, 11.
[242] Vgl. dazu näherhin BURCHARD, JSHRZ II.4, 606.
[243] BURCHARD, JSHRZ II.4, 609.

Vollmitglied des Gottesvolkes möglich (8,9). Proselyten werden nach JosAs „willkommen geheißen", aber nicht aktiv geworben; daher ist JosAs weniger als „Missionsschrift" denn als „Ausdruck innerjüdischer Selbstverständigung, vielleicht mit besonderem Blick auf Neubekehrte", zu verstehen[244]. Eine Gleichstellung von Heiden mit Israel erfolgt nur durch die Bekehrung zu Gott und den Eintritt ins Gottesvolk[245].

Die Sibyllinischen Orakel

In der Diskussion über das Verhältnis Israels und der Völker werden verschiedene Texte aus den Sibyllinen angeführt[246]. Sie befinden sich fast alle im Schlußabschnitt des 3. Buches, wo v.a. ab 3,702 ein Endzeitpanorama entfaltet wird, das dann letztlich in einem in Aufnahme von Jes 11,6–8 beschriebenen Zustand gipfelt (785–795)[247].

Schon 3,564f.573ff drücken die Erwartung aus, daß die Hellenen „das Gesetz des Höchsten erlangen" (3,580), den wahren Gott anerkennen und ihm opfern werden. 3,616f rechnet damit, daß nach der Niederlage Ägyptens alle Menschen vor „dem großen Gott, dem unsterblichen König" die Knie beugen werden[248]. 3,710–723 spricht dann von der Bekehrung aller Inseln und Städte zu Gott. Auch hier sind es die Geschichtstaten Gottes, speziell seine Liebe zu Israel (3,710ff), aufgrund derer die Heiden nach Jerusalem kommen (3,716ff), um das „Gesetz des höchsten Gottes ..., welches von allen auf Erden das gerechteste ist" (3,719f), zu überdenken[249]. Dieser Gedanke wird erneut aufge-

---

[244] BURCHARD, JSHRZ II.4, 615.

[245] Aus der Tatsache, daß Asenet als Frau Prototyp der Proselyten wird, schließt COLLINS, Symbol, 176, daß der Beschneidung nicht allzuviel Bedeutung als Eintrittsritus zugemessen werden dürfe – eine m.E. unzulässige Schlußfolgerung e silentio, zumal die analogen Darstellungen mit männlichen Konvertiten ebenfalls vorhanden sind: z.B. Abraham (Philo, Virt 212ff; VitMos I,7; Abr 67ff), Izates (Josephus, Ant 20,17–53).

[246] S. für Einleitungsfragen, die für die aus unterschiedlichem Material kompilierten Schriften noch nicht abschließend geklärt sind: CHARLESWORTH, Pseudepigrapha, 184–188.300f; COLLINS, Oracles, 21–33.117f; DERS., Development; DERS., in: CHARLESWORTH I, 317–326. 354–361; DERS., Symbol, 164f; DENIS, Introduction, 111–122; ROST, Einleitung, 84–86; NIKIPROWETZKI, La Sibylle juive; HENGEL/LICHTENBERGER, Hellenisierung, 13f; griechischer Text nach GEFFCKEN, GCS 8; Übersetzung nach BLASS, in: KAUTZSCH II; vgl. COLLINS, in: CHARLESWORTH I. Eine Zusammenstellung verschiedener Orakelsprüche unter dem Stichwort ‚Neues Jerusalem' findet sich schon bei CAUSSE, La mythe, 406–413.

[247] Das 3. Buch der Sibyllinen dürfte grundsätzlich jüdischen Ursprungs sein. Es ist zu seinem größten Teil wohl in der Mitte des 2. Jhs. v.Chr. in Ägypten entstanden; COLLINS, Oracles, 57; DERS., in: CHARLESWORTH I, 355f; AMIR, Idee, 199ff.

[248] Ebenso werden nach 3,693 die Völker Gott aufgrund seines geschichtsmächtigen Waltens erkennen. Dies geht jedoch einher mit ihrem eigenen Untergang: Weil sie das „Gesetz des großen Gottes und sein Gericht" nicht erkannt haben und gegen den Tempel angestürmt sind (686f), werden sie vernichtet. Die Verse gehören nach BLASS, in: KAUTZSCH II, 182, zu einem Einschub, der 3,624–701 umfaßt; anders COLLINS, Oracles, 28.33; DERS., in: CHARLESWORTH I, 354.

[249] Nach 3,663–674 findet vor der friedlichen Ankunft der Völker ein Völkersturm auf Jerusalem statt, der den Angreifern den Tod beschert.

nommen in 3,756f, wo es heißt, daß Freundschaft zwischen den Königen sein und „ein gemeinsames Gesetz auf der ganzen Erde" (κοινόν τε νόμον κατὰ γαῖαν ἅπασαν) den Menschen von Gott gegeben wird[250]. Wenn Gott dann sein Königreich für alle Zeiten über alle Menschen errichten wird (3,767ff), dann werden die Menschen von der ganzen Erde „Weihrauch und Gaben zu dem Hause des großen Gottes bringen und es wird kein anderes Haus bei den Menschen sein auch der Nachwelt zur Kunde, als das, welches Gott den gläubigen Männern zu verehren gegeben hat[251]. Denn den Tempel des großen Gottes werden es die Sterblichen nennen" (3,772–776)[252].

Im Hintergrund dieses Textes steht die Völkerwallfahrt zum Zion. Sie ist jedoch an entscheidenden Punkten modifiziert bzw. weiterentwickelt, denn hier kommt die Erwartung zum Ausdruck, daß die Völker aufgrund ihrer Einsicht in die Geschichtslenkung Gottes die Tora als überragendes Gesetz erkennen und übernehmen werden[253] (vgl. Mi 4,2; Jes 2,3[254]). Blieben in den biblischen Belegen zur Völkerwallfahrt die Modalitäten der Ankunft der Völker am Zion stets in der Schwebe, so ist die Frage hier eindeutig beantwortet. Mit der Übernahme der Tora als „gemeinsames Gesetz auf der ganzen Erde" (3,757) stellt sich die Frage nach dem Verhältnis Israels und der Völker nicht mehr, denn dieser Schritt beinhaltet, daß alle der Mosetora untertan

---

[250] Daß es sich bei dem „gemeinsamen Gesetz" um einen auch in der Stoa geläufigen Gedanken handelt (COLLINS, in: CHARLESWORTH I, 379 A.a4, unter Hinweis auf den Schluß des Cleantheshymnus an Zeus; vgl. dazu auch die bei HENGEL, Judentum, 550, erwähnte „Theorie von der vollkommenen Urzeit", von der sich jedoch Sib 3,757f deutlich unterscheidet), bedeutet nicht eo ipso, daß das Gesetz, um das es hier geht, etwas anderes als die Mosetora sein wird. AMIR, Idee, 203, bestreitet zwar, daß νόμος hier für die Tora steht und möchte darin das „ungeschriebene Gesetz" oder „das Weltgesetz", das „als Idee über allen Gesetzen schwebt", sehen. Dies scheint mir jedoch aufgrund der Aussagen in 3,716–720 und auch aufgrund des Interesses des 3. Buches der Sibyllinen am Tempel nicht zutreffend. Eher ließe sich daran denken, daß hinter den Ausführungen eine ähnliche Vorstellung wie bei Aristobul (ebenfalls Mitte des 2. Jhs. v.Chr.) steckt, wonach die Tora vom größten aller Philosophen, Mose, stammt und „nicht nur für das Eine, das erwählte Volk, sondern für alle Völker der Menschheit eine fundamentale Bedeutung hat" (WALTER, Diaspora-Juden, 10); vgl. hierzu auch die Erwartung bei Philo, VitMos II,44, daß die Völker die Tora annehmen werden (s. dazu FISCHER, Eschatologie, 186, und weiterhin unten zu Philo, S. 86ff).

[251] Nach 3,286–294 bringen die Perser schon Materialien zum Wiederaufbau des Tempels.

[252] Bei 3,776 handelt es sich allem Anschein nach um eine christliche Interpolation, GEFFCKEN, GCS 8, 87; COLLINS, in: CHARLESWORTH I, 379 A.b4; anders BLASS, in: KAUTZSCH II, 183, der nur von Textverderbnis ausgeht und „Sohn" in „Tempel" ändert. Das Interesse am Tempel im 3. Buch der Sibyllinen überragt alle sonstigen Zeugnisse des griechischsprechenden Judentums in Ägypten; COLLINS, Oracles, 48f; DERS., in: CHARLESWORTH I, 356; vgl. Sib 3,286–294.564–567.657–659.715–718.

[253] Vgl. DELLING, Bewältigung, 80. Dieser Aspekt fällt in der Arbeit von COLLINS, Oracles, leider unter den Tisch (S. 36f hätte dafür Gelegenheit geboten).

[254] Vgl. auch SapSal 18,4, wonach durch die Söhne Gottes der Welt „das unvergängliche Licht des Gesetzes" gegeben werden soll; dazu DELLING, Bewältigung, 80.

sein und d.h. faktisch: dem jüdischen Volk gleichgestellt sein werden[255]. Der Text kann damit als Beleg für den endzeitlichen Anschluß der Heiden als Proselyten angesehen werden[256]. Der Bau des eschatologischen Tempels und die Erneuerung der Erde sind dabei vorausgesetzt.

Philo v. Alexandria[257]

Die Stellung der Heiden bei Philo erforderte eine eigenständige, ausführliche Darstellung. Im Rahmen der vorliegenden Fragestellung können nur einige Schlaglichter gesetzt werden[258].

1. Die Ausführungen Philos kennzeichnet eine universale Perspektive. In einer Hinsicht berühren sie sich eng mit jenen in Sib 3,716ff, was nämlich die Annahme der Tora durch die Völker betrifft. Seine Zielvorstellung läßt sich so umschreiben: Am Ende werden sich alle zum Mose-Weg bekehren (VitMos II,18–23.43f)[259]. Dies geschieht nicht durch Zwang, sondern freiwillig. Die heidnischen Gesetze werden dann aufgehoben sein (Quaest in Ex II,22). „Die Geschichte hat ihr Ziel darin, daß alle Menschen ein nach dem jüdischen Gesetz ausgerichtetes vernünftiges und tugendhaftes Leben führen."[260]

2. Angesichts dieser universalen Perspektive werden die nationalen Erwartungen bei Philo zurückgedrängt[261]. Im Schrifttum Philos existiert überhaupt nur eine Passage, die stärker national ausgerichtet verstanden werden kann: Praem 79–172. Sie fällt auf den ersten Blick aus dem üblichen Rahmen heraus. Insbesondere in Praem 162ff scheint Philo von der eschatologischen Heilszeit

---

[255] Anders DELLING, Bewältigung, 89, der in Sib 3,772–775 die Anbetung der Heiden ausgedrückt findet, „offenbar ohne selbst Glieder des Gottesvolkes zu werden".

[256] Auch Sib 3,624–627 können als Aufforderung, Proselyt zu werden, verstanden werden; so SCHWARTZ, Sacrifice, 107 A.16.

[257] Lit. in diesem Zusammenhang: FISCHER, Eschatologie; AMIR, Idee, 195–203; DERS., Gestalt; DELLING, Bewältigung; UMEMOTO, Juden.

[258] Für eine differenzierte Analyse kann auf die zu erwartende Arbeit von N. UMEMOTO verwiesen werden, von der der Aufsatz in WUNT 70 eine Zusammenfassung darstellt.

[259] Vgl. FISCHER, Eschatologie, 186; HEGERMANN, Judentum, 368; UMEMOTO, Juden, 49f. Philo stimmt hier mit der Sicht der Tora in Sib 3,757 (s.o.) überein. Das Gleiche findet sich bei Ps-Orpheus; vgl. WALTER, JSHRZ IV.3, 225f: Die Tora gilt demnach allen Menschen, sie wird jedoch „von den »Uneingeweihten« schuldhaft gemieden" (225). Das mosaische Gesetz hält Ps-Orpheus für das „Grundgesetz aller Welt" und „erst die Bejahung dieses Gesetzes [macht] den Menschen (im kosmopolitischen Sinne) zum wahren Philosophen" (226).

[260] FISCHER, Eschatologie, 186; vgl. 212; UMEMOTO, Juden, 49f.

[261] Die Stellung der nationalen Heilserwartung im System Philos ist umstritten. Der Haupttrend der Forschung geht dahin, daß die nationale eschatologische Erwartung als untergeordnet angesehen wird, was auch wieder FISCHER, Eschatologie, 184–213, nachzuweisen versucht hat. Die Gegenposition hat GOODENOUGH, Politics, bes. 115–119, vertreten. Eine differenzierte Sicht vertritt SCHALLER, Philon, 179ff: Er rechnet mit einer Entwicklung im Denken Philos. Speziell gegen FISCHER wendet SCHALLER ein, daß dieser SpecLeg II,162–170 nicht ausgewertet habe (ebd., 186). Weitere Lit. bei FISCHER, Eschatologie, 184f A.3.4.

mit Blick auf das jüdische Volk zu sprechen[262]. Eine genaue Analyse zeigt jedoch, daß unterschieden werden muß zwischen dem, was Philo als Schriftbelege aufnimmt, und dem, wie er damit umgeht und seine Akzente setzt. Es ergibt sich, daß er in Praem 79–172 „nicht eigene eschatologische Zukunftsvorstellungen" wiedergibt, sondern „lediglich unter dem Zwang des biblischen Textes biblische Weissagungen [reproduziert], die z.T. sogar seinem sonstigen Denken zuwiderlaufen"[263]. Die biblische Basis der Passage liegt in den Texten Lev 26 und Dtn 28. Diese werden von Philo jedoch umakzentuiert: Konkrete Bezüge auf die Geschichte Israels werden getilgt, Anspielungen auf Landnahme und Exil fehlen gegenüber der Bibel (vgl. Dtn 28,1 [LXX].8.11; Lev 26,33 bzw. Dtn 28,36.63–65.68)[264]. Die biblischen Verheißungen für Israel werden teilweise in „Weissagungen für die Erde schlechthin" modifiziert[265]. Die Segnungen gelten nicht mehr Israel, sondern denen, die Gott gehorchen (Praem 98.101.108), den Friedfertigen (87), den Frommen und Weisen (90.93.95–97.111–114.120.125). Dies entspricht der Tendenz, wie sie auch Migr 57f deutlich wird, wonach alle, die Weisheit und Wissen lieben, zum universalen Volk Gottes gehören[266]. Damit werden die Weissagungen bei Philo entnationalisiert und auf die Menschheit schlechthin bezogen. Als besonderer Hinweis darauf ist die Aufnahme des bedingten Fluchwortes gegen Israel Dtn 28,43 zu werten, das in Praem 152 gegenüber dem AT noch verschärft wird, indem der „Fremdling" als Proselyt verstanden wird und dessen postmortale Existenz in den Blick kommt[267]. Die nationale Hoffnung hat hierbei keinen eigenständigen Platz mehr. Vielmehr gilt das „glänzendere Los" (τὸ λαμπρότερον) und das „Glück" Israels (εὐτυχία), von dem VitMos II,44 spricht, als Voraussetzung für die Verbreitung des jüdischen Gesetzes über die ganze Welt und die Annahme bei den Völkern[268]. Der in anderen frühjüdischen Schriften begegnende Gedanke der Besiegung der Feinde des Gottesvolkes ist bei Philo in ein Neben- und Miteinander Israels und der Völker umgeprägt: „Die Wiederherstellung des Ruhms des jüdischen Volkes

---

[262] KLAUSNER, Paulus, 195f, betont mit Bezug auf Praem 95–97 die nationale Messiaserwartung Philos. Doch KLAUSNERs Darstellung der messianischen Hoffnung bei Philo unterscheidet nicht zwischen zitiertem Bibeltext und philonischer Umakzentuierung; vgl. dazu FISCHER, Eschatologie, 188.189ff.199ff; weiterhin AMIR, Idee, 195ff; DERS., Gestalt, 31–37; und jetzt VAN UNNIK, Selbstverständnis, 132ff. Als weitere mögliche Stellen einer nationalen Erwartung werden von FISCHER, Eschatologie, 191f, zwar zunächst Praem 83f.114.125 angeführt, dann aber abgelehnt.

[263] FISCHER, Eschatologie, 189f.

[264] Vgl. FISCHER, Eschatologie, 190 A.13.

[265] FISCHER, Eschatologie, 191.

[266] Das „weise und verständige Volk", das in Praem 83f im Anschluß an Dtn 4,6f gepriesen wird, sind nach Praem 81f alle, die Gottes Gesetze beachten; FISCHER, Eschatologie, 191.

[267] Vgl. FISCHER, Eschatologie, 193f; AMIR, Gestalt, 25.

[268] Vgl. FISCHER, Eschatologie, 186 A.7.; vgl. 212f; UMEMOTO, Juden, 48f.

und das zukünftige Gedeihen der Völker"[269] sind nicht konkurrierend, sondern komplementär zu verstehen. Der Sieg des Gottesvolkes über seine Feinde besteht in der Bekehrung der Völker zum jüdischen Glauben und der Annahme der Tora[270].

3. Besondere Aufmerksamkeit verdient die Stellung der Proselyten bei Philo: Sie werden letztlich zu Vorbildern des wahren Glaubens[271]. Dabei kennt Philo durchaus die von der Tora geforderte Absonderung der Juden von den Heiden. Doch beurteilt er dies als Absonderung der wahrhaft Weisen. Da die Tora zur höchsten Tugend erzieht, ist eine Absonderung von den übrigen Menschen nur natürlich (SpecLeg IV,179.181f; Quaest in Gen IV,39.74)[272]. Daher ist eine Gemeinschaft von Juden und Heiden nicht unproblematisch[273], und es kann auch keine Ehe mit Fremden geben (SpecLeg III,29). In einer kühnen Etymologie wird der Name „Israel" von Philo als „Gott schauend" erklärt (LegGai 4; vgl. Conf 56; Somn II,173; Congr 51.92). „Tatsächlich gibt es für Philon keine eigentliche Gotteserkenntnis außerhalb der jüdischen Religion und damit auch keine Teilhabe am Heil außerhalb des Gottesvolkes."[274] Doch kann die Trennung überwunden werden. Israel hat zwar geburtsmäßig einen gottgegebenen Adel, doch wird dieser nicht durch Abstammung weitertradiert, sondern durch Tugendhaftigkeit und Weisheit eingelöst (Virt 187–227)[275]. Die Offenheit für Proselyten, die in vielen Texten festzustellen ist (vgl. SpecLeg III,155; Quaest in Ex II,2)[276], hängt mit dem von Philo benutzten stoischen Adelsbegriff[277] zusammen, wonach nur der Tugendhafte adelig zu sein beanspruchen kann: Abraham konnte trotz unadeliger Geburt wahren Adel aufgrund seiner Tugendhaftigkeit erringen. Ziel der Beweisführung in Virt 187–227 ist der Nachweis der Gleichstellung der Proselyten mit den Juden aufgrund des Beispiels Abrahams, dieses „Musters an Adel für alle Proselyten" (Virt 219)[278]. Abraham ist für Philo der Prototyp, ja der ‚Vater der Proselyten'[279]. Nach der Konversion genießen Proselyten gleiche Rechte wie geborene Juden (Virt 102–104; SpecLeg I,52–54; IV,159)[280].

---

[269] UMEMOTO, Juden, 49.

[270] Vgl. UMEMOTO, Juden, 49.

[271] Vgl. FELDMEIER, Fremde, 73.

[272] Vgl. FELDMEIER, Fremde, 66.69f; griech. Text zu Quaest in Gen IV,74 bei MARCUS, Philo Suppl. II, LCL, 220.

[273] DELLING, Bewältigung, 11, weist auf Fragm. 20 aus Quaest in Ex hin; Text bei MARCUS, Philo Suppl. II, LCL, 262.

[274] DELLING, Bewältigung, 22.

[275] Vgl. FISCHER, Eschatologie, 195f.

[276] Dazu SIEGERT, Predigten II, 272.

[277] Hierzu FISCHER, Eschatologie, 195f.

[278] FISCHER, Eschatologie, 195f; der gleiche Adelsbegriff wird Praem 152.171 vorausgesetzt.

[279] AMIR, Gestalt, 24; DELLING, Bewältigung, 81.

[280] Vgl. FREDRIKSEN, Judaism, 537 A.13; DELLING, Bewältigung, 81f.

4. Zielpunkt des philonischen Denkens ist die in der wahren Gottesvereh-rung geeinte Menschheit[281]. Die eschatologische Heilsgemeinde ist nicht iden-tisch mit dem jüdischen Volk als solchem. Vielmehr gehören aus ihm nur die dazu, die sich ihres geburtsmäßigen Adels durch tugendhaftes Leben als wür-dig erwiesen haben (Praem 171), und daneben gleichberechtigt die Pro=sely-ten[282]. Philo lehnt damit ein Verständnis des Judentums als Nationalreligion ab und denkt statt dessen an eine Glaubensgemeinschaft[283]. Sein Verständnis der Gemeinde ist so ausgerichtet, daß der Proselyt das Vorbild abgibt. Gleichwohl bleibt die Tora das Zentrum, und Glaube heißt in diesem Fall: Leben nach der Tora. „So umfaßt die jüdische Nation eigentlich alle jene, die bereit sind, im Glauben an den einen Gott und im Gehorsam gegen das in den mosaischen Gesetzen fixierte Vernunftgesetz ein frommes und tugend-haftes Leben zu führen."[284] Die Konzeption Philos stößt in der Bandbreite jüdischen Denkens an eine Grenzlinie: „Die Gemeinde soll keine Stammes-gemeinschaft, sondern eine Glaubensgemeinschaft sein. Denken wir diese gedankliche Linie zu Ende, hört Israel auf, ein Volk zu sein, und wird zu einem Glaubensbund."[285]

Nach Philo findet somit keine Aufnahme von Heiden in ein bestehendes Gottesvolk statt, sondern er erwartet eine Entnationalisierung der Tora und deren universale Ausbreitung und Anerkennung (VitMos II,44). Dabei wer-den die Gesetze in seinen Schriften zwar allegorisch und psycholgisch inter-pretiert, an der buchstäblichen Befolgung geht aber dennoch kein Weg vor-bei[286]. Deshalb bleibt die Beschneidung bei Philo conditio sine qua non für den Eintritt ins Volk derer, die Gott schauen (SpecLeg I,1–11)[287]. Philo wen-det sich daher ausdrücklich gegen die ‚Allegoristen', die er wegen ihres ‚Leichtsinns' tadelt (Migr 89f)[288].

Eine kurze Bemerkung sei auch den von Philo bekämpften ‚Allegoristen' gewidmet. Zwar schätzt und betreibt Philo selbst die allegorische Auslegung der Schrift, er hält jedoch gleich-

---

[281] Zum Zielpunkt der Menschheitsgeschichte s. Imm 176, das jedoch nicht losgelöst von der in Virt 119f ausgesprochenen Erwartung zu verstehen ist; dazu FISCHER, Eschatologie, 212 A.82. 213, unter Bezug auf BRÉHIER, Idées, 10: „Ainsi cette seul idée reste vivante chez Philon de toute l'eschatologie juive: l'avenir de la Loi qui doit devenir universelle."

[282] FISCHER, Eschatologie, 209f.

[283] Vgl. FELDMEIER, Fremde, 73.

[284] FISCHER, Eschatologie, 212.

[285] AMIR, Gestalt, 26f.

[286] Die Bedeutung des symbolischen Gehalts der Gesetze für Philo ist zentral (SpecLeg I,8f); s. GOODENOUGH, Introduction, 42; daneben bleibt der Literalsinn jedoch erhalten; VERMES, Gospel, 51f A.35 (deutsche Ausgabe: V., Jesus der Jude. Ein Historiker liest die Evangelien, Neukirchen 1993, 258f A.27); NOLLAND, Proselytes, 175.

[287] FELDMAN, Jew, 156f. Hierin stimmt Philo mit dem Hauptstrom des antiken Judentums völlig überein, was bis auf extreme Ausnahmen (s.u.) auch für das übrige griechischsprechende Judentum gilt. Belege bei DELLING, Bewältigung, 25f.

[288] WALTER, Diaspora-Juden, 11.

wohl an der Notwendigkeit wörtlicher Erfüllung des Gesetzes fest – nicht so die Allegoristen. Nach Migr 16.89 legen sie die Schrift symbolisch aus und übergehen dabei leichtfertig den Literalsinn[289]. Philo nennt die Allegoristen „Söhne Kains" (Post 12.42) und wirft ihnen ihre extrem individualistische Haltung vor (Migr 16.90). Offenbar haben sie gemeint, auf die Beschneidung verzichten zu können (vgl. Migr 89–90)[290].

Bei der Gruppe dieser Ausleger handelt es sich um eine Minorität (vgl. Migr 93), die auch nicht als organisierte Gruppe in Erscheinung tritt (Migr 16.90). Auffällig ist, daß sie von Philo zwar sehr scharf angegriffen werden, jedoch nirgends schlechthin als Apostaten apostrophiert werden[291]. Aus diesem moderaten Umgang kann jedoch nicht gefolgert werden, Philo vertrete mit der Propagierung der Beschneidung nur seine persönliche Ansicht, die er keinesfalls verallgemeinern wolle[292]. Die Tatsache, daß Philo die Beschneidung nicht als Bundeszeichen schlicht einfordert, sondern argumentativ um Verständnis wirbt, darf nicht zu der Behauptung verleiten, „Philo does not treat circumcision as a central symbol of ethnic or religious identity"[293], sondern muß u.a. aus seinem Gesamtanliegen, auf griechische Verständniskategorien einzugehen, begriffen werden. Philo hätte durchaus Röm 2,28–29 formulieren können (vgl. Philo, Quaest in Ex II,2), hätte dann aber hinzugesetzt: gleichwohl bleibt die physische Beschneidung unabdingbar[294].

Jene Allegoristen waren zwar durchaus „forerunners of antinomianism"[295], geben jedoch für die paulinische Haltung in keiner Weise das Vorbild ab[296]. Die Gesetzeskritik des Paulus ist – anders als bei den Allegoristen – christologisch und eschatologisch motiviert. Es ist insofern völlig verfehlt, „the attack on Jewish legalism associated with Paul" mit den von Philo bekämpften Allegoristen in Verbindung zu bringen[297]. Paulus stellt sich nicht gegen irgendwelchen ‚jüdischen Legalismus‘, sondern setzt bei der zeitlichen und theologischen Grenze des Gesetzes ein, die ihm aufgrund des Christusereignisses deutlich wurde[298].

Ps-Philo, De Jona[299]

Eine ungewöhnlich positive Sicht der Heiden findet sich in der hellenistischen Predigt Ps-Philo, De Jona[300]. Die Predigt hat ihren Sitz im Leben ver-

---

[289] Vgl. FELDMAN, Jew, 75.

[290] Vgl. COLLINS, Symbol, 171f.

[291] Vgl. COLLINS, Symbol, 172; FELDMAN, Jew, 76.

[292] So aber COLLINS, Symbol, 172.

[293] So COLLINS, Symbol, 172f, mit Bezug auf SMITH, Fences, 14.

[294] Gegen COLLINS, Symbol, 173. Zu Quaest in Ex II,2 (zu Ex 22,20f und 23,9) s. FELDMAN, Omnipresence, 61; vgl. ebd., 66 A.24.26: Juden in Ägypten, die die Beschneidung für Proselyten aufgegeben haben, haben nach Philo keine wirklichen Proselyten, sondern nur Sympathisanten gewonnen; zur Auslegung von Quaest in Ex II,2 s.u. S. 102f.

[295] FELDMAN, Jew, 75.

[296] So jedoch FELDMAN, Jew, 75, im Anschluß an KLAUSNER, From Jesus to Paul, 28–92.

[297] Gegen FELDMAN, Jew, 75.

[298] Dies kann hier nicht weiterverfolgt werden; s. aber weiterhin die Bemerkungen zum Gesetzesverständnis bei Paulus unten im Kap. zum Röm, S. 305f.

[299] Text bei SIEGERT, Predigten I, 9–48. Zur Interpretation s. DERS., Predigten II; DERS., Heiden. Die folgenden Ausführungen verdanken sich im wesentlichen diesen Arbeiten von F. SIEGERT.

[300] Zur Herkunft s. SIEGERT, Predigten II, 39ff.49; die Entstehung dürfte zwischen dem 1. Jh. v. und dem 2. Jh. n.Chr. liegen; s. SIEGERT, ebd., 45f.48. In der Stellung zu den Heiden unterscheidet sich De Jona von der anderen ps.-philonischen Predigt De Sampsone, wo vor den Fremden gewarnt wird (§ 36; vgl. 33.38.46; dazu SIEGERT, Predigten II, 287ff). Dies muß jedoch

mutlich im Anschluß an die Haftara-Lesung am Nachmittag des Jom Kippur[301]. Das Interesse am Heil der Heiden ist außergewöhnlich, wobei der Ausdruck „Heide" in De Jona gar nicht belegt ist. Ein großer Teil (§ 99–219) befaßt sich mit dem Inhalt von Jon 3–4, der „Predigt von Gottes Menschenliebe"[302]. Schon die Seeleute sind ein Beispiel von Humanität (§ 48.51)[303]. Ein Hinweis auf heidnische Religiosität begegnet überhaupt nur § 150[304]. Jona gelangt nach seiner Seefahrt zu „den Menschen" (§ 102), nicht zu „den Heiden"[305]. Ebenso ist dem Schlaf des Jona, der „ursprünglich Sorglosigkeit ... und Gleichgültigkeit gegenüber dem Schicksal der Heiden" ausdrücken sollte[306], seine ignorante Spitze genommen, indem das in der LXX hinzugefügte Schnarchen bei Ps-Philo als Motiv der Komik verstanden wird, wodurch das Verhalten des „Propheten" geradezu der Lächerlichkeit preisgegeben und ihm dadurch andererseits die antiheidnische Tendenz genommen wird[307]. Gott ist Menschenfreund (§ 8), seine Güte überwiegt seine Strenge (§ 88.218). Es fällt der Begriff der „Menschenwürde" (τιμή; § 135). Die Tora wird allenfalls beiläufig erwähnt (§ 4.115.176) und nicht in ihrem speziellen Sinn als Bundesgesetz Israels verstanden, sondern in ihrer Beziehung zu Naturrecht und natürlicher Sittlichkeit gesehen[308]. Besondere Aufmerksamkeit verdient die Aussage, daß Gott der Erlöser aller sei (§ 182)[309] und daß er die Menschen freikaufe (§ 154), wobei der Kaufpreis nicht in den Bußleistungen der Niniviten liegt, sondern in Gottes unverdienter Zuwendung[310]. Siegert resümiert, daß kein Zeugnis jüdischer Theologie näher an die Botschaft Jesu und das Evangelium der Kirche herankomme als De Jona[311]. Vor allem die Ironie, die in der Begründung der Flucht Jonas zum Ausdruck kommt (§ 162, vgl. Jon 4,2), mache diesen „Text im Text" zu einem „Evangelium an die Heiden"[312].

Es geht in De Jona nicht um die Eingliederung von Heiden ins Gottesvolk. Jedoch ist die positive Haltung gegenüber Heiden und ihrer Religiosität auffällig, ja überraschend. Wie selbstverständlich wird ihnen die Möglichkeit

---

nach SIEGERT, Predigten II, 36f, nicht zur Annahme unterschiedlicher Verfasserschaft führen, sondern läßt sich aus der rhetorischen Situation erklären.

[301] Vgl. SIEGERT, Predigten I, 7; DERS., Predigten II, 29f; dazu bMeg 31a; Philo, VitMos II,23f.

[302] Zu dieser Bezeichnung s. die Übersetzung von § 219 bei SIEGERT, Predigten I, 48.

[303] SIEGERT, Predigten II, 131f.

[304] Möglicherweise rechnete Ps-Philo mit Juden als Besatzung des Schiffes; s. SIEGERT, Predigten II, 123. § 46 heißen sie ausdrücklich „fromme Männer".

[305] Vgl. SIEGERT, Predigten II, 171.

[306] Ebd., 125.

[307] Vgl. ebd., 125.

[308] Vgl. ebd., 99, vgl. 179.204.

[309] Vgl. ebd., 206.

[310] Vgl. ebd., 195.

[311] Vgl. SIEGERT, Heiden, 58.

[312] SIEGERT, Predigten II, 197.

eingeräumt, als Heiden mit dem Gott Israels in Kontakt zu treten. Eine buß-
fertige Gesinnung bringt ihnen analog dem jüdischen Volk Vergebung und
Rettung, ohne daß dabei die Beachtung der schriftlichen oder mündlichen
Tora gefordert wäre (vgl. bes. § 216f). Dies bedeutet „in gewissem Sinn eine
Rechtfertigung der Gottlosen"[313].

h) Ausblick auf die rabbinische Diskussion[314]

Grundsätzlich ist zu sagen, daß das rabbinische Judentum keine systematisch
ausgeführte Soteriologie kennt[315]. Daher ist auch in Mischna/Tosefta und
Talmud das Problem Israel/JHWH und die Völker nicht einheitlich zu
einem Abschluß gebracht worden. Zwar existieren Ausführungen zu den
hierbei wichtigen Topoi „Teilhabe an der zukünftigen Welt"[316], „Noachidi-
sche Gebote"[317], „Fromme der Völker"[318], aber diese enthalten keine systematische Lehrmeinung[319]. So viel läßt sich jedoch zweifelsohne aufgrund der frühen rabbinischen Texte sagen: Anschluß an das erwählte Volk erreicht der
Heide als גֵּר צֶדֶק aufgrund eines Integrationsritus, zu dem die Beschneidung
unabdingbar dazugehört[320]. Diskutiert wird lediglich die Frage, wie es um das
eschatologische Heil von Nicht-Proselyten bestellt ist – und hierin war man
sich nicht restlos einig.

Besonderes Interesse verdient in diesem Zusammenhang tSan XIII,1f[321]. Der
Abschnitt XIII,1 scheint eine „mehr oder weniger systematische Abhandlung
über verschiedene Gruppen gewesen zu sein, die im Parallelkapitel der Misch-

---

[313] Ebd., 312.

[314] Literatur: COHEN, Boundary; FELDMAN, Jew, 290ff.408ff; FREDRIKSEN, Judaism, 533–
548; GOODMAN, Proselytising; PORTON, Goyim (Lit.); DERS., Transactions; NOVAK, Image;
KERN-ULMER, Bewertung; SANDERS, Paulus, 194–198; DERS., Jesus and Judaism, 212–221;
STERN, Identity, 1–40; SCHÜRER, History III.1, 169–176 (Lit.). Die entscheidenden Texte auch
innerhalb von BILL. IV.2, 1172–1198, bes. 1180f.1184. Die Arbeit von KUHN, Ursprung, ist nur
bedingt brauchbar, da die enthaltenen moralischen Werturteile (1939!) die historische Darstellung beeinträchtigen und ihr eine bestimmte Tendenz verleihen.

[315] SANDERS, Paulus, 194f.

[316] Dazu tSan XIII,1f; bSan 105a; MTeh 9,15 (BUBER 456); vgl. BILL. I, 360f.979f; weitere
Texte aus dem Umfeld bei SANDERS, Paulus, 194–198.587–591.

[317] Dazu bSan 56–60; mAZ VIII(IX),4–6.

[318] Folgende Gruppen werden unterschieden: 1. Priester, 2. Levit, 3. Israelit, 4. Proselyt (גֵּר
צֶדֶק), 5. Beisasse (גֵּר תּוֹשָׁב), 6. Fromme der Völker (חֲסִידֵי אֻמּוֹת הָעוֹלָם), 7. Weise der Völker
(חַכְמֵי אֻמּוֹת הָעוֹלָם). Belege bei SCHÜRER, History III.1, 170–173.

[319] Wenngleich sich hier in der genauen Klassifizierung der Menschen erste Ansätze einer
Systematisierung finden. PORTON, Goyim, 14, weist darauf hin, daß nicht einmal mAZ bzw.
tAZ, wo es am ehesten zu erwarten wäre, „contain a sustained discussion of the Gentile".

[320] S. z.B. FREDRIKSEN, Judaism, 546f.

[321] Vgl. die Parallelen oben Anm. 316.

na, San 10, keine Berücksichtigung gefunden hatten"[322]. XIII,2 bezieht sich
dann auf eine Diskussion zwischen R. Eliezer und R. Jehoschua hinsichtlich
der Teilhabe von Heiden an der zukünftigen Welt. Der schroffen Haltung
von R. Eliezer, wonach alle Nichtjuden keinen Anteil an der zukünftigen
Welt haben – es sei denn, sie werden Proselyten – steht die moderatere Meinung R. Jehoschuas gegenüber:

„Söhne von Ruchlosen unter den Nichtjuden leben weder (in der zukünftigen Welt), noch
werden sie verurteilt. R. Eliezer sagte: Alle Nichtjuden haben keinen Anteil an der zukünftigen
Welt; denn es heißt: ‚Die Ruchlosen sollen ins Totenreich zurückkehren, alle Heiden, die Gott
vergessen' [Ps 9,18]. ‚Die Ruchlosen sollen ins Totenreich zurückkehren': das sind die Ruchlosen in Israel. R. Jehoschua sagte zu ihm: Wenn die Schrift gesagt hätte: ‚Die Ruchlosen sollen
ins Totenreich zurückkehren, alle Heiden' und (dann) geschwiegen hätte, dann würde ich
deinen Worten entsprechend reden; nun aber, wo die Schrift sagt: ‚(Alle Heiden), die Gott
vergessen', gibt es folglich Gerechte unter den Völkern, welche Anteil an der künftigen Welt
haben."[323]

Die Eingangsformulierung, auf die beide Rabbinen sich beziehen, kann von
R. Gamliel II stammen[324]. R. Eliezer sieht in der Bestimmung der Heiden,
„die Gott vergessen" (אלהים שכחי), eine generelle Kennzeichnung der Völker
und liefert diese damit der Scheol aus. R. Jehoschua versteht in einschränken-
dem Sinn: „sofern sie Gott vergessen" und rechnet daher mit Gerechten aus
den Völkern, die zugleich mit den Israeliten auferstehen und am הבא עולם
Anteil bekommen[325]. Dabei ist von Bedeutung, daß für diese Heiden an keine
Konversion gedacht wird. Sie erhalten als Heiden Anteil an der zukünftigen
Welt. Aus tSan XIII,2 folgt also, daß mindestens in der Zeit um 90 n.Chr. die
Frage nach der Teilhabe von Heiden an der zukünftigen Welt ein diskus-
sionswürdiges Problem für die Rabbinen darstellte und R. Jehoschua mit der
Teilhabe von Heiden am ewigen Heil rechnete, wenngleich eine einheitliche
Lösung noch nicht gefunden wurde. „Möglicherweise ist jedoch die spätere

---

[322] SANDERS, Paulus, 197. Zeitlich ist er in die Phase zwischen 70 und 135 n.Chr. einzuordnen; PORTON, Goyim, 163. An Texten aus der Zeit vor 70 n.Chr. zum Thema Heiden nennt
PORTON, Goyim, 158, nur tKet III,2; tAZ I,1; tShab I,22; tPes I,7; tBekh III,15; tNid V,5. In all
diesen Texten geht es um Spezialfälle des Verhaltens von Juden zu Heiden und umgekehrt. Zu
den Themen der Belege im einzelnen s. PORTON, Goyim, 163.
[323] Übersetzung nach SANDERS, Paulus, 196f. Vgl. den mit Zwischenbemerkungen versehe-
nen Text bei BILL. IV.2, 1180.
[324] Vgl. SANDERS, Paulus, 197, im Anschluß an HELFGOTT.
[325] Vgl. SANDERS, Paulus, 197; PORTON, Goyim, 234; KUHN, Ursprung, 219; FELDMAN,
Jew, 291f. Verschiedene Hss der Tosefta fügen, um die Meinung der beiden Rabbinen auszu-
gleichen, folgende Glosse ein: ‚Alle Heiden, die Gott vergessen – das sind die Ruchlosen unter
den Heiden'. S. dazu SANDERS, Paulus, 589 A.20. R. ELIEZER gilt allgemein als Gegner von
Heiden; vgl. BACHER, Aggada I, 107.133–135. Zur These von NEUSNER, wonach die Haltung
R. Eliezers gegenüber Heiden uneinheitlich sei und auch bei ihm insgesamt der positive Akzent
überwiege, s. SANDERS, Paulus, 589f A.23. Zur Schreibweise הבא עולם ohne Artikel s.
KRAUSS, Sanhedrin-Makkot, 264f.

Auffassung, daß jemand, der die sieben noachitischen Gebote hält, ein ‚Gerechter' sei, nicht allzuweit davon entfernt."[326]

Nun sollen die rabbinischen Texte, die mit einer Teilhabe bestimmter Menschengruppen aus den Heidenvölkern an der zukünftigen Welt rechnen, als Belege für die in dieser Arbeit vertretene These außer Betracht bleiben, da sie von ihrem Alter her für Paulus nicht als beweiskräftig angesehen werden können. Es muß jedoch festgehalten werden, daß in diesen Texten eine Eingliederung von Heiden ins ‚Gottesvolk' unter eschatologischem Horizont denkbar ist – und zwar nicht auf dem Weg des Proselytismus[327]. Hierin kommen diese rabbinischen Belege mit Texten wie Sach 2,14f; Jes 66,19ff sachlich überein, selbst wenn keine traditionsgeschichtliche Abhängigkeit nachzuweisen ist.

Noch zwei Beispiele:

1. Die Mekhilta de R. Jischmael (MekhY Nezikin XVIII, 45ff [Lauterbach III, 141])) nennt anhand von Jes 44,5 vier Gruppen von Menschen, die in das Israel der Endzeit aufgenommen werden[328]: gerechte Israeliten, Proselyten der Gerechtigkeit, Büßer und Gottesfürchtige[329]. Es wird also auch hier Heiden als Heiden Anteil gewährt.

2. In yMeg III,2,74a wird ein Gespräch zwischen Antoninus, einem Gottesfürchtigen, und R. Jehuda wiedergegeben[330]: „Antoninus sprach zu Rabbi: Läßt du mich das Leviathan-Mahl[331] essen in der zukünftigen Welt? Er sprach zu ihm: ja. Er sprach zu ihm: das Mahl des Passalammes läßt du mich nicht essen und das Leviathan-Mahl läßt du mich essen? Er sprach zu ihm: was sollen wir mit dir machen? Vom Passalamm steht geschrieben (Ex 12,48): kein Unbeschnittener soll davon essen. – Sobald er das hörte, ging er hinaus und beschnitt sich." Der Text

---

[326] SANDERS, Paulus, 198; vgl. die weiterführenden Hinweise ebd., 590 A.27f.

[327] Vgl. FREDRIKSEN, Judaism, 547.

[328] Vgl. dazu FELDMAN, Jew, 354.

[329] Endredaktion der MekhY ca. 2. Hälfte des 3. Jhs.; s. STRACK/STEMBERGER, Einleitung, 240; Übersetzung bei BILL. II, 720; SIEGERT, Gottesfürchtige, 114. Vgl. zur Sache auch TrGerim IV,fin; BemR 8,2 (22a); ARN A 36 (SCHECHTER 54a); weitere Belege bei FELDMAN, Jew, 571 A.37.

[330] Vgl. die Parallele yMeg I,13,72b. Redaktion des Yerushalmi ca. 5. Jh.; s. STRACK/STEMBERGER, Einleitung, 169; Übersetzung nach SIEGERT, Gottesfürchtige, 117; vgl. BILL. II, 551.720. Ob es sich dabei um den Kaiser Antoninus Pius handelt oder nicht, kann hier offenbleiben, vgl. dazu GUTMANN, Y. u.a., Art. Antoninus Pius, EJ 3, 1971, 165f.

[331] Es handelt sich um das Mahl der Gerechten in der messianischen Zeit. Zum Leviathan-Mahl s. den Hauptbeleg in bBB 75a (R. Jochanan); dazu Jewish Encyclopaedia VIII (s.v. Leviathan), 37–39, hier: 38; SJÖBERG, Gott und die Sünder, 81 A.4; zum eschatologischen Mahl s. auch oben zu Jes 25,6–8 und die Texte bei BILL. IV.2, 1154–1159. Zur Sache s. jetzt WHITNEY, K.W. Jr., Two Strange Beasts: A Study of Traditions Concerning Leviathan and Behemoth in Second Temple and Early Rabbinic Judaism, Th.Diss. Harvard 1992 (non vidi; Abstract in: HThR 85, 1992, 503f).

belegt, daß Antoninus als unbeschnittener Gottesfürchtiger zwar nicht ins gegenwärtige Gottesvolk, jedoch in die endzeitliche Welt Gottes aufgenommen werden kann[332].

---

[332] Hiervon zu unterscheiden ist die rabbinische Ansicht, daß in der messianischen Zeit die Völker sich Israel anschließen würden, indem sie Proselyten würden: „R. Eliezer [um 90] hat gesagt: Alle werden in der Zukunft [= messian. Zeit] sich aufdrängende Proselyten sein" (bAZ 24a; weitere Belege bei BILL. I, 927). S. zur Sache BLUMENTHAL, H.E., Art. Hasidei Umot ha-Olam, EJ 7, 1383; SCHWARZSCHILD, S.S., Art. Noachide Laws, EJ 12, 1189–1191; dazu KLAUSNER, Messianische Vorstellungen, 80–85. Die strikte Einhaltung von Ex 12,48 belegt auch bPes 3b (BILL. II, 551), wonach ein beim Pesachmahl eingeschlichener heidnischer Teilnehmer getötet wurde.

§ 6 Die zeitgenössische Praxis der Integration von Heiden ins Gottesvolk

Um den Hintergrund der urchristlichen Haltung präzis erfassen zu können, muß noch genauer nach den zeitgeschichtlichen Verhältnissen gefragt werden. G. Delling resümiert bezüglich der Absonderung des Judentums (auch des hellenistischen) von den Völkern im Altertum, daß diese der Umwelt insgesamt letztlich unbegreiflich blieb und mitunter zu Antijudaismus führte: „Die Abneigung der Umwelt gegen das Judentum gründet vor allem in der religiös motivierten Absonderung der Judenschaft – das wird bestätigt dadurch, daß auch der Proselyt alsbald der Feindschaft der anderen preisgegeben war."[1] Dennoch übte das Judentum v.a. durch die Form des bilderlosen Monotheismus auf viele Menschen der Antike eine nicht geringe Anziehungskraft aus[2]. Sowohl durch diese innere Attraktivität wie auch durch aktive Missionstätigkeit[3] wurden Proselyten und Gottesfürchtige gewonnen, die Anhänger des JHWH-Glaubens wurden. Zu klären ist jedoch, welche genaue Stellung den Proselyten im Unterschied zu den Gottesfürchtigen im zeitgenössischen Judentum zukam[4] und durch welche Riten eine Aufnahme ins Gottesvolk als Vollmitglied erfolgte.

---

[1] DELLING, Bewältigung, 17, unter Hinweis auf Dio Cass 37,17,2; vgl. JosAs 11,4ff; 12,12f.

[2] Dies gilt gewiß nicht nur für den hellenistischen Flügel.

[3] S. dazu HENGEL/LICHTENBERGER, Hellenisierung, 11f; FELDMAN, Omnipresence, 59f, und jetzt umfassend DERS., Jew, 177–382. Wobei die Tatsache der Mission nicht bezweifelt werden kann, die Gewinnung von Proselyten jedoch innerhalb des Judentums kontrovers beurteilt wurde, v.a. aufgrund des Arguments, daß es den Proselyten in Verfolgungszeiten an Standhaftigkeit mangelte und sie das Kommen des Messias verzögerten; Belege bei BILL. I, 929f; vgl. FELDMAN, Jew, 338–341.

[4] Dies wird sich zwar nicht mit letzter Sicherheit entscheiden lassen, da damit zu rechnen ist, daß die quellenmäßige Basis, auf die wir uns stützen können, nicht die ganze Bandbreite der damals diskutierten Möglichkeiten umschließt. Die Phase des „formative Judaism" bedeutete auch eine Reduktion der Möglichkeiten jüdischer Existenz und es muß damit gerechnet werden, daß bestimmte Texte bewußt nicht weitertradiert wurden und für uns daher verloren sind (vgl. dazu KRAUS, Jom Kippur, 170, Lit.). Insgesamt zeichnet sich jedoch eine eindeutige Tendenz in der Forschung ab.
Zum Problem s. u.a. MOORE, Judaism I, 323–353; FELDMAN, ‚Sympathizers‘; DERS., Jew, 342–382 (ebd., 569f A.1 weitere Lit.; die Ausführungen zu Josephus, Ant 14,110 in: FELDMAN, Sympathizers, hat er in: DERS., Jew, 350, aufgrund des Artikels von R. MARCUS revidiert); MARCUS, σεβόμενοι; BAMBERGER, Proselytism; BELLEN, Συναγωγή; ROMANIUK, Gottesfürchtige; V.D. HORST, Grabinschriften, 169ff; KUHN/STEGEMANN, Art. Proselyten, PRE.S IX,

Die Existenz von Gottesfürchtigen als einer besonderen Gruppe zwischen Heidentum und Judentum wurde hin und wieder insgesamt in Zweifel gezogen und mitunter als lukanisches Theologumenon bezeichnet[5]. Zwingende Gegenargumente ergeben sich jedoch aus der Zusammenschau der paganen, jüdischen und christlichen schriftlichen Belege und dem inschriftlichen Befund[6]. Zustimmung verdienen die kritischen Stimmen insofern, als der Begriff ‚Gottesfürchtige' vor dem 3. Jh. n.Chr. noch nicht die Qualität eines terminus technicus besitzt[7].

Von der Sache her bieten die vorhandenen Quellen ein insgesamt einheitliches Bild[8]: Aufnahme ins Gottesvolk finden, hieß Proselyt werden, und das konnte nur, wer sich beschneiden ließ und die rituelle Taufe vollzog[9].

Dies wird verschiedentlich bestritten: Löning geht davon aus, daß im Diasporajudentum bereits die Gottesfürchtigen als Proselyten galten[10] und die hellenistisch-judenchristlichen Gemeinden daher nur den Prozeß der Relativierung der Beschneidung fortentwickelt hätten, indem sie die Zugehörigkeit zur Synagogengemeinde nicht mehr als das „soteriologisch ausschlaggebende Moment" der Existenz betrachteten[11]. Löning nennt im übrigen dafür keine

---

1248–1283; SNOWMAN, L. u.a., Art. Circumcision, EJ 5, 567–576, hier: 568f; SPERBER, D. u.a., Art. Gentile, EJ 7, 410–414, hier: 411; EICHHORN, D. u.a., Art. Proselytes, EJ 13, 1182–1193, hier: 1183ff; SIMON, Art. Gottesfürchtiger, RAC XI, 1060–1070 (SIMON urteilt insgesamt zurückhaltender als z.B. SIEGERT [Gottesfürchtige, 147.151] hinsichtlich einer scharfen Trennungslinie zwischen Proselyten und Gottesfürchtigen in der Diaspora [1067]. Nach SIMON lassen die Belege Josephus, Ant 20,41f; bYev 46a erkennen, daß vereinzelt eine „ziemlich außergewöhnliche Position" [1065] vertreten wurde, wonach das Tauchbad ausreiche und keine Beschneidung gefordert sei; hierzu s. jedoch weiter unten); NOLLAND, Proselytes; WILCOX, God-Fearers; DELLING, Bewältigung, 62f; SCHÜRER, History III.1, 150–176 (Lit.; s. dazu HENGEL, Schürer, 42f); FINN, God-Fearers; GOODMAN, Proselytising; COHEN, Boundary.

[5] Vgl. KRAABEL, Disappearance; MACLENNAN/KRAABEL, God-Fearers. Von seiner Tendenz her gehört auch LIFSHITZ, Sympathisants, dazu: Er rückt Gottesfürchtige und Proselyten ganz nahe aneinander. Doch schon BERTHOLET, Stellung, 331–334, hat eine Gruppe „Gottesfürchtige" abgelehnt und sie mit Proselyten identifiziert.

[6] Vgl. dazu schon FELDMAN, Omnipresence, 58–63.64–69 und jetzt DERS., Jew, 342–382.

[7] Vgl. FELDMAN, Omnipresence, 63; DERS., Jew, 342f.350f.354. Für die Apg hat WILCOX, God Fearers, passim, gezeigt, daß es sich bei den Bezeichnungen σεβόμενοι bzw. φοβούμενοι noch nicht um einen t.t. handelt (vgl. jedoch zu WILCOX die kritischen Bemerkungen bei LEVINSKAYA, Inscription, 317f).

[8] Dies hat schon SIEGERT, Gottesfürchtige, passim, herausgearbeitet und wird jetzt durch FELDMANs umfassende Darstellung bestätigt. Die „Sympathisanten" stellen eine „umbrella group" (FELDMAN, Jew, 344) dar, mit einem von Fall zu Fall sehr unterschiedlichen Level der Partizipation am Judentum. Sie gehören jedoch nicht zum Gottesvolk.

[9] Diese wurde, wie SIEGERT, Gottesfürchtige, 115f A.5, gezeigt hat, als Ausdruck der Konversion verstanden. Das βάπτισμα εἰς μετανοίας ist somit schon vor Joh.d.T. zu finden. Nach rabbinischer Vorstellung (SifBam 108, [zu Num 15,14; ed. HOROVITZ 112]) gehören zum Übertritt מילה, טבילה und קרבן הרציית; vgl. SCHÜRER, History III.1, 173. Doch die Frage der Notwendigkeit des Opfers kann hier unberührt bleiben. Zur Beschneidung im AT, insbesondere der priesterschriftlichen Literatur s. KÖCKERT, Leben, 33–44.

[10] Vgl. LÖNING, Stephanuskreis, in: BECKER, u.a., Anfänge, 91f.

[11] Vgl. LÖNING, Stephanuskreis, 94. So auch wieder HORN, Saulus, 68f, jedoch ohne Belege.

Belege. In vergleichbarer Weise hat McEleney dafür votiert, daß die Beschneidung zwar normalerweise zum „process of full assimilation into Israel" gehör-
te, jedoch nicht immer gefordert war, insbesondere dann nicht, wenn „for-
merly Gentile adherents otherwise practised the Law fully"[12]. Als Belege
führt er an: Josephus, Ant 20,17–53; Philo, Quaest in Ex II,2[13]; mPes VIII,8;
bPes 96a; mHul I,1; mNed III,11; bYev 46a; Epiktet 2,9,19ff. Eine davon unterschiedene Position vertritt Kraft: Er rechnet damit, daß im hellenistischen
Judentum das Tauchbad ohne Beschneidung zum Übertritt ausreichte[14]. Dazu
nennt er neben der Geschichte des Izates von Adiabene (Josephus, Ant 20,17–
53) die Belege Sib 4,161–169; Epiktet 2,9,19f und TestLev 14,6. Die Position
von Kraft wurde analog auch schon von Klausner vertreten[15]. Dieser bezog
sich hierzu auf die Diskussion in bYev 46a[16] und identifizierte einerseits die
Position des Ananias (Josephus, Ant 20,40ff) und andererseits die seines Erachtens paulinisch/heidenchristliche Position, wonach „das Tauchbad (die
Taufe) genüge"[17], jeweils mit der des R. Jehoschua ben Chananja. Klausner
wollte überdies nachweisen, daß in der Diaspora insgesamt eine Aufweichung
der gesetzlichen Bestimmungen zu verzeichnen war. Seine Argumentation
läuft auf den Zielsatz hinaus: „Paulus erbaute sein Christentum auf den
Trümmern des entwurzelten Diaspora-Judentums."[18] Die These, daß die Beschneidung v.a. im hellenistischen Judentum nur mindere Bedeutung besaß
und nicht conditio sine qua non für den Eintritt in die Gemeinde Israels war,
hat auch Collins herauszustellen versucht[19]. Es geht somit im folgenden um
ein doppeltes Problem: (a) Finden sich Belege für die Existenz unbeschnittener Konvertiten, (b) lassen sich Belege namhaft machen für das Tauchbad als
Eintrittsritus im Sinne eines Ersatzes für die Beschneidung?

Die relevanten Texte sind alle vielfach analysiert worden. Eine begründete
Entscheidung kann jedoch nur aufgrund einer erneuten gedrängten Durch-
sicht gefällt werden[20].

---

[12] MCELENEY, Conversion, 328.

[13] MCELENEY, Conversion, 328 A.7, bezweifelt, daß es sich bei dem Fragment Cod. Reg.
1825 um einen Kommentar zu Ex 22,19 (21) handelt, doch kann das hier unberücksichtigt
bleiben; vgl. dazu MARCUS, Philo Suppl. II, LCL, z.St.

[14] KRAFT, Entstehung, 253–255.

[15] KLAUSNER, Paulus, 46–62.341ff. Zur Diskussion in bYev 46a s. BILL. I, 102–108.

[16] KLAUSNER, aaO, 53.341.345.

[17] KLAUSNER, aaO, 53f.

[18] KLAUSNER, aaO, 62.

[19] COLLINS, Symbol, 163–186. Als zusätzlichen „Beleg" zu den bisher genannten bietet
COLLINS jedoch nur die Tatsache, daß „the main literary portrayal of the proselyte experience
from the Hellenistic Diaspora concerns a woman" (176). Dies sollte davor warnen, „to attach
too much importance to circumcision" (176).

[20] Bis auf TestLev 14,6 und Sib 4,161–169 wurden die Belege alle auch bei NOLLAND, Proselytes, diskutiert und nicht als beweiskräftig für unbeschnittene Proselyten erwiesen.

Ein gewichtiges Argument gegen die Identifizierung von Proselyten und Gottesfürchtigen besteht von vornherein in der Tatsache, daß auf den jüdischen Friedhöfen in Jerusalem, Rom und der übrigen Diaspora zwar Proselyten, aber keine Gottesfürchtigen bestattet wurden[21].

Josephus, Ant 20,17-53[22]

Dieser Beleg ist von besonderer Bedeutung, da es sich um einen zeitgenössischen Vorgang handelt. Er berichtet die näheren Umstände, wie Izates von Adiabene (gest. ca. 55 n.Chr.) und Helena, seine Mutter, zum Judentum übertreten (εἰς τὰ Ἰουδαίων ἔθη τὸν βίον μετέβαλον, 20,17)[23].

Ein jüdischer Kaufmann, der schon die Frauen des Izates unterrichtet hatte, Gott gemäß der jüdischen Tradition zu verehren (ἐδίδασκεν αὐτὰς τὸν θεὸν σέβειν, ὡς Ἰουδαίοις πάτριον ἦν, 20,34)[24], kann auch bei Izates Interesse dafür erwecken. Helena, seine Mutter, war von einem anderen Juden ebenfalls zur Übernahme der jüdischen Gesetze angeregt worden (εἰς τοὺς ἐκείνων μετακεκομίσθαι νόμους, 20,35). Als Izates, der in der Zwischenzeit seinem Va-

---

[21] Vgl. HENGEL, Geschichtsschreibung, 77; KUHN/STEGEMANN, Art. Proselyten, 1264f. Den einzigen hier aus der Reihe fallenden Beleg wollte LIFSHITZ, Prolegomenon, 47, in der θεοσεβής-Grabinschrift CIJ I 619a aus Venusia in Apulien (4./5. Jh. n.Chr.) identifizieren (vgl. KANT, Inscriptions, 688 A.104; FELDMAN, Jew, 358f.572 A.52.54). Doch ist dies höchst umstritten: „es bleibt unwahrscheinlich, daß θεοσεβής im technischen Sinn einer Zugehörigkeit zur jüdischen Gemeinde ohne Beschneidung gebraucht werden konnte" (DELLING, Bewältigung, 62f A.425).
Auch durch den sonstigen inschriftlichen Befund läßt sich die Anerkenntnis von Gottesfürchtigen als Proselyten im 1. Jh. keineswegs belegen (s. überblicksmäßig SCHÜRER, History III.1, 166ff; mögliche inschriftliche Belege werden auch diskutiert bei FELDMAN, Jew, 358ff). Die in der vorliegenden Arbeit vertretene Sicht wird bestätigt durch die Analysen von TREBILCO, Communities, 145–166.246–255 (Lit.), der das inschriftliche Material erneut geprüft hat und (auch für die Inschriften aus Aphrodisias aus dem 3. Jh. n.Chr.) zum Ergebnis kommt, daß der Unterschied zwischen den Juden bzw. den Proselyten als Angehörigen des Gottesvolkes und den ‚God-worshippers' nicht aufgehoben wurde. Zwar standen die Letztgenannten „in a regular relationship to the synagogue" (164), aber sie gehörten zu einer „distinct, separate and formal category of people who are neither Jews nor proselytes" (153). Zu Aphrodisias s. TANNENBAUM, Jews; REYNOLDS/TANNENBAUM, Jews; FELDMAN, Proselytes; LEVINSKAYA, Inscription; FELDMAN, Jew, 362–369. (Die Unterscheidung belegt auch die schon bei FELDMAN, Omnipresence, 59.63, erwähnte zweite Inschrift aus Aphrodisias.) Wenn darüber hinaus anzunehmen ist, daß συναγωγή in den bosporanischen Inschriften (s. dazu BELLEN, Συναγωγή; FELDMAN, Jew, 361f) ähnlich wie in Apg 13,43 „nicht den Ort des Kultes, sondern die Versammlung bezeichnet, die sich zusammenfindet u. neben den Juden die σεβόμενοι umfaßt" (SIMON, Art. Gottesfürchtiger, 1068), dann würde auch dies eher für eine strikte Unterscheidung von Proselyten und Gottesfürchtigen sprechen.
[22] Zu Josephus, Ant 20 s. NEUSNER, Conversion; NOLLAND, Proselytes, 192–194; SCHIFFMAN, Proselytism; DERS., Conversion; COLLINS, Symbol, 177–179; MARINKOVIĆ, Sonderformen, 16ff; DONALDSON, Proselytes; GILBERT, Making; FELDMAN, Jew, 329. 350f.557 A.30. Zur Quellenlage in Josephus, Ant 20 s. BROER, Konversion, 140–156.
[23] Zur Situation der Juden in Mesopotamien s. SMALLWOOD, Jews, 415ff; NEUSNER, History I–V (zu Izates s. ebd. I, 61–67); DERS., Judentum, 321–327.
[24] Ob es sich dabei um regelrechte Konversionen handelt (so SIEGERT, Gottesfürchtige, 128), läßt sich aus der Formulierung nicht mit letzter Sicherheit entnehmen.

ter als König nachgefolgt war, davon erfährt, daß seine Mutter den jüdischen Gebräuchen so sehr zugetan ist (τοῖς Ἰουδαίων ἔθεσιν χαίρειν, 20,38), möchte er selbst konvertieren (καὶ αὐτὸς εἰς ἐκεῖνα μεταθέσθαι, 20,38). Und da er überzeugt ist, daß er nur durch die Beschneidung ein wirklicher Jude werden kann (εἶναι βεβαίως Ἰουδαῖος, 20,38), will er auch diese vollziehen lassen. Seine Mutter möchte ihn davon jedoch abhalten, da sie befürchtet, daß das Volk es nicht ertragen würde, wenn ein Jude über sie König sei (20,39). Ananias, der jüdische Kaufmann, stimmt der Mutter zu und sagt Izates, es sei durchaus möglich, Gott auch ohne Beschneidung zu dienen (χωρὶς τῆς περιτομῆς τὸ θεῖον σέβειν, 20,41), denn der Eifer um die jüdische Tradition (ζηλοῦν τὰ πάτρια τῶν Ἰουδαίων, 20,41) sei wichtiger als die Beschneidung, zumal Gott ihm aufgrund der Zwangslage, in der er sich befände, den Verzicht auf die Beschneidung gewiß nachsehen werde (20,41)[25]. Der König läßt sich davon zunächst überzeugen, bis ein aus Galiläa kommender Jude, Eleazar, der hinsichtlich der Tradition als besonders streng galt (περὶ τὰ πάτρια δοκῶν ἀκριβὴς εἶναι, 20,43)[26], das Verlangen nach der Beschneidung in Izates wieder weckt. Dieser argumentiert, daß der Verzicht auf Beschneidung ein äußerst schweres Vergehen gegen das Gesetz und damit gegen Gott darstelle (τὰ μέγιστα τοὺς νόμους καὶ δι᾽ αὐτῶν τὸν θεὸν ἀδικῶν, 20,44), und daß Izates ohne Beschneidung ἀσέβεια begehe (20,45). Daraufhin läßt sich der König sofort beschneiden (20,46).

Um die Begebenheit als Beleg dafür zu nehmen, daß es im Judentum eine Tendenz gegeben habe, bei der Aufnahme von Proselyten auf die Beschneidung zu verzichten, bzw. daß eine bestimmte theologische Richtung die Taufe bei der Aufnahme ins Gottesvolk als ausreichend erachtete, wird häufig eine Beziehung zur Diskussion in bYev 46a hergestellt[27], oder es wird mit einer unterschiedlichen Haltung zwischen der Diaspora und dem Mutterland argumentiert[28]. Der Text gibt dies jedoch bei genauer Betrachtung nicht her. Ein Bezug zum Proselytentauchbad ist in Josephus, Ant 20,17ff nicht erkennbar. Zudem: Ananias ist nicht der Meinung, die Gesetzesbeobachtung könne die Beschneidung als Bedingung der Aufnahme ins Gottesvolk ersetzen. Vielmehr ist das Motiv seines Rates, auf die Beschneidung zu verzichten, in taktischen Erwägungen zur gesellschaftlichen Position des Königs und in der Furcht, selber beschuldigt zu werden, zu sehen[29]. Eleazar hingegen vertritt die übliche Meinung, wie sie auch im Talmud Niederschlag gefunden hat (s.u.). Der Rat des Ananias χωρὶς τῆς περιτομῆς τὸ θεῖον σέβειν (20,41) ist möglicherweise eine „bewußte Anspielung an σεβόμενος τὸν θεόν"[30]. Insofern könnte er Beleg für die Gruppe der Gottesfürchtigen sein[31]. Es ist jedoch verfehlt, aus

---

[25] Vgl. die Argumentation mit der Zwangslage, in der Naaman sich befindet, in 2Kön 5,17–19.

[26] ἀκριβής meint nicht, daß er besonders gesetzeskundig gewesen sei, sondern die Vorschriften besonders genau nahm. Daß es sich um einen Pharisäer handelt (BILL. I, 926 A.1; vgl. SIEGERT, Gottesfürchtige, 129), wird nicht ausdrücklich gesagt, geht aber aus dem Vergleich mit Josephus, Ant 17,41; 19,332; Bell 2,162 hervor (s. KUHN/STEGEMANN, Art. Proselyten, 1271; erwogen auch von HENGEL, Paulus, 225f).

[27] Vgl. DERENBOURG, Essai, 225–229; KLAUSNER, Paulus, 53; COLLINS, Symbol, 174.

[28] LÖNING, Stephanuskreis, 91f; STUHLMACHER, Evangelium, 89 samt A.1.

[29] Vgl. FELDMAN, Josephus, X (LCL), 410f A.a.

[30] SIEGERT, Gottesfürchtige, 129.

[31] Vgl. FELDMAN, Jew, 350f.

dem Text den Schluß zu ziehen, Ananias hielte die Beschneidung für die Zugehörigkeit zum Gottesvolk für unnötig[32].

bYev 46a[33]

Es handelt sich hierbei um eine Diskussion zwischen R. Jehoschua b. Chananja (meist Bet Hillel zugeordnet[34]) und R. Eliezer b. Hyrkanos (Bet Schammaj, beide um 90 n.Chr.), in der es um das Problem geht, „was das Wichtigere beim Übertritt eines Proselyten sei, die Beschneidung oder das Tauchbad"[35]. Die Ausgangsfrage lautet, ob einer schon als Proselyt zu bezeichnen ist, wenn er beschnitten ist, aber noch nicht das Tauchbad genommen hat, bzw. wenn er das Tauchbad genommen hat und nicht beschnitten wurde. Für R. Eliezer ist die Beschneidung, für R. Jehoschua das Tauchbad der entscheidende Eintrittsritus. Die Diskussion wird dadurch verkompliziert, daß (1) wegen der Beschneidungswunde zwischen Beschneidung und Tauchbad in der Regel eine Zeit von 7 Tagen liegt[36], (2) der Grad der Unreinheit eines übertrittswilligen Heiden strittig ist[37], (3) es schon beschnittene Heiden gibt (z.B. Araber, vgl. Samaritaner), bei denen sich die Frage stellt, ob sie nochmals beschnitten werden müssen[38], (4) der Übertritt bei Frauen ohnehin nur durch das Tauchbad erfolgt. Es geht somit auch um den Status eines Übertrittswilligen zwischen Beschneidung und Tauchbad: Ist er schon ein Proselyt oder noch nicht?[39] Die Gelehrten entscheiden weder für R. Jehoschua noch für R. Eliezer, sondern sagen: „Wenn er das Tauchbad genommen

---

[32] Vgl. SIEGERT, Gottesfürchtige, 129; mit BAMBERGER, Proselytism, 49; vgl. ECKERT, Verkündigung, 56–58.230; KASTING, Anfänge, 16.24f; HOLTZ, Bedeutung, 163 A.98; gegen u.a. KLAUSNER, Paulus, 53; MARINKOVIĆ, Sonderformen, 16ff.

[33] Für KLAUSNER ist dies ein Kardinalbeleg zum Verständnis der Geschichte des frühen Christentums. Er zeichnet sowohl den Beginn der urchristlichen Mission wie auch die Fragestellung beim Apostelkonzil auf dem Hintergrund von bYev 46a nach (Paulus, 53f.340ff); vgl. COLLINS, Symbol, 174; MCELENEY, Conversion, 331f.

[34] Z.B. DAUBE, Conversion, 12f. Eine zweifelsfreie Zuordnung ist nach STRACK/STEMBERGER, Einleitung, 77, nicht möglich; vgl. auch STEMBERGER, Pharisäer (1991), wo STEMBERGER sämtliche frühen Traditionen über die Pharisäerschulen problematisiert; grundlegend zur Sache: NEUSNER, Traditions, I–III. Kritik an NEUSNER, der hinsichtlich der Zuordnung rabbischer Aussagen noch nicht skeptisch genug sei, bei MÜLLER, Datierung, 584–587.

[35] BILL. I, 105. Der konkrete Differenzpunkt ergibt sich, wenn die anderen, bei BILL. I, 102ff, notierten Belegstellen mit zu Rate gezogen werden. Die Diskussion in bYev 46a wird mit anderem Akzent dargestellt in yQid III,14,64d, wo R. Eliezer die Meinung vertritt, die Beschneidung allein sei ausreichend, während R. Jehoschua die Taufe ebenfalls für erforderlich hält; vgl. BAMBERGER, Proselytism, 49–51; BIALOBLOCKI, Beziehungen, 17ff; FELDMAN, Jew, 156.297f.585 A.69.

[36] bYev 47a.47b (Bar); BILL. I, 105.

[37] S. mPes VIII,8; mEdu V,2: Wer sich von der Vorhaut scheidet, ist wie einer, der vom Grabe scheidet, d.h. es dauert 7 Tage bis zur völligen rituellen Reinheit, erst dann kann die Taufe erfolgen; BILL. I, 102f.

[38] yYev VIII,9a,6; bShab 135a (Bar); BILL. I, 105; vgl. TrGerim II,2.

[39] Vgl. FELDMAN, Josephus, X (LCL), 410f A.a, die Ansicht von BAMBERGER.

hat, aber nicht beschnitten worden ist, oder wenn er beschnitten worden ist, aber das Tauchbad nicht genommen hat, so ist er kein Proselyt, bis er beschnitten ist und das Tauchbad genommen hat" (bYev 46a). „Das ist dann die Norm auch für die Folgezeit geblieben."[40]

Nun besagt die Entscheidung der Gelehrten noch nichts Definitives hinsichtlich der Praxis im 1. Jh. n.Chr. Allein, die Tatsache der Diskussion zwischen Hillel und Schammaj belegt, daß hier ein Problem gesehen wurde. Jedoch kann aufgrund des sonstigen Belegmaterials geschlossen werden, daß sich die Diskussion nicht um die prinzipielle Frage nach Beschneidung oder nicht drehte, sondern sich auf die jeweilige Gewichtung von Beschneidung bzw. Tauchbad hinsichtlich der Zugehörigkeit zur jüdischen Gemeinschaft bezog. Damit kann der Text nicht als Beleg für den Ersatz der Beschneidung durch das Tauchbad angesehen werden[41].

Philo, Quaest in Ex II,2

Die eben diskutierte Stelle bYev 46a wird von Collins parallelisiert mit Philo, Quaest in Ex II,2[42]. Die These lautet, für Philo stelle die Beschneidung „not an essential prerequisite for membership of the Hebrew nation" dar[43]. Dies gehe daraus hervor, daß Philo die Zeit in Ägypten anführe, in der das Volk Israel selbst unbeschnitten war. Zwar möchte Collins nicht behaupten, R. Eliezer und Philo hätten generell die Notwendigkeit der Beschneidung geleugnet. Die Diskussion sei durchaus theoretischer Natur[44], jedoch erhebe sich die Frage, „whether circumcision is a prerequisite for entry or a duty consequent on admission"[45].

Die Frage ist in dieser Form der Alternative m.E. falsch gestellt[46]. Es geht im vorliegenden Zusammenhang darum, daß Philo den im biblischen Text

---

[40] BILL. I, 106; vgl. dazu TrGerim I,6: „Wenn ein Proselyt beschnitten ist und nicht getauft, oder getauft und nicht beschnitten, so entscheidet (über sein Judentum) einzig, ob er beschnitten ist. Das ist die Ansicht R. Eliezers. R. Aqiba sagt: [auch] die Taufe ist unerläßlich" (Übersetzung nach POLSTER, Gerim).

[41] Gegen MCELENEY, Conversion, 332; KRAFT, Entstehung, 253ff.

[42] Vgl. COLLINS, Symbol, 173f.

[43] COLLINS, Symbol, 173, im Anschluß an WOLFSON, Philo II, 370, der hierin einen Bezug zu „spiritual proselytes" oder „God-fearers" erkennt; dagegen jedoch NOLLAND, Proselytes, 173–179. MCELENEY, Conversion, 328f, hebt (im Anschluß an BELKIN, Philo, 40) darauf ab, daß Philo gemäß diesem Text „apparently ... would not insist on the fulfilment of the precept of circumcision", wenn der Proselyt die übrigen Gesetze erfüllen würde (329).

[44] Vgl. COLLINS, Symbol, 174.

[45] COLLINS, Symbol, 174.

[46] COLLINS, Symbol, 178f, stellt die gleiche Frage hinsichtlich der Aufnahme des Izates als Proselyt. Er bezieht sich dabei zustimmend auf BIALOBLOCKI, Beziehungen, 15. Doch dies ist nicht gerechtfertigt. BIALOBLOCKI stellt hier nur die Frage, ob die Beschneidung Voraussetzung zur Aufnahme sein kann. In seiner Antwort aus der Halacha (16) hebt BIALOBLOCKI auf das Problem lebensgefährdender Hindernisse für eine Beschneidung ab, was eine völlig andere Fragestellung bedeutet.

gefundenen Begriff προσήλυτος auf seine gegenwärtige Situation in Ägypten anwendet. Er bedeutet in diesem Fall „Fremdling", und Philo gebraucht ihn für Heiden, die den wahren Gott verehren. „His argument is that just as the Jews in Egypt (they were uncircumcised), who worshipped the one true God, were once proselytes (foreigners) among native-born Egyptians, so the Gentiles in Egypt (also uncircumcised), who worship the one true God, are now proselytes among the native-born Jews. He calls such Gentiles ‚proselytes' not because he is unable to distinguish sympathizer from convert but because the text upon which he comments so speaks."[47] Sie können daher ‚allegorisch' Proselyten genannt werden, sind in seinen Augen jedoch selbstverständlich ‚Sympathisanten'. Aus SpecLeg I,1–11 geht zweifelsfrei hervor, daß für Philo die Beschneidung conditio sine qua non für die Zugehörigkeit zu Israel darstellt[48]. Aus Migr 89–94 wird deutlich, daß Philo die physische Beschneidung neben der spirituellen nicht fallen läßt. Quaest in Ex II,2 muß daher im Kontext dieser und anderer Philo-Stellen gelesen werden und darf nicht isoliert werden.

mPes VIII,8; bPes 96a

Die beiden von McEleney angeführten Belege können zusammengenommen werden. In beiden Fällen geht es um die Frage der Teilnahme am Pesach-Mahl. Nach Ex 12,43–51 sind Unbeschnittene davon grundsätzlich ausgeschlossen. Drei Grenzfälle werden diskutiert: (a) Der Trauernde, der mit Totenunreinheit behaftet ist, darf teilnehmen nach erfolgtem Tauchbad. (b) Der gerade übergetretene Proselyt ist zwar beschnitten, gilt jedoch als einer, der sich von einem Leichnam geschieden hat, ist daher mit ritueller Unreinheit behaftet und kann erst nach vollzogenen Reinheitsriten teilnehmen. Daher sind Bet Hillel und Bet Schammaj unterschiedlicher Auffassung, was die Wartezeit betrifft[49]. (c) Die „unbeschnittenen Israeliten". Hierbei handelt es sich jedoch um jene Sonderfälle, bei denen die Beschneidung eine lebensgefährliche Bedrohung der Gesundheit darstellen würde. Sie dürfen am Pesach-Mahl teilnehmen. Sie sind jedoch nach bPes 92a nicht zu verwechseln mit den „unbeschnittenen Nichtjuden". Aus der Tatsache, daß es עֲרֵלֵי יִשְׂרָאֵל[50] aufgrund medizinischer Ursachen gibt, kann jedoch auf keinen Fall geschlossen

---

[47] FINN, God Fearers, 82f; vgl. NOLLAND, Proselytes, 173–179, bes. 177. Die Überlegung bei COLLINS, Symbol, 174, ob Philo zweierlei Arten von Proselyten kenne, geht am Text vorbei; vgl. dazu FELDMAN, Jew, 348.

[48] Vgl. FELDMAN, Jew, 156f.

[49] Vgl. oben zu bYev 46a. Es geht beim Proselyten nicht um seine levitische Unreinheit als Trauernder, wie MCELENEY, Conversion, 329, postuliert; vgl. NOLLAND, Proselytes, 182.

[50] Nach mYev VIII,1 ist sogar der unbeschnittene Priester denkbar – aber eben aufgrund medizinischer Ursachen.

werden, daß es grundsätzlich auch für Proselyten Dispens von der Beschneidung gegeben habe[51].

mHul I,1

Es geht um die Frage, wessen Schlachtung rituell gültig ist. Des Taubstum-
men, Schwachsinnigen und Minderjährigen Schlachtung gelten als ungültig,
da zu erwarten ist, daß sie das Tier dabei beeinträchtigen. Die Gemara diskutiert die Ansicht Rabas (bHul 4b): ‚Alle dürfen schlachten, sogar ein Kuthäer
(Samaritaner), sogar ein unbeschnittener Israelit, sogar ein Apostat' und fragt,
wer mit dem „unbeschnittenen Israeliten" gemeint sein kann. Daß es sich um
einen aus medizinischen Gründen Unbeschnittenen handelt, wird abgelehnt,
denn dieser gilt als ‚rechter Israelit' und paßt nicht in die absteigende, negative Linie. Dann kann es nur um einen Menschen gehen, der der Beschneidungsforderung ablehnend gegenübersteht. Hieraus zu schließen, es handle
sich um „a full proselyte who opposes only the precept of circumcision"[52],
besteht jedoch kein Anlaß. Zudem: die absteigende Reihe zeigt, daß gerade
dieser nicht Mitglied der Gemeinde Israels sein würde, denn solches trifft
schon für den Samaritaner nicht zu.

mNed III,11

Hier begegnet ebenfalls der Begriff „unbeschnittene Israeliten". Sie werden
nicht näher identifiziert. Wie aus dem Zusammenhang hervorgeht, dürften
Bluterkranke eingeschlossen sein. Mehr läßt sich dem Text, ohne ihm Gewalt
anzutun, nicht entnehmen[53].

Sib 4,161–169[54]

„[161] Ach ihr armen Sterblichen, ändert dies und bringt nicht zu jeglichem Zorne [162] den großen Gott, sondern fahren lassend [163] die Schwerter und den Jammer und Männermord und die
Freveltaten [164] badet den ganzen Leib in immerfließenden Flüssen [165] und die Hände zum
Himmel ausstreckend bittet um Vergebung [166] für die bisherigen Taten und sühnt mit Lobprei-
sungen [167] die bittere Gottlosigkeit! So wird es Gott gereuen, [168] und er wird [euch] nicht

---

[51] Die Argumentation von MCELENEY, Conversion, 330, kann hier keineswegs überzeugen.
Die Tatsache, daß in der jüdischen Traditionsliteratur Grenzfälle diskutiert werden, sollte nicht
dazu verleiten, aus strittigen Grenzfällen Normalfälle zu konstruieren; vgl. dazu FREEDMAN,
Pesachim (Soncino-Talmud V), 516 A.1.

[52] MCELENEY, Conversion, 331.

[53] Die von MCELENEY, Conversion, 331, erwogene Möglichkeit, es könnten auch Beschnei-
dungsgegner eingeschlossen sein, läßt sich zwar nicht widerlegen, bleibt jedoch im rein theore-
tischen Bereich und hat aufgrund der sonstigen Belege wenig Wahrscheinlichkeit für sich.

[54] Die Frage einer möglichen christlichen Interpolation ist noch nicht entschieden. Wir
nehmen den Text dennoch als jüdisches Zeugnis. Er stammt etwa aus der Zeit um 80 n.Chr.;
vgl. SCHÜRER, History III.1, 165; LICHTENBERGER, Täufergemeinden, 38f; KRAFT, Entstehung,
254; vgl. BILL. I, 106 A.1; COLLINS, Symbol, 168f; DERS., in: CHARLESWORTH I, 381f (ebd. A.1
weitere Lit.).

verderben; er wird seinen Zorn wiederum stillen wenn ihr alle [169] die hochgeehrte Frömmigkeit in eurem Geiste übt."[55]

Kraft führt den Text an als Beleg für „den Übertritt zum Judentum durch das Tauchbad und ohne Beschneidung"[56]. Doch wie schon bei Josephus, Ant 20,17ff läßt sich die Aufnahme ins Gottesvolk ohne Beschneidung auch hierdurch nicht belegen. Die Verknüpfung der Motive Untertauchen – Bitte um Vergebung – sühnender Lobpreis läßt sich gerade nicht in Analogie zur Proselytentaufe verstehen[57]. Doch auch ein Zusammenhang mit essenischer Taufpraxis muß aus zeitlichen Gründen ausscheiden[58]. Bei der Möglichkeit der Sündenvergebung durch ein Tauchbad ist am ehesten an einen „Zusammenhang mit Taufvorstellungen, die sich von Johannes dem Täufer herleiten", zu denken.[59] Von einem Übertritt zum Judentum ist nicht die Rede. Das Tauchbad, das vollzogen werden soll, ist als äußeres Zeichen der Umkehr und nicht als Aufnahmeritus anzusehen[60].

Epiktet 2,9,19f[61]

„τί ἐξαπατᾷς τοὺς πολλούς, τί ὑποκρίνῃ Ἰουδαῖος ὢν Ἕλλην; οὐκ ὁρᾷς, πῶς ἕκαστος λέγεται Ἰουδαῖος, πῶς Σύρος, πῶς Αἰγύπτιος; καὶ ὅταν τινὰ ἐπαμφοτερίζοντα ἴδωμεν, εἰώθαμεν λέγειν ,οὐκ ἔστιν Ἰουδαῖος, ἀλλ' ὑποκρίνεται'. ὅταν δ'ἀναλάβῃ τὸ πάθος τὸ τοῦ βεβαμμένου καὶ ᾑρημένου, τότε καὶ ἔστι τῷ ὄντι καὶ καλεῖται Ἰουδαῖος."

Warum betrügst du die Menge? Warum gibst du vor, ein Jude zu sein, während du doch ein Grieche bist? Siehst du nicht, in welchem Sinn jemand Jude, Syrer, Ägypter genannt wird? Und wenn wir jemanden sehen, der zwischen (zwei Religionen) hin und her schwankt, dann sagen wir gewöhnlich: Das ist kein Jude, sondern er stellt sich nur so. Nimmt er aber τὸ πάθος dessen auf sich, der getauft und erwählt ist, dann ist er in Wahrheit ein Jude und heißt auch so[62].

---

[55] Text bei GEFFCKEN, GCS 8. Übersetzung nach KAUTZSCH II, 204 (Orthographie leicht modernisiert); vgl. COLLINS, in: CHARLESWORTH I, 388.

[56] KRAFT, Entstehung, 254; ebenso TANNENBAUM, Jews, 57 A.4.

[57] Vgl. LICHTENBERGER, Täufergemeinden, 39.

[58] Es wäre höchstens ein Weiterleben essenischer Traditionen denkbar, doch fehlt im Gegensatz zu den Essenern der kultische Bezug in der 4. Sibylle; vgl. LICHTENBERGER, Täufergemeinden, 40.

[59] LICHTENBERGER, Täufergemeinden, 41; vgl. COLLINS, Symbol, 169; DERS., in: CHARLESWORTH I, 388 A.e2.

[60] Auch von SCHÜRER, History III.1, 165, wird die Stelle nicht als eindeutiger Beleg für den Übertritt ohne Beschneidung angesehen („it seems"). Diejenigen Gottesfürchtigen, die nicht das ganze Gesetz übernahmen, „were not counted as belonging to the main body of each Jewish community" (165). Die Taufe wurde als „outward sign of their conversion" angesehen (174).

[61] Text nach H. SCHENKL.

[62] Übersetzung in Anlehnung an KRAFT, Entstehung, 254; vgl. POLSTER, Gerim, 21 A.1.

Das entscheidende Übersetzungsproblem liegt in der Bedeutung von τὸ πάθος. Die Wiedergabe von Kraft mit „das Pathos" verschleiert die Schwierigkeit. Schürer übersetzt mit „Lebensweise"[63]. Polster votiert für „Mißgeschick" und sieht darin einen Anklang an die Beschneidung, die hier euphemistisch umschrieben werde, denn der gleiche Begriff werde bei Aelianus, Varia Historia 5,19, für die Kriegsverstümmelung gebraucht[64]. Doch selbst wenn man sich für „Lebensweise" entscheidet: auch dieser Text kann nicht als Beleg für einen Übertritt ohne Beschneidung herangezogen werden. „Der Vollzug der Taufe entschied darüber, ob jemand in Wahrheit Jude war oder nicht"[65] – aber nicht deswegen, weil die Beschneidung wegfallen konnte, sondern weil der Taufritus den öffentlichen Abschluß der Übertrittsformalitäten darstellte und deshalb als Nachweis gelten konnte[66].

TestLev 14,6[67]

„[6] So werdet ihr in Gewinnsucht die Gesetze des Herrn lehren. Verheiratete Töchter werdet ihr schänden, mit Huren und Ehebrecherinnen werdet ihr euch verbinden, (ja sogar) Töchter aus den Völkern werdet ihr zu Frauen nehmen [sie reinigend mit einer ungesetzlichen Reinigung]. Und (dadurch) wird eure Vermischung wie (in) Sodom und Gomorra sein."

Der von Kraft benutzte Text ist nach der Ausgabe bzw. Übersetzung von de Jonge und Becker an der entscheidenden Stelle textkritisch unsicher: „... sie reinigend mit einer ungesetzlichen Reinigung" ist in den besten Hss nicht enthalten. Nach Kraft soll damit das „einen regelrechten Übertritt zum Judentum ersetzende Tauchbad, also das Taufbad der Hellenisten" bekämpft werden, nicht die Proselytentaufe insgesamt[68]. Dies hat keinen Anhalt am Text. Eher als Kraft verdient Jeremias Zustimmung, wonach der Verfasser generell gegen die Einführung der Proselytentaufe polemisiert, da sie einerseits die Mischehen fördert und andererseits der Grundlage in der Tora entbehrt[69]. Von einer Ersetzung der Beschneidung durch das Tauchbad ist keine Rede, zumal es überdies um die Aufnahme von Frauen geht, bei denen die Beschneidung ohnehin hinfällig ist.

---

[63] SCHÜRER, Geschichte III, 184; vgl. FELDMAN, Jew, 346: „attitude of mind".

[64] Vgl. POLSTER, Gerim, 21 A.1. Text: ed. R. HERCHER, Leipzig 1964–67, II, 76 (Bibliothek Teubner).

[65] KRAFT, Entstehung, 254.

[66] Vgl. SCHÜRER, History III.1, 174; so schon POLSTER, Gerim, 21 A.1 zu TrGerim I,3. NOLLAND, Proselytes, 179f, erwägt (im Anschluß an OLDFATHER, Epictetus I [LCL]), ob sich der Text auf einen Christen bezieht, lehnt dies dann aber m.R. ab.

[67] Die Übersetzung nach BECKER, JSHRZ III.1. Zu den Einleitungsfragen der TestXII s.o. S. 72.

[68] KRAFT, Entstehung, 255.

[69] Vgl. JEREMIAS, Kindertaufe, 31ff.

Betrachtet man die verschiedentlich beigezogenen Belege insgesamt, so läßt sich die These, „daß es im damaligen Judentum eine Tendenz gegeben hätte, auf die Beschneidung zu verzichten, ... nicht nachweisen."[70] Die Wahrscheinlichkeit spricht viel eher dafür, daß zur Vollmitgliedschaft im Gottesvolk Beschneidung und Tauchbad (samt Opfer) gehörten[71]. An die Möglichkeit, ohne Beschneidung ins Gottesvolk integriert zu werden, wurde – wenn überhaupt – nur in der prophetischen Tradition, wie sie vielleicht in Jes 56,3–8 begegnet, gedacht. Implizit ist sie möglicherweise für Jes 19,16–25; 25,6–8; 66,18–24* und 1Hen 90,37f vorauszusetzen.

---

[70] SIEGERT, Gottesfürchtige, 129 A.3; vgl. SCHÜRER, History III.1, 169: „The idea, which has been canvassed, that a form of proselytism existed in which circumcision was not required, should almost certainly be rejected"; SEGAL, Bund, 154: „Die Beschneidung war der symbolische Akt *par excellence* für den Eintritt in das Judentum im 1. Jahrhundert". Dies geht im Grunde auch aus der paulinischen Argumentation im Gal hervor. Insofern sind die paulinischen Darlegungen als frühjüdische Belege *für* die generelle Notwendigkeit der Beschneidung beim Eintritt ins Judentum und *gegen* die Identifizierung von Proselyten und Gottesfürchtigen (Sympathisanten) anzusehen.

[71] Vgl. FELDMAN, Jew, 292.

§ 7 Zusammenfassung

Die Eingangsfrage dieses Teils der Untersuchung lautete: „Stellt die urchristliche Konzeption ein durch das Christusereignis entstandenes völlig neuartiges Konzept dar oder lassen sich traditionsgeschichtliche Voraussetzungen und Anknüpfungspunkte benennen?"

Der Überblick über das traditionsgeschichtliche Umfeld hat folgende Ergebnisse zutage gefördert:

a) Für das AT ist keine einheitliche Lösung, sondern eine ganze Bandbreite von Konzeptionen hinsichtlich des Verhältnisses Israel/JHWH zu den Völkern zu konstatieren. Neben der durch den Deuteronomismus geprägten Haltung, die zu einer Abgrenzung Israels von den Heiden tendiert, hat sich eine gegenläufige Strömung nachweisen lassen, die in nachexilischer Zeit ausgehend von der Botschaft Deuterojesajas zu universalistischen Aussagen gelangt, wonach Heiden ins Gottesvolk aufgenommen bzw. diesem gleichgestellt werden sollen. Dabei geht es nicht um Proselytismus und auch nicht „nur" um die Völkerwallfahrt zum Zion, sondern um eine darüber hinausgehende Übertragung oder Veränderung des Gottesvolkkonzeptes. Das AT würde somit der urchristlichen Haltung durchaus Anknüpfungspunkte bieten können.

b) Für das Frühjudentum läßt sich sagen, daß auch hier keine einhellige Lösung, sondern wiederum eine Bandbreite von Konzeptionen vorliegt: Eine Öffnung des JHWH-Glaubens für die Völker bis hin zum Anschluß der Heiden an das Gottesvolk bzw. ihrer (eschatologischen) Gleichstellung, wie dies Paulus und vor ihm vermutlich schon die Hellenisten nach ihrer Vertreibung aus Jerusalem vollzogen haben, stellt im 1. Jh. n.Chr. zwar nichts prinzipiell Neues, jedoch keinesfalls die allgemein vorherrschende Linie dar.

Die Hauptlinie im palästinischen Frühjudentum geht in Richtung Abgrenzung. Jesus Sirach, die Psalmen Salomos, 4Esra und syrischer Baruch lassen eine Heiden gegenüber ablehnende Haltung erkennen. 1Hen 90 bildet mit seiner eschatologischen Gleichstellung der Völker mit Israel im Sinn einer „Rückkehr" in den Stand der Abrahamssohnschaft für den Bereich des palästinischen Frühjudentums eine Ausnahme.

c) In den Schriften aus dem Einflußgebiet der Qumrangruppe begegnet ebenfalls überwiegend die Tendenz zur Abgrenzung. Dies gilt allgemein für die Damaskusschrift und das Jubiläenbuch, besonders schroff jedoch für den eschatologischen Midrasch 4QFlor und den halachischen Brief 4QMMT. Gegenüber den letztgenannten Dokumenten ist die in der Tempelrolle, 11QT, zu findende Abgrenzungshaltung etwas abgemildert. In manchen dem Bereich der Qumrangruppe zugeordneten Schriften läßt sich zwar eine gewisse Offenheit gegenüber Heiden wahrnehmen (1Q27; 4QDibHam; 4QOrNab; 11QPsᵃ), jedoch nirgends im Sinn einer Gleichstellung oder Integration von Heiden in das Gottesvolk.

d) Die zelotische Bewegung ist Heiden gegenüber nicht völlig verschlossen, jedoch nur, insofern sie sich beschneiden lassen und auf diese Weise ins Gottesvolk Aufnahme finden. Insgesamt ist für das palästinische Frühjudentum eine tendenziell abweisende Haltung gegenüber Heiden zu konstatieren.

e) Eine Ausnahme bilden in jeder Hinsicht die TestXII. Sie haben jedoch nur bedingt Aussagekraft, da die literarkritische Problematik noch keine wirklich fundierten Urteile zuläßt.

f) Für das Diasporajudentum läßt sich eine generell vorhandene Offenheit für Fremde feststellen, die jedoch in der Regel so geartet ist, daß die Fremden die überlieferten Gesetze Israels übernehmen und entweder Proselyten oder wenigstens Gottesfürchtige werden sollen (JosAs, Tobit). Damit ist die Richtung umgekehrt: nicht Abgrenzung aufgrund der Bestimmungen der Tora, sondern Ausweitung des Gültigkeitsbereiches der Tora auf andere Völker. In diesen Zusammenhang gehört auch die Erwartung in Sib 3, wo mit einer Übernahme der Mosetora, d.h. einem Anschluß der Heiden an das Gottesvolk als Proselyten gerechnet wird, wie auch die vergleichbare Konzeption in den Schriften Philos von Alexandrien. Eine Öffnung des Gottesvolkes ohne zumindest teilweise Übernahme der jüdischen Bräuche, allen voran die Beschneidung, ist auch für das Diasporajudentum – abgesehen von den „hellenistischen Reformversuchen" im 2. Jh. v.Chr. – nur bei den von Philo bekämpften „Allegoristen" vermutbar. Die Position jener „Hellenisten" des 2. Jh. v.Chr. unterscheidet sich von der des Philo und des übrigen Diasporajudentums darin, daß jene assimilatorisch dachten. Sie waren schließlich bereit, ihr vom Erwählungsgedanken geprägtes Judesein aufzugeben. Die Vorstellung bei Philo geht dagegen den umgekehrten Weg. Dabei ist Philo hinsichtlich einer Übernahme der Tora durch alle Menschen nicht der Meinung, die einzelnen Bestimmungen des Mosegesetzes seien nur allegorisch zu nehmen, er hat vielmehr eine durchaus wörtliche Erfüllung im Sinn.

g) Die Frage der Notwendigkeit der Beschneidung ist für die ntl. Zeit eindeutig zu beantworten: Die Beschneidung ist sichtbares Zeichen des Eintritts ins Gottesvolk[1]. Sie muß jedoch für die Texte, die früher als in hellenistischer Zeit entstanden sind, offengelassen werden.

---

[1] Daß der Tragiker Ezechiel die Beschneidung nicht für verbindlich erachte, konstatiert VOGT, JSHRZ IV.3, 117, und im Anschluß an ihn MELL, Neue Schöpfung, 206 A.6. Dies läßt sich so jedoch kaum aufrechterhalten. Tr-Ezechiel übergeht zwar in seinen Ausführungen zur

h) Die Frage nach der Möglichkeit einer legitimen JHWH-Verehrung durch Nicht-Israeliten und der Aufnahme von Heiden in das Gottesvolk läßt somit ein offenes Problemfeld zutage treten: Vom AT her ist die Möglichkeit der Eingliederung durchaus gegeben, im Frühjudentum findet eine Engführung statt, wobei auch hier Ausnahmen vorhanden sind. War in der prophetischen Zeit die Bekehrung von Heiden zum Gott Israels noch eine offene Angelegenheit, so gilt für die rabbinische Zeit zunehmend: „conversion inevitably brings you into the religion and the people at the same time"[2]. Die zeitgenössische Praxis kennt nur die Aufnahme von Proselyten via Beschneidung (vermutlich samt Tauchbad und Opfer). Die Urchristenheit konnte jedoch in ihrer Praxis an die prophetische Tradition anknüpfen und ihr Verhalten dadurch biblisch legitimieren. Hierbei kommt unterstützend hinzu, daß auch das rabbinische Judentum eine Teilhabe von Heiden an der zukünftigen Welt diskutiert und die mit dem Namen R. Jehoschuas verbundene Richtung dies in der Tat vorgesehen hat.

Die unterschiedlichen Lösungsversuche, die wir besprochen haben, signalisieren zweifellos, daß es sich bei der Frage nach der Einheit des Gottesvolkes um einen entscheidenden „wunden Punkt" handelt[3]. Die beschneidungsfreie Heidenmission barg den „Sprengstoff der Urchristenheit"[4]. Die angeführten Textbeispiele sind in ihrer Disparatheit wie auch in ihrer unterschiedlichen Tendenz weit davon entfernt, für das Problem Israel und die Völker *die* gangbare Lösung anzubieten. Sie stellen jedoch die traditionsgeschichtlichen Voraussetzungen für die paulinische Gottesvolk-Ekklesiologie dar, in der gläubige Heiden mit Juden völlig gleichgestellt sind.

Passafeier (175–192) die Bestimmung, wonach kein Unbeschnittener teilnehmen darf. Dies heißt jedoch nicht, daß er sie für unverbindlich erachtete. Eher handelt es sich um eine bewußte Übergehung, die vielleicht aufgrund der für hellenistische Ohren zu erwartenden Anstößigkeit erfolgt. Ein Vergleich mit Ex 12 ergibt, daß die gesamte Passage ab V.43 herausgefallen ist: Es finden sich keine Bestimmungen über Fremde, auch nicht, daß dem Lamm kein Knochen gebrochen werden darf, ebenso nicht, daß es im Haus gegessen werden soll.

[2] DAUBE, Conversion, 2.
[3] GROSS, YHWH und die Religionen, 37.
[4] SCHNACKENBURG, Urchristentum, 303.

III. Teil
Strukturen paulinischer
Gottesvolk-Ekklesiologie

§ 8 Zur ekklesiologischen Semantik
bei Paulus (Überblick)

Die Bedeutung der Gottesvolkthematik im Corpus Paulinum kann nicht allein anhand des Begriffsgebrauchs ermittelt werden, vielmehr gilt es, nach Argumentationsstrukturen zu fragen, unausgesprochene Voraussetzungen offenzulegen und Motivzusammenhänge zu entdecken.

Dennoch läßt gerade die von Paulus verwandte Begrifflichkeit wesentliche Schlüsse hinsichtlich seiner konzeptionellen Absichten zu. Deshalb steht am Anfang des Durchgangs durch die paulinischen Briefe ein Überblick über die ekklesiologische Semantik. Dabei sollen noch keine theologischen Wertungen erfolgen, sondern lediglich das Begriffsfeld abgeschritten werden. Die theologische Einordnung geschieht dann bei der Darstellung der paulinischen Briefe. Die Frage stellt sich freilich schon hier, ob die verschiedenen Vorstellungen miteinander konkurrieren oder sich ergänzen[1], doch läßt sich eine begründete Entscheidung hierzu erst aufgrund exegetischer Einzeluntersuchungen treffen. Durch den Blick auf die Semantik kann jedoch schon ansatzweise deutlich werden, welches Gewicht der Gottesvolkthematik in der Theologie des Apostels zukommt.

Ekklesia[2]

Der mit Abstand häufigste ekklesiologische Begriff bei Paulus liegt mit ἐκκλησία vor. Dabei finden sich von den 44 Belegen allein 22 im 1Kor und 5

---

[1] Vgl. OLLROG, Paulus, 133f A.90 (Lit.).

[2] Hierzu und im folgenden sind grundsätzlich jeweils die Artikel im ThWNT und EWNT zu vergleichen. Wichtiges Material liefern weiterhin: DELLING, Merkmale; SCHLIER, Namen der Kirche; OLLROG, Paulus, 132–146; JOVINO, Chiesa; KLAIBER, Rechtfertigung, 11–50; ROLOFF, Kirche, jeweils mit weiterer Lit.

im Grußkapitel Röm 16. Ἐκκλησία begegnet sowohl in der vollen Form ἐκκλησία τοῦ θεοῦ (1Kor 1,2; 10,32; 11,16.22; 15,9; 2Kor 1,1; Gal 1,13; 1Thess 2,14) als auch abgekürzt (so die Mehrzahl), im Singular (25 Stellen) wie im Plural (1Kor 7,17; 11,16.22; 14.33.34; 16,1.19; 2Kor 11,28; 1Thess 2,14 u.ö.). Eine Besonderheit ist die Kombination mit dem nomen gentilicium in 1Thess 1,1. Mit ἐκκλησία werden meist die Adressaten in den Präskripten der Briefe bezeichnet (1Kor 1,2; 2Kor 1,1; Gal 1,2; 1Thess 1,1), nicht jedoch im Röm und Phil, wo Paulus ἐκκλησία durch ἅγιοι ersetzt hat. Die Wendung ἐν ἐκκλησίᾳ (1Kor 11,18; 14,19.28.35) meint formelhaft die konkrete Gemeindeversammlung (so auch ἐν ταῖς ἐκκλησίαις, 1Kor 14,34), zu der die Christen eines Ortes (auch zu Hausgemeinden 1Kor 16,19; Röm 16,3f; Phlm 2) zusammenkommen[3]. Jedoch kann ἐκκλησία auch im Sinn eines Gattungsbegriffs gebraucht werden (1Kor 12,28; 14,23)[4]. Aus 1Kor 15,9; Gal 1,13; Phil 3,6 und 1Thess 2,14 geht hervor, daß es sich bei ἐκκλησία τοῦ θεοῦ wohl um „ältesten Sprachgebrauch" handelt, in dem sich das Selbstverständnis der Urgemeinde in Jerusalem ausspricht[5].

Heilige

Die begriffliche Nähe von οἱ ἅγιοι zu ἐκκλησία wird u.a. nahegelegt durch 1Kor 1,2 und 2Kor 1,1, wo beide Begriffe parallel stehen, außerdem durch Röm 1,7; Phil 1,1, wo die Anrede ἅγιοι im Präskript ἐκκλησία ersetzt hat. Οἱ ἅγιοι hat drei/vier Bedeutungsaspekte: Es kann Bezeichnung für die christliche Gemeinde sein (so die Mehrzahl der Belege, 1Kor 1,2; 6,1.2; Röm 1,7; 8,27; 12,13; 2Kor 1,1 u.ö.). Daneben bleibt – v.a. im Zusammenhang der Kollekte – der spezielle Gebrauch für die Urgemeinde erhalten (1Kor 16,1 [15?]; 2Kor 8,4; 9,1.12; Röm 15,25.26.31). 1Thess 3,13 sind vielleicht Engel damit bezeichnet und 1Kor 14,33 evtl. Gemeinden in Judäa. Von Bedeutung ist ferner, daß ἅγιοι in 1Kor 1,2 und Röm 1,7 mit der Näherbestimmung κλητοί begegnet, wobei dies in 1Kor 1,2 in Parallele zu ἡγιασμένοι ἐν Χριστῷ Ἰησοῦ steht. Daß die Christen als ‚durch Christus Geheiligte' angesehen werden, belegt auch 1Kor 6,11 (vgl. Phil 1,1; 4,21)[6]. Nach 1Kor 7,14 heiligen die gläubigen Ehegatten den jeweils anderen Partner. Das ‚Heilig-Sein' wird dabei vorgestellt als Anteilhaben an der Heiligkeit Jesu (1Kor 1,30; vgl. Röm 11,16, wo strukturell die gleiche Vorstellung vorliegt).

---

[3] KLAIBER, Rechtfertigung, 13.
[4] ROLOFF, EWNT I, 1005. Dies führt zur Ablehnung der These eines doppelten Kirchenbegriffs bei Paulus; KLAIBER, Rechtfertigung, 20, gegen BULTMANN, GOGUEL.
[5] ROLOFF, EWNT I, 1002.
[6] Betont von KLAIBER, Rechtfertigung, 22f (im Anschluß an LÖWE, DELLING, H.-F. WEISS, BERGER, C.D. MÜLLER).

Berufene

Das Adjektiv κλητός verwendet Paulus siebenmal (sonst je 1: Mt; Jud; Apk), das Substantiv κλῆσις begegnet an neun Stellen im paulinischen Schrifttum (sonst je 1: Hebr; 2Petr). Als Bezeichnung für Gottes Berufung handelt es sich bei Paulus um einen t.t.[7] Dies geht insbesondere aus Röm 1,6.7; 1Kor 1,2 hervor, wo κλητός im Präskript in der Anrede erscheint[8]. Daß es sich um *Gottes* Berufung handelt, die weitreichende Konsequenzen hat, macht Röm 8,26–30 deutlich: Wer berufen ist, wurde von Gott vorhererkannt und dazu vorherbestimmt, V.28ff. Wer in Gottes Ruf steht, gilt als gerechtgesprochen, V.30. Die Berufung Gottes hat ihre Vorgeschichte in Israel. Auch dort lag alles am berufenden Gott und nicht am wirkenden Menschen (Röm 9,12f). Sein Volk beruft Gott aus Juden und Heiden (Röm 1,5f; 9,24ff). So wie die Glaubenden sich auf Gottes Zusagen verlassen (Röm 8,30ff) und auf seine Treue bauen können (1Thess 5,24; vgl. 1Kor 1,9; Phil 1,6), so ist Gottes Berufung Israels unbereubar (Röm 11,29). 1Thess 2,12 werden die Christen aufgefordert, würdig ihrer Berufung zu wandeln; die Berufung führt zur Heiligung des Lebens (1Thess 4,7). Besondere Nuancen finden sich 1Kor 7,15, wo die Berufung zum Frieden, Gal 5,13, die Berufung zur Freiheit, 1Kor 1,9, die Berufung zur Gemeinschaft mit Christus und Phil 3,14, die himmlische Berufung genannt werden. Dabei handelt es sich nicht um neue Aspekte, sondern um Entfaltungen dessen, daß Gott Menschen durch seine Berufung zu sich ins Verhältnis setzt.

Erwählte

Der Begriff ἐκλεκτοί weist eine gewisse Nähe zu ‚Heilige' (vgl. Kol 3,12)[9] wie auch zu ‚Berufene' auf (vgl. Apk 17,14, wo beide in Kombination erscheinen)[10]. Nach Röm 8,33 sind die Glaubenden die ἐκλεκτοί (vgl. Röm 16,13: Rufus, der Erwählte im Herrn). Das Verbum ἐκλέγομαι wird in 1Kor 1,26–31 als Ausdruck für Gottes unbegreifliches Handeln gebraucht, das in Gegensatz zu allem steht, was in der Welt gilt. Das Substantiv ἐκλογή findet sich an fünf Stellen bei Paulus. Vier davon sind auf Israel bezogen und lassen eine Unterscheidung innerhalb des Israel-Begriffes erkennen: Röm 9,11 bezeichnet ἐκλογή den ‚Ratschluß Gottes', der mit ‚Auswahl' verfährt. Röm 11,5.7 bezieht sich ἐκλογή auf den Rest, der zum Glauben kam. Röm 11,28 werden die Israeliten als ‚Geliebte Gottes gemäß der ἐκλογή' bezeichnet (vgl. die parallele Verwendung von κλῆσις V.29). Der Begriff enthält damit eine überaus starke Komponente vom atl. Theologumenon der Erwählung des Gottesvolkes her.

---

[7] ECKERT, EWNT II, 597.

[8] Vgl. auch Gal 1,6, wo auf die Berufung durch das Evangelium Bezug genommen wird.

[9] DELLING, Merkmale, 305.

[10] Dieser Aspekt liegt auch in den Qumranbelegen vor: Erwählte Gottes, 1QpHab 10,13; seine Erwählten, 1QpHab 9,12; deine Erwählten, 1QH 14,15; Gemeinde seiner Erwählten, 4QpJes^d 1,3; 4QpPs37 2,5; Erwählte des Wohlgefallens 1QS 8,6.

1Thess 1,4 wird ἐκλογή auf die christliche Gemeinde angewendet, wobei dies in Parallele zu ‚von Gott geliebte Brüder' steht[11].

Geliebte Gottes

An die Vorstellung der von Gott Berufenen und Erwählten schließt sich nahtlos die der ‚von Gott Geliebten' an. Die Beziehung belegt der schon erwähnte Vers Röm 11,28 für Israel; für die christliche Gemeinde tut dies Röm 1,7. Hier steht ἀγαπητοὶ θεοῦ parallel mit κλητοὶ ἅγιοι. 1Thess 1,4 gelten die Christen als ἠγαπημένοι ὑπὸ [τοῦ] θεοῦ und Röm 9,24f werden sie in Aufnahme des Hoseawortes als vormals ‚Nichtgeliebte' bezeichnet, die jetzt zu ‚Geliebten' (Gottes) wurden.

Kinder Gottes

Die besondere Stellung der Glaubenden als Kinder Gottes findet in mehreren Begriffen Ausdruck: Υἱοί, τέκνα und υἱοθεσία. Dabei ist eine starke Konzentration auf die späteren Briefe des Paulus zu verzeichnen[12]. Erstmals erwähnt, und dabei gleich mit großem theologischen Gewicht versehen, begegnet υἱοὶ θεοῦ in Gal 3,26. Die Glaubenden sind ‚Söhne Gottes in Christus'. Initiationsritus ist dabei die Taufe (V.27). Seither gelten die Glaubenden als υἱοί im Unterschied zu den ‚Sklaven' (Gal 4,6.7). Durch Christus wurden sie befreit, um die υἱοθεσία zu empfangen (Gal 4,5). Nach Gal 4,28.31 gelten sie als ‚Kinder der Freien' bzw. ‚Kinder der Verheißung'.

Von entscheidender Bedeutung ist dabei der Geist: Er bezeugt, daß die Glaubenden τέκνα θεοῦ sind (Röm 8,16). Nach Röm 8,15 ist es der ‚Geist der Sohnschaft', im Gegensatz zu einem ‚Geist der Knechtschaft', den die Glaubenden erhalten haben. Dabei hat die ‚Sohnschaft' der Christen eine gegenwärtige und zukünftige Komponente: ‚Sohn' ist der, der den Geist empfangen hat (Röm 8,14); die Glaubenden aus den Völkern wurden aus Nichtgeliebten zu ‚Söhnen des lebendigen Gottes' (Röm 9,26); sie sind bereits ‚Söhne und Töchter Gottes' (2Kor 6,18). Dennoch harrt die Schöpfung weiterhin auf die ‚Offenbarung der Söhne Gottes' (Röm 8,19), und die ‚Freiheit der Söhne Gottes' (Röm 8,21) ist ein noch ausstehendes, eschatologisches Gut (Röm 8,23; der futurische Aspekt hat auch in Phil 2,15 das Übergewicht). Dann jedoch wird es zu einer Gleichgestaltung mit ‚dem' Sohn schlechthin, Jesus, kommen, so daß von den Glaubenden als den ἀδελφοί Jesu gesprochen werden kann (Röm 8,29). Die gleiche Struktur findet sich auch in Röm 8,17: Paulus führt den Gedanken der Sohnschaft weiter in der Vorstellung des ‚Er-

---

[11] Zu vergleichen mit der Erwählungsbegrifflichkeit ist auch Gal 1,4, wo die Galater als solche angesprochen werden, die von Christus dem gegenwärtigen bösen Äon entrissen wurden (ἐξαιρέω).

[12] Wie noch zu zeigen sein wird, gehören Gal, 2Kor (1–8), Röm, Phil (in dieser Reihenfolge) zu den späteren Schreiben des Apostels.

ben Gottes' (vgl. Gal 3,29), wobei präzisierend hinzugefügt wird: ‚Miterben Christi'.

Die Vorstellung der ‚Sohnschaft' der Glaubenden scheint nicht unproblematisch: Nach Röm 9,4 gehört Israel die υἱοθεσία. Doch schränkt Röm 9,7f ein, daß nur die ‚Kinder der Verheißung' als solche gerechnet werden und nicht schon die ‚Kinder des Fleisches'[13].

Erben

Der Begriff der Erben ist bei Paulus mit dem der Gotteskindschaft unmittelbar gekoppelt. Dies geht – wie erwähnt – aus Röm 8,17 hervor. In Gal 3,29 liegt der Ton nicht auf der ‚Gottes-', sondern auf der ‚Abrahamssohnschaft' als Voraussetzung zum Erbe-Sein. Wer Christus angehört, ist Sohn Abrahams und damit Erbe. Daß sich beide Vorstellungen nicht ausschließen, sondern ergänzen, belegt Gal 4,7. Die Koppelung der Erbschaft an Abraham ist auch in Röm 4,13 ausgesprochen. Gal 3,18 und Röm 4,14 stellen heraus, daß die κληρονομία nicht aus dem Gesetz kommt, sonst wäre die Verheißung zunichte gemacht. Das Verbum κληρονομέω begegnet bei Paulus nur in negierenden Aussagen: Die Ungerechten werden das Reich Gottes nicht erben, 1Kor 6,9.10. Gleiches gilt von den Übeltätern, Gal 5,21. Auch Fleisch und Blut können das Reich Gottes nicht erben (1Kor 15,50). Nach Gal 4,30 soll der Sohn der Sklavin nicht mit dem der Freien erben.

Söhne/Nachkommen Abrahams

Wie 2Kor 11,22; Röm 4,1.12; 9,7; 11,1 belegen, sind in erster Linie die Israeliten ‚Nachkommen Abrahams'. Ein singulärer Gebrauch liegt in Gal 3,16 vor, wo Christus allein als ‚der' Nachkomme Abrahams bezeichnet wird. Daneben gehören die Glaubenden jedoch zweifellos auch zu Abrahams Nachkommenschaft. Nach Gal 3,7; 4,7; Röm 4,12ff sind sie ‚Söhne Abrahams' durch den Glauben. In Gal 3,29 variiert Paulus und nennt sie τοῦ Ἀβραὰμ σπέρμα. Nach Gal 4,28 sind sie – was ebenfalls in diesem Zusammenhang zu nennen ist – κατὰ Ἰσαὰκ ἐπαγγελίας τέκνα, mit ausdrücklichem Bezug auf die Abrahamsverheißung.

Volk Gottes

Die Bezeichnung λαὸς θεοῦ begegnet – angewendet auf die christliche Gemeinde – bei Paulus nur zweimal in Zitaten aus dem AT: Röm 9,25f und 2Kor 6,16[14]. Dennoch haben die Belege großes Gewicht, da Paulus die Schriftzitate nicht als unterstützende Belege für seine Argumentation benutzt, sondern direkt auf die Gemeinde anwendet.

---

[13] Zur Übersetzung und zum Verständnis von Röm 9,7 im Detail s.u., S. 299.
[14] 2Kor 6,16 auf Israel zu beziehen (so OLLROG, Paulus, 134f A.94) scheint mir nicht möglich. 1Kor 14,21, wo ebenfalls λαός erscheint, stellt keine Anwendung des Gottesvolk-Begriffes auf die Kirche dar.

In diesen Zusammenhang gehört auch Ἰσραήλ τοῦ θεοῦ, Gal 6,16. Die Bezeichnung stellt eine Überbietung von περιτομή einerseits und ἀκροβυστία andererseits dar. Es ist der einzige Beleg, wo im paulinischen Schrifttum die Gemeinde aus Juden und Heiden so genannt wird[15].

Betont polemisch ist die Verwendung von περιτομή als Bezeichnung für Heidenchristen in Phil 3,3. Voraussetzung dafür ist das übertragene Verständnis der Beschneidung, wie es Röm 2,26ff in Aufnahme der Vorstellung von der Herzensbeschneidung (Röm 2,29) belegt ist, aber auch schon im AT/Frühjudentum bezeugt wird (s.u.).

Bau/Pflanzung/Tempel Gottes

Die drei Metaphern, die in 1Kor 3 begegnen, sind – wie zu zeigen sein wird – wiederum aus dem AT bzw. Schriften des Frühjudentums abgeleitet.

Οἰκοδομή findet bei Paulus in doppelter Weise Verwendung: Zum einen bezeichnet es als nomen actionis die Auferbauung der Gemeinde (Röm 14,19; 15,2; 1Kor 14,3 u.ö.). Daneben ist es Bezeichnung der Gemeinde selbst (1Kor 3,9)[16]. Die Betonung liegt auf Gott als dem Subjekt des Bauens.

Dies gilt auch für γεώργιον und ναός. Während γεώργιον (1Kor 3,9) nicht nur als Bezeichnung der Gemeinde singulär ist, sondern es sich überhaupt um ein Hap. leg. des NT handelt, findet ναὸς θεοῦ neben 1Kor 3,16 auch in 2Kor 6,16 Verwendung. Hier wird der Begriff in doppelter Weise erläutert: Einerseits durch die Vorstellung von der Einwohnung Gottes, andererseits durch die Bundesformel. 1Kor 3,16 liegt der Akzent darauf, daß Gottes Geist in diesem Tempel anwesend ist. Davon zu unterscheiden ist 1Kor 6,19, wo der Leib des einzelnen als Tempel Gottes bezeichnet wird, worin der Hl. Geist wohnt. Der Gebrauch von γεώργιον und οἰκοδομή scheint auf der Ebene der Metaphorik zu verbleiben, während diese bei ναός verlassen wird, indem eine direkte Gleichsetzung stattfindet[17].

Nachdem die bislang dargestellten Bezeichnungen in der Literatur meist dem heilsgeschichtlichen Bereich zugeordnet werden[18], geht es bei den folgenden um dezidiert christologisch fundierte Vorstellungen. Eine strenge Scheidung ist jedoch schon deshalb nicht möglich, weil die Berufung/Erwählung/Heiligung der Christen eben ‚in Christus' geschehen ist, die Liebe Gottes zu seinen

---

[15] Von einer „Gemeinde des ... neuen Bundes", die OLLROG, Paulus, 134.135, aus 2Kor 3,6 herleiten möchte, kann ich nichts erkennen. Paulus spricht zwar von διάκονος καινῆς διαθήκης, den Begriff ‚Gemeinde des neuen Bundes' o.ä. hat er jedoch nicht gebildet.

[16] Aus dem Rahmen fällt 2Kor 5,1.

[17] KLAIBER, Rechtfertigung, 36. Zur Beziehung der drei Bezeichnungen untereinander s.u. zu 1Kor, S. 171ff. Eine Übertragung von Kultusmetaphorik findet sich auch Röm 12,1; 15,16; Phil 2,17.

[18] Vgl. HAINZ, Volk Gottes, 149f.

Kindern ‚in Christus' begegnet, sowie die Zugehörigkeit zur Ekklesia bzw. zur Nachkommenschaft Abrahams ‚in Christus' begründet ist.

Leib Christi

Die Leib-Christi-Vorstellung wird vielfach als zentrale ekklesiologische Metapher bei Paulus angesehen[19]. Begrifflich präzise erscheint σῶμα Χριστοῦ als Gemeindebezeichnung nur 1Kor 12,12f.27, leicht abgewandelt Röm 12,4f (ἓν σῶμά ἐσμεν ἐν Χριστῷ). Viele Ausleger vermuten die Vorstellung aber auch hinter Gal 3,27–29; 1Kor 1,13; 6,15; 10,16f und evtl. Röm 10,12[20]. Dies wird zu überprüfen sein. Von der Anlage her handelt es sich zunächst um einen Vergleich (1Kor 12,12), der jedoch überführt wird in eine direkte Identifikation (1Kor 12,27). Die Vorstellung wird ausgebaut und modifiziert in den Deuteropaulinen (Kol 1,15–20; 2,10.19; Eph 1,22f; 2,11–22; 4,1–16.25; 5,22–33). Der Begriff σῶμα allein für die christliche Gemeinde ist belegt in 1Kor 10,17; 11,29.

Gemeinschaft

Die Gemeinde ist nach Paulus wesentlich konstituiert durch ihre κοινωνία mit Christus, am Evangelium, im Hl. Geist (1Kor 1,9; 10,16; 2Kor 8,4; 13,13; Phil 1,5; 2,1 u.ö.). Κοινωνία hat dabei eine Nuance, bei der die Wechselseitigkeit des Verhältnisses zentral ist: „Gemeinschaft (mit jemandem) durch (gemeinsame) Teilhabe (an etwas)"[21]. Aufgrund der Gemeinschaft mit Christus oder am Evangelium oder im Hl. Geist sind die Christen untereinander κοινωνοί (2Kor 1,7; 8,23; Phlm 17).

Brüder

In die gleiche Richtung wie κοινωνοί geht die Bezeichnung ἀδελφοί. Grund des Bruderseins ist Christus. Er ist der ‚Erstgeborene unter vielen Brüdern', das ‚Urbild', dem die Brüder gleichgestaltet werden (Röm 8,29). Die Bedeutungen für ‚Bruder' können den ‚Nächsten' (1Thess 4,6; Röm 14,10.13.21; 1Kor 6,5–8; 8,11–13) und den ‚Mitchristen' (1Kor 15,58; Phil 4,1; Phlm 16; 1Thess 1,4) umfassen[22].

Gerechte/Gerechtfertigte

Das Adjektiv δίκαιος begegnet im paulinischen Schrifttum insgesamt an sieben Stellen im Röm und einmal im Gal. Für das Verständnis der Christen als ‚Gerechte' sind Gal 3,7 und Röm 1,17 von besonderer Bedeutung, denn hier wird jeweils unter Zitation von Hab 2,4 gesagt, daß der Gerechte als Glau-

---

[19] Vgl. OLLROG, Paulus, 141 und ff, mit weiteren Literaturhinweisen.
[20] MÜLLER, Gottes Gerechtigkeit, 35.103; OLLROG, Paulus, 143 A.150.
[21] HAINZ, EWNT II, 751.
[22] BEUTLER, EWNT I, 67–72, hier: 71.

bender leben wird (vgl. Röm 10,4). Daß dies für die Christen gilt, versucht Paulus durch sein Evangelium insgesamt zu zeigen, terminologisch explizit kommt er aber in Röm 8,30 darauf zu sprechen: Die Glaubenden sind die Berufenen und als solche die Gerechtfertigten.

In diesen Zusammenhang gehört auch 2Kor 5,21. Hier wird dargestellt, daß die Lebenshingabe Jesu ihr Ziel darin hatte, ἵνα ἡμεῖς γενώμεθα δικαιοσύνη θεοῦ ἐν αὐτῷ. Die Verwendung von δικαιοσύνη θεοῦ erfolgt hier in Bezug auf die Glaubenden. Sie sollen ‚Gerechtigkeit Gottes in ihm‘ werden. Für δικαιοσύνη θεοῦ legt sich in diesem Fall ein Verständnis im Sinn einer Metonymie, d.h. als abstractum pro concreto nahe: von Gott Gerechtfertigte[23]. Das bedeutet: δικαιοσύνη θεοῦ ist hier als ekklesiologischer Begriff zu verstehen.

Neue Schöpfung

Der letzte Terminus in unserem Überblick über die ekklesiologische Semantik bei Paulus ist καινὴ κτίσις. Er begegnet an zwei Stellen, Gal 6,15 und 2Kor 5,17, wobei jeweils die Überbietung bisheriger Kategorien den Ton trägt. Gal 6,15 werden durch καινὴ κτίσις die bisher gültigen Bestimmungen περιτομή und ἀκροβυστία aufgehoben, in 2Kor 5,17 ist es die Erkenntnisweise κατὰ σάρκα. Dabei steht καινὴ κτίσις in Gal 6,15 nicht nur in enger Beziehung zu Ἰσραὴλ τοῦ θεοῦ (Gal 6,16), sondern wird geradezu dadurch interpretiert. 2Kor 5,17 wird καινὴ κτίσις im Horizont von Versöhnung und Gottesgerechtigkeit exemplifiziert. Dies ist von weittragender Bedeutung, soll hier jedoch nur angedeutet werden und bedarf weiterer Nachfrage[24].

Der Überblick über die Semantik paulinischer Ekklesiologie hat v.a. zwei Kennzeichen zutage gefördert: Zum einen ist die Begrifflichkeit Pauli über weite Strecken aus dem Bereich der Gottesvolkthematik bzw. dem Selbstverständnis Israels übernommen[25], zum andern erfolgt die Übernahme nicht ohne bestimmte Modifikation: Sie ist stets ‚in Christus‘ oder ‚durch Christus‘ vermittelt. Angesichts der Forschungslage zum paulinischen Kirchenverständnis provoziert das statistische Ergebnis zwei Fragen: Kann ein ekklesiologisches Bild, wie das vom Leib Christi, das explizit nur an zwei Stellen erscheint, zur zentralen Vorstellung erklärt werden? Und wäre nicht umgekehrt zu erwarten, daß sich die Fülle der dem atl. und frühjüdischen Selbstverständnis Israels analogen Bezeichnungen auch konzeptionell im paulinischen Verständnis der Kirche niederschlägt?

---

[23] Vgl. z.B. BULTMANN, 2Kor, 166f, weiterhin unten S. 256ff.

[24] Vgl. unten zu ‚Versöhnungsbrief‘, 2Kor 1–8, S. 260f.

[25] Der Überblick über die ekklesiologische Semantik bei Paulus bestätigt damit die Untersuchung von KLAIBER, Rechtfertigung, 11–50, wonach die Mehrzahl der paulinischen Begriffe zur Bezeichnung der Gemeinde aus dem Zusammenhang der atl.-frühjüdischen Rede vom Gottesvolk entspringen.

Der nachfolgenden Untersuchung liegt die *Arbeitshypothese* zugrunde, daß die Gottesvolkthematik, wenn auch nicht immer sofort terminologisch sichtbar – vgl. die Anwendung von λαὸς θεοῦ auf die Ekklesia, die nur in den Zitaten 2Kor 6,16 und Röm 9,25f erfolgt – dennoch einen entscheidenden Hintergrund der paulinischen Theologie bildet, und daß sich anhand dieser Thematik auch die Entwicklung bestimmter Grundlinien paulinischer Theologie aufzeigen läßt. Dabei gilt es, nicht nur statistisch zu zählen, sondern theologisch zu wägen. Dies soll im folgenden geschehen.

§ 9 Die Gleichstellung der Heiden mit dem Gottesvolk aufgrund der Erwählung durch das Evangelium im 1. Thessalonicherbrief

a) Die futurisch-eschatologische Perspektive des gesamten 1Thess als Interpretationsschlüssel

Der 1Thess ist der älteste uns bekannte Paulusbrief[1]. Geschrieben ca. 50 von Korinth aus[2], zu Beginn des dortigen Aufenthaltes, gibt er uns Einblick in die erste Phase der Theologie des Paulus nach dessen Trennung von Antiochia und dem Beginn der selbstständigen Missionsarbeit[3]. Anlaß dafür dürften einerseits konkrete Fragen gewesen sein (vgl. 1Thess 4/5), andererseits die abrupte Trennung und die dadurch hervorgerufene Sorge um die Existenz der Gemeinde (vgl. bes. 2,17–3,5), die auch den Besuch des Timotheus veranlaßt hatte[4]. Es handelt sich

---

[1] Mit KÜMMEL, Problem, u.a. ist davon auszugehen, daß der Brief insgesamt einheitlich ist (gegen SCHMITHALS, W., Paulus und die Gnostiker, ThF 35, 1965; SCHENKE-FISCHER, Einleitung I, 66f, u.a.). Zur Frage einer Interpolation von 2,14–16 s.u. S. 148f. Zur Frühdatierung von LÜDEMANN, Paulus I, 211.272, ins Jahr 41 und zum Vorschlag von JEWETT, Chronology, 78–104; DERS., Correspondence, 59f, den Brief in den Herbst 51 anzusetzen (wobei er im Anschluß an J. KNOX das Apostelkonzil ebenfalls auf 51 datiert und damit Gal 2,1 mit Apg 18,22 parallelisiert), s. die Argumente bei SÖDING, Chronologie, 32 A.3, und HOLTZ, 1Thess, 19–23. Zu den chronologischen Fragen s. daneben BECKER, Paulus, 17–33, und jetzt RIESNER, Frühzeit, 286.323–328.349. Er bestätigt die Datierung ins Jahr 50 n.Chr. Zu den übrigen Einleitungsfragen s. HOLTZ, 1Thess, 23–31. Einen forschungsgeschichtlichen Überblick über die Zeit von 1801–1985 bieten TRILLING, ANRW II.25.4, 3365–3403 (Bibliographie zu 1Thess 3395–3401) und RIESNER, Frühzeit, 2–26. Zur Diskussion um die Chronologie der Paulusbriefe s. auch u. § 10 Vorbemerkung.

[2] Nach SUHL, Briefe, 96–110, hat Paulus den 1Thess auf dem Weg nach Korinth geschrieben. Er wollte eigentlich nach Rom, wurde jedoch durch das Claudiusedikt daran gehindert (95).

[3] S. dazu die bei SÖDING, Thessalonicherbrief, 180 A.5–9, genannten Arbeiten.

[4] Aus 3,6ff geht hervor, daß Paulus den Brief kurz nach der Rückkehr des Timotheus geschrieben hat. Die Verse stellen ein „Gelenk" dar: Paulus kommt, nachdem seine bisherigen Ausführungen zumeist der Retrospektive gewidmet waren, sehr schnell zum Abschluß mit diesem Teil (3,13) und wendet sich ab 4,1 der gegenwärtigen und zukünftigen Situation der Thessalonicher zu. Von hier aus läßt sich auch die grobe Gliederung des Briefes unschwer nachvollziehen. Im wesentlichen schließe ich mich T. HOLTZ an; vgl. aber daneben auch LAMBRECHT, Thanksgiving, 184.202; VANHOYE, composition. JEWETT, Correspondence, 216–221, bietet eine Übersicht über verschiedene Gliederungsmodelle. Briefteilungshypothesen können dagegen schwerlich überzeugen; vgl. auch RIESNER, Frühzeit, 358–365. *Gliederung:* Nach dem Briefeingang (1,1) folgt in 1,2–3,13 als erster Hauptteil eine ausladende Danksagung, die den „Weg Gottes mit der Gemeinde und ihrem Apostel" zum Inhalt hat (HOLTZ, 1Thess, 41). Sie beginnt mit 1,2, wird erneut aufgenommen in 2,13, weitergeführt in 3,9 und kommt in

somit um ein im strengen Sinn „pastorales" Schreiben des Apostels an seine Gemeinde[5], in dem die Erinnerung an eine gemeinsame Geschichte, die Befestigung in dem erreichten Stand durch die Klärung aktueller Fragen wie auch die Einweisung in die Zukunft in gleicher Weise ihren Platz haben[6].

Ein besonderes Kennzeichen des 1Thess ist es, daß die wichtigen theologischen Topoi des Briefes unter futurisch-eschatologischer Perspektive begegnen[7]. Die Erwartung der nahe bevorstehenden Parusie Christi wird in 4,13–5,11 explizit dargelegt, sie bildet jedoch auch sonst den Horizont der paulinischen Ausführungen: Die Erwählung zur Rettung erfolgt vor dem Hintergrund des kommenden Gerichtes (1,2–10; 2,12.16; 3,11–13; 4,13–18; 5,9f.23f). Die gegenwärtigen Verfolgungen tragen „die Signatur apokalyptischer Drangsal"[8] (1,6; 3,3f.7), wobei der Satan als Verhinderer beteiligt ist (2,18; 3,5). Der Trost in der Gegenwart erwächst aus der eschatologischen Hoffnung (4,18; 5,11). Die Paraklese richtet die Thessalonicher aus auf den Tag der Parusie des Herrn, an dem sie nach Geist, Seele und Leib ἀμέμπτως dastehen sollen (5,23; 3,12f, vgl. 4,3–8; 5,2). Die Gemeinde stellt schließlich den Siegeskranz dar, mit dem Paulus bei der Parusie vor seinem Herrn erscheinen will (2,19).

3,13 zum Abschluß. Damit ist freilich im Vergleich zur geläufigen Briefform eine Verschiebung der Proportionen gegeben (HOLTZ, 1Thess, 29). Es werden – wie bei Paulus üblich – schon in der Danksagung wichtige Sachanliegen zur Sprache gebracht, jedoch im Fall des 1Thess so beherrschend, daß daraus ein eigener Briefteil wird (ebd., 29ff). Den Abschluß bildet ein Gotteszuspruch, der auf die eschatologische Vollendung der Gemeinde blickt (3,11-13). Der zweite Hauptteil wird von 4,1–5,24 gebildet und kann insgesamt als Paraklese gekennzeichnet werden (HOLTZ, aaO, 149: „Zuspruch"). Auch dieser Teil wird durch einen Gottszuspruch, der wiederum auf die eschatologische Vollendung zielt, abgeschlossen (5,23f). 5,25–28 stellen den Briefschluß dar. Eine gewisse Unsicherheit besteht nur hinsichtlich 3,11-13 und seiner Zuordnung zum ersten oder der Beurteilung als Überleitung zum zweiten Hauptteil. Inhaltlich handelt es sich um einen unter Anrufung Gottes formulierten Wunsch, der der Hoffnung des Paulus auf eine erneute Begegnung mit den Thessalonichern und der Bewahrung der Gemeinde bis zur eschatologischen Vollendung Ausdruck gibt (zur formgeschichtlichen Diskussion s. jetzt Müller, Schluß, bes. 96ff). Funktional und inhaltlich korrespondiert der Abschnitt mit 5,23f, der den zweiten Hauptteil abschließt und ebenfalls in Form eines Wunsches die Vollendung der Gemeinde im Blick hat. Nach der Auffassung von JEWETT, Correspondence, 72-76.221, handelt es sich in 1Thess 1,6-3,13 um eine „Narratio of grounds for thanksgiving" (73). Damit wird auch durch seine Gliederung die Zusammengehörigkeit von Kap. 1–3 unterstrichen. Nicht genügend kommt jedoch zur Geltung, daß in 2,13 nicht nur über die Danksagung berichtet, sondern diese selbst expressis verbis wieder aufgenommen wird, weshalb auch dies keinen restlos überzeugenden Vorschlag darstellt. Eine völlig andere Gliederung bieten u.a. OLBRICHT, Analysis, 235; WUELLNER, Structure, 130ff; HUGHES, Rhetoric, 109ff, die jeweils einen stärkeren Einschnitt vor 2,1 erkennen wollen und z.T. nach antik-rhetorischen Gesichtspunkten zu strukturieren versuchen.

[5] Vgl. dazu MALHERBE, Pastoral Care, 391; MERK, Miteinander, 125f.130. Vgl. zum Charakter des Briefes DONFRIED, Theology, 243: „paracletic letter", der jedoch m.E. die Verfolgungssituation insgesamt doch zu hoch veranschlagt.

[6] Bedenkenswerte Überlegungen zum „Sitz im Leben" des 1Thess hat PAX, Konvertitensprache, beigesteuert. Nach seiner Darstellung handelt es sich bei den Thessalonichern um Konvertiten, die vor noch nicht langer Zeit zum christlichen Glauben gefunden haben (vgl. ἐπιστρέφεσθαι, 1,9), und die eben aufgrund dieser Situation Gefährdungen ausgesetzt sind (222.224).

[7] Vgl. zutreffend SÖDING, Thessalonicherbrief, 187f; s. u.a. auch SCHADE, Christologie, 27ff; SCHNELLE, Ethik, 296; BECKER, Erwählung, 94f. Dabei geht es im Vergleich mit den anderen Paulus-Briefen um eine Akzentuierung, nicht um ein Entweder-Oder! Die Frage, ob der „sachliche Ausgangspunkt" der Ethik des 1Thess allein in der nahe bevorstehenden Parusie gesehen werden kann (so SCHNELLE, Ethik, 302 und passim), wird später diskutiert (s.u. S. 145ff).

[8] SÖDING, Thessalonicherbrief, 188.

Die Heilsgegenwart fällt bei solch futurisch-eschatologischer Perspektive zwar nicht aus, wird ihr jedoch untergeordnet: Die soteriologische Bedeutung des Todes Jesu besteht ausdrücklich in der Errettung vor dem künftigen Zorngericht (1,10; 5,9). Die Gabe des Pneuma bereitet für die Parusie vor (4,8; 5,23). So prägt die futurisch-eschatologische Erwartung „die gesamte Existenz der Christen in der Ekklesia"[9].

b) Die Erwählung zur ἐκκλησία (1,1.4; vgl. 2,12; 4,7; 5,5.9; 5,23f)

Fragt man nach dem beherrschenden Thema des 1Thess, so fällt es nicht leicht, hier etwas unmittelbar Augenfälliges zu nennen. Hat er überhaupt ein durchgängiges Thema oder handelt es sich eher um eine „lockere Folge"[10] unterschiedlicher Topoi, die alle mit dem Weg der Gemeinde unter dem Evangelium zu tun haben?[11] Und hat in diesem Rahmen die Gottesvolk-Thematik irgendeinen Platz?

J. Becker hat gegenüber Interpretationsansätzen, die den 1Thess nur im Blick auf die Heidenmissionspredigt (vgl. 1,9f[12]), die Auseinandersetzung mit dem Judentum (2,14–16) und die Auferstehungshoffnung (4,13–18) für relevant halten – und ihm daher nur eine untergeordnete Bedeutung bei der Darstellung der paulinischen Theologie zumessen – auf „ein klar umrissenes theologisches Gesamtkonzept"[13] in diesem Brief hingewiesen. Nach seiner Analyse stellt der „Zusammenhang von Evangelium und Erwählung"[14] das „Koordinatensystem"[15] der paulinischen Argumentation dar (vgl. 1,4f; 2,11f; 4,7; 5,9; 5,23f)[16]. Die „Erwählungstheologie"[17] des 1Thess besitzt „deutliche Konturen"; alle anderen Aussagen lassen sich in diesen Rahmen einzeichnen[18].

---

[9] SÖDING, Thessalonicherbrief, 187.

[10] HOLTZ, 1Thess, 31.

[11] PAX, Konvertitensprache, 261, nennt als Thema die „religiöse Formung der Konvertiten unter besonderer Berücksichtigung ihrer Krisen und deren Überwindung durch den persönlichen Einsatz des Apostels", was m.E. entscheidende Aspekte enthält, jedoch eher als ‚Arbeitstitel' zu begreifen ist.

[12] Auf die Frage, inwiefern in 1,9f (wie auch in 4,14 und 5,9f) vorpaulinische Überlieferung aufgegriffen wurde, kann hier nicht eingegangen werden; vgl. dazu neben den Kommentaren HAVENER, Formulae; DERS., The Credal Formulae of the New Testament. A History of the Scholarly Research and a Contribution to the On-going Study, Diss. masch. München 1976 (non vidi).

[13] BECKER, Erwählung, 82. Die grundsätzliche Bedeutung des Erwählungsthemas wurde schon früher erkannt, s. z.B. SCHADE, Christologie, 117f.153 (hier jedoch nur bezogen auf 1Thess 1,1–3,13).

[14] BECKER, Erwählung, 84; vgl. DERS., Paulus, 138.

[15] BECKER, Erwählung, 85; vgl. DERS., Paulus, 139.

[16] Für BECKER ist der 1Thess „Zeuge antiochenischer Missionstheologie" (BECKER, Paulus, 138–148) und damit Ausgangspunkt für die Diskussion einer möglichen Entwicklung paulinischer Theologie. Zustimmung findet BECKER bei SÖDING, Thessalonicherbrief, 185, der das methodische Postulat aufstellt, den Brief zunächst aus sich selbst zu erklären und dann seine Aussagen mit den übrigen Paulusbriefen und dem in ihnen enthaltenen früh- bzw. vorpaulinischen Material zu korrelieren (187). Dem ist grundsätzlich zuzustimmen, wenngleich im Detail

Becker betont auch den unmittelbaren Völkerhorizont: Aufgrund der Evangeliumsverkündigung haben sich die Heiden dem lebendigen Gott zugewandt und werden so dem sonst ausweglosen Gericht entrissen (1,9f). Durch das Evangelium beruft Gott die Heiden zu seiner Herrschaft und Herrlichkeit (2,12), und zwar ohne daß diese durch die Übernahme des Gesetzes zunächst der jüdischen Gemeinschaft eingegliedert werden müßten[19]. Die Völker kommen unmittelbar in Kontakt mit dem einen wahren Gott. Voraussetzung dafür ist die auf dem Apostelkonvent vollzogene Anerkennung der gesetzesfreien Evangeliumsverkündigung des Apostels durch die Urgemeinde[20].

Die Vorstellung der Erwählung gehört traditionsgeschichtlich in den Rahmen der Gottesvolkthematik (vgl. nur Dtn 4,37; 7,7f; 10,15; 14,2; Jub 2,19f; 15,30f). An Beckers Darstellung fällt jedoch auf, daß dieser Horizont, obgleich der 1Thess hierfür eindeutige Indizien bietet, nur sehr eingeschränkt zum Zug kommt.

Zwar notiert er, daß die Berufung und Erwählung die Gesammelten in die „Endzeitgemeinde" führe[21], daß die „Zugehörigkeit zu Gott in der Endzeitgemeinde" eine „Trennung von der Welt" mit sich bringe[22], daß die „Sohnschaft", von der 1Thess 5,5 (vgl. 1,1.3; 3,11.13) ausgeht, „israelitischer Erwählungsbegriff" sei[23]; Becker bestreitet jedoch den heilsgeschichtlichen Aspekt der Erwählung durch das Evangelium und spricht demgegenüber von einem „neue[n] Geschichtsverständnis", durch welches sich der Erwählte gerade „nicht in eine lange Heilsgeschichte ein[ordne]"[24]. Auch bezieht er die Erwählung als „endzeitliche Neukonstitution"[25] bzw. „endzeitliche Neuschöpfung"[26] v.a. auf die individuelle Existenz der Glaubenden[27]. Nach Becker lautet die Grundfrage, auf welche die Erwählungstheologie des 1Thess antwortet: „Wie kann ein Mensch aus der verlorenen Menschheit angesichts des nahen Endgerichts gerettet werden?"[28] Dies betont zwar zu Recht den eschatologischen Aspekt, muß jedoch als eine individualistische Engführung angesehen werden[29].

Diskussionsbedarf herrscht: Ist δικαιοσύνη θεοῦ im NT wirklich schon vorpaulinisch nachweisbar (so SÖDING, aaO, 187 A.20), ist der Phil vor dem Gal einzuordnen (so SÖDING, aaO, 187; vgl. DERS., Chronologie, 40–59)? Zur Kritik an BECKER vgl. MERK, Christologie, 100ff.

[17] Ebd., 85, vgl. 82.84.86.88.92 u.ö. „An important place" unter den herausragenden Themen und den Rang eines „main thread" der Thessalonicherkorrespondenz billigt auch MARSHALL, Election, 259.276, den Konzepten Erwählung und Berufung zu; vgl. auch COLLINS, Studies, 288–290.

[18] BECKER, Erwählung, 85.

[19] BECKER, Erwählung, 99, vgl. 85.92.97.98.

[20] BECKER, Erwählung, 88.97.99 A.25. Man sollte jedoch statt „gesetzesfrei" sachlich angemessener von „beschneidungsfrei" sprechen.

[21] BECKER, Erwählung, 85; DERS., Paulus, 139.142.

[22] BECKER, Erwählung, 91.

[23] BECKER, Erwählung, 96.

[24] BECKER, Erwählung, 99; DERS., Paulus, 147.

[25] BECKER, Erwählung, 88.

[26] BECKER, Erwählung, 89. Diese Bezeichnung hat jedoch im 1Thess keine terminologische Basis und ist daher nicht völlig adäquat.

[27] BECKER, Paulus, 140f.144.

[28] BECKER, Paulus, 140.

[29] BECKERs Interpretation des 1Thess ist insgesamt stark individualistisch ausgerichtet. Der Gemeindehorizont kommt kaum zum Tragen. Auch die Eingliederung in die „Endzeitgemeinde" (BECKER, Paulus, 142) spielt – wenngleich erwähnt – keine konstitutive Rolle.

Eine sachgemäße Interpretation hat vor allem darauf zu achten, daß Paulus wesentliche Aspekte, den Status der Christen zu beschreiben, aus dem Umfeld der Gottesvolkvorstellung des AT und des Frühjudentums gewinnt[30]. Dies gilt für die grundlegende Erwählungstheologie, die Begabung der Gemeinde mit dem Geist und die Ethik als ἁγιασμός. Von besonderer Bedeutung ist dabei, daß die Erwählung durch das Evangelium von Paulus als eine Erwählung zur ἐκκλησία gesehen und mit welchen Begriffen der Status der Gemeindeglieder außerdem beschrieben wird. Dem ist zunächst nachzugehen.

1. Die Gemeinde als ἐκκλησία

Ἐκκλησία begegnet in 1Thess zweimal: 1,1 und 2,14. Die Adressatenbezeichnung mit dem nomen gentilicium („Gemeinde der Thessalonicher") ist für Paulus singulär (vgl. aber die deuteropaulinischen Belege 2Thess 1,1 und Kol 4,15)[31]. Hinter 2,14 wird noch die ursprüngliche Ausdrucksweise ἐκκλησία τοῦ θεοῦ sichtbar[32].

Der Begriff ἐκκλησία enthält zwei Komponenten, eine aktuelle und eine heilsgeschichtliche[33]. Einerseits bedeutet ἐκκλησία im hellenistischen Bereich die Volksversammlung, bestehend aus den stimmberechtigten freien Männern[34]. Hierin liegt die aktuelle Komponente: ἐκκλησία ist dort, wo man sich versammelt, um ἐκκλησία zu sein. Ἐκκλησία ist insofern ein nomen actionis, welches – angewendet auf den christlichen Bereich – das Geschehen gottesdienstlicher Versammlung umschreibt (1Kor 14,4f.12.23)[35]. Andererseits begegnet in ἐκκλησία das griechische Äquivalent für den im apokalyptischen Judentum endzeitlich geprägten Terminus q^ehal el (1QM 4,10; 1QSa 1,25[em])[36].

---

[30] Dies kommt bei BECKER nicht zur Geltung. Daher wird Kontinuität trotz aller Diskontinuität bei ihm unterbewertet. BECKER weist zwar (Paulus, 146f) auf die Nähe der paulinischen Erwählungstheologie zum jüdischen Denken hin, dies jedoch nur, um sofort wieder die Differenzen herauszustreichen.

[31] Im Röm und Phil findet sich die Anrede ἐκκλησία nicht mehr, hier spricht Paulus von „Geliebten Gottes, berufenen Heiligen" (Röm 1,7) bzw. von „Heiligen in Christus Jesus" (Phil 1,1).

[32] Der Plural macht hier schon die typisch paulinische Akzentuierung deutlich, wonach jede Ortsgemeinde für sich „Gemeinde Gottes" ist, s. dazu MERKLEIN, 1Kor I, 72; SCHRAGE, 1Kor I, 102f.

[33] Die wichtigste Lit. zur Sache bei ROLOFF, J., Art. ἐκκλησία, EWNT I, 998–1011; daneben: MERKLEIN, Ekklesia; KLAIBER, Rechtfertigung; HAHN, Einheit; HAINZ, Volk Gottes; ROLOFF, Kirche, 83–85.

[34] Vgl. zu diesem Aspekt v.a. BERGER, Volksversammlung; LINTON, RAC 4, 905–921. Zum Ort der Ekklesia innerhalb der griechischen Umwelt s. auch MEEKS, Urchristentum und Stadtkultur, 158–232, bes. 168ff.

[35] "Aktuell" heißt jedoch nicht „aktualistisch": „was die *ekklesia* konstituiert, [ist] nicht der punktuelle Vorgang des jeweiligen Zusammenkommens, sondern das endzeitliche Berufungshandeln Gottes"; ROLOFF, Kirche, 85. Es bleibt den Christen bewußt, daß die Ekklesia als eine durch Gott geschaffene Realität, „auch außerhalb der konkreten gottesdienstlichen Versammlung vorhanden ist"; ROLOFF, ebd.

[36] S. hierzu STENDAHL, K., Art. Kirche im Urchristentum, RGG³ III, 1299; STUHLMACHER, Gerechtigkeit, 210–212; ROLOFF, EWNT I, 1000f; FITZMYER, Qumran Scrolls, 614.

Forschungsgeschichtlich läßt sich ein Schwanken zwischen der Betonung der Diskontinuität bzw. der Kontinuität zum frühjüdischen Hintergrund zeigen. Folgende einflußreichen Ansätze sind zu unterscheiden: In der älteren Forschung war die Sicht E. Schürers bestimmend. Hiernach käme in ἐκκλησία das jüdische Gemeindeverständnis nach seiner idealen, in συναγωγή nach seiner empirischen Seite zum Ausdruck[37]. Doch gibt der Begriff ἐκκλησία diese theologisch aufgeladene Bedeutung im Gegenüber zu συναγωγή nicht her[38]. Die Unterscheidung Schürers stellt vielmehr eine Rückprojektion der lutherischen Unterscheidung von ecclesia visibilis und ecclesia invisibilis dar[39].

L. Rost hatte die Auffassung vertreten, der Begriff ἐκκλησία sei direkt der LXX entnommen, die ihn als Übersetzung für hebr. קהל אל verwendet habe[40]. Doch steht dagegen, daß (1) in der LXX in weit stärkerem Maße συναγωγή zur Wiedergabe von קהל אל gebraucht wird, (2) קהל אל wenn, dann mit ἐκκλησία κυρίου übersetzt wird, (3) im NT ein von ἐκκλησία ausgehender Schriftbeweis fehlt, was bei direkter Übernahme aus dem AT zu erwarten wäre[41].

Nach der Analyse von W. Schrage wäre der Begriff ἐκκλησία im hellenistischen Judenchristentum im Sinn einer polemischen Antithese zum Selbstverständnis der jüdischen Gemeinden als συναγωγή eingeführt worden[42]. Doch lassen gerade die paulinischen Belegstellen eine solche Antithese nicht erkennen, im Gegenteil! 1Thess 2,14 und die paulinischen Verfolgertexte (1Kor 15,9; Gal 1,13; Phil 3,6) legen vielmehr nahe, daß sich die Urgemeinde selbst als ἐκκλησία τοῦ θεοῦ verstanden hat[43]. Das aber bedeutet, daß im Begriff ἐκκλησία gerade nicht der Gegensatz zum Judentum, sondern die Anknüpfung daran den Ton trägt[44].

Nach den Arbeiten von Stuhlmacher, Berger, Roloff, Merklein u.a. wird man davon auszugehen haben, daß im ältesten christlichen Sprachgebrauch ἐκκλησία τοῦ θεοῦ im Sinn eines apokalyptischen Terminus aufgegriffen wurde, der das Selbstverständnis der Urgemeinde als endzeitliches Aufgebot Gottes bezeichnete, als jene „Schar von Menschen, die Gott im Zusammenhang der eschatologischen Ereignisse in seinen Dienst beruft"[45], zumal an den Stellen, die den ältesten Sprachgebrauch spiegeln (1Thess 2,14; Gal 1,13; 1Kor 1,2; 10,32; 11,22), mit ἐκκλησία τοῦ θεοῦ die volle terminologische Entsprechung für קהל אל erscheint. Dadurch, daß die Bezeichnung ἐκκλησία (τοῦ θεοῦ) an verschiedenen Stellen durch ἐν Χριστῷ o.ä. ergänzt wird (Röm 16,16; 1Thess 2,14; Gal 1,22), wird deutlich gemacht, daß das die Kirche gründende Erwählungshandeln Gottes durch Christus vermittelt ist[46].

Von hier aus läßt sich dann nicht sagen, daß der Begriff ἐκκλησία v.a. die empirische Gemeinde und nicht die Gemeinde in ihrer heilsgeschichtlichen Kontinuität mit Israel im Blick habe[47]. Vielmehr muß ἐκκλησία als Verkürzung des ursprünglichen Terminus ἐκκλησία τοῦ θεοῦ verstanden werden, wobei stets die „Näherbestimmung durch den Genitivus auctoris

---

[37] SCHÜRER, E., Geschichte des jüdischen Volkes im Zeitalter Jesu Christi II, Leipzig ⁴1907, 504.

[38] Dies hat SCHRAGE, Ekklesia, 189–194, nachgewiesen.

[39] ROLOFF, Kirche, 84.

[40] ROST, ThWNT III, 533 A.90 (innerhalb des Artikels von K.L. SCHMIDT); ROST, Vorstufen.

[41] ROLOFF, EWNT I, 1000f.

[42] SCHRAGE, Ekklesia.

[43] STUHLMACHER, Gerechtigkeit, 211; ROLOFF, EWNT I, 1002; BLANK, Paulus und Jesus, 242.

[44] BERGER, K., Art. Kirche II, TRE 18, 1989, 201–216, hier: 214f; ROLOFF, EWNT I, 1001; DERS., Kirche, 84.

[45] ROLOFF, Kirche, 83; vgl. DEIDUN, Covenant, 10f A.32; DIETZFELBINGER, C., Die Berufung des Paulus, WMANT 58, ²1989, 9. Mit diesem Anspruch steht die Urchristenheit nicht allein im Frühjudentum; DAHL, Volk Gottes, 128–140; JEREMIAS, Rest, 121ff.

[46] ROLOFF, EWNT I, 1002; HAINZ, Volk Gottes, 150.

[47] So aber KLAIBER, Rechtfertigung, 20.

‚Gottes'" mitgedacht werden muß[48]. Zwar enthält der Begriff ἐκκλησία keine „Volk-Gottes Dogmatik in nuce"[49], doch ist gerade die Anknüpfung an den Volk-Gottes-Gedanken im eschatologischen Sinn für ἐκκλησία konstitutiv[50].

In der Bezeichnung ἐκκλησία artikuliert sich die Anschauung, daß die Christusgläubigen unterschiedslos zum Gottesvolk hinzugehören. Denn in ἐκκλησία schwingt der atl. Sprachgebrauch für die Gottesgemeinde und das im apokalyptischen Judentum ausgeprägte Verständnis der Gemeinde als des endzeitlichen Aufgebotes Gottes mit[51]. Dies muß nicht gleichzeitig den Anspruch des „neuen" oder „wahren" Gottesvolkes in Absetzung vom „alten" Gottesvolk im Sinn einer Negation beinhalten[52], vielmehr genügt es, zunächst die Position zu sehen, wonach mit ἐκκλησία „die geschichtliche Realität, Gestalt und Aufgabe der Glaubensgemeinschaft als Gottesvolk der Endzeit" bezeichnet ist[53]. Indem Paulus den Begriff ἐκκλησία in seiner urgemeindlichen Prägung zur Kennzeichnung der Gemeinde-Realität in Thessalonich benutzt, knüpft er bewußt an den Sprachgebrauch der frühesten Jerusalemer Gemeinde an und stellt seine eigene Gemeindegründung in die Kontinuität des endzeitlichen Gottesvolkes[54]. Zwar reflektiert Paulus in 1Thess nicht ausdrücklich über diesen Sachverhalt, es wäre jedoch einseitig und unangemessen, hieraus und aus der Tatsache, daß das im 1Thess „weitest zurückliegende Ereignis von Bedeutung ... das Geschick Jesu" sei[55], zu konstruieren, daß Paulus an der Vergangenheit, speziell der Geschichte Israels, keinerlei Interesse habe. „Der Weltenrichter sammelt unmittelbar vor dem Endgericht die Erwählten"[56] – aber er sammelt sie in die ἐκκλησία, die bei Paulus nicht ohne eine Kontinuität mit dem alttestamentlichen Gottesvolk gedacht werden kann[57].

2. Geliebte Gottes, Söhne des Lichts

Die Gottesvolkvorstellung als unausgesprochene Voraussetzung wird durch die übrige Terminologie, mit der die Gemeindeglieder in 1Thess bezeichnet

---

[48] ROLOFF, EWNT I, 1001.

[49] So richtig KLAIBER, Rechtfertigung, 20.

[50] Nach BERGER, Formgeschichte, 182–184, sind die Zulassungsbedingungen zur Gottesherrschaft (1Kor 6,9f) und zur Ekklesia (1Kor 5,11) miteinander identisch; zustimmend ROLOFF, Kirche, 84 A.73.

[51] HOLTZ, 1Thess, 38.

[52] Gegen HOLTZ, 1Thess, 38.

[53] HAHN, Einheit, 36.

[54] Die geht auch aus 1Kor 11,22 hervor, wo die zum Herrenmahl versammelte Gemeinde ausdrücklich als ἐκκλησία τοῦ θεοῦ bezeichnet wird; DELLING, Merkmale, 303.

[55] So aber BECKER, Erwählung, 99.

[56] BECKER, Erwählung, 99.

[57] Die Kontinuität wird auch bei SÄNGER, Verkündigung, 128f A.330, zu niedrig veranschlagt.

werden, bestätigt. Dabei ist zu beachten, daß Paulus bei seinen Adressaten offenbar Verständnis für seine Diktion voraussetzen kann, denn die Begriffe fließen en passant, ohne spezielle Erklärung ein. Nach 1Thess 1,4 sind sie ἠγαπημένοι ὑπὸ [τοῦ] θεοῦ. Diese Ausdrucksweise ist für das NT ungewöhnlich[58], sie begegnet in der LXX als Bezeichnung für das Gottesvolk oder hervorgehobene Repräsentanten desselben[59]. Von besonderer Bedeutung ist 2Chr 20,7, denn hier stehen in einem Gebet, das Josafat ἐν ἐκκλησίᾳ (V.5) betet, „dein Volk Israel" und „Same Abrahams, deines Geliebten" in Parallele (V.7).

In den Pseudepigraphen finden sich ebenfalls aufschlußreiche, den alttestamentlichen Befund bestätigende Belege: TestAbr 1,6 wird Abraham als ‚Geliebter Gottes' bezeichnet; TestIss 1,1 gilt Issaschar als der ‚vom Herrn Geliebte'; PsSal 9,8 spricht von Israel, dem ‚geliebten Volk' (λαός, ὃς ἠγάπησας; vgl. Jub 2,20; 4Esr 6,58); ebenso nennt ParJer 4,6[60] Israel das ‚von Gott geliebte Volk'; ApkSedr 9,1 wird Sedrach als ‚Geliebter Gottes' bezeichnet. Nach JosAs 15,8 gilt Asenet nach ihrem Übertritt zum Judentum als von Gott geliebt[61].

Welche Bedeutung diese Begrifflichkeit für Paulus hat, geht einerseits aus der Parallelität zwischen ἀγαπητοὶ θεοῦ und κλητοὶ ἅγιοι in Röm 1,7; bzw. ἠγαπημένοι ὑπὸ [τοῦ] θεοῦ und ἐκλογή in 1Thess 1,4 hervor, wird aber durch die Anwendung von Hos 2,25 auf die Gemeinde aus Juden und Heiden in Röm 9,25 erst recht deutlich: Paulus bezeichnet die Christen hier explizit als „Geliebte", als „Volk" und als „Söhne Gottes". Wir befinden uns daher mit dem Stichwort ἠγαπημένος ὑπὸ [τοῦ] θεοῦ 1Thess 1,4 sprachlich im Umfeld des alttestamentlich-jüdischen Theologumenons der besonderen Liebe Gottes zu seinem Volk Israel und dessen Repräsentanten (vgl. PsSal 18,3). Sachlich werden durch diese Anrede die Gemeindeglieder den alttestamentlichen Frommen gleichgestellt[62].

Dies unterstreicht auch die Bezeichnung υἱοὶ φωτός und υἱοὶ ἡμέρας in 1Thess 5,5. Mit „Sohnschaft" klingt ein „israelitischer Erwählungsbegriff"

---

[58] Direkt vergleichbar ist lediglich 2Thess 2,13 (s. HOLTZ, 1Thess, 45); vgl. jedoch Röm 1,7; 11,28! Die traditionsgeschichtlichen Zusammenhänge hat auch WISCHMEYER, Adjektiv, 476–480, untersucht. Ich stimme ihrem Ergebnis zu: „Paulus greift eine jüdische, spezifisch theologisch gefüllte Diktion auf, die Gottes Erwählung aussagt" (ebd., 478), würde jedoch stärker unterscheiden zwischen der Bezeichnung der ‚von Gott Geliebten', wo ausdrücklich Gott als Subjekt erscheint und dem anderen Gebrauch, wie er im Verhältnis von Mensch zu Mensch begegnet (ParJer 7,23; TestSal D 1,2; Susanna 63; 1Kor 10,14; 15,58 u.ö.).
[59] Bezeichnung für Abraham (2Chr 20,7; Dan 3,35 LXX; vgl. Jes 41,8; 51,2), Jakob/Israel (Bar 3,37; vgl. Dtn 32,15; 33,5.26; 2Chr 9,8; Jdt 9,4; SapSal 16,26; Jes 43,4; 44,2; Hos 2,25), Benjamin (Dtn 33,12), Mose (Sir 45,1), Salomo (2Esd 22,26 = Neh 13,26; vgl. 2Sam 12,24; Sir 47,22), Samuel (Sir 46,13). Vgl. auch mAv III,19 (Israel); zu rabbinischen Parallelen MEYER, ThWNT IV, 39–49. Als profangriechische Parallele wird meist DITTENBERGER, OGIS I, 90,3f angeführt. Weitere Parallelen bei WISCHMEYER, Adjektiv, 480 A.17.
[60] Zur zeitlichen Einordnung s. DENIS, Introduction, 74f.
[61] ἠγαπημένος begegnet in dieser Form in den Pseudepigraphen sonst nur noch in TestJos 1,2, wo Josef der Geliebte Israels genannt wird.
[62] Vgl. WISCHMEYER, Adjektiv, 479: „wahre [...] Träger der Erwählung durch Gott".

an[63]. Dabei ist mit υἱοὶ φωτός ein im NT in Lk 16,8; Joh 12,36; Eph 5,8 (τέκνα φωτός) und ein in der Qumranliteratur häufig belegter Terminus (1QS 1,9; 2,16; 3,13.24f; 1QM 1,3.9.11.13) aufgegriffen[64]. υἱοὶ ἡμέρας findet sich dagegen nur hier[65]. „Söhne des Lichtes" wird in den Qumranschriften gern als Ausdruck des Selbstverständnisses gebraucht. Sachlich ist mit der Anwendung auf die Thessalonicher ausgesagt, daß die Christen „wie zum ‚Licht' als der Sphäre Gottes und seines Heils ... bereits dem kommenden Tag zu[gehören], der die Wirklichkeit ihres Heils offenbar machen wird"[66].

3. Die Erwählungsterminologie

Die Erwählung durch das Evangelium wird in 1Thess durch ἐκλογή (1,4), καλεῖν (2,12; 4,7; 5,24) und τιθέναι εἰς (5,9) ausgedrückt[67]. Hinter ἐκλογή steht die Vorstellung, daß Gott bei seinem Heilshandeln mit Auswahl verfährt. Der Begriff kennzeichnet Gottes freies und unhinterfragbares Erwählungshandeln.

ἐκλογή

Der Begriff ἐκλογή ist als Substantiv bei Paulus mehrfach in ein und demselben größeren Zusammenhang belegt (Röm 9,11; 11,5.7.28; daneben nur noch Apg 9,15; 2Petr 1,10) das Verbum ἐκλέγομαι bei Paulus nur in 1Kor 1,27f (ter). Das Substantiv ist in der LXX insgesamt nicht belegt. Neben PsSal 9,4; 18,5; Arist 33,8 findet es sich Jes 22,7 Aq.; Jes 37,24 Sm./Th., nirgends davon jedoch im erwählungstheologischen Sinn[68]. Anders verhält es sich mit ἐκλέγειν/ἐκλεκτός. Hier tritt der theologische Sinn deutlich hervor: Gott erwählt, um mit dem Erwählten in eine besondere Beziehung zu treten (ἐκλέγειν Dtn 4,37; 7,7f; 10,15; 14,2; Jes 14,1; 41,8f; 43,10; 44,1f; 49,7 u.ö.; ἐκλεκτός Jes 42,1; 43,20; 45,4; 65,9; Dan 11,15 Th.; vgl. JosAs 8,9; FJub 2,20)[69]. Objekt der göttlichen Erwählung können neben dem Volk Israel auch Zion/Jerusalem, der Tempel, die Priesterschaft und der König sein. Immer geht es um die durch die Erwählung

---

[63] BECKER, Erwählung, 96; HOLTZ, 1Thess, 221; zur Bedeutung der ‚Gottessohnschaft' der Glaubenden s.u. zu Gal 3,26ff.

[64] LOHSE, ThWNT VIII, 359,38f.

[65] HOLTZ, 1Thess, 221. Vgl. auch IgnPhld 2,1 und die bei CONZELMANN, ThWNT IX, 338 A.303 genannten gnostischen Belege.

[66] HOLTZ, aaO, 221. Eine direkte Parallelisierung mit „Sohn Gottes" (Gal 3,26) und „Neuschöpfung" (2Kor 5,17) wie HOLTZ, ebd., dies vornimmt, scheint mir jedoch fraglich; vgl. die Differenzierungen bei RUSAM, Gemeinschaft, 55ff.77ff. Wie HORN, Angeld, 135, gezeigt hat, ist υἱοὶ φωτός auch nicht als liturgisch gebrauchter Ausdruck für die Getauften zu verstehen (gegen HARNISCH, W., Eschatologische Existenz [...], FRLANT 110, 1973, 120), sondern zielt auf die „Ausgrenzung der Heilsgenossen", d.h. die Erwählung.

[67] Die unterschiedliche Terminologie wird bei BECKER, Erwählung, nicht ausreichend herausgestellt. Er geht ohne Begründung von synonymem Verständnis aus.

[68] PsSal 18,5 meint ἐκλογή die Auswahl beim jüngsten Gericht. Zur ἐκλογή gehören heißt dann, des Heils teilhaftig zu werden.

[69] Dabei ist freilich nicht an das Problem einer vorzeitigen Erwählung im Sinn von Prädestination gedacht. Erwählung hat vielmehr aktuellen Sinn, die gegenwärtige Zugehörigkeit zum Gottesvolk auszusagen. Die Bezeichnung „erwählt sein" wird im AT überhaupt niemandem beigelegt vor seinem Eintritt ins Gottesvolk; vgl. MARSHALL, Election, 263.

vollzogene Aussonderung[70]. Mehrfach stehen ‚erwählen' und ‚lieben' in Parallelität (Dtn 4,37; 7,7f; 10,15)[71]. Daneben wird die Bezeichnung „Erwählte" im Frühjudentum auch zur Selbstdefinition als Gottesvolk gebraucht[72].

Paulus schließt sich also bei ἐκλογή nicht dem üblichen Sprachgebrauch an, sondern verwendet ἐκλογή im Sinn von ἐκλέγειν/ἐκλεκτός bzw. synonym zu καλέω/ἔκκλητος (vgl. Sir 42,11).

καλεῖν

Der Terminus umfaßt ein breites Bedeutungsspektrum[73]. Neben „rufen" oder „nennen" findet sich auch der spezifisch theologische Gebrauch „berufen". Die Vorstellung der Berufung durch Gott ist bei Paulus häufiger belegt, sie ist hier ein „terminus technicus für den Heilsvorgang"[74]. Dies geht u.a. daraus hervor, daß von Gott als dem καλῶν (1Thess 5,24; Gal 5,8) und den Christen als den κλητοί (1Kor 1,24; Röm 8,28 vgl. Röm 1,6; Jud 1; Apk 17,14) im absoluten Sinn gesprochen werden kann .

Im AT stellt καλέω einen Terminus dar, der die besondere Beziehung beschreibt, in die Gott beruft (Hos 11,1; Jer 1,5; Jes 41,9; 42,6; 46,11; 48,12; 49,1 u.ö.). Jes 41,9 steht es synonym neben ἐκλέγομαι (בחר)[75].

Inwiefern „Berufung" und „Erwählung" keinen qualitativen Unterschied bedeuten, wird aus Röm 11,29 deutlich, wonach Gottes κλῆσις in Bezug auf Israel ihn nicht gereuen kann. D.h. Gott hat Israel bleibend zu sich in Beziehung gesetzt. 1Thess findet sich sowohl präsentische (2,12; 5,24) wie präteritale (4,7) Ausdrucksweise. Die Berufung ist bei Paulus in Beziehung zur Liebe Gottes zu sehen (vgl. Röm 1,6.7; 11,28)[76].

καλέω beinhaltet also keinen qualitativen Unterschied zu ἐκλέγομαι, hebt aber stärker auf den „aktuellen Vorgang" ab[77]. Es gehört in den gleichen Sachzusammenhang[78].

τιθέναι εἰς

Der Begriff ist für die göttliche Vorherbestimmung bei Paulus nicht gerade gebräuchlich[79] (vgl. jedoch Röm 4,17 [Zitat]; 8,28; 9,11: πρόθεσις). Im gleichen Sinn begegnet er jedoch Apg 13,47; 1Petr 2,8 und v.a. Joh 15,16, wo er in Parallele zu ἐκλέγομαι gebraucht wird[80]. Dabei geht es nicht um Prädestination, sondern um den Ausdruck der durch Gott vollzogenen Bestimmung[81].

---

[70] Nach 4QMess ar (= 4Q534) I,10 gilt Noah als בחיר אלהא אלהא. S. dazu BEYER, ATTM I, 269; II, 125ff.

[71] Dies gilt auch für Röm 1,6f; 11,28; Kol 3,12; dazu HOLTZ, 1Thess, 45 A.78.

[72] Belege aus 1Hen; Jub; Qumran bei MARSHALL, Election, 264f A.13.

[73] SCHMIDT, K.L., ThWNT III, 488f.

[74] SCHMIDT, K.L., ThWNT III, 490,7f (im Original gesperrt).

[75] Vgl. SCHMIDT, K.L., ThWNT IV, 495. Anders BERGER, TRE 18, 200, wonach erst ab dem 4Esr Berufung und Erwählung demselben Wortfeld angehören.

[76] Dazu HOLTZ, 1Thess, 45; SCHRENK, ThWNT IV, 184, 38–40; ECKERT, EWNT I, 1018ff.

[77] SCHADE, Christologie, 153.

[78] Anders der Sprachgebrauch der v.l. bei Mt 20,16, die jedoch textkritisch nicht den Vorzug zu bekommen hat.

[79] SCHADE, Christologie, 139.

[80] Vgl. auch 1Clem 11,1, worauf MARSHALL, Election, 267 A.17, hinweist. Im AT kann der Begriff Gottes heilsgeschichtliches Wirken bezeichnen: Jes 49,2.6.

[81] Die Versuche von MARSHALL, aaO, 267f, dennoch irgendwie eine menschliche Partizipation an der Verwirklichung des Heils zu konstatieren, gehen an der Sache vorbei und tragen dogmatische Erwägungen in den paulinischen Text ein.

Die Erwählungsvorstellung ist für das Verständnis des alttestamentlichen Gottesvolkes zentral: Ohne gleichzeitig dem Bekenntnis seiner Erwählung zu begegnen, kann alttestamentlich nach Israel überhaupt nicht gefragt werden[82].

Die Erwählungsaussagen in 1Thess 1,1.4; 2,11f; 4,7; 5,5.9; 5,23f führen also unmittelbar in die Gottesvolkvorstellung hinein. Es geht darum, die durch die Terminologie aus dem Bereich der Gottesvolkthematik und die durch die Übernahme des Begriffes ἐκκλησία [τοῦ θεοῦ] als Bezeichnung auch der eigenständigen heidenchristlichen Gemeindegründungen des Paulus zum Ausdruck kommende Gleichstellung zu erkennen und die erwählungsgeschichtliche[83] Kontinuität wahrzunehmen[84]: *Die Erwählung der Heiden durch das Evangelium ist eine Erwählung in das (endzeitliche)[85] Volk Gottes[86]*. Die Erwählung geschieht wohl durch das Evangelium, aber sie ist „keine christliche creatio ex nihilo"[87], sondern die Begrifflichkeit ἐκκλησία, ἠγαπημένοι, υἱοί, ἐκλογή, καλεῖν und τιθέναι εἰς zeigen die Verwurzelung in der Geschichte Israels mit seinem Gott[88]. Dies wird auch der folgende Punkt unterstreichen.

c) Die Berufung zur βασιλεία καὶ δόξα (2,12) und die Bestimmung zur περιποίησις σωτηρίας (5,9)

Die Eingliederung in die Ekklesia vollendet sich nach Paulus in der unvermittelten Teilhabe an der βασιλεία καὶ δόξα (2,12)[89]. Doch gegen diese paulinische Verkündigung scheint es Opposition zu geben. Wir wenden uns zunächst diesem Problem zu, um den genauen Hintergrund von 2,12 erheben zu können.

---

[82] Vgl. WASCHKE, Frage, 11–28.

[83] Zur Differenzierung zwischen „erwählungsgeschichtlich" und „heilsgeschichtlich" s.u. S. 169 A.85.

[84] So sehr es zutrifft (BECKER, Paulus, 146), daß in 1Thess eine „Neufassung des Erwählungsgedankens" vorliegt – insofern die Erwählung durch das Evangelium geschieht und an Heiden ergeht – so sehr muß auf die Kontinuität in der Diskontinuität geachtet werden!

[85] Zum „endzeitlichen" Charakter s.u. S. 145ff: ‚Die Gabe des endzeitlichen Gottesgeistes'.

[86] 1Thess 2,14 bestätigt diesen Sachverhalt: die (überwiegend heidenchristliche) Gemeinde der Thessalonicher steht auf der gleichen Stufe wie die (judenchristlichen) Gemeinden in Judäa.

[87] So m.R. DINKLER, Ekklesiologische Aussagen, 324; vgl. COLLINS, Studies, 289: Durch die Betonung der Erwählung der Thessalonicher „Paul incorporates them into the perspective of salvation history".

[88] Eine Aussage, ob damit die Erwählung Israels hinfällig geworden ist oder bestehen bleibt, läßt sich aus dem 1Thess m.E. nicht generell erheben; vgl. aber unten zu 1Thess 2,14ff.

[89] Hier ist die Formulierung von SÖDING, Thessalonicherbrief, 188, wonach „Gottes erwählender Ruf ... auf die Teilhabe an seiner vollendeten Herrschaft (2,12) und *im Zuge dessen* auf die Eingliederung in die Ekklesia" ziele, umzukehren (Hervorhebung im Original).

Den Abschnitt 1Thess 2,1–12 kennzeichnet ein apologetischer Tenor[90]. Paulus ist bemüht, die göttliche Legitimation und Lauterkeit seiner Evangeliumsverkündigung und seinen tadelsfreien Lebenswandel hervorzuheben. Das vorangestellte αὐτοὶ γάρ unterstreicht, daß das jetzt Folgende den Thessalonichern bekannt ist. Von der Sache, wie auch von der Formulierung her knüpft Paulus an 1,9 an. Er kommt auf die εἴσοδος zu sprechen, die er bei seiner Verkündigung in Thessalonich hatte: die Menschen haben ihn nicht abgewiesen, sondern seine Botschaft angenommen und sich zum lebendigen Gott bekehrt.

Wodurch aber ist die dann folgende Apologie, die sich sowohl auf seine Person wie auf seinen Dienst bezieht, begründet? Handelt es sich nur um „Standardapologetik", mit der auf „Standardpolemik" geantwortet wird, also „gleichsam um Routine"?[91] Liegt die Ursache etwa in der psychischen Verfassung des Paulus?[92] Oder läßt sich eine konkrete Ausgangslage benennen?

Wie oben festgestellt, sind die Proportionen der Danksagung (1,2–3,13) gegenüber dem sonst Üblichen verschoben. Dann jedoch fragt es sich um so mehr, welchen Anlaß und welche Funktion die Apologie in 2,1–12 hat. Allein die Häufigkeit, mit der Paulus in diesen wenigen Versen die Gemeinde immer wieder eindringlich und direkt anspricht (ihr wißt, ihr seid Zeugen, ihr erinnert euch etc.), deutet auf einen aktuellen Anlaß[93] für seine Ausführungen hin. Dies bestätigt auch die Breite der Darlegungen[94].

Der erste Vers bildet gleichsam den Obersatz: „Ihr kennt selbst, Brüder, den Eingang, den wir bei euch hatten; daß er nicht vergeblich[95] geschehen ist." Die Wirkung seiner Verkündigung ist zwischenzeitlich offenbar hinterfragt worden; nicht von der Gemeinde selbst, aber in

---

[90] HOLTZ, 1Thess, 68.94; MICHEL, Fragen, 202; GILLMAN, Paul's ΕΙΣΟΔΟΣ, 62f.68ff.

[91] So u.a. DIBELIUS, 1Thess 13; weitere Autoren bei HOLTZ, 1Thess, 93 A.422ff; MICHEL, Fragen, 202f A.2. Nach SCHNIDER/STENGER, Briefformular, 50–59, handelt es sich in 2,1–12 (wie auch in 2,17–3,8) um eine „briefliche Selbstempfehlung" (51). Dagegen m.R. LAMBRECHT, Thanksgiving, 198ff. STEGEMANN, Anlaß, 397–416, votiert ebenfalls gegen ein topisches oder milieubedingtes Verständnis des Textes, will aber auch nicht von einer durch konkrete Anschuldigungen bedingten Apologie sprechen und sieht den aktuellen Anlaß in der „besondere[n] Erfahrung" der Thessalonicher, „als erste heidenchristliche Gemeinschaft Verfolgung" von Seiten der heidnischen Landsleute erduldet zu haben (397.415). SCHOON-JANSSEN, Apologien, 39–65, stellt den 1Thess in den Rahmen des antiken Freundschaftsbriefes und will u.a. deshalb bei 2,1–12 von keiner Apologie sprechen, sondern sieht darin „die Beschreibung eine [sic!] vorbildlichen Verhaltens, das die Gemeinde zur Nachahmung ermuntern soll" (64), wobei die Ausführungen an den „Freundschaftsbrieftopos ‚Einheit in Freundschaft'" erinnern (45). Die Aufnahme von Elementen des antiken Freundschaftsbriefes scheint mir nach SCHOON-JANSSENS Analyse einleuchtend. Gleichwohl kann auch er den 1Thess nicht nahtlos in dieses Raster einfügen und muß v.a. hinsichtlich der hinter 2,1–12 erkennbaren Situation ebenfalls zugeben, daß konkrete „Anfechtungen" sich auf das Verhältnis des Apostels zur Gemeinde ausgewirkt haben (63). Dieses zugestanden nimmt SCHOON-JANSSEN dann jedoch die wiederholte Bezugnahme auf Gott als Auftraggeber und Zeuge paulinischen Handelns m.E. nicht ernst genug, sonst müßte er dem apologetischen Tenor mehr Rechnung tragen.

[92] So v. DOBSCHÜTZ, 1Thess, 107.

[93] Den Versuch, die Verse aus der kynischen Rhetorik zu erklären, hat STEGEMANN, Anlaß, 399ff, m.E. mit zwingenden Gründen widerlegt.

[94] Vgl. DONFRIED, Theology, 257.258ff; LAMBRECHT, Thanksgiving, 200 samt A.63 (im Anschluß an H. SCHLIER).

[95] Zu κενός im Sinn von „leer", „wirkungslos" – bezogen auf die Verkündigung – s. HOLTZ, 1Thess, 66f. Dieses Verständis scheint mir naheliegender als die Beziehung von κενός auf den persönlichen Einsatz des Paulus trotz in Philippi schon erlittener Mißhandlung (so STEGEMANN, Anlaß, 401–404).

deren Umfeld[96]. Es waren unterschiedliche Vorwürfe, denen sich die paulinische Mission nachträglich ausgesetzt sah. Man warf ihnen u.a. Schmeichelrede, Gewinnsucht und Ruhmsucht vor. Diese Vorwürfe lassen sich verstehen als Ausdruck dafür, daß man Paulus einreihen wollte in „die Schar der Wanderprediger, die und deren Botschaft man doch längst ... durchschaut hat"[97]. Doch warum betont Paulus so stark, daß es sich bei seiner Verkündigung um das „Evangelium Gottes" (V.2.8.9) handelt, daß Gott es ihnen anvertraut hat (V.4), daß sie ihm Rechenschaft geben werden und Gott selbst ihr Zeuge ist (V.4.5)? Die Vorwürfe, auf welche hier geantwortet wird, tragen einen anderen Akzent als die vorhin genannten[98]. Durch sie wird die göttliche Legitimation der Verkündigung bestritten.

V.13 faßt diesen Sachverhalt nochmals zusammen. Wenngleich der Vers nicht zu unserem Abschnitt zu rechnen ist, so steht er doch insgesamt mit 2,1–12 in Beziehung und bildet – wo nicht das Ziel[99] – so doch die Essenz aus V.1–12[100]: Die Thessalonicher haben die apostolische Verkündigung nicht als Menschen- sondern als Gotteswort angenommen. Dies ist nichts anderes als eine Variation der Ausgangsthese, V.1: „Ihr kennt selbst, Brüder, den Eingang, den wir bei euch hatten; daß er nicht vergeblich geschehen ist" (vgl. die gleiche Struktur der Aussage in 1Kor 15,14: die Wahrheit des Glaubens hängt an der göttlichen Legitimation der Botschaft; vgl. auch 1Thess 3,5; Phil 2,16).

Es scheint, daß hinter den Vorwürfen, denen Paulus sich ausgesetzt sieht, unterschiedliche Urheber zu suchen sind. Die Vorwürfe der Schmeichelrede, Gewinnsucht und Ruhmsucht lassen sich unschwer aus dem griechisch-heidnischen Milieu verstehen[101]. Das Insistieren des Paulus auf der göttlichen Legitimation seiner Verkündigung aber wird dann verständlich, wenn man auch mit einer jüdischen Opposition[102] in Thessalonich rechnet[103]. Diese ging – so läßt sich aus den paulinischen Ausführungen rückschließen – gemäß zeitgenössisch-jüdischer Anschauung vermutlich davon aus, daß es sich bei Jesus keinesfalls um den auferweckten Christus (vgl. 1,10) und bei der Bekehrung der Thessalonicher zum lebendigen Gott keinesfalls um ein

---

[96] Vgl. MARSHALL, Election, 260.261f; hier auch eine Auseinandersetzung mit GUNDRY VOLF, Paul and Perseverance.

[97] HOLTZ, 1Thess, 94. In diesem Zusammenhang sind auch die von MALHERBE, Nurse; DERS., Paul, beigebrachten profangriechischen Parallelen fruchtbar zu machen.

[98] ἀκαθαρσία (V.3) begegnet wieder in 4,7 antithetisch gegenüber ἁγιασμός und bezeichnet dort den Lebenswandel der Heiden (vgl. Röm 1,24ff).

[99] So mit HOLTZ, 1Thess, 64; gegen DOBSCHÜTZ, 1Thess, 82.

[100] So auch STEGEMANN, Anlaß, 414. Ich kann aufgrund dieser Beziehung von 2,13 auf 2,1–12 der Gliederung von LAMBRECHT, Thanksgiving, 184, nicht folgen, wonach es sich in 1,2–10 („thanksgiving for the Thessalonians' faith and example"); 2,13–16 („thanksgiving for the acceptance of the word") und 3,9–10 („thanksgiving for all the joy") um „a threefold thanksgiving" handeln soll, zumal sich die „Annahme des Wortes" vor 2,13 auch schon in 1,5f findet und daher keinen eigenständigen neuen Aspekt bezeichnet. Ebenso wird die unterschiedliche Struktur von 1,2–10 und 2,13–16 einerseits und 3,9–10 andererseits auch nach dem Raster LAMBRECHTS (191) m.E. zu wenig bewertet und die Funktion der Zwischenstücke (2,1–12; 2,17–3,8) nicht deutlich.

[101] Vgl. STEGEMANN, Anlaß, 406.

[102] KÜMMEL, Einleitung, 222f, rechnet mit einer jüdischen Gegenpropaganda (Paulus sei „ein Goët von unlauterer Gesinnung"; ebd., 222). Nach PAX, Konvertitensprache, 221, spielte diese schon bei Pauli plötzlichem Verlassen der Stadt Thessalonich eine Rolle. Anders SCHADE, Christologie, 121f, der jüdische Gegnerschaft ablehnt und nur heidnische anerkennen möchte; ebenso STEGEMANN, Anlaß, 412.415. Das Vorhandensein einer jüdischen Opposition könnte auch den Ausfall in 1Thess 2,14–16 motiviert haben (vgl. KÜMMEL, Einleitung, 223; DONFRIED, Theology, 247f).

[103] Gleiches gilt für die Abwehr der Vorwürfe des Irrtums, der schmutzigen Gesinnung und der Täuschung.

Hinzukommen zur Gemeinde des Gottes Israels handeln kann (vgl. 1,4; 2,12). Die paulinische Erwählungstheologie wird dadurch bestritten[104]. Nach 1Thess 2,16 hindern „die Juden" Paulus und seine Mitarbeiter daran, „den Heiden das Evangelium zu verkünden, damit diese gerettet würden". D.h. sie bestreiten die Teilhabe der Heiden am eschatologischen Heil und denken stattdessen partikularistisch von der endzeitlichen Vernichtung der Heiden her, wie dies die hier aufgenommene Vorstellung vom eschatologischen Maß impliziert (s. ausführlich unten S. 151f). Damit aber erweist sich die Verkündigung des Paulus und seiner Mitarbeiter als Irreführung (πλάνη, δόλος V.3[105]). Ihre Botschaft kann daher nur Menschenmeinung und nicht Gotteswort sein (V.13). Diesem Vorwurf gegenüber wird das mehrfache Insistieren auf der göttlichen Beauftragung mit dem Evangelium Gottes einsichtig. Auch die Formulierung in 1Thess 5,9, wonach die Thessalonicher gerade nicht εἰς ὀργὴν ἀλλὰ εἰς περιποίησιν σωτηρίας bestimmt sind, nimmt darauf konkret Bezug (s.u.).

Geht man davon aus, daß der Bericht in Apg 17,1-9 insofern zutreffend ist, als Paulus auch in Thessalonich zunächst in der Synagoge zu verkünden begonnen hat und seine Anhänger zu einem nicht unbeträchtlichen Teil Gottesfürchtige, d.h. Menschen aus dem Umfeld der Synagogengemeinde und vornehme Frauen gewesen sind[106], so bekommt dieser Aspekt der Apologie in 1Thess 2,1-12(.13) Plastizität. Dabei können sich Apg 17,1-9 und 1Thess 2,14 durchaus ergänzen und müssen sich keineswegs ausschließen[107].

Ein Hinweis könnte auch in der Bezeichnung der Gegner in 2,14 zu finden sein. Paulus spricht von den Leiden, die der Gemeinde durch συμφυλέται zugefügt wurden. Der Begriff meint allgemein die Landsleute, die „Mitglieder des sozialen Lebensbereichs"[108] und ist nicht auf Angehörige eines bestimmten Volkes oder einer Religion zu beschränken[109]. Er kann daher

---

[104] BECKER, Paulus, 146.

[105] Vgl. zum Stichwort πλάνη, πλάνος, πλανάω die Vorwürfe, die in der Passionsgeschichte begegnen: Mt 27,63.64; daneben Joh 7,12.47; zur Sache: STROBEL, A., Die Stunde der Wahrheit, WUNT 21, 1980, 86–92.

[106] Vgl. dazu ROLOFF, Apg, 249f; LÜHRMANN, Beginnings, 237–241.248f. Dagegen spricht auch nicht, wie verschiedentlich angeführt wird (z.B. JEWETT, Correspondence, 118, Lit.), 1Thess 1,9, wenn man die Aussage in ihrer Finalität richtig versteht, s.u. S. 139f.

[107] MORGAN-GILLMAN, Jason, 42–45; MALHERBE, Paul, 12–17; DONFRIED, Paul and Judaism, 247f; KRUSE, C.G., The Price Paid for a Ministry Among Gentiles: Paul's Persecution At the Hands of the Jews, in: M.J. WILKINS u.a., Hg., Worship, Theology and Ministry in the Early Church, FS R.P. MARTIN, JSNT.S 87, 1992, 260–272, bes. 261f; ROLOFF, Apg, 249; WEISER, Apg II, 443.449f; gegen HAENCHEN, Apg, 452. Eine Beziehung von Apg 17,1–9 und 1Thess 2,14 wird abgelehnt u.a. bei MANUS, Luke's Account, 35ff; keine historische Glaubwürdigkeit zur Erschließung der Situation des Paulus mißt dem Text auch STEGEMANN, Synagoge, 227f, bei. Er will die Verse nur „als Textbasis für eine Analyse des Erfahrungshorizontes der lukanischen Zeitgenossen selbst" (228) gelten lassen. Gewiß ist die Darstellung des Aufenthalts des Apostels in Thessaloniki stilisiert (dies wird auch zugestanden von RIESNER, Frühzeit, 307), jedoch läßt gerade der Name „Jason" darauf schließen, daß Lukas auch auf traditionelles Material zurückgreifen konnte; MORGAN-GILLMAN, aaO, 41.44; ROLOFF, Apg, 249: Aufnahme einer lokalen „anekdotische[n] Erzählung"; vgl. CONZELMANN, Apg, 103; auch von STEGEMANN, Synagoge, 228 A.141, konzediert. Zur Kritik am methodischen Verfahren STEGEMANNS s. RIESNER, Frühzeit, 302f. Zum inschriftlichen Befund s. RIESNER, ebd., 304ff.311. Für das Recht der Darstellung des Lukas spricht auch das übrige Lokalkolorit in Apg 17,1ff; s. dazu RIESNER, Frühzeit, 314f.

[108] HOLTZ, 1Thess, 102; im Anschluß an RIGAUX und MILLIGAN; so auch MARSHALL, 1 and 2 Thessalonians, 78; MORGAN-GILLMAN, Jason, 45. συμφυλέτης ist hap. leg. im Neuen Testament.

[109] MICHEL, Fragen 203f; HOLTZ, aaO, 102; v. DOBSCHÜTZ, 1Thess, 110. Der von RIESNER, Frühzeit, 311, in diesen Zusammenhang gebrauchte Begriff „Rassenzugehörigkeit" ist mindestens mißverständlich!

durchaus Juden einschließen[110]. Das heißt nicht, daß Juden aktiv die Verfolgung von Christen betrieben haben. Der Beitrag von Vertretern der jüdischen Gemeinde zur prekären Lage der Christen in Thessalonich könnte jedoch darin bestanden haben, die paulinische Botschaft als eine von Gott legitimierte Verkündigung zu bestreiten und gegen sie zu opponieren und den Widerstand anzufachen[111]. Die Leiden der Christen könnten u.a. daher rühren, daß sie mit ihrer Haltung weder der heidnischen Gesellschaft[112] noch dem Umfeld der jüdischen Gemeinde mehr zugehörig sind[113].

Vor dem Hintergrund jüdischer Opposition ist nun der präzise Sinn der Zusage Pauli zu erheben, wonach die Thessalonicher zur βασιλεία καὶ δόξα berufen seien und Gott sie nicht εἰς ὀργήν, sondern εἰς περιποίησιν σωτηρίας bestimmt habe. Wie nahe die beiden Aussagen (2,12 und 5,9) zusammengehören, belegt 2Thess 2,14, der wie eine Kombination beider Verse wirkt[114].

Mit ὀργή ist das eschatologische Gericht gemeint, dem die Glaubenden schon nach 1,10 entnommen sind. Antithetisch dazu steht die Bestimmung zum Heil. Der Ausdruck ist umständlich. Paulus will wohl die zukünftige Teilhabe besonders hervorheben[115]. Der Begriff περιποίησις ist insgesamt nur fünfmal im NT belegt (neben 1Thess noch Eph 1,14; 2Thess 2,14; Hebr 10,39; 1Petr 2,9). Die Bedeutung ist nicht einheitlich, der Begriff meint sowohl die „Bewahrung", wie auch die „Erwerbung" und den „Besitz"[116]. Dem Sinn nach kommt περιποίησις in 2Thess 2,14 dem in 1Thess 5,9 am nächsten, es meint die künftige Teilhabe. Auch die drei Belege in der LXX (2Chr 14,12 LXX; Hag 2,9; Mal 3,17) sind nicht einheitlich. Im theologisch prägnanten Sinn steht es in Mal 3,17 für סְגֻלָּה. Die Gerechten, die Gott dienen (δουλεύειν, 3,14!), werden Gottes περιποίησις sein und verschont, während die anderen wie Stoppeln verbrannt werden (3,19). 1Thess 5,9 ist zu verstehen im Rahmen der Vorstellung, daß das Gottesvolk im Gericht gerettet und die Gottlosen vernichtet werden. Wir befinden uns aufgrund dieser Zusammenhänge in 1Thess 5,9 im Rahmen der Gottesvolk-Vorstellung.

Dies läßt sich noch vertiefen durch einen Blick auf den genauen Bedeutungsgehalt von βασιλεία und δόξα. Hierbei wird sich nämlich zeigen, daß die

---

[110] MARSHALL, ebd., 78; MORGAN-GILLMAN, Jason, 45; DONFRIED, Paul and Judaism, 248; DERS., Theology, 243 A.2; MICHEL, Fragen, 203 – obwohl Michel selbst aufgrund der Analogie zu Judäa eine „Subsumierung der Juden in die Thessalonicher Bürgerschaft" für nicht wahrscheinlich hält.

[111] Vgl. MORGAN-GILLMAN, Jason, 44.

[112] Zu Thessalonich als Zentrum des Kaiserkultes s. ELLIGER, Paulus, 96.

[113] Gerade, wenn es sich bei den Thessalonichern auch um Menschen aus dem Bereich der Gottesfürchtigen und um vornehme Frauen handelt und wenn bei den Leiden, wie HOLTZ, aaO, 102, m.R. vermutet, soziale Schikanen gemeint sind, ist die Beteiligung von Thessalonicher Juden nicht unwahrscheinlich, da deren Verlust eine schwer hinnehmbare „Einbuße an Sicherheit wie auch an Einflußmöglichkeiten" bedeutete; ROLOFF, Apg, 250.

[114] Vgl. TRILLING, 2Thess, 118.123.

[115] HOLTZ, 1Thess, 229.

[116] SCHNEIDER, EWNT III, 179; BAUER-ALAND, WB, 1310.

Gottesherrschaft schon atl. fest verbunden ist mit dem Volk, das zu ihr gehört[117]. Dies wird durch die Sabbatlieder aus Qumran erneut unterstrichen (vgl. auch Jub 16,18; 33,20). Ebenso wird die enge Beziehung von βασιλεία und δόξα deutlich werden.

Die Zusammengehörigkeit der Größen ‚Reich' und ‚Volk' für die Jesusüberlieferung hat J. Jeremias schon herausgestellt[118] und N. Lohfink erneut nachgewiesen[119]. Hervorzuheben für die Jesusüberlieferung ist dabei Mt 8,11f: Aus dem ursprünglich vermutlich an Israel gerichteten Drohwort, das dem Text zugrundeliegt[120], wird deutlich: „Das universale Heil des Reiches Gottes soll alle Heiden erreichen, aber es erreicht sie prinzipiell nur als jenes Heil, das an der Geschichte Abrahams, Isaaks und Jakobs hängt. Auch die Heiden finden ihr Heil allein dadurch, daß sie in die Geschichte des Gottesvolkes hineingenommen werden."[121]
    Die Verbindung von Volk Gottes und Herrschaft Gottes gilt auch schon für den frühesten atl. Beleg, Jes 6, wenngleich hier die Unnahbarkeit JHWH's und die Tödlichkeit des Offenbarwerdens seiner Königsherrschaft für das ‚Volk unreiner Lippen', d.h. das sich dem Anspruch des Königs verweigernde Volk, im Zentrum steht[122]. In der Jes-Denkschrift wird dann eine weitere Dimension sichtbar: „*Darin* äußert sich die Weltherrschaft des Königs Jahwe, daß er auf die Gefolgschaft seines Volkes nicht angewiesen ist, daß aber die fremden Völker seinen Anweisungen Folge leisten."[123]
    Eine neue Stufe erreicht die Vorstellung der Gottesherrschaft in nachexilischer Zeit. Die Theologie Dtjes' kann geradezu als „Theologie der kommenden Gottesherrschaft" bezeichnet werden (vgl. bes. Jes 52,1–12)[124]. Für seine Botschaft gilt: „Gott setzt sein Königtum in der Welt durch, indem er das zerstreute Israel sammelt (vgl. 40,11; 43,5) und es in sein Land zurückführt."[125] Er „erweist sein Königtum dadurch, daß er sein Volk ‚erlöst' und neu ‚schafft'"[126]. JHWHs Königsherrschaft wird hier in besonderer Weise zugunsten Israels verstanden.
    Auch die späteren Texte lassen die Beziehung von Volk und Reich Gottes erkennen. Schließlich findet im Danielbuch, das um das Verhältnis von Weltherrschaft und Gottesherrschaft kreist, eine erneute Weiterentwicklung der Konzeption statt: Nach dem Ende dieses und dem Anbruch des kommenden Äons „wird (das wahre) Israel (oder das neue ‚Königsvolk'?) auferweckt werden, um im ewigen Reich Gottes des Heiles teilhaftig zu werden"[127].

Angesichts des dargestellten traditionsgeschichtlichen Befundes ist auch für Paulus die Zusammengehörigkeit von „Reich Gottes" und „Volk Gottes" vorauszusetzen.
    „Reich (Gottes)" ist im paulinischen Schrifttum – verglichen mit der Jesusüberlieferung – nicht sehr häufig belegt (1Kor 4,20; 6,9.10; 15,24.50; Gal 5,21; Röm 14,17). Es begegnet mehrfach in negativem Zusammenhang: „das Reich

[117] S. dazu ZENGER, Herrschaft Gottes/Reich Gottes II, TRE 15, 176–189.
[118] JEREMIAS, Theologie I, 100.102f.
[119] LOHFINK, Reich Gottes; vgl. ROLOFF, Kirche, 32; DERS., Bedeutung, 35.
[120] Vgl. LUZ, EKK I.2, 13f (Lit.).
[121] LOHFINK, Reich Gottes, 89.
[122] ZENGER, TRE 15, 181.
[123] DIETRICH, Gott als König; zustimmend zit. bei ZENGER, TRE 15, 181.
[124] ZENGER, TRE 15, 182.
[125] LOHFINK, Reich Gottes, 84.
[126] ZENGER, TRE 15, 182.
[127] Ebd., 188.

Gottes nicht erben"[128]. Der Begriff bezeichnet dabei eine eschatologische Wirklichkeit[129], die sich jedoch jetzt schon auswirkt und ein bestimmtes, ihr entsprechendes Verhalten fordert[130]. Sie hat somit einen gegenwärtigen und einen zukünftigen Aspekt[131] und ist für Paulus nicht einseitig zukünftig festzulegen[132].

Die gegenwärtige Problemlage zum Thema βασιλεία τοῦ θεοῦ im Frühjudentum ist umstritten. Nach Veröffentlichung der Sabbatlieder aus Qumran ist jedenfalls deutlich, daß es sich um einen zentralen Topos religiösen Lebens im Frühjudentum gehandelt haben muß.

Demnach müssen die Ausführungen von Camponovo und Berger/Colpe modifiziert werden. Nach O. Camponovo sei das Thema „Gottesherrschaft" keinesfalls ein „Hauptthema der frühjüdischen Literatur" gewesen[133]. Seines Erachtens habe die Vorstellung als „Symbol"[134] oder als „assoziative Redeweise"[135] zu gelten, das/die im Frühjudentum „je und je unter verschiedenen Aspekten und Konzeptionen aktualisiert wurde"[136]. Camponovo nennt v.a. die Chassidim und die Pharisäer als Gruppierungen, in denen das Thema relevant war[137]. In den Qumranschriften handle es sich nur um „Reminiszensen"[138], keinesfalls aber um ein „beherrschendes Thema"[139] oder um einen „lebendige[n] Bestandteil der Tradition"[140]. Nach Berger/Colpe habe das Frühjudentum z.Zt. Jesu „nur selten" von der Königsherrschaft Gottes gesprochen und in den rabbinischen Äußerungen gehe es „in erster Linie um ein präsentisches Verständnis (‚die Gottesherrschaft auf sich nehmen' = unter das Joch der Torah treten)"[141].

---

[128] Vgl. dazu HAUFE, Reich Gottes, 467f. Nach HAUFE handelt es sich dabei um ein Drohwort, dessen Sitz im Leben in der Taufparaklese zu suchen ist (vgl. 1Kor 6,11; Gal 5,21; Did 7,1). In 1Kor 15,50 sieht HAUFE dagegen einen Lehrsatz (468) und in 1Kor 4,20 und Röm 14,17 einen antithetischen Definitionssatz vorliegen.

[129] Vgl. in den Deuteropaulinen: Eph 5,5; Kol 1,13; 4,11; 2Thess 1,5; 2Tim 4,1.18.

[130] HOLTZ, 1Thess, 92.

[131] 1Kor 4,20: präsentisches Verständnis; 1Kor 6,9.10: zukünftig; 1Kor 15,24: gegenwärtig und zukünftig; 15,50: zukünftig; Gal 5,21: zukünftig; Röm 14,17: gegenwärtig.

[132] Gegen v. DOBSCHÜTZ, 1Thess, 102; zu sehr auf die Funktion in der Mahnrede fixiert: HOLTZ, 1Thess, 92. Die rein futurisch-eschatologische Festlegung bei LINDEMANN, TRE 15, 212; DINKLER, Ekklesiologische Aussagen, 329, vernachlässigt u.a. das Pt. Präs. καλοῦντος, s.u. Die Mehrzahl der Kommentatoren geht von eschatologischem Verständnis aus; vgl. MERK, Miteinander, 131 A.14.

[133] CAMPONOVO, Königtum, 437.

[134] CAMPONOVO, Königtum, 58ff.437ff. CAMPONOVO schließt sich in der Terminologie PERRIN, Jesus, an, wenngleich er die genaue inhaltliche Füllung des Begriffes bei PERRIN bestreitet. Zur Kritik an der Begrifflichkeit s. SCHWEMER, Gott als König, 45 (im Anschluß an MERKLEIN, H., Rez. von CAMPONOVO, ThRv 82, 1986, 193f).

[135] CAMPONOVO, Königtum, 438.

[136] So SCHWEMER, Gott als König, 45, in ihrer Darstellung CAMPONOVOS.

[137] CAMPONOVO, Königtum, 441.

[138] CAMPONOVO, Königtum, 442; vgl. LINDEMANN, TRE 15, 200, im Anschluß an CAMPONOVO.

[139] CAMPONOVO, Königtum, 66.

[140] CAMPONOVO, aaO, 442. Dies wäre zu modifizieren. HENGEL/SCHWEMER, in: DIES., Hg., Königsherrschaft Gottes, Vorwort, 2, nennen außerdem Jub, Henoch-Lit., 1QSb, 1QM, 11QMelch, 4QFlor.

[141] BERGER/COLPE, Textbuch, 29.

Beide Sichtweisen lassen sich nach Veröffentlichung der Sabbatlieder aus 4Q so nicht mehr halten. In diesen von C. Newsom[142] herausgegebenen Texten läßt sich erkennen, welch zentralen Platz das Thema der Königsherrschaft Gottes in dieser frühjüdischen Gruppierung einnahm. Nach A.M. Schwemer handelt es sich bei 4QShirShabb um den „wichtigste[n] vorchristliche[n] jüdische[n] Text, der die Heilsgabe Gottes als Gottes Königsherrschaft beschreibt"[143].

Dabei betonen die Sabbatlieder v.a. die himmlische Seite der Königsherrschaft Gottes[144]. Sie ist eine in der kultischen Feier gegenwärtige Realität. Schon jetzt erfolgt der gemeinsame Lobpreis zusammen mit den Engeln[145]. In 4QShirShabb wird aber auch das Ineinander gegenwärtiger und zukünftiger Aspekte deutlich: Die präsentische kultische Feier der Königsherrschaft Gottes im Himmel ist der Grund für die eschatologische Erwartung der Gottesherrschaft auf Erden[146]. Die irdische Gemeinde bekommt Teil am himmlischen Gottesdienst und jubelt über diese Heilsgabe; zugleich hofft sie auf die universale Durchsetzung der göttlichen Basileia[147].

Das Pt. Präs. καλοῦντος in 1Thess 2,12[148], das schon Anlaß zu textkritischen Varianten und zu literarkritischen Operationen gegeben hat[149], läßt sich von diesem Hintergrund her beleuchten. Paulus hat die gegenwärtige Berufung zur Teilnahme an der Königsherrschaft Gottes im Blick[150]. Die Thessalonicher sind jetzt schon berufen, am himmlischen Lobpreis teilzunehmen. Sie gehören jetzt schon zur Endzeitgemeinde Gottes.

Auch bei δόξα handelt es sich in 1Thess 2,12 um eine präsentische und zugleich eschatologische Wirklichkeit. Anders als in Röm 3,23 bedeutet sie nicht die von Gott stammende, menschliche δόξα, die durch den Sündenfall verloren ging und deren Wiedererlangung erhofft wird (vgl. VitAd 20f; BerR 12,36; grBar 4,16)[151], sondern die Gott eigene Herrlichkeit, die im gottesdienstlichen Lobpreis vergegenwärtigt und die sich eschatologisch erweisen wird. Es geht deshalb nicht um die „Partizipation an der Auferstehungswirklichkeit, die in Christus bereits Gestalt gewann (Röm 6,4; Phil 3,21)"[152], sondern vielmehr um Gottes eigene Herrlichkeit (ἑαυτοῦ δόξα), die zu erkennen und zu lobpreisen die Glaubenden berufen sind. D.h. der traditionsgeschicht-

---

[142] NEWSOM, Songs.
[143] SCHWEMER, Gott als König, 47; vgl. 115.
[144] SCHWEMER, Gott als König, 61.
[145] SCHWEMER, Gott als König, 48.76.83.92.117; vgl. DIES., Irdischer und himmlischer König, 324.
[146] SCHWEMER, Gott als König, 117.
[147] Ebd., 117; vgl. SEIDEL, Lobgesänge.
[148] Vgl. das Präsens in 4,8 und 5,23!
[149] Vgl. bei HOLTZ, 1Thess, 91 A.411.
[150] Sie steht nach SCHWEMER, Gott als König, 116f, nicht im Gegensatz zur eschatologischen Hoffnung, sondern erklärt diese.
[151] Vgl. dazu KRAUS, Tod Jesu, 173f.
[152] HOLTZ, 1Thess, 92; vgl. KITTEL, ThWNT II, 253, 31–36.

liche Hintergrund ist in der kultisch-lobpreisenden Vergegenwärtigung (Ps 72,18f; Dan 3,52–58 LXX u.ö.) und in der Erwartung der eschatologischen Enthüllung des göttlichen כבוד zu sehen (Jes 35,2; 66,18; vgl. PsSal 17,31; TanB, Bemidbar §20; bBer 34a)[153]. Auch hierfür bieten nach Vorbildern im AT die Lieder 4QShirShabb nahe Parallelen[154].

Durch die Sabbatlieder von Qumran wird die auch anderwärts belegte enge Verbindung von βασιλεία und δόξα erneut bestätigt[155]. Beide Begriffe begegnen mehrfach in ein und demselben Psalm und ergänzen sich gegenseitig[156]. Diese Verbindung belegt auch schon der älteste biblische Text zum Thema Königsherrschaft Gottes, Jes 6,1ff, v.a. V.3[157].

Die eschatologische Offenbarung der Herrlichkeit Gottes ist in verschiedenen atl.-jüdischen Texten verbunden mit einer Verherrlichung Zions/Jerusalems bzw. des Gottesvolkes/Israels (Jes 60; 62; Sach 14; PsSal 17). Die Heiden haben dabei in der Regel nur bedingt bzw. mittelbar Anteil (Sach 8,13.23). Sie kommen, um die Verherrlichung Gottes an Israel und damit Israels Verherrlichung zu bestaunen, wenn sie nicht der Vernichtung anheimfallen (Sach 12,1–13,6). Sie bringen die Zerstreuten mit und werden teilweise dem Gottesvolk dienstbar (Jes 49,18–23; 60,14ff; Sach 14,1–21). Ausnahmen bilden die oben in § 4 genannten Belege, die eine Gleichstellung der Heiden mit Israel anvisieren.

Somit läßt sich resümieren: *Der Ausdruck „zur βασιλεία berufen sein" ist sachlich gleichbedeutend mit „zum Volk der βασιλεία gehören". Paulus stellt hierdurch die zum Glauben gekommenen Heiden mit den Angehörigen des Gottesvolkes auf eine Stufe.* Die Berufung der gläubig gewordenen Heiden zur βασιλεία καὶ δόξα in 1Thess 2,12 geschieht un-vermittelt[158]. Sie bedeutet sachlich-inhaltlich eine Gleichstellung der zum Glauben an Jesus gekommenen Thessalonicher mit dem Gottesvolk[159].

---

[153] Zum atl. Hintergrund des δόξα-Begriffes s. KITTEL, ThWNT II, 235–240.245ff.250f.

[154] SCHWEMER, Gott als König, 76.83.86.92.117f.

[155] Vgl. Dan 3,53f LXX; PsSal 5,18f; 1Hen 9,4; 25,7; 27,3; 63,4; 93,7; grApkEl [bei Clemens Alex., protr., 10,94,4]; 1QM 12,7; TgNeof Gen 49,2; TgJon Jes 24,23 u.ö.

[156] 1. Lied 4Q400,1 II; 2. Lied 4Q401,14 I; 6. Lied 4Q403,1 I; 7. Lied 4Q403,1 I, 30–40; u.ö. Texte in dtsch. Übersetzung bei SCHWEMER, Gott als König, 80.81f.86f.94f; hebr. und engl. bei NEWSOM.

[157] S. dazu ZENGER, TRE 15, 181.

[158] Vgl. BECKER, Paulus, 147.

[159] Dabei soll nicht bestritten werden, daß im Vergleich mit der Jesusüberlieferung die Rede von der Parusie des Herrn diejenige vom Kommen des Gottesreiches zurückgedrängt hat (so betont bei BECKER, Erwählung, 95). Doch auch wenn die Menschensohnchristologie (1Kor 16,22; 1Thess 1,10) vollkommen an die Stelle des angekündigten Gottesreiches getreten wäre (so BECKER, ebd.), so wäre auch diese Menschensohnchristologie nicht denkbar ohne das Volk der ‚Heiligen des Höchsten‘; s. dazu KVANVIG, Roots of Apocalyptic, 571–593.

d) Die Abkehr von den Götzen als Aufgabe des Status der ἔθνη *(1,9b; 4,5.9)*
   und das christliche Leben als ἀγιασμός *(4,3–8; vgl. 3,13; 5,23)*

Die Gottesvolkthematik begegnet im 1Thess nicht nur in der Begrifflichkeit von Erwählung und Berufung, sondern bildet auch den Rahmen für die Ethik. Dies ist im folgenden zu zeigen.

Seit ihrer Hinwendung zum Glauben gehören die Thessalonicher nicht mehr auf die Seite der ἔθνη, sondern dienen als Gottesgeliebte dem wahren lebendigen Gott und erwarten die Parusie Jesu. Die Ausdrucksweise in 1Thess 1,9 trägt durchweg jüdisches Gepräge[160]: Ἐπιστρέφεσθαι wird in der LXX konzentriert für das Gottesvolk gebraucht[161] und stellt im Frühjudentum einen Terminus der Konvertitensprache dar[162]. Εἴδωλον ist im Profangriechischen nicht belegt und bezeichnet vom jüdischen Standpunkt aus die heidnischen Götzen[163]. In θεὸς ζῶν καὶ ἀληθινός klingt ebenfalls jüdisch-hellenistische Redeweise an[164]. Es fällt auf, daß Paulus nicht nur formuliert, die Thessalonicher hätten sich „von den heidnischen Idolen zu Gott bekehrt", sondern ausdrücklich hinzufügt: „δουλεύειν θεῷ ζῶντι καὶ ἀληθινῷ …". Die Bekehrung hat somit eine ganz bestimmte Finalität. Δουλεύειν bezeichnet in der LXX den „Gottesdienst im Sinn totaler Bindung an die Gottheit"[165]. Der frühere Götzendienst der Thessalonicher rührte aus deren Unkenntnis Gottes. Jetzt gelten sie als θεοδίδακτοι (4,9). Paulus setzt sie bewußt von den ἔθνη

---

[160] Vgl. dazu im einzelnen die Nachweise bei HOLTZ, 1Thess, 57–62.

[161] HOLTZ, aaO, 58 A.183, im Anschluß an BERTRAM, ThWNT VII, 723f.

[162] PAX, Konvertitensprache, 222.225.230. Vgl. JosAs 11,11 (s. den Text bei BURCHARD, z.St.); TestAbr1 10,14; TestAbr2 12,13; TestJud 23,5; TestIss 6,3; TestSeb 9,8; TestDan 5,9 u.ö.; bei Paulus noch 2Kor 3,16 [= Ex 34,34]; Gal 4,9, hier zusammen mit δουλεύειν. Bei περιπατεῖν, das öfter als Ausdruck für „Halacha" angeführt wird (so z.B. COLLINS, Studies, 304; CARRAS, Ethics, 306), dürfte es sich dagegen nicht um Konvertitensprache handeln. Ein Vergleich mit dem Sprachgebrauch der LXX macht eine solche inhaltliche Ausrichtung problematisch. Es legt sich daher eher genuin paulinischer Sprachgebrauch nahe.

[163] HOLTZ, aaO, 58.

[164] Vgl. bes. JosAs 11,10; sodann Dan 4,27f; JosAs 8,5; TestHiob 37,2; Sib 3,763; Sib fr I,20; III,46; HCal 28,13; vgl. schon Jer 10,10; Hos 2,25; s. PAX, Konvertitensprache, 228f; dort weitere Belege aus dem gleichen Umfeld. Nach KLUMBIES, Rede von Gott, 137–148, grenzt Paulus durch die Verwendung des Begriffs θεὸς ζῶν die Christen von den Juden ab (bes. 143f). Dies vermag ich nicht zu sehen, im Gegenteil! Selbstverständlich geht es Paulus um die Hinwendung zu dem in Christus erschlossenen Gott, aber die Beziehung von θεὸς ζῶν auf die christliche Gemeinde als Abgrenzung zu deuten, stellt m.E. eine Überinterpretation dar. Vgl. ähnlich KLUMBIES, ebd., 251: Paulus hänge traditionsgeschichtlich vom Judentum ab und nehme vorgegebene Redeformen auf, unterscheide sich jedoch grundlegend von der jüdischen Gottesvorstellung.

[165] RENGSTORF, ThWNT II, 270; zustimmend zitiert bei HOLTZ, aaO, 58. Vgl. auch Josephus, Ant 7,367; 8,257; TestJud 18,6; TestAss 3,2; im NT: Mt 6,24/Lk 16,13; Apg 20,19; Röm 7,6.25; 14,18; 16,18; Kol 3,24. Zur Frage, inwiefern TestJud 18,6 zu 18,2–6 gehört oder nicht, s. ausführlich REINMUTH, Gesetz, 22f.27.

ab, „die Gott nicht kennen" (4,5)[166]. Der biblische und frühjüdische Hintergrund auch dieser Aussage ist evident[167]: Es ist die Auffassung, daß alle „Nicht-Juden" Götzenanbeter sind. Die Heiden heißen *„oved kokhavim u-mazzalot"*[168], was gewöhnlich mit *„akkum"* abgekürzt wird: ‚Anbeter von Sternen und Planeten', d.h. Götzendiener. Genau dieses *„oved"* kommt in δουλεύειν wieder zum Ausdruck. Die Bekehrung durch das Evangelium wird von Paulus gleichgesetzt mit der Eingliederung ins Volk der wahren Gottesverehrer. Es geht nicht nur um eine Hinwendung zum Monotheismus und innerhalb dessen „zu einem anders bestimmten Gottesglauben"[169], sondern um ein Hinzukommen zum Volk Gottes.

Mit ihrer Hinwendung zum Gott Israels haben sich die Thessalonicher von den Heidenvölkern geschieden und sind Teil des Gottesvolkes geworden[170].

Genau dieser neue Status der ehemaligen Heiden zeigt sich auch in der am Willen Gottes ausgerichteten Heiligungsethik. Wir wenden uns hierzu insbesondere 1Thess 4,3–8 zu.

Gott kennen heißt, seinen Willen kennen[171]. „Wille Gottes" ist im frühjüdischen Sprachgebrauch mit den Forderungen des Gesetzes verbunden[172]. Paulus fordert die Thessalonicher in 4,3ff auf, sich der Unzucht, der „leidenschaftlichen Begierde", der die Heiden verfallen sind, und der Übervorteilung des Bruders zu enthalten. In diesem Kontext fällt dreifach das zentrale Stichwort paulinischer Paränese im 1Thess: ἁγιασμός.

Der Begriff findet sich außer in 1Thess 4,3.4.7 noch in Röm 6,19.22 (als Ausdruck der aus der Taufe resultierenden ethischen Erneuerung[173]), 1Kor 1,30 (bezogen auf Jesu Werk für die Gläubigen im Rahmen einer vermutlich vorpaulinische Taufüberlieferung[174]), 2Thess 2,13 (mit Bezug auf die Rettung durch „die heiligende Kraft des Geistes"), 1Tim 2,15 (als Ausdruck des

---

[166] Vgl. auch Gal 4,8f. Nach SCHRAGE, Einzelgebote, 189, wird die Unterscheidung von den Heiden direkt in V.5, sachlich jedoch schon in V.3 durch den Begriff ἁγιασμός ausgesagt, wie dann auch in 5,5 durch die Bezeichnung „Söhne des Lichts und Söhne des Tags".

[167] REINMUTH, Gesetz, 41ff; PAX, Konvertitensprache, 232ff; SCHADE, Christologie, 149; DEIDUN, Covenant, 19ff. Vgl. schon im AT Jes 54,13; 55,1f; Jer 31(38),33f; frühjüdische Belege bei BILL. III, 704; IV, 919.1153. HOLTZ, 1Thess, 174, vermutet aufgrund des Zitates von Jes 54,13 in Joh 6,45 und der Anklänge bei Paulus, daß hier eine „breitere urchristliche Tradition sichtbar [wird], nach der sich die frühe Gemeinde in dem Jesaja-Spruch benannt wußte".

[168] BEERI, E. u.a., Art. Gentile, EJ 7, 410.

[169] So HOLTZ, 1Thess, 59.

[170] HOLTZ, aaO, 61.174. Ob man sie aufgrund der Aussagen des 1Thess als „das wirkliche Gottesvolk" (so HOLTZ, aaO, 174) bezeichnen sollte, steht noch dahin (s. dazu unten S. 154ff).

[171] REINMUTH, Gesetz, 41.

[172] REINMUTH, Gesetz, 99; vgl. TestIss 4,2–4a; TestNaft 3,1; 1QS 5,9f; 9,13.15.23f; CD 3,15f; 4QpPs37 2,5; Jub 22,10.

[173] Vgl. CRANFIELD, Rom I, 327.

[174] Vgl. SCHNELLE, Gerechtigkeit, 44–46.

Lebenswandels christlicher Frauen), Hebr 12,14 (ebenso mit ethischer Zielrichtung), 1Petr 1,2 (als Ausdruck der durch den Geist gewirkten Heiligung[175]).

Die Auslegung von 1Thess 4,(1–2.)3–8 ist umstritten – und dies nicht nur hinsichtlich der Frage, wie σκεῦος zu verstehen sei[176]. Einigkeit zeichnet sich jedoch insofern ab, als ἁγιασμός zunehmend als zentrales Thema angesehen wird[177].

Der Text läßt sich in folgende Abschnitte gliedern[178]: V.1–2, Überschrift[179]; V.3–6a, Mahnung (Gottes Wille: Die Heiligung mit dreifacher Konkretion[180]); V.6b, 1. Begründung (Gottes Gericht); V.7, 2. Begründung (Gottes Berufung); V.8, Folgerung und 3. Begründung (Gottes Geist)[181].

ἁγιασμός hat Gottes Heilshandeln zur Voraussetzung, meint in diesem Abschnitt jedoch das aktive Tun der Christen[182]. Es handelt sich dabei um ein nomen actionis, das von ἁγιάζεσθαι abgeleitet ist[183]. Es benennt – im Unterschied zu ἁγιωσύνη (s.u.) – den Weg, nicht das Ziel[184].

Zwei weitere Begriffe aus demselben Wortfeld finden in 1Thess im Zusammenhang der Lebensgestaltung der Gemeinde Verwendung: ἁγιωσύνη (3,13; sonst nur noch Röm 1,4 in Verbindung mit πνεῦμα; 2Kor 7,1 in ethischem Kontext[185]) und ἁγιάζειν (5,23, Subjekt: Gott; im NT 28 Belege, bei Paulus sonst noch Röm 15,16; 1Kor 1,2; 6,11; 7,14[bis] jeweils im Passiv).

---

[175] Vgl. FELDMEIER, Fremde, 176.

[176] Vgl. dazu überblicksmäßig HOLTZ, 1Thess, 156ff; COLLINS, Studies, 65ff; DEIDUN, Covenant, 244–248.

[177] Vgl. CARRAS, Ethics, 307; SCHNELLE, Ethik, 302. COLLINS, Studies, 65 A.391, stellt fest, daß das Streben nach „Heiligkeit" als einheitliches Thema von 1Thess 4,1–8 von ihm und M. ADINOLFI früher unterbewertet wurde: vgl. COLLINS, Unity; ADINOLFI, Santitá.

[178] Die Satzkonstruktion ist nicht ganz leicht durchschaubar. Es gilt zu erkennen, daß die Infinitive (V.3b.4a.6a) jeweils von V.3a abhängig sind.

[179] Zugleich handelt es sich um einen Rückgriff auf das Heilsgeschehen und damit um die Voraussetzung und Grundlage der folgenden Mahnungen; vgl. MERK, Handeln, 46.

[180] So m.R. MERK, Handeln, 46f. Es handelt sich um zwei AcI-Konstruktionen (ἀπέχεσθαι ὑμᾶς, εἰδέναι ἕκαστον) und einen substantivierten Infinitiv (τὸ μὴ ὑπερβαίνειν κτλ.). Es geht näherhin darum, sich der Unzucht zu enthalten, den eigenen sexuellen Umgang in Heiligkeit und Ehre geschehen zu lassen und den Bruder nicht zu übervorteilen. Die erste und zweite Forderung gehören dabei enger zusammen, da sie beide den Bereich der Sexualität betreffen, tragen jedoch unterschiedliche Akzente.

[181] Damit schließe ich mich der Gliederung von MERK, Handeln, 46–50, an; vgl. SCHADE, Christologie, 135f; ADINOLFI, Santitá, 165f; HOLTZ, 1Thess, 155f. Die Darstellung der Struktur bei COLLINS, Studies, 308ff.329f, nimmt die dreifache Begründung nicht wahr und übergeht die Bedeutung von V.3a als Obersatz der ganzen Sequenz V.3–8. BALTENSWEILER, Ehe, 141, sieht zwar die Heiligung als durchgehendes Thema von V.3–8 an, möchte jedoch V.3b herausheben und sieht daher nicht die Gleichstellung der Infinitive (ἀπέχεσθαι, εἰδέναι, τὸ μὴ ὑπερβαίνειν καὶ πλεονεκτεῖν; κτᾶσθαι ist εἰδέναι untergeordnet) als gegeben.

[182] REINMUTH, Gesetz, 99 A.18: „Vollzug der Heiligung" (im Anschluß an SCHLIER); SCHADE, Christologie, 134.151.269f, möchte ἁγιασμός in 4,3.4 als Aufforderung zur Heiligung, in 4,7 dagegen als Gottes Tat unterschieden wissen. Damit scheint mir das „ἐν " in V.7, worauf allein die Unterscheidung sich stützen kann, überfrachtet (vgl. HOLTZ, 1Thess, 165). Zum unterschiedlichen Gebrauch von ἁγιασμός in V.3.4.7 läßt sich allenfalls sagen, daß der Begriff in V.3.7 umfassend, in V.4 dagegen detailbezogen verwendet wird (vgl. HOLTZ, aaO, 159).

[183] COLLINS, Studies, 309.

[184] COLLINS, Studies, 309; SCHADE, Christologie, 151; anders BAUER, WB, s.v.

[185] Ob es sich bei 2Kor 6,14–7,1 um eine nachpaulinische Interpolation handelt, muß hier nicht diskutiert werden; vgl. dazu unten S. 261ff.

Zum Verständnis der Heiligungsethik in 1Thess 4,3–6 sind zwei grundsätzliche interpretatorische Fragen zu klären, nämlich ob es sich (1) um ein einheitliches Problem oder um unterschiedliche Topoi handelt und ob (2) die Mahnung grundsätzlich oder aktuell zu verstehen sei.

Baltensweiler hat versucht, auf dem Hintergrund des griechischen „Erbtochterrechts" den Zusammenhang von πορνεία und πλεονεξία und damit die Einheitlichkeit des Themas in V.3–8 herauszuarbeiten[186]. Er versteht V.3b als Aufforderung, keine Heirat in verbotenen Verwandtschaftsgraden einzugehen, V.4 bezieht er auf den ehelichen Umgang und in V.6 sieht er den Bereich des Übervorteilens im Prozeßverfahren bei Anwendung des griechischen Erbtochterrechts angesprochen[187]. Damit aber kennzeichnet nach seiner Analyse ein einheitliches Problem den Abschnitt. Zugleich meint er dadurch den konkreten Anlaß für die paulinische Erörterung gefunden zu haben: „Wie sollen wir uns als Christen zum Erbtochterrecht einstellen?"[188]

Baltensweilers Erklärung ist indes nur von einer sehr speziellen Interpretation von V.5.6a her möglich und setzt zudem eine genaue Entsprechung der Verhältnisse in der Gemeinde von Thessalonich voraus, so daß dem ablehnenden Urteil von Holtz zuzustimmen ist[189]. Gleichwohl hat Baltensweiler m.R. darauf insistiert, das Verbot der πορνεία nicht auf Hurerei einzuschränken, sondern darin neben illegitimen Formen von Sexualität auch das Verbot der Heirat in verbotenen Verwandtschaftsgraden zu sehen (vgl. das Aposteldekret, Apg 15,20.29; 21,25)[190].

Ebenfalls für die Einheitlichkeit des Themas hat jüngst N. Baumert plädiert und dieses in der „Brautwerbung" identifiziert[191]. Dieser Versuch setzt jedoch ebenfalls eine sehr spezielle Problemlage in Thessalonich voraus und ist daher auch nicht zwingend[192].

Eher ist auch aufgrund von traditionsgeschichtlichen Erwägungen davon auszugehen, daß in 4,3–6 zwei Problemkreise angesprochen sind, nämlich die der πορνεία und πλεονεξία, im Sinn

---

[186] BALTENSWEILER, Ehe, 143–146.147f; vgl. auch ADINOLFI, Frodi.

[187] Zusammenfassung bei BALTENSWEILER, Ehe, 142f.

[188] BALTENSWEILER, aaO, 147.

[189] HOLTZ, 1Thess, 163; dagegen BAUMERT, Brautwerbung, 329ff.

[190] Die Beziehungen zum Aposteldekret werden auch von HOLTZ, aaO, 156, zugegeben, jedoch nur auf „jede Form illegitimer Sexualität" bezogen.

[191] BAUMERT, aaO, 335–339.

[192] Überlegenswert ist die Argumentation von BAUMERT, aaO, 318–329, zu σκεῦος und κτᾶσθαι im Sinn von „eine Frau erwerben". (In diese Richtung geht jedoch schon die Interpretation bei YARBROUGH, Gentiles, und im Anschluß daran MALHERBE, Paul, 51; von BAUMERT jeweils nicht erwähnt). Daß dabei, wie BAUMERT möchte, nur an die Brautwerbung gedacht sein soll, ist nicht zwingend erforderlich. Das betonte ἑαυτοῦ bleibt sonst ungeklärt, es wäre überflüssig. Es geht eher darum, daß jeder seine eigene Frau in Heiligkeit und Ehre haben soll. Die Parallele zu 1Kor 7,2 legt sich nahe (vgl. YARBROUGH, ebd., 69ff; dagegen McGEHEE, Rejoinder, 83ff). Zum andern kann McGEHEE zu Recht darauf hinweisen, daß die Verheiratung in der Antike im Regelfall keine Angelegenheit von Individuen war, sondern von Familien bestimmt wurde (McGEHEE, Rejoinder, 84). Deshalb votiert er insgesamt dafür, σκεῦος doch im Sinn von Leib zu verstehen, um damit auch für das ἑαυτοῦ eine sachgemäße Beziehung herstellen zu können.
Nicht überzeugend ist auch BAUMERTs Versuch, τὸ μὴ ὑπερβαίνειν κτλ. ebenso auf die Brautwerbung zu beziehen, was er v.a. durch die syntaktische Konstruktion der Infinitive belegen will. Doch der Wechsel zu einem artikulierten Infinitiv in V.6 ist nicht so grundlos, wie BAUMERT darstellt. Er wird vielmehr nötig durch den Einschub in V.5, der von εἰδέναι abhängig ist. τό bezieht sich auf τοῦτο γάρ ἐστιν θέλημα τοῦ θεοῦ, ὁ ἁγιασμὸς ὑμῶν V.3 zurück.

von Unzucht und Habsucht; wobei V.3b und V.4 unterschiedliche Akzente tragen. Damit ist jedoch auch der grundsätzliche und nicht-aktuelle Charakter der paulinischen Mahnung klar[193].

Paulus stellt das Leben der Christen in Thessalonich unter das Motto des ἁγιασμός und nennt zwei konkrete Punkte der Verwirklichung: das Sexualleben und das Geschäftsleben[194]. Diese Feststellung hat weitreichende Konsequenzen.

(1) Zum einen ist die Begrifflichkeit ἁγιασμός, ἁγιωσύνη, ἁγιάζειν von der LXX her eindeutig konnotiert: Sie benennt die für den Umgang mit Gott notwendige Voraussetzung auf Seiten der Menschen (und Sachen), wie sie aus Gottes eigener Heiligkeit resultiert. Das Heiligkeitsgesetz formuliert programmatisch: „ihr sollt heilig sein, denn ich, der Herr, euer Gott, bin heilig" (Lev 19,2; vgl. 11,44f u.ö.)[195]. „Heiligen" bedeutet „den Vorgang der Zueignung und Übergabe von Sachen und Personen an Gott, wodurch diese dem alltäglichen Zugriff entzogen werden"[196]. „Heiligung" meint die dem Willen Gottes entsprechende Lebensweise, d.h. die „totale Bezogenheit auf Gott, was totale Beanspruchung durch Gott einschließt"[197], wobei Gott zugleich derjenige ist, der die Heiligung fordert und sie auch gewährt (vgl. 1Thess 5,23 – Lev 20,7f; 21,8). Von Bedeutung ist, daß Israel im AT ἔθνος ἅγιον (Ex 19,6; so auch SapSal 17,2) und λαὸς ἅγιος (Dtn 7,6; 26,19; 28,9) genannt wird, „was primär auf die Erwählung des Volkes durch Gott bezogen ist und also das Eigentumsrecht Gottes an dem Volk zum Ausdruck bringt (Lev 11,44f; Ps 33,9; Hos 11,12)"[198]. Es handelt sich somit bei dieser Begrifflichkeit um Aussagen, die dem Bereich der Gottesvolkthematik zugehören.

(2) Zum andern stellen die beiden angesprochenen Problemkreise im Frühjudentum Kulminationspunkte hinsichtlich der an übergetretene Heiden zu richtenden Toraforderungen dar[199]. Wie E. Reinmuth anhand von TestJud 18,2-6 u.a. dargestellt hat, galt „die Enthaltung von diesen beiden Lastern ... als Zusammenfassung eines dem Willen Gottes entsprechenden, gesetzestreuen Verhaltens"[200]. Die Warnung vor Unzucht[201] und Habgier[202] wurde im

---

[193] SCHRAGE, Einzelgebote, 46; MERK, Handeln, 46 (im Anschluß DIBELIUS); COLLINS, Studies, 327; ebd. A.6 weitere Autoren.

[194] Zur Diskussion über die Bedeutung von πρᾶγμα s. HOLTZ, aaO, 161–163.

[195] Bedeutsam ist, daß gerade im Heiligkeitsgesetz die Enthaltung von Unzucht eine große Rolle spielt: Lev 18,6-24; 19,11-22; vgl. BALTENSWEILER, Ehe, 141f. Zur Bedeutung von Lev 17-26 in der katechetischen Unterweisung des Frühjudentums s. NIEBUHR, Gesetz, 12.13f.16ff. 19-31.59-64.234.

[196] BALZ, EWNT I, 43.

[197] BALZ, aaO, 48; vgl. 1Thess 5,23: ὁλοτελής.

[198] BALZ, aaO, 43. Dabei handelt es sich bei dieser Terminologie um „Neuschöpfungen der LXX"; KORNFELD, in: KORNFELD/RINGGREN, Art. קדשׁ, ThWAT VI, 1179–1204, hier: 1202.

[199] HOLTZ, aaO, 150, im Anschluß an DABELSTEIN, Beurteilung, 52–57, und REINMUTH, Gesetz, 22–47.

[200] REINMUTH, Gesetz, 94; auch NIEBUHR, Gesetz, 63.100.102.107, s. die Tabelle ebd., 161; vgl. auch die Belege bei REINMUTH, ebd., 22-39: neben TestJud 18,2-6 (mit starken Parallelen

Frühjudentum in der Auseinandersetzung mit der hellenistischen Moral als „Aktualisierung der Gesetzesforderung" verstanden[203]. Paulus bringt die beiden Bestimmungen zur Abgrenzung der Gemeinde gegenüber den Heiden ein[204]. Er bedient sich somit in seiner Paränese implizit der Forderungen der Tora. Auf diese Weise wird die christliche Gemeinde als Gottesvolk von den ἔθνη geschieden[205].

Betrachtet man die konkreten Einzelweisungen, die Paulus den Thessalonichern gibt, so reflektieren diese den allgemein jüdischen Standpunkt gegenüber Heiden[206] und bleiben inhaltlich im Rahmen jüdisch-hellenistischer Ethik[207]. Die Thessalonicher sollen so leben, wie es von einem Konvertiten zu fordern ist.

Zeigt sich darin die Kontinuität der paulinischen Ethik zu den moralischen Traditionen des Judentums[208] – wobei der atl. Hintergrund verschiedener Einzelweisungen deutlich ist[209] –, so ergeben sich jedoch hinsichtlich der Begründung der Heiligungsforderung Besonderheiten. Die paulinische Aufforderung zur Heiligung wird dreifach motiviert: Durch Gottes Gericht, Gottes Berufung und Gottes Geist, die hierbei gleichwertig nebeneinander stehen[210]. Die drei Motivierungen lassen sich unter dem Stichwort „Gottes geschichtliches Handeln" zusammenfassen[211]. Der Hinweis auf das Gericht findet sich als Horizont der Paränese bei Paulus des öfteren (vgl. 1Kor 6,10; Gal 5,21; Röm 1,32)[212]. Voraussetzung der ethischen Mahnung ist in jedem Fall das Heilsgeschehen in Christus (vgl. auch 1Thess 5,5f.10)[213]. Dieses kommt in 1Thess durch die Erwählungslehre zum Ausdruck, wie sie sich auch in unserem vorliegenden Text findet (ἐκάλεσεν ἡμᾶς ὁ θεός). Zwar wird die Ethik im 1Thess nicht entfaltet im Rahmen einer spezifischen Rechtferti-

---

zu weiteren Aussagen des 1Thess: δουλεύειν θεῷ – vgl. 1Thess 1,9; ἐν ἡμέρᾳ ὡς ἐν νυκτὶ πορεύεσθαι – vgl. 1Thess 5,5); Belege aus Menander-Philemon; Ps-Phokylides; Sib; CD; 1Hen; syrMenander; Ps-Heraklit.

[201] Zur Unzucht als Kardinalsünde, die ein „heiliges Volk" keinesfalls begehen darf, s. Jub 33,20.

[202] Dabei gehören πλεονεξία und φιλαργυρία sachlich zusammen; s. NIEBUHR, Gesetz, 107, vgl. 93.95f.100.

[203] REINMUTH, Gesetz, 39 und ff.94.

[204] REINMUTH, Gesetz, 94.

[205] So auch das Ergebnis der Studie von CARRAS, Ethics, 314f.

[206] CARRAS, Ethics, 312.314; COLLINS, Studies, 325.

[207] MERK, Handeln, 46–51; SCHNELLE, Ethik, 297; ebd., A.8 weitere Autoren. So auch jüngst wieder SCHIMANOWSKI, Abgrenzung, 300 A.7, unter Hinweis auf COLLINS und CARRAS.

[208] CARRAS, Ethics, 315.

[209] SCHNELLE, Ethik, 301.

[210] MERK, Handeln, 50.233.235f.

[211] MERK, Handeln, 50.

[212] MERK, Handeln, 48, nennt auch noch Kol 3,6, was er jedoch inzwischen als deuteropaulinischen Beleg beurteilt, vgl. MERK, Verantwortung, 153ff.

[213] MERK, Handeln, 235.

gungslehre wie im Gal und Röm, wonach die Freiheit vom Gesetz Grundlage der Paränese ist[214], jedoch ist auch im 1Thess die Struktur der paulinischen Paränese der übrigen Briefe erkennbar: aus dem Tun Gottes folgt das Handeln der Menschen. Der eschatologische Horizont ist zweifellos vorhanden, aber die eigentliche Motivierung der Ethik geschieht grundsätzlich doch aus dem Indikativ, der sich in Gottes Erwählung zum Gottesvolk und der damit verbundenen Geistbegabung findet[215]. *Damit bildet das Gottesvolkthema auch den Rahmen für die Ethik des 1Thess[216].*

e) Die Gabe des endzeitlichen Gottesgeistes (1,5f; 4,8; 5,19.23)

Geistbegabung und Gottesvolkbewußtsein bedingen sich gegenseitig. Die Voraussetzung für die urchristliche Vorstellung ‚Gott hat uns den Geist gegeben' liegt im eschatologischen Bewußtsein, das Gottesvolk der Endzeit zu sein[217]. Dieses Bewußtsein „läßt zwei Linien, die für die Endzeit erwartete Geistbegabung des Messias und die für die Endzeit erwartete Geistbegabung der Erwählten (...), in Verbindung treten"[218]. D.h. das Selbstverständnis als

---

[214] Vgl. SCHNELLE, Ethik, 300.

[215] Vgl. HOLTZ, 1Thess, 165; SCHADE, Christologie, 154–156; COLLINS, Studies, 64.

[216] Zu diesem Ergebnis kommt auch DEIDUN, Covenant, 15–28.27: „Paul shares with his readers the presupposition that Christians form the holy People of God, with characteristics analogous to those of the People of old". DEIDUN bietet jedoch hauptsächlich Parallelen aus dem AT und läßt die zwischentestamentliche Literatur in diesem Zusammenhang weitgehend unberücksichtigt. SCHNELLE, Ethik, hat versucht, die These zu begründen, wonach in 1Thess die Parusie Christi als „die Begründung des ethischen Wandels schlechthin" fungiere (301) und der Imperativ „nicht aus dem vergangenheitlichen Christusgeschehen, sondern aus der unmittelbar bevorstehenden Parusie" resultiere (302; ähnlich, jedoch nicht mit der gleichen Einseitigkeit votiert auch MARSHALL, Theology, 180). Dies läßt sich so nicht halten: (a) Die erstmalige konkrete Paränese im erstenThessalonicherbrief, im 4,3–8, begründet Paulus nicht mit der Parusie, sondern mit dem Gericht, der Berufung und der Geistgabe. (b) Die Ermahnung zur Wachsamkeit in 5,6ff geschieht wiederum unter eschatolgischem Horizont, jedoch mit Rückgriff auf das „Sohn"-Sein und auf den Sühnetod Jesu. (c) Die Ermahnungen in 5,12–22 werden durch die Zusage fortgeführt, daß der berufende Gott die Gemeinde in seiner Treue bewahren wird. Gott selbst ist es, der die Heiligung der Thessalonicher ermöglicht (5,23). (d) Der eschatologische Horizont als Rahmen der Ethik ist keine frühpaulinische Eigenheit, sondern findet sich auch noch in Röm 13,11.
Die Ethik des 1Thess kann „frühpaulinisch" genannt werden, nicht in dem Sinn, daß „das unmittelbar bevorstehende Kommen des Herrn de[n] sachliche[n] Ausgangspunkt der paulinischen Argumentation" bildet (so SCHNELLE, Ethik 302), sondern so, daß die Erwählung der Thessalonicher zur Gemeinschaft mit Gott den Ausgangspunkt der Heiligungsforderung darstellt. Man kann von hier aus fragen, welche Beziehung zwischen der frühpaulinischen Erwählungslehre und der späteren Rechtfertigungslehre des Paulus besteht, aufgrund welcher Umstände es zur Herausbildung der Rechtfertigungslehre kam und an wessen Stelle sie getreten ist (s.u.).

[217] HORN, Angeld, 109.

[218] HORN, ebd.

Gottesvolk der Endzeit ist nicht eine Folge, sondern eine Voraussetzung urchristlicher Pneumatologie[219].

An vier Stellen im 1Thess kommt Paulus auf den Geist (Gottes) zu sprechen, der den Thessalonichern gegeben ist. In 1,5f spricht er von der Annahme seiner Evangeliumsverkündigung: Die Thessalonicher haben die Botschaft nicht nur als menschliches Wort vernommen, sondern die damit verbundene Kraft des Heiligen Geistes verspürt. Dieser Geist hat sie fähig gemacht, trotz großer Bedrängnis die Freude des Glaubens zu empfinden, die sie dann sogar zu Vorbildern in Makedonien und Achaia werden ließ (1,7f). In 4,8 stellt die Gabe des Geistes eine der Motivierungen für das christliche Leben als ἁγιασμός dar. Der Geist nötigt und befähigt zu einem Leben entsprechend dem Willen Gottes. Auch hier steht die Alternative menschliches-göttliches Wort im Hintergrund. In 5,19 geht es um die Erscheinungsweise des Geistes in der Gemeinde. Die Gläubigen werden aufgefordert, das Wirken des Geistes nicht zu unterdrücken, d.h. charismatische Erscheinungen zuzulassen[220].

1Thess 5,23 ist πνεῦμα als anthropologisch-psychologische Bezeichnung analog dem jüdischen Sprachgebrauch[221] zu verstehen und scheint damit zunächst nicht in die hier zu besprechende Kategorie zu gehören. Dies ändert sich jedoch, sobald gesehen wird, daß Paulus die Existenz des Glaubenden „völlig vom Handeln des Gottesgeistes her denkt ... Darum kann das πνεῦμα, das ganz Gottes Geist bleibt und nie aufgeht in dem dem Menschen individuell gegebenen πνεῦμα, doch zugleich das innerste Ich dessen werden, der eben nicht mehr aus seinem eigenen Sein, sondern aus Gottes Sein für ihn lebt."[222]

Von besonderer Bedeutung für unseren Zusammenhang ist 1Thess 4,8. Gott ist derjenige, der der Gemeinde seinen Heiligen Geist gibt (διδόντα Pt. Präs.) und sie damit befähigt, seinen Willen, der in der Heiligung besteht, auszuführen[223]. Die Korrelation des Geistes mit der Erfüllung des Gesetzes ist auch in der frühjüdischen Literatur nachzuweisen[224].

Nach Reinmuth besteht das Kennzeichen der frühjüdischen Sicht darin, daß im Falle der eschatologischen Geistgabe die Gesetzeserfüllung der Geistgabe vorausgeht, wohingegen bei den Belegen aus TestXII, „die von einem gegenwärtigen Wirken des Geistes sprechen, ... diese Wirksamkeit als Attribut tatsächlicher Gesetzeserfüllung ausgesagt" wird[225]. Den Unterschied

---

[219] Vgl. hierzu die Verbindung von Sohnschaft und Geist, s.u. zu Gal 4,1–7; Röm 8,14–17.

[220] Zur Frage, welche Erscheinungen im Detail angesprochen sind, vgl. HOLTZ, 1Thess, 258f und die dort angegebene Lit.

[221] SCHWEIZER, E., Art. πνεῦμα κτλ., ThWNT VI, 433; vgl. Gal 6,18; Phil 4,23; Phlm 25.

[222] SCHWEIZER, ebd., 435.

[223] Die Bezeichnung „heiliger" Geist dürfte mit dem Kontext, in dem es um Heiligung geht, zusammenhängen; vgl. HOLTZ, 1Thess, 167; COLLINS, Studies, 292, der auf den atl. Hintergrund aus Ez 37,14 verweist.

[224] S. dazu REINMUTH, Gesetz, 74–90, Zusammenfassung ebd., 90–93. Nach RUSAM, Gemeinschaft, 59.60, ist die Gotteskindschaft in den Schriften der Qumrangemeinde mit der Erfüllung des Gesetzes gekoppelt.

[225] REINMUTH, Gesetz, 92.

zu Paulus sieht Reinmuth dann darin, daß hier „Gott mit der Gabe seines Geistes der Erfüllung seines Willens zuvorkommt"[226]. Eine Überprüfung der von Reinmuth angeführten Belege läßt dieses Ergebnis jedoch zum Teil fraglich erscheinen.

1Hen 61 spricht nicht eigentlich von der Gabe des Geistes, sondern davon, daß die Auserwählten „im Geist des Glaubens und im Geist der Weisheit ..." (V.11) Gott preisen werden. Der Geist ist hier keine den Gläubigen verheißene Größe, sondern er ist streng auf Gott bzw. den Gesalbten Gottes bezogen. Richtig nennt Reinmuth 1Hen 49,3; 62,2 als Belege für die Geistverleihung an den Auserwählten Gottes[227], seine Übertragung auf die Menschen hat jedoch keinen expliziten Anhalt am Text[228]. Und eine Beziehung zwischen Gesetzeserfüllung und Geistbegabung kann ich – auch unter Einbezug von 49,3 und 48,4 – nicht erkennen.

Diese Beziehung von vorgängiger Gesetzeserfüllung und nachfolgender Geistbegabung läßt sich auch in dem von Reinmuth genannten Beleg Jub 1 nicht nachweisen[229]. Vielmehr handelt es sich hier darum, daß Gottes Schöpfertätigkeit das Endheil begründet (V.21), wobei die Gabe des Geistes die Ermöglichung rechten Wandels vor Gott beinhaltet (V.23)[230]. Es handelt sich somit eher um eine Parallele zum paulinischen Verständnis.

Dies gilt auch für die Belege aus dem dritten Buch der Sibyllinen[231]: Auch hier ist die Geistverleihung (3,767–771) eine eschatologische Erwartung. Mit ihr verbunden ist die Erwartung der Gültigkeit des gemeinsamen Gesetzes Gottes auf der ganzen Welt (3,757–759) und der Erfüllung desselben (3,718ff.580f)[232]. Geist und Gesetz korrespondieren wohl, eine Abhängigkeit der Geistesgabe von der vorausgehenden Gesetzeserfüllung ist jedoch nicht erkennbar[233]. Lediglich Sib 4,45f läßt sich eine endzeitliche Geistverleihung in Abhängigkeit von der vorausgehenden Gesetzeserfüllung durch die Frommen nachweisen[234].

Die von Reinmuth angeführten Qumran-Texte belegen „die schon gegenwärtige Anwesenheit des eschatologischen Geistes Gottes in der Gemeinde"[235]. Sie dient der vollkommenen Gesetzeserfüllung.

Ähnlich läßt sich das gegenwärtige Wirken des Geistes in den TestXII im Sinn einer Ermöglichung der Gesetzeserfüllung verstehen[236].

Eine Korrelation der Gabe des Geistes mit der Erfüllung des Gesetzes läßt sich somit in der frühjüdischen Literatur zweifellos belegen und ist als Voraussetzung der paulinischen Argumentation anzunehmen. Von größerem

---

[226] Ebd.

[227] REINMUTH, Gesetz, 78.

[228] Man könnte allenfalls den Gedanken anführen, daß im Hellenismus „Kraft immer substantiell" gedacht wird (SCHWEIZER, ThWNT VI, 413,35) und deshalb der Gläubige notwendigerweise Anteil am Geist bekommt. Aber soll man 1Hen dem Hellenismus zurechnen?

[229] REINMUTH, Gesetz, 81f.

[230] BERGER, JSHRZ II.3, 318; zu Recht verweist BERGER, ebd. A.21d, auf die Analogie zu paulinischen Vorstellungen; vgl. SJÖBERG, ThWNT VI, 383,4f.

[231] REINMUTH, Gesetz, 79–81. Das Substantiv πνεῦμα begegnet im 3. Buch ohnehin nur in V.102.701 und im 4. Buch nur in V.46.189. Zu den Einleitungsfragen der Sib vgl. oben S. 84 A.246.

[232] S.o. S. 84f.

[233] Schon der Hinweis von HANSE, H., Art. λαγχάνω, ThWNT IV, 1,1ff, wonach durch das in Sib 3,580 gebrauchte λαγχάνω „immer ein *Erlangen ohne eigenes Zutun*, nicht als Ergebnis dahingehenden Bemühens" gemeint ist, genügt, dies in Frage zu stellen.

[234] REINMUTH, Gesetz, 79f.

[235] REINMUTH, Gesetz, 90. Zur Vorstellung des Geistes in Qumran s. jetzt umfassend SEKKI, Meaning.

[236] REINMUTH, Gesetz, 74ff.91f.

Gewicht ist jedoch die Vorstellung vom Geist als einer endzeitlichen Gabe Gottes an seinen Gesalbten[237] oder an sein Volk[238]. Das bedeutet, daß die Formulierung 1Thess 4,8 (διδόντα τὸ πνεῦμα αὐτοῦ τὸ ἅγιον εἰς ὑμᾶς) noch einen anderen Zusammenhang anklingen läßt, nämlich den der endzeitlichen Geistverheißung Gottes an sein Volk (Jes 32,15; 44,3; Ez 11,19; Sach 12,10; Joel 3,1; Hag 2,5)[239]. Insbesondere Aussagen wie Ez 36,27 (καὶ τὸ πνεῦμά μου δώσω ἐν ὑμῖν) und 37,14 (καὶ δώσω τὸ πνεῦμά μου εἰς ὑμᾶς) lassen sich von ihrem Wortlaut her in erster Linie als Hintergrund der paulinischen Aussage verstehen[240].

Das jedoch bedeutet im Zusammenhang mit den vorigen Ergebnissen, daß Paulus in den Gliedern der Gemeinde von Thessalonich die endzeitliche Geistverheißung, wie sie an die Frommen des alten Bundes erging, verwirklicht sieht und deshalb die Gemeindeglieder mit jenen auf eine Stufe stellt[241].

f) Die Gleichstellung der die ἐκκλησία verfolgenden Ἰουδαῖοι mit den Heiden (2,14–16)[242]

Lag der Akzent in den bisherigen Überlegungen zu 1Thess auf der Gleichstellung der gläubigen Heiden mit dem Gottesvolk, so zeigt sich in 1Thess 2,14–16 die gegenläufige Tendenz: Die die Ekklesia verfolgenden Juden werden von Paulus wie Heiden angesehen.

Der Abschnitt 1Thess 2,14–16 stellt die Paulusexegese vor nicht geringe Probleme. Er scheint in seiner antijüdischen Spitze nicht nur inhaltlich schwer vereinbar mit paulinischen Aussagen aus dem Röm, sondern stellt auch innerhalb des 1Thess vor Fragen, insofern die Verse 15f vom Duktus her wie ein Exkurs – vielleicht sogar eine Entgleisung – wirken. Da sie keinerlei Gedankenfortschritt bringen und in ihrer pauschalen, polemischen Schärfe selbst für Paulus ungewöhnlich sind[243], haben verschiedene Forscher an eine Interpolation gedacht oder zumindest eine Entschärfung der Aussagen versucht[244]. Um zu einem verantworteten Urteil zu kommen,

---

[237] 1Hen 49,3; 62,2; PsSal 17,37; 18,7; TestLev 18,7; TestJud 24,2; 1QSb 5,24f; 11QMelch II, 18; vgl. TgJonJes 11,2; 42,1–4 (in TestLev 18,7; TestJud 24,2 ist möglicherweise mit einer christlichen Interpolation zu rechnen).

[238] Jub 1,21.23; 1Hen 61,11; Sib 3,582; 4Esr 6,28; TestJud 24,2; TestLev 18,11.

[239] Dieser Zusammenhang wird gesehen bei V. DOBSCHÜTZ, 1Thess, 173; SCHADE, Christologie, 79; V. DOBBELER, Glaube, 45–75, bes. 50ff.72f; HORN, Angeld, 58f (vgl. 37ff.106ff.108–115), und erwogen von HOLTZ, 1Thess, 167 A.131.

[240] HOLTZ, 1Thess, 167.

[241] Die Bedeutung des Geistempfangs als Ausweis der Gotteskindschaft bzw. Abrahamsohnschaft wird Paulus in Gal 3,2; 4,6 im Zusammenhang seiner Rechtfertigungslehre erneut hervorheben, s.u. zu Gal.

[242] Vgl. zu diesem Text jüngst BROER, Juden, bes. 8–12, und HAGNER, Paul's Quarrel, 130–136, mit weiteren Hinweisen auf Lit. aus dem anglo-amerikanischen Bereich.

[243] Eine Parallele findet sich höchstens in Phil 3,5ff.

[244] MUSSNER, Geschlecht, 73f, nennt folgende: Paulus schreibe entweder „nach den Schablonen des paganen Antijudaismus der Antike" oder er habe ein „antijüdisch klingendes Traditionsstück der Urkirche" verarbeitet oder der Aorist ἔφθασεν sei anders als im Blick auf das eschatologische Gericht zu verstehen.

ist zunächst nach der Stellung des Textes und seinem Gefälle zu fragen, sodann die Aufnahme traditioneller Elemente zu erörtern, um schließlich zu einer Interpretation zu kommen[245].

1. Redaktioneller Ort und Gefälle des Textes

Wie aus der bei Holtz vorgeschlagenen Gliederung hervorgeht, hat die antijüdische Polemik in 2,14–16 keine eigenständige Bedeutung. Nach dem Briefeingang (1,1) umfaßt der erste Hauptteil 1,2–3,13 inhaltlich den „Weg Gottes mit der Gemeinde und ihrem Apostel"[246]. Dabei geht es in 1,2–2,16 um die „Gründung der Gemeinde durch das Evangelium" und in 2,17–3,13 um die „Bewährung der Gemeinde in der Trennung von ihrem Apostel"[247].

2,13–16 stellt keinen selbständigen Abschnitt dar. Nachdem Paulus in 1,2–10 mit einer Danksagung für die Erwählung der Gemeinde begonnen und in 2,1–12 auf seine Verkündigung in Thessalonich zurückgeblickt hat, greift er in 2,13 erneut das Stichwort der Dankbarkeit gegenüber Gott auf. 2,14 kommt er auf das Signum der Wirksamkeit des Evangeliums zu sprechen: das Eintreten in die Nachfolge, auch was das Leiden angeht. Der Anschluß mit γάρ macht deutlich, daß das Leiden nicht eigentlich als ein Problem gesehen wird, sondern vielmehr als Beweis für die Echtheit des Gotteswortes. Die Gemeinde in Thessalonich hat von ihren Mitmenschen das gleiche empfangen wie die Gemeinden Gottes in Judäa von „den Juden". Die Bezeichnung οἱ Ἰουδαῖοι klingt dabei sehr pauschal. Es geht Paulus jedoch nur um die Analogie des Verhaltens der jeweiligen Landsleute. V.15f wirkt dann wie eine Stichwortassoziation: Mit einem mehrfachen partizipialen Anschluß und einem Finalsatz werden „οἱ Ἰουδαῖοι" durch mehrere Bestimmungen gekennzeichnet. Ein Aussagesatz im Aorist (ἔφθασεν) schließt die Satzperiode ab. V.17ff kehrt Paulus dann mit „wir aber" zu seiner Anrede der Thessalonicher zurück und spricht von seinen bisher vergeblichen Versuchen, die Gemeinde nochmals zu besuchen.

Schon die Gliederung des Briefes weist also aus, daß den inhaltsschweren Sätzen 2,15f kein eigenständiges Gewicht zukommt, daß sie vielmehr einen Exkurs innerhalb des Gesamtduktus darstellen[248]. Sie bringen für den gedanklichen Fortschritt des Schreibens nichts ein.

Betrachtet man das innere Gefälle der Verse 14–16, läßt sich folgendes beobachten: Ausgehend von der analogen Erfahrung der Verfolgung nennt Paulus mit relativem Anschluß fünf negative Näherbestimmungen der Ἰουδαῖοι (1. sie haben den Herrn Jesus getötet und die Propheten; 2. sie haben uns verfolgt; 3. sie gefallen Gott nicht; 4. sie sind allen Menschen feind; 5. sie hindern uns, den Heiden das Evangelium zu predigen, damit diese gerettet werden), um dann mit einem finalen εἰς die Konsequenz daraus zu ziehen (sie

---

[245] Zur Problematik einer möglichen Interpolation hat I. BROER mehrfach mit durchschlagenden Gründen Stellung genommen, so daß dies nicht wiederholt werden muß; vgl. BROER, Antisemitismus; DERS., Zorn; DERS., Antijudaismus; DERS., Juden, 8–12; vgl. daneben u.a.: COLLINS, Integrity; HOLTZ, 1Thess, 96f; SIMPSON, Problems. Die Interpolationshypothese wird u.a. in folgenden neueren Arbeiten vertreten: KOESTER, Introduction, 113; GAGER, Origins, 255f; BECK, Christianity, 40–50; GASTON, Paul, 137.195.

[246] HOLTZ, 1Thess, 32.

[247] HOLTZ, 1Thess, 32.

[248] M.R. gibt ihnen HOLTZ, 1Thess, 32.96–113, kein eigenständiges Gewicht.

machen ihr Sündenmaß allenthalben voll) und schließlich dies alles in den Horizont des göttlichen Zorngerichtes zu stellen.

2. Zur Aufnahme traditioneller Elemente

Die Forschung hat für 1Thess 2,15f mehrere traditionelle Elemente herausgearbeitet. Dabei handelt es sich um Vorstellungen aus dem jüdischen wie aus dem heidnischen Bereich.

α) Die deuteronomistische Prophetenaussage

Die Aussagen in V.15f weisen eine für Paulus z.T. sehr uncharakteristische Terminologie auf. O.H. Steck hat gezeigt, daß Paulus sich eines schon im AT und dann im Judentum auch über das 1.Jh. hinaus zu belegenden Theologumenons bedient, der Vorstellung vom gewaltsamen Geschick der Propheten[249]. Sie stammt aus nachexilischer Zeit und begegnet erstmals in Neh 9,26[250]. Ihre traditionsgeschichtliche Voraussetzung liegt in der „dtr Prophetenaussage", die ihren Ort im Rahmen des dtr Geschichtsbildes hat[251]. Es handelt sich dabei um eine zweigliedrige Aussage, die zum einen das kontinuierliche Wirken der Propheten und zum andern die stete Abweisung durch das Gottesvolk beinhaltet, und daher das erfolgte Gericht einsichtig zu machen suchte. Diese Vorstellung war nach den Analysen Stecks auch zur Zeit des Josephus[252] und der Rabbinen[253] lebendig, da diese sich dieser Vorstellung selbständig bedienten, um die Katastrophe der Zerstörung des 2. Tempels zu bewältigen[254]. Paulus übernimmt somit eine geprägte Vorstellung, die aus dem Judentum kommt, dort als Kritik gegen das eigene Volk formuliert wurde und dazu diente, die geschichtliche Katastrophe des Exils zu verarbeiten. Er modifiziert sie so, daß sie für die urchristliche Situation paßt und zeichnet das Geschick Jesu und sein eigenes in den Rahmen der Verfolgung der Propheten ein[255]. Von der Funktion her handelt es sich ursprünglich nicht um eine Gerichtsansage, sondern um eine Aufforderung zur Umkehr oder eine Begründung des Gerichts. Man könnte daher meinen, Paulus rede nicht von der Verfallenheit Israels unter das Gericht, sondern habe die Chance eines Neuanfangs noch im Blick. Die Ausführungen wären dann keineswegs als antijüdisch zu bezeichnen.

β) Die Aufnahme heidnischer Judenpolemik

Dies ändert sich jedoch in V.15c. Neben der Aufnahme jüdischer Selbstkritik findet sich in 1Thess 2,15f auch heidnische Judenpolemik. Dies ist umso bedeutsamer, als Paulus sein Jude-

---

[249] Die These STECKs, wonach der ganze Zusammenhang V.15–16 traditionell sei, kann hingegen nicht überzeugen, zumal die zwischen 1Thess 2,15–16 und Mk 12,1–9 aufgewiesene Parallelität nicht zwingend ist (gegen STECK, Israel, 276). Die These bei RIESNER, Frühzeit, 312, daß Paulus auch „pharisäerkritische Jesusüberlieferung" aufgreife (unter Hinweis auf Mt 23,31–36), halte ich angesichts der überlieferungsgeschichtlichen Probleme von Mt 23,31–36 für verfehlt.

[250] STECK, Israel, 60–64.

[251] STECK, Israel, 64–77.

[252] STECK, Israel, 81–86.

[253] STECK, Israel, 86–97.

[254] Folgende Motive, die in 1Thess begegnen, können daraus stammen: das Motiv der Tötung der Propheten, das des Zornes Gottes und evtl. jenes, daß die Juden Gott nicht gefallen; BROER, Antisemitismus, 72f.

[255] Der Vorwurf, daß „die Juden" Jesus getötet haben, begegnet schon in der alten kerygmatischen Formulierung, die in Apg 2,23.36; 3,15; 4,10; 7,52 aufgenommen wurde; vgl. dazu ROLOFF, Anfänge, 117f.

sein nie ernsthaft in Frage gestellt hat[256]. Bei den Aussagen, daß die Juden Gott nicht gefielen und allen Menschen feind seien, handelt es sich um „geläufige Beschuldigungen der Umwelt gegen die Juden"[257]. Sie begegnen in dieser Zusammenstellung auch in Josephus, Ap 1,310; 2,125.148[258]. V.a. der Vorwurf, die Juden seien allen Menschen feind, gehört zum typischen Repertoire des heidnischen Antijudaismus. Er taucht ähnlich schon in Est 3,13e LXX und nahezu wörtlich bei Tacitus, Hist. V,5 auf: „adversus omnes alios hostile odium"[259]. Seine weite Verbreitung wird durch die Auseinandersetzung damit bei Josephus und Philo belegt[260]. Die Frage, warum Paulus solche undifferenzierten Vorwürfe aufnimmt, wird sich kaum befriedigend klären lassen. Sollte es sich „nur" um eine polemische Überspitzung handeln?

γ) Die Vorstellung vom eschatologischen Maß

Mit der dtr Prophetenaussage und der heidnischen Judenpolemik sind noch nicht alle traditionellen Elemente in 1Thess 2,15f genannt. V.16a fügt zunächst einen letzten, vermutlich aus der eigenen Erfahrung des Paulus geborenen Vorwurf hinzu: Sie verhindern die Rettung der Heiden[261]. „Die Gegnerschaft gegen die Menschheit erweist sich in dem Versuch, ihre eschatologische Rettung zu verhindern."[262]

Mit einem finalen εἰς zieht er sodann die Konsequenz aus seinen Vorwürfen: „Sie machen das Maß ihrer Sünden fortgesetzt voll". Dabei bedient er sich einerseits einer prophetischen Anklage, daß Israel Sünde auf Sünde häufe (vgl. Jes 30,1), andererseits steht jedoch hinter der Formulierung eine weitere geprägte Vorstellung, die in zwischentestamentlicher Zeit herausgebildet wurde, nämlich die vom „eschatologischen Sündenmaß"[263]. Die Vorstellung hat zum Inhalt, daß Gott bestimmte Maße der Zeit, der Geretteten, der Sünden etc. gesetzt hat, nach denen sich sein Handeln bestimmt. Das „eschatologische Sündenmaß" wurde üblicherweise so angewendet, daß Israel damit rechnen konnte, nie das Maß seiner Sünden voll zu machen, da Gottes Züchtigung, die in diesem Zusammenhang als ein Zeichen der Zuwendung gewertet wurde, dies verhindern würde[264]. Bei den Heiden jedoch ging man davon aus, daß Gott langmütig zuwartet (ἀναμένει μακροθυμῶν, 2Makk 6,14), bis die Sünden zu ihrem τέλος (2Makk 6,15) angewachsen sind, um dann ein vernichtendes Gericht zu halten.

---

[256] Vgl. dazu NIEBUHR, Heidenapostel, passim, bes. 180f.182.

[257] DIBELIUS, 1Thess, 12; vgl. KÜMMEL, Problem, 412.

[258] BROER, Antisemitismus, 79. HOLTZ, 1Thess, 105, möchte nur den zweiten Vorwurf zur heidnischen Judenpolemik rechnen und hält somit „sie gefallen Gott nicht" für eine paulinische Formulierung.

[259] Nach MICHEL, Fragen, 208, geht es bei der heidnischen Polemik um den Vorwurf der Illoyalität und Unfähigkeit zur Anpassung. D.h. im Hintergrund steht letztlich die Absonderung und Aussonderung Israels aufgrund der Tora, was dann als „rechtlicher Gegensatz zur heidnischen Obrigkeit" interpretiert wird (MICHEL, Fragen, 208).

[260] BROER, Antisemitismus, 81. Weitere Belege bei DIBELIUS, 1Thess, Beilage 1–13, 34–36.

[261] Dieser Vorwurf gehört aller Wahrscheinlichkeit nach nicht zu den von Paulus aufgenommenen traditionellen Vorstellungen; vgl. HAHN, Mission, 90 A.1; anders STECK, Israel, 274f samt Anm.

[262] HOLTZ, 1Thess, 106. Dabei ist wohl davon auszugehen, daß Paulus seinen Gegnern tatsächlich Boshaftigkeit unterstellt. Der Versuch von HOLTZ, aaO, 106, zu unterscheiden zwischen dem objektiven Tatbestand der Behinderung und dem subjektiven Wollen der jüdischen Gegner, die die paulinische Botschaft für eine verderbliche Verführung halten und deswegen behindern, scheint mir aufgrund der pauschalen Anschuldigungen und v.a. der Aufnahme der heidnischen Judenpolemik in V.15 an der Sache vorbeizugehen.

[263] Vgl. dazu v.a. STUHLMANN, Maß, bes. 93ff. Belege bei KRAUS, Tod Jesu, 101 A.54. 133.

[264] „Welchen der Herr liebt, den züchtigt er". Der Beter in Sir 23,2ff bittet, Gott möge nicht zulassen, daß das Maß der Sünden voll werde, sondern vorher die Zuchtrute senden. Vgl. aus dem 1. Jh. v.Chr. PsSal 7,3.5; 10,1–3; 16,10.

Diese trotz aller Züchtigung für Israel barmherzige Vorstellung (2Makk 6,16), wird in 1Thess 2,16 in ihr Gegenteil verkehrt. Hier geht Paulus davon aus, daß „die Juden" ihr Sündenmaß voll machen. Solche Schärfe ist singulär im Rahmen der frühjüdischen Literatur. Zwar wird in PsPhilo, LibAnt 26,13 ebenfalls mit dem eschatologischen Sündenmaß gegen Israel argumentiert: „Wenn das Maß meines Volkes voll ist, werden die Feinde beginnen, ihrem Haus Gewalt anzutun." Jedoch wird aus dem Zusammenhang deutlich, daß es sich um eine vorübergehende Angelegenheit handelt, der neuerliches Erbarmen Gottes folgen wird bzw. den Völkern Gleiches geschehen soll[265]. Dies ist in 1Thess 2,16 nicht der Fall. Hier lautet das Fazit: ἔφθασεν δὲ ἐπ' αὐτούς ἡ ὀργὴ εἰς τέλος. Der Zorn Gottes gegen Israel ist traditionell stets zeitlich begrenzt. Hier dagegen scheint Gott εἰς τέλος zu strafen, d.h. vollkommen. Gott handelt dann an Israel so, wie traditionellerweise an den Heiden.

Die Formulierung begegnet nahezu gleichlautend in TestLev 6,11. Dort ist sie gegen die Sichemiten als Feinde des Gottesvolkes gerichtet und kündigt diesen die Vernichtung an[266]. Die Übersetzung in 1Thess 2,16 ist umstritten. Um welche Art von Aorist handelt es sich bei ἔφθασεν? Die Übersetzung „es ist aber das Gericht über sie gänzlich hereingebrochen"[267] als Ausdruck des „bereits über die christusfeindlichen Juden hereingebrochen[en]"[268] eschatologischen Gerichts wurde jüngst wieder bestritten von E. Stegemann, der ὀργή auf ein innergeschichtliches Gericht Gottes beziehen möchte und übersetzt: „stets hat sie aber der Zorn (die Strafe) schließlich erreicht"[269]. Doch damit sind die Schwierigkeiten keineswegs gelöst[270]. Zunächst spricht die Verwendung von ὀργή in 1Thess 1,10; 5,9 gegen dieses Verständnis. Ebenso macht es gerade die Aufnahme der Vorstellung vom eschatologischen Sündenmaß wahrscheinlich, daß an das Endgericht zu denken ist[271]. Die plausibelste Lösung scheint daher noch immer die zeitgeschichtliche Interpretation zu sein, die einen Anklang an die Einschränkungen jüdischen Lebens in Rom unter Claudius sieht[272]. Der Aorist wäre dann am besten ingressiv zu verstehen[273].

---

[265] Vgl. STUHLMANN, Maß, 104.

[266] Vgl. in analogem Sinn Jub 29,11, wo von der bevorstehenden Vernichtung der Amoriter berichtet wird, weil es kein Volk gibt „so wie sie, das alle ihre Sünden erfüllt hat". Zur Übersetzung s. BERGER, JSHRZ II.3, 468.

[267] So HOLTZ, z.St.

[268] HOLTZ, 1Thess, 108; vgl. HAHN, Mission, 90 A.1. Nach STECK, Israel, 277, besteht die ὀργή darin, „daß den Juden als solchen Erwählung und Verheißung definitiv genommen werden, ja genommen sind" – davon steht jedoch nichts da (Gleiches gilt gegenüber SCHADE, Christologie, 127, und BROER, Zorn, 157).

[269] STEGEMANN, Polemik, 61.

[270] Zur Kritik an STEGEMANN s. BROER, Juden, 9–12.

[271] Diese Vorstellung spielt in der Erörterung STEGEMANNs keine Rolle.

[272] S. dazu BAMMEL, Judenverfolgung, 295ff; jüngst erneuert von THEISSEN, Aporien, 537 A.9. Auf das Claudiusedikt als aktuellen Hintergrund des 1Thess verweist auch SUHL, Briefe, 95. Zu Inhalt und Datierung des Claudiusediktes s. neben BAMMEL u.a. CONZELMANN, Heiden, 29; LÜDEMANN, Judenedikt; SCHÜRER, History III.1, 77f; STERN, Greek and Latin Authors II, 115f. Die wahrscheinlichste Datierung dürfte in die spätere Phase der Regierung des Claudius und damit ins Jahr 49 n.Chr. zu erfolgen haben. Eine Austreibung aller Juden aus Rom ist jedoch nicht nachweisbar, es handelte sich vermutlich um Einschränkungen in der Religionsausübung, die zum Verlassen der Stadt führten. Weitere zeitgeschichtliche Anlässe führt BROER, Zorn, 149f, auf.

[273] Diese zeitgeschichtliche Interpretation steht m.E. nicht in ausschließlichem Gegensatz zu der, wie sie u.a. DONFRIED, Paul and Judaism, 242–253, bes. 251f, anstrebt, wonach das Motiv vom Zorn Gottes aus apokalyptischer Tradition übernommen sei.

3. Interpretation

1Thess 2,14–16 wird häufig herangezogen, um die Frage nach einem möglichen Antijudaismus bei Paulus zu diskutieren. Im Zusammenhang unserer Gottesvolkthematik sind folgende Aspekte festzuhalten:

Die Analyse ergibt, daß Paulus neben der „dtr Prophetenaussage" (Steck) auch antike heidnische Judenpolemik aufgenommen hat. Die eigentliche Spitze der Ausführungen liegt jedoch in der Umkehrung der Vorstellung vom eschatologischen Maß und ihrer Anwendung auf Israel. Die Lösung der Übersetzungsproblematik hat nur begrenzten Einfluß auf den Sachverhalt, daß Paulus den Juden in 2,16 ankündigt, es werde ihnen so gehen, wie nach traditioneller Erwartung den Heiden. Die Aussage, die gleichlautend in TestLev 6,11 begegnet, bedeutet dort das Vernichtungsurteil über die Feinde des Gottesvolkes. Dies wird hier auf Israeliten angewendet. Paulus hat damit die die Gemeinde verfolgenden Juden in der Tat mit den Heiden auf eine Stufe gestellt[274]. *Paulus geht somit in einem polemischen Kontext, ausgelöst durch eine konkrete Verfolgungssituation davon aus, daß die die Gemeinde verfolgenden Juden dem Zorn Gottes preisgegeben sind.* Aufgrund der Hinrichtung Jesu, die mit dem Prophetenmord in Zusammenhang gesehen wird und der Verhinderung der Evangeliumsverkündigung zur Rettung der Heiden ist das Sündenmaß voll geworden, und der Zorn Gottes hat begonnen sich auszuwirken. Könnte man aufgrund von V.14 noch meinen, es gehe nur um die jüdischen Verfolger[275], so ist dies nach den äußerst pauschalen Äußerungen in V.15f nicht sehr wahrscheinlich. Zwar sollte die auch für Paulus ungewöhnliche Schärfe der Polemik den Ausleger daran hindern, 1Thess 2,14–16 als sachliche Erörterung eines Problems anzusehen, die Aussagen zu generalisieren und daraus weitreichende Schlüsse zu ziehen[276], jedoch ist der Stellenwert der aus 1Thess 2,14–16 gewonnenen Ergebnisse im Blick auf das Gesamtthema nicht zu unterschätzen: Denn anders als die Tradition vor ihm und auch anders als im Röm rechnet Paulus hier mit der Möglichkeit, daß Israel des Charakters als Gottesvolk gänzlich verlustig gehen und dem Zorn Gottes preisgegeben werden kann, wie das sonst nur von den Heiden gedacht wurde.

---

[274] Die Härte der Aussage ist nicht abzumildern. Der Begriff „paganisieren", den G. KLEIN im Zusammenhang der paulinischen Sicht der Geschichte Israels eingeführt hat (KLEIN, Idee, 158), wird hier bewußt nicht übernommen, da er den Sachverhalt nicht angemessen beschreibt. Gleichwohl werden Israel die Vorzüge, die es nach Ausweis des AT gegenüber den Völkern hat, in 1Thess 2,14–16 abgesprochen.

[275] S. hierzu besonders GILLIARD, Comma.

[276] Die Möglichkeit, wie BROER, Zorn, 158, 1Thess 2,13–16 als „Ausdruck des Ringens um Israel" zu begreifen und darin den äußersten Versuch zu sehen, Israel zur Bekehrung zu reizen, ergäbe sich nur, wenn auf der dtr Prophetenaussage das Hauptgewicht in unserem Text läge und die übrigen Aussagen nur Beiwerk wären, dies jedoch erscheint mir nicht möglich. Auch der Anlaß der Passage scheint bei BROER nicht letztlich befriedigend geklärt.

g) Zusammenfassung zum 1Thess

Paulus überträgt im 1Thess Epitheta des alttestamentlichen Gottesvolkes konsequent auf die christliche Gemeinde[277]. Damit zeichnet er die „Gemeinde der Thessalonicher in Gott, dem Vater und dem Herrn Jesus Christus", ein in den Rahmen der alttestamentlichen Gottesvolkvorstellung. Daraus wird man folgern dürfen: Die Kontinuität des Gottesvolkes bleibt in der Diskontinuität sichtbar. Die Kirche ist keine Schöpfung aus dem Nichts. Die Glaubenden stehen nicht mehr auf der Seite der Heiden, sondern auf der Seite des Gottesvolkes, gehören zur ἐκκλησία, ihnen gegenüber stehen die ἔθνη. Die Ethik wird analog dem Verhalten des atl. Gottesvolkes als ἁγιασμός beschrieben. Die Gabe des endzeitlichen Gottesgeistes befähigt zu einem gottgefälligen Wandel.

Umgekehrt zeichnet er mittels des Motivs vom „eschatologischen Maß" die die ἐκκλησία verfolgenden Ἰουδαῖοι ein in den Rahmen des Gerichtes, wie es sonst die Heiden trifft. Zwar dürfen die Aussagen in 1Thess 2,14–16 nicht generalisiert werden. Der Gedanke der Gleichstellung der Heiden mit dem Gottesvolk bedeutet noch nicht die Ersetzung Israels. Man muß den begrenzten Horizont des Textes streng beachten und darf daher daraus keine Substitution Israels ableiten. Die Möglichkeit einer Verwerfung Israels taucht jedoch am Horizont schon auf. Die Frage, ob Israel als Ganzes weiterhin eine heilvolle Zukunft hat oder nicht, ist in 2,14–16 nicht im Blick. Die Aussagen des Paulus müssen vielmehr eingeordnet werden in den Zusammenhang jüdischer Opposition in Thessalonich (vgl. zu 1Thess 2,1–12) und sind deshalb eher als polemische Entgleisung denn als nüchterne Überlegung zu betrachten. V.a. ist die Aufnahme heidnischer Judenpolemik nur im Rahmen eines Zornesausbruches begreifbar. Der Abschnitt 1Thess 2,14–16 darf sowohl aufgrund der Kontextstellung wie der inhaltlichen Prägung kein großes Gewicht bekommen. Die impliziten Argumente stehen dagegen.

Es gilt also festzuhalten, daß Paulus über Israel insgesamt in seinem ersten Gemeindebrief keinerlei Aussagen macht. Aus der Einsetzung der gläubigen Heiden in den Status von Angehörigen des Gottesvolkes kann nicht ohne weiteres geschlossen werden, daß die nichtgläubigen Juden diesen Status eingebüßt haben. Blickt man von der späteren paulinischen Korrepondenz (1Kor, Gal) auf den 1Thess zurück, so läßt sich erschließen, daß Paulus die Teilhabe an der βασιλεία καὶ δόξα insgesamt an den Glauben an Jesus gebunden und durch ihn vermittelt sah. Dennoch würde die Aussage einer Ersetzung des bisherigen Gottesvolkes durch ein neues eine unzulässige Generalisierung der in 1Thess 2,15f auf die die ἐκκλησία verfolgenden Juden bezogenen Verurteilung sein. Die revolutionäre Erkenntnis des Paulus durch seine

---

[277] Vgl. hierzu auch GARLINGTON, Obedience of Faith, 238ff.

Christusbegegnung lautet nicht dahin, daß die Juden fortan verworfen seien, sondern daß die Heiden über den Glauben an Jesus völlig gleichberechtigten Zugang zum Heil erlangen.

Es bleibt daher für den 1Thess bei der (begrenzten) Feststellung: Der Brief kann als Dokument frühpaulinischer Theologie gelten, in der Paulus von der Erwählung her argumentiert. *Durch diese Erwählung gehören die Thessalonicher dem endzeitlichen Gottesvolk an*[278].

---

[278] Die Rechtfertigungslehre hat dabei noch nicht den späteren Stellenwert, auch was ihre negative Kehrseite, den Ausschluß der Ungläubigen betrifft. Man schießt also über das Ziel hinaus, wenn man pauschalisiert: „at the period of I Thessalonians the Jews are under the wrath of God"; so OKEKE, Fate, 133.

§ 10 Die Ekklesia aus Juden und Heiden als endzeitliches Gottesvolk nach dem 1. Korintherbrief

a) Vorbemerkungen zur Korintherkorrespondenz

Die beiden Korintherbriefe stellen „angewandte Theologie" dar[1]. Sie geben uns einen Einblick in das missionarische Wirken des Apostels und die dramatische Entwicklung der Beziehung zu seiner Gemeinde. Die Frage nach der Bedeutung der Gottesvolkthematik in der Korintherkorrespondenz kann nicht beantwortet werden, ohne sich in geraffter Weise Rechenschaft über die chronologischen Zusammenhänge zu geben.

Die Briefe an die Korinther stellen die ntl. Wissenschaft noch immer vor einige nicht befriedigend gelöste Probleme. Ich gehe nach den Arbeiten von Borse, Jewett, Schnelle u.a. von folgenden Voraussetzungen aus: Paulus hat sich zum Gründungsaufenthalt der Gemeinde in den Jahren 50–52 achtzehn Monate in Korinth aufgehalten. Dieser Aufenthalt war gegen Ende von Problemen mit Juden gekennzeichnet, die Paulus vor dem Statthalter Gallio angeklagt haben. Der erste Brief, den er nach Korinth gesandt hat, ist uns nicht erhalten (sog. ‚Vorbrief', vgl. 1Kor 5,9). Der 1Kor ist trotz einiger Spannungen als einheitliches Schreiben anzusehen[2], das ca. 53 von Ephesus aus geschrieben wurde, wo Paulus sich längere Zeit auf der sog. 3. Missionsreise aufhielt (Apg 19,1–10). Er stellt großenteils eine Antwort auf einen Anfragebrief der Korinther dar. In 1Kor 1–6 geht es v.a. um Fragen, die Paulus von sich aus behandelt, in Kap. 7–14 um solche der Gemeinde[3].

---

[1] CONZELMANN, 1Kor, 22; zustimmend aufgenommen bei Lang, NTD 7, 1.

[2] Die Einheitlichkeit des 1Kor wird von einer großen Zahl von Exegeten angenommen, ist jedoch nicht unbestritten. Folgende Phänomene werden diskutiert: 1,10–4,21 enthält Polemik gegen Spaltungen, in 11,19 werden solche anscheinend bagatellisiert. 6,12–20 macht, nachdem es in 5,1–13 schon um Hurerei ging, einen nachgetragenen Eindruck. Zwischen 8,1–9,23 und 10,23–11,1 einerseits und 9,24–10,22 andererseits bestehen Spannungen hinsichtlich des Umgangs mit Götzenopferfleisch. Kap. 13 stört den Zusammenhang von 12 und 14. Kap. 15 unterbricht die brieflichen Anfragen der Korinther. Dennoch können diese Fragen durch den Charakter des 1Kor erklärt werden, wonach Paulus nicht einen geschlossenen Gedankengang entwickelt, sondern auf erhaltene Nachrichten und konkrete Probleme eingeht. Sie müssen daher nicht zu einer literarkritischen Teilung führen (vgl. MERKLEIN, Einheitlichkeit; SCHNELLE, Wandlungen, 25). Zur literarkritischen Problematik vgl. die Zusammenfassungen bei SELLIN, Hauptprobleme, 2965–2968; MERKLEIN, 1Kor I, 46–48; STROBEL, 1Kor, Anhang.

[3] Die *Gliederung* des 1Kor, der mehrere thematisch zusammenhängende Komplexe erkennen läßt, ist etwa so zu umreißen: 1,1–9: Präskript und Proömium; 1,10–4,21: Gestalt und Wirkung des die Kirche gründenden Evangeliums; 5,1–7,40: Die Kirche in den Ordnungen von Welt und Schöpfung; 8,1–11,1: Freiheit und Bindung in der Kirche; 11,2–14,40: Der Leib Christi als

Vor größere Probleme stellt der 2Kor. Seine literarische Einheitlichkeit ist stark umstritten, und selbst Verfechter der Einheitlichkeit müssen den eklatanten Bruch zwischen Kap. 1–9 und 10–13 und die Spannungen zwischen Kap. 8 und 9 anerkennen[4]. Den Vorzug verdient jene Hypothese, die die heutige redaktionelle Gestalt des 2Kor am besten plausibel machen kann[5]. Folgende Entwicklung des Verhältnisses zwischen Paulus und den Korinthern ist erschließbar: Zwischen dem ersten und zweiten Korintherbrief kam es zu einem Zwischenbesuch des Paulus in Korinth (ca. 54), der mit einem Zerwürfnis endete (vgl. 2Kor 2,1; 7,6ff; 12,14; 13,1)[6]. Hierauf schrieb Paulus den sog. ‚Tränenbrief‘ (ca. 54; vgl. 2Kor 2,4.13; 7,6ff), der uns in 2Kor 10,1–13,10 weitestgehend erhalten ist[7]. Die Wiederaussöhnung des Apostels mit der Gemeinde geschah u.a. auf Vermittlung des Titus und ist dokumentiert im sog. ‚Versöhnungsbrief‘ (ca. 55), den 2Kor 1,1–8,24; 13,11–13 darstellen[8]. In 2Kor 9 liegt ein Kollektenschreiben für die Provinz Achaia vor (ca. 55)[9]. Nach der Aussöhnung mit den Korinthern verbringt Paulus, bevor er nach Jerusalem aufbricht, den Winter 55/56 in Korinth, von wo aus er den Römerbrief geschrieben hat.

Dienstgemeinschaft; 15,1–58: Die Auferstehung Jesu als Grund der Hoffnung; 16,1–24: Briefschluß.

[4] Vgl. SCHNELLE, Wandlungen, 25–28; WOLFF, 2Kor, 1–3; SÖDING, Chronologie, 36; HORN, Angeld, 303.

[5] Die gegenwärtige Tendenz in der Forschung nimmt zu Recht von komplizierten Teilungshypothesen Abstand; vgl. die Kommentare von BARRETT, FURNISH, MARTIN, WOLFF, KLAUCK und LANG.

[6] Der genaue Grund ist nicht bekannt, nach 2Kor 2,5; 7,12 könnte es sich um die schwere Kränkung durch ein Gemeindeglied handeln (vgl. MERKLEIN, 1Kor I, 51). Lukas hat den leidvollen Konflikt zwischen Paulus und den Korinthern in Apg 18–20 nicht berichtet. Er spricht nach der Darstellung des Gründungsaufenthaltes nur noch von der dreimonatigen Überwinterung des Paulus in Korinth (Apg 20,1–3) vor seinem Aufbruch nach Jerusalem. Dies kann in der lukanischen Konfliktscheu begründet sein und wäre dann als ein bewußtes Verschweigen zu deuten, mag aber auch an der nicht vorhandenen Information gelegen haben – zumal das Verhältnis zwischen Paulus und seiner Gemeinde letztendlich tatsächlich von Versöhnung bestimmt war.

[7] Für 2Kor 10–13 als ‚Tränenbrief‘ argumentiert ausführlich WATSON, Paul's Painful Letter; anders wieder SUMNEY, Identifying. BORSE, Standort, 114, vgl. 137.158f.164, scheint den 1Kor mit dem ‚Tränenbrief‘ identifizieren zu wollen. Dies scheitert jedoch m.E. am Charakter des 1Kor, der die Bezeichnung ‚Tränenbrief‘ in keiner Weise verdient.

[8] Zur Gliederung dieses ‚Versöhnungsbriefes‘ s. DAUTZENBERG, Zweiter Korintherbrief, 3061 A.55. Nach der Analyse von BORNKAMM, Vorgeschichte, dem sich eine Reihe von Auslegern angeschlossen hat (zuletzt wieder MERKLEIN, 1Kor I, 52), stellen 2Kor 1,1–2,13; 7,5–16; 13,11–13 den „Versöhnungsbrief" dar. Diese Verschachtelung bringt jedoch epistolographisch schwer lösbare Probleme mit sich. Die Erklärung von TROBISCH, Entstehung, 123ff, der 2Kor als „Autorenrezension" verstehen will, bietet jedoch m.E. auch noch keine voll befriedigende Lösung; s.u. Anm. 14.

Die These von BETZ, 2. Korinther 8 und 9, wonach es sich bei 2Kor 8 u. 9 um zwei selbständige Briefe handelt, hat auf die hier vorliegende Darstellung der Gottesvolkthematik keinen Einfluß, da die Integrität von Kap. 1–7 bzw. 10–13 davon nicht tangiert sein muß (obgleich BETZ innerhalb von 2Kor 1–7 literarkritische Operationen vornimmt, s. zusammenfassend ebd., 251–256).

Ein besonderes Problem liegt im Abschnitt 2Kor 6,14–7,1 vor, der von einer Reihe von Auslegern für einen nachträglichen, (evtl. der Qumrantheologie nahestehenden) Einschub gehalten wird. Doch s. dazu unten S. 261ff.

[9] Allenfalls läßt sich mit VIELHAUER, Einleitung, 153, erwägen, ob anstatt in Kap. 9 in Kap. 8 ein separates Kollektenschreiben vorliegt. 9,1–15 wäre dann die an 7,16 anschließende Kollektenbitte des Paulus an die Korinther. Doch dies ist nicht die wahrscheinlichere Lösung.

Diese Lösung[10] der literarkritischen Problematik hat den Vorzug, daß sie ohne die Annahme größerer Verschachtelungen auskommt und damit sowohl die Redaktion des 2Kor sinnvoll erklären kann wie auch einen analogen Fall zur antiken Briefredaktion darstellt[11]. Der ‚Versöhnungsbrief' bildet dabei den Rahmen 1,1–8,24; 13,11–13, in den der ‚Kollektenbrief' und der ‚Tränenbrief' eingearbeitet wurden. Der Anfang und der Schluß des ‚Kollekten-' bzw. ‚Tränenbriefes' gingen dabei verloren[12].

Die von Schnelle[13] im Anschluß an Aland formulierten methodischen Grundsätze hinsichtlich möglicher Briefteilungen sind bei der hier vorausgesetzten Lösung erfüllt: 1. Der Jetzt-Text stellt keine sinnvolle Einheit dar. 2. Die Annahme einer Änderung der Situation bietet keine hinreichende Erklärung. 3. Die Textkohärenz ist nach verschiedenen Dimensionen nicht gegeben. 4. Die Arbeitsweise des Redaktors ist einsichtig: Er faßt in 2Kor die Entwicklung der Situation zusammen, wobei das Übergewicht und damit auch das letzte Wort der den Rahmen abgebende Versöhnungsbrief erhalten hat[14].

Die Korintherkorrespondenz würde sich damit insgesamt auf einen Zeitraum von ca. zwei Jahren verteilen, wobei zwischen der Abfassung des ‚Tränenbriefes' und des ‚Versöhnungsbriefes' die Zeit von weniger als einem Jahr anzusetzen wäre.

Diese Sicht der chronologischen Zusammenhänge hat Konsequenzen: 1. hinsichtlich der Gegner, auf die 2Kor 10–13 Bezug nimmt[15], 2. hinsichtlich der Einordnung des Galaterbriefes. Der Gal ist mit großer Wahrscheinlichkeit nach dem 1Kor abgefaßt worden[16]. Die Nähe zum Röm

---

[10] Ich schließe mich im Blick auf die Korintherkorrespondenz damit der Hypothese an, wie sie u.a. von LANG, NTD 7, 14, vertreten wird; ähnlich DAUTZENBERG, Zweiter Korintherbrief; KLAUCK, 2Kor, 9. Ph. VIELHAUERs Monitum bleibt gleichwohl gültig: „Ich betone noch einmal den Hypothesen-Charakter der literarkritischen und religionsgeschichtlichen Operationen. Es kann sich auch ganz anders verhalten haben ..." (VIELHAUER, Einleitung, 155).

[11] Vgl. LANG, NTD 7, 13, wonach Briefe allenfalls unter Weglassung des Anfangs und Schlusses aneinandergereiht, jedoch nicht ineinander verschachtelt wurden; vgl. TROBISCH, Entstehung, 120.

[12] Auch die Verfechter der Einheitlichkeit des 2Kor müssen zugeben, daß Kap. 10–13 keinesfalls nahtlos an Kap. 9 anschließt, und insofern damit rechnen, daß der ursprünglich auf Kap. 9 folgende Schluß abgetrennt wurde und verloren ging; vgl. BORSE, Standort, 6ff.114ff; SCHNELLE, Wandlungen, 26. Außerdem muß bei Einheitlichkeit des 2Kor aufgrund der in 7,8–13 vorausgesetzten Versöhnung angesichts von Kap.10–13 mit einem erneuten Zerwürfnis des Paulus mit den Korinthern gerechnet werden und mit der kurz darauf erfolgten erneuten Aussöhnung, da sich Paulus bei der Abfassung des Röm wenig später in Korinth aufhält (s. dazu NIEBUHR, Heidenapostel, 113). Sieht man dagegen, wie hier vertreten, in Kap. 10–13 den ‚Tränenbrief' (bzw. den überwiegenden Teil desselben) vorliegen, dann bezieht sich 2Kor 7,8ff auf eben diesen Brief. 2Kor 12,17f stellt dabei kein Gegenargument dar, sondern ist auf einen früheren Besuch des Titus zu beziehen (gegen BORSE, Standort, 117f; SCHNELLE, Wandlungen, 27 A.59; mit LANG, NTD 7, 14). Auch die neuerliche Argumentation für literarische Einheitlichkeit des 2Kor bei HECKEL, Kraft, 326f, konnte mich nicht überzeugen.

[13] SCHNELLE, Wandlungen, 28 A.65; vgl. SELLIN, Hauptprobleme, 2968.

[14] Es kann sich dabei durchaus, wie TROBISCH dies vorgeschlagen hat, um eine „Autorenrezension" handeln, jedoch nicht bestehend aus den Briefen 1,3–2,11; 2,14–7,3; 7,4–9,15; 10,1–13,1 (aaO, 127), mit den redaktionellen Teilen 1,1–2; 2,12–13; 13,11–13 (aaO, 128).

[15] Es handelt sich nicht um die gleichen Judaisten wie im Gal, die auf das Gesetz und die Beschneidung pochen, sondern um solche, die den paulinischen Apostolat in Zweifel ziehen; vgl. VIELHAUER, Einleitung, 149.

[16] Das Argument von HÜBNER, Pauli theologiae proprium, 458 A.56, wonach das Fehlen von σῶμα Χριστοῦ im Gal eine Datierung vor den 1Kor erfordert, ist nur dann zwingend, wenn man darin das zentrale Motiv paulinischer Ekklesiologie sieht.

ist evident. Andererseits lassen sich Beziehungen zum 2Kor nachweisen. Die von Borse/Schnelle vorgeschlagene Reihenfolge (zunächst 2Kor 1–9, kurz darauf Gal, kurz darauf 2Kor 10–13, kurz darauf Röm) kann die Frage nicht beantworten, warum Paulus in 2Kor 5 das Stichwort von der δικαιοσύνη θεοῦ einführt, ohne von dieser Begrifflichkeit im Gal Gebrauch zu machen, wo doch der Rechtfertigungszusammenhang dies begünstigt hätte und die Aussagen in 2Kor 5 eine Unterstützung der paulinischen These im Gal hätte bedeuten können. Ebenso scheint die Rede von der καινὴ κτίσις in 2Kor 5,17 gegenüber Gal 6,15 weiterentwickelt[17]. Ein weiteres Argument ist die Vorstellung vom Geist als „Angeld", die mit der Terminologie ἀρραβών bzw. ἀπαρχή nur 2Kor 1,22; 5,5 und Röm 8,23 begegnet und das „Reifestadium" der paulinischen Pneumatologie darstellt[18]. Richtig beurteilt Borse die zeitliche Nähe von 2Kor und Gal, die Reihenfolge ist jedoch nach den oben dargestellten chronologischen Überlegungen zu 2Kor umzudrehen[19]: ‚Tränenbrief' (2Kor 10–13), Galaterbrief, ‚Versöhnungsbrief' (2Kor 1–8) und Kollektenschreiben nach Achaia (2Kor 9), Römerbrief[20].

Die Korintherkorrespondenz enthält keine eigene thematische Ausführung zum Thema Gottesvolk. Dies ist bedingt durch die aktuelle Problemlage in Korinth, die gekennzeichnet ist durch konkrete Fragen des Zusammenlebens der Gemeindegruppen, die bedrohte Einheit der Gemeinde und evtl. eine Infragestellung des paulinischen Apostolats[21].

Dennoch ist die Korintherkorrespondenz für unsere Fragestellung nach der Bedeutung der Gottesvolkthematik bei Paulus in mehrfacher Hinsicht aufschlußreich: hinsichtlich der *Weiterentwicklung* bestimmter, schon in 1Thess angelegter Ansätze, hinsichtlich der *Konsequenzen*, die sich aus der kreuzestheologischen Konzentration ergeben, hinsichtlich *neuer Aspekte*, die gegenüber dem 1Thess hinzugekommen sind. Dies gilt insbesondere für das *Leib-Christi-Motiv*, das für zahlreiche Ausleger den zentralen Ansatzpunkt paulinischer Ekklesiologie darstellt. *Im folgenden soll versucht werden, zu zeigen, daß Motive, die traditionsgeschichtlich in den Zusammenhang der Gottesvolkthematik gehören, auch in den Korintherbriefen weiterhin die Basis paulinischer Ekklesiologie bilden.* Schon ein flüchtiger Blick auf die Terminologie des 1Kor zeigt, daß Epitheta, die traditionell dem Gottesvolk Israel zugeordnet sind, auf die

---

[17] S. dazu im einzelnen unten zu 2Kor und Gal. BORSE, Standort, 151f.167f.175–181, datiert 2Kor 1–9 v.a. deswegen vor den Gal, weil nach seiner Sicht Gal 2,19–21 in jedem Fall 2Kor 5,14–17 zur Voraussetzung habe. Dies ist jedoch keineswegs zwingend; vgl. z.B. MÜLLER, Phil, 23 A.74.

[18] HORN, Angeld, bes. 389–394.

[19] Zur relativen Chronologie vgl. auch die Überlegungen bei SCHADE, Christologie, 173–190, der sich bei einer Frühdatierung des 1Thess dennoch der Reihenfolge von BORSE weitgehend anschließt und jedenfalls an der Nähe von Gal und 2Kor 10–13 festhält (190).

[20] Im übrigen spielt die Gesetzesthematik auch in 2Kor 3 eine Rolle. Sie läßt die analoge Haltung zu der im Gal erkennen, wonach das Gesetz zur „Verurteilung" führt. Hiermit läßt sich also eine Vorordnung von 2Kor 1–9 vor Gal nicht begründen; gegen SCHNELLE, Wandlungen, 25.

[21] Zu den Gegnern des Paulus im 1Kor s. die Diskussion bei DAUTZENBERG, Verzicht. Aufgrund der Tatsache, daß Paulus in Kap. 9 seine apostolische Freiheit als Vorbild herausstellt, schließt BECKER, Paulus, 206, daß zur Zeit der Abfassung des 1Kor der paulinische Apostolat nicht umstritten gewesen sein kann; anders VIELHAUER, Kephaspartei.

christliche Gemeinde übertragen werden. Dabei wird der Frage nachzugehen sein, ob es sich (nur) um die Aufnahme atl.-jüd. Sprachmaterials handelt, anhand dessen Paulus die christliche Gemeinde ermahnt und in ihr Dasein einweist, oder ob (vielmehr) eine sachliche Kontinuität besteht, dahingehend, daß die Ekklesia in den Horizont des Gottesvolkes eingezeichnet wird.

b) Die kreuzestheologische Konzentration

In diesem Abschnitt soll der Nachweis geführt werden, daß Paulus die aus dem 1Thess bekannte Erwählungs- und Heiligungstheologie christologisch und dann speziell kreuzestheologisch zuspitzt[22]. Für die Gottesvolkthematik hat die kreuzestheologische Konzentration vier Aspekte: Zum einen werden die Christen als Glieder des endzeitlichen Gottesvolkes noch stärker als in 1Thess vom Gekreuzigten her beurteilt. Zum zweiten bedeutet das Kreuz Christi die Krisis für Heiden, aber auch für Juden. Zum dritten kommt durch das Kreuz die Grenze der Tora in Sicht. D.h. es werden dem bisherigen Gottesvolk Israel zentrale theologische Positionen bestritten. Schließlich läßt der Loskauf durch Christus bisherige Identitätsmerkmale, wie Beschneidung oder Unbeschnittenheit, als zweitrangig zurücktreten.

1. Die Erwählten als die „in Christus Geheiligten"
    (1,2; vgl.1,27f; 3,17; 1,30; 5,1–6,20; 6,1f)

Obwohl das theologische Profil des 1Kor weitgehend geprägt ist von den konkreten Fragen der Gemeinde, läßt sich ein Grundtenor durchaus erkennen. Grundlegend ist wie schon für den 1Thess auch hier die Erwählungstheologie, die hier wie dort durch eine Berufungs- und Heiligungstheologie vertieft wird. Paulus setzt damit ein, daß er die Korinther als ἐκκλησία τοῦ θεοῦ, ἡγιασμένοι ἐν Χριστῷ Ἰησοῦ, κλητοὶ ἅγιοι anredet (1,2 vgl. 1,24). Sie sind von Gott trotz ihrer niedrigen Herkunft „auserwählt" (1,27f ἐξελέξατο [ter])[23].

Was im 1Thess noch teilweise offen geblieben war, wird im 1Kor ausformuliert: Die Auserwählten aus Juden und Heiden stellen als Berufene und in Christus Geheiligte die Geretteten dar, während die Nicht-Glaubenden verlo-

---

[22] BECKER, Paulus, 202.217; vgl. ECKERT, Widerstreit, 320f.
[23] Analoge Bezeichnungen sind aus dem 1Thess bekannt. J. BECKER geht zu Recht davon aus, daß Paulus auch in Korinth „mit seiner Erwählungstheologie missioniert und die Gemeinde ... ihr Christentum an ihr" orientiert hat; BECKER, Paulus, 215.

ren gehen (1,18ff; 6,2ff)[24]. Verstärkt wird dieser Gedanke durch die ausführliche Beziehung auf die Gabe des Pneuma an die Endzeitgemeinde.

Die Bezeichnungen für die Glaubenden: „geheiligt", „berufen", „von Gott erkannt" (8,3)[25], gehen dabei sachlich nicht über den 1Thess hinaus, sondern bestätigen das dort Herausgearbeitete. In diesen Zusammenhang gehört auch die Rede von der Heiligkeit der Gemeinde als des Tempels Gottes (3,17)[26] und das Verständnis der Ethik als Heiligung (5,1–6,20[27]; vgl. 1Thess 4,3–8).

Bedeutsam ist jedoch die Betonung der durch Christus geschehenen Heiligung (1,2), die Identifikation Jesu mit dem ἁγιασμός (1,30) und die Benennung der Christen als ἅγιοι im absoluten Sinn (1,2; 6,1f)[28].

Hinter 1Kor 1,2 und 1,30 verbirgt sich vermutlich Tauftradition[29]. ἁγιάζειν begegnet bei Paulus in 1Thess 5,23; Röm 15,16 und 1Kor 1,2; 6,11; 7,14, ἁγιασμός neben 1Kor 1,30 in 1Thess 4,3.4.7 und Röm 6,19.22[30]. Der Zusammenhang mit der Taufe ist dabei vielfach explizit zu greifen[31]. Die Aussage in V.30 muß aus ihrem Zusammenhang verstanden werden[32]. V.26 fällt das Stichwort κλῆσις, das den Zustand der Berufung meint[33]. Gerade bei den vor der Welt Geringsten hat Gott seine Erwählung (V.27.28 dreimal ἐξελέξατο) wirksam werden lassen. Erwählt sein von Gott heißt: in Christus sein (V.30).

---

[24] Wobei dann zwischen 1Kor und Röm noch einmal eine Weiterentwicklung festzustellen ist. Verschiedene Passagen aus dem 1Kor berühren sich eng mit dem Röm: 1Kor 1,18–25/Röm 1,18–3,31; 1Kor 8–10/Röm 14,1–15,13; 1Kor 12/Röm 12,3–8; 1Kor 15,19.44–49/Röm 5,12–21. Nach CONZELMANN lassen sich die Röm-Texte „wie eine theoretische Weiterentwicklung des 1Kor" begreifen; CONZELMANN, 1Kor, 19; zustimmend MERKLEIN, 1Kor I, 53.

[25] Von Gott erkannt sein meint nichts anderes, als von ihm erwählt und angenommen zu sein (vgl. Ex 33,12.17; Am 3,2; Jer 1,5; Ps 144,3; Röm 8,29f); WOLFF, 1Kor, 5.

[26] Zur Anwendung des Tempelbildes auf die Gemeinde s.u.

[27] Vgl. dazu BECKER, Paulus, 203.

[28] Der absolute Gebrauch bedeutet gegenüber 1Thess einen Unterschied, da dort in 3,13 aller Wahrscheinlichkeit nach die Engel so bezeichnet werden; HOLTZ, 1Thess, 146f; WIEFEL, Heilige, 30; anders KLAIBER, Rechtfertigung, 22 A.77, mit Bezug auf 1Kor 6,3. 1Kor 14,33 kann hier unberücksichtigt bleiben, da es sich bei V.33b–36 wohl doch um eine an 1Tim 2,11f angelehnte Glosse handelt; s. zur Diskussion CONZELMANN, 1Kor, 289f; WOLFF, 1Kor, 140–143. KLAIBER, Rechtfertigung, 21 A.67, fragt im Anschluß an JOVINO, ob hier judäische Gemeinden gemeint seien. 1Kor 16,1.15 bezeichnet οἱ ἅγιοι die Gemeinde in Jerusalem.

[29] Vgl. STUHLMACHER, Gerechtigkeit Gottes, 185f; SCHNELLE, Gerechtigkeit, 45f; MERKLEIN, 1Kor I, 202; V. LIPS, Traditionen; aus dem 1Kor ist außerdem 6,11 zu vergleichen.

[30] Man könnte fragen, ob sich damit nicht der Begriff der Heiligkeit wandelt. Doch dies ist gerade nicht der Fall. Wie schon zu 1Thess herausgearbeitet wurde, unterscheidet sich die konkrete Umsetzung der Heiligungsforderung nicht grundsätzlich von dem, was im hellenistischen Judentum üblich war; vgl. oben zu 1Thess, S. 139ff.

[31] Vgl. HAHN, Taufe und Rechtfertigung, 106 A.45.

[32] Vgl. v. LIPS, Traditionen, 328, der das Sich-der-Weisheit-Rühmen betont. Daß damit eo ipso der Rechtfertigungszusammenhang angesprochen sei und deshalb eine Parallele zu Röm 3,27ff gezogen werden könnte (ebd., 333), ist mir nicht deutlich. Die Begrenzung auf den Rechtfertigungszusammenhang stellt m.E. eine Engführung dar.

[33] Vgl. SCHRAGE, 1Kor I, 208.

Dies wird in V.30b tauftheologisch begründet[34]. Die verwendeten Begriffe sind „Explikation des göttlichen ‚Erwählens‘"[35]. Auf Christus als „unserer Weisheit von Gott her" liegt der primäre Akzent[36]. Paulus knüpft damit an vorher Gesagtes an (V.24). Gerechtigkeit, Heiligung, Erlösung stellen eine Erweiterung mit theologischen Zentralbegriffen dar[37]. Das bedeutet, daß in Christus zentrale Kategorien atl.-jüdischen Denkens ihre Konzentration und Erfüllung finden – ein Ausdruck der „paulinische[n] Christozentrik"[38].

Unmittelbar in die Gottesvolkthematik führt die Bezeichnung οἱ ἅγιοι für die Gemeinde[39]. Die Christen sind „Heilige", weil sie durch Christus geheiligt wurden (1,2).

Die Bezeichnung οἱ ἅγιοι im absoluten Gebrauch begegnet im AT nur ganz selten: In den hebräischen Teilen des Kanons nur Ps 34,10, sodann in den aramäischen Partien des Danielbuches, 7,18.21.22a.b.25.27, wo die „Heiligen des Höchsten" das Gottesvolk der Endzeit bezeich-

---

[34] Nach SCHRAGE, 1Kor I, 204, handelt es sich um traditionelle Taufterminologie bzw. eine Reflex traditioneller Formeln.

[35] MERKLEIN, 1Kor I, 201.

[36] SCHRAGE, 1Kor I, 214. 1Kor 1,30 wird verschiedentlich als Beleg für ‚Gerechtigkeit Gottes‘ herangezogen und der ganze Vers von hier aus interpretiert (v.a. THÜSING, Rechtfertigungsgedanke). Es ist jedoch zu betonen, daß sowohl philologisch wie auch grammatikalisch in 1Kor 1,30 der Akzent nicht auf der „Gottesgerechtigkeit" liegt. δικαιοσύνη θεοῦ ist hier zunächst nicht belegt, sondern Paulus spricht von σοφία ἀπὸ θεοῦ, δικαιοσύνη τε καὶ ἁγιασμὸς καὶ ἀπολύτρωσις. Hierbei ist die Gerechtigkeit gegenüber den anderen Begriffen nicht herausgehoben. ἀπὸ θεοῦ legt den Ton darauf, daß es sich um eine von Gott ausgehende und den Menschen zukommende Aktion handelt. Christus „wurde" uns von Gott her zur Weisheit, zur Gerechtigkeit, Heiligung und Erlösung. Eine Interpretation von 2Kor 5,21 her (so z.B. CONZELMANN, 1Kor, 68, und wieder SCHRAGE, 1Kor I, 216) ist nicht ohne weiteres zulässig. Sie scheitert auch daran, daß es dort heißt, Gott habe Jesus ὑπὲρ ἡμῶν ἁμαρτίαν ἐποίησεν, ἵνα ἡμεῖς γενώμεθα δικαιοσύνη θεοῦ ἐν αὐτῷ, was eine völlig andere Struktur aufweist. Auch eine Interpretation von Gal 3,13 her fällt aus, denn dort heißt es, daß Christus zum „Fluch" wurde. Nach BDR § 444.2 verknüpft τε καί enger als einfaches καί. D.h. δικαιοσύνη und ἁγιασμός sind grammatikalisch enger verknüpft als σοφία ἀπὸ θεοῦ und δικαιοσύνη. Es fragt sich auch von da her, ob man ἀπὸ θεοῦ ohne weiteres auf δικαιοσύνη beziehen darf. Bei THÜSING, Rechtfertigungsgedanke, werden die Begriffe ἁγιασμός und ἀπολύτρωσις nahezu unterschlagen, doch auch sie sind in die Interpretation der Reihe einzubeziehen. MERKLEIN, 1Kor I, 203, geht mit seiner Interpretation zu weit, wenn er 1Kor 1,30 von Röm 3,21–26 und Gal 3,13 her erklärt. FASCHER, 1Kor 107, zieht Gal 6,14–16 heran. Die Feststellung von SÄNGER, Verkündigung, 292: „Der 1Kor ist durchzogen mit Rechtfertigungsterminologie (1,17.30; 4,15; 6,11; 9,12–18; 15,56f)", darf gleichwohl nicht dazu verleiten, in 1Kor doch schon eine ausgeführte Rechtfertigungslehre finden zu wollen.

[37] SCHRAGE, 1Kor I, 207. Weisheit und Gerechtigkeit stehen oft in Parallele: SapSal 9,2f; 10; 18; 19; v. LIPS, Traditionen, 333.

[38] SCHRAGE, 1Kor I, 214.

[39] Zu ‚heilig‘ s. DIHLE, A., Art. Heilig, RAC 14, 2–62; COLPE, C., Hg., Die Diskussion um das ‚Heilige‘, WdF 305, 1977; KORNFELD, W., Art. קדשׁ, ThWAT VI, 1179–1204; LANCZKOWSKI, G. u.a, Art. Heiligkeit, TRE 14, 695–712. WIEFEL, Heilige, 30f, hat herausgearbeitet, daß mit dieser Bezeichnung v.a. die *communio*-Struktur der christlichen Existenz benannt wird" und keine „individual-ethische" oder „sakramentale" Heiligkeit betont werden soll (Zitate ebd., 31).

nen[40]. Weitere Belege finden sich in den zwischentestamentlichen Schriften, z.B. in Tob 8,15; 12,15; 1Makk 1,46; 1Hen 48,4; 51,2; 61,8; 62,7f; 93,6; TestIss 5,4; TestDan 5,12[41] und dann insbesondere in den Qumran-Schriften, wo sich die Gemeinschaft als „Gemeinde der Heiligen" (1QSb 1,5) oder als die „Heiligen seines Volkes" (1QM 6,6) versteht (vgl. 1QS 5,18.20; 11,8; 1QH 4,25; 1QM 3,5; 10,10; 12,7f; 16,2; 4QFlor 1,4 u.ö.)[42]. In 1Hen stehen die Heiligen häufig parallel zu den Auserwählten[43]. Eine Besonderheit der Qumran-Belege besteht darin, daß die Heiligen jetzt schon Gott in der Gemeinschaft der Engel loben[44]. Nach 4Q511,35 3f bilden die Gerechten und die Engel ein ewiges Heiligtum Gottes[45]. In 4Q521,2 II,1–3 heißt es von einer „messianischen" Gestalt: „[Dann werden Him]mel und Erde auf seinen Messias hören [und alles], was es in ihnen gibt, wird sich nicht von den Geboten der Heiligen abwenden. Seid stark, die ihr den Herrn in seinem Dienst sucht!"[46].

Doch trotz dieser frühjüdischen Belege kann die Bezeichnung „Heilige" nicht gehört werden ohne Bezug auf die für das Selbstverständnis des Gottesvolkes zentralen Stellen Ex 19,6 („Ihr sollt mir ein Königreich von Priestern und ein heiliges Volk sein") und Lev 19,2 („Ihr sollt heilig sein, denn ich der Herr, euer Gott, bin heilig")[47].

Paulus zeichnet somit seine Gemeinde ein in Kategorien des Gottesvolkes Israel. Insbesondere die Vorstellung, die in 1Kor 6,1ff zum Ausdruck kommt, wonach die Heiligen am Gericht beteiligt sein werden, hat ihre Vorbilder in Dan 7,22 und in der zwischentestamentlichen Literatur (Jub 24,29; SapSal 3,8f; 1Hen 1,9; 38,5; 48,9; 95,3; 96,1; 98,12; 1QpHab 5,4; vgl. Mt 19,28; Apk 20,4)[48]. Hierzu stimmt auch 1Kor 6,9, wonach – negativ gewendet – die Ungerechten keinen Anteil an der βασιλεία haben werden.

Wir sehen somit im Gebrauch der Bezeichnung ‚Heilige' – ähnlich wie bei ‚Ekklesia' – zwei Linien zusammentreffen: Einerseits knüpft Paulus mit der Anwendung dieses geprägten Terminus auf die Christen an Aspekte der Got-

---

[40] HENGEL, Judentum, 333 A.482, im Anschluß an BREKELMANNS; KUHN, Enderwartung, 90–93; KLAIBER, Rechtfertigung, 22; HAMPEL, Menschensohn, 31f. Dies gilt in jedem Fall für die Endredaktion des Danielbuches. Ob damit ursprünglich die Engel gemeint sein können, ist für uns unerheblich; s. dazu KVANVIG, Roots of Apocalyptic, 564ff.571–593.

[41] WIEFEL, Heilige, 36f; BALZ, EWNT I, 43.

[42] Belege teilweise nach BALZ, EWNT I, 43f; WIEFEL, Heilige, 37.

[43] Sie heißen ‚heilig', „weil sie, obgleich noch in dieser Welt lebend, nicht zu dieser Welt gehören, sondern Gottes auserwählte Kinder und Glieder seines kommenden Reiches sind"; ASTING, Heiligkeit, 71; zustimmend zit. bei KUHN, Enderwartung, 93; vgl. KLAIBER, Rechtfertigung, 23; ebd. A.83 Literatur.

[44] Vgl. oben zu 1Thess, S. 134–138; zur Sache: KUHN, Enderwartung, 69f.90ff; LICHTENBERGER, Menschenbild, 224ff; KLAIBER, Rechtfertigung, 22. Vgl. zur Gemeinschaft der Heiligen und der Engel auch Röm 8,26f; KLAIBER, Rechtfertigung, 23. Die Glossolalie, von der 1Kor 14 handelt, ist Teilhabe am Gottesdienst der Engel; vgl. HECKEL, Paulus, 120f.

[45] S. dazu BAUMGARTEN, Qumran Sabbath Shirot, 212f A.46. Text: DJD VII, Übersetzung: GRACÍA MARTÍNEZ, Dead Sea Scrolls, 374.

[46] Text bei PUECH, RdQ 15, 1992, 475–522. Übersetzung nach GARCÍA MARTÍNEZ, Erwartungen, 182; vgl. DERS., Dead Sea Scrolls, 394. Die Übersetzung von V.2 muß unsicher bleiben. Der Ausdruck „Gebote der Heiligen" ist singulär. Mit den „Heiligen" könnten auch Engel gemeint sein. Oder geht es um „heilige Gebote"? Vgl. dazu GARCÍA MARTÍNEZ, Erwartungen, 183 A.26.

[47] KRETSCHMAR, Gemeinschaft, 270.

[48] Belege nach KLAIBER, Rechtfertigung, 22 A.72; s. dazu JOVINO, Chiesa, 52–58.

tesvolkvorstellung im AT und Frühjudentum an und sieht in den Glaubenden Angehörige des endzeitlichen Gottesvolkes. Andererseits vollzieht Paulus
bei der Verwendung von οἱ ἅγιοι eine „entscheidende Modifikation" dahingehend, daß die Christen durch Christus geheiligt sind, weshalb für ihn „die
Verbindung von ἅγιος mit ἐν Χριστῷ charakteristisch" ist[49]. Zum Verständnis
grundlegend bleibt gleichwohl die Gottesvolk-Kategorie.

2. Der Gekreuzigte als Krisis von Juden und Heiden (1,18–25.26–31)[50]

Die bisher angestellten Beobachtungen zum 1Kor führen fort, was in 1Thess
schon angelegt war. In einer bisher nicht gekannten Radikalität macht Paulus
nun jedoch deutlich, daß das Kreuz Christi die Position von Heiden und
Juden gleichermaßen elementar in Frage stellt.

In 1Kor 1,10–4,21 geht Paulus auf das Problem der Spaltungen ein, die in der korinthischen
Gemeinde vorliegen[51]. Er macht die wichtigste Ursache in der Fehleinschätzung der Weisheit[52]
durch die Korinther fest. Es mag sich bei dieser Gemeindespaltung um sehr unterschiedlich
bedingte Schismata gehandelt haben[53]: „Die Behandlung der gemeindlichen Uneinigkeit, der
Weisheit sowie der Rolle der Apostel und Lehrer" durchdringen sich in der paulinischen
Darstellung[54]. Bei einer mehrdimensionalen Betrachtungsweise, die theologische, soziologische
und psychologische Faktoren einbezieht, können diese Spaltungen auch durchaus verständlich
werden[55]. Paulus durchdenkt das Problem von seiner grundsätzlichen, theologischen Seite her
und macht auf Konsequenzen aufmerksam, die die Korinther anscheinend noch gar nicht im

---

[49] KLAIBER, Rechtfertigung, 22.23. Hier lassen sich Strukturparallelen hinsichtlich der Rede
von Gott bei Paulus aufzeigen. Eine „christologische Interpretation Gottes" sieht KLUMBIES,
Rede von Gott, 244.245, vorliegen. KLUMBIES schießt jedoch über das Ziel hinaus, indem er die
unterschiedlichen Akzentsetzungen zwischen atl. und ntl. Gottesverständnis zu unüberwindli-
chen Widersprüchen hochstilisiert. Er steht in Gefahr, den christlichen und den jüdischen Gott
auseinanderzureißen. Solches trifft zwar für Marcion, aber trotz aller christologischen Zentrierung nicht für Paulus zu.
[50] Ich gehe hier nicht auf die Frage ein, die sich im Anschluß an KARRER, Der Gesalbte,
stellt, ob Χριστός V.23.24 semantisch im Sinn von „Gesalbter" oder – wie üblich – titular als
„Messias" zu verstehen ist; so z.B. SCHRAGE, 1Kor I, 186; DERS., Skandalon, bes. 67ff. Gegen
SCHRAGE ist methodisch einzuwenden, daß er 1Kor 1,23 zu stark von Gal 3,13 her interpretiert. Für 1Kor 1,23 mag KARRERs Urteil zutreffen, wonach eine „Zuspitzung der Anstößigkeit
auf Kreuzigung des ‚Messias' ... nicht nötig" ist; aaO, 372 A.58. KARRER geht jedoch im Rahmen seiner Arbeit insgesamt nur sehr zurückhaltend auf 1Kor 1,23 ein.
[51] Zur Gliederung dieses Abschnitts s. die Überlegungen bei V. LIPS, Traditionen, 319–327;
SCHRAGE, 1Kor I, 129f; MERKLEIN, 1Kor I, 101–108. Strittig ist die funktionale Zuordnung von
2,1–5 zu ‚narratio' oder ‚argumentatio'; vgl. V. LIPS, Traditionen, 326f.
[52] SCHRAGE, 1Kor I, 127.
[53] Nach HORN, Angeld, 163, ist die Taufpraxis in Korinth als letzte Ursache der σχίσματα
anzusehen. Dies ist m.E. jedoch nur dann schlüssig, wenn man die Taufe im Sinne HORNs vom
Verhältnis des Mystagogen zum Mysten her versteht.
[54] SCHRAGE, 1Kor I, 128; vgl. 150f.
[55] Vgl. BECKER, Paulus, 212. THEISSEN, Legitimation, 218, macht darauf aufmerksam, daß
der Streit um die Bedeutung der Apostel zugleich „ein Gerangel um die innergemeindliche
Prestigeskala gewesen" sei; zustimmend WEDER, Kreuz, 124.

Blick hatten[56]. Das eigentliche Problem der Korinther bestand nach seiner Einschätzung in der Überschätzung der σοφία und damit der Untergrabung bzw. Entleerung des Kreuzes Christi (1,17)[57].

1Kor 1,18ff stellt in diesem Zusammenhang einen entscheidenden „Schlüsseltext"[58] dar. V.18 knüpft an den Schlußgedanken von 1,10–17 an. „Der korinthische Personenkult ist in erster Linie eine Konsequenz der Weisheitshypertrophie"[59]. Damit aber wird die σοφία ἀνθρώπων zum Maßstab des Gemeindelebens und umgekehrt das Kreuz Christi zunichte gemacht, weil die „Weisheit an die Stelle des Gekreuzigten rückt"[60]. Standen sich in V.17 σοφία λόγου und σταυρὸς τοῦ Χριστοῦ einander gegenüber, so statuiert jetzt V.18, daß der λόγος τοῦ σταυροῦ und die Weisheit sich ausschließen, denn dieser ist für die Verlorenen μωρία, für die Geretteten jedoch – nicht σοφία, sondern – δύναμις θεοῦ.

In einem Dreischritt begründet Paulus in 1,18–2,5 die unüberwindliche Opposition von menschlicher Weisheit[61] und Kreuz[62]: 1. Das Wort vom Kreuz und die Weisheit schließen sich aus (1,18–25). 2. Die Gestalt der Gemeinde und die Weisheit schließen sich aus (1,26–31). 3. Die Gestalt des Apostels und seiner Verkündigung und die Weisheit schließen sich aus (2,1–5).

Entscheidend zum Verständnis des Abschnitts 1,18–25 ist die Interpretation von V.21.

Die Formulierung selbst bietet grammatische Probleme. Ohne Paraphrasierung ist der Vers kaum verständlich[63]. ἐν τῇ σοφίᾳ τοῦ θεοῦ ist auf die Weisheit Gottes zu beziehen, wie sie sich in der Schöpfung zeigt[64], διὰ τῆς σοφίας bezieht sich auf die Funktion der Weisheit als Erkenntniskraft: „in Anwendung ihrer eigenen vermeintlichen Weisheit"[65].

Der Vers kann so paraphrasiert werden: „Da die Welt Gott an seiner Weisheit (wie sie z.B. in der Schöpfung zutage tritt) mit Hilfe dessen, was sie – die Welt – als Weisheit ansah, nicht erkannte, beschloß Gott, durch die Verkündigung (des gekreuzigten Christus), die in den Augen der Welt nur Torheit sein kann, die Glaubenden zu retten."[66] Es stellt sich damit die Frage, was in V.21a alles eingeschlossen ist: gewiß die menschliche, weltliche Weisheit. Paulus hat jedoch eine doppelte Blickrichtung: Wie aus der Fortsetzung in V.22 deutlich wird, argumentiert Paulus gegenüber Griechen und Juden. D.h. es ist damit

---

[56] Vgl. SCHRAGE, 1Kor I, 128; BECKER, Paulus, 212.

[57] Zum Begriff κενοῦν s. WEDER, Kreuz, 127f, und die dort genannte Lit.

[58] BECKER, Paulus, 219.

[59] SCHRAGE, 1Kor I, 150.

[60] SCHRAGE, 1Kor I, 160; in Aufnahme von SCHMITHALS, Gnosis, 130; WILCKENS, Weisheit, 20; KÄSEMANN, Heilsbedeutung, 101.106.

[61] Es ist zu beachten, daß Paulus mit einem doppelten Weisheitsbegriff argumentiert.

[62] Vgl. dazu die Gliederungen von MERKLEIN, 1Kor I, 10; SCHRAGE, 1Kor I, IX.

[63] V.LIPS, Traditionen, 329.

[64] Zur sprachlichen Möglichkeit s. V. LIPS, Traditionen, 330; MERKLEIN, Studien, 380; DERS., 1Kor I, 180–182.

[65] So K. BARTH, Die Lehre von Gott, KD II.1, ⁵1975, 490, und im Anschluß an ihn MERKLEIN, Studien, 378f.

[66] MERKLEIN, Studien, 379.

zu rechnen, daß aufgrund von V.22–24 auch die Tora eingeschlossen ist[67], wenngleich das Gesetzesproblem im 1Kor – anders als in Gal und Röm – keine eigenständige Bedeutung hat[68].

Das bedeutet, daß das Kreuz Jesu die Polarisierung, die sonst gilt (Juden und Heiden, bzw. Griechen und Barbaren) überholt[69] und andererseits an die Grenze der Tora führt.

Was heißt „die Juden fordern σημεῖα"? Zeichen haben legitimierende Bedeutung (vgl. 2Kor 12,12). Dagegen steht der Χριστὸς ἐσταυρωμένος. Sind also die Zeichen des Messias gemeint? Oder ist bei Χριστός mit Karrer im weiteren Sinn an einen Gesalbten zu denken?[70] Welchen Sinn haben dann die Zeichen? Nach Müller sind Zeichennachweis und Messiaserwartung nicht fest miteinander verbunden[71]. Blickt man ins Joh, dann fällt auf, daß in dem Evangelium, in dem der Messias-Titel von entscheidendem Gewicht ist, auch die Zeichen besondere Betonung erfahren. Das könnte die These von einer ganz anderen Seite stützen, wonach Χριστός in V.23 eben doch titular als Messias und nicht semantisch als Gesalbter zu verstehen ist. Das aber würde wiederum bedeuten, daß der gekreuzigte Christus eben auch die jüdische Erwartung zunichte macht[72].

Damit setzt das Kreuz Jesu partiell die Schrift außer Kraft. Die Frage ist dann jedoch, ob man sagen darf, es handle sich bei der Zeichenforderung und Ablehnung des Gekreuzigten um eine von Juden eigenmächtig aufgestellte Hermeneutik[73], die es verhindert, im Gekreuzigten den Gesalbten zu erkennen, oder ob nicht vielmehr die von der Tora her geforderte Hermeneutik selbst problematisiert wird. Nur vom Evangelium her läßt sich die Schrift als „Zeuge des Evangeliums"[74] und damit als über sich hinausweisend verstehen. Das Urteil von V.21 setzt daher das Kreuz voraus und ist ohne dieses nicht zu verstehen. Es scheint mir deshalb fraglich, ob die von Merklein aufgestellte These wirklich das Problem trifft: Da die Juden im Gekreuzigten nur den Fluch und nicht die Weisheit Gottes erkennen, legen sie Gott auf Bedingungen fest, anstatt sich der göttlichen Weisheit zu unterwerfen[75]. Richtig betont Merklein: Gotteserkenntnis ist auch nach jüdisch-rabbinischer Auffassung Gabe Gottes und nicht Werk des Menschen. Doch kann man sagen, der Mensch müsse auch an Gottes Tora scheitern, wenn er sie, die an sich Gottes Gabe sei, „zur Festlegung Gottes im Sinne seines eigenen, menschlichen Erkenntnisvermögens" benutze?[76] Es ist doch die Tora als Gotteswort, die gegen eine Erkenntnis des Gekreuzigten als Gesalbten steht. Daß das Kreuz der hermeneutische Schlüssel für Schöpfung und Tora gleichermaßen ist, wird erst von der Christuserkenntnis her deutlich. Die Beurteilung

---

[67] So MERKLEIN, Studien, 380.

[68] Dann könnte Röm 1,18–3,20 als authentischer paulinischer Kommentar zu 1Kor 1,21a verstanden werden. Dabei ginge es im 1Kor um kognitives, im Röm um ethisches Versagen, beides jedoch gleichermaßen schuldhaft und darum unentschuldbar; vgl. MERKLEIN, Studien, 380; DERS., 1Kor I, 182; vgl. V. LIPS, Traditionen, 330; wobei zu betonen ist, daß es nicht nur um cognitio, sondern um Anerkenntnis Gottes geht.

[69] „Das Wort vom Kreuz schafft ganz andere Fronten, die quer durch Juden und Heiden hindurchgehen." MERKLEIN, 1Kor I, 187. Zur Tiefe dieser Polarisierung hinsichtlich des Verhältnisses von Juden und Heiden s.o. §6, S. 96ff.

[70] KARRER, Der Gesalbte, passim.

[71] MÜLLER, Funktion, 263; WILCKENS, Weisheit, 34 A.1; SCHRAGE, 1Kor I, 183 A.480.

[72] In diese Richtung geht die Interpretation bei MERKLEIN, 1Kor I, 189.

[73] So MERKLEIN, 1Kor I, 189.

[74] Zu diesem Ausdruck s. KOCH, Schrift.

[75] MERKLEIN, Studien, 380f.

[76] MERKLEIN, Studien, 381.

von Schöpfung und Tora als über sich hinausweisend[77], ist ohne die Christuserkenntnis nicht möglich. Paulus argumentiert somit in 1Kor 1,21 im Blick auf die Weisheit genau wie in Röm 3,21ff hinsichtlich der Gerechtigkeit Gottes: Gesetz und Propheten bezeugen die Gottesgerechtigkeit. Nur wer sie in diesem Sinn als über sich hinausweisend versteht, kann sie wirklich verstehen. Dies aber geschieht de facto nicht. Vielmehr wird die Tora vom Menschen benutzt, um seine eigene Gerechtigkeit zu etablieren. Dazu aber war sie nicht gedacht. Vom Kreuz her wird die Begrenzung der Tora sichtbar. D.h. nicht, daß die Tora nicht göttliche Autorität hätte und nicht Gott offenbarte, es heißt aber, daß sie dies nur dann tut, wenn sie in ihrer zeitlichen und sachlichen Begrenztheit verstanden wird. In Gal 3,19ff führt Paulus diesen Gedanken anhand des Verhältnisses von νόμος und ἐπαγγελία durch und kommt zu eben demselben Ergebnis. D.h. die Tatsache, daß das Wort vom Kreuz „nicht den Regeln der üblichen Semantik" folgt, sondern „seine eigene Semantik" schafft und „seine eigene Kriteriologie" etabliert[78], ist eine Glaubenserkenntnis, die das Evangelium selbst wirkt.

Vom Kreuz her wird nicht nur die Grenze der Weisheit, sondern auch die Grenze der Tora sichtbar. Dies führt uns zum dritten Aspekt.

3. Die Grenze der Tora und die Gabe des Geistes zur Gotteserkenntnis (2,6–16)

Kein Mensch kann Gott wirklich erkennen. Weder die Weisheit der Welt noch die Tora haben einen adäquaten Zugang zur Erkenntnis Gottes bereitgestellt. Deshalb hat Gott den Weg über das Kreuz gewählt. Doch die Verkündigung des gekreuzigten Christus stellt für Griechen und Juden gleichermaßen eine Unmöglichkeit dar, Skandalon bzw. Torheit. Da kein natürlicher Mensch den Weg der Gotteserkenntnis über die Torheit des Kreuzes beschreiten kann, bedarf es der Erwählung und Berufung Gottes, die sich in der Gabe des πνεῦμα konkretisiert.

Damit ist die Erwählung und Berufung Israels nicht hinfällig geworden. Es wird aber deutlich, daß diese nicht zur Erkenntnis und Anerkenntnis Gottes, wie er sich in Christus eschatologisch geoffenbart hat, führen. Deshalb ergeht jetzt die Erwählung und Berufung neu als Erwählung in Christus für alle Menschen. Er allein vermittelt den Geist, der Gott im Gekreuzigten recht erkennen läßt. Da die Juden Jesus ablehnen, erweisen sie sich selbst als ψυχικοὶ ἄνθρωποι; als Menschen, die den Geist Gottes nicht besitzen und daher Gott auch nicht erkennen[79].

Die Gotteserkenntnis des zeitgenössischen Judentums ist damit de facto für defizitär erklärt. Denn indem die in Christus geschehene Offenbarung Gottes nicht als Offenbarung anerkannt wird, hat Israel – selbst wenn es aufgrund seiner Berufung und Erwählung die Fähigkeit gehabt hätte, Gott zu erkennen

---

[77] MERKLEIN, Studien, 383.

[78] MERKLEIN, Studien, 377.

[79] Dies könnte ein Grund dafür sein, in den „Herrschern dieses Äons" (2,6.8) auch die jüdischen Behörden angesprochen zu sehen; s. zur Diskussion MERKLEIN, 1Kor I, 226f.229f.

– seine Möglichkeit nicht realisiert. Die Ablehnung Jesu und das Anstoß-
nehmen am gekreuzigten Christus sind nach Paulus der sichtbare Beweis der
Unkenntnis. Die in Christus Berufenen und Erwählten sind damit den Erwählten des bisherigen Gottesvolkes nicht nur gleichgestellt, es findet vielmehr eine Überbietung statt, insofern die an Christus Glaubenden jetzt Gott
tatsächlich, d.h. eschatologisch, erkennen. Die Bedingung und Ermöglichung
dieser Gotteserkenntnis liefert allein der Geist. Indem die Gläubigen am
πνεῦμα teilhaben, erkennen sie, was kein Auge gesehen und kein Ohr gehört
hat, aber von Gott vor aller Zeit denen, die ihn lieben, bereitet wurde
(2,7.9f)[80].

4. Die Überbietung jüdischer und heidnischer Identitätsmerkmale (7,18f)

Nachdem die Beschneidung die Eingliederung in den Abrahambund besiegelt,
ist sie mithin als Vorzugsmerkmal der Angehörigen des Gottesvolkes anzusehen[81]. Die kreuzestheologische Konzentration veranlaßt Paulus, in 1Kor 7,18f
erstmals explizit die Rücknahme dieses jüdischen Vorzugsmerkmals zu vollziehen. Obwohl nicht den eigentlichen Zielpunkt paulinischer Argumentation darstellend, qualifiziert er die Beschneidung als irdisch vorläufig und
zugleich als minder wichtig ab.

1Kor 7,18f steht innerhalb eines ethischen Kontextes. Mit 7,1 geht Paulus auf eine Anfrage der
Korinther bezüglich des Verhältnisses der Geschlechter ein. Geht es zunächst konkret um Ehe
oder Ehelosigkeit, so findet sich in V.17–24 eine mehr grundsätzliche Erwägung, die die Frage
nach dem Verhältnis der Geschlechter ausweitet auf das von Beschnittenen und Unbeschnittenen, Sklaven und Freien, ja überhaupt auf die Bedeutung des „Standes" (V.20.24), in welchem
einer zur Gemeinde berufen wird. Jeder soll in der κλῆσις verharren, in der Gottes Ruf ihn
getroffen hat (V.17.20.24).

Die Einführung des Beschnitten- bzw. Unbeschnittenseins geschieht unvermittelt. Paulus gebraucht beide „Lebensweisen" zunächst als Beispiel, um
seine These V.17 zu erläutern, daß jeder gemäß der Berufung Gottes leben
soll, fügt aber dann V.19 eine weitreichende Aussage an, wonach περιτομή
und ἀκροβυστία grundsätzlich „nichts gelten" (οὐδέν ἐστιν). Περιτομή und
ἀκροβυστία stellen dabei Oberbegriffe für juden- bzw. heidenchristliche
Gruppen innerhalb der Gemeinde dar. Beide werden zusammengeschlossen
und überholt in dem einzig gültigen Kriterium des „Haltens der Gebote"[82].
Die eigentliche Begründung für die Überbietung liefert dann V.23.

---

[80] Zum religionsgeschichtlichen Hintergrund, dem hier nicht nachgegangen wird, s. die Erörterung bei SCHRAGE, 1Kor I, 242–246.

[81] Zur Bedeutung der Beschneidung s.o. S. 97ff.

[82] Inhaltlich erinnert V.19 an Jes 56,3–8, wenngleich sich terminologisch keine direkte Abhängigkeit nachweisen läßt. Doch auch dort überwiegt das Halten des Sabbat und des Bundes
Gottes das Fremd- oder Verschnittensein.

1Kor 7,18f stellt Paulus erstmalig περιτομή und ἀκροβυστία im Sinn zweier Wesensmerkmale explizit gegeneinander (vgl. Gal 2,7; 5,6; 6,15; Röm 2,25f; 3,30). Die Zweiteilung Juden-Heiden findet sich in 1Kor häufiger: 1,22–24; 7,18f; 9,20f; 10,32; 12,13. Die Überwindung dieser Dichotomie durch Christus spielte in Korinth offensichtlich eine wichtige Rolle[83].

Ἐν κυρίῳ sind bisher gültige Bestimmungen überholt. Sachlich gleich argumentiert Paulus dann V.21–23 hinsichtlich der Bedeutung des Sklave- oder Freiseins[84]. Erwählungsgeschichtlich[85] und soziologisch bedeutsame Kategorien werden durch die Zugehörigkeit zur Ekklesia bedeutungslos, selbst wenn sie äußerlich noch nicht abgeschafft sind[86]. Die Zugehörigkeit zur Ekklesia stellt sich als sachlich gewichtiger dar als die Zugehörigkeit zu irgendeinem Volk oder „Stand". Die Herkunft aus dem Juden- oder Heidentum wird damit zweitrangig. Paulus läßt zwar die Prägung stehen und will nicht deren Verleugnung, aber sie darf nicht mehr ins Gewicht fallen und komparativisch verstanden werden.

Dabei ist bedeutsam, daß die eigentliche Begründung nicht in der Naherwartung, sondern im Loskaufmotiv zu suchen ist (V.23). Die Relativierung der Gegensätze ist somit nicht zeitlich, sondern christologisch, genauer: kreuzestheologisch motiviert[87].

Der nächste Beleg für die Gegenüberstellung von περιτομή und ἀκροβυστία und deren Überbietung findet sich in Gal 5,6, hier innerhalb eines die Argumentationsstruktur des Gal insgesamt prägenden soteriologischen Kontextes: Ἐν Χριστῷ gelten weder περιτομή noch ἀκροβυστία, sondern die πίστις δι' ἀγάπης ἐνεργουμένη. Der dritte Beleg ist Gal 6,15, wo die Überbietung beider Kennzeichen durch καινὴ κτίσις erfolgt[88]. Die Struktur aller drei Belege läßt sich dahingehend beschreiben, daß „die Disti[n]ktion περιτομή = Status des Juden und

---

[83] S. MERKLEIN, 1Kor I, 34. Die Rückführung auf das nach Merklein vorpaulinische Axiom Gal 3,28 bedarf jedoch der Überprüfung und der Korrektur, s.u. zu Gal, S. 219ff.

[84] Zur Problematik der Auslegung von V.21–23 s. die Kommentare, v.a. CONZELMANN, 1Kor, 152f.

[85] Ich verwende hier nicht den Begriff „heilsgeschichtlich", da er verschiedentlich dahingehend mißverstanden wurde, als ließe sich vom AT ins NT eine kontinuierliche Heilsgeschichte ablesen. Dies kann nicht gemeint sein, sondern nur dies, daß es sich in AT und NT um den gleichen Gott handelt, der in der Geschichte heilvoll für sein Volk handelt. Der Begriff „erwählungsgeschichtlich" betont ebenfalls das erwählende Handeln Gottes zum Heil in der Geschichte seines Volkes, kann jedoch das Mißverständnis vermeiden helfen. Er wird auch von HORN, Angeld, 110, benutzt, jedoch nicht konsequent, vgl. ebd., letzter Absatz.

[86] BULTMANN, Auferstehung, 46.

[87] V.29.31 und V.32ff fügt Paulus noch zwei andere Begründungen an, weshalb er die Ehelosigkeit der Verheiratung vorzieht: die Erwartung des nahen Endes und die Möglichkeit ungeteilter Hingabe an den Dienst für den Herrn, doch spielen diese Erwägungen als Begründung in V.17ff keine Rolle.

[88] Sachlich gehören hierher auch Röm 3,30, wo Paulus περιτομή und ἀκροβυστία im kollektiven Sinn nebeneinanderstellt, und dies durch die jeweils „im" bzw. „durch" Glauben geschehende Rechtfertigung überbietet, wie auch die Belege 1Kor 12,12f; Gal 3,26–28, wo die Taufe als ein vorhandene Unterschiede überbietendes Geschehen dargestellt wird.

ἀκροβυστία = Status des Heiden verneint und durch eine neue, jeweils verschiedene Bestimmung (...) christlicher Selbstdefinition" überboten wird[89].

Es stellt sich die Frage, wie die Beziehung der drei Belege zueinander zu beschreiben ist und ob Paulus hierbei jeweils selbst formuliert oder Tradition gebraucht.

Die Verwendung traditionellen Materials wurde verschiedentlich angenommen[90]. Dazu ist zunächst zu prüfen, ob περιτομή bzw. ἀκροβυστία schon vorpaulinisch als kollektive Zusammenfassung bzw. Wesensbestimmung von Heiden und Juden belegt sind. Dies ist nicht der Fall: Zwar ist die übertragene Bedeutung von περιτομή in der Bibel und in der frühjüdischen Literatur bekannt (Dtn 10,16; Jer 4,4; 1QS 5,5f; 1QH 18,20; 1QpHab 11,13 u.ö.), jedoch wird damit nirgends die Gesamtheit derer, die zu Israel (bzw. derer, die nicht zu Israel) gehören, bezeichnet. Die Verwendung in diesem Sinn bei Paulus ist neu[91]. Alle weiteren Stellen liegen in dessen Wirkungsgeschichte (für περιτομή Apg 10,45; 11,2; Kol 3,11; 4,11[92]; Tit 1,10, für ἀκροβυστία Kol 2,13; 3,11; Eph 2,11)[93].

Innerhalb der Formulierungen von 1Kor 7,19; Gal 5,6 und Gal 6,15 läßt sich durchaus eine Entwicklung konstatieren: Während 1Kor 7,19 und Gal 5,6 an der durch die Berufung Gottes bzw. ἐν Χριστῷ geschehenen Aufhebung der Unterschiede von Beschnittenen und Unbeschnittenen interessiert sind, formuliert Gal 6,15 umfassend und bringt den weiterführenden Gedanken der καινὴ κτίσις ein[94]. Gal 6,15 stellt sich damit als die jüngste der drei Formulierungen heraus.

Betrachtet man die Formulierungen im einzelnen und zieht die hier zugrunde gelegte Hypothese zur Paulus-Chronologie mit in Erwägung, läßt sich kaum an Übernahme fest geprägten Materials durch Paulus denken. Vielmehr scheint es sich aufgrund des alleinigen Vorkommens der Gegenüberstellung im Corpus Paulinum und der von ihm abhängigen Literatur um einen besonderen Akzent paulinischer Theologie zu handeln, den Paulus in unterschiedlichen Zusammenhängen einbringt.

5. Zusammenfassung

Paulus knüpft in 1Kor an die schon von 1Thess her bekannte Erwählungs- und Heiligungstheologie an, vertieft diese jedoch christologisch bzw. kreuzestheologisch. Die Erwählten sind „in Christus Geheiligte". Der Gekreuzigte wird explizit als Krisis von Juden und Heiden dargestellt. Damit wird auch

---

[89] MELL, Neue Schöpfung, 299.

[90] WEISS, 1Kor, 187; BULTMANN, Art. Paulus, RGG² IV, 1029; SCHLIER, Gal, 283; CONZELMANN, 1Kor, 152, möchten für 1Kor 7,19 an Übernahme jüdischer Überlieferung denken. Dies läßt sich jedoch nicht zwingend erweisen. Wie die in §5–6 angeführten Texte belegen, redet Paulus eben nicht „wie man unter aufgeklärten Diaspora-Juden und Proselyten reden würde"; gegen CONZELMANN, 1Kor, 152 A.16.

[91] Vgl. BETZ, O., Art. περιτομή, EWNT III, 187; vgl. DERS., Art. ἀκροβυστία, EWNT I, 132f.

[92] Nach BETZ, EWNT III, 188f, ist der Kol als paulinisch zu beurteilen.

[93] Für ἀκροβυστία im kollektiven Sinn läßt sich außerhalb des NT nur ein Beleg aus mNed III,11 nennen, wo R. Eleazar ben Asarja (ein Tannait der 2. Generation) die Heidenvölker als ערלה bezeichnet (vgl. BILL. IV.1, 35).

[94] MELL, Neue Schöpfung, 298ff, denkt für Gal 6,15 an die Aufnahme einer vorpaulinischen Formel. Aufgrund der nicht einheitlichen Überhöhung der Gegenüberstellungen legt sich dies jedoch nicht nahe. Wenn Paulus eine vorpaulinische Überlieferung zitieren sollte, müßte auch erklärt werden, warum er in 2Kor 5,17, dem einzigen anderen Beleg für καινὴ κτίσις, gerade wieder selbständig formuliert. Dagegen steht auch Röm 3,30.

die Grenze der Tora sichtbar. Sie vermittelt keine vollkommene Gotteserkenntnis, dies tut nur der Geist. Jüdische und heidnische Identitätsmerkmale werden als Prägung anerkannt und stehengelassen, aber als Identitätsmerkmale durch die Zugehörigkeit zur Ekklesia ersetzt.

c) Die Gemeinde als Wirkungsort des Geistes

1. Die Gemeinde als Gottes Pflanzung, Gottes Bauwerk, Tempel Gottes
   und Wohnung des Geistes (3,9.16f)

Die Begriffe „Tempel Gottes" (3,16f), „Gottes Pflanzung" (3,9) und „Gottes
Bauwerk" (3,9) umschreiben das Wesen der Ekklesia von ihrer Grundlegung
her. Verbindend für die Motivik ist die „Bauterminologie"[95]. Daneben steht
das Motiv der „Einwohnung des Geistes" (3,16). Es ist hier dem Tempelmotiv
beigeordnet[96].

1Kor 3 schließt sachlich an die in Kap. 2 schon erwähnte Gabe des Pneuma
an: Gott hat durch seinen Geist der Gemeinde das offenbart, was vorher als
göttliches Geheimnis verborgen war (2,9-16). Nur wer Gottes Pneuma hat,
kann ihn wirklich erkennen. Der ψυχικὸς ἄνθρωπος nimmt nichts an, was
vom Geist Gottes stammt (2,14). Wer nun Spaltungen einführt (3,4ff), zeigt
damit an, daß er noch kein pneumatischer Mensch ist, sondern nach wie vor
nach menschlicher Weise wandelt (3,3). Es kommt damit ein sachfremder
Zug in die Gemeinde, denn weder Paulus, noch Apollos sind als Personen
von Bedeutung. Ihre Bedeutung liegt allein darin, Mitarbeiter[97] an Gottes
Pflanzung zu sein. Es geht Paulus um die sich auch in der jeweils aufeinander
bezogenen Arbeit der Bauleute zeigende grundsätzliche Einheit der Gemeinde. Die Gemeinde ist nicht des Apollos oder des Paulus Anhängerschar[98],
sondern *Gottes* Bauwerk mit Christus als Fundament[99]. Sie ist Tempel Gottes,
worin der Geist Gottes Wohnung genommen hat. Damit nimmt Paulus den
vorher schon zentralen Gedanken der Gabe des Geistes wieder auf und
verbindet ihn mit dem Tempelmotiv. Als Tempel Gottes verträgt die Gemeinde keine Spaltungen. Diese bedeuten seine Verderbnis. Er ist vielmehr

---

[95] HORN, Angeld, 66.
[96] Daß es „im weiteren Kontext isoliert" wäre (so HORN, Angeld, 66), kann ich nicht erkennen.
[97] Vgl. zutreffend BERTRAM, ThWNT VII, 872: „*Gehilfen* und *Handlanger*".
[98] Anders als in 1,12 nennt Paulus hier in V.4 nur zwei Parteien. Doch auch eine „Christuspartei" ist sachlich unmöglich. Zum Problem der „Christuspartei" s. MERKLEIN, 1Kor I, 146f.
[99] V.12-15 nimmt sich dabei wie ein Exkurs aus, da hier in allegorischer Weise ausgehend
von der aufeinander aufbauenden Arbeit der Bauleute die Prüfung jeglicher Arbeit durch das
Gericht eingeführt wird. V.16 kehrt Paulus dann wieder zu seinem Gedankengang zurück.
Bemerkenswert bleibt, daß auch hier Joel 3,3 im Hintergrund steht.

heilig, d.h. „Gottes alleiniges und unantastbares Eigentum"[100] – und dies gilt auch von der Gemeinde[101]. Wer Spaltungen einführt, tastet Gottes Heiligtum an und handelt gemäß der σοφία τοῦ κόσμου τούτου. Diese aber gilt vor Gott als μωρία und wird von ihm als solche erwiesen (3,18f). Mit 3,18-23 kommt der in 1,10 begonnene Gedankengang zu einem vorläufigen Zwischenergebnis. Paulus zieht eine erste Konklusion: Parteienstreit und Zugehörigkeit zu Christus vertragen sich nicht[102].

Die Bezeichnungen θεοῦ γεώργιον, θεοῦ οἰκοδομή, ναὸς θεοῦ in 3,9.16f sind eng aufeinander bezogen und drücken allesamt Aspekte der von Gott her gültigen Wirklichkeit aus, in der die Gemeinde steht. Sie ist nicht Menschenwerk, sondern Gottes Werk und als solche der Ort, wo der Geist Gottes dauerhaft wohnt. Die Funktion der Bezeichnungen besteht darin, die Einheit der Ekklesia und die strenge Bezogenheit auf Gott darzutun und damit die Spaltungen vom Wesen der Gemeinde her als unsachgemäß zu qualifizieren.

Dabei handelt es sich jeweils um geprägte Termini, die – selbständig und in Kombination – im AT und in der jüdischen Tradition hinsichtlich des Selbstverständnisses des erwählten Volkes eine bedeutsame Rolle spielen[103].

Nachdem sich die genannten Motive im Qumranschrifttum kombiniert finden (1QS 5,5f; 8,5-11; 11,7f; 1QH 7,8-11), ist zu vermuten, daß Paulus in 1Kor 3 nicht nur einzelne Metaphern, sondern ein ganzes Motivfeld vor Augen hat[104], wobei er auch Apollos und sich selbst als Mitarbeiter Gottes im Rahmen dieser Tradition sieht: Die Aufgabe des Lehrers der Gerechtigkeit ist es nach 4QpPs37 3,15f, Gott eine Gemeinde zu bauen[105]. Gleichwohl sind auch die Einzelmetaphern für unsere Fragestellung bedeutsam.

θεοῦ γεώργιον

Der Terminus γεώργιον ist Hap. leg. im NT, er bedeutet allgemein das „bebaute Land", das „Ackerfeld", der „Obstgarten", der „Weinberg"[106] oder die „Feldbestellung" als Vorgang der Anpflanzung (TestIss 6,2)[107]. 1Kor 3,16 liegt der Akzent jedoch darauf, daß es sich bei der Gemeinde um *Gottes* Pflanzung handelt.

Im AT bedeutet נטע das „Einbringen eines Stecklings ... in den Boden"[108], נֶטַע den einzelnen „Setzling" oder aber die „Anpflanzung", wobei dafür häufig מַטָּע verwendet wird[109]. Dabei ist ,pflanzen' „an sich kein theologischer Terminus", erst der Zusammenhang verleiht ihm sol-

---

[100] SCHRAGE, 1Kor I, 306.

[101] Οἵτινές ἐστε ὑμεῖς kann sich sowohl auf ναός wie auf ἅγιος beziehen; SCHRAGE, 1Kor I, 306.

[102] MERKLEIN, 1Kor I, 277. Die zweite Konklusion („Mahnung zur Nachahmung", MERKLEIN, 1Kor I, 318) ist in 4,14-21 zu sehen.

[103] S. dazu insbesondere KLINZING, Umdeutung, 168 und ff.

[104] KLAIBER, Rechtfertigung, 36, im Anschluß an KLINZING, Umdeutung, 168-172.

[105] Vgl. KLINZING, Umdeutung, 168.

[106] EWNT I, 591.

[107] BECKER, JSHRZ, z.St. Für die LXX sind neun Belege zu verzeichnen, jedoch ohne spezifisch theologische Betonung.

[108] RINGGREN, ThWAT V, 419.

[109] RINGGREN, ThWAT V, 422.

che Qualität, besonders wenn Gott Subjekt des Pflanzens ist[110]. Pflanzen wird dann eine Umschreibung für Gottes Heilshandeln an seinem Volk[111] (Ps 80,9; Jes 5,2; Jer 1,10; 2,21; 18,9; 24,6), das Volk selbst gilt als Gottes Pflanzung (Jes 5,7; 60,21; 61,3). Besonders in der tritojesajanischen Tradition liegt der Akzent darauf, daß „das kommende Heil für *alle* bestimmt ist, für das ganze Volk"[112].

Die Verwendung in den Pseudepigraphen zeigt dagegen eine andere Tendenz: Jub 1,16; 16,26; 21,24; 1Hen 10,16; 84,6; 93,2.5.10; PsSal 14,3–5 wird die Pflanzung im reduktionistischen Sinn verstanden. Nur die Auserwählten stellen als Pflanzung das Gottesvolk dar[113]. Die Intention hierbei ist es, den eigenen Kreis als das „wahre Israel" herauszuheben[114].

Die Bezeichnung der Gemeinde als Pflanzung ist im Qumranschrifttum mehrfach belegt (vgl. 1QS 8,5; 11,8; 1QH 6,15; 8,6). Die atl. Voraussetzungen für diese Vorstellung verteilen sich nach J. Maier auf zwei Bereiche: (a) den geschichtlichen (eschatologischen) Bereich (Jes 5,1–7; Jer 2,21; Ps 44,3; 80,9ff; Jes 60,21; 61,3.11; Jer 32,41; Am 9,15) und (b) den kultisch-mythologischen Bereich (Ez 17; 28,11ff; 31; ansatzweise auch Ps 80,9ff)[115]. Im Unterschied zu den Belegen aus den Pseudepigraphen ist für die Qumrantexte die auf die Gegenwart bezogene Verbindung von „eschatologischer Pflanzung (=Gemeinde)" und Paradies- bzw. Gottesgarten kennzeichnend[116], wobei überdies die Gemeinde mit dem wahren Heiligtum gleichgesetzt wird (1QS 8,5)[117].

„Gottes Pflanzung" meint also in jedem Fall das Gottesvolk (geschichtlich oder eschatologisch) und zwar als Ausdruck der besonderen, fürsorglichen Beziehung Gottes zu seinen Erwählten.

θεοῦ οἰκοδομή

οἰκοδομή bezeichnet entweder die Tätigkeit des Bauens oder wie hier das Ergebnis, das Bauwerk[118]. Beide Bedeutungsnuancen sind im paulinischen Schrifttum belegt[119], es überwiegt der Sinn „Auferbauung" (Röm 14,19; 15,2; 1Kor 14,3.5.12.26; 2Kor 10.8; 12,19; 13,10; dagegen „Bau": 2Kor 5,1).

Auch das „Bild vom ‚Bau' in Anwendung auf die Gemeinde hat seine Vorläufer im Alten Testament und im Frühjudentum"[120] (Jer 1,10; 31 [38 LXX],4; 33 [40 LXX],7; 48,7; die Qumrangemeinde als Bau: 1QS 11,8f; 1QH 6,24ff; 7,8f; 4QpJes^d 1; 1QpPs37 3,16; CD 3,19[121]). Zudem ist auch die Verbindung mit dem Bild des Pflanzens im AT und Frühjudentum belegt (Jer

---

[110] RINGGREN, ThWAT V, 423.

[111] MAIER, Gottesvolk, 153; RINGGREN, ThWAT V, 423; die Gegenbegriffe „niederreißen" und „ausreißen" umschreiben das Gericht: Jer 1,10; 18,7; 45,4; vgl. 11,17.

[112] WESTERMANN, ATD 19, 289 (gesperrt im Original). Unklar MAIER, Gottesvolk, 153, der den auserwählten Rest bzw. das „wahre Israel" bei Tritojesaja angesprochen findet. Dies darf jedoch gerade nicht im reduktionistischen Sinn verstanden werden.

[113] 4Esr 5,23–30 klagt darüber, daß Gott selbst seinen einzigen Weinstock, seinen Sproß, Israel, den Heiden preisgegeben hat.

[114] MAIER, Gottesvolk, 154.

[115] MAIER, Gottesvolk, 152.

[116] MAIER, Gottesvolk, 160, vgl. 158. MAIER, aaO, 152, unterscheidet bei der Verwendung des Motivs eine eschatologische und eine esoterische Tendenz.

[117] Vgl. zur Sache jetzt SÄNGER, Verkündigung, 127f.

[118] MICHEL, ThWNT V, 147ff.

[119] Vgl. PFAMMATTER, EWNT II, 1213f.

[120] MERKLEIN, 1Kor I, 263. Zur späteren reichen Verwendung des Bildes in der Gnosis s. VIELHAUER, Oikodome, 29–52; SCHLIER, Christus, 49–60.

[121] Qumranbelege nach KLINZING, Umdeutung, 168 A.3.

1,9f; 24,6; 31,27f; 42,10; 45,4; Ez 36,36; 1QS 8,4–10; 1QH 6; Philo, Cher 98–106; Her 116; Praem 139; All I,48)[122]. Wichtig für das Verständnis der Qumrangemeinde ist 1QS 11,8, wo Bau und Pflanzung kombiniert begegnen und zugleich die Gemeinschaft der Irdischen an der himmlischen Sphäre deutlich wird.

Fragt man nach der Funktion des Motivs der οἰκοδομή, dann wird deutlich, daß damit entweder Gottes Handeln an seinem Volk ausgesagt wird oder das Wesen des Gottesvolkes selbst zum Ausdruck gebracht werden soll[123].

Θεοῦ γεώργιον und θεοῦ οἰκοδομή gehören beide in den Zusammenhang der Gottesvolkthematik. Paulus verwendet sie, um theozentrisch die Einheit der Gemeinde zum Ausdruck zu bringen. In beiden Fällen liegt der Ton der Aussage auf θεός als Antithese zu Paulus bzw. Apollos[124].

ναὸς θεοῦ

Die Hoffnung auf Errichtung eines vollkommenen Tempels in der Endzeit prägt die atl.-jüd. Erwartung, speziell die Apokalyptik[125]. Grundstelle ist Ez 40–48, wo der Prophet visionär die Errichtung eines neuen Tempels in einem erneuerten Jerusalem als Zentrum des eschatologisch gesammelten Gottesvolkes schaut. Solche Erwartung ist ebenfalls in Qumran und der ihr nahestehenden Literatur belegt (1QM 2,3; 7,11; 4QpPs37 3,1; 4QFlor 1,2f; 11QT 29,8–11; Jub 1,17.29; 4,24–26[126]). Hier findet sich jedoch als Besonderheit eine Übertragung des Tempelmotivs auf die Gemeinde selbst (1QS 5,4–7; 8,4–8.8–10; 9,3–9; 11,8; CD 3,18–4,10)[127]. Damit kommt das Selbstverständnis der Gemeinde zum Ausdruck: Sie tritt „als abgesonderte Gemeinschaft ... an die Stelle des verunreinigten Jerusalemer Heiligtums. Sie ist der Ort, an dem Sühne und Wohlgefallen vor Gott bewirkt wird. Heiligkeit, Reinheit und Untadeligkeit sind auf sie übergegangen."[128] Nach J. Maier stehen dahinter zwei Grundanschauungen: einerseits die Bestreitung der Legitimität des Jerusalemer Kultbetriebes, andererseits die Vorstellung der

---

[122] Belege nach MERKLEIN, 1Kor I, 263. Dort weiteres Material zu ,Fundament' und ,Darauf-Aufbauen'. Rabbinische Belege bei MICHEL, ThWNT V, 139 A.2. Für das Bild vom ,Fundament' dürfte Jes 28,16 traditionsgeschichtlich von grundlegender Bedeutung sein' (vgl. MERKLEIN, 1Kor I, 264); dies gilt auch für Qumran (vgl. MAIER, Gottesvolk, 140).

[123] Die Tatsache, daß οἰκοδομή bei Paulus auch als nomen actionis Verwendung findet und den Aufbau, die Erbauung meint, spricht nicht gegen die Verwurzelung in der Gottesvolk-Vorstellung (gegen OLLROG, Paulus, 138f). Das Objekt der Auferbauung bleibt die Ekklesia (vgl. PFAMMATTER, J., Art. οἰκοδομή, EWNT II, 1211–1218, hier: 1213). Aus diesem Kontext heraus fällt lediglich die Verwendung in 2Kor 5,1, wo οἰκοδομή anthropologisch gebraucht wird. Wie OLLROG, Paulus, 140, zu Recht feststellt, liegt die Verbindung der beiden οἰκοδομή-Begriffe in der „Vorstellung vom aufbauenden oder zerstörenden Handeln Gottes". Doch gerade dieses bezieht sich nach den atl.-frühjüdischen Belegen zu allererst auf das Gottesvolk.

[124] CONZELMANN, 1Kor, 93; vgl. ROLOFF, Kirche, 114, zum Akzent des Tempel-Bildes bei Paulus.

[125] Belege bei KRAUS, Tod Jesu, 162 A.82. 226 A.147; vgl. daneben SCHRAGE, 1Kor I, 288 A.71; HORN, Angeld, 69.

[126] HORN, Angeld, 70, nennt auch 1QS 10,3f, was jedoch nicht eindeutig ist.

[127] Die grundlegende Untersuchung lieferte KLINZING, Umdeutung, bes. 50–93; vgl. GÄRTNER, Temple; MCKELVEY, Temple. Die Übertragung des Tempelmotivs auf die Gemeinde wird bestritten von GRASHAM, W.W., The Priestly Synagogue: A Reexamination of the Cult at Qumran, unveröff. Ph.D. Diss. Aberdeen 1985 (non vidi); zit. nach MARSHALL, Church, 216.

[128] KLINZING, Umdeutung, 89; vgl. MAIER, Tempel, 390; zustimmend HORN, Angeld, 71f.

Teilhabe am Gottesdienst der Engel vor Gott[129]. Gleichwohl versteht sie sich nur notgedrungen, im interimistischen Sinn als „Ort des Allerheiligsten für Aaron" (1QS 8,8f), da die Hoffnung auf eine Wiederherstellung des legitimen Kultes am Jerusalemer Tempel nicht aufgegeben wird[130].

Wenngleich nicht von einer direkten Übernahme gesprochen werden kann[131], so ist durch die Qumrantexte der religionsgeschichtliche Hintergrund der paulinischen Tempelaussagen eindeutig belegt[132]. Die Frage ist jedoch, „auf welcher Stufe urchristlicher Traditionsbildung"[133] und zu welchem Zweck diese Vorstellung formuliert wurde[134]. Aufgrund der Art und Weise, wie Paulus argumentiert, scheint es sich um eine den Korinthern bereits bekannte Lehrtradition zu handeln.

Zu pauschal ist die Vermutung, die Gleichsetzung der Gemeinde mit dem Tempel sei traditionsgeschichtlich aus der Urgemeinde übernommen[135], denn nach Ausweis der Apg hat zumindest der Hebräisch sprechende Teil der Urgemeinde auch weiterhin am Tempelkult teilgenommen[136].

Als Grundlage solcher Aussage wäre jedoch wie in Qumran die Kritik am Kultusbetrieb und die Bestreitung seiner Effizienz anzusehen[137]. Wenn eine Überlieferung wie Röm 3,25f* auf die Hellenisten und deren Auseinandersetzung um die Gültigkeit des Tempelkultes zurückzuführen ist, dann läßt sich aus einem solchen Milieu auch die Identifikation der Gemeinde mit dem

---

[129] MAIER, Gottesvolk, 137–146.146–151.159f; vgl. KLAIBER, Rechtfertigung, 37f; LICHTENBERGER, Atonement, 163; DERS., Menschenbild, 225f; dazu jetzt insbesondere NEWSOM, Songs; SCHWEMER, Gott als König; SEIDEL, Lobgesänge; s.o. zu 1Thess 2,12, S. 134ff.

[130] Reserviert gegenüber einem Interims-Verständnis zeigt sich KLINZING, Umdeutung, 92f.149f, da das Interims-Motiv nie in Zusammenhang mit der Tempelvorstellung begegne. Er hält daher die Erwartung eines neuen Tempels für die ältere, die Identifizierung der Gemeinde mit dem eschatologischen Heiligtum für eine jüngere Variante qumranischer Eschatologie und denkt an unterschiedliche Kreise der Gemeinschaft; dagegen LICHTENBERGER, Atonement, 165f; KRAUS, Tod Jesu, 164; ROLOFF, Kirche, 112f. Hier zeigt sich auch ein gravierender Unterschied zur Verwendung des Tempelmotivs bei Paulus und im Urchristentum.

[131] So jedoch KLINZING, Umdeutung, 168. Eine Bestreitung zu enger Beziehungen zu Qumran auch bei SASS, Noch einmal, 43 A.35. 56 A.101, und bei COPPENS, Temple, 62.

[132] KLAIBER, Rechtfertigung, 38; ROLOFF, Kirche, 112. Anders noch WENSCHKEWITZ, Spiritualisierung; VIELHAUER, Oikodome.

[133] KLAIBER, Rechtfertigung, 38.

[134] KLAIBER, Rechtfertigung, 38 A.159, sieht die Beantwortung dieser Frage mit Recht im Zusammenhang der Beurteilung der Worte Jesu über den Tempel.

[135] So SCHRAGE, 1Kor I, 288, im Anschluß an WEISS, 1Kor, 84; MICHEL, ThWNT IV, 890; ROLOFF, Apostolat, 106.

[136] Grundsätzlich richtig stellt HORN, Angeld, 72, fest: „Tempelbesuch und Spiritualisierung des Tempels schließen sich aus" – wenngleich nach Apg 21,26ff selbst Paulus den Tempel besucht hat.

[137] Vgl. dazu KRAUS, Tod Jesu, 229–234.

Tempel verstehen[138]. Insofern enthält die Bezeichnung der Gemeinde als Tempel Gottes auch eine Spitze im Sinn einer eschatologischen Überhöhung gegenüber dem Tempel in Jerusalem. Bedenkt man ferner, daß die Qumran-gemeinschaft die Selbstbezeichnung als Tempel gewählt hat, um sich vom übrigen Volk abzusetzen und sich als hl. Rest und Gemeinschaft der endzeit-lich Auserwählten zu betrachten, so ist auch eine polemische Spitze gegen-über dem übrigen Israel nicht zu übersehen.

τὸ πνεῦμα τοῦ θεοῦ οἰκεῖ ἐν ὑμῖν

1Kor 3,16 fügt Paulus an seine Aussage, daß die Gemeinde Tempel Gottes sei, das Motiv der Einwohnung des Geistes an. Der religionsgeschichtliche Ver-gleich ergibt, daß dieses Motiv im hellenistischen Judentum[139] und dann in der Stoa belegt ist[140]. Die Einwohnung bezieht sich dabei stets auf den einzel-nen. Paulus kommt es jedoch auf die Gemeinde als Wohnstatt des Geistes Gottes an. Man kann daher höchstens von Verwendung hellenistischer Ter-minologie, nicht aber von religionsgeschichtlicher Anknüpfung ausgehen.

Die Verbindung von Tempel- und Einwohnungsmotiv, begegnet auch sonst in frühchristlicher Literatur[141]. Ein spezieller traditionsgeschichtlicher Zusammenhang läßt sich hierbei jedoch nicht aufweisen[142]. Gärtner hat zwar versucht zu zeigen, daß die Vorstellung von der Einwoh-nung des Geistes unter der Gemeinde auf die jüdische Shekinah-Vorstellung zurückgehe und hat damit das in Qumran begegnende Motiv, daß „the holy angels dwell in the midst of the community"[143], verbunden. Dagegen hat jedoch Klinzing zu Recht eingewandt, daß der Geist nicht die Shekinah darstelle und auch in Qumran nicht mit der Tempelvorstellung verbunden werde[144]. Nach Klinzing sei vielmehr allgemein an die Anwesenheit Gottes in seinem Volk zu denken[145]. Doch auch diese Auskunft läßt sich noch vertiefen[146].

---

[138] SCHENKE, Urgemeinde, 177, spricht von 1Kor 3,16f als von einem „Rechtssatz", der auf die Hellenisten zurückgehen könnte.

[139] TestDan 5,1 (zur Diskussion um die Interpretation s. HORN, Angeld, 68 A.15); TestJos 10,3; TestBenj 6,4; Philo, Som I,148f; II,248; Praem 123; Virt 187f. Weitere Belege s. PASCHER, Königsweg, 266–272.

[140] Seneca, Ep 41,2; 66,12; vgl. unten S. 178. Weitere Belege bei WENSCHKEWITZ, Spirituali-sierung, 122–126; MICHEL, ThWNT IV, 891; KLEINKNECHT, ThWNT VI, 352–355.

[141] Neben 1Kor 3,16; 6,19; vgl. 2Kor 6,16f; Röm 8,9–11; Eph 2,21f; 1Petr 2,5; 1Tim 3,15; Barn 16,10.

[142] Dies hat jüngst HORN, Angeld, 68–73, noch einmal nachvollzogen. Zwar finden sich in Qumran Belege, die von einer Gabe des Geistes an die Gemeinde sprechen (1QS 3,6–8; 4,20–23; 9,3–6), diese stehen jedoch nicht im Sinn einer Einwohnung des Geistes in Beziehung zum Tempelmotiv.

[143] GÄRTNER, Temple, 58; so auch NEWTON, Concept, 55. Mit GÄRTNER setzt sich KLIN-ZING, Umdeutung, 171, auseinander.

[144] KLINZING, Umdeutung, 172; aufgenommen bei HORN, Angeld, 72. Zu 1QS 9,3 s. HORN, ebd. Die einzige Belegstelle, die die Motivverbindung enthält, TestIsaak 4,15f, ist nicht jüdi-schen, sondern christlichen Ursprungs; vgl. HORN, Angeld, 72.

[145] KLINZING, Umdeutung, 171; MERKLEIN, 1Kor I, 271, der die „Vorstellung vom Wohnen Gottes inmitten seines Volkes" zu Recht für die „sachliche Voraussetzung" der paulinischen Aussagen ansieht.

Vom größeren Zusammenhang her geht es in 1Kor 3 um die Spaltungen, die einem Leben im Geist widerstreiten. Insofern ist das Thema Geist vorgegeben. Die Bedeutung der Zusage des Geistes an das Gottesvolk der Endzeit für Paulus wurde schon herausgestellt (1Thess 1,5f; 4,8; 5,19.23; 1Kor 2,6–16; Gal 3,1ff)[147]. Sein Verständnis der Gemeinde als Tempel Gottes ist gekoppelt an die Gabe und Einwohnung des Geistes[148]. Daran hält Paulus auch gegenüber den korinthischen Pneumatikern fest. Aber er legt Wert darauf, daß der Geist der Gemeinde als Ganzer zu ihrer Auferbauung gegeben ist und nicht dem einzelnen zur Etablierung eines Pneumatikertums[149]. Insofern will Paulus mit den Begriffen Bau, Pflanzung und Tempel Gottes die Korinther auf den Charakter der Gemeinde als Gottesvolk hinweisen, das keine Spaltungen verträgt. *Es kommen also in V.16 zwei Aspekte zusammen: derjenige, wonach der Geist dem Gottesvolk zugesagt ist, und jener, wonach die Gemeinde als „Tempel Gottes" gerade dieses Gottesvolk darstellt.*

J. Roloff hat in seiner Ekklesiologie das Tempelmotiv dem christologischen Begründungszusammenhang zugeordnet[150]. Dies ist nach den obigen Ausführungen zu modifizieren: Gewiß ist Christus das Fundament, auf dem die Gemeinde gebaut ist. In der Kombination in 1Kor 3 laufen jedoch die christologische und die erwählungsgeschichtliche Begründungslinie zusammen[151]. Inwiefern das Tempelmotiv in den Zusammenhang der Gottesvolkthematik gehört, wird durch 2Kor 6,16 bestätigt und wird dort erneut zu erörtern sein, s.u.

Von der Übertragung der Tempelvorstellung auf die Gemeinde in 1Kor 3,16; 2Kor 6,16 zu unterscheiden ist 1Kor 6,19, wo der *Leib des einzelnen* als Tempel, in welchem der Geist wohnt, verstanden wird[152]. Hierfür existieren religionsgeschichtlich keine wirklichen Parallelen. We-

---

[146] Auch die von MAIER, Texte II, 78, angeführte Wohntempelvorstellung bietet keine Verbindungslinie beider Motive; dagegen HORN, Angeld, 72. Die These von WENSCHKEWITZ, Spiritualisierung, 113f, wonach eine Spiritualisierung der Kultusbegriffe überhaupt nur auf griechischem Boden denkbar sei, ist seit der Entdeckung der Qumrantexte überholt.

[147] Vgl. dazu oben zu 1Thess und unten zu Gal.

[148] MERKLEIN, 1Kor I, 271, spricht von einem „eschatologische[n] Tempelverständnis", da der Geist als eschatologische Gabe in der Gemeinde wohnt. Vgl. KLAIBER, Rechtfertigung, 39: „Weil Gott durch seinen Geist in der Gemeinde wohnt, *ist* sie der Tempel Gottes". Der Geist ist nach Paulus der Erweis dessen, daß die Gemeindeglieder zum eschatologischen Gottesvolk gehören (vgl. Gal 3,1ff).

[149] Damit steht Paulus in der Linie von Ez 36; 39; Joel 3. Zutreffend HORN, Angeld, 69: „Die primäre Voraussetzung des Einwohnungsmotivs in den Gläubigen ist zweifelsohne die urchristliche Überzeugung der endzeitlichen Geistbegabung der Gemeinde".

[150] ROLOFF, Kirche, 110–117; vgl. HAINZ, Volk Gottes, 148f.

[151] Nach HAINZ, Volk Gottes, 149, handelt es sich bei Tempel, Bau und Ackerfeld Gottes um „‚vermittelnde' Begriffe ..., mit deren Hilfe das Handeln Gottes in Christus verdeutlicht wird".

[152] Daß auch in 1Kor 3,16 der einzelne als Tempel Gottes bezeichnet werde, so HAINZ, Ekklesia 259.327 A.4, kann ich nicht sehen. Auch NEWTON, Concept, 55–58, vermischt die Vorstellungen von 1Kor 3,16; 6,19 und 2Kor 6,16, wobei er jedoch σῶμα in 1Kor 6,19 nicht auf den einzelnen sondern auf die Kirche bezieht, was vom Zusammenhang her aber unwahrscheinlich ist.

der bieten die Qumrantexte – anders als zu 1Kor 3,16 – Entsprechendes[153], noch läßt sich die individuelle Ausprägung direkt auf hellenistische Parallelen zurückführen. Zwar kennt man im Hellenismus die Vorstellung von der Seele als Wohnstätte des Geistes Gottes (Porphyrius, Marc XIX; Seneca, Helv VI.7; Ep 31,11; 66,12), und auch Philo spricht von der Einwohnung des Geistes im Menschen (Leib als Wohnung der Seele: Cher 115; Migr 185; Som I,56; Seele als Wohnung des Geistes: Imm 134; Sobr 64; Som I,149; Praem 123). Nirgends jedoch findet sich die Zuspitzung auf den Leib[154]. Es ist daher anzunehmen, daß Paulus in dem aktuellen Argumentationszusammenhang „im bewußten Gegensatz zu der hellenistischen Vorstellung und ihrer Nichtachtung des Leibes gerade diesen als Tempel bezeichnet" hat[155]. Es liegt damit vermutlich eine paulinische Modifikation des ursprünglich auf die Gemeinde bezogenen Tempelmotivs vor[156].

Wir nehmen somit wahr, daß Paulus bei der Beschreibung der von Gott her für die korinthische Gemeinde gültigen Wirklichkeit eine Begrifflichkeit einsetzt, die in den Rahmen der Gottesvolkthematik gehört. In einem paränetischen Kontext ruft Paulus der Gemeinde ihre wesenhafte Grundlage in Erinnerung. Die Parteiungen widerstreiten dem Wesen der Ekklesia, insofern diese das Fundament des Gottesvolkes untergraben.

2. Die Aufhebung der Partikularität[157] aufgrund der Gabe des Geistes (12,12f)

Die kreuzestheologische Konzentration schlägt sich nieder in der Reduktion eines zentralen jüdischen Vorzugsmerkmals (7,18f). Dies hat Paulus in Kap. 7 christologisch begründet. Die Begründung in Kap. 12 geschieht pneumatologisch: Die Gabe des endzeitlichen Gottesgeistes führt zur Aufhebung der erwählungsgeschichtlich und soziologisch fundierten Partikularität. Die Unterscheidung in Juden und Hellenen, Knechte und Freie wird irrelevant aufgrund der Taufe durch den Geist in den einen Leib (12,12f)[158]. Die Christen sind ἐν ἑνὶ πνεύματι zu einem Leib zusammengeschlossen[159]. Dabei geht es Paulus um die „Einheit der Gemeinde bei aller Vielfalt der Geistwirkungen"[160]. Der gleichermaßen allen gegebene Geist[161] und die gleichermaßen an

---

[153] KUHN, Rouleaux, 203 A.1; im Anschluß daran KLINZING, Umdeutung, 183.

[154] KLINZING, Umdeutung, 183f; HORN, Angeld, 66f.

[155] KLINZING, Umdeutung, 184.

[156] Mit KLINZING, Umdeutung, 183f; gegen WENSCHKEWITZ, Spiritualisierung, 58ff.82ff; HAINZ, Ekklesia, 259 mit A.1.

[157] Zu diesem Begriff s. DAUTZENBERG, Männlich, 184.

[158] MERKLEIN, Entstehung, 325 A.34, betont zu Recht, daß die Aufhebung der Unterschiede nur „im sachlichen Zusammenhang mit ἐν Χριστῷ ausgesagt wird. Sie spielen keine Rolle mehr, auch wenn sie „faktisch (sarkisch) aber noch vorhanden sind".

[159] Eine entscheidende Voraussetzung für dieses Gemeindeverständnis des Paulus liegt ohne Zweifel im „eschatologischen Bewußtsein" der Urchristenheit; vgl. HORN, Angeld, 109.111, der diesen Aspekt gegenüber DAUTZENBERG stärker hervorheben möchte.

[160] DELLING, Taufe, 119.

allen vollzogene Taufe drängt die Bedeutung der bisher „unübersteigbaren Wälle und ehernen Mauern" (Arist 139) zurück und stellt Judenchristen und Heidenchristen, sowie Knechte und Freie gleich. Die Einführung des Bildes vom Leib muß also in funktionaler Hinsicht verstanden werden als Versuch, die Einheit in der Vielfalt zu benennen.

Zum richtigen Verständnis des Leib-Christi-Gedankens in 1Kor 12 ist es entscheidend wichtig, das Problem zu erfassen, das mit 1Kor 12,1–3 markiert wird. Mit V.1 (περὶ δέ) wendet sich Paulus einem neuen Thema zu, τὰ πνευματικά[162], der mit der Gabe des endzeitlichen Geistes erfolgten Zuteilung bestimmter Geistesgaben (Kap. 12–14). Die Eingangsthese des Paulus lautet: Keiner, der im Geist Gottes redet, kann Jesus fluchen, und keiner kann Jesus bekennen, außer durch den Hl. Geist[163]. Unter dieser Prämisse, daß jeder, der Jesus bekennt, ein Pneumatiker ist, erörtert er die unterschiedliche Zuteilung der Geistesgaben. Der in V.4 begonnene Gedankengang kommt zu einem vorläufigen Abschluß in V.11: Ein und derselbe Geist wirkt alle pneumatischen Erscheinungen[164]. Hieran knüpft V.12 an: Die Einheit der Geistesgaben entspricht der funktionalen Zusammengehörigkeit und Unterschiedenheit der Glieder eines Leibes. Paulus exemplifiziert also die unterschiedliche Zuteilung der Geistesgaben am Beispiel des Leibes[165].

---

[161] Die Interpretation des ἐποτίσθημεν ist umstritten. DELLING, Taufe, 119 A.423, deutet im Anschluß an GOPPELT, ThWNT VI, 160, v.a. mit Blick auf 1Kor 10,1–4 auf das Herrenmahl, da der Aorist allein die Deutung auf die Taufe nicht tragen könne (für Herrenmahl auch KLAUCK, Herrenmahl, 334; unentschieden CONZELMANN, 1Kor, 250 A.17). WOLFF, 1Kor, 109, verweist für „tränken" m.R. auf die prophetische Ankündigung von der Ausgießung des Geistes (Jes 32,15; Ez 36,25ff; Joel 3,1f; Sach 12,10), wodurch die Beziehung auf die Taufe wahrscheinlich wird. Dann ist das καί in V.13b keinesfalls als Anreihung im Sinne eines zweiten Aktes neben der Taufe in den einen Leib zu verstehen. Taufe und Geistbegabung gehören für Paulus zusammen.

[162] WOLFF, 1Kor, 97, versteht den Gen. Pl. maskulinisch (ebenso wieder HORN, Angeld, 180f, der zu zeigen versucht, daß πνευματικοί mehrfach in 1Kor so auch in 12,1 die „exklusive Selbstbezeichnung der korinthischen Christen" darstelle; ebd. weitere Autoren), was zwar grundsätzlich möglich (vgl. 2,15; 3,1; 14,37), jedoch – trotz HORN, Angeld, 183–185 – aufgrund des Zusammenhanges und des Wechsels mit χαρίσματα (12,4) weniger wahrscheinlich ist (vgl. 9,11; 14,1; 15,46); dazu CONZELMANN, 1Kor, 240 A.1. 241. Aufgrund der parallelen Einführung in 1Kor 7,1; 8,1 scheint es sich auch hierbei um eine von den Korinthern gestellte Frage zu handeln, die insbesondere auf ekstatische Phänomene innerhalb der Gemeinde (z.B. Glossolalie) abzielte; vgl. STROBEL, 1Kor, 183f; WOLFF, 1Kor, 97; HORN, Angeld, 180.

[163] Zur Frage nach dem Sinn der „Verfluchung Jesu" s. die Komm., v.a. CONZELMANN, 1Kor, 241f, der darin eine ad hoc formulierte Gegensatzbildung zu κύριος Ἰησοῦς erblickt.

[164] Das Verbum διαιροῦν knüpft explizit an V.4 an.

[165] Dieser Vergleich dürfte den Lesern unmittelbar verständlich gewesen sein, handelt es sich doch um eine geläufige Vorstellung, die ihre Parallelen hat: vgl. u.a. Livius, Ab urbe condita II, 32f; Dionysius Halic, AntRom VI, 83ff; Platon, Rep 462c.d; Josephus, Bell 1,507; 2,264; 4,406; Ant 7,66. Weitere Belege bei WOLFF, 1Kor, 111f; SCHWEIZER, ThWNT VII, 1033,35ff; 1037,15ff. WOLFF, 1Kor, 110, betont m.R., daß es sich *von der Anlage her* beim Leib-Christi-Konzept um einen *Vergleich* handelt (vgl. ROLOFF, Kirche, 107).

Die neuere Diskussion um das Motiv vom Leib Christi wird bestimmt durch die Auseinandersetzung mit der von E. Käsemann 1933 vorgetragenen These, wonach 1Kor 12,12–31 vom Gedanken der Kirche als dem Christusleib bestimmt sei (der Organismusgedanke stelle hingegen lediglich eine Hilfsvorstellung dar[166]) und der religionsgeschichtlichen Herleitung dieser „Leib"-Vorstellung aus der Gnosis. Viele Ausleger sehen in ihr den entscheidenden Ansatzpunkt paulinischer Ekklesiologie. Es ist nicht möglich und auch nicht notwendig, hier auch nur entfernt einen forschungsgeschichtlichen Überblick zu bieten[167]. Folgende Ergebnisse und Fragen aus der Diskussion sind jedoch festzuhalten: 1. Das Motiv vom Leib Christi bei Paulus läßt sich nur angemessen beurteilen, wenn nach seiner Funktionalität gefragt wird[168]. 2. Die Frage der religionsgeschichtlichen Herleitung ist demgegenüber zu relativieren. Keiner der bislang diskutierten Herleitungsversuche ist frei von Problemen[169]. Es muß vielmehr damit gerechnet werden, daß Paulus auf kein vorgegebenes Konzept zurückgreift, sondern traditionelle Elemente in der konkreten Auseinandersetzung mit den Korinthern zu seinem „paulinischen" Konzept zusammenfügt[170]. 3. Die entscheidende Sachfrage lautet: Handelt es sich bei der Leib-Christi-Konzeption um ein Bild/eine Metapher, wodurch die Einheit der Gemeinde

---

[166] KÄSEMANN, E., Leib und Leib Christi, BHTh 9, 1933, bes. 159; vgl. DERS., Problem, passim; weitere Lit.: MERKLEIN, Entstehung, 319 A.1; DUNN, Body; BRANDENBURGER, Leib-Christi-Gedanke. PARK, Kirche, hat wieder eine religionsgeschichtliche Herleitung aus der Adam-Spekulation des Frühjudentums versucht, konnte mich jedoch nicht überzeugen (s.u. A.170). Die bildhaften Komponenten der ntl. Begrifflichkeit betont KLAUCK, Volk Gottes.

[167] Dies wurde mehrfach unternommen; vgl. dazu MERKLEIN, Entstehung, 319ff; KLAIBER, Rechtfertigung, 41–48; KÄSEMANN, Röm, 323–326; WOLFF, 1Kor, 110–114; PARK, Kirche, 4–48, und die Zusammenfassung bei ROLOFF, Kirche, 88ff.100ff.

[168] KLAIBER, Rechtfertigung, 45f; OLLROG, Paulus, 143ff.

[169] Der Anthropos-Mythos aus der Gnosis kommt als Erklärungsversuch „aus zeitlichen und sachlichen Gründen ... nicht in Frage"; MERKLEIN, Entstehung, 320. Der Versuch von FISCHER, Tendenz, 55, die Leib-Christi-Vorstellung als „christliche Variante der Vorstellung vom Allgott als Makroanthropos" herzuleiten, überzeugt deshalb nicht, weil die angeführten Belege nicht die Einheit in der Verschiedenheit, auf die es Paulus ankommt, belegen; WOLFF, 1Kor, 113. Eine direkte Herleitung aus der Herrenmahltradition ist ebenfalls nicht möglich, da hier die Verbindung fehlt; s. unten zu 1Kor 10,16f. Doch auch die von SCHWEIZER u.a. eingebrachte Hypothese, wonach das Leib-Christi-Motiv im Zusammenhang der Vorstellung der „corporate personality" zu verstehen wäre, welche insbesondere als Darstellung für Israel Verwendung fand, hat ihre Schwierigkeiten, denn hier ist „der Gedanke der Nachwirkung bestimmend ..., während Paulus vom Leib spricht, um die Einheit der Christen durch den gegenwärtig wirkenden Christus auszusagen"; WOLFF, 1Kor, 113; s. SCHWEIZER, Kirche; DERS., ThWNT VII, 1069; DERS., EWNT III, 776f. Würde sie zutreffen, dann könnte man die Leib-Christi-Motiv als Aktualisierung und Zuspitzung der Gottesvolkthematik im Zusammenhang der Paränese ansehen, wie dies bei PARK, Kirche, z.T. geschieht. Sie wäre gerade dann keine Alternative zur Gottesvolkvorstellung.

[170] Vgl. KLAIBER, Rechtfertigung, 46f; HAINZ, Volk Gottes, 155. Die jüngst von PARK, Kirche, passim, durchgeführte These, wonach das Leib-Christi-Konzept aus der Adam-Christus-Typologie entwickelt sei, ist eine Variante der von SCHWEIZER u.a. vorgetragenen Position. Sie enthält mehrere Probleme, insbesondere jedoch kann seine Analyse von 1Kor 10,16f, was er als Kardinalbeleg heranzieht, kaum überzeugen (aaO, 275–296.309). PARK möchte in ἐκ τοῦ ἑνὸς ἄρτου μετέχομεν eine Anspielung auf den „neuen Adam" sehen und das ἐκ als Herkunftsbezeichnung verstehen. Dies wird in Beziehung gesetzt zu Stellen wie Apg 17,26. Er übersetzt deshalb: „Weil wir alle von dem Einen her an einem Brot teilhaben" (aaO, 291.309), was jedoch den Gedanken des Paulus völlig umkehrt. Zudem sind seine religionsgeschichtlichen Belege aus 4Esr 6,54ff und LibAnt 32,15 inhaltlich für eine so gewichtige These nicht tragfähig genug und auch chronologisch nur bedingt brauchbar, um für ein paulinisches Konzept angeführt zu werden.

gleichnishaft umschrieben wird, oder wird damit eine der Gemeinde vorgegebene Realität bezeichnet[171], in die hinein der Glaubende eingegliedert wird.

Zunächst gilt es zu sehen, daß die Leib-Christi-Vorstellung von Paulus nur in paränetischen Passagen und weder in soteriologischem, noch in missionarischem Kontext verwandt wird[172]. Dies bedeutet keine Abschwächung ihrer Bedeutung, jedoch eine Präzisierung des Horizontes, innerhalb dessen und des Zweckes, zu welchem dieses Konzept entwickelt wurde. Zudem ist zu sehen, daß für die ekklesiologische Bedeutung des Ausdrucks σῶμα Χριστοῦ streng genommen nur ein Beleg in 1Kor 12,27 existiert[173]. Schon Röm 12,5 variiert Paulus die Formulierung in οἱ πολλοὶ ἓν σῶμά ἐσμεν ἐν Χριστῷ, obwohl in Röm 12,3–8 das gleiche Sachanliegen wie 1Kor 12,4ff, die „Gleichwertigkeit der verschiedenen Charismen in der Gemeinde" im Hintergrund steht[174]. Auch der hier häufig angeführte Beleg Gal 3,28[175] ist nicht identisch (πάντες γὰρ ὑμεῖς εἷς ἐστε ἐν Χριστῷ Ἰησοῦ), sondern bringt eine andere Zuspitzung[176]. 1Kor 10,16f spricht davon, daß das Brot beim Herrenmahl die κοινωνία τοῦ σώματος τοῦ Χριστοῦ bedeute und die vielen, die von dem einem Brot essen, ἓν σῶμα seien[177]. Doch auch hier fehlt eine direkte Identifikation der Gemeinde mit dem Leib Christi, es geht vielmehr in V.17 um eine Erläuterung der Gemeinschaft am eucharistischen Leib Christi (V.16)[178], d.h. um die durch das Sakrament gestiftete Einheit der Gemeinde, die dann ganz bestimmte Konsequenzen im Gemeindeleben erfordert. Wenn 1Kor 1,13 die Leib-Christi-Vorstellung zugrundeläge[179], dann käme die Aussage auf die gleiche Stufe wie 1Kor 12,12 zu stehen. Doch geht es 1Kor 1,13 um ein anderes Problem, nämlich die Inanspruchnahme Christi durch die unterschiedlichen Gruppen für ihre eigenen Zwecke, was zu einer Aufspaltung Christi führt[180]. Es bleibt somit als Beleg der Argumentationsgang 1Kor 12,12–27.

Die Darlegung des Paulus in 1Kor 12,12–27 beginnt mit einer ungewöhnlichen Formulierung, die zugleich ein entscheidendes Interpretationsproblem darstellt: οὕτως καὶ ὁ Χριστός. Handelt es sich dabei nur um Bildsprache[181]

---

[171] Dazu MERKLEIN, Entstehung, 339; WOLFF, 1Kor, 110–114, bes. 113f; DUNN, Body, 151.155.160ff.

[172] SCHWEIZER, Kirche, 288; KLAIBER, Rechtfertigung, 47, mit Anm. 199. Die bedrohte Einheit der Ekklesia ist Thema in 1Kor 12 schon von 11,17ff her.

[173] Dies wird von KLAIBER, Rechtfertigung, 42, durchaus eingeräumt.

[174] WOLFF, 1Kor, 110.

[175] Z.B. KLAIBER, Rechtfertigung, 43.

[176] Die möglichen Belegstellen für das Leib-Christi-Konzept werden sämtlich diskutiert bei MERKLEIN, Entstehung, 322–340.

[177] Zum Übersetzungsvorschlag von PARK, Kirche, 291, s.o. A.170.

[178] MERKLEIN, Entstehung, 333, behält hier den Vorzug trotz der neuerlichen Überlegungen von HAINZ, Volk Gottes, 153ff. Die ebd., 154, zustimmend zitierte, auf das Herrenmahl bezogene Äußerung von CONZELMANN: „Der sakramentale Anteil am Leib Christi macht uns zum Christus-Leib", ist durch V.17a gerade nicht gedeckt. Zudem läge dann hier eine andere Begründung für das Leib-Christi-Sein der Gemeinde vor als in 1Kor 12,12ff, wo die Taufe das Integrationsritual darstellt.

[179] So eine Reihe von Auslegern (u.a. WEISS; LIETZMANN/KÜMMEL; CONZELMANN; LANG; SCHRAGE; KLAUCK, Herrenmahl, 333), jüngst wieder HORN, Angeld, 163; HAINZ, Volk Gottes, 155; dagegen MERKLEIN, Entstehung, 327; DERS., 1Kor I, 163.

[180] MERKLEIN, Entstehung, 327. Seine These, daß 1Kor 1,13 ein primär soteriologisches und kein primär ekklesiologisches Problem verhandelt wird, erfährt durch V.13b eine starke Stütze.

[181] So SCHLIER, Christus, 41; MEUZELAAR, Leib, 39f; WOLFF, 1Kor, 107f.

oder um eine Kurzform für den Leib-Christi-Gedanken[182] oder ist der Satz
analog zur Aussage in 1Kor 6,15 („ihr seid Christi Glieder") zu ergänzen: „...
so ist auch der Christus einer und hat viele Glieder"[183]? Die letzte Möglichkeit
scheidet aus, da die Leib-Vorstellung in 1Kor 6 gerade im umgekehrten Sinn
gebraucht wird[184]. Daß Paulus bei seiner Leib-Christi-Konzeption Bildsprache
benutzt und der Organismusgedanke entscheidende Bedeutung hat, kann
nicht bestritten werden. Daß es sich jedoch „nur" um ein Bild handelt, wird
von V.13 her verunmöglicht, denn hier heißt es, daß die Getauften nicht nur
einen Leib, d.h. einen Organismus darstellen, sondern durch den Geist εἰς ἓν
σῶμα getauft wurden[185]. Damit wird eine „Realität" bezeichnet, von der her
die Christen ihre Identität gewinnen[186]. V.14–26 stellen dann eine Übertragung des Leib-Konzepts auf die Gemeinde dar, wobei die Absicht des Paulus
darin besteht, den einzelnen Gemeindegliedern Identifikationsmodelle zum
eigenen Selbstverständnis anzubieten[187]. Leitender Gedanke ist dabei die Einheit in der Vielgestaltigkeit. Paulus will herausstellen, daß auch die, die nicht
glossolalisch oder prophetisch reden, den Geist haben. Die Geistesgaben sind
zwar durchaus unterschiedlich zugeteilt, aber dies zerstört nicht die Einheit
des Leibes, sondern ist geradezu dessen Funktionsvoraussetzung. Insofern
sind V.12–26 eine Erläuterung zu V.4–11. V.27 zieht dann die Konsequenz:
ὑμεῖς δέ ἐστε σῶμα Χριστοῦ, womit eine Herrschaftsbeziehung aufgezeigt
wird. Die Übersetzung muß daher lauten: „Ihr aber seid *Christi* Leib"[188]. Der
Leib-Christi-Gedanke stellt sich in dieser Hinsicht als eine ‚leibliche' „Interpretation des *In-Christus-Seins*" heraus[189]. *Hinsichtlich des Ansatzpunktes der*

---

[182] So KÄSEMANN, Leib, 159–162; WIKENHAUSER, Kirche, 92.100; PERCY, Leib, 4f; CONZEL-
MANN, 1Kor, 249f; LIETZMANN/KÜMMEL, 1Kor, 62f.187, u.a.

[183] So als „denkbare" Möglichkeit erwogen bei MERKLEIN, Entstehung, 338, dann jedoch
aufgrund der konkreten Zielrichtung der paulinischen Argumentation abgelehnt. KLAUCK,
Herrenmahl, 333, sieht dagegen eine „Vorwegnahme des ekklesiologischen Leib-Christi-Gedankens und seine Anwendung auf den einzelnen" vorliegen.

[184] Vgl. WOLFF, 1Kor, 111 A.225. Ich kann aufgrund dessen auch nicht sehen, daß die Voraussetzung der Formulierung in 6,15 die Leib-Christi-Vorstellung sei, wie u.a. CONZELMANN,
1Kor, 134; PARK, Kirche, 210ff; HAINZ, Volk Gottes, 155, annehmen.

[185] M.R. betont WOLFF, 1Kor, 107, daß auch in V.13 „der Geist die entscheidende Größe"
sei. Zur Diskussion um die Bedeutung des εἰς s. ebd., 108.

[186] MERKLEIN, Entstehung, 339. Die Beziehung der Leib-Christi-Vorstellung zur Tauftheologie wird verschiedentlich m.R. herausgestellt: SCHWEIZER, Kirche, 257; KLAIBER, Rechtfertigung, 43.46f; PARK, Kirche, 47; anders WILCKENS, Röm III, 13, aufgrund von 1Kor 10,17; 11,26
und 12,13b, wo er eine Anspielung auf das Herrenmahl sieht.

[187] ROLOFF, Kirche, 108.

[188] Vgl. MERKLEIN, Entstehung, 339, der jedoch auch in der Formulierung umstellen sollte.

[189] MERKLEIN, Entstehung, 339; vgl. u.a. WEDDERBURN, Body, 87; WOLFF, 1Kor, 114;
ROLOFF, Kirche, 109. Die Aussage, daß die Gemeinde „den irdischen Leib des erhöhten Christus dar[stellt]" (so KLAIBER, Rechtfertigung, 43, im Anschluß an KÄSEMANN, Problem, 194),
führt m.E. auf eine falsche Fährte und sollte daher unterbleiben.

paulinischen Ekklesiologie eine Alternative zwischen Leib-Christi- und Gottes-volk-Konzept zu sehen, erscheint von daher völlig unangemessen[190].

Läßt sich 1Kor 12,12–27 damit verstehen als eine Variante des Gedankens in Gal 3,26–28, wie das besonders aufgrund der Begrifflichkeit von V.13b nahegelegt wird? Auf diese Beziehung ist jetzt noch einzugehen.

Nach Merklein handelt es sich bei der von Paulus kritisierten korinthischen Position um ein Mißverständnis jener Tradition, die auch in Gal 3,28 zu finden sei. Merklein macht dies fest an der „uniformen Interpretation des Identitätsgedankens von Gal 3,28"[191]. Dabei stehe v.a. die Glossolalie als neue Sprache im Mittelpunkt, weil sie die „sprachlichen Barrieren der alten Welt" aufhebe und „in verzückter Univozität zu Gott rufen" lasse[192]. Dies sei auch der Grund, warum das dritte Oppositionspaar gegenüber Gal 3,28 in 1Kor 12,13 weggelassen sei[193]. Diese These kennzeichnet ein doppeltes Problem: (a) Sie interpretiert 1Kor 12,13 von Gal 3,28 her, setzt somit Gal 3,28 traditionsgeschichtlich früher als 1Kor 12,13 an[194] und baut dabei auf einem Mißverständnis der Tradition auf. (b) Sie geht von einem relativ komplizierten Sachverhalt in der korinthischen Gemeinde aus. Vermutlich liegen die Probleme schlichter: Es gab in Korinth Pneumatiker, die Virtuosen der Zungenrede waren, und solche, die diese Begabung überhaupt nicht hatten. Dies führte zu einem Klassenbewußtsein und damit einer Gefährdung der inneren Einheit der Gemeinde[195].

Die traditionsgeschichtliche Beziehung von Gal 3,28 und 1Kor 12,13 ist nicht zu leugnen. In beiden Fällen geht es um die durch die Taufe außer Kraft ge-setzten bisherigen kategorialen Unterscheidungen. Man muß jedoch 1Kor

---

[190] KÄSEMANN, Röm, 324f, nennt Gründe, warum die Leib-Christi-Vorstellung in Konkur-renz zum Gottesvolk-Gedanken stehe: 1. Christus sei für Paulus „nicht der eschatologische Patriarch, so daß sich das Motiv vom Stammvater auf ihn nicht anwenden" lasse. 2. Der Unver-gleichlichkeit des Christusleibes als Konkretion der Neuen Schöpfung werde dabei nicht Rech-nung getragen. 3. Die Gottesvolkthematik werde bei Paulus „nur in apologetischen und pole-mischen Zusammenhängen verwendet, wenn er den Ansprüchen Israels zu begegnen" habe. *Darauf ist zu entgegnen:* In Gal 3 verwendet Paulus das Stammvater-Motiv, um Jesu Bedeutung darzustellen. Die Vorstellung der Neuschöpfung in Gal 6,15 und 2Kor 5,17 weist durchaus einen Zusammenhang zur Gottesvolkthematik auf. Paulus benutzt in einem völlig unapologeti-schen und unpolemischen Abschnitt wie Röm 15,8f Gottesvolkterminologie und auch im Gal stellt die Gottesvolkthematik den grundsätzlichen Diskussionsgegenstand dar. Gemäß der hier vorgelegten Interpretation ist jedoch auch die Position zu hinterfragen, die im Leib-Christi-Motiv nur eine paulinische Umprägung der Gottesvolkthematik sieht; s. DAHL, Volk 226: „Der Begriff ,Leib Christi' [ist] eine besondere Ausprägung der Vorstellung vom neuen Volke Got-tes"; OEPKE, Gottesvolk, 224: „Die Analyse des Begriffs σῶμα Χριστοῦ trifft, bis zur letzten Konsequenz durchgeführt, auf den Gottesvolkgedanken". Es geht vielmehr darum, nach der Funktion beider Vorstellungen zu fragen, ohne die eine der anderen zu subsumieren.
[191] MERKLEIN, Entstehung, 337.
[192] MERKLEIN, Entstehung, 337.
[193] Die Auslassung des in Gal 3,28 vorliegenden dritten Oppositionspaares wird gängigerwei-se mit der korinthischen Situation begründet: STENDAHL, Bible, 35; LÜHRMANN, Sklave, 58.60; STUHLMACHER, Phlm, 49; THYEN, Studie, 146; PAULSEN, Einheit, 90 A.94.
[194] Dies wird zwar vielfach so gesehen, ist jedoch zu hinterfragen; vgl. DAUTZENBERG, Männlich, 183ff, und im einzelnen unten zu Gal, S. 219ff.
[195] Die besondere Wertschätzung der Glossolalie als zentrales Problem der Korinther wird herausgestellt von THEISSEN, Aspekte, 294; HECKEL, Paulus, 117–123.

12,13 nicht als Kontraktion aus Gal 3,27f verstehen. Es geht in 1Kor 12,12f um die unterschiedliche Geistzuteilung und die dennoch bestehende Einheit[196], die selbst bisher gültige erwählungsgeschichtliche und soziologische Unterschiede relativiert. D.h. es geht um die *Aufhebung des Partikularismus*, selbst wenn Unterschiede bestehen bleiben[197]. Gal 3,26–28 geht dagegen einen Schritt weiter und sagt, daß die vormaligen Bestimmungen nicht mehr gelten[198]. Zudem steht Gal 3,26ff die Gleichwertigkeit von Heiden- und Judenchristen als solche auf dem Spiel. Die Argumentationsrichtung von Gal 3,28 ist daher von der in 1Kor 12,12f unterschieden, wenngleich die Basis jeweils dieselbe ist, nämlich das Sein ἐν Χριστῷ.

3. Zusammenfassung

Wir können somit festhalten: Paulus nimmt in 1Kor 3 mit seiner Darstellung der Gemeinde als Bau, Pflanzung und Tempel explizit Motive auf, die traditionsgeschichtlich in den Zusammenhang der Darstellung Israels als Gottesvolk gehören. *Grundlage seiner Ekklesiologie ist die Überzeugung, daß die Ekklesia das endzeitliche Gottesvolk darstellt.* In 1Kor 12 geht es Paulus um die Einheit des Leibes Christi. V.13 folgert er aufgrund der Gabe des Geistes die Aufhebung der bisherigen Partikularität in erwählungsgeschichtlicher und soziologischer Hinsicht. Die Trennung zwischen Gottesvolk und den Völkern ist damit auf eine andere Ebene gehoben. Nicht mehr Juden und Griechen, sondern Glaubende und Nichtglaubende stehen jetzt einander gegenüber. Das Motiv vom Leib Christi als Zentrum der paulinischen Ekklesiologie insgesamt zu behaupten, geht an den Texten und ihrer Funktion z.T. vorbei. Grundlegend für die paulinische Ekklesiologie bleibt die Gottesvolkthematik. Dies bestätigt auch der folgende Abschnitt.

d) Die direkte Übertragung atl. Motive auf die christliche Gemeinde

Schon bisher hat sich gezeigt, wie zentral die Gottesvolk-Vorstellung für die Ekklesiologie des Paulus im 1Kor ist. Eine qualitativ neue Stufe bedeutet jedoch die direkte Übertragung atl. Motive auf die christliche Gemeinde. Solche Übertragung ist, wie sich zeigen wird, nicht völlig unproblematisch.

---

[196] Die Einheit als Zielpunkt betont auch DUNN, Body, 155.

[197] Vgl. DAUTZENBERG, Männlich, 184, der zu Recht betont, daß die Unterschiede nicht aufgehoben würden, jedoch zu weit geht, wenn er deren Außerkraftsetzung ebenfalls bestreitet.

[198] Eine Identifikation der Formulierung in 1Kor 12,13 εἴτε ... εἴτε mit der in Gal 3,28 οὐκ ἔνι ... οὐδέ ist nicht statthaft. Inwiefern die Aussage in Gal 3,28 ontologischen Charakter hat, ist dort zu diskutieren.

1. Die Wüstengeneration als „unsere Väter" (10,1)

Vom Kontext her handelt es sich in 1Kor 10,1-13 um einen begründenden Exkurs innerhalb des größeren Abschnittes 8,1-11,1, in welchem Freiheit und Bindung in der Kirche thematisiert werden.

Paulus setzt in 8,1-13 mit der Frage ein, ob Christen der Genuß von Götzenopferfleisch erlaubt sei. Kriterium für ihn ist dabei nicht der theoretische Gesichtspunkt (ἡ γνῶσις), sondern allein die Liebe zum Mitchristen. Dies wird in V.1b programmatisch an den Anfang gestellt und in V.13 in aktuelle Weisung umgesetzt. 9,1-27 macht Paulus diese Richtschnur an seinem eigenen Verhalten deutlich: Die grundsätzliche Freiheit des Apostels findet ihre Grenze am konkreten Gegenüber in der jeweiligen Verkündigungssituation[199]. Nach dem warnenden Hinweis auf Israels Ergehen in der Wüste (10,1-13) kommt Paulus in 10,14-22 noch einmal explizit auf das Götzenopferfleisch zu sprechen, jetzt jedoch unter der Fragestellung, ob für Christen die Teilnahme an heidnischen Opfermählern erlaubt sei[200]. Die Ablehnung erfolgt unter Hinweis auf die Gemeinschaft mit Christus im Herrenmahl. 10,23-11,1 zieht er dann Schlußfolgerungen, wie die Korinther sich aufgrund der grundsätzlichen Erörterungen in konkreten Fällen verhalten sollen.

Formgeschichtlich läßt sich 1Kor 10,1-13 als „haggadischer Midrasch" verstehen[201]. Dabei ist das Problem, ob bei der Darstellung eher von Typologie oder von Allegorese zu sprechen sei, für die hier verhandelte Fragestellung von untergeordneter Bedeutung[202]. Gleiches gilt für die Frage nach der Tradition, die hinter 1Kor 10 sichtbar wird[203]. Ziel des Abschnitts ist der Nachweis, daß es in Analogie zur Wüstengeneration auch für Christen keine ‚Heilssicherheit' geben kann, dahingehend, daß Taufe und Abendmahl im Sinn eines magischen Sakramentsverständnisses wirksam wären[204]. Vielmehr rufen gerade sie zum Gehorsam auf.

Von zentraler Bedeutung für die Frage nach der Gottesvolkthematik ist die hinter der Formulierung „unsere Väter" (V.1) und der Anwendung von Ex 32,6 LXX auf die Gemeinde (V.7) erkennbare theologische Grundhaltung. Dabei lassen sich zwei Aspekte erkennen: (1) Die unausgesprochene Voraus-

---

[199] Dabei ist er im Zuge der Durchführung unversehens in eine Apologie seines Apostolats übergegangen. Zur Problematik des von Paulus zur Verdeutlichung benutzten Vergleichs V.24-27 s. WOLFF, 1Kor, 34: Paulus gebraucht das Bild „nicht ganz glücklich". Das Tertium comparationis wird in V.25 deutlich, es ist „der Verzicht, um nicht anderen und damit auch sich selbst das Heil des ewigen Lebens zu gefährden" (ebd.).

[200] Vgl. KLAUCK, Herrenmahl, 256.

[201] WOLFF, 1Kor, 39.50, in Aufnahme von LUZ, Geschichtsverständnis, 118f. KLAUCK, Herrenmahl, 252f, weist auf Ps 78,12-31 hin, wo eine ähnliche Kombination von Motiven des Exodusgeschehens vorliegt.

[202] Vgl. dazu LUZ, Geschichtsverständnis, 119-123.

[203] Nach LUZ, Geschichtsverständnis, 119, hat Paulus eine hellenistisch-judenchristliche Vorlage benutzt; KOCH, Schrift, 214f, nimmt eine heute nicht mehr genau zu erfassende Sakramentstypologie als Paulus vorliegend an; WOLFF, 1Kor, 39, geht aufgrund der Sprache dagegen von paulinischer Verfasserschaft aus. Nach JEREMIAS, Ursprung, 318f, verwendet Paulus in V.1f ein rabbinisches Theologumenon, das in den Zusammenhang der Proselytentaufe gehört. Dies läßt sich jedoch nicht schlüssig nachweisen; DELLING, Taufe, 30-38; LUZ, Geschichtsverständnis, 118; WOLFF, 1Kor, 40.

[204] Vgl. WOLFF, 1Kor, 39.

setzung der paulinischen Argumentation heißt: Nur wenn Christus wirklich beim Exodus anwesend war, „kann das den Vätern Widerfahrene als πνευμα-τικόν bezeichnet werden", als ihre Taufe und ihre geistliche Speise, um dann für die Christen zum Typos zu werden[205]. (2) Der sachliche Vergleichspunkt auf den Paulus abhebt, ist „das Widerfahrnis der grundlegenden, das Gottes-volk konstituierenden Rettung"[206]. Nur wenn die Christen das Gottesvolk bilden, können die Angehörigen der Wüstengeneration als „unsere Väter" be-zeichnet werden. Nach Luz steht zwar der Gottesvolkgedanke „selbstver-ständlich"[207] im Hintergrund, er bleibt „für die Vergegenwärtigung des Textes ohne direkte Bedeutung"[208]. Dies erscheint fraglich. Vielmehr bildet er die – zwar implizite, gleichwohl unabdingbare – Voraussetzung, ohne die der atl. Typos lediglich ein „Beispiel" bliebe[209].

Ausgehend von einer gegenwärtigen Erfahrung des Handelns Gottes schließt Paulus zurück auf das Handeln Gottes in der Geschichte mit seinem Volk[210]. Die Absicht besteht nicht darin, eine aufweisbare heilsgeschichtliche Kontinuität, sondern eine Gleichartigkeit im Handeln Gottes auszusagen[211]. Nach V.11c sollen die Christen auch nicht den Vätern gleichzeitig werden, sondern sind jene, εἰς οὓς τὰ τέλη τῶν αἰώνων κατήντηκεν. Paulus weiß um die Unterschiedenheit der Zeit und dennoch sieht er die Beziehung.

Entscheidend für das Verständnis ist die Frage, worin die typologische Ent-sprechung im speziellen zu finden sei. Dabei dürfte das gesamte in V.1–5 dargestellte Geschehen, d.h. Exodus, Rettung am Schilfmeer, Taufe auf Mose,

---

[205] LUZ, Geschichtsverständnis, 119. Der Gedanke einer heilsgeschichtlichen Präexistenz Jesu ist damit ausgesprochen. Vgl. die ähnliche Konzeption in Jud 5.

[206] WOLFF, 1Kor, 40. Die „Taufe auf Mose" meint die Konstitution des Gottesvolkes durch das Exodusgeschehen; DELLING, Taufe, 108ff.

[207] LUZ, Geschichtsverständnis, 119.

[208] LUZ, Geschichtsverständnis, 119.

[209] Was LUZ, Geschichtsverständnis, 120, m.R. ausschließt; vgl. KOCH, Schrift, 212.217 A.8. Der Rekurs auf „unsere Väter" hat eine vergleichbare Funktion, wie die Vergegenwärtigung der Geschichte Israels in der dtr Rahmung des Dekalogs (Dtn 5,2–5) oder in den Jesusreden des Johannesevangeliums (vgl. dazu MILDENBERGER, Biblische Dogmatik I, 174ff.178ff). Dort fallen erzählte Zeit und Erzählzeit in eins. Die Absicht besteht darin, die Hörer mit den Personen der Erzählung gleichzeitig werden zu lassen, denn an sie richtet sich das jetzt ergehende Wort Gottes durch Mose oder durch Jesus (vgl. auch 1Joh 1,1–3). Hier bei Paulus leistet dies die Typologie.

KOCH, Schrift, 217, möchte die Verwendung des Begriffs ‚Typologie' „auf die ausdrückliche Gegenüberstellung zeitlich früherer und späterer Personen, Ereignisse oder Sachverhalte ... beschränken, wobei dem früheren Ereignis eine auf das spätere Ereignis vorausweisende Funk-tion zukommt und das spätere Ereignis in Entgegensetzung zu dem früheren oder als dessen Überhöhung dargestellt wird". Diese enge Definition entspricht im wesentlichen der von LUZ, Geschichtsverständnis, 52f. Insofern liegt nach KOCH in 1Kor 10 nur eine Typologie in modifi-zierter Form vor.

[210] Vgl. KLAUCK, Herrenmahl, 253.255.

[211] Vgl. KOCH, Schrift, 305.326f. Hierin ist zugleich die Berechtigung für die Typologie zu finden. Darin besteht auch nach MILDENBERGER, Biblische Dogmatik I, 176, der Sinn der dtr Rede.

geistliche Speise und Trank den Typos darstellen, auf den Paulus Bezug nimmt[212]. Dies wird einerseits durch das rückbezügliche ταῦτα (V.6) und andererseits durch die erneute Aufnahme V.11 ταῦτα δὲ τυπικῶς συνέβαινεν ἐκείνοις unterstrichen. Eine Einschränkung der τύποι (V.6) auf die πατέρες im Sinn eines warnenden Beispiels ist daher abzulehnen[213]. Auch eine auf Taufe und Herrenmahl beschränkte „Sakramentstypologie", die, ohne das Gesamtgeschehen von V.1–5 zu berücksichtigen, dem ntl. „Antitypos" den atl. „Typos" gegenüberstellt, ist unzureichend[214]. Es ist vielmehr die gesamte Geschichte der Rettung, Bewahrung und sodann des Abfalls der Väter Israels im Exodusgeschehen, die Paulus zur Mahnung seiner Gemeinde heranzieht. Kennzeichnend für den Abschnitt V.1–5 ist die Gegenüberstellung aller (fünfmal πάντες), die der Heilsereignisse teilhaftig wurden, und der wenigen, an denen Gott Gefallen fand. In dieser Gefahr stehen die Korinther. Ein Ziel der typologischen Ausführungen des Paulus besteht in der „Verschärfung der Paränese"[215].

Wenn Paulus das Grundgeschehen der Rettung und Bewahrung des Volkes Israel bei Exodus und Wüstenwanderung als Entsprechung für die Situation der Gemeinde nimmt, dann läßt sich daraus folgern, daß *er die Zugehörigkeit zur Ekklesia analog der Zugehörigkeit zum atl. Gottesvolk versteht.* Nur unter der Bedingung, daß die Christen unzweifelhaft zum Gottesvolk gehören, kann Paulus sie so anreden, wie er es tut und sie auf „unsere Väter" hinweisen. Dies wird bestätigt durch V.7: Paulus nimmt jene Passage aus Ex 32,6 LXX auf, die gerade „für den Zusammenhang seiner Ausführungen entscheidend ist"[216]. Mit diesem Zitat hat Paulus nicht einfach die Wüstengeneration, sondern die aktuelle Situation in Korinth im Blick. Er zeichnet die Gefahr, in der die Korinther sich befinden, in den biblischen Bericht des Tanzes um das „Goldene Kalb" ein.

Auf die Besonderheit des hermeneutischen Zugangs zum AT in 1Kor 10,1ff ist noch kurz Bezug zu nehmen. Sie besteht darin, daß durch die typologische Anwendung der Eigenwert der atl. Geschichte nahezu aufgelöst wird: „dieser Fels aber war der Christus" (V.4); „dies aber geschah

---

[212] GOPPELT, Typos, 173–176; DERS., ThWNT VIII, 251; GALLEY, Heilsgeschehen, 14ff; LANG, NTD 7, 123; gegen KOCH, Schrift, 216f.

[213] So KOCH, Schrift, 216f, der GOPPELT vorwirft, den Antitypos nicht zu berücksichtigen und das Nichtvorhandensein des Moments der Überhöhung wegzuinterpretieren. KOCH selbst übergeht jedoch zu rasch das zweimalige ταῦτα; und inwiefern V.11 die Deutung auf die Väter als Typoi stützen sollte (so KOCH, aaO, 217 A.7), kann ich nicht einsehen.

[214] Die Gleichheit der gegenwärtigen und der damaligen Situation besteht dann auch nicht nur im πειράζειν (V.9); gegen KOCH, Schrift, 213. Die Bemerkung von CONZELMANN, 1Kor, 196 A.21, wonach Paulus nach 1Kor 10,1ff „eine übergreifende Vorstellung von ‚Sakramenten'" habe, „wenn auch noch nicht ein Wort dafür" (zustimmend zitiert bei KOCH, Schrift, 211 A.48; vgl. ähnlich, KLAUCK, Herrenmahl, 255), ist daher noch einmal zu hinterfragen.

[215] Hierbei ist LUZ, Geschichtsverständnis, 122, zuzustimmen, nicht jedoch in der Bezeichnung „Allegorie".

[216] WOLFF, 1Kor, 44.

an ihnen, daß es uns als Beispiel dient" (V.11)[217]. Diese Art des Rückgriffs auf das AT, die es „als Wort des Christus hört und in seinen Geschichten Taten des Christus sieht", ist ein Einzelfall bei Paulus[218]. Die Christusfunktion besteht hier darin, daß „Christus" derjenige ist, in dem Gott sich heilvoll dem Volk zuwendet. 1Kor 10,1-13 stellt insofern hermeneutisch einen „Grenzfall" der paulinischen Exegese dar. Ansonsten bewegt sich Paulus theologisch jedoch ganz in den Bahnen dessen, was bisher schon festgestellt werden konnte: Die Gottesvolkthematik ist grundlegend für seine Ekklesiologie.

2. „Israel nach dem Fleisch" (10,18)

Die Bezeichnung Ἰσραὴλ κατὰ σάρκα begegnet ebenfalls innerhalb des paränetischen Kontextes von Kap. 10, der von der Frage der Teilnahme von Christen an heidnischen Kultmählern geprägt ist[219]. Paulus bringt einen Vergleich aus dem Kultbetrieb Israels. Ziel der Aussage ist es, die wirkliche Anteilhabe der Teilnehmer einer kultischen Mahlzeit am Opfergeschehen auszudrücken. Nicht als ob dadurch dem Götzenopferfleisch, um das es geht, doch noch eine ihm nicht zukommende Dignität zugesprochen würde – die Gemeinschaft jedoch, die durch das Opfermahl gestiftet wird, ganz gleich wer opfert oder was geopfert wird, ist real[220]. Daher ist den Christen die Teilnahme an heidnischen Opfermählern unmöglich.

Die Bezeichnung κατὰ σάρκα begegnet im paulinischen Schrifttum in doppelter Hinsicht: Sie kann das Irdische als das faktisch Vorfindliche benennen (1Kor 1,26; Gal 4,23.29; 2Kor 5,16[bis]; Röm 1,3; 4,1; 9,3.5), sie kann jedoch auch mit negativem Akzent belegt sein (2Kor 1,17; 10,2.3; 11,18; Röm 8,4.5.12.13)[221], insofern hier σάρξ die dem Handeln Gottes nicht angemessene Sphäre beschreibt oder in enger Beziehung zur Sünde steht. Für 2Kor 5,16; 11,18; Röm 1,3 ist zu vermerken, daß κατὰ σάρκα eine jetzt überholte Vorstufe beschreibt. Eine insgesamt eindeutig negative Konnotation läßt sich jedoch (abgesehen von Gal 4,23.29, s. dazu unten zu Gal) nicht nachweisen[222]. Auch Jesus ist κατὰ σάρκα aus der Nachkommenschaft Davids bzw. aus Israel (Röm 1,3; 9,5). Die explizite Entgegensetzung κατὰ σάρκα – κατὰ πνεῦμα begegnet erstmals Gal 4,29 im Hinblick auf Ismael und Isaak, sodann Röm 1,3f in Anwendung auf Jesus.

Für 1Kor 10,18 ist bedeutsam, daß Paulus die Opposition κατὰ πνεῦμα o.ä. nicht gebildet hat[223]. Angesichts dieses Befundes läßt sich die These nicht halten, wonach 1Kor 10,18 „ein unübersehbares Distanzbewußtsein zum geschichtlichen Israel und die Reklamation des Israelbegriffes für die Kirche

---

[217] Vgl. GALLEY, Heilsgeschehen, 15.

[218] SCHLATTER, Paulus, 290; im Anschluß an ihn LUZ, Geschichtsverständnis, 122.

[219] Die Einheitlichkeit des Zusammenhangs 1Kor 10,1-22 muß hier nicht nochmals erörtert werden, vgl. dazu u.a. WALTER, Christusglaube, 430; WILLIS, Paul's Instruction, 243ff; SCHRAGE, Israel, 145ff.

[220] Vgl. KLAUCK, Herrenmahl, 265f.271, der m.R. keine Parallelisierung von heidnischen und jüdischen Opfern sieht, sondern den Verbindlichkeitscharakter als tert. comp. herausstellt.

[221] SCHWEIZER, ThWNT VII, 130,23ff, rechnet zu den Stellen mit negativem Akzent auch noch 2Kor 5,16, m.E. sollte man jedoch eher die Vorläufigkeit betonen.

[222] So auch die Differenzierung bei SCHWEIZER, ThWNT VII, 124-135.

[223] M.R. SCHWEIZER, ThWNT VII, 126f.

verrate"[224]. „Israel nach dem Fleisch" meint im Zusammenhang von 1Kor 10 das irdische Israel, wie es sich in seiner Vorfindlichkeit darstellt. Der Kontext gibt keinen Anlaß, die Bezeichnung abwertend oder antithetisch zu verstehen, sie beschreibt vielmehr das Faktische[225].

Wenngleich also σάρξ in 1Kor 10,18 den „an sich neutrale[n] irdisch-menschliche[n] Bereich" bedeutet[226], so ist dennoch nicht zu verkennen, daß dieser nach Paulus „nicht das Heil vermittelt"[227] und daß damit die Bezeichnung „Israel nach dem Fleisch" *implizit* ein weiteres „Israel" voraussetzt[228] oder zumindest nach einem anderen „Israel" fragen läßt. *Es scheint, daß Paulus hier in 1Kor 10,18 an der Grenze zu einem übertragenen und problematischen Gebrauch des „Israel"-Namens steht*[229]. Anders als die Nachfolgenden hat Paulus diesen Schritt jedoch nicht explizit vollzogen[230]. Es läßt sich jedoch aufgrund des Schriftgebrauchs in 10,1–13 und der Reklamierung der Wüstengeneration als „unsere Väter" nicht bestreiten, daß der paulinische Sprachgebrauch in 1Kor gegen eine solche Weiterführung nicht gefeit ist[231]. Dies wird auch durch das letzte hier zu besprechende Motiv belegt.

---

[224] Von SCHRAGE, Israel, 144, andere Autoren referierend m.R. abgelehnt. S. u.a. WEISS, 1Kor, 260; NEUENZEIT, Herrenmahl, 62 A.37; VAN DÜLMEN, Theologie, 53 A.115.

[225] Der Versuch von SCHRAGE, Israel, erneut V.18–20 auf die Verehrung des goldenen Stieres zu beziehen, enthält ein doppeltes Problem: Zum einen macht die präsentische Formulierung in V.18b diesen Rückbezug unwahrscheinlich (vgl. WOLFF, 1Kor, 55), zum anderen interpretiert SCHRAGE V.18 zu stark von Röm 9–11 her und muß daher eine vermeintliche Spannung ausgleichen. Geht man jedoch davon aus, daß sich die paulinische Stellungnahme zu Israel in einem fortschreitenden Prozeß befindet, dann lassen sich etwaige Spannungen aushalten. Da es sich in V.18 nur um einen „Zwischengedanken" handelt (SCHWEIZER, ThWNT VII, 127 A.232), geht die Interpretation von „Israel nach dem Fleisch" im Sinn des „Israel, soweit es nicht Gott, sondern den Götzen opfert", oder des „Israel, das sich trotz des πνεῦμα an der σάρξ orientiert" (so SCHRAGE, Israel, 150), in die falsche Richtung.

[226] SCHWEIZER, ThWNT VII, 127.

[227] SCHWEIZER, ThWNT VII, 127.

[228] So WOLFF, 1Kor, 54. Dies jedoch sofort mit dem „neue[n] Gottesvolk der Christen" zu identifizieren und die Parallelen zu Gal 3,29; 6,16 und Phil 3,3 zu ziehen (so WOLFF, ebd.), erscheint verfrüht.

[229] KUHLI, H., Art. Ἰσραήλ, EWNT II, 495–501, hier: 500.

[230] Es ist daher mißlich, hier von einer „beginnende[n] Usurpation des Volksnamens durch die Christen" zu sprechen (so KUHLI, EWNT II, 500), denn der judenchristliche Charakter der christlichen Gemeinden war kaum schon verschwunden. Zudem war die Trennung von Christen und Juden, wie sie später kennzeichnend wurde, keineswegs vollzogen, sondern noch in den Ansätzen. Schließlich läßt sich die mit der Verwendung des Israelnamens ursprünglich verbundene Absicht auch kaum als usurpatorisch bezeichnen – was in der dritten Generation der christlichen Gemeinden daraus wurde, soll damit keineswegs beschönigt werden.

[231] Es wird zu überprüfen sein, ob Gal 3,29; 6,16; Phil 3,3 eine Fortsetzung dieser Linie bedeuten.

3. „Unser Passa ist geschlachtet – Christus" (5,7)

1Kor 5,1–13 behandelt Paulus einen Fall von πορνεία, der in der Gemeinde aufgetreten ist. Hinsichtlich der Einzelheiten läßt sich über Vermutungen kaum hinauskommen[232]. V.1–5 benennt Paulus den Fall und fällt sofort sein Urteil, daß der Betreffende dem Satan zu übergeben sei[233]. V.6–13 gehen dann über in „allgemeine Reflexionen über die Reinheit der Gemeinde und ihre Stellung zur Welt"[234], wobei Paulus in V.6–8 den „Bildkreis"[235] vom Sauerteig und dem Ungesäuerten allegorisierend auf die Reinheit der Gemeinde ausdeutet. In der synoptischen Tradition begegnet „Sauerteig" sowohl positiv (Mt 13,33) wie auch negativ (Mk 8,15parr; Mt 16,11). Hier bei Paulus wird die Gemeinde hintereinander als vom Sauerteig zu reinigendes Haus, als neuer, ungesäuerter Teig und als Passateilnehmer vorgestellt. Christus erscheint dabei in V.7 als „unser geschlachtetes Passalamm". Die Formulierung ist insofern ungewöhnlich, als sonst nirgendwo im NT Jesus in solcher Eindeutigkeit als Passalamm bezeichnet wird[236].

Funktional bedeutet V.7b eine christologische Begründung des neuen Seins der Christen: „Die Christen sind ἄζυμοι, weil Christus durch seinen Tod am Kreuz ein für allemal die neue Weltzeit heraufgeführt und die Macht der alten Welt gebrochen hat."[237] Weil Christus als Passalamm schon geschlachtet ist, hat die Festzeit angefangen, dementsprechend ist „das Auftauchen von Sauerteig in der begonnenen Passazeit unangemessen"[238].

Sachlich-inhaltlich stellt V.7b eine *überbietende Anknüpfung* an das atl. Passalamm dar. Dort diente das Blut der Passalämmer dazu, jene zu bezeichnen, die zur Gemeinde Israels gehörten und nicht dem Würgeengel zum Opfer fallen sollten. Sühnende Kraft hatten diese Lämmer nicht, ihre Funktion war apotropäisch bestimmt. Im Frühjudentum wurde dem Passalamm mehr und mehr auch eine sühnende Kraft zugeschrieben[239]. Mit dem Passalamm

---

[232] Es handelt sich vermutlich darum, daß ein Mann nach dem Tod seines Vaters mit seiner Stiefmutter eine Ehe oder ein Konkubinat eingegangen ist, CONZELMANN, 1Kor, 114; SCHRAGE, 1Kor I, 369f. Sollte tatsächlich dieser Sachverhalt vorliegen, so würde die Haltung des Paulus der Forderung der Rabbinen gegenüber Juden entsprechen: Ihnen war auch nach dem Ableben des Vaters die Ehe mit der Stiefmutter nicht gestattet. Anders entschied R. Eliezer (um 90) hinsichtlich der Proselyten; vgl. FASCHER, 1Kor, 157. Doch auch das römische Recht verbietet die Ehe zwischen Stiefmutter und Stiefsohn; Belege bei CONZELMANN, 1Kor, 116 A.29.

[233] Die öfters anzutreffende Bezeichnung „Blutschänder", so z.B. SCHRAGE, 1Kor I, 367ff.379 u.ö., trifft den Sachverhalt nicht präzise.

[234] CONZELMANN, 1Kor, 118.

[235] SCHRAGE, 1Kor I, 379.

[236] Zur johanneischen Passatypologie vgl. KRAUS, Tod Jesu, 265f. Angemerkt sei, daß 1Kor 5,7 die johanneische Passionschronologie zu bestätigen scheint.

[237] SCHRAGE, 1Kor I, 382.

[238] SCHRAGE, 1Kor I, 383f.

[239] Belege und Literatur bei KRAUS, Tod Jesu, 266 A.29.

sind im Judentum insgesamt weitreichende Vorstellungen verbunden[240]. Von grundlegender Bedeutung ist, daß am Passamahl nach Ex 12,43–49 kein Unbeschnittener teilnehmen darf[241]. Diese Restriktion stellt für Paulus kein Problem mehr dar. Die Christen als am Herzen Beschnittene bekommen Anteil am Passalamm Christus. Paulus stellt neben das das Volk Israel konstituierende Auszugspassa Christus als das die Gemeinde konstituierende Passalamm[242]. Die „jüdischen, kultischen Kategorien" (Passaopfer etc.) sind dabei als Deutekategorien des Werkes Christi nicht nur geeignet, weil „sie den Tatcharakter der Versöhnung darstellen"[243], sondern werden von Paulus bewußt eingesetzt, um die heilsgeschichtliche Verwurzelung und die erwählungsgeschichtliche Tiefendimension, in der die Gemeinde steht, zum Ausdruck zu bringen[244]. Die Gefahr, Israel die grundlegende Heilssetzung des Passa zu enteignen, ist bei Paulus noch nicht gegeben[245]. Eine enteignende Weiterführung des paulinischen Gedankens im Sinn einer Abwertung des alten und antithetischen Interpretation des neuen Passa ist jedoch nicht ausgeschlossen[246].

e) Der „neue Bund" durch Jesus (11,25)

Die bisher verfolgte Grundlinie, wonach im 1Kor eine Übertragung und Ausweitung, aber keine Abwertung der atl. Heilssetzungen vorliegt, bestätigt sich nun schließlich auch in 1Kor 11,23b–25, insbesondere im Gebrauch des Ausdrucks καινὴ διαθήκη.

---

[240] V.a. die Verbindung zur Aqedat Jizchaq ist hier zu nennen und die Interpretation in eschatologischem Kontext. Vgl. MekhY Pischa VII, 79; XI, 93 (LAUTERBACH I, 57.88); dazu ZUIDEMA, W., Isaak wird wieder geopfert, in: DERS., Hg., Isaak wird wieder geopfert [...], Neukirchen 1987, 13–44, hier: 26. Zur Verbindung des Passa mit eschatologischen Motiven s. STROBEL, A., Die Passa-Erwartung als urchristliches Problem in Lc 17,20f, ZNW 49, 1958, 157–196 (Lit.).

[241] Zur peinlich genauen Einhaltung dieser Bestimmung s.o. S. 94f.

[242] Ohne daß damit die Bedeutung des Auszugspassa zurückgesetzt würde!

[243] So CONZELMANN, 1Kor, 120.

[244] ROLOFF, Bedeutung, 40. Diese Struktur der Anknüpfung findet ihren Ausdruck auch in der Verwendung des Loskaufmotivs, 1Kor 6,20; 7,23, das ursprünglich in der Exodustradition beheimatet ist; vgl. dazu die bei KRAUS, Tod Jesu, 177ff, genannte Literatur, v.a. PAX und HAUBECK, daneben VOLLENWEIDER, Freiheit, 301f.

[245] 1Kor 5,7 impliziert noch nicht die Vorstellung eines „neuen Bundesvolkes"; gegen CONZELMANN, 1Kor, 120.

[246] Für 1Kor 5,7 trifft die Auslegung von FASCHER, 1Kor, 163, wonach das alte Passa „abgetan" sei, gerade nicht zu. FASCHER interpretiert 5,7 von Phil 3,4–10 her und kommt deshalb zu der überzogenen Aussage, das alte Passa sei „Kehricht', ... den beizubehalten geradezu ein Schaden wäre" (ebd.). Ebenso fragwürdig ist seine Beiziehung des ἐφάπαξ aus Hebr 7,27; 9,12; 10,10. Die Zielrichtung des Paulus ist nicht die Entgegensetzung von alt und neu, sondern von Sauerteig und Ungesäuertem, d.h. letztlich Ethik und nicht Heilsgeschichte.

1Kor 11,17–34 greift Paulus Probleme auf, die sich bei der Feier des Herrenmahls in Korinth ergeben haben. Ziel seiner Argumentation ist es, die
sozialethische Verpflichtung, die aus der Gemeinschaft am Tisch des Herrn
erwächst, herauszustellen. Wer am Herrenmahl teilnimmt und dabei des
Leibes Christi teilhaftig wird, kann nicht umhin, dies in seinem Umgang mit
den anderen Gemeindegliedern zu realisieren[247]. Dabei ist das Verhalten nicht
ins Belieben der Gemeindeglieder gestellt, sondern geschieht unter dem Gerichtshorizont: Wer den Leib des Herrn nicht richtig beurteilt (διακρίνω), ißt
und trinkt sich selbst zum Gericht (V.29).

In diesem Zusammenhang zitiert Paulus die Einsetzungsworte des Herrenmahls, wie er sie empfangen und weiterüberliefert hat (V.23b–25)[248]. Das
Motiv der καινὴ διαθήκη ist dabei dem Kelchwort zugeordnet.

Ein Vergleich mit der synoptischen Herrenmahlüberlieferung ergibt, daß Mt/Mk und Lk/Pau-
lus jeweils unterschiedlichen Überlieferungssträngen folgen[249], wobei Mt und Lk jeweils weiter-
entwickelte Formen repräsentieren[250]. Es fällt auf, daß im Unterschied zu Mk bei Paulus nicht
σῶμα und αἷμα, sondern σῶμα und ποτήριον parallelisiert sind[251]. Diese Inkongruenz läßt
auf ein älteres Überlieferungsstadium der paulinischen Fassung schließen[252]. Dies kann jedoch
nicht auf das gesamte Kelchwort übertragen werden. Überhaupt ist dessen ursprüngliche Form
umstritten.

Eine radikale Lösung schlägt Merklein vor: Nach seiner Analyse stellt das Kelchwort sowohl
in der Form Mk 14,24 wie auch 1Kor 11,25 eine sekundäre Erweiterung dar. Das ursprüngliche
Kelchwort findet er in Mk 14,25, dem eschatologischen Ausblick[253]. Doch seine Argumentation
ist keinesfalls zwingend. Insbesondere ist sie nach den Erwägungen Karrers unwahrscheinlich.

Karrer hat dargetan, daß der Horizont des Gerichts für 1Kor 11,23b–24 bestimmend ist.
„Gottes Zorn, sein Gericht wandte sich gegen Jesus, den Herrn, als Geschehen für uns."[254] Dies
gelte gerade für das Kelchwort. ‚Kelch' sei in der alt- und zwischentestamentlichen Literatur
mit Abstand am häufigsten Ausdruck für „Gottes (Zorn-)Gericht und das daraus resultierende
Unheil"[255]. Sieht man das Kelchwort vom Gerichtsmotiv her bestimmt und nicht primär vom

---

[247] Zu dieser Auslegung s. KLAUCK, Herrenmahl, 325ff.331f; ROLOFF, Kirche, 105f; vgl. weiterhin die Literatur bei KARRER, Kelch, 217 A.99.

[248] Ob man sagen kann, Paulus zitiere nur und interpretiere nicht, so GRÄSSER, Bund, 117;
KARRER, Kelch, 199f, wird noch zu überprüfen sein.

[249] GRÄSSER, Bund, 116; ROLOFF, Neues Testament, 225; ROLOFF, ³EKL I, 10ff; DELLING,
TRE 1, 47ff.

[250] MERKLEIN, Erwägungen, passim; PATSCH, Abendmahl, 77ff. Die überlieferungsgeschicht-
lich älteste Form stellt nach MERKLEIN, Erwägungen, 164ff, die paulinische Überlieferung dar.
Dies ist jedoch nur bedingt zutreffend, vgl. dazu die differenzierende Darstellung bei ROLOFF,
Neues Testament, 224f; dazu KLAUCK, Herrenmahl, 299.

[251] ROLOFF, Neues Testament, 225. Nach GRÄSSER, Bund, 117, stehen σῶμα und διαθήκη
parallel.

[252] GRÄSSER, Bund, 117; ROLOFF, Neues Testament, 225.

[253] MERKLEIN, Erwägungen, 173f; ähnlich schon BULTMANN, Geschichte, 286f; erwogen bei
HAHN, Motive, 341; in die gleiche Richtung geht KLAUCK, Herrenmahl, 314.321.329.

[254] So als Umschreibung von V.23b–24, KARRER, Kelch, 208; vgl. dazu schon GOPPELT, L.,
Art. ποτήριον, ThWNT VI, 148–158, hier: 149f.156.

[255] KARRER, Kelch, 209, so jedoch schon FELDMEIER, R., Die Krisis des Gottessohnes,
WUNT II.21, 1987, 176–185.

Kelchinhalt bzw. dem Trinken und geht man davon aus, daß dieses Gerichtsmotiv beim irdischen Jesus verankert ist, wofür einiges spricht, dann kann Mk 14,25 nicht das ursprüngliche Kelchwort sein, sondern dies wäre hinter 1Kor 11,25 zu suchen.

Dann aber stellt sich die Frage, wie das διαθήκη-Motiv überlieferungsgeschichtlich zu beurteilen ist. Die Mehrzahl der Ausleger sieht darin ein sekundäres Einsprengsel[256]. Eine Rückführung auf Jesus selbst scheint unmöglich. Es wird von Paulus im vorliegenden Zusammenhang nicht weiter verfolgt, daher hält Gräßer eine Abwandlung der Überlieferung im Zusammenhang der Abfassung des 1Kor für unwahrscheinlich[257]. Doch damit ist das Problem nur vorverlegt.

Auch hinsichtlich der Herkunft des διαθήκη-Motivs in 1Kor 11,25 besteht keine Einigkeit. In der Regel wird es auf Jer 31 zurückgeführt[258]. Kutsch erwägt, ob nicht zwei Vorstellungen kombiniert sind, und somit Jer 31 und Ex 24,8 den Hintergrund bilden[259]. Karrer votiert gegen eine Rückbeziehung von 1Kor 11,25 auf Jer 31(38 LXX),31ff, denn die Wortstellung καινὴ διαθήκη läßt sich nicht auf Jer 31 zurückführen und außerdem bestimmt Jer 31 „den ‚neuen Bund' nicht von einer Lebenshingabe aus und hört ihn vor allem als Verheißung für ein Leben in der Tora, wovon nun wieder 1Kor 11,25 schweigt"[260].

Welche Lösung der Probleme läßt sich vorstellen?[261] Im Anschluß an Gräßer und Roloff könnte die ursprüngliche Fassung der Deuteworte des Herrenmahls gelautet haben: „Dies ist mein Leib. Dieser Kelch ist mein Blut für die Vielen"[262]. Mk 14,25 als ursprüngliches Kelchwort ist unwahrscheinlich, gehört aber zum ältesten Bestand. Die Verankerung des ποτήριον im Kelchwort ist ursprünglich. Brotwort und Kelchwort sind durch die Mahlhandlung voneinander getrennt. Dies würde auch einer sonst vorhandenen Doppelung der Deuteworte gegensteuern. Die Einführung der (καινὴ) διαθήκη stellt eine sekundäre Interpretation dar, wobei ein Anschluß an Jer 31 nicht nachweisbar ist. Als Interpretament des Kelchwortes ist das Stellvertretungsmotiv ursprünglich. „Für die Vielen" nimmt dabei Bezug auf Jes 53. Es handelt sich um eine nicht ableitbare, *„singuläre Spitzenaussage"*[263], zu der Jesus in der Situation seines bevorstehenden Todes durchgedrungen ist. Jesus hat somit seinen Jüngern in der gesamten Mahlhandlung das Verständnis seines Ge-

---

[256] U.a. PATSCH, Abendmahl, 356 A.596; ROLOFF, Neues Testament, 225; GRÄSSER, Bund, 120.125; MERKLEIN, Erwägungen, 173f; anders z.B. HOLTZ, Jesus, 125; WOLFF, 1Kor, 89.

[257] GRÄSSER, Bund, 118, im Anschluß an KLAIBER, Rechtfertigung, 159 A.437.

[258] BEHM, Begriff, 62f; KÜMMEL, Theologie, 83f; HÜBNER, Biblische Theologie II, 179.

[259] KUTSCH, Testament, 119.

[260] KARRER, Kelch, 219; vgl. GRÄSSER, Bund, 119f; WOLFF, Jeremia, 131–134 (vgl. die Modifikation in WOLFF, 1Kor, 87 A.116); dagegen LEVIN, Verheißung, 266.

[261] S. dazu PATSCH, Abendmahl, 151–225. KLAUCK, Herrenmahl, 309, verbindet ὑπὲρ πολλῶν mit dem Brotwort. Nach HOFIUS, O., Τὸ σῶμα τὸ ὑπὲρ ὑμῶν 1Kor 11,24, ZNW 80, 1989, 80–88, stellt ὑπὲρ πολλῶν eine sekundäre Angleichung an Jes 53 dar, ursprünglich sei dagegen von ὑπὲρ ὑμῶν auszugehen.

[262] S. GRÄSSER, Bund, 125; ROLOFF, Neues Testament, 225.

[263] ROLOFF, Kirche, 55.

schickes im Sinn stellvertretender Hingabe für sein Volk, präzis: als Übernahme des Gerichts, erschlossen[264].

Trifft dies zu, dann ist erklärlich, warum der διαθήκη-Gedanke sich an das Kelchwort anlagern konnte: Nach Jes 49,8 kommt in der Sendung des Gottesknechtes die διαθήκη ἐθνῶν zum Ausdruck (vgl. Jes 42,6; 49,6: διαθήκη γένους εἰς φῶς ἐθνῶν)[265]. Wird „für die Vielen" nicht mehr streng in seinem Israel-Bezug, sondern umfassend gesehen, liegt die Explikation im Sinn der διαθήκη ἐθνῶν, und damit im Sinn einer καινὴ διαθήκη nicht mehr fern.

Damit ist noch einmal auf den Gerichtshorizont zurückzukommen. Wenn sich „Kelch" im AT und Frühjudentum überwiegend auf Gottes Gerichtshandeln bezieht, dann ist jetzt zu interpretieren: Durch seine Lebenshingabe hat Jesus den Zorn und das Gericht Gottes auf sich genommen, weshalb der „Kelch" zum „Segenskelch" werden kann (1Kor 10,16)[266]. Die neue „Setzung" würde nun darin bestehen, daß Jesus „Gottes rettendes Tun, das dem Gottesvolk seit jeher galt, zu letzter Fülle" bringt[267], nicht im Sinn einer Ablösung der alten „Setzung", sondern im Sinn einer Bestätigung und Ausweitung auf die Heiden[268].

Insofern könnte καινὴ διαθήκη ein Interpretament des Paulus bzw. der vorpaulinischen Stufe darstellen[269], wodurch zum Ausdruck kommt, daß

---

[264] Ich präzisiere damit meine in KRAUS, Tod Jesu, 200 samt A.3, gemachten Ausführungen zum Todesverständnis Jesu. Trotz des erneuten Versuchs von STUHLMACHER, Biblische Theologie I, 125–143 (wobei jedoch über die bislang bekannten Arbeiten STUHLMACHERS hinaus keine wesentlichen neuen Aspekte geboten werden), im Anschluß an Lk 13,31ff; Mk 9,31par; Mk 10,45par ein explizites soteriologisches Verständnis seines Todes im Sinn eines Sühnopfers schon bei Jesus selbst namhaft zu machen (vgl. bes. ebd., 128ff), ist weiterhin davon auszugehen, daß eine soteriologische Interpretation seines eigenen Todes im Rahmen kultischer Sühne für Jesus nicht nachweisbar ist. Daher bietet die Jesusüberlieferung auch keine explizite Anknüpfungsmöglichkeit für Vorstellungen, wie sie sich in Röm 3,25f o.ä. finden. Die Möglichkeit, daß Jesus seinen Tod im Horizont von Jes 53, also im Rahmen nicht-kultischer Stellvertretung sehen konnte, ist dagegen zu erwägen. Sie stellt angesichts des sonstigen Gebrauchs von Jes 53 im Frühjudentum die ureigenste Leistung Jesu „aufgrund eigenständigen, kreativen Umgangs mit der Heiligen Schrift" dar; ROLOFF, Kirche, 55, im Anschluß an PATSCH, Abendmahl, 224; MERKLEIN, H., Jesu Botschaft von der Gottesherrschaft, SBS 111, 1983, 139.

[265] Die Einwände von HAHN, Motive, 366, stehen dem nicht prinzipiell entgegen. KLAUCK, Herrenmahl, 313 A.167, verweist noch auf Jes 55,3, was jedoch m.E. eine andere Tendenz aufweist.

[266] KARRER, Kelch, 212.215.217.

[267] KARRER, Kelch, 220.

[268] Mit KARRER, Kelch, 220; gegen GRÄSSER, Bund, 126f.

[269] Eine Ableitung der mk Fassung aus der Erwähnung der διαθήκη bei Paulus ist deshalb unwahrscheinlich, weil dann die Streichung des καινή unerklärlich bliebe (vgl. WOLFF, 1Kor, 87). Andererseits kann auch die Mk-Fassung mit ihrem Bezug auf Ex 24,8 nicht als ursprünglicher bezeichnet werden (gegen KÄSEMANN, Anliegen, 30). Aus der Formulierung „dieser Kelch ist der Bund in meinem Blut" ließen sich sowohl die Paulus- wie auch die Mk-Fassung ableiten (WOLFF, 1Kor, 87). Möglicherweise stellt sie die vorpaulinische Stufe dar. Indes ist hier kaum Sicherheit zu gewinnen. Nachdem das Motiv der καινὴ διαθήκη in 2Kor 3 eine zentrale Rolle spielt, muß damit gerechnet werden, daß es von Paulus selbst eingebracht worden ist (KÄSE-

„Gottes Heilssetzung nun über alle Völker ausgreift"[270] und damit die Heiden dem Gottesvolk gleichgestellt werden.

f) Zusammenfassung zum 1Kor

Nach den Aussagen des 1Kor stellt die ἐκκλησία τοῦ θεοῦ, das sind die Glaubenden aus Juden und Heiden, das endzeitliche Gottesvolk dar. Paulus gebraucht, um diesen Sachverhalt auszudrücken – wie im 1Thess – nicht die Begrifflichkeit λαὸς θεοῦ, sondern ‚Heilige', ‚in Christus Geheiligte', ‚berufene Heilige', ‚die den Herrn Anrufende', ‚von Gott Erkannte', die allesamt dem Bereich der atl.-jüdischen Gottesvolkthematik zugehören.

Die Ethik führt als ‚Heiligung' notwendig in eine Unterscheidung von der ‚Welt' und ist motiviert durch die Inanspruchnahme der Gemeinde durch Gott als ‚Tempel Gottes', ‚Tempel des Geistes', ‚Bauwerk Gottes', ‚Pflanzung Gottes'. Die Gemeindeglieder gelten als ‚geheiligt' (1.2.30; 6,11; 7,14). Bei der Darstellung dieser Aussonderung durch Gott findet sich in 1Kor keine heilsgeschichtliche, sondern eine christologische Begründung. Die Heiligung geschah durch die Taufe (6,11), Christus selbst ist der Gemeinde zur Heiligung gemacht (1,30), die Korinther sind ‚in Christus Geheiligte' (1,2). Dies stellt jedoch keinen Widerspruch dazu dar, daß die Stellung der Glaubenden analog der Israels ausgedrückt wird: Gott ist ihr Vater (1,3; 8,6), die Glaubenden sind ‚von Gott erkannt' (8,3).

Die Leib-Christi-Vorstellung, die 1Kor 12 explizit begegnet, beschreibt funktional die Einheit der Gemeinde. Sie ist nicht in Alternative zur Gottesvolk-Vorstellung zu sehen und ist auch keine aktualisierende Zuspitzung derselben, sondern hat eine andere Zielrichtung: Ging es beim Parteienstreit in Korinth letztlich um ein „Integrationsproblem"[271], so wird die Leib-Vorstellung von Paulus eingebracht, um die Gemeinde auf ihre ‚in Christus' vorgegebene Einheit hinzuweisen. Die daneben benutzten Epitheta, die ursprünglich dem Gottesvolk Israel zugehören (Erwählte, 1,2.27; berufene Heilige, 1,2; Tempel/Bau/Pflanzung Gottes 3,17; 3,9.16f), drücken die Identität und das Wesen der christlichen Gemeinde aus. D.h. die Gottesvolkthematik bildet den bleibenden Hintergrund der paulinischen Ekklesiologie, die Leib-Christi-Vorstellung wird aus einem aktuellen Anlaß entwickelt. Wenngleich die Gottesvolkthematik vordergründig eine untergeordnete Rolle zu spielen scheint, bildet sie doch die unabdingbare Voraussetzung paulinischer Argumentation.

MANN, Anliegen, 30; WEGENAST, Tradition, 100). Für καινός als paulinische Zufügung könnte auch der Sprachgebrauch in 5,7 sprechen.

[270] KARRER, Kelch, 220.

[271] MERKLEIN, 1Kor I, 139.

Im 1Kor finden sich Ansätze, die Gemeinde als das „neue Gottesvolk" anzusehen. Darauf deuten Formulierungen wie ‚unsere Väter', ‚Israel nach dem
Fleisch' und ‚unser Passa' hin; ebenso, daß durch Christus der ‚neue Bund'
gestiftet sei. Diesen Formulierungen fehlt jedoch durchweg das antithetische
Gegenüber, sie dürfen daher nicht abwertend verstanden werden: Der ‚neue
Bund' muß nicht in Antithese zum ‚alten Bund' gedacht werden, sondern ist
als „erneuerter, die Heiden einschließender Bund" zu verstehen[272]. Die ἐκκλησία wird nirgends als das ‚Israel nach dem Geist' tituliert und ‚unser Passa'
steht nicht im Kontext einer Ausführung, die auf die Ablösung des Passa
beim Exodus aus Ägypten zielt. Daß die Väter Israels auch als Väter der Christusgläubigen in Korinth erscheinen, bedeutet zunächst eine Ausweitung über
den bisherigen Geltungsbereich hinaus, aber noch nicht die Enteignung Israels. Der Schritt dazu ist aber nicht weit.

Die Frage, was aus dem bisherigen Gottesvolk Israel wird oder geworden
ist, bildet mithin kein eigenständiges theologisches Thema im 1Kor und wird
nicht explizit verhandelt. Implizit muß jedoch davon ausgegangen werden,
daß der Charakter Israels als Gottesvolk nach diesen Ausführungen nicht
unberührt bleiben kann. Dies geschieht weniger durch die Aussage vom
‚neuen Bund' etc. als vielmehr durch die den 1Kor insgesamt kennzeichnende
kreuzestheologische Konzentration (z.B. 1,18ff; 7,18) und durch die die erwählungsgeschichtlichen Unterschiede aufhebende Gabe des Geistes (12,12f).
Dadurch verlieren ursprüngliche Vorzüge Israels an Gewicht.

---

[272] Die Argumentation in 1Kor 11 läuft anders als in Gal 4. Dort werden – wie noch zu zeigen sein wird – Sinaibund und Abrahambund in Beziehung gesetzt, wobei der Abrahambund
als der ältere (!) den Sinaibund überragt. Es ist somit nicht davon auszugehen, daß Paulus bei
der Erwähnung der καινὴ διαθήκη in 1Kor 11 auf das Schema zweier Bünde abhebt, wobei der
‚neue' den ‚alten' ablöst.

§ 11 Die Gemeinde im Bild der Braut nach dem „Tränenbrief" (2Kor 10–13*)

a) Vorbemerkungen zu 2Kor 10–13*

Der Textzusammenhang 2Kor 10,1–13,10 hebt sich deutlich ab von den vorangehenden Kapiteln. Eine gleichzeitige Abfassung mit Kap. 1–9 und damit Zugehörigkeit zu ein und demselben Brief ist nicht vorstellbar[1]. Paulus würde nicht nur seine Kollektenbitte in Kap. 8 konterkarieren, sondern dem gesamten Duktus von Kap. 1ff entgegenschreiben. Mit der Möglichkeit, daß Kap. 10–13 die Reaktion auf das erneute Aufbrechen des Konfliktes darstellen, muß prinzipiell gerechnet werden. Jedoch ist davon im Text ausdrücklich nichts zu spüren. Die in 2Kor 7,16 vorausgesetzte Versöhnung ist nirgends in Zweifel gezogen. Die plausibelste Lösung bleibt die Vorstellung, daß es sich in 2Kor 10–13* um ein Fragment eines selbständigen Briefes handelt, der vor den ‚Versöhnungsbrief' zu datieren ist. Sieht man den Ausdruck ‚Tränenbrief' (vgl. 2Kor 2,4; 7,8) nicht nur vom Schreiber, sondern auch von dem her, was er bei den Empfängern ausgelöst hat, so erscheint die Bezeichnung ‚Tränenbrief' für das vorliegende Brieffragment nicht unpassend[2].

b) „Ich habe euch einem einzigen Mann verlobt" (2Kor 11,2)

Innerhalb der rhetorisch in Form einer ‚Narrenrede' gestalteten Passage 2Kor 11,1–12,13[3], kommt Paulus zunächst auf seine „unvergleichliche Verbundenheit mit der Gemeinde"[4] zu sprechen. Sie bildet den Hintergrund seiner Ausführungen und die Basis für die Anwendung dieses rhetorischen Mittels[5]. V.2

---

[1] Hierzu ist weder die „schlaflos durchwachte Nacht" (LIETZMANN), noch die Ankunft neuer Nachrichten aus Korinth eine zureichende Erklärung. Zur literarkritischen Problematik vgl. auch die Bemerkungen zu 1Kor; s.o. S. 157ff.

[2] Vgl. dazu DAUTZENBERG, Zweiter Korintherbrief, 3050ff; LANG, NTD 7, 326f; weiterhin die bei WOLFF, 2Kor, 1 A.3 und 190 A.3, genannten Autoren. Dabei ist unumwunden zuzugeben, daß auch diese Lösung der literarkritischen Problematik noch nicht völlig befriedigt, sondern nach weiterer Klärung ruft.

[3] Vgl. dazu ZMIJEWSKI, Stil. Zum Duktus der vier Kapitel s. die überzeugende Gliederung bei WOLFF, 2Kor, IX. 2Kor 10,1–6 hat dabei die Funktion eines Prooemiums. Zur Problematik des Begriffs „Narrenrede" und zur Frage, ob Paulus dabei die Rolle eines Komödianten oder nicht vielmehr das weisheitlich geprägte Bild des Toren vor Augen hat, s. HECKEL, Kraft, 20–22. HECKEL, ebd., 22, plädiert für eine „Parodie".

[4] WOLFF, 2Kor, 210.

[5] 2Kor 11,1–4 stellt eine Einleitung zur „Kernthese" seiner Narrenrede, die in V.5 enthalten ist, dar; HECKEL, Kraft, 23.49.

stellt die Begründung (γάρ) für den in V.1 geäußerten (unerfüllbaren[6]) Wunsch dar, die Korinther möchten doch ein wenig Torheit von ihm ertragen[7]. Der Vers enthält drei Bestimmungen, die deutlich machen, inwiefern Paulus die Gemeinde im Horizont des Gottesvolkes ansieht.

1. Θεοῦ ζῆλος

Paulus betont, daß sein Eifer um die Gemeinde nicht menschliche Ursachen habe, sondern daß er „mit dem Eifer Gottes um sie eifert"[8]. Dahinter steckt die Vorstellung von der Eifersucht Gottes für sein Volk. Gott ist der אֵל קַנָּא, der mit Eifersucht über sein Volk wachende Gott, der den Abfall zu anderen Göttern nicht duldet (Ex 20,5; 34,14 [hier sogar יהוה קנא]; Dtn 4,24; 5,9; 6,15)[9]. Die Eifersucht Gottes, mit der er „über seine Einzigartigkeit" als *der* Gott Israels wacht[10], wirkt sich aus in der Bestrafung der Fremdvölker und in der Vollendung des Heils für Israel (vgl. Jes 9,6; Ez 39,25; Joel 2,18; Sach 1,14; 8,2 u.ö.), aber auch in der „strafenden Vergeltung, die Gott an seinem abgefallenen Volke übt"[11] (vgl. Dtn 29,19; Ez 5,13; Zef 1,18; 3,8; Ps 79,5). Dabei umschreibt Ez in eben diesem Zusammenhang das Verhältnis zwischen Gott und Volk im Bild der Ehe (16,38.42; vgl. 23,25).

Die Rede von der Eifersucht Gottes führt somit traditionsgeschichtlich unmittelbar in den Kontext des Verhältnisses zwischen Gott und seinem Volk. Paulus gebraucht die Vorstellung, um seine Betroffenheit über das Verhalten der Korinther und sein Engagement, sie zurückzugewinnen, zum Ausdruck zu bringen.

2. Ἁρμόζεσθαι

Die mediale Form steht hier für das Aktiv (vgl. BDR § 316,1). Ἁρμόζειν heißt zunächst „passen", „einpassen", „zusammenfügen", dann in der Funktion eines t.t. „verloben". In der LXX ist dieser Sinn in Prov 19,14 belegt (οἶκον καὶ ὕπαρξιν μερίζουσιν πατέρες παισίν, παρὰ δὲ θεοῦ ἁρμόζεται γυνὴ ἀνδρί; vgl. Josephus, Ant 20,140; Philo, All II,67). An unserer Stelle versteht

---

[6] Vgl. BDR § 359,1.

[7] Die „Toleranz" der Korinther wird hier von Paulus sarkastisch angesprochen, ist sie es doch auch, die die Gemeinde dazu gebracht hat, sich „einen anderen Jesus", „einen anderen Geist" und „ein anderes Evangelium" (V.4) aufschwatzen zu lassen.

[8] Es ist ein Eifer, „wie Gott ihn hat" bzw. „wie er Gottes Willen entspricht"; BULTMANN, 2Kor, 202.

[9] Vgl. dazu HALBE, Privilegrecht, 134–140; BERNHARDT, Gott und Bild, 92; ZIMMERLI, Gebot, 238ff; weitere Literatur bei SAUER, THAT II, 649.

[10] SAUER, THAT II, 649.

[11] SAUER, THAT II, 649.

sich Paulus als Brautführer, „der dem himmlischen Bräutigam die Brautge-
meinde rein und unberührt zuführen soll"[12].

In der rabbinischen Tradition gilt Mose im Anschluß an Ex 19,17 als Brautführer, der die Braut
Israel zum als Heirat verstandenen Bundesschluß am Sinai Gott zuführt[13].

3. Das Verhältnis der Gemeinde zu ihrem Herrn im Bild der „Braut"

Wenngleich sich für die rabbinische Vorstellung, wonach Mose als Brautführer Gott die Braut Israels beim Bundesschluß zuführt, keine dem NT zeitgenössischen Belege finden lassen, so ist die Darstellung des Verhältnisses Gottes zu Israel im Bild von Bräutigam und Braut schon prophetischen Ursprungs. Erstmals Hosea hat die Besonderheit des „engen Liebes- und Treue-
verhältnisses"[14] zwischen JHWH und seinem Volk so beschrieben (s. Hos 1-
3, bes. 2,21f[15]). Jeremia (3,1), Ezechiel (16,8), Deutero- und Tritojesaja (50,1;
54,4-6; 62,5) führen diese Linie fort. An allen Belegstellen handelt es sich
darum, daß die einmalige Sonderstellung des Volkes Gottes zu seinem Gott
als Braut oder Ehefrau, womit einerseits die besondere Liebe Gottes, dann
aber auch die ungeteilte Hingabe des Volkes gemeint ist, thematisiert wird.

Paulus gebraucht dieses exzeptionelle Bild, um das Verhältnis der Gemeinde zu ihrem Herrn auszudrücken. Der Bräutigam, dem die Braut als reine
Jungfrau zugeführt werden soll, ist in 2Kor 11 jedoch nicht Gott, sondern
„der eine Mann", Christus.

Hier kommt die andere Wurzel des von Paulus gebrauchten Bildes zum
Tragen: die apokalyptische Vorstellung von der Messiaszeit als Hoch- und
Freudenzeit (Jes 61,10; 62,5)[16]. Jedoch kennt weder das AT noch das Frühjudentum eine Gleichsetzung des Messias mit dem Bräutigam[17]. Diese Anwendung des Bräutigambildes auf den Christus muß somit als urchristliche Weiterentwicklung atl.-frühjüdischer Vorlagen angesehen werden[18].

---

[12] STAUFFER, ThWNT I, 653,16f; vgl. BULTMANN, 2Kor, 202; WOLFF, 2Kor, 211. Joh 3,29
liegt eine ähnliche Aussage über Johannes d.T. vor.
[13] MekhY Bachodesch III, 118f (LAUTERBACH II, 219; s. BILL. I, 969); DevR 3 (200d; s. BILL.
II, 393). PRE 41 (s. BILL. I, 970), das auch von STAUFFER, ThWNT I, 652 A.39, angeführt wird,
hat nur bedingt Beweiskraft, da es sich um eine Schrift aus dem 8./9. Jh. handelt (STRACK/
STEMBERGER, Einleitung, 289f). Die Vorstellung dürfte dennoch alt sein.
[14] WOLFF, 2Kor, 211.
[15] Zur zeitlichen Einordnung der Verse innerhalb des größeren Rahmens von Hos 2 s.
WOLFF, H.W., BK XIV.1, 57-59.
[16] Die doppelte Wurzel betont zu Recht BULTMANN, 2Kor, 202;
[17] JEREMIAS, ThWNT IV, 1094f. Auch 4Esr 7,26 muß aus textkritischen Gründen hier ausfallen, JEREMIAS, ebd., 1095.
[18] S. Mk 2,19; Mt 22,2; Apk 19,7; 21,2; 22,17. Vgl. zur Sache ROLOFF, Apk, 181. Auslöser für
die Verschmelzung und Weiterentwicklung können u.a. die Gleichnisse Jesu (Mt 22,1-14; 25,1-
13) und das Bildwort Mk 2,19a parr gewesen sein, in denen ursprünglich die Zeit Jesu als „hoch-

Insofern ist zu 2Kor 11,2 zusammenfassend zu sagen: Paulus sieht die Gemeinde im Verständnisrahmen des Gottesvolkes. *Das Bild der Brautschaft bzw. Ehe Israels mit Gott wird von ihm auf das Verhältnis der Gemeinde zu Jesus übertragen.* Die Gemeinde wird dabei jedoch nicht mit dem alten Gottesvolk identisch gesetzt oder als Ersatz desselben angesehen.

c) Die Ablehnung, sich der Herkunft aus Israel zu rühmen (2Kor 11,22)

Auf indirektem Weg trägt 2Kor 10–13 noch einen weiteren Aspekt zu der hier verhandelten Themafrage bei. Den Ausgangspunkt der ‚Narrenrede' bildet die Ablehnung des Selbstruhms (10,12–18). Sie gipfelt in der in Anlehnung an Jer 9,22f gewonnenen These: „Wer sich rühmen will, der rühme sich des Herrn" (10,17). In 11,21b kommt Paulus auf den Selbstruhm seiner Gegner direkt zu sprechen. Es wird klar, daß es sich dabei um Judenchristen handelt, die besonderen Wert auf ihre alttestamentlich-jüdische Prägung legten[19]. Sie rühmen sich, als „Hebräer", „Israeliten" und „Nachkommen Abrahams" „Diener Christi" zu sein. Bei all dem kann Paulus mithalten. Doch alle diese Qualitäten fallen auch unter das Verbot des Selbstruhms – und das betrifft auch die Herkunft aus dem Gottesvolk[20]. Damit die Kraft des Christus in ihm einziehe (ἐπισκηνόω, 12,9b), will Paulus die Vorzüge, die er durchaus aufzuweisen hat, zurückstellen und sich lieber seiner Schwachheiten rühmen (12,9a). Die Voraussetzung dabei ist freilich, daß es sich bei seiner jüdischen Herkunft um Vorzüge handelt[21].

2Kor 11,22 hat in erster Linie Bedeutung hinsichtlich des paulinischen Selbstverständnisses als Apostel[22]. Es wird darin aber auch die Sonderstellung sichtbar, die Paulus mit den Prädikaten „Hebräer", „Israelit", „Nachkomme Abrahams" verbindet. Eine Anwendung auf die christliche Gemeinde findet nicht statt, auch keine Abwertung Israels in seiner besonderen Stellung. Die drei Bezeichnungen werden im vorliegenden Zusammenhang von ihm als sachlich nahe beieinanderliegend gebraucht, um seine Gleichstellung gegenüber den Gegnern zu betonen.

---

zeitliche Freudenzeit" bzw. „das Warten auf den Bräutigam" im Zentrum stehen, nicht jedoch eine Gleichsetzung Jesu mit dem Bräutigam oder der Gemeinde mit der Braut beabsichtigt ist; vgl. dazu JEREMIAS, ThWNT IV, 1095ff. JEREMIAS, ebd., 1098f, vermutet daneben Einflüsse aus der im Hellenismus geläufigen „Anwendung des νυμφίος-Bildes auf den Soter".

[19] S. dazu WOLFF, 2Kor, 5–8.230f; ebd. weitere Literatur.

[20] Die sachliche Nähe zu Phil 3,3ff ist evident. Die Bezeichnungen „Hebräer". „Israeliten" und „Nachkommen Abrahams" benennen dabei jeweils unterschiedliche Aspekte der religiösen, kulturellen und erwählungsgeschichtlichen Eigenart des Gottesvolkes. S. dazu v.a. GEORGI, Gegner, 51–60.60–63.63–82; WANKE, EWNT I, 892–894; KUHLI, EWNT II, 501–504; BETZ, EWNT I, 3–7; NIEBUHR, Heidenapostel, 130–132, mit jeweils weiteren Literaturangaben.

[21] Vgl. dazu im einzelnen NIEBUHR, Heidenapostel, 105–108.129–132.167–171.

[22] Zum anders gearteten Apostelverständnis der Gegner s. ROLOFF, TRE III, 435.

Insofern stellt der Vers einen wichtigen Hintergrund für die von Paulus im Gal geführte Auseinandersetzung um die Abrahamskindschaft dar. Er ist ebenfalls von Bedeutung hinsichtlich der Überlegungen zur bleibenden Erwählung des Gottesvolkes in Röm 9–11 und der Polemik gegenüber den Gegnern in Phil 3.

§ 12 Die Glaubenden als Söhne Gottes, Nachkommen Abrahams und Erben nach dem Galaterbrief

Im Gal setzt sich Paulus mit judaisierenden Gegnern auseinander, die versucht haben, die Galater zur Übernahme des mosaischen Gesetzes zu überreden, d.h. speziell: sich beschneiden zu lassen (s. Gal 2,3; 5,2f; 6,12.15)[1]. Die Auseinandersetzung ist äußerst scharf, zumal Paulus um die Wahrheit seines gesetzesfreien Evangeliums kämpft. Letztlich steht seine gesamte Verkündigungstätigkeit damit auf dem Spiel[2].

Der Gal ist das erste Schreiben des Paulus, in dem die Bedeutung des Gesetzes eigens thematisiert wird und die spezifisch paulinische Rechtfertigungslehre sich nachweisen läßt[3]. Eine Vielzahl von Arbeiten zum Gal beschäftigt sich daher mit der Gesetzesfrage im Rahmen der Rechtfertigungslehre. Die Bedeutung der Gottesvolkthematik findet dagegen in der Regel wenig Berücksichtigung. Hier soll der Nachweis versucht werden, daß dies zu Unrecht geschieht und die Gottesvolkthematik im Gal nicht nur eine herausragende Rolle spielt, sondern das integrale Problem der Auseinandersetzung mit den Gegnern darstellt[4]. Paulus spricht zwar nicht vom λαὸς θεοῦ, jedoch benennen die Begriffe υἱὸς θεοῦ, τοῦ Ἀβραὰμ σπέρμα und κληρονόμος den eigentli-

---

[1] Zur Identifizierung der Gegner im Gal s. neben den Kommentaren (eine gute Zusammenfassung bei ROHDE, Gal, 14–21) FOERSTER, Abfassungszeit, 139; KLAUCK, Allegorie, 119; HÜBNER, Galaterbrief, 6ff, und jetzt v.a. NIEBUHR, Heidenapostel, 7–10. Der Versuch von WALTER, Paulus, eine jüdische Gegenmission zu erweisen, wird von NIEBUHR, ebd., 7 A.19, zu Recht in Zweifel gezogen; ebenso ebd., A.20, gegen SCHMITHALS, Judaisten, 27–58.

[2] Diese Schärfe der paulinischen Aussagen wird unterstrichen durch die formalen Differenzen zu dem in antiken Briefen sonst Üblichen. S. bes. hinsichtlich des Briefanfangs und Schlusses SCHLIER, Gal, 25f.

[3] Zur Datierung des Gal s.o. S. 158f. STUHLMACHER, Biblische Theologie I, 226f.333, datiert den Gal direkt nach dem 1Thess und favorisiert wieder die südgalatische Provinzhypothese, jedoch ohne nähere Begründung. Er ordnet damit die Rechtfertigungslehre schon der sog. ersten Missionsreise zu, was angesichts der Fehlanzeige in 1Kor wenig wahrscheinlich ist. Für Frühdatierung und südgalatische Hypothese votiert auch RIESNER, Frühzeit, 254–259.350–352.

[4] Dies wird im Ansatz richtig erkannt z.B. bei WOLTER, Evangelium und Tradition, 180.187.188. Auch HÜBNER, Gesetz bei Paulus, 16, deutet an, daß die übergeordnete Beweisführung im Gal sich um die Abrahamskindschaft der Glaubenden dreht. In ähnliche Richtung wie die in dieser Arbeit vorgetragen gehen die Überlegungen von DUNN, Theology, bes. 245f; vgl. jedoch schon FOERSTER, Abfassungszeit, 139f.

chen Gegenstand der Kontroverse. Ein unzweideutiger Hinweis liegt auch in der Tatsache, daß gerade die Beschneidung, die von den Gegnern gefordert wird, im Judentum des 1. Jhs. n.Chr. den Ritus darstellt, durch welchen man Mitglied des Gottesvolkes wird[5]. Es soll versucht werden, zu zeigen, daß die Auseinandersetzung um die Zugehörigkeit zum Gottesvolk im Gal das zentrale Thema ist und daß die Frage nach der Übernahme des Gesetzes durch die Heidenchristen (Gal 5,2ff) die Zuspitzung der Gottesvolk-Frage darstellt[6].

a) Die Argumentationsstruktur im Galaterbrief

Inwiefern die Gottesvolkthematik das Zentralproblem des Gal markiert, läßt sich schon anhand der Argumentationsstruktur des Briefes zeigen.

Die Gliederung ist nach wie vor umstritten[7]. Einigkeit besteht unter den Auslegern darin, daß mit 3,1 ein neuer Abschnitt beginnt[8]. Doch welche Funktion hat 2,15–21?[9] Abgesehen von den

---

[5] Vgl. dazu oben §4–7.

[6] Nach SCHNELLE, Wandlungen, 55, geht es in der Auseinandersetzung des Paulus mit seinen Gegnern ab Gal 2,15 grundsätzlich um die Frage der „Heilsbedeutung des Gesetzes". Die Beschneidung und Einhaltung kultischer Zeiten verstehe Paulus im Sinn einer „pars pro toto legis". Diese Akzentsetzung wird zu hinterfragen sein, wenn es sich erweisen läßt, daß die Frage der Zugehörigkeit zum Gottesvolk im Zentrum steht.

[7] Am meisten überzeugt m.E. nach wie vor die *Gliederung* des Hauptteils durch SCHLIER. I: 1,6–2,21; II: 3,1–5,12; III: 5,13–6,10. Davor kommt das Praescript, danach das (eigenhändige) Postscript zu stehen. Allenfalls Gal 1,6–10 läßt sich als Exordium noch dem Eingangsteil zuordnen.

Nachdem BETZ in seinem Kommentar (engl. 1979; vgl. schon DERS., Composition, 1974) eine Gliederung nach Gesichtspunkten antiker Rhetorik vorgelegt und danach seinen Kommentar aufgebaut hat (s. Betz, Gal, 54–72), sind ihm mehrere Autoren gefolgt (u.a. BERGER, Formgeschichte, 110; HESTER, Structure, 224; SCHWEIZER, Einleitung, 73; BRUCE, Gal, 57f; mit Abstrichen auch HÜBNER, Galaterbrief, 5f). Der Gal wird dabei gemäß antiker Rhetorik als apologetischer Brief mit folgender Gliederung verstanden: Praescript (1,1–5); Exordium (1,6–11); Narratio (1,12–2,14); Propositio (2,15–21); Probatio (3,1–4,31); Exhortatio (5,1–6,10); Postscript/Conclusio (6,11–18). Vgl. hierzu jedoch die berechtigten Modifikationen bei HÜBNER, Galaterbrief, 5f; und VOLLENWEIDER, Freiheit, 285ff. Man wird gegen BETZ, mit MERK, Beginn, 100ff, v.a. die Paränese erst mit 5,13 beginnen lassen und folglich 5,1–12 als „Zusammenfassung des Voranstehenden" (3,1–4,31) beurteilen (ebd., 104). Die Gliederung bei BACHMANN, Sünder, 158, kann als Modifikation des BETZ'schen Entwurfes verstanden werden: 1,1–5 Praescript; 1,6–10 Prooemium; 1,11–2,14 Narratio (V.14b: Partitio); 2,15–6,17 Argumentatio (2,15–21 erster Beweisgang; 3,1–6,17 zweiter Beweisgang); 6,18 Eschatokoll. Er ordnet den Gal aufgrund seiner Gliederung insgesamt dem *genus deliberativum* zu, muß jedoch sogleich zugeben, daß in diesem eine Narratio nicht typisch zu sein pflegt (aaO, 159; deliberative Rhetorik im Gal finden u.a. auch KENNEDY, New Testament Interpretation, 144–152; HALL, Rhetorical Outline; SMIT, Letter, bes. 9–24; WOLTER, Evangelium und Tradition, 184 A.11).

ROHDE (ThHK 9, 1989) hat dagegen das an antiker Rhetorik orientierte Schema wieder verlassen. Er gliedert wie folgt: Einleitung (1,1–10); 1. Teil (1,11–2,21); 2. Teil (3,1–4,31); 3. Teil (5,1–6,10); Briefschluß (6,11–18). Er nähert sich damit in dem, was er den ersten und zweiten Teil nennt, wieder dem Schema von SCHLIER (auch hinsichtlich des als Einheit aufgefaßten Teils 2,11–21), wobei SCHLIER jedoch Teil 3 zu Recht mit 5,13 beginnen läßt. Zur Kritik an

inhaltlich-thematischen Fragen[10] hat sich auch die Blickrichtung zwischen 2,15ff und 3,1ff gewandelt. Dabei beherrscht in 1,6–2,14 der Rückblick die Ausführungen: Nach einer Kennzeichnung der Situation in Galatien (1,6–10)[11] führt Paulus seine Heilsbotschaft ausdrücklich auf eine Offenbarung durch Gott selbst zurück (1,11f)[12]. Anschließend kommt er auf seinen früheren Lebenswandel als Verfolger der Christen, die Bekehrung, seinen Aufenthalt in der Arabia, den erst später erfolgten Besuch in Jerusalem, die Apostelversammlung und den Antiochia-Zwischenfall zu sprechen. Dabei handelt es sich nicht um Bestandteile einer apologetischen *Narratio*[13], sondern dies alles wird erwähnt, um einerseits die göttliche Autorisierung und die menschliche Unabhängigkeit seiner Evangeliumsbotschaft zu sichern. Andererseits steuert Paulus schon hier auf die Aussage in V.15f zu, wonach auch die Juden, die nicht Sünder wie die Heiden sind, nur aufgrund des Glaubens und nicht der Werke gerechtfertigt werden können[14]. Dabei betont Paulus seine Übereinstimmung mit der Jerusalemer Urgemeinde, denn seine Botschaft wurde bei der Apostelversammlung ohne weitere Auflagen akzeptiert.

Gal 2,15–21 hat den Charakter einer thetischen Zusammenfassung des von ihm verkündigten Evangeliums: Aufgrund von Gesetzeswerken wird kein Mensch gerechtfertigt. Gerechtigkeit gibt es nur durch Glauben an Jesus Christus. Wenn durch Gesetzeswerke Gerechtigkeit zu erlangen wäre, wäre Jesu Kreuzestod umsonst gewesen. In diesem Zusammenhang wirft Paulus seinen Gegnern vor, durch ihre Forderung nach Einhaltung des Gesetzes etwas längst Abgerissenes wieder aufbauen zu wollen (V.18). Der erwähnte Antiochia-Zwischenfall dient dabei als Aufhänger, um zur grundsätzlichen Fragestellung vorzustoßen.

Mit Gal 3,1 tritt – wie erwähnt – ein Wechsel in der Blickrichtung ein: Es scheint, als rede Paulus bis 2,21 die Galater hinsichtlich seiner Gegner an, um dann ab 3,1 auf die Gegenwart und Zukunft der Hörer/Leser selbst einzugehen. Dies geschieht, nachdem Paulus zunächst seinen Kummer über die Galater in starken, emotional aufgeladenen Wendungen zum Ausdruck gebracht hat (3,1)[15], in mehrfacher Hinsicht (3,2–4,31): Sowohl die Geistererfahrung der Galater (3,2–5) als auch die Schrift (3,6–14) wie auch menschliches Erbrecht (3,15–18) werden zum Erweis der Rechtfertigung aufgrund des Glaubens herangezogen. Als Beispiel und zugleich

---

einer zu stark von Gesichtspunkten antiker Rhetorik geprägten Analyse der paulinischen Briefe, s. CLASSEN, Paulus; vgl. auch SIEGERT, Argumentation, 16 A.2; Zurückhaltung auch bei SÄNGER, Verkündigung, 254f.

[8] Vgl. BETZ, ROHDE, SCHLIER, HÜBNER, BACHMANN.

[9] Die Forschungspositionen werden ziemlich umfassend geboten in BACHMANN, Sünder, § 3. Im einzelnen s. dazu unten d).

[10] Die Abraham-Thematik, die in 3,1–4,31 durchgängig vorhanden ist, spielt in 2,15–21 z.B. überhaupt keine Rolle.

[11] BETZ möchte die Passage einschließlich V.11 als Exordium verstehen, das anstelle der sonst üblichen Danksagung steht, um dann in V.12 die Narratio beginnen zu lassen. Diese Unterteilung ist denkbar ungünstig, wie schon der Neueinsatz in V.11 mit γνωρίζω γὰρ ὑμῖν erweist. Auch gehört sie als „Entfaltung der Situation" schon zum ersten Hauptteil (SCHLIER, Gal, 36).

[12] Dies war andeutungsweise schon im Praescript (1,1–5) durch die Gegenüberstellung in 1,1 angeklungen. Dabei handelt es sich um die „rhetorische Stilfigur der *correctio* mit dem Ziel der Ausdruckssteigerung durch vorangehende ,Verneinung des Gegenteils'" (WOLTER, Evangelium und Tradition, 183 A.9, unter Aufnahme von BERGER, Gegner, 375, und LAUSBERG, Handbuch, § 784f).

[13] Zur Ablehnung vgl. WOLTER, Evangelium und Tradition, 183f.

[14] V.15 kann dabei durchaus als Anknüpfung an eine These der Gegner verstanden werden, die jedoch von Paulus sofort dienstbar gemacht wird. Ebenso dürfte sich hinter V.17 ein Einwand der Gegner verbergen, den Paulus aufnimmt, vgl. dazu SCHLIER, Gal, 95f.

[15] Auch die direkte Rede in 3,1ff, verbunden mit dem Ausdruck des Kummers, signalisiert einen Neueinsatz; vgl. SÄNGER, Verkündigung, 256f mit A.362.

Begründung der These dient Abraham[16]: Die Schrift hat vorausgesehen, daß Gott die Völker durch den Glauben rechtfertigen wird und kann deshalb als Zeuge des dem Abraham schon vorausverkündigten Evangeliums von der Glaubensgerechtigkeit gelten[17]. Und wie im menschlichen Bereich üblich, so gilt auch im Blick auf das Mosegesetz, daß eine rechtskräftige διαθήκη, wie sie in der Verheißung an Abraham vorliegt, nicht aufgehoben werden kann. Damit steht die Bedeutung des Gesetzes generell auf dem Spiel.

Die Passage 3,19-29 (4,1-7 schließen sich an) stellt den zentralen Abschnitt des gesamten Briefes dar. Zunächst fragt Paulus grundsätzlich nach Funktion und Stellenwert der Tora (3,19ff). Diese Frage ist durch den bisherigen Beweisgang unausweichlich geworden. Nachdem das Gesetz selbst nicht zum Leben und zur Gerechtigkeit führen kann, bleibt ihm nur noch die Funktion eines παιδαγωγὸς ... εἰς Χριστόν[18]. Danach führt er aus, wodurch die Situation eines Glaubenden qualifiziert ist: Durch den Glauben ist er „Sohn Gottes in Christus Jesus", denn wer getauft ist, hat Christus angezogen. Folglich ist er Nachkomme Abrahams und damit Erbe gemäß der Verheißung (3,26-29). Mit dieser Aussage hat Paulus das Ziel seiner Argumentation erreicht. Er hat damit den Bogen zu dem in 3,6ff begonnenen Abraham-Thema expressis verbis geschlagen[19]. In 4,1-7 wird anknüpfend an das Stichwort κληρονόμος die in 3,29 erreichte These angesichts der Geschichte Gottes mit Israel entfaltet. V.7 bestätigt nochmals die Einsetzung der Glaubenden in die Rechte von Söhnen und Erben. 4,8-11 (die Befürchtung des Abfalls zu längst überwundenen Geglaubtem) und 4,12-20 (ein von persönlichen Erinnerungen an die Begegnung mit den Galatern durchzogener Abschnitt[20]) zeigen die Ratlosigkeit des Paulus angesichts des Verhaltens der Galater und greifen damit auf 3,1 zurück[21].

Es folgt eine Allegorese auf Hagar und Sara (4,21-31), in der noch immer die Argumentation von Abraham her fortgeführt und in der wiederum die Überlegenheit der Verheißung herausgestellt wird. Eine Zusammenfassung in 5,1-12, die die Alternative Freiheit oder Sklaverei scharf herausstellt, schließt den zweiten Hauptteil ab[22].

Danach folgt als dritter Hauptabschnitt in Gal 5,13-6,10 ein paränetischer Teil im Sinne einer Einweisung in die christliche Freiheit. Mit dem Postscript (6,11-18) endet der ganze Brief, wobei das Eigenhändige des Briefschlusses besonders hervorgehoben wird und ein recht unwirsch klingender Hinweis auf die στίγματα, die Paulus trägt, jedem, der ihm künftig lästig fallen sollte, das Wort abschneidet.

---

[16] Das Abraham-Thema nimmt Paulus, wie u.a. aus der unvermittelten Formulierung in 3,7 hervorgeht, von seinen Gegnern auf (s. dazu unten).

[17] Zum Verständnis der Schrift als „Zeuge des Evangeliums" s. KOCH, Schrift, passim; zu Gal 3,8 s. 124.162f.328.347 u.ö. (Reg.).

[18] Paulus versteht das Gesetz nicht selbst als „Heilsweg". Für Paulus ist das Gesetz nie ein „Heilsweg" gewesen, weder für Juden noch für Christen, weder vor noch nach Jesu Kommen. In Röm 8,3 liegt zwar der Akzent anders. Hier scheint das Gesetz eine Funktion hinsichtlich des Heils haben zu können: Es sollte zur Gerechtigkeit führen. Aber auch hier ist deutlich, daß es diese Funktion nicht erfüllen kann. S. näherhin unten S. 305f.

[19] Zur übergreifenden Bedeutung des Abraham-Themas in 3,6-29 s. auch KOCH, Schrift, 226 A.6.

[20] Nach SCHOON-JANSSEN, Apologien, 66f, finden sich in 4,12-20 Momente des Freundschaftsbriefes.

[21] 4,8-11 und 4,12-20 sind eng miteinander verkoppelt. Evtl. ließe sich von einer „Zwischenapplicatio", bestehend aus zwei Teilen sprechen. Wenn man für den Gal mit dem rhetorischen Begriff „Narratio" arbeiten will, dann wären V.13-15 so zu kennzeichnen.

[22] Vgl. MERK, Beginn, 100-103; HÜBNER, Galaterbrief, 6; anders wieder SÄNGER, Verkündigung, 256ff, der den Abschnitt nach 4,31 enden läßt.

Schon aufgrund des Aufrisses der Argumentationsstruktur im Gal läßt sich ersehen, daß die eigentliche Frage des Gal nicht das ‚dogmatische' Problem des Verhältnisses der beiden Größen Verheißung und Gesetz zueinander ist[23], sondern daß die viel grundsätzlichere Problematik der Zugehörigkeit der galatischen Heidenchristen zum Volk Gottes auch ohne Beschneidung zur Diskussion steht. Die in 3,6ff angeschnittene Frage nach den legitimen Nachkommen Abrahams beherrscht die Argumentation bis 4,31[24]. Es steht zu vermuten, daß die gegnerischen Judaisten gerade hier Verwirrung stiften konnten. Die Ausführungen über das Gesetz selbst (3,19ff) sind dagegen eine Art Konsequenz, aber kein selbständiges Argumentationsziel[25]. Als theologisches Zentrum des Gal erscheint nach diesem Aufriß Gal 3,26–29. Hier laufen die Linien paulinischer Argumentation zusammen. Hier erfährt die paulinische Ekklesiologie in ihrer christologischen Begründung (εἷς ἐν Χριστῷ), ihrer erwählungsgeschichtlichen Verankerung (τοῦ Ἀβραὰμ σπέρμα) und ihrer eschatologischen Ausrichtung (κληρονόμοι) ihren prägnanten und konzentrierten Ausdruck.

b) Die christozentrische Interpretation der Bundes- bzw. Erwählungsgeschichte (3,1–5.6–18)

Nachdem Paulus in Gal 2,15–21 eine zusammenfassende These formuliert hat[26], dreht sich der gesamte zweite Hauptteil des Briefes (3,1–5,12) um die Frage der legitimen Gottes- bzw. Abrahamskindschaft[27]. Paulus beginnt mit einem Appell an die Geisterfahrung der Galater.

---

[23] Zu pauschal ist die Feststellung BERGERs: Im Gal werde „nicht darüber nachgedacht, welche Rolle die Geschichte Israels für die Christen spielt; wohl aber [werde] anhand der Geschichte Israels das Verhältnis von Verheißung und Gesetz erläutert, also ein mehr ‚dogmatisches' Problem im Sinne des Verhältnisses von zwei Größen zueinander. Daher [gebe] es nicht ‚Juden' oder ‚Christen', sondern nur ‚die unter dem Gesetz' und ‚die frei sind vom Gesetz'"; BERGER, Abraham, 63, im Blick auf Gal (3 und) 4. Ebd., 48, hat er seine These jedoch auf den ganzen Gal bezogen. Für Gal 4 zustimmend zitiert bei MUSSNER, Gal, 333. Auch LUZ, Geschichtsverständnis, 285, ist zu Unrecht der Meinung, die Frage nach Israel oder den Judenchristen sei als theologische Problematik im Gal so nicht vorhanden.

[24] Die unzureichende Beachtung dieses Themenwechsels zwischen Teil 1 und 2 hat bei SCHLIER dazu geführt, 3,1–5,12 unter die Überschrift „Das Gesetz und der Glaube" zu stellen, wo es um das Gesetz selbst eigentlich nur in 3,19ff geht. Die Einschätzung von 2,15–21 als Propositio hat BETZ veranlaßt, 3,1–4,31 als Entfaltung (Probatio) der in 2,15ff aufgestellten These zu sehen, ohne daß die Abraham-Thematik gebührend gewürdigt wird.

[25] Wenn die Sicht BERGERs und MUSSNERs zuträfen, wäre mit einem anderen Argumentationsgang zu rechnen.

[26] S. dazu unten 213ff.

[27] WOLTER, Evangelium und Tradition, 186f, betont zu Recht, daß es in Galatien nicht um ein innerchristliches Problem ging, sondern um das Verhältnis von Juden und Heiden. Erst Paulus hat in seiner Argumentation durch die Aussage „hier ist nicht Jude noch Heide" (3,28)

1. Die Gabe des Geistes aufgrund des Glaubens (3,1–5)

Der Sache nach geht es in 3,1–5 um die Gültigkeit und Suffizienz des paulinischen Evangeliums. Paulus appelliert an die Galater, sich zu fragen, aufgrund wessen sie den Geist erhalten hätten. Analog der Argumentation in 1Thess und 1Kor versteht Paulus die Gabe des endzeitlichen Gottesgeistes als Ausweis für die Annahme der Glaubenden durch Gott[28], d.h., wenngleich dies hier auch nicht ausgesprochen wird (s. aber u. zu V.7), für die Aufnahme in sein Volk als υἱοὶ θεοῦ[29].

Daß diese Interpretation für Paulus zutreffend ist, bestätigt Gal 4,5f: Hier geschieht der Geistempfang aufgrund der Einsetzung in die Sohnschaft. Geistempfang und Sohnschaft sind somit zwei Seiten ein und desselben Sachverhaltes[30].

Wenn aber der Geist schon gegeben ist, was sollte dann eine Übernahme von Bestimmungen der Tora noch bedeuten? Kann die Beschneidung zu dem erreichten Status noch etwas hinzufügen? Die Darlegung, der die Galater aufgrund ihrer Erfahrung zustimmen müssen, könnte damit abgeschlossen sein. Paulus fügt jedoch ein theologisches Argument in Form eines Schriftbeweises an[31].

2. Der Glaube und Christus: Öffnung und Konzentration (3,6–18)

Der Schriftbeweis Gal 3,6–18 enthält Belege aus unterschiedlichen atl. Zusammenhängen. Es sind drei argumentative Schritte, die Paulus vollzieht: (1) Die Glaubenden (aus allen Völkern) werden als Söhne Abrahams des verheißenen Segens teilhaftig (V.6–9). (2) Wer sich auf das Gesetz beruft, steht unter dem Fluch. Christus hat dagegen stellvertretend den Fluch getragen, damit die Heidenvölker den Segen Abrahams und die Geistverheißung empfingen

---

dies auf die innerchristliche Ebene gehoben. Es stand also bei den Gegnern die These dahinter, daß unbeschnittene Christusgläubige noch nicht voll zum Gottesvolk gehören.

[28] Dies wird hier nicht mehr näher dargestellt, vgl. hingegen die Ausführungen zu 1Thess 4; 1Kor 12,12f.

[29] Dieser Zusammenhang wird auch herausgestellt bei HORN, Angeld, 108f.114f. Zum Bewußtsein der Christen, das eschatologische Aufgebot Gottes zu sein, als *Voraussetzung* der urchristlichen Pneumatologie, s.o. S. 145ff.176f.178f.

[30] Sohnschaft und Geist gehören auch nach 1QH 9,32–35 zusammen; vgl. auch zu Röm 8,14ff.

[31] Die Zusammengehörigkeit von 3,1–5 mit dem folgenden Schriftbeweis wird auch wieder betont von SÄNGER, Verkündigung, 259. SÄNGER versäumt aber, auf den 3. Teil der Argumentation des Paulus, 3,15–18, gesondert einzugehen. Auch wird die theologische Verbindung von Geistempfang und Sohnschaft nicht klar. Der Geist ist „das Zeichen des im Glauben geschenkten eschatologischen Heils" (258) – aber das heißt in der galatischen Situation: Sohnschaft und Teilhabe am Erbe des Gottesvolkes.

(V.10–14). (3) Christus ist *der* eine Nachkomme Abrahams, dem das Erbe verheißen wurde (V.15–18).

Gal 3,6 stellt ein mit καθώς eingeführtes Zitat aus Gen 15,6 LXX dar. Abraham steht hier als Inbegriff dessen, der Gott recht gibt. Der Akzent liegt in Aufnahme des Stichwortes πίστις aus Gal 3,2.5 auf ἐπίστευσεν. Der folgende V.7 hängt argumentativ in der Luft. Durch nichts im Briefduktus selbst motiviert, redet Paulus die Galater an, sie möchten doch erkennen, daß „folglich" (ἄρα) die aus dem Glauben Abrahamssöhne seien[32]. Die unmotivierte Formulierung legt es einerseits nahe, daß genau dies der Vorwurf der judaistischen Gegner war: Die Galater haben, wenn sie nicht die Beschneidung übernehmen, keinen Anteil am Heil, da sie ohne Beschneidung keine Nachkommen Abrahams sein können[33]. Andererseits zeigt die unvermittelte Wendung, daß die Zugehörigkeit zum Gottesvolk auch schon hinter dem Rekurs auf den Geistempfang der Galater (3,1–5) stand[34].

Darin schon erweist sich die zentrale Bedeutung des Gottesvolkthemas im Gal, doch an der Frage nach dem Gesetz und seiner angeblich notwendigen Übernahme durch die heidenchristlichen Gemeinden spitzt sich konkret die Auseinandersetzung um die Zugehörigkeit zum Gottesvolk zu.

Nach V.8f galt die Segenszusage an Abraham von vornherein nicht nur dem Volk Israel als leiblichen Nachkommen, sondern den Völkern[35]. Dies wurde durch die Schrift schon vorausgesehen, weshalb Abraham das „Evangelium schon im voraus verkündigt" wurde (προευαγγελίζω). Paulus verwendet bei seiner Formulierung (ἐνευλογηθήσονται ἐν σοὶ πάντα τὰ ἔθνη) zwei Schriftstellen, Gen 12,3 LXX und Gen 18,18 LXX[36] (vgl. 22,18; 26,4; 28,14; Sir 44,21), um dann zur Aussage vorzustoßen, daß οἱ ἐκ πίστεως εὐλογοῦνται σὺν τῷ πιστῷ ᾽Αβραάμ, was eine Weiterführung aufgrund einer Kombination von Gen 15,6 LXX und 12,3 LXX darstellt.

V.10–14 geht es zunächst unter Aufnahme von Dtn 27,26 LXX[37] und Lev 18,5 LXX[38] um die Kehrseite der Rechtfertigung aus dem Glauben[39]: Paulus

---

[32] Richtig sieht MUSSNER, Gal, 216, daß aufgrund von V.6 die Folgerung „erkennet also, daß der Mensch aus dem Glauben gerechtfertigt wird und nicht aus Gesetzeswerken" zu erwarten wäre. Zur inhaltlichen Füllung der Bezeichnung „Söhne Abrahams" s.u. 227f.

[33] Vgl. VOLLENWEIDER, Freiheit, 291: „Wahrscheinlich haben die mit den ‚Falschbrüdern' von Gal 2,4 weitgehend kongruenten Gegner die *Abrahamskindschaft* samt *Verheissung* und *Erbe* gut jüdisch an *Gesetz* und *Beschneidung* zurückgebunden und sich hierfür auch auf das *irdische Jerusalem* (mit seinen ‚Säulen'?!) berufen" (Kursivierung im Original).

[34] Gerade dies belegt die Beziehung von Sohnschaft und Geistempfang, wie sie Gal 4,5ff prägt. Insofern handelt es sich bei καθώς dann doch nicht um ein „verlegene[s] Flickwort" (LIETZMANN), sondern um eine sachgemäße Folgerung.

[35] Zur Bedeutung Abrahams in der jüdischen Tradition, s. u.a. Sir 44,19–21; 1Makk 2,52; syrBar 57,2; Philo, Abr 273ff.

[36] S. dazu im einzelnen KOCH, Schrift, 162f. Zur Verwendung von Gen 12,3 etc. s.o. §4.

[37] Zu den Varianten, die Paulus anbringt, s. SCHLIER, Gal, 132f; KOCH, Schrift, 120f.163–165. Neben Dtn 27,25 und Lev 18,5 stehen noch Dtn 28,58 und 30,10 im Hintergrund.

will den „Zusammenhang von Gesetz und Fluch" aufzeigen[40]. Die auf das Tun verpflichteten[41] „Gesetzesleute"[42] stehen unter dem Fluch. Dazwischen steht ein Zitat aus Hab 2,4[43]. Dieses stimmt jedoch weder mit dem hebräischen noch mit dem griechischen Text des AT genau überein[44]. Der Apostel hat durch die Auslassung des μου (vgl. den analogen Fall Röm 1,17) zwar eine „in ihrem Umfang relativ begrenzte, inhaltlich aber weitreichende und für Paulus aufschlußreiche" Textänderung vorgenommen[45]. Er hat auf diese Weise eine direkte Beziehung von δικαιοσύνη und πίστις ohne irgendeine Vermittlung durch den νόμος oder die ἔργα νόμου erreicht[46]. In der Fortsetzung V.12 bezieht sich Paulus erneut auf Dtn 27,26 und dazu auf Dtn 21,23[47]. Ziel seiner Ausführungen ist jedoch V.14: Die Völker sollen durch den Glauben des Segens Abrahams und der Verheißung des Geistes teilhaftig werden. Insofern läßt sich dieser Abschnitt unter das Stichwort „Öffnung" stellen. Der folgende bringt dagegen eine Engführung.

In V.15–18 führt Paulus ein Argument aus dem Erbrecht an[48]. Ein rechtskräftiges Testament[49] kann nicht nachträglich außer Kraft gesetzt werden. Dabei unternimmt er eine christologische Reduktion der Nachkommenschaftsverheißung an Abraham. Nach V.16b galt die Verheißung nicht einer Mehrzahl von Nachkommen Abrahams, die dann das Gottesvolk darstellen sollten, sondern dem Einen, Christus. Die Leitbegriffe des Textes sind διαθήκη, ἐπαγγελία, κληρονομία. Geht man – wie in der Literatur mehrfach vertreten[50] – nur von der Gegenüberstellung von Verheißung und Gesetz als Thema des Abschnittes aus, so stellt sich die Frage nach der Funktion von V.16b.

---

[38] S. dazu KOCH, Schrift, 120. Zu Lev 18,5 in der rabbinischen Tradition s. SCHWARTZ, Leben.

[39] Zum Interpretationsproblem von V.10a und 10b s. STANLEY, Under a Curse; ROLOFF, Abraham, 240, und RÄISÄNEN, Law, 93.

[40] KOCH, Schrift, 165.

[41] Durch die Modifikation des Zitats aus Lev 18,5 hat Paulus eine Akzentuierung des ὁ ποιήσας erreicht; vgl. KOCH, Schrift, 120, samt A.6; SCHLIER, Gal, 134.

[42] SCHLIER, Gal, 128.133.

[43] Lev 18,5 (explizit) neben Hab 2,4 (implizit) steht nach STROBEL, Untersuchungen, 189ff, auch hinter Röm 10,1–13. Zur Bedeutung von Hab 2,3f im Frühjudentum und Urchristentum s. STROBEL, Untersuchungen, passim.

[44] Der MT lautet: וּצַדִּיק בֶּאֱמוּנָתוֹ יִחְיֶה. Die LXX liest: ὁ δὲ δίκαιος ἐκ πίστεώς μου ζήσεται. Vgl. noch 1QpHab 7,17–8,3, wo die Rettung auf die Treue zum Lehrer der Gerechtigkeit bezogen wird.

[45] KOCH, Schrift, 127.

[46] KOCH, Schrift, 128.

[47] Auf die Frage, ob und inwiefern Paulus hier traditionelles Material verwendet, und die weitreichenden Konsequenzen für das Verständnis des Todes Jesu kann hier nicht eingegangen werden.

[48] Vgl. DAUBE, New Testament, 438–444; BAMMEL, Gottes διαθήκη.

[49] Zur Übersetzung von διαθήκη mit „Testament" s. SCHLIER, Gal, 143, und die dort genannte Lit.

[50] Belege s.o. A.23.

Auf den ersten Blick scheint es sich dann um eine Zwischenbemerkung zu handeln, die an das Stichwort σπέρμα anknüpft, das im Zitat[51] vorkam. Die Ausführungen über das Verhältnis von Verheißung und Gesetz würden durch Wegfall dieser Zwischenbemerkung keineswegs verändert. Anders verhält es sich, wenn erkannt wird, daß es Paulus um die Zugehörigkeit zum Gottesvolk und die Teilhabe am Erbe geht. Die Funktion des Versteils ist dann, eine Identifizierung der Nachkommenschaft Abrahams mit dem empirischen Israel zu vermeiden[52]. Damit geschieht eine bewußte Relativierung der Erwählung Israels[53]. Gleichwohl ist die Segenszusage an Abraham und seine Nachkommenschaft durch die ἐπαγγελίαι schon rechtskräftig. Das Gesetz kann sie weder in noch außer Kraft setzen.

Paulus vollzieht in Gal 3,6–18 drei wichtige Entscheidungen: a) Er bindet die Teilhabe am Segen an den Glauben, b) er bezieht die Abrahamverheißung von vornherein auf die Völker, c) er bestimmt das sonst heils- bzw. erwählungsgeschichtlich ausgerichtete Volk-Gottes-Motiv im Gal christologisch: Christus ist *der* Erbe der Abrahamsverheißung und mit ihm die Glaubenden[54].

c) Die Zeit des Gesetzes als „Episode" (3,19–25; vgl. 3,10–14; 4,1–7; 5,1–6)[55]

Die Teilhabe am Erbe oder der Ausschluß davon wird nach dem eben Ausgeführten vom Gesetz in keiner Weise tangiert, sondern hängt allein an der Verheißung und am Glauben. Damit stellt sich unweigerlich die in V.19–25 angeschnittene Frage nach der Funktion des Gesetzes überhaupt[56]. Sie stellt sich jedoch als Konsequenz und nicht als eigenständiges Problem.

---

[51] Zur Frage, welcher alttestamentliche Text im Hintergrund stehen könnte, s. BETZ, Gal, 282f; MUSSNER, Gal 237f; SCHLIER, Gal, 144f; KOCH, Schrift, 22.101.222.224. Nach SCHLIER und MUSSNER kommt aufgrund der Terminologie v.a. Gen 17,1ff in Frage, aber auch Gen 22,17f, KOCH tendiert dagegen zu Gen 13,15.

[52] Vgl. etwa PsSal 18,3b; dazu MUSSNER, Gal, 238 samt A. 134f, und die dort genannte Lit.

[53] Eine „Motivtransposition" hat MUSSNER, Gal, 239, schon für die alttestamentliche Überlieferungsgeschichte selbst ausgemacht. Sie bildet den Hintergrund für Gal 3,16.

[54] Wie später in Gal 3,26ff zeigt sich auch hier ein Grundzug der paulinischen Ekklesiologie: das Nebeneinander einer erwählungsgeschichtlichen und einer christologischen Linie. Sie stellen, aufs Ganze gesehen, keine konkurrierenden, sondern komplementäre Aspekte dar, wie zwei Brennpunkte einer Ellipse. Für den Gal ist jedoch festzuhalten, daß die erwählungsgeschichtliche von der christologischen normiert wird. Zum Bild von der Ellipse vgl. auch ROLOFF, Kirche, 90.

[55] Die Literatur zum Verständnis des Gesetzes im Gal ist schier unübersehbar; s. neben den Kommentaren v.a. WILCKENS, Entwicklung; HAHN, Gesetzesverständnis; HÜBNER, Gesetz; RÄISÄNEN, Law; SCHNELLE, Wandlungen; HOFIUS, Gesetz des Mose.

[56] Es ist nach V.15b kaum mehr als ein „Zusatz", der jedoch das Testament nicht zu ändern vermag.

Anders als im Röm, wo Paulus sehr hohe Worte finden kann (Röm 7,12), steht das Gesetz im Gal unter überwiegend negativem Vorzeichen[57]: Es ist hinzugefügt um der Sünden willen[58]; es ist παιδαγωγός bis zum Kommen Christi[59]; es nimmt in „Gewahrsam" bis zum Kommen des Glaubens, der dann die Freiheit bringt; es kam erst 430 Jahre nach der Verheißung[60]; es wurde (nur) durch Engel verordnet[61] und einen Mittler überbracht; es findet seine Begrenzung im Kommen des Erben; es kann keine lebenschaffende Gerechtigkeit bewirken; kurz: es ist die Signatur einer bestimmten heilsgeschichtlichen Epoche, die durch das Kommen des einen verheißenen Erben, Jesus Christus, an dem von Gott bestimmten Termin ihr schon vorher geplantes Ende findet[62]. Damit hat das Gesetz auch seine Funktion, ausschließlicher Definitionsrahmen dessen zu sein, was Gottesvolk heißt, eingebüßt[63].

Schon in Gal 3,10–14 hat Paulus versucht, gerade mit dem Gesetz selbst die Unmöglichkeit einer Rechtfertigung durch das Gesetz nachzuweisen[64]. Die Tora selbst bezeugt, daß nur der, der sie vollkommen erfüllt, dem Fluch entgeht. Daß dies für niemand zutrifft, beweist Paulus mit Hab 2,4. Zum andern wird durch den faktischen Ausgang des Geschickes Jesu noch etwas deutlich: Durch die Auferweckung des Gekreuzigten hat Gott das Sinaigesetz, das den ans Holz Gehängten als Verfluchten kennzeichnet (Dtn 21,23), außer Kraft gesetzt bzw. überholt. Der Gekreuzigte ist zwar zum Fluch ge-

---

[57] Die Behandlung der Gesetzesfrage im Gal unter speziell „jüdischen Prämissen" wird in der Literatur betont; s. HAHN, Gesetzesverständnis, 59; THIELMAN, Plight; weiterhin HÜBNER, Gesetz bei Paulus, 27; HOFIUS, Gesetz des Mose, 273ff; BACHMANN, Sünder, 74.139f.145ff; RÄISÄNEN, Law, 128–133.151–154.189.

[58] χάριν c.gen.: wegen; s. BDR § 216,1; vgl. WILCKENS, Entwicklung, 171; anders SCHLIER, BETZ, z.St.; HÜBNER, Gesetz bei Paulus, 27, überspitzt, indem er final übersetzt: „um Übertretungen zu provozieren".

[59] Antikes Material zu παιδαγωγός bei YOUNG, Social Setting; vgl. auch die interessanten Bemerkungen bei ZWI WERBLOWSKY, Paulus, 44f.

[60] Vgl. hierzu LÜHRMANN, 430 Jahre.

[61] Belege aus der jüdischen Tradition bei WILCKENS, Entwicklung, 172. Die Interpretation von Gal 3,19b als Hinweis auf die Einführung des Gesetzes durch „subalterne Vermittler" (GRÄSSER, Bund, 64) wird bestritten von HOFIUS, Gesetz des Mose, 274: Demnach bezieht sich die Übermittlung durch Engel auf die Vorstellung, daß diese als „Anwälte der göttlichen Heiligkeit und der *middat had-dîn*, der strengen richterlichen Gerechtigkeit Gottes" fungieren; so auch STEGEMANN, Gesetz; DERS., Tora; vgl. auch VANHOYE, Médiateur. HÜBNER, Gesetz bei Paulus, 27ff, und im Anschluß an ihn u.a. SCHNELLE, Gerechtigkeit, 57, wollen die „Engel" als dämonische Wesen verstehen. Damit verbunden ist eine Unterscheidung der Intention Gottes, der Intention der Gesetzgeber und einer immanenten Intention des Gesetzes, die jedoch wenig Überzeugungskraft besitzt; vgl. dazu die Rez. von LUZ, U., ThZ 35, 1979, 121–123, hier: 122.

[62] Für Paulus hat das Gesetz „Interimschrakter"; HOFIUS, Gesetz des Mose, 276 A.51; SCOTT, Adoption, 161 A.140.

[63] Zur sozialen Funktion des Gesetzes s. DUNN, Works, 216–225.230, und weiterhin unten A.84.

[64] WILCKENS, Entwicklung, 168f; vgl. DONALDSON, Curse; STANLEY, Under a Curse. Zum Verständnis von ἔργα νόμου s.u. S. 215f, zu Gal 2,15–21; zur Frage, inwiefern Paulus hier Argumente der Gegner aufgreift und sich zunutze macht, s. BARRETT, Allegory, 6ff.

macht, aber nicht zum Zeichen eines aus der Gemeinde Ausgestoßenen, sondern um den Fluch der anderen zu tragen. Damit ist das Mosegesetz zumindest an diesem Punkt aufgehoben.

Thema von Gal 4,1–7 ist die Einsetzung in die Sohnschaft und damit die Teilhabe am Erbe[65]. Der Abschnitt enthält jedoch zwei Aussagen, die den untergeordneten, erwählungsgeschichtlich überholten Rang des Gesetzes offenlegen. In V.3 und 9 spricht Paulus von στοιχεῖα (τοῦ κόσμου), denen Juden wie Heiden versklavt waren. Abgesehen von der Frage, was mit dem Begriff im einzelnen gemeint und welcher religionsgeschichtliche Hintergrund dafür namhaft zu machen ist[66], wird v.a. aufgrund von V.3–5 deutlich, daß Paulus auch die Tora – wenn auch nicht identifiziert, so aber zumindest – zu den ‚Weltelementen‘ in Beziehung setzt[67] (s. die Parallelität von ὑπὸ τὰ στοιχεῖα τοῦ κόσμου, V.3, mit ὑπὸ νόμον, V.5)[68].

In 5,1ff wird nochmals die Frage einer Übernahme des Gesetzes durch Heidenchristen thematisiert. Paulus zieht aus dem Vorangehenden die Konsequenzen, indem er durchspielt, was es bedeuten würde, wenn die Galater das Gesetz übernähmen. Und er versichert seinen Lesern, daß jeder, der sich beschneiden läßt, das ganze Gesetz zu halten hat. Dies als Heidenchrist zu tun, kommt einer Trennung von Christus gleich, denn solches Verhalten gibt vor, doch durch das Gesetz Gerechtigkeit erlangen zu können. „In Christus" gilt jedoch weder Beschneidung noch Unbeschnittenheit, sondern allein der Glaube, der durch die Liebe wirkt (5,6). Damit ist auch hier von Christus her die Relativierung einer am Gesetz orientierten Heilsprärogative Israels vollzogen.

Das Gesetz ist somit nach dem Gal so etwas wie eine „Notverordnung", die um bestimmter Umstände willen nötig war. Jetzt jedoch, nach dem Kommen des verheißenen Erben, hat es keine bleibende Qualität mehr[69]. Die Außerkraftsetzung der Bedeutung des Gesetzes erfolgt auf verschiedenen Ebenen: a) christologisch/soteriologisch (Gal 3,10–14), b) erwählungsgeschichtlich (Gal 3,15–25; 4,1–7; 5,1–6).

---

[65] S. dazu unten S. 222ff.231ff.

[66] S. hierzu die detaillierte Diskusion bei MUSSNER, Gal, 293–303; SCOTT, Adoption, 157–161; weiterhin RUSAM, Belege; SCHWEIZER, Altes und Neues.

[67] DELLING, ThWNT VII, 684f; vorsichtiger MUSSNER, Gal, 298.

[68] Vgl. HÜBNER, Gesetz bei Paulus, 34; RÄISÄNEN, Law, 131; SCHLIER, Gal, 188; SANDERS, Law, 65–70; BYRNE, Sons, 186; HAYS, Faith, 229; SCOTT, Adoption, 158 (ebd., 158ff A.133–140 weitere Literatur).

[69] BARRETT, Allegory, 16: „only temporary validity". Eine Übernahme ihrer Bestimmungen würde nach 4,9; 5,12 einem „Rückfall ins Heidentum und die Sklaverei" gleichkommen; ECKERT, Verkündigung, 93, der m.R. den für jüdische Ohren „skandalöse[n] Skopus der paulinischen Aussage" betont.

Diese von Paulus hier im Gal in aller Schärfe vollzogene zeitliche und sachliche Relativierung des Gesetzes[70] führt in das AT ein Sachkriterium ein, das diesem selbst so nicht bekannt ist, nämlich die Unterscheidung von Verheißung und Gesetz[71]. Sie ist nach allem, was wir aus den Quellen wissen, für das Judentum vor 70 kaum und für nach 70 überhaupt nicht mehr belegbar[72]. Vielmehr wurden dort gerade Gesetz und Erwählung zusammengeordnet, und zudem galt das Gesetz als konkrete Ausformung der präexistenten Weisheit (vgl. Sir 24,23ff)[73]. Die Sicht des Paulus stellt eine Position dar, die nur aufgrund der in Jesus gekommenen überwältigenden Neuheitserfahrung möglich ist. In ihr werden zentrale Inhalte des Nachdenkens über das Gesetz einer Revision unterzogen, wenngleich diese Position nicht un-jüdisch oder antijüdisch sein will – gibt doch Paulus an keiner Stelle seiner Briefe Anlaß zu der Meinung, er wolle das Judentum verlassen oder dazu ermuntern[74].

d) Die Aufhebung des erwählungsgeschichtlichen Unterschiedes zwischen Juden und Heiden und die Eingliederung der Glaubenden in das Gottesvolk

Eine Gleichstellung von Heiden und Juden in der Gemeinde und damit eine Relativierung der heils- bzw. erwählungsgeschichtlich bedingten Unterschiede konnte bisher sowohl für 1Thess wie auch für 1Kor festgestellt werden. Die Begründung war die in der Taufe geschehene Eingliederung in den Leib Christi bzw. die mit dieser Taufe erfolgte Gabe des endzeitlichen Gottesgeistes (1Thess 1,5f; 4,8; 5,19.23; 1Kor 12,12f; vgl. 7,18f). Paulus kann im Gal daran anknüpfen.

1. Die Gleichstellung von Juden und Heiden durch den Glauben und die Taufe (2,15–21; 3,6–9; 3,26–29)

Wenn die in dieser Arbeit vertretene zeitliche Einordnung des Gal zutrifft, dann stehen wir mit 2,15–21 vor einem epochalen Text: der erstmaligen begrifflichen Formulierung der paulinischen Rechtfertigungslehre[75].

---

[70] HAHN, Gesetzesverständnis, 55, spricht von der „Sekundarität" und der „Inferiorität" des Gesetzes nach Gal 3,19–25.

[71] Vgl. dazu HAHN, Gesetzesverständnis, 60 A.93; OSTEN-SACKEN, Evangelium und Tora, 9–13 und ff.

[72] Zur Sache s. SCHÄFER, Torah, der nachweisen kann, daß „weder die Vorstellung einer neuen Torah noch die Erwartung einer völligen Aufhebung der Torah für das rabbinische Judentum charakteristisch ist" (42). Nur die Vorstellung einer Änderung – insbesondere der Reinheitsgebote und der Schlachtvorschriften – sei dem rabbinischen Toraverständnis adäquat (42).

[73] Zur Sache s. HENGEL, Judentum, 311–318; GESE, Gesetz, 82; SCHNABEL, Law, 72.79f.85. 88.106; weiterhin SCHIMANOWSKI, G., Weisheit und Messias, WUNT II.17, 1985, 216–221; HABERMANN, J., Präexistenzaussagen im Neuen Testament, EHS.T 362, 86–89.

[74] Die Formulierungen bei BETZ, Gal, 419.427, wonach Paulus Traditionen aus „dem Judentum" übernommen habe, sind in dieser Hinsicht problematisch.

[75] Doch ganz gleich, welcher chronologischen Abfolge man zuneigt, die Situation, auf die hin Paulus formuliert, macht deutlich, daß der äußere Anlaß zur Ausformulierung seines Rechtfertigungskonzeptes in der Problematik zu sehen ist, wie Heiden Vollmitglieder des Gottesvolkes

Gal 2,15-21 gilt nach der Gliederung von H.D. Betz als *propositio*, der sich dann in 3,1ff die *probatio* anschließt. Die Problematik dieser Position besteht u.a. darin, daß sie (1.) eine starke Zäsur zwischen 2,14 und 2,15 annehmen muß, die vom Briefduktus her so nicht gegeben ist[76], damit (2.) die zurückblickenden Bezüge in 2,15-21 nicht genug wahrnimmt[77] und (3.) nicht zureichend begründen kann, warum das in der angenommenen *probatio* zentrale Abraham-Thema in der *propositio* keinerlei Erwähnung findet[78]. Die jüngste Monographie zu diesem Text von M. Bachmann ist daher auch nicht der Gliederung von Betz gefolgt, obwohl auch Bachmann die Strukturparallelen zwischen 2,15ff und 3,1ff betont[79]. Anders als bei Bachmann müssen jedoch noch stärker die rückwärtigen Beziehungen des Abschnitts 2,15-21 zu 2,11-14 gesehen werden[80].

Die Argumentation in Gal 2,15ff geht zunächst von der üblichen Unterscheidung zwischen Juden und Heiden aus[81]. Paulus scheint damit eine These der Gegner aufzunehmen und zu bestätigen[82]. Dies geschieht jedoch nur, um die gängige Unterscheidung sofort wieder zurückzunehmen und zu betonen, gerade er als Jude wisse zusammen mit den anderen Juden(christen) (καὶ

---

werden können. Diesen Aspekt hat STENDAHL, Jude Paulus, 141, herausgestellt und DUNN, Perspective, 202, zu Recht wieder aufgegriffen (mit DUNN setzen sich u.a. HÜBNER, Werke des Gesetzes, 125-133, und STUHLMACHER, Biblische Theologie I, 241f, auseinander). Die problematische Folgerung STENDAHLs, daß damit die Rechtfertigungslehre nicht das Zentrum der paulinischen Theologie darstellen könne, soll im Schlußabschnitt dieser Arbeit nochmals angesprochen werden.

[76] Es liegt vielmehr ein Stichwortanschluß vor; vgl. BACHMANN, Sünder, 27f. Dabei kann das „wir" in V.15ff im Gegenüber zum „du" in V.14 die Zäsur nicht hinreichend begründen, da in V.18 ein Wechsel zum „ich" stattfindet. Die Wechsel klären sich, wenn man von einem stilisierten Gespräch des Paulus mit den Gegnern ausgeht.

[77] Vgl. dazu die bei BACHMANN, Sünder, 27 A.19, genannten Autoren.

[78] Zur Kritik s. auch HÜBNER, Galaterbrief, 6.

[79] Vgl. BACHMANN, Sünder, 110-151 (ebd., 110.157, die explizite Ablehnung, die Passage als ‚propositio' zu verstehen).

[80] S. DUNN, Perspective, 188ff; vgl. die bei BACHMANN, Sünder, 108 A.36f, genannten Autoren.

[81] Zur Interpretation von Gal 2,15ff s. die Paraphrase bei HAHN, Gesetzesverständnis, 53f, daneben DUNN, Perspective, 188ff; MERKLEIN, Nicht aus den Werken.

[82] SCHLIER, Gal, 88, möchte darin geradezu eine „captatio benevolentiae" erblicken. Es fällt auf, daß der Unterschied zwischen Juden und Heiden gerade nicht heilsgeschichtlich festgemacht wird, also in der Erwählung Israels oder in der Gabe der Tora, vielmehr überhaupt nicht begründet, sondern als Gegebenheit hingestellt wird. DUNN, Perspective, 190, sieht darin die Aufnahme von „covenant language", worin jenes aus der Erwählung erwachsene Selbstverständnis Israels Ausdruck findet. Übersetzungsalternativen für V.15 bieten WECHSLER, Geschichtsbild, 375ff, und BACHMANN, Sünder, 81ff. Das Verständnis von V.15 als Argument der Gegner hängt mit der generellen Beurteilung des im Gal verwendeten Diatribenstiles zusammen. Dieser Stil findet sich auch in 2,17f; 3,1; 3,21f; 3,26-29; 4,21f; vgl. BULTMANN, Stil, 27ff.80ff; PAULSEN, Einheit, 77; BETZ, Geist, 86 A.19. SCHMELLER, Diatribe, hat die Frage nach Elementen der Diatribe bei Paulus einer grundsätzlichen Überprüfung unterzogen. Seine Ergebnisse weichen z.T. beträchtlich von dem ab, was in Exegese und Klassischer Philologie seit dem 19. Jh. als „Diatribe" gilt. Dies kann hier nicht weiter verfolgt werden. Gleichwohl bestreitet SCHMELLER nicht, daß es bei Paulus so etwas wie „Diatribenstil" oder „diatribenartige" Texte gibt.

ἡμεῖς), daß die Gerechtigkeit nicht aus den ἔργα νόμου kommen könne[83]. Deshalb seien sie zum Glauben an Jesus gekommen, um von ihm her Gerechtigkeit zu empfangen. Aus „Werken des Gesetzes" werde überhaupt niemand gerechtfertigt[84]. V.17 ist wiederum am besten als Aufgreifen eines gegnerischen Argumentes zu verstehen[85], das Paulus mit μὴ γένοιτο als töricht bezeichnet. V.18 nimmt als Rückblick in Ich-Form Bezug auf die in Antiochia durch Petrus vollzogene Wendung: Wer das vorher abgelegte Gesetz wiederum als verbindlich bejaht, macht sich selbst zum Übertreter[86]. V.19f liefert die christologische Begründung und V.21 formuliert die absurde Konsequenz, wenn durch das Gesetz Gerechtigkeit zu erlangen wäre[87]. Wenn es um die Frage der Rechtfertigung vor Gott geht, gilt allein der Glaube, das Gesetz vermag nichts. Der Vorzug des atl. Gottesvolkes, der darin seinen Ausdruck fand, mit der Tora als der Willenskundgabe Gottes gewürdigt zu sein, ist aufgrund der in Christus vermittelten Sündenerkenntnis dahingeschwunden[88]. „Selbst der Judenchrist war bei seiner Bekehrung Sünder, und die von Gott gegebene, Israel von den ‚Sündern aus den Heiden' trennende Tora hat das nicht verhindern können und sollen."[89]

---

[83] Nach DUNN, Perspective, 189; DERS., Incident, 172 A.117, schlägt sich darin die paulinische Argumentation gegen Petrus in Antiochien nieder. Auf die Problematik des Verständnisses von V.15 als einen von V.16 abhängigen Relativsatz (ausgehend von der textkritischen Entscheidung, das δέ als sekundär auszuscheiden) hat m.R. HÜBNER, Werke des Gesetzes, 126ff, hingewiesen. Damit ist jedoch nicht die Tatsache widerlegt, daß Paulus bei der Formulierung seiner Rechtfertigungslehre ‚covenant language' aufnimmt, und daß die ἔργα νόμου von ihrer Identität stiftenden Funktion her zu bestimmen sind.

[84] Zur Bedeutung von ἔργα νόμου s. syrBar 57,2; 4QMMT B,2.C,28f; vgl. 1QS 5,21; 6,18; bei 4QFlor 1,6f handelt es sich möglicherweise um eine Verlesung von מעשי התורה; s. dazu die bei BACHMANN, Sünder, 98f A.384.386–389, genannte Literatur; vgl. zur Sache insgesamt BACHMANN, Sünder, 11.91–100 (Lit.). Nach DUNN, Perspective, 191, handelt es sich bei den ‚Werken des Gesetzes' auf alle Fälle um ein Befolgen der Tora, hier speziell um Beschneidung, Sabbatobservanz und Speisegebote. Dies dürfte grundsätzlich zutreffen, wobei die Beschränkung auf Beschneidung, Sabbatobservanz und Speisegebote jedoch aktuell und nicht prinzipiell verstanden werden darf; vgl. die Präzisierung durch DUNN, Perspective, 210.213 und DERS., Works, 219ff.238; DERS., Paul and ‚covenantal nomism', bes. 135–138; DERS., Response, 102; DERS., Echoes, 465ff. Für die Belege im Gal hält auch CRANFIELD, Works, 91, die Interpretation DUNNs für möglich (s. dazu auch die Replik von DUNN, Response, 114ff). DUNN gelingt es v.a., auf die Identität stiftende Funktion des Gesetzes hinsichtlich der Konstituierung des Gottesvolkes hinzuweisen. Die Unmöglichkeit, über Werke des Gesetzes gerecht zu werden, hängt freilich mit einem – von DUNN m.E. zu gering veranschlagten – grundsätzlichen Defizit zusammen, das nach dem Gal das Gesetz selbst kennzeichnet. Insofern ist 2,21 die ins Grundsätzliche gewendete Aufnahme von 2,16.

[85] So auch FELD, Christus, 121; vgl. WECHSLER, Geschichtsbild, 377.380ff; anders wieder MERKLEIN, Nicht aus den Werken, 127f.

[86] Vgl. hierzu, OLLROG, Paulus, 210f; MERKLEIN, Nicht aus den Werken, 128f.

[87] Paulus argumentiert also im Grunde vom Christusereignis her und nicht auf das Christusereignis hin.

[88] Vgl. Gal 4,5a: auch die unter dem Gesetz müssen losgekauft werden!

[89] BACHMANN, Sünder, 161.

Für die vorliegende Fragestellung ist festzuhalten: Ausgangspunkt der paulinischen Argumentation ist nicht die Gesetzesfrage, sondern die Gottesvolkproblematik, denn die ‚Werke des Gesetzes‘ sind jene „Kennzeichen"[90], die konsequenterweise aus der Mitgliedschaft im Gottesvolk folgen[91]. Es geht bei der Diskussion um die ἔργα νόμου also um die Frage: Wer gehört zum Bundesvolk und welche Anforderungen sind hinsichtlich dieser Zugehörigkeit zu erfüllen? Müssen die Galater, um wirklich Vollmitglieder zu sein, auch die ἔργα νόμου Beschneidung, Speisegebote und Festkalender einhalten oder nicht? Hierauf antwortet Paulus in 2,16b thetisch (nur der Glaube an Jesus Christus zählt) und in 3,6ff ausführlich, untermauert durch einen Schriftbeweis. Daß davon das Gesetz selbst und auch der Sinaibund betroffen sind, kann nicht ausbleiben (s. Gal 3,19ff; 4,21ff)[92].

Zu Gal 3,6ff wurde schon unter dem Stichwort „Der Glaube und Christus: Öffnung und Engführung" Bezug genommen (s.o.) Der Text ist jedoch auch hinsichtlich der Gleichstellung von Juden und Heiden bedeutsam. Paulus zielt ab auf die universale Weite der Segenszusage an Abraham: Alle Glaubenden werden mit dem gläubigen Abraham gesegnet, da sie als υἱοὶ Ἀβραάμ gelten. Υἱοὶ Ἀβραάμ ist hier „spiritualisierend" gebraucht und meint die Zugehörigkeit zu dem durch Abraham bestimmten Bereich[93]. Paulus spricht hier nicht von den Christen als τοῦ Ἀβραὰμ σπέρμα, wie dies in 3,29 dann geschieht. Jedoch hat er sachlich schon hier die Vorstellung der Nachkommenschaft und damit die Gottesvolkthematik im Blick[94].

Zentrale Bedeutung hinsichtlich der Gottesvolkthematik im Gal hat jedoch Gal 3,26–29. Der Abschnitt befindet sich in etwa im Zentrum des Briefes[95]. Paulus zieht in V.29 das Resümee aus seinem Beweisgang, der mit 3,6 einsetzte und knüpft auch terminologisch wieder daran an[96]. Sowohl das εἰς in V.28b, wie auch τοῦ Ἀβραὰμ σπέρμα und κατ᾽ ἐπαγγελίαν κληρονόμοι in V.29 greifen auf die Schlüsselaussage in V.16 zurück. Terminologische Beziehungen bestehen auch zu V.18. Mit der Bezeichnung υἱοί in V.26 wird das Bild

---

[90] DUNN, Perspective, 194: „badges".

[91] Sie sind Ausdruck des „covenantal nomism"; DUNN, Perspective, 194, unter Aufnahme von SANDERS.

[92] Dieser letztgenannte Aspekt wird von DUNN zu gering veranschlagt, vgl. die Antwort auf die Kritik von RÄISÄNEN bei DUNN, Perspective, 209, und v.a. DUNN, Paul and ‚covenantal nomism‘, 137: Paulus argumentiere nicht gegen das Gesetz, sondern lediglich gegen „the law understood and practised in such a way as to limit the grace of God, to prevent Gentiles as Gentiles enjoying it in full measure" (im Original kursiv). Wenn das Gesetz als Abgrenzungsinstanz überboten wird, dann wird es als maßgebliche Bundesurkunde abgewertet (vgl. 2Kor 3). Die Öffnung des Gottesvolkes für die Heiden und die Anwendung der Abrahamsverheißung auf Unbeschnittene, macht das Sinaigesetz zu einer ‚Episode‘ der Geschichte Gottes mit seinem Volk.

[93] MUSSNER, Gal, 219.

[94] Zur Beziehung von 3,29 auf 3,6f s. PAULSEN, Einheit, 75. Daß es sich bei der Terminologie in V.29 (τοῦ Ἀβραὰμ σπέρμα) um eine bewußte „Modifikation jener Ausgangsthese" von V.6f (υἱοὶ Ἀβραάμ) handeln soll, kann ich jedoch nicht sehen.

[95] BETZ, Geist, 80.

[96] PAULSEN, Einheit, 75.

vom παιδαγωγός in V.24 weitergeführt. Zugleich leitet der Abschnitt zum Folgenden über, zumal der Gedankengang erst in 4,7 zu seinem Ende kommt[97].

V.26 setzt ein mit einem Numeruswechsel: Paulus, der bisher *über* Gesetz und Glauben zu den Galatern gesprochen hat, redet sie nun selbst an. Will man nicht die gesamte Passage V.26-28(29) als vorpaulinische Überlieferung verstehen, die Paulus hier aufnimmt[98], so ist der Numeruswechsel aus der rhetorischen Situation zu erklären. Er bekommt dann erhebliches Gewicht. Das γάρ in V.26a bezieht sich zurück auf V.25: „wir sind nicht mehr unter einem παιδαγωγός". Damit ist dann auch die Einführung der Begrifflichkeit υἱοὶ θεοῦ nicht überraschend, sondern vorbereitet[99]. Das eigentliche Ziel der paulinischen Argumentation ist es, die volle, durch nichts zu ergänzende Gültigkeit des Glaubens an Christus zur Teilhabe an der Abrahamsverheißung herauszustellen. Wer getauft ist, gehört Christus an und damit der Nachkommenschaft Abrahams. Als solcher ist er auch Erbe. Dies kann von der durch die Judaisten geforderten Beschneidung weder ergänzt noch in Frage gestellt werden. Dadurch wie Paulus die Glaubenden unterschiedslos als υἱοὶ θεοῦ und als κατ᾽ ἐπαγγελίαν κληρονόμοι qualifiziert (3,26.29), stellt er (beschnittene) Judenchristen und (unbeschnittene) Heidenchristen auf die gleiche Stufe[100].

Daß die Gleichstellung der Heidenchristen als Vollmitglieder im Gottesvolk den eigentlichen Zielgedanken des Paulus darstellt, wird auch deutlich aus der Fortsetzung in 4,1-7[101]. Das Stichwort κληρονόμος aufnehmend bietet Paulus zunächst einen Vergleich aus dem Bereich des Erbrechts[102], um dann in V.6-7 erneut die Tatsache der Sohnschaft und des Erben herauszustellen, wofür der Geist, durch welchen Gott als Vater angerufen wird, der Ausweis ist.

Wir wenden uns jedoch zunächst noch 3,26ff zu. Der Abschnitt weist inhaltliche und formale Besonderheiten auf. Auffällig sind zunächst die umfassenden Aussagen: πάντες γάρ (V.26a); ὅσοι γάρ (V.27a); οὐκ ἔνι (V.28a ter);

---

[97] KLEIN, Individualgeschichte, 214; PAULSEN, Einheit, 75.

[98] S. dazu gleich im Anschluß.

[99] Gegen SCHNELLE, Gerechtigkeit, 58. Es trifft somit nicht zu, daß der Abschnitt ursprünglich keine Beziehung zum Kontext habe, vielmehr Paulus diese erst durch die Einfügung von διὰ τῆς πίστεως herstelle (SCHNELLE, Gerechtigkeit, 61; s. dazu weiterhin unten). Es bleibt mir außerdem unverständlich, inwiefern diese Einfügung einen „korrigierenden Charakter" haben soll (ebd.) – selbst bei Voraussetzung eines vorpaulinischen Überlieferungsstückes.

[100] Hierbei ist auch das übrige semantische Umfeld des Gal bedeutsam: Die Glaubenden sind Söhne Abrahams (3,7), sie sind Söhne Gottes (4,6.7), sie rufen Gott als Vater an (4,6) und sie sind Erben (4,7).

[101] Zur Beziehung von Gal 4,1-7 zu 3,23ff s. SCHLIER, Gal, 188. Zu Gal 4,1-7 s. ausführlicher unten, S. 222ff.

[102] S. dazu OEPKE/ROHDE, Gal, 127f; BETZ, Gal, 354–357.

πάντες γάρ (V.28b)[103]. Der Obersatz der paulinischen Argumentation lautet (V.26): „Ihr alle seid durch den Glauben Söhne Gottes in Christus Jesus."[104] V.27 liefert eine Begründung; sie liegt in der für Judenchristen und Heidenchristen gleichermaßen gültigen Taufe, die hier als Χριστὸν ἐνδύεσθαι verstanden wird[105]. Dahinter steht die Vorstellung einer Eingliederung in die Gemeinde als „Akt der »Bekleidung«"[106]. V.28a bietet ein jeweils mit οὐκ ἔνι eingeführtes dreifaches Gegensatzpaar (Jude – Grieche; Knecht – Freier; männlich – weiblich). V.28b begründet erneut, mit deutlichem Rückbezug auf V.26a. Die gesamte Passage weist somit eine sorgfältig durchkomponierte Struktur auf. Es handelt sich um eine „Art Ringkomposition"[107]. V.29 zieht eine Folgerung. Hier liegt das Argumentationsziel. Formale und inhaltliche Gründe legen damit die Verwendung einer vorpaulinischen Tauftradition in V.26–28 nahe[108]. Die Frage ist jedoch, ob es sich tatsächlich um eine feste

---

[103] Vgl. PAULSEN, Einheit, 77; MUSSNER, Gal, 260f A.79, vermutet, daß dies aufgrund der universalen Negativaussage in V.22 (τὰ πάντα) geschieht.

[104] Mit SCHLIER, Gal, 171; MUSSNER, Gal, 261; SCHNELLE, Gerechtigkeit, 191 A.224, ziehe ich ἐν Χριστῷ Ἰησοῦ zu υἱοὶ θεοῦ. Die Kühnheit der Formulierung „Söhne Gottes" wird von MUSSNER, Gal, 261, herausgestrichen. Zur Verschiebung des vorher gebrauchten Bildes vom Pädagogen (gerade die Söhne werden vom Vater diesem anvertraut) s. SCHLIER, Gal, 171; MUSSNER, Gal, 261. Διὰ τῆς πίστεως, ein für Paulus typischer Ausdruck (vgl. neben unserem Vers: Gal 2,16; 3,14; Röm 1,12; 3,22.25.27.30.31; 4,13; 2Kor 5,7; Phil 3,9; 1Thess 3,7), könnte ein paulinisches Interpretament darstellen (BETZ, Geist, 81; SCHNELLE, Gerechtigkeit, 58). Damit käme die Begründung durch die Taufe auf der vorpaulinischen Stufe noch deutlicher zum Ausdruck. Zur Frage vorpaulinischer Tradition s. jedoch weiter unten.

[105] Das Bild vom Anziehen meint ein völliges Bestimmtsein von dem „Angezogenen", vgl. Jes 61,10; DELLING, Söhne, 616; V.D. HORST, Observations, 182 (mit weiteren Belegen).

[106] BETZ, Gal, 330. Dies kann schon in der Paulus vorausliegenden Tauftradition so verstanden worden sein, ist jedoch kein für Paulus ungewöhnlicher Gedanke, wie 2Kor 5,4 ausweist, wo indirekt ein ἐνδύεσθαι im Taufgeschehen vorausgesetzt wird (PAULSEN, Einheit, 92; DERS., EWNT I, 1105; gegen V.D. OSTEN-SACKEN, Römer 8, 114 A.121). Damit läßt sich für diesen Versteil nicht pauschal von vorpaulinischer Tauftheologie sprechen (gegen BETZ, Geist, 81). Zur religionsgeschichtlichen Einordnung s. BETZ, Gal, 331–333, mit ausführlichen Literaturhinweisen. Zur eschatologischen Ausrichtung s. v.a. 1Hen 62,15: „Die Gerechten werden mit dem Kleid der Herrlichkeit angetan sein", wobei hier Herrlichkeit und Gerechtigkeit austauschbar sind. Zum Gebrauch des Begriffes ἐνδύεσθαι in der LXX s. MUSSNER, Gal, 263. Daß in Gal 3,27 implizit analog 1Kor 12 die Vorstellung vom Leib Christi angesprochen sei, wird zwar vielfach vorausgesetzt (z.B. KÄSEMANN, Problem, 178ff; BLANK, Paulus und Jesus, 272ff; PAULSEN, Einheit, 86.90; KLAIBER, Rechtfertigung, 93; weitere Belege bei MERKLEIN, Studien, 324ff), wurde jedoch schon oben S. 181 mit MERKLEIN abgelehnt. Vielmehr wird Gal 3,27 im Rahmen der Gottesvolkvorstellung sachgemäß das gleiche formuliert, was Paulus 1Kor 12 hinsichtlich der Einheit des Leibes ausdrückt, s.o. S. 178ff.

[107] PAULSEN, Einheit, 77; wobei das Entsprechungsverhältnis von 26a und 28b „kaum zufällig" genannt werden darf.

[108] SCHNELLE, Gerechtigkeit, 58f.

Überlieferung handelt oder um traditionelle Topoi, deren Gestaltung aber auf Paulus zurückgeht[109].

In der Forschung lassen sich drei Varianten unterscheiden: (1) V.26–28* sind weitgehend als vorpaulinische Überlieferung anzusprechen, die von Paulus hier kommentierend zitiert wird[110]. (2) Eine vorpaulinische Formel liegt in V.28a vor. Beim Übrigen handelt es sich um traditionelle Topoi, deren Zusammengehörigkeit in einer festen Überlieferung jedoch nicht nachweisbar ist[111]. (3) Paulus greift in V.26–28 auf vorpaulinische Tauftradition, jedoch nicht auf geprägte Überlieferung zurück[112].

Ein wichtiges Argument für den Nachweis vorpaulinischer Überlieferung stellt die Parallele zu V.28 in 1Kor 12,13 dar. Hierzu wurde schon festgestellt, daß 1Kor 12,13 gegenüber Gal 3,28 keinesfalls zwingend als traditionsgeschichtlich sekundär zu erweisen ist[113]. Die Begründung für die Weglassung des dritten Oppositionspaares in 1Kor 12,13 aus der korinthischen Situation ist nicht stichhaltig.

Vergleicht man Gal 3,28 und 1Kor 12,13 formgeschichtlich, so dürfte 1Kor 12,13 deutlich als die weniger geschlossene Form gelten[114]. Paulus könnte also höchstens ein Fragment zitieren – bzw. hätte es dann umformuliert. Die mehr Gestaltungswillen verratende Fassung bietet dagegen Gal 3,28: 1Kor 12,13 ist der Plural verwendet, Gal 3,28 dagegen im Sinn einer späteren Abstraktion der Singular. In Gal 3,28 fällt die sorgfältige chiastische Formulierung auf. Die Formulierung mit εἴτε ... εἴτε muß unterschieden werden von οὐκ ἔνι ... οὐδέ. Es wäre unwahrscheinlich, daß bei einer vorgegebenen Formulierung, wie sie Gal 3,28 vorliegen soll, in 1Kor 12,13 das dritte Glied weggebrochen worden sein sollte[115].

---

[109] S. dazu BETZ, Geist; PAULSEN, Einheit, 74–95; SCHÜSSLER FIORENZA, Memory, 205–235 (entspr.: Gedächtnis, 255–295); DAUTZENBERG, Männlich; BAUMERT, Frau, 264–276; SCHNELLE, Gerechtigkeit, 57–62; HORN, Angeld, 110–113.

[110] S. u.a. BETZ, Geist, 80ff; SCHNELLE, Gerechtigkeit, 57–62; SCHÜSSLER FIORENZA, Gedächtnis, 258f (wobei sie in V.26a ursprünglich mit „Kinder" statt mit „Söhne" rechnet).

[111] PAULSEN, Einheit, 87f. Nach PAULSEN spricht die gehobene Sprache, die Parallelität von V.28a zu 1Kor 12,13 und Kol 3,11 (ebd., 78) und die von Paulus unterschiedene Theologie, wonach „die schon geschehene, eschatologisch begründete, neue Schöpfung als endgültig" postuliert werde (ebd., 94), für traditionelle Topoi. Für isolierten Bestand von V.28a macht PAULSEN die weite Verbreitung und das Auftauchen der Vorstellung in unterschiedlichem Kontext geltend (ebd., 88). Den Sitz im Leben will er in der heidenchristlich-hellenistischen Gemeinde erkennen (ebd., 84f), was jedoch, wie er selbst einräumt (ebd., A.58), nur wenig besagt. Dagegen m.R. HORN, Angeld, 109, der „wegen des (aufgehobenen) Gegensatzes von Jude und Grieche" das Motiv auf eine aus Heiden- und Judenchristen gemischte Gemeinde zurückführt. Hierfür spricht auch die Beobachtung von SCHÜSSLER FIORENZA, Gedächtnis, 265, daß es sich bei V.28 um eine „gemeindliche christliche Selbstdefinition" handelt, wobei jedoch die ausgeschlossene Alternative, es handle sich somit nicht um eine „Aussage über das getaufte Individuum" m.E. keinen wirklichen Gegensatz bedeutet.

[112] DAUTZENBERG, Männlich, passim, bes. 183.201.

[113] S.o. S. 184.

[114] Es stellt sich abgesehen von der Frage der Übernahme von Tradition das Problem der gattungsgeschichtlichen Einordnung des Textes. BETZ, Geist, 81ff, will trotz des Fehlens der Begrifflichkeit μακάριος von einem Makarismus sprechen. Dies wird von SCHNELLE, Gerechtigkeit, 59, zu Recht abgelehnt; ebenso VOLLENWEIDER, Freiheit, 239 A.201, mit weiterer Literatur. SCHNELLE spricht dagegen von einem Taufruf. In ähnliche Richtung geht SCHÜSSLER FIORENZA, Gedächtnis, 260, wenn sie im Anschluß an MEEKS den Text als Taufdeklaration kennzeichnet.

[115] Mit DAUTZENBERG, Männlich, 185f; gegen u.a. SCHNELLE, Gerechtigkeit, 58ff. Hätte Paulus eine geprägte Überlieferung vorgelegen, wäre damit zu rechnen, daß er in beiden Fällen

Auch von der inhaltlichen Seite her, macht Gal 3,28 den jüngeren Eindruck. Wie die jüdischen und hellenistischen Parallelen ausweisen, verwendet Paulus in 1Kor 12,13 und Gal 3,28 einen auch sonst zu belegenden „antiken Topos"[116]. Dieser wird jedoch jeweils unterschiedlich gebraucht. Es fragt sich, ob man sowohl für Gal 3 als auch 1Kor 12 den Gedanken der „eschatologischen Aufhebung der Gegensätze im Horizont der ‚neuen Schöpfung'" annehmen kann[117]. 1Kor 12,13 liegt auf der gleichen Ebene wie 1Kor 7,18–22, wonach der jeweilige „Stand" aufgrund der Bruderschaft in Christus zweitrangig wurde[118]. Die Gegensätze bleiben nach 1Kor 12,13 bestehen, in Christus wird jedoch die *Partikularität* überwunden, wofür die Gabe des Geistes die Begründung darstellt[119]. Eine ausdrückliche Formulierung der καινὴ κτίσις findet sich erstmals in Gal 6,15, kann also für 1Kor nicht vorausgesetzt werden. Zwar geht es auch in Gal 3,28 nicht um eine ontische Aufhebung der Gegensätze (Mann bleibt Mann und Frau bleibt Frau, die Vorstellung der Androgynie darf hier nicht eingetragen werden, s.u.), sondern um die Aufhebung des mit den Unterschieden verbundenen Wertmaßstabs. Die Formulierung mit οὐκ ἔνι geht jedoch über 1Kor 12,13 hinaus. Die Begründung dafür liefert hier nicht der über allen ausgegossene Geist, sondern das Χριστὸν ἐνδύεσθαι. Damit ist kein wirklicher Gegensatz gegenüber 1Kor 12,13 bezeichnet, jedoch ein wichtiger Akzentunterschied. Überdies führt Gal 3,28 einen Schritt über 1Kor 12,13 hinaus, indem es die Dimension der Geschöpflichkeit von männlich und weiblich noch einbringt[120]. Die Aussage zitiert wörtlich Gen 1,27b LXX[121]. Nachdem Gen 1,27 im Judentum gerade als Ausdruck der Ungleichheit verstanden wurde (vgl. Josephus, Ap II,201)[122], fällt dieser Text als positive Anknüpfungsmöglichkeit aus[123]. Er stellt vielmehr die Antithese zur urchristlichen Erfahrung dar[124]. Versteht man Gal 3,28 im Kontext

---

zitiert, zumal sich eine „Formel" wie Gal 3,28a unschwer in die paulinische Argumentation 1Kor 12,13 hätte einpassen lassen.

[116] DAUTZENBERG, Männlich, 186f, mit Belegen. Zeitlich sehr in die Nähe des Paulus führt Plutarch, Alex. 329c.

[117] DAUTZENBERG, Männlich, 188, andere Autoren referierend: MEEKS, Image, 185.202; LÜHRMANN, Sklave, 79; BOUTTIER, Complexio, 7.

[118] Richtig DAUTZENBERG, Männlich, 184: „Das Nebeneinander beider Gruppen [Juden/ Griechen; Sklaven/Freie] in 1Kor 7,19–21 kann ihr Nebeneinander in 1Kor 12,13 erläutern." Zum Verständnis von κλῆσις als „konkrete [...] Lebenssituation" s. VOLLENWEIDER, Freiheit, 243 A.221.

[119] Nach DAUTZENBERG, Männlich, 197, hat man Joel 3,1–5 schon früh im Urchristentum herangezogen.

[120] Nach DAUTZENBERG, Männlich, 186, liegt hierin eine inhaltliche „Sonderstellung" des dritten gegenüber den beiden ersten Oppositionspaaren begründet.

[121] Vgl. STENDAHL, Bible, 32; V.D. OSTEN-SACKEN, Theologia crucis, 490f.

[122] DAUTZENBERG, Männlich, 198.195.

[123] 1Kor 11,7 belegt diese traditionelle Sicht.

[124] Zum gegenteiligen Ergebnis kommt BETZ, Gal, 344 und ff, jedoch ohne zwingende Argumente. Mit ἄρσεν καὶ θῆλυ werden in der Schöpfungsgeschichte einerseits die geschlechtsspezifischen Unterschiede bezeichnet. Zugleich kann aus Gen 1,27 eine schöpfungsmäßige Gleichstellung von Mann und Frau herausgelesen werden. Doch wurde im Judentum in der halachischen Tradition – im Unterschied zur haggadischen – Gen 1 stets von Gen 2, der Unterordnung der Frau unter den Mann, her interpretiert (s. dazu KROCHMALNIK, Frau). Daher kann gerade die Tatsache, daß die Geschlechtsbezeichnungen im Neutrum stehen, und damit Gen 1,27b LXX zitiert wird, ein Hinweis darauf sein, daß es Paulus um die mit der biologischen Gegebenheit verbundene soziale Stellung geht. Die Belege, die BETZ für seine biologische Interpretation anführt, sind denn auch alle aus dem Bereich des Gnostizismus, speziell der apokryphen Evangelien, und der Stoa. Er muß zugeben [ebd., 344.347], daß es für die Aufhebung der geschlechtsspezifischen Unterschiede oder gar für eine androgyne Christologie im Neuen Testament keinerlei Belege gibt. Die Hypothese, daß hinter Gal 3,28 die „Lehre von einem androgynen Chri-

von Gal 6,15, dann läßt sich Gal 3,28 als konsequente Weiterentwicklung von 1Kor 12,13 verstehen, wobei dann aufgrund der antithetischen Beziehung zu Gen 1,27 auch für Gal 3,28 der Horizont der „Neuschöpfung" anzunehmen ist. Als formaler Gesichtspunkt kommt hinzu, daß das dritte Oppositionspaar in Gal 3,28 auch formal eine Sonderstellung einnimmt: Die Begriffe werden nicht durch οὐκ ἔνι ... οὐδέ, sondern durch οὐκ ἔνι ... καί verbunden. Dies alles widerrät, in 1Kor 12,13 mit dem Wegbrechen des dritten Gliedes zu rechnen. Vielmehr nimmt Gal 3,26–28 die Aussage in 1Kor 12,13 hinsichtlich der Einheit auf und führt sie weiter hin auf den Gegensatz männlich-weiblich, d.h. sie führt in den Vorstellungshorizont der καινή κτίσις.

Zieht man aus den Argumenten die Summe, so ergibt sich: (1) 1Kor 12,13 erweist sich gegenüber Gal 3,28 als traditionsgeschichtlich älter. (2) Die Gründe, eine V.26–28 umfassende vorpaulinische Überlieferung anzunehmen, schrumpfen zusammen auf den klar strukturierten Aufbau und die mögliche Einfügung von διὰ τῆς πίστεως als paulinisches Interpretament. (3) Eine von Paulus unterschiedene vorpaulinische Theologie, die den ganzen Abschnitt kennzeichnet, läßt sich nicht nachweisen.

Dagegen haben die Argumente, Paulus übernehme zwar Tradition, formuliere aber selbst, größeres Gewicht: (1) 1Kor 12,13 fehlt das dritte Oppositionspaar. (2) Die Unterschiede in der Formulierung der Oppositionen zwischen 1Kor und Gal sind gravierend. (3) Die Unterschiede hinsichtlich singularischer und pluralischer Formulierung sind nicht unerheblich. (4) Für das dritte Glied in Gal 3,28 ist eine Sonderstellung zu verzeichnen. (5) Für Gal 3,28 und 1Kor 12,13 ist eine unterschiedliche Argumentationsrichtung kennzeichnend. (6) Der inhaltliche Vorstellungshorizont in Gal 3,28 ist die καινή κτίσις.

M.E. erscheint es also am wahrscheinlichsten, nicht von einer festen, vorpaulinischen Überlieferung auszugehen, sondern von traditionellen Vorstellungen aus dem Taufzusammenhang, die hier von Paulus in seiner Auseinandersetzung mit den Gegnern gestaltet werden[125].

Durch die in der Taufe geschehene Eingliederung in die Christusgemeinschaft werden überkommene Wertmaßstäbe überholt (vgl. 1Kor 7,19.22f; 12,13; Kol 3,11). Es ist wohl die urgemeindliche Erfahrung, die sich hier ausspricht, daß durch die Taufe die Unterschiede relativiert werden[126]. Der Glaube an Christus macht biologische, soziologische und ethnische Unterschiede zweitrangig. Damit ist zwar nicht in erster Linie ein gesellschaftskritisches Programm anvisiert[127] – das Schwergewicht liegt vielmehr im Zusammenhang des Gal auf dem religiösen Aspekt – jedoch können solche Konsequenzen nicht

---

stus-Erlöser" [ebd., 350] und der „androgynen Natur des erlösten Christen" [ebd., 351] steht, ist, solange keine wirklichen Belege nachweisbar sind, m.E. eine unbegründete Spekulation.

[125] In diesem Ergebnis stimme ich mit DAUTZENBERG, Männlich, 201f, völlig überein.

[126] Abzulehnen ist die These von STEGEMANN, Paul, 161–166: Nach seiner Darstellung handelt es sich bei Gal 3,26ff um eine ‚Träumerei': „Perhaps only in his dreams might Paul have imagined a society in which there would be no difference between male and female, or Christian communities in which the differences between the sexes might be suspended, just as he wanted free males, slaves, Jews and Greeks to be treated equally (Gal 3:28)" (165). Hintergrund für die Argumentation Stegemanns ist die (nicht näher begründete) These, daß ἐκκλησία als „equivalent of the political citizen assembly" zu verstehen sei (162). Doch wie er selbst feststellen muß (163), wurden in die paulinische Ekklesia Frauen aufgenommen und hatten volles Mitgliedsrecht. D.h. die Strukturen der hellenistischen ‚Ekklesia' wurden in den paulinischen Gemeinden aufgebrochen. Es bleibt daher schwierig, die paulinische Ekklesia von der hellenistischen her verstehen zu wollen.

[127] Vgl. PAULSEN, Einheit, 93ff; VOLLENWEIDER, Freiheit, 239; ROLOFF, Kirche, 91.94f.

ausbleiben[128]. Bestehende Differenzen gelten „in Christus" nicht mehr (vgl. Gal 5,6), gesellschaftliche und sogar biologische Gegebenheiten werden überboten. Von Interesse ist dabei nicht die Aufhebung „biologischer" bzw. „sexueller" Unterschiede[129], sondern analog dem Verhältnis Sklave/Freier der mit dem jeweiligen Unterschied verbundene *Wertmaßstab* bzw. der damit *vorausgesetzte Status*[130]. Dies gilt auch für das an erster Stelle stehende Oppositionspaar: Es sind letztlich nicht „ethnische" Differenzen, die der Glaube zurücktreten läßt, sondern der erwählungsgeschichtliche Unterschied von Juden und Heiden wird in der christlichen Gemeinde irrelevant[131]. Hier liegt auch das eigentliche Interesse des Paulus[132], denn durch die Beschneidungsforderung der Judaisten wird gerade dieser Unterschied als grundlegend angesehen und zementiert[133].

Der Abschnitt bringt zum Ausdruck, daß durch die Taufe die Heidenchristen den Judenchristen vollkommen gleichgestellt sind, ja daß sich – wie noch zu zeigen sein wird – mit der Zugehörigkeit beider zu Christus καινὴ κτίσις ereignet.

2. Die Glaubenden als Söhne Gottes, Nachkommenschaft Abrahams und Erben (3,26–29; 4,1–7)

Welche Relevanz hat nun das eben Erarbeitete für die Gottesvolkthematik im Gal? Hierauf gibt die von Paulus verwendete Begrifflichkeit υἱοὶ θεοῦ, τοῦ Ἀβραὰμ σπέρμα und κληρονόμοι Antwort. Denn damit wird nicht weniger gesagt, als daß die Heidenchristen in das Gottesvolk eingegliedert wurden und nun als Söhne und Erben anzusehen sind.

---

[128] Zur Frage nach dem Verhältnis von Gal 3,26ff zu 1Kor 7 und Phlm s. VOLLENWEIDER, Freiheit, 239 A.201ff., und die dort genannte Literatur.

[129] VOLLENWEIDER, Freiheit, 239; SCHÜSSLER FIORENZA, Gedächtnis, 262f.

[130] Einen Überblick über die Gliederung der antiken Gesellschaft mit Bezug auf das NT gibt jetzt MALINA, B.J., Die Welt des Neuen Testaments. Kulturanthropologische Einsichten, Stuttgart u.a. 1993.

[131] Es ist zu wenig, wenn v.D. OSTEN-SACKEN nur von der gefallenen „Schranke" spricht: „mit dem Kommen Jesu Christi ist – jedenfalls nach dem Neuen Testament – nicht der Unterschied, wohl aber die Schranke zwischen Israel und den Völkern gefallen"; v.D. OSTEN-SACKEN, Grundzüge, 163. Dies ist für den Gal unzureichend, denn hier geht es um die Aufhebung dessen, was den erwählungsgeschichtlichen Unterschied begründet.

[132] Dies wird auch dadurch deutlich, daß Paulus die beiden anderen aufgehobenen Unterschiede in seiner Argumentation nicht weiter benutzt; vgl. BETZ, Gal, 344; DAUTZENBERG, Männlich, 202.

[133] Insofern bedeutet Gal 3,28 eine für jüdische Theologie schwer akzeptable Position. So die Ausführungen von M. WYSCHOGROD am Kirchentag Berlin 1989, s.o. S.10 A.18; vgl. WILCKENS, Testament, 610; anders ZWI WERBLOWSKY, Paulus, 38–49.

υἱοὶ θεοῦ

υἱός im Gal: 1,16; 2,20; 4,4.6 (bezogen auf Jesus als Sohn Gottes); 3,7 (Glaubende als Söhne Abrahams); 3,26; 4,6.7[bis] (Christen als Söhne Gottes); 4,22 (Abrahams Söhne Ismael und Isaak); 4,30 (ter, Söhne der Freien/Sklavin).

Neben der Bezeichnung υἱός verwendet Paulus auch noch τέκνον im Gal: 4,19 (geistliche Kinder des Paulus); 4,25.27.31 (im Zusammenhang der Allegorese jeweils Kinder der Freien/Sklavin); 4,28 (Kinder der Verheißung). Gal 4,5 belegt die υἱοθεσία der Glaubenden.

Die Bezeichnung der Christen als Söhne (Kinder) Gottes spielt bei Paulus auch sonst eine wichtige Rolle (vgl. für „Söhne": Röm 8,14.19; 9,26; 2Kor 6,18; für „Kinder": Röm 8,16.17.21; 9,8[ter]; Phil 2,15). Röm 8,15.23 spricht den Glaubenden die υἱοθεσία zu und Röm 8,29 nennt die Glaubenden die ἀδελφοί des Sohnes Gottes, Jesus. Vergleichbar sind noch der Hebr (2,10b.14–18; 4,15; 5,7–9; 12,5–8), die Apk (21,7)[134] und das joh Schrifttum, wo jedoch durchweg von τέκνα θεοῦ (Joh 1,12; 11,52; 1Joh 3,1.2.10) bzw. dem „Gezeugtsein von Gott/von oben" (Joh 1,13; 3,3–8; 1Joh 2,29; 3,9a.b; 4,7; 5,1.4.18a.b; vgl. 3,9) die Rede ist[135]. In den synoptischen Evangelien ist das Motiv dagegen kaum von Bedeutung (Mt 5,9.45; Lk 6,35; 20,36).

Aus der Statistik geht hervor, daß Paulus im Gal, wenn es um die Kinder Saras bzw. Hagars geht, τέκνον und υἱός wechselweise benutzt[136]. Bezieht sich die Sohnschaft auf Gott bzw. Abraham, spricht er jeweils von υἱός. Das Ergebnis des Loskaufs durch Jesus bezeichnet Paulus in 4,5 als Empfang der υἱοθεσία. Inhaltlich versteht er die Gottessohnschaft der Christen nach 3,26 und 4,4f als eine aus dem ἐν Χριστῷ εἶναι abgeleitete und durch den Glauben vermittelte[137]. Die Sohnschaft stellt eine gegenwärtige Realität dar, wenngleich Paulus sie im Röm als noch verhüllte kennzeichnen wird (Röm 8,23)[138]. Die Abrahamssohnschaft ist ebenso allein im Glauben begründet und duldet keine zusätzliche Bestimmung durch das Gesetz (3,7.9).

Welche traditionsgeschichtlichen Zusammenhänge sind mit dieser Qualifikation der Glaubenden als Söhne Gottes angesprochen?[139]

Das AT kennt drei Verwendungsmöglichkeiten des Gottessohn-Konzeptes[140]: Neben der Bezeichnung himmlischer Wesen und dem - im weitesten Sinne - „messianologischen Ge-

---

[134] Apk 21,7 sowie 2Kor 6,18 (dessen paulinischer Ursprung zwar in Zweifel steht, doch s. dazu unten §13.c) wird die ursprünglich einem „messianologischen" Kontext entstammende Verheißung 2Sam 7,14 „demokratisierend" auf die Gemeindeglieder angewendet. Dies hat seinen Vorläufer schon in Jub 1,24f.

[135] Zum joh Schrifttum s. jetzt RUSAM, Gemeinschaft.

[136] Das pauschale Urteil OEPKES in: OEPKE/ROHDE, Gal, 123, wonach Paulus im Unterschied zu Joh die beiden Begriffe insgesamt wechselweise verwende, trifft für den Gal so nicht zu.

[137] DELLING, Söhne, 615; OEPKE/ROHDE, Gal, 123; HAHN, EWNT III, 926; BYRNE, Sons, 213f; v. DOBBELER, Glaube, 58–60.

[138] BYRNE, Sons, 213.215; vgl. HORN, Angeld, 394–399.

[139] Die Zusammenhänge wurden umfassend von BYRNE, Sons, untersucht (dort auch die forschungsgeschichtlich wichtige Literatur). Eine Beschränkung auf die entscheidenden Akzente ist deshalb hier möglich.

[140] S. dazu BYRNE, Sons, 9–18; SCHENKER, Gott als Vater, 34–52 (mit umfangreichen Literaturangaben); SCOTT, Adoption, 3–117, der jedoch speziell auf υἱοθεσία eingeht; weiterhin FOHRER, ThWNT VIII, 347–354; HAHN, EWNT III, 924. Vom Gottessohn-Konzept zu unterscheiden ist die Rede von der Vaterschaft Gottes, s.u. A.174.

brauch"[141] wird Israel als Sohn Gottes bzw. werden die Israeliten als Söhne Gottes tituliert (Ex 4,22; Dtn 14,1; 32,5.19; Jes 43,6; 45,11; Jer 3,19; 31,9.20; Hos 2,1; 11,1 u.ö.)[142]. Dabei geht es „durchweg ... um die Erwählung Israels und die Fürsorge des Vaters"[143]. Besonders Dtn 14,1f[144]; Ex 4,22f[145] und Hos 2,1 (innerhalb von Kap. 1–2)[146] machen deutlich, daß es sich bei der Sohnschaft Israels um eine Beschreibung seines Status als Gottesvolk handelt[147].

Dieser Sachverhalt gilt auch für das in der LXX begegnende hellenistische und dann auch für das palästinische Judentum. „Die Aussagen des AT, die von der Gottessohnschaft des Volkes Israel handeln ..., werden vom nachbiblischen Jud[en]t[um] aufgenommen u[nd] weitergeführt"[148]. Dabei ist es kennzeichnend für die frühjüdische Literatur, daß die Sohnschaft Israels häufig im Kontrast zu den Heidenvölkern ausgesagt wird[149] (vgl. Jdt 9,13; 4QDibHam III,3–7 [sachlich gleich 4Esr 6,54–59]; PsSal 17,26f; 18,4; Jub 1,23–28 [vgl. dazu 22,11]; 2,20; 19,27–29; 1Hen 62,10f; syrBar 13,9; mAv III,14[18]). Ps 2,7; 2Sam 7,14 werden in Jub 1,24f auf das ganze Volk gedeutet[150]. ZusEst E,15f[151] werden die Israeliten aus dem Mund eines Heiden die „Söhne des höchsten, größten lebendigen Gottes" genannt. JosAs 19,8 (unsicher auch 16,14[152]) belegt, daß Proselyten Söhne Gottes werden. „Söhne Gottes" und „Geliebte" stehen in Parallele (3Makk 6,28; SapSal 16,26)[153]. TestJud 24,2f ist mit der Sohnschaft die Geistverheißung verbunden[154]. Der singularische Gebrauch „Sohn Gottes" als Bezeichnung des einzelnen Frommen begegnet erstmals in SapSal[155]. An verschiedenen Stellen ist die Gottessohnschaft an die Bedin-

---

[141] HAHN, EWNT III, 924.

[142] Weitere Belege bei FOHRER, ThWNT VIII, 352ff; vgl. RUSAM, Gemeinschaft, 31–54.193 A.113. Wie aus Dtn 32,5–6.18–19; Jes 63,8; Jer 4,22 hervorgeht, besteht kein Unterschied in den Bezeichnungen; FOHRER, ebd., 352,33ff. Ob und wenn ja welcher „altorientalische Gedanke" dieser Redeweise zugrunde liegt, muß hier nicht entschieden werden; s. dazu FOHRER, ebd., 353,33ff.

[143] HAHN, EWNT III, 924; DELLING, Bezeichnung, 18: „Söhne Gottes sind die Israeliten als das von Gott erwählte Volk, das Volk des Eigentums, das ihm geheiligte Volk"; zustimmend RUSAM, Gemeinschaft, 53.

[144] Der Text reflektiert die exklusive Beziehung zwischen Gott und seinem Volk Israel. Er enthält als entscheidende Begriffe: Söhne, heiliges Volk, Erwählung, Eigentumsvolk im Unterschied zu allen anderen Völkern. S. dazu MCCARTHY, Notes.

[145] Israel ist Gottes erstgeborener Sohn. Die LXX hat בְּנִי in V.23a abgeändert zu λαός μου und hat damit eine Parallelisierung von Sohn und Volk erreicht.

[146] Auch hier stehen Sohn und Volk in Parallele.

[147] DELLING, Bezeichnung, 18; BYRNE, Sons, 15f.

[148] LOHSE, ThWNT VIII, 360,12f; Belege ebd. Für Qumran existieren nur zwei sichere Belege: 4QDibHam III,3ff; 1QH 9,32ff, wobei in 4QDibHam die Ablösung der Gotteskindschaft von Israel und die Übertragung auf die Qumran-Gemeinde festzustellen ist; vgl. STROTMANN, Vater, 336; RUSAM, Gemeinschaft, 58.

[149] BYRNE, Sons, 23–38.

[150] Hinter Jub 1,24f steht nach DELLING, Bezeichnung, 19, neben 2Sam 7,14 auch noch Hos 2,1 und Sach 8,8.

[151] Verseinteilung nach PLÖGER, JSHRZ I.1.

[152] Zur Frage, ob sich die Sohnesprädikation hier auf Proselyten bezieht, s. BYRNE, Sons, 52f; DELLING, Bezeichnung, 24f.

[153] DELLING, Bezeichnung, 20f.

[154] Zu TestJud 24,1–3, speziell zur Frage, ob es sich um eine christliche Interpolation handelt, s. SCOTT, Adoption, 109–114 (keine Interpolation); STROTMANN, Vater, 161–164 (Interpolation).

[155] Der Befund in SapSal differiert insofern vom übrigen, als hier παῖδες, τέκνα und υἱοί ohne Unterschied benutzt werden und zugleich das Gottesvolk „die Heiligen", „die/deine

gung der Gebotserfüllung gebunden (z.B. Sir 4,10; yQid I,8 [61c, 34f]). Verschiedentlich wird die Gottessohnschaft auch „als Verheißungsgut ins Eschaton transponiert"[156] (z.B. Jub 1,24f; PsSal 17,27.30; 1Hen 62,10f; AssMos 10,3; Sib 3,702ff; TestJud 24,3; SapSal 2,10.13.18; 5,5). Die einzige Ausnahme im frühjüdischen Bereich stellt Philo dar: Er spricht zwar häufig von Gott als Vater, nennt jedoch die Frommen nur selten Söhne Gottes und bezeichnet dagegen den Logos oder den Kosmos als Gottes Sohn[157].

Besonderer Nachfrage bedarf noch die mit ἀπολαμβάνειν τὴν υἱοθεσίαν angesprochene Vorstellung. Υἱοθεσία ist in der LXX und den frühjüdischen Schriften nicht belegt. Im Profangriechischen handelt es sich um einen Terminus aus der Rechtssprache, der die Adoption an Sohnes Statt ausdrückt[158]. Nach der opinio communis hat es dieses Institut im atl.-jüdischen Bereich nicht gegeben, zumindest gilt dies als umstritten[159]. Scott möchte zeigen, daß es der Sache nach Adoption auch im jüdischen Bereich gab und kann dafür wichtige Argumente nennen (2Sam 7,14; 4QFlor 1,11; Jub 1,24; TestJud 24,3[160]; Philo, Sobr 56)[161]. Dennoch kann auch er nicht an dem Sachverhalt vorbei, daß, selbst wenn Adoption der Sache nach vorliegt, dies nicht mit dem Begriff υἱοθεσία, sondern anders ausgedrückt wurde. Es muß deshalb dabei bleiben, daß Paulus hier einen hellenistischen Terminus aufnimmt, um den Status der Glaubenden zu umschreiben. Nun trägt υἱοθεσία in Gal 4,5 nicht den Hauptakzent[162], vielmehr geht es um das Sohn-Sein der Glaubenden und die damit verbundene Einsetzung ins Recht des Erben. Insofern scheint es m.E. auch von daher angemessener, davon auszugehen, daß Paulus einen Begriff der Rechtssprache übernimmt, um die ‚Sohnschaft' zu umschreiben, und nicht an ‚Adoption' zu denken[163]. Doch ganz gleich wie eine Entscheidung hier ausfällt, so ist unzweifelhaft, daß υἱοθεσία in jedem Fall in den Zusammenhang der Gottesvolkthematik führt, denn gerade dies wäre auch nach den Analysen von Scott der Skopus der Adoption[164].

Wir befinden uns somit mit dem Begriff „Gottessohn" in seiner Anwendung auf Menschen im Bereich der Gottesvolkthematik![165] Röm 9,4f begegnet die

---

Frommen", „die auf dich/ihn trauen", „die Gerechten" heißt; DELLING, Bezeichnung, 21f, mit ausführlichem Belegmaterial.

[156] HAHN, EWNT III, 924.

[157] DELLING, Bezeichnung, 23f.

[158] SCOTT, Adoption, 3–57 (Zusammenfassung 55ff) mit umfassenden Literaturangaben.

[159] FOHRER, ThWNT VIII, 344f; DONNER, Adoption; weitere Literatur bei SCOTT, Adoption, 6ff.

[160] Bei diesem Beleg handelt es sich nach SCOTT, Adoption, 109ff, um keine christliche Interpolation.

[161] „Although the term υἱοθεσία does not occur in the Septuagint or in any other Jewish sources of the period, the concept of adoption is well represented by other terms and formulae"; SCOTT, Adoption, 61.

[162] Insofern ist SCOTT, Adoption, S. XIV zu korrigieren: „υἱοθεσία provides the logical starting point for any further investigation of sonship in Paul."

[163] Damit verdient dann doch BYRNE, Sons, gegen SCOTT, Adoption, Zustimmung. S. die ausführliche und zugleich überzeugende Besprechung von SCOTT durch BYRNE, JThS 44, 1993, 288–294. Zutreffend ist jedoch SCOTTs Argumentation gegenüber HÜBNER, Gesetz bei Paulus, 50, wonach υἱοθεσία nur ein Synonym für ἐλευθερία, und zwar im Sinn von „Freiheit vom Nomos" darstelle, bzw. gegenüber BULTMANN, Theologie, 279, und THÜSING, Per Christum, 118, wonach υἱοθεσία ein eschatologisch-forensischer Parallelbegriff zu δικαιοσύνη sei; SCOTT, Adoption, 177f A.200.

[164] Auch die typologische Entsprechung zum Exodus, die SCOTT in Gal 4,1–2 finden möchte (Adoption, 122–149), würde dies eher unterstützen.

[165] Wie RUSAM, Gemeinschaft, 54, m.R. konstatiert, bietet sich das Gottesohn-Konzept des AT in „erstaunlicher Geschlossenheit" dar.

υἱοθεσία am Anfang einer Liste, in der Israels Privilegien genannt werden. Sie ist Ausdruck der „dignitas Israelitica"[166]. Das Zitat von Hos 2,1 LXX in Röm 9,26 macht in seiner Übertragung auf die Heilsgemeinde aus Juden und Heiden deutlich, von woher Paulus das Sohnsein der Christen versteht, nämlich von der Zugehörigkeit zum Gottesvolk[167]. Die enge Beziehung zwischen dem paulinischen Konzept der Sohnschaft und dem frühjüdischen Hintergrund hat Byrne überzeugend herausgearbeitet[168]. Nach den Ausführungen des Paulus im Gal[169] ist die Sohnschaft der Christen nicht erst ein eschatologisches Verheißungsgut, sondern ist im Glauben an den Sohn Gottes, Jesus, schon gegenwärtig[170]. Durch den Glauben *sind* die Galater Söhne Gottes (3,26)[171]. In

---

[166] BLANK, Paulus und Jesus, 271f, innerhalb von 249–302, bes. 258–278; zustimmend BYRNE, Sons, 6. BYRNE übt jedoch zu Recht Kritik an BLANKs Verständnis von υἱοθεσία als „Adoption".

[167] Vgl. SCHWEIZER, ThWNT VIII, 394,9ff. Wenn auch zwischen den Akzenten des Röm und des Gal unterschieden werden muß, so besteht doch für den traditionsgeschichtlichen Hintergrund des Gottessohnmotivs keine Differenz zwischen Röm und Gal.

[168] S. seine Zusammenfassung, BYRNE, Sons, 216–221: „In Paul's usage υἱοθεσία represents the privilege of Israel, called according to the Scripture to be God's son (Rom 9:4). One acquires this privilege ... through aggregation ‚in Christ' to the people of God"; BYRNE, Sons, 215. Dabei ist zu unterstreichen, daß die jüdischen Kategorien wie Erwählung, Berufung und Verherrlichung des Volkes Gottes im paulinischen Sprachgebrauch erhalten bleiben; ebd., 216.
In ganz andere Richtung geht die Analyse von RUSAM, Gemeinschaft. Nach einer umfangreichen und präzisen Darstellung des traditionsgeschichtlichen Befundes hält er zunächst zum Thema Gotteskindschaft bei Paulus fest, daß die „Ausdrücke, die von der Gotteskindschaft von Menschen reden, in Relation zum gesamten paulinischen Werk, ... recht spärlich" seien (77). Dies ist zu undifferenziert: Vielmehr setzt die Einführung des Terminus υἱοὶ θεοῦ mit der Auseinandersetzung um die Zugehörigkeit zum Gottesvolk im Gal ein und ist dann stets präsent: 2Kor 1–8; Röm; Phil. Υἱοθεσία wird von RUSAM zwar nicht im Sinn der Adoption verstanden, dennoch spricht er von der „Metapher der Adoption" (78.80.166 u.ö.) und im Anschluß an VELLANICKAL, Sonship, 80, von der „adoptive nature of Israel's sonship" (70). Insgesamt schließt sich RUSAM, Gemeinschaft 81, der These an, die VAN ALLMEN, Famille, bes. 61f, vertreten hat (ebenso SCHÖLLGEN, Hausgemeinden, 81f). Hiernach sind die Einzelmetaphern (Gott als Vater, Jesus als Sohn Gottes, Gläubige als Kinder oder Söhne Gottes, Gläubige als Erben usw.) nur eine Verdeutlichung der ekklesiologischen Leitmetapher des Hauses (οἶκος). Dies ist zu bestreiten: Aus dem Gal läßt sich die οἶκος-Metapher nur im paränetischen Kontext 6,10 belegen. Und gerade die von RUSAM, Gemeinschaft, 81 A.72, notierte Tatsache, daß die Glaubenden in Verbindung mit der Abrahamssohnschaft als „Erwählte" bzw. „Erben" bezeichnet werden, weist in eine andere Richtung. Nicht näher bewiesen ist zudem seine These, die Ekklesiologie des Paulus sei „eher vom Bild des σῶμα Χριστοῦ her skizziert (1Kor 3,1–17; 10,1–22; 12,4–31)" (91). Die Ansicht, Paulus verwende nirgends die „Gotteskindschaftsmotivik" um seine Ekklesiologie zu skizzieren (91) geht am paulinischen Befund vorbei (z.B. Gal 3,26–4,7).

[169] Nach Röm 8,18ff wird die Erfüllung erst im Eschaton vollendet.

[170] Dies ist gegen BYRNE, Sons, 216, (ähnlich THÜSING, Per Christum, 118.119f) einzuwenden, wonach Paulus das gesamte Sohnschaft-Konzept eschatologisiere, um es auf die Heiden anwenden zu können, was jedoch m.E. zu stark vom Röm her gedacht ist.

[171] Hilfreich ist die Formulierung von SCHENKER, Gott als Vater, 25 A.39, in Anlehnung an H.J. VENETZ: „Schon jetzt – und noch mehr!", die den spannungsvollen Sachverhalt, der Gegenwärtigkeit und Zukünftigkeit der Sohn- und Erbschaft auf den Begriff bringt.

diesen Zusammenhang fügt sich ein, daß Paulus ganz am Schluß des Gal noch einmal ausführt, daß seit dem Kommen Christi nicht mehr Jude sein oder Heide sein (6,15)[172] von Bedeutung ist, sondern nur noch die καινὴ κτίσις zählt. Sie ist vom Begriff „Sohn Gottes" her zu verstehen, denn in diese καινὴ κτίσις hinein „wird der Mensch in der Taufe gestellt und damit zum Sohne Gottes"[173].

Der Zusage, ‚Söhne Gottes in Christus' zu sein, korrespondiert die Sendung des ‚Geistes seines Sohnes' in die Herzen der Gläubigen, der zum Abba-Ruf ermächtigt (4,6)[174].

τοῦ Ἀβραὰμ σπέρμα

Gal 3,29 stellt einen Konditionalsatz dar, bei dem aus einer Bedingung zwei Folgerungen gezogen werden[175], die aufeinander aufbauen. Die erste, mit ἄρα angeschlossene Folgerung, die aus der Sohnschaft gezogen wird, lautet: Ihr seid Abrahams Nachkommenschaft.

Die Formulierung ist auf den ersten Blick ungewöhnlich, denn Gal 3,16.19 hat Paulus σπέρμα betont individuell, bezogen auf Christus, *den* Nachkommen Abrahams, verwendet, hier jedoch scheint die kollektive Deutung allein möglich[176]. Röm 9,7; 11,1; 2Kor 11,22 belegen den Ausdruck σπέρμα Ἀβραάμ; der Sache nach ist er auch Röm 4,13.16.18 da. Durch die Inversion in Gal 3,29 wird Abraham stärker betont[177]. Die Zugehörigkeit zur Nachkommenschaft Abrahams ist eine Folge der Zugehörigkeit zu Christus und zugleich Grund, des Erbes teilhaftig zu werden[178]. 2Kor 11,22 ist σπέρμα Ἀβραάμ Ehrentitel des Gottesvolkes und bringt „den geschichtlichen Vorzug Israels und der eigenen Abstammung zum Ausdruck"[179].

---

[172] Von hier aus dürfte auch das Gefälle der Aussage in 6,16 vorgegeben sein, s.u.

[173] SCHWEIZER, ThWNT VIII, 395,15f.

[174] Nach der Untersuchung von STROTMANN, Vater, besteht im Frühjudentum zwischen der Vaterschaft Gottes und Israel als dem Volk Gottes eine große Affinität, die in manchen Schriften exklusiven Charakter hat (z.B. Sir; Jub; SapSal 11–19; 4QDibHam^a III; 3Makk). Den Unterschied betont auch 4Q372, ein Text, der in Frgm. 1,16 die Anrede Gottes als „Mein Vater" enthält; s. dazu SCHULLER, Text, 352–355.362f (vgl. CBQ 54, 1992, 75–79). SIEVERS, J., Rez. STROTMANN, Vater, Bib. 74, 1993, 420–423, hier: 423, erwähnt noch einen weiteren Text, der hierher gehört: 4Q460 5.6. Die Vaterschaft Gottes läßt sich jedoch nicht auf Israel eingrenzen, sondern bezieht sich – vor allem was den Vater als Schöpfer anbetrifft – auf alle Menschen (z.B. TestHiob; VitAd); s. dazu zusammenfassend STROTMANN, Vater, 364f; vgl. auch RUSAM, Gemeinschaft, 15ff.28f.

[175] MUSSNER, Gal, 266.

[176] Die Frage wird nicht in allen Kommentaren diskutiert. Ausnahmen: OEPKE/ROHDE, Gal, 126; MUSSNER, Gal, 266 A.101.

[177] ZAHN, Gal, 190 A.66.

[178] Nach der üblichen Auslegung differiert der Sprachgebrauch zwischen Röm 9,7 und Gal 3,29 erheblich. Σπέρμα Ἀβραάμ zu sein scheint nach Röm 9,7 noch kein zureichender Grund, auch Sohn gemäß der Verheißung zu sein. Doch ist die dabei zugrunde gelegte Satzstruktur von Röm 9,7 aller Wahrscheinlichkeit nach falsch, s.u. zu Röm 9,7.

[179] BETZ, EWNT I, 6.

Der traditionsgeschichtliche Hintergrund weist in eine eindeutige Richtung[180]: Die Rede vom σπέρμα Ἀβραάμ wurzelt im AT im Zusammenhang der Landverheißung (Gen 12,7; 13,15ff; 15,18; 17,8 usw.) und dem Bund Gottes mit Abraham (Gen 17,7.9f.19). Sie begegnet als Bezeichnung des Gottesvolkes auch außerhalb des Pentateuch (2Chr 20,7; Ps 105,6; Jes 41,8; Sir 44,19ff) und ebenso in frühjüdischen Schriften (PsSal 9,9; 18,3; TestAbr [rec.long.] 8,7; TestLev 8,15; 3Makk 6,3; 4Makk 18,1; LibAnt 4,11; 18,5; 4Esr 3,13ff; grApkEsdr 3,10). Dem widerspricht auch nicht, daß im hellenistischen Judentum die Vorstellung von der universalen Vaterschaft Abrahams belegt ist[181]. Zum einen heißt es an diesen Stellen nirgends σπέρμα Ἀβραάμ und zudem würde eine Anknüpfung an eine solche Vorstellung universaler Vaterschaft für Paulus keinerlei Argumentationshilfe bieten. Gerade deshalb sind für den paulinischen Zusammenhang die atl. Stellen und die Belege wie PsSal 9,9; 18,3; 3Makk 6,3, wo σπέρμα Ἀβραάμ und Israel/Söhne Israels etc. parallel stehen, als traditionsgeschichtliches Umfeld anzusehen. Im Neuen Testament begegnet die Vorstellung Mt 3,9; Lk 1,55; 3,7-9; 13,16; 19,9; Joh 8,33.37; Apg 3,25; 7,5f; Hebr 2,11; 11,18. Dabei ist die im NT zuweilen vorliegende Kritik an einer Heilssicherheit, die aus der Abstammung gefolgert wird, auch im Frühjudentum belegt (syrBar 85,12; 4Esr 7,102-115; slHen 53,1; LibAnt 33,5)[182], bezeichnenderweise jedoch außer bei Philo, Virt 187; 206, nicht mit Bezug auf die Abrahamskindschaft[183].

„Ist in der Vorstellung vom Samen Abrahams zunächst das Faktum der Abstammung betont, so ist mit diesem Faktum doch gleichzeitig die Teilhabe an den heilsgeschichtlichen Vorzügen des von Gott erwählten Volkes mitgesetzt."[184]

κληρονόμος

„Das Bild vom Erben zeigt das Festhalten des Paulus am Gottesvolkgedanken."[185] Die zweite Folgerung in V.29 aus der Darlegung V.26-28 heißt: „Ihr seid Erben gemäß der Verheißung". Diese Konsequenz stellt sich für Paulus nicht als ein neuer Gedanke dar, sondern liegt, wie Gal 4,7 ausweist, für ihn in der Sohnestitulatur V.26 schon beschlossen. Wie auch aus Röm 8,17 hervorgeht, ist für Paulus die Verbindung von Sohnschaft und Erbe grundlegend: Wer Sohn ist, ist auch Erbe, und erben kann nur, wer Sohn ist[186].

Traditionsgeschichtliche Nachfrage hierzu ergibt jedoch ein zunächst ungewöhnliches Bild: Die frühjüdischen Belege für diese Verbindung sind nicht sehr zahlreich. Trotz der offensichtlichen Affinität beider Vorstellungsbereiche, scheinen beide eine getrennte Geschichte durchlaufen zu haben.

---

[180] S. dazu NIEBUHR, Heidenapostel, 131f, mit Lit.

[181] GEORGI, Gegner, 63ff; BERGER, TRE I, 373ff; und v.a. MAYER, Aspekte, 121ff.

[182] Es handelt sich hierbei um Belege aus der Zeit nach 70 n.Chr. Belege nach BERGER, TRE I, 377; vgl. GEORGI, Gegner, 76f, mit Belegen aus Philo.

[183] Gegen BERGER, TRE I, 377. Zum Abrahambild im Frühjudentum s. WIESER, Abrahamvorstellungen, 153-178, für unser Thema speziell 171ff; CALVERT, Abraham, 222-237.

[184] NIEBUHR, Heidenapostel, 131f; vgl. KLAIBER, Rechtfertigung, 30.

[185] LUZ, Geschichtsverständnis, 283.

[186] Diese Verbindung gilt auch für Apk 21,7, wo das Erbesein mit einem Zitat aus 2Sam 7,14 verbunden ist, welches die Gottessohnschaft der Überwinder zum Ausdruck bringt; vgl. ROLOFF, Apk, 201.

Nach Foerster handelt es sich bei der paulinischen Verbindung von Sohnschaft und Erbe um eine Konsequenz aus der ntl. Christologie, die Verbindung fehle im antiken Judentum „fast ganz"[187]. Dies wurde schon von P. v.d. Osten-Sacken problematisiert. Er nennt 1QS 11,7f; 1QH 3,21–23 und SapSal 5,5 als Texte, in denen die beiden Vorstellungen verbunden auftreten, und fragt, ob sich hierin nicht eine Tradition spiegelt, „in der eschatologische Gottessohnschaft und Erbschaft (Erbanteil) bewußt miteinander verbunden waren"[188]. Byrne hat ebenfalls das Problem gesehen und nennt als Belegtexte Jub 2,20; 19,26; hebrSir 44,23; 36,16f; JosAs 11f, 4Esr 7,1–16.

Von einer anderen Seite her hat A. Schenker die Fragestellung behandelt[189]. In Anknüpfung an O. Procksch u.a.[190] hat er gezeigt, daß die Brunnenstube der Vorstellung von Gott als Vater und den Menschen als Söhnen Gottes im AT im israelitischen Familienrecht liegt. Die Rezeption der Vaterschaft Gottes bzw. Gottessohnschaft der Menschen wurde ermöglicht durch die „israelitische Familie, die auf dem Erbbesitz des Geschlechtes lebte, und deren Oberhaupt, der Vater, seinem Erstgeborenen und den andern Söhnen und Erben die Erbteile bestimmte"[191]. Dies kommt in atl. Texten explizit und implizit zum Ausdruck (vgl. Ps 2,7f; Jer 3,19), und auch Paulus setzt dies voraus. Bei ihm liegt „dem Bilde der Gotteskindschaft die Vorstellung vom Sohne zugrunde, der *als Sohn Erbe* des *Familieneigentums* ist, auf das er eine *sichere Anwartschaft* hat, aber über das er jetzt noch keine Verfügungsgewalt besitzt"[192]. Schenker will mit seiner Darstellung einen Aspekt der Vaterschaft Gottes herausstellen, der „nicht seine gebührende Beachtung fand"[193]. Er bestreitet dabei die anderen Aspekte wie Erwählung, Liebe, Fürsorge etc. nicht. Er bestreitet auch nicht den mythologischen, außerisraelitischen Ursprung der Gottessohnschaftsvorstellung, lehnt jedoch den Adoptionsgedanken als Brücke, welche die Übernahme des mythologischen Gedankens in den atl. Gottesglauben ermöglichte, ab[194] und stellt dagegen das israelitische Familienrecht. Wenn nun aber nach dem israelitischen Familienrecht Sohnschaft und Erbe zusammengehören[195], dann könnte hier die traditionsgeschichtlich wirksame Ursache zu finden sein, warum Paulus von der Zusammengehörigkeit beider so scheinbar selbstverständlich ausgehen kann.

War im AT mit der Vorstellung des Erbes zunächst der dauerhafte Besitz des verheißenen Landes verbunden[196], so wurde dies schon im AT und dann im Frühjudentum sachlich (Jub 17,3; 19,21; 22,14; 32,19; Sir 44,21; Philo, VitMos I,155)[197] bzw. eschatologisch ausgeweitet (Ez 47,14ff; Jes 60,21) und metaphorisiert (4QpPs37 2,4ff.26ff; 3,9ff; 4,10ff; Philo, Quaest Ex II,13; vgl. mSan X,1; mQid I,10) bzw. ins Jenseits verlegt (1Hen 39,8; 71,16; AssMos 10; 4Esr 7,96;

---

[187] FOERSTER, ThWNT III, 781.

[188] V.D. OSTEN-SACKEN, Römer 8, 131f A.8.

[189] SCHENKER, Gott als Vater.

[190] PROCKSCH, Theologie, 503–512; weitere Lit. bei SCHENKER, Gott als Vater, 26 A.40.

[191] So die Zusammenfasung bei SCHENKER, Gott als Vater, 54 (im Original kursiv). Die Begründung der Gottessohnschaft im israelitischen Familienrecht kommt überein mit der Tatsache, daß es sich bei עם um ein „Nomen der Verwandtschaft zum Ausdruck eines agnatischen Verhältnisses" handelt (LIPINSKI, ThWAT VI, 180) und daß auch in עם יהוה ursprünglich der Gedanke der Verwandtschaft enthalten war (ebd., 187). Diese traditionsgeschichtliche Verbindung ist ein starkes Argument gegen VAN ALLMEN, Famille; SCHÖLLGEN, Hausgemeinden; RUSAM, Gemeinschaft, die paulinische Ekklesiologie aus der hellenistischen οἶκος-Vorstellung abzuleiten.

[192] SCHENKER, Gott als Vater, 25 (kursiv im Original).

[193] SCHENKER, aaO, 53.

[194] SCHENKER, aaO, 54; Autoren für diesen Versuch ebd., 7f A.3.

[195] Vgl. dazu FOERSTER/HERRMANN, ThWNT III, 767,45f.

[196] FOERSTER/HERRMANN, ThWNT III, 768ff; FRIEDRICH, EWNT II, 737.

[197] Die universale Ausweitung der Landverheißung Röm 4,13 hat somit ihre frühjüdischen Vorläufer; vgl. KOCH, Schrift, 310.

syrBar 44,13 u.ö.)[198]. Dennoch bleibt die Vorstellung vom Erbe mit dem Land verbunden (PsSal 9,1; 17,23.28ff; 2Makk 2,17f; Mt 5,5[199]). Bei Paulus ist der Begriff des Erbens an die βασιλεία τοῦ θεοῦ gekoppelt (1Kor 6,9f; 15,50; Gal 5,21). Hierdurch wird deutlich, wie bei Paulus einerseits der Aspekt des verheißenen Landes zurückgetreten ist und wie andererseits gegenwärtige und zukünftige Aspekte miteinander verschränkt sind[200].

Wer Sohn und damit Erbe ist, gehört nach Paulus ohne jede Einschränkung zum Volk Gottes hinzu.

Welche Bedeutung die Vorstellung des Erben im Horizont des Gottesvolkes hat, wird noch aus einem anderen Zusammenhang deutlich: Nach biblischer wie auch rabbinischer Auffassung gehören Volk und Land zusammen. So kann eine Diskussion über die Stellung der Proselyten entstehen. Der Proselyt, der sich Beschneidung und Tauchbad unterzogen hat, gilt in den meisten rabbinischen Texten als vollwertiges Mitglied des Gottesvolkes[201]. Dennoch bleibt er hinsichtlich seiner Stellung als „Erbe" in einem Sonderstatus[202]. Nach mBik I,4 bringt der Proselyt (גר) zwar die Erstlinge dar, rezitiert jedoch nicht Dtn 26,5ff[203]. Der Grund dafür ist der fehlende Anteil am Land. Dies kommt überein mit mBik I,7, wonach derjenige, der nach der Ernte sein Feld verkauft hat, auch nicht rezitieren darf, sondern nur darbringen. Ebenso werden von jenseits des Jordan wohnenden Israeliten keine Erstlinge dargebracht, da dies nach mBik I,10 nicht zum „Land, wo Milch und Honig fließt" gehört[204]. Der analoge Sachverhalt begegnet wieder in mMSh V,14, wo ebenfalls bei der Feststellung der rechtmäßigen Zehntabgabe ein für Israeliten und Mamserim einerseits und für Gerim und freigelassene Sklaven andererseits unterschiedliches Bekenntnis abzulegen ist, das Bezug auf den Anteil am Land nimmt[205]. Die Tatsache, daß nach einer Baraita in yBik I,4 (64a,15) R. Jehuda (ca. 150) aufgrund von Gen

---

[198] Vgl. zur Sache HOSSFELD, Metaphorisierung; PAULSEN, Überlieferung, 103 A.103.

[199] S. zu diesem Vers LUX, Erbe.

[200] Vgl. PAULSEN, Überlieferung, 102f; KUHN, Enderwartung, 72–75; HORN, Angeld, 394–399.

[201] Zum Status des Proselyten s. FELDMAN, Jew, 288–341, bes. 338ff; weiterhin die oben S. 64–67 zu 11QT 40,5f und 4QFlor 1 genannte Literatur, sodann oben S. 96–107.

[202] Vgl. BILL. III, 558; DAHL, Volk, 57. Nach COHEN, Conversion, 33, kann der Proselyt Jude werden, aber kein Israelit.

[203] „Folgende bringen die Erstlinge dar, lesen aber nicht: der Neubekehrte [גר] bringt sie dar, liest aber nicht, da er nicht sagen kann: Deren Verleihung er unseren Vorfahren zugeschworen hat; wenn aber seine Mutter Jisraelitin ist, so bringt er dar und liest auch. Wenn derselbe allein betet, so sage er: Der Gott der Vorfahren Jisraels, wenn aber im Bethaus, so sage er: Der Gott eurer Vofahren; wenn aber seine Mutter Jisraelitin ist, so sage er: Der Gott unserer Vorfahren." (Übersetzung nach GOLDSCHMIDT I, 315; vgl. BILL. I, 119; II, 741; III, 211.558; IV.2, 645). Vgl. dazu, was Maimonides dem Proselyten Obadja schreibt, wie er bei den Segenssprüchen formulieren soll (zit. bei FOHRER, G., Glaube und Leben im Judentum, UTB 885, 26f).

[204] Zur Frage der Zugehörigkeit des Transjordanlandes zum Hl. Land s. SAFRAI, Wallfahrt, 63f.279.

[205] „Blicke herab von deiner heiligen Wohnung, vom Himmel – wir haben getan, was du uns befohlen hast, so erfülle auch das, was du uns vesprochen hast. Blicke herab von deiner heiligen Wohnung, vom Himmel, und segne dein Volk Jisrael – mit Söhnen und Töchtern; und das Land, das du uns verliehen hast – mit Thau und Regen und Trachtbarkeit des Viehs; wie du unseren Vätern geschworen hast, ein Land, das von Milch und Honig überfließt – dass du den Früchten Geschmack verleihst. Hieraus folgerten sie, dass Jisraeliten und Uneheliche [ממזרים] das Bekenntnis ablegen, nicht aber Neubekehrte [גרים] und freigelassene Sklaven [עבדים משוחררים], weil diese keinen Anteil am Land haben." (Übersetzung nach GOLDSCHMIDT I, 305; vgl. BILL. IV.2, 685). Weitere Parallelen nennt WOLFF, Land, 100 A.37.

17,5 (Abraham soll Vater vieler Völker werden) auch dem Proselyten die Rezitation gestattet haben soll und diese Tradition in tBik I,2 modifiziert begegnet (aufgrund von Num 10,32 habe R. Jehuda dies nur den Nachkommen des Keniters Hobab gestattet), bestätigt nur, welche Bedeutung der Anteil am Land für die Zugehörigkeit zum Gottesvolk nach rabbinischer Auffassung besitzt[206]. Das Problem, daß die Halacha damit in Spannung zu Ez 47,22f steht[207], wird in SifBam 78 (zu Num 10,29, [§75 ed. Horovitz])[208] so gelöst, daß sich „Erbe" in Ez 47,23 nicht auf Landbesitz, sondern auf „Sühne" oder „Grabstätte" bezieht: „Wenn also (der Proselyt) beim Stamme Juda war, wurde ihm Sühne geschaffen beim Stamm Juda ... dem Proselyten ist (also) eine Grabstätte im Lande Israel gegeben."[209]

Gal 3,29 hat Paulus seinen Zielsatz erreicht, wonach die Glaubenden in die Position der Erben eingesetzt sind. Gal 4,7 steht vom Argumentationsfortschritt her an der gleichen Stelle, wo Paulus sich schon 3,29 befunden hat. Warum dann 4,1–7? Handelt es sich nur um ein nachgeschobenes oder um ein notwendiges Argument?

Wenn Paulus die ἐπαγγελία, wie zu Gal 3,6ff ausgeführt, so christozentrisch versteht und wenn er als den Erben in 3,15–18 allein Christus und in 3,26–29 allein die Glaubenden gelten läßt, kommt er notwendigerweise in Schwierigkeiten mit dem Israel des Sinaibundes. Er muß sich daher mit der Frage der Erwählung Israels beschäftigen. Dies tut er in Gal 4,1–7 unter Rückgriff auf 3,23–29.

In Gal 4,1–7 sind zwei Vorstellungsbereiche miteinander verbunden. In V.1–3.6f benutzt Paulus einen Vergleich aus dem Erbrecht, in den in V.4f die Sendungsformel und das Loskaufmotiv eingeschaltet sind[210].

---

[206] Zur Ansicht R. Jehudas s. SAFRAI, Wallfahrt, 282.

[207] Zu Ez 47,22f s. neben den Kommmentaren PREUSS, Theologie I, 139.

[208] Zu SifBam 78.80 und den Parallelen in der rabbinischen Tradition s. jetzt BÖNER-KLEIN, Midrasch Sifre Numeri, 59.

[209] Übersetzung nach KUHN, Sifre zu Numeri, 209. Vgl. zur Sache SifBam 80 (zu Num 10,31, §76 ed. HOROVITZ): „Sonst werden die Israeliten sagen: Jetro ist nicht (rein) aus Liebe Proselyt geworden. Jetro meinte (vielmehr), die Proselyten würden Anteil haben am Lande Israel. Jetzt, wo er sieht, daß sie keinen Anteil haben, verläßt er sie und geht." (KUHN, Sifre zu Numeri, 210). Vgl. weiterhin SifZ 264 (ed. HOROVITZ); SifDev 299 (318 ed. FINKELSTEIN); 301 (320 ed. FINKELSTEIN). Im Rahmen dieser Fragestellung erhält auch die Naaman-Geschichte (2Kön 5) eine spezifische Beleuchtung: Die Mitnahme der Erde signalisiert die Verbindung von Gott, Volk und Land; vgl. COHEN, Conversion, 34.

[210] Gegen die opinio communis der Forschung wendet sich SCOTT, Adoption, 121–186: Er möchte V.1–2 typologisch vom Ägyptenaufenthalt Israels und der Erlösung zu „divine adoptive sonship (...) at the foreordained time of the Exodus from Egypt" her verstehen. V.3–7 würden dagegen als Antitypus die Erlösung der Glaubenden und ihre Adoption als Söhne Gottes beim zweiten Exodus ansprechen. Diese Exodustypologie stellt nach SCOTT den traditionellen, messianischen Rahmen für die Sendung des Sohnes, V.4, dar. Daher sei die υἱοθεσία der Söhne zu interpretieren „in light of the Jewish expectation of divine adoptive sonship in the messianic time based on 2Sam 7:14 (cf. Jub 1:24, 4QFlor 1:11, TJud 24:3)"; SCOTT, Adoption, 186. SCOTT kann durchaus die Schwachstellen der Forschung hinsichtlich des Verständnisses von νήπιος, ἐπίτροπος und οἰκονόμος aufzeigen und seinerseits darlegen, daß in νήπιος Hos 11,1 anklingt (129f) und ἐπίτροπος bzw. οἰκονόμος offizielle Titel darstellen (135–140). Ob sie sich allerdings eindeutig auf „the Egyptian taskmasters" beziehen (147), muß ungewiß bleiben. Ebenso unge-

In der Zeit der Unmündigkeit untersteht ein Erbe den Vormündern und Verwaltern[211]. Dadurch unterscheidet er sich praktisch in nichts von einem Sklaven, wenngleich er doch seinem rechtlichen Status nach ‚Herr' über alles ist (V.1f)[212]. Darin waren die Galater als Heiden mit den Juden gleich, denn auch diese waren in der Zeit des Gesetzes ‚unmündig' und unterstanden den στοιχεῖα τοῦ κόσμου (V.3)[213]. Paulus schließt sich in der 1. Pers. Pl. in die Versklavung mit ein. Das Bild aus dem Erbrecht ist hier in sich nicht mehr ganz stimmig, da es sich in V.1f um den Sohn eines freien Mannes handelt, der nur de facto einem Sklavensohn gleichgestellt ist, wohingegen in V.3 und dann in V.5 vom grundsätzlichen Versklavtsein auch des Sohnes geredet wird und die Einsetzung in die Sohnschaft überhaupt erst seit Christus möglich ist[214]. Der Begriff, den Paulus hier aus der Popularphilosophie übernommen hat, begreift sowohl die jüdische, an der Tora orientierte, wie auch die heidnische Frömmigkeit in sich: „Beide sind Erscheinungsformen jener den Menschen versklavenden (4,3.5.8f), im Vergleich zur υἱοθεσία (V.5) ärmlichen (V.9) Macht, die die Grundlage rel[igiöser] Existenz des Menschen vor Christus darstellte"[215].

Von dem in V.3 erreichten Gedanken, daß alle im Stand der Sklaverei waren, führt Paulus nun in V.4f die Sendungsformel[216] und das Loskaufmotiv ein. Dabei hat die Sendung des Sohnes kein eigenständiges Gewicht, sondern ist der Ausgangspunkt, um in V.5 den durch Christus geschehenen Loskauf anzusprechen. Da das Loskaufmotiv mit dem Bereich der Sklaverei in Beziehung steht[217], kann Paulus es – ohne den gedanklichen Standort von V.3 zu verlassen – benutzen, um die für alle jetzt mögliche Einsetzung in die Sohnschaft auszusagen. Dieser Status gilt für die Galater, denn mit dem Kommen

---

wiß ist das Verständnis von κύριος πάντων im Horizont der frühjüdisch universal ausgeweiteten Abrahamsverheißung (s. Sir 44,21; Jub 17,3; 19,21; 22,14; 32,19; vgl. Röm 4,13; dazu KOCH, Schrift, 310). Eine Anspielung auf den Exodus ist also m.E. möglich, jedoch nicht zwingend. Das Hauptproblem der Interpretation von SCOTT liegt jedoch im Verständnis von κληρονόμος (V.1) als Israel und in der Tatsache, daß bei seiner Interpretation Israel dann beim Exodus tatsächlich in die Sohnschaft eingesetzt worden wäre. Dies ist nach Röm 9,4 (worauf SCOTT sich ausdrücklich bezieht, aaO, 148) der Fall, nicht jedoch nach dem Gal. Hier ist die Einsetzung in die Sohnschaft an das Kommen des Sohnes Gottes und an den Glauben gebunden (4,4f). Daher steht die exodustypologische Interpretation von V.1–2 in Spannung mit V.4f und mit anderen Texten des Gal, v.a. 4,21–31. Es liegt deshalb doch näher, Gal 4,1–2 als Beispiel aus dem Erbrecht zu interpretieren, dessen Hauptvergleichspunkt der Termin der Mündigkeit des Erben ist, und V.3–7 als dessen Anwendung.

[211] S. dazu im Detail BETZ, Gal, 354ff; ROHDE, Gal, 166f, und die dort angegebene Lit.

[212] κύριος heißt in diesem Fall nach MUSSNER, Gal, 267 A.104, ‚Besitzer'.

[213] S. dazu oben S. 212 A. 66.

[214] Zu den Konsequenzen dieser Aussage für die „Sohnschaft" Israels s.u.

[215] PLÜMACHER, EWNT III, 665, im Anschluß an DELLING, ThWNT VII, 685, und VIELHAUER, Gesetzesdienst.

[216] Zur Sendungsformel, die vorpaulinische Tradition repräsentiert, s. SCHWEIZER, What Do We Really Mean.

[217] Zur Herkunft des Motivs s. KRAUS, Tod Jesu, 177ff, und die dort angegebene Lit.

des Geistes ist ihre Sohnschaft und damit auch ihre Einsetzung ins Erbe offenkundig geworden[218].

In Gal 4,1-7 ist besonders auffällig, daß Paulus die υἱοθεσία konsequent für Christus und die an ihn Glaubenden reserviert. Israel gilt - anders als z.B. Hos 2 und 11 - nicht als „Sohn", sondern solange es unter dem Gesetz lebt, unterscheidet es sich in keiner Weise von einem Sklaven. *Die Sohnschaft war somit in der Zeit des Gesetzes suspendiert.* Israel wurde durch das Gesetz „in Gewahrsam gehalten" (3,23)[219]. Jetzt erst, nach dem Kommen des Sohnes (4,4f), ist die Möglichkeit der Befreiung aus der Sklaverei des Gesetzes da. Gerade die Juden (οἱ ὑπὸ νόμον) werden befreit, um die Sohnschaft zu empfangen. Gal 4,1ff steht damit in enger Korrespondenz zu 3,15-18, der Engführung der Abrahamverheißung auf den einen Erben, Christus.

Zieht man aus dieser Sicht des Paulus die Konsequenzen, dann ist zu formulieren, daß es in der Zeit der Mosetora überhaupt keine Söhne Gottes im Sinn von Hos 2 und 11 etc. gegeben hat[220]. Es stellt sich die Frage, ob Israel unter diesem Aspekt nach dem Gal überhaupt als Gottesvolk angesprochen werden kann. Paulus stellt diese Frage nicht explizit. Die christozentrische Konzentration des Gal würde eine positive Antwort jedoch unmöglich machen.

Eine Bestätigung dieser Auslegung geht auch aus der Hagar-Sara-Allegorese hervor, denn hier wird erneut deutlich, wie eng Paulus im Gal Sinaibund und Sklaverei zusammensieht.

3. Zusammenfassung

„Das Bild vom Erben zeigt das Festhalten des Paulus am Gottesvolkgedanken." Diese Feststellung von U. Luz[221] gilt nicht nur für das Bild vom Erben, sondern für den gesamten Motivkomplex, wie er in Gal 3,26-29; 4,1-7 (vgl. Röm 8,14-17) vorliegt: Gotteskindschaft, Geistbegabung, Einsetzung ins Erbe gehören wie die Rede von der Nachkommenschaft Abrahams als Motive in den Zusammenhang des Gottesvolkthemas.

Gal 3,26-29 hat darüber hinaus für die Darstellung der paulinischen Ekklesiologie entscheidende Bedeutung, denn hier laufen die zwei Linien, welche die paulinische Ekklesiologie kennzeichnen, zusammen: einerseits die christologische Begründung, andererseits die heils- bzw. erwählungsgeschichtliche Tiefendimension. Die Zugehörigkeit aller Glaubenden zum Gottesvolk ist

---

[218] Das ὅτι in V.6 dürfte in diesem Fall elliptisch zu verstehen sein: entweder analog Röm 5,8 ὅτι = ἐν τούτῳ ὅτι, „dadurch, daß" oder ὅτι = εἰς ἐκεῖνο ὅτι „in Anbetracht dessen, daß"; s. BAUER-ALAND, WB⁶, 1192. V.8-11 knüpfen hieran an. V.9 wird noch einmal das Stichwort von den στοιχεῖα τοῦ κόσμου aufgenommen, womit in diesem Fall das Mosegesetz gemeint ist (ROHDE, Gal, 180).

[219] Hierbei ist darauf zu achten, daß Gal nicht vorschnell von Röm 9,1-5 her gelesen wird.

[220] Vgl. LUZ, Geschichtsverständnis, 281.

[221] LUZ, Geschichtsverständnis, 283; s.o. A. 185.

allein durch Christus ermöglicht. Dieses Volk aber steht in der Kontinuität des Handelns Gottes seit Abraham[222].

Die christologische Konzentration macht die Frage nach der Sohnschaft Israels unabweisbar. Gal 4,1-7 stellt heraus, daß Sohnschaft unter dem Gesetz nicht möglich ist. Erst Christus befreit die unter dem Gesetz, damit sie die Sohnschaft empfingen. Paulus wird das Gottesvolkthema, das er hier im Gal von Christus her durchdacht hat, im Röm von Israel her durchbuchstabieren und dabei zu einer *Modifikation* kommen[223].

e) Der Ausschluß des „jetzigen Jerusalem" vom Erbe in der Hagar-Sara-Allegorese[224] (4,21-31)[225]

Die Einsetzung der Heiden in die Sohnschaft hat angesichts der galatischen Problemlage als Kehrseite die Frage nach der Stellung Israels unabweisbar zur Folge. Für 1Thess und 1Kor konnte eine Gleichstellung der Heiden mit Israel aufgrund der Taufe nachgewiesen werden, eine gleichzeitige Abwertung Israels jedoch nicht. Dies gilt auch für Gal 3,26-29. Das Bild ändert sich jedoch beim Blick auf 4,1-7 und dann erst Recht bei 4,21-31, der Hagar-Sara-Allegorese. Die Exegese dieses Textes ist in der Forschung umstritten. Eine Analyse hat v.a. auf folgende Fragen zu antworten:

- Was ist mit den δύο διαθῆκαι gemeint?
- Was ist unter dem jetzigen Jerusalem zu verstehen: Juden generell oder Judenchristen?
- Worin besteht die Verfolgung, von der V.29 spricht? Handelt es sich um die „Verfolgung" von Heidenchristen durch Judenchristen (Judaisten) oder grundsätzlich um Bedrängnisse, denen das junge Christentum vom Judentum her ausgesetzt ist?
- Ist die „Ausstoßung" (V.30) als eine konkrete Aufforderung zu verstehen?

---

[222] Anders KLAIBER, Rechtfertigung, 153: Der Segen Abrahams gelte den Glaubenden, so komme er allen Völkern zugute. Der zum Gottesvolk gehörende Begriff σπέρμα Ἀβραάμ werde „vom umfassenden Motiv des Leibes Christi her interpretiert und weitergeführt zu einer universalen Auffassung der Gotteskindschaft". KLAIBERs Auffassung scheitert daran, daß das Leib-Christi-Motiv im Gal nicht vorkommt.

[223] Vgl. LUZ, Geschichtsverständnis, 286.

[224] Zur Begrifflichkeit s. KOCH, Schrift, 199-203.204-211. Zur Stellung und Funktion der Passage s. BARRETT, Allegory, passim; zu BARRETTs eigener Position ebd., 6ff.

[225] Literatur zu diesem Text: Neben den Kommentaren von BETZ, OEPKE/ROHDE, SCHLIER, MUSSNER, ROHDE, s. v.a. BECKER, Paulus, 491-494; HAACKER, Paulus und das Judentum im Galaterbrief; VOLLENWEIDER, Freiheit, 286-288.292-298.311f; KUTSCH, Testament, 142-145; GOPPELT, Typos, 167-169; LUZ, Bund, 318ff; DERS., Geschichtsverständnis, 283-286; KOCH, Schrift, 204-211; KLAUCK, Allegorie, 116-125; COSGROVE, Law; MARTYN, Covenants, 160-192; STEINHAUSER, Evidence; VOUGA, Construction; COTHENET, L'arrière-plan; BOUWMAN, Hagar; DERS., De twee testamenten; JONES, Freiheit, 82-96; GRÄSSER, Bund, 69-77; BARRETT, Allegory.

– Überdies wird diskutiert, ob sich Paulus noch innerhalb seines gedanklichen Duktus befindet, ob er Argumente der Gegner aufgreift und ob eher
von einer Allegorie oder einer Typologie zu reden ist.

Die Relevanz des zu behandelnden Textes für das Gottesvolk-Thema leuchtet
unmittelbar ein, wenn man bedenkt, daß es sich um die ersten paulinischen
Äußerungen handelt, in denen er grundsätzlich auf den Status Israels als
Gottesvolk eingeht. Diese hohe Bedeutung des Textes entschädigt für den
mühevollen Weg, den die folgende Analyse zu gehen hat.

1. Zur Stellung im Kontext[226]

Verschiedentlich wird der Abschnitt für einen Nachtrag gehalten bzw. für ein
Argument, das Paulus eben auch noch eingefallen sei[227]. Nach der oben dargestellten Argumentationsstruktur im Gal handelt es sich jedoch um einen
integralen Bestandteil des Zusammenhanges, der von 3,1 bis 5,12 geht[228].
4,21–31 ist nach 3,6–14, wo die Abrahamssohnschaft aufgrund des Glaubens
und nicht der Werke des Gesetzes herausgestellt wird, und nach 3,15–4,7, wo
„die zeitliche wie theologische Priorität der Verheissung gegenüber dem Gesetz herausgearbeitet" wird[229], das dritte Argument, um die Legitimität der
unbeschnittenen Heidenchristen als Abrahamsnachkommenschaft zu erweisen[230]. Dabei ist der gedankliche Fortschritt darin zu sehen, daß hier gerade
das Gesetz selbst „von seiner eigenen Inferiorität Kunde gibt"[231] und damit die
Sinaidiatheke aus sich selbst heraus der Verheißungsdiatheke untergeordnet
ist.

---

[226] S. hierzu v.a. MERK, Beginn, passim, bes. 92f.94f.

[227] KLAIBER, Rechtfertigung, 164: eine „Art Nachtrag"; vgl. OEPKE/ROHDE, Gal, 147; LUZ,
Bund, 319; LIAO, Meaning, 117.

[228] VOLLENWEIDER, Freiheit, 285 A.2, sieht richtig, daß für Autoren, die die Exhortatio mit
5,1 beginnen lassen, die Schwierigkeit besteht, 4,21ff als ‚conclusio' der gesamten ‚probatio'
verstehen zu müssen. Mit MERK u.a. ist daher der Beginn des paränetischen Teils mit 5,13
anzusetzen. Nach BETZ, Gal, 66.431, soll die Zusammenfassung der gesamten ‚argumentatio' in
4,31 erfolgen. Dies ist aus mindestens zwei Gründen unwahrscheinlich: 4,31 ist ausdrücklich auf
die beiden Testamente zurückbezogen und außerdem wäre dann das erneute Argumentieren in
5,1ff unverständlich.

[229] VOLLENWEIDER, Freiheit, 285.

[230] Insofern kann auch nicht gesagt werden, daß sich 4,21ff wie ein „Kommentar" zu 3,15ff
lese (GRÄSSER, Bund, 74), vielmehr stellt der Abschnitt einen durchaus eigenständigen Beweisgang dar.

[231] VOLLENWEIDER, Freiheit, 286; LUZ, Geschichtsverständnis, 284. Dabei kommt sowohl
bei VOLLENWEIDER als auch bei LUZ der grundlegende Gedanke an die Nachkommenschaft
Abrahams zu kurz, zumal beide stärker das Verhältnis von Gesetz und Glaube im Mittelpunkt
sehen.

2. Zur Frage der Aufnahme gegnerischer Argumentation

Die Ansprechpartner des Paulus im Gal sind Heidenchristen, die sich nachträglich beschneiden ließen bzw. im Begriff stehen, dies tun zu lassen[232]. Um diesem Ansinnen zu begegnen, setzt Paulus ab 3,6 das Abraham-Argument ein. Daß er dies von seinen Gegnern übernommen hat, wird sich zwar, da Paulus anders als z.b. im 1Kor keine ausdrücklichen Hinweise gibt, nicht mit letzter Sicherheit entscheiden lassen, darf jedoch als wahrscheinlich angenommen werden[233]. Ihre These lautete in etwa, daß, wer zum Gottesvolk gehören wolle, die Eingliederung in den Abrahamsbund durch die Beschneidung zu besiegeln habe[234]. Verschiedene Gründe sprechen dafür, daß gerade Abraham von den Gegnern des Paulus argumentativ benutzt wurde, um für Heidenchristen die Notwendigkeit der Einhaltung des Gesetzes im Sinn einer Übernahme der Beschneidung auszudrücken: Zunächst ist noch einmal auf die unvermittelte Einführung Abrahams in Gal 3,6–9 und die unmotivierte Schlußfolgerung V.7 hinzuweisen (s.o.). Sodann spricht die Tatsache, daß in der biblischen Tradition Abraham und Beschneidung zusammengehören, inhaltlich dafür[235]. Paulus läßt sich somit auf den sich auf Abraham stützenden Schriftbeweis der Gegner ein, benutzt das gegnerische Argument bewußt und interpretiert es in seinem Sinn, indem er nach Gen 15,6 (vgl. zu 3,6ff) nun Gen 21 einbringt. Aus V.21b.22 scheint hervorzugehen, daß die Geschichte von Sara/Isaak und Hagar/Ismael den Galatern bekannt ist[236]. Paulus unterscheidet wie üblich die Nachkommen der Sara und der Hagar, aber dann identifiziert er die Anhänger des Sinaibundes mit den Kindern Hagars,

---

[232] BOUWMAN, Hagar, 3140.

[233] Bes. BARRETT, Allegory, 8f, hat dafür votiert, daß Paulus in Gal 4,21–31 Material verwendet, das seine Gegner gegen ihn benutzt haben; vgl. COSGROVE, Law, 223; BOUWMAN, Hagar, 3147; KLAUCK, Allegorie, 120f. Zur Auseinandersetzung mit der These von ULONSKA, Paulus, 76.78, wonach Paulus hier nur Argumente seiner Gegner *zitiere*, s. LUZ, Geschichtsverständnis, 43.284 A.76.

[234] Diese Bedeutung als Eingliederung in den Bund hat die Beschneidung im Judentum bis heute behalten; s. dazu B. GORION, E., u.a., Art. Beschneidung, EncJud IV, 346–361; SNOWMAN, L.V. u.a., Art. Circumcision, EJ 5, 567–576. Nach BOUWMAN, Hagar, 3139, vertraten die Gegner die Meinung, die Galater müßten sich zum Eintritt in die Abrahamskindschaft deshalb beschneiden lassen, weil in Abraham ‚alle Heiden gesegnet' würden (Gen 12,3; 18,18). Als Nachkommen Ismaels hätten auch sie eine Verheißung (Gen 17,20), jedoch unter der Bedingung der Beschneidung, da auch Ismael beschnitten war (3147f). Sie hätten jedoch nicht die Befolgung des mosaischen Gesetzes verlangt (3139). Für diese Unterscheidungen gibt es im Text m.E. keine ausreichenden Indizien. Zudem werden in V.25 Hagar und jetziges Jerusalem sofort in Beziehung gesetzt, ohne daß ein direkter Bezug auf die Gegnerthese, wie BOUWMAN sie vertritt, sichtbar wird.

[235] Zur Zusammengehörigkeit von ‚Abraham' und ‚Beschneidung' s. Gen 17,10ff.

[236] Dies geht auch aus der Unvollständigkeit der Gegensatzpaare hervor. Zur Bedeutung der Sara-Hagar-Geschichte in der jüdischen Tradition s.u. S. 244. Nach Jub 16,17f, werden die Juden als Nachkommen Isaaks nicht unter die Völker gezählt, wohingegen alle anderen Nachkommen Abrahams die Völker ergeben sollten.

und das heißt mit Sklaven[237]. Die Anhänger des Sinaibundes werden zu „Ismaeliten", die gesetzesfreien Christen zu „Isaakssöhnen".

3. Zur Struktur des Textes

Im Diatribenstil[238] eröffnet Paulus seine Argumentation mit einer Frage in „leicht ironischem Ton"[239]. Die darin implizit enthaltene These lautet, daß das Gesetz selbst von seiner Begrenztheit zeugt[240]. Der Textabschnitt ist formal von Gegensatzpaaren geprägt, die jedoch nicht alle vollständig ausgeführt werden, sondern von den Hörern teilweise ergänzt werden müssen[241]. An drei Stellen wird die Schrift angeführt (V.22.27.30): zwei Söhne hatte Abraham; der unfruchtbaren Sara wurden zahlreiche Nachkommen verheißen; die Sklavin und ihr Sohn sollten vom Erbe ausgeschlossen sein. Die Schriftzitate untermauern jeweils einen neuen Gedanken. Im Zentrum steht die Vorstellung der zwei διαθῆκαι, auf die hin die beiden Söhne/Frauen Abrahams allegorisch gedeutet werden[242]. V.28 zieht eine erste Folgerung: κατὰ Ἰσαάκ sind die Galater „Verheißungskinder". Daran kann auch die gegenwärtig erfahrene Verfolgung nichts ändern, sie ist vielmehr, wie durch die Geschichte begründet wird, ein Ausweis der Echtheit. Der Zielsatz, auf den Paulus zusteuert, steht in V.31: Die an Christus glauben gehören auf die Seite der Freien und können daher nicht unter dem Gesetz stehen wollen.

4. Zur Verwendung von Tradition

Verschiedentlich wird in der Literatur diskutiert, ob Paulus – abgesehen davon, daß er mögliche gegnerische Argumente aufgreift – eine vorgegebene Tradition verarbeitet hat. Becker geht so weit, daß er Gal 4,21ff zusammen mit 1Kor 10,1–21 und 2Kor 3,7–18 „im Kern" in die antiochenische Zeit des

---

[237] BARRETT, Allegory, 12; s. dazu ausführlich unten 242ff.

[238] BETZ, Gal, 65.414f. Zum „Diatribenstil" s. oben S. 214 A.82.

[239] BETZ, Gal, 414f.

[240] Daß Paulus hier „Gesetz" im doppelten Sinn, einmal als Tora und dann als Bezeichnung für die Schrift verwende (BETZ, Gal, 415), ist m.E. nicht erweisbar; s.u. bei A.250.

[241] V.a. fehlen die Namen Sara und Ismael, doch diese verstehen sich von selbst. Aus dem Fehlen eine bewußte Vermeidungsabsicht des Paulus zu machen ist m.E. nicht gerechtfertigt; gegen KLAUCK, Allegorie, 118; MARTYN, Covenants, 179 (s. dazu unten). Die von BOUWMAN, Hagar, 3144f, behauptete chiastische Anordnung ist in dieser strengen Weise nur durch Auslassung herzustellen und sollte daher unterbleiben.

[242] Ob es sich um Allegorie oder Typologie handelt, muß für unsere Fragestellung nicht entschieden werden. S. BOUWMAN, Hagar, 3143f; COSGROVE, Law, 219 A.15; KLAUCK, Allegorie, 123–125. GRÄSSER, Bund, 70, geht davon aus, daß Allegorie und Typologie sich hier mischen; HAHN, Gesetzesverständnis, 56: „Typologie"; KOCH, Schrift, 204–211: „Allegorese"; MUSSNER, Gal, 320 A.20, hält eine Entscheidung für nicht möglich.

Paulus zurückverlegen möchte[243]. Doch ist eine literarkritische Abgrenzung nicht möglich. Eher ist auf traditionsgeschichtlicher Ebene mit der Übernahme von Schultradition zu rechnen[244].

Vollenweider verweist auf verschiedene Text- und Themenkomplexe, zu denen er traditionsgeschichtliche Bezüge erkennt[245]: 2Kor 3; Phil 3,20f; Joh 8,31f; Hebr 12,18–24; Philo, Migr 94 (innerhalb 86–105); Fug 202–212. Die Verwendung von Gen 21,9 weise in ein von jüdisch-palästinischer Tradition geprägtes Milieu, das Motiv des himmlischen Jerusalem in die Apokalyptik und nach Qumran, dagegen gehe von der zelotischen Vorstellung der „Freiheit Jerusalems" nur „eine schmale Brücke" zu Gal 4,21–31. Schließlich weist Vollenweider im Gefolge von Jones noch auf den auch in kynischer und stoischer Literatur zu findenden Rückgang auf die „selige *Urzeit*" hin[246].

Insgesamt ergibt sich, daß in Gal 4,21ff sowohl die Vorstellung vom himmlischen Jerusalem wie auch die der hellenistischen Kosmopolis und ihrer Eleutheria verarbeitet ist[247]. Gleichwohl steht die Vorstellung der zwei διαθῆκαι im Mittelpunkt der paulinischen Ausführungen und ist nicht nur ein Nebengedanke. Die Rede von den zwei διαθῆκαι ergibt jedoch noch kein Argument, mit der Übernahme von exegetischer Schultradition zu rechnen, zumal Paulus im Gal nicht von einer καινή διαθήκη spricht[248], und die Konzeption der δύο διαθῆκαι auch nicht implizit die „typologische Konzeption einer καινή διαθήκη voraus[setzt]".[249] Hierdurch ist zugleich das Hauptproblem der Interpretation benannt.

5. Zur Interpretation

Ausgangspunkt der Argumentation ist, daß nach paulinischer Sicht das Gesetz selbst um seinen inferioren Charakter weiß und davon zeugt[250]. Ziel-

---

[243] BECKER, Paulus, 491; vgl. ebd., 115, und DERS., Gal, 55.58.62, wo BECKER literarkritisch Tradition abheben möchte. Vgl. dagegen u.a. VOLLENWEIDER, Freiheit, 292 A.36; JONES, Freiheit, 84f.203.

[244] GRÄSSER, Bund, 69; VOLLENWEIDER, Freiheit, 292ff. Das Urteil von GRÄSSER, ebd., daß Paulus „der eigenen Problemlösung in 3,6–4,7 jetzt in 4,21–31 eine vorgegebene" folgen lasse, um der eigenen Nachdruck zu verleihen, ist zu modifizieren, da sie den Gedankenfortschritt nicht angemessen zur Geltung bringt, der in 4,21ff unzweideutig vorliegt. GRÄSSER versteht denn auch die Ausführung über die beiden διαθῆκαι nur als „Hilfsgedanke[n]" (so GRÄSSER, Bund, 69, im Anschluß an LUZ, Bund, 319).

[245] VOLLENWEIDER, Freiheit, 293–298.

[246] VOLLENWEIDER, ebd., 298; JONES, Freiheit, 92–96.

[247] VOLLENWEIDER, ebd., 298.

[248] Dies könnte u.U. als Argument gebraucht werden, den Gal chronologisch vor den 1Kor zu plazieren. Doch ist dies nicht zwingend: Paulus geht es in Gal 4,21ff retrospektiv um die überragende Bedeutung der Abraham-διαθήκη als Gottes erster Setzung vor dem Sinaibund, eine „neue" διαθήκη ist dabei überhaupt nicht im Blick.

[249] Gegen KOCH, Schrift, 210; vgl. 205f.

[250] VOLLENWEIDER, Freiheit, 286. Zum „inferioren Charakter" des Gesetzes s. auch GRÄSSER, Bund, 63. Man sollte m.E. nicht davon sprechen, daß Paulus hier zwei unterschiedliche Be-

punkt ist die Aussage, daß die Glaubenden ‚Kinder der Verheißung' bzw.
‚Kinder der Freien' sind (V.28.31)[251] und damit zur rechtmäßigen Nachkommenschaft Abrahams gehören und Anteil am Erbe haben.

Aus der Tatsache, daß Paulus in der Allegorese bewußt nicht alle Glieder und deren Opposition ausgeführt hat, werden von den Auslegern sehr unterschiedliche Schlüsse gezogen[252].
Beruht dies nach den einen mehr auf der rhetorischen Figur der Allegorese, die mehr an- als
ausdeutet[253], so sehen andere darin eine bewußte Vermeidung und beabsichtigte Inkonsequenz[254]. Doch von Inkonsequenz kann nicht wirklich die Rede sein. Die einzige Stelle, an der
die Parallelität nicht durchgehalten wird, besteht darin, daß dem Sinaibund kein Pendant entspricht[255]. Alle anderen Bezüge sind unschwer herzustellen, auch wenn die Namen Sara bzw.
Ismael nicht ausdrücklich genannt werden.

Damit ist die Frage gestellt, welche Konzeption sich hinter der Rede von den
beiden διαθῆκαι verbirgt. Als unbestritten kann gelten, daß die eine διαθήκη
den Sinaibund bezeichnet[256]. Doch worin besteht die zweite? Wie erwähnt,
sehen verschiedene Autoren aufgrund der Parallelität zu 2Kor 3 die Konzeption „Alter-Neuer-Bund" auch in unserem Text vorliegen[257].

Nach Koch wird die durch die Abendmahlsparadosis „als vorpaulinisch belegte Konzeption
einer christologisch begründeten καινὴ διαθήκη" vorausgesetzt, eine Beziehung zur Väterüberlieferung sei demgegenüber ausgeschlossen[258]. Nach Haacker ist in Gal 4 der Begriff des Neuen
Bundes „impliziert [...]"[259]. Doch dies rührt aus Haackers Parallelisierung von Gal 4 mit Hebr
12,18–24, obwohl er selbst konzediert, daß im Hebr – wiederum in Unterscheidung zu Gal 4 –
der Sinai nicht „als Sache der Unfreiheit" diskreditiert werde[260]. Nach Lührmann fehlt die Rede

---

griffe von ‚Gesetz' verwende, einmal das Gesetz als ‚Heilsweg' und einmal als ‚Pentateuch'. Es
sind vielmehr zwei Aspekte des Begriffes ‚Tora', die hier zum Tragen kommen.

[251] Mit dem Stichwort τέκνα nimmt Paulus einen Begriff auf, den er V.19 schon gebraucht
hat.

[252] Z.B. LIETZMANN, Gal, 32; LÜHRMANN, Gal, 79; KLAUCK, Allegorie, 117f; KOCH, Schrift,
205f; VOLLENWEIDER, Freiheit, 287.

[253] VOLLENWEIDER, Freiheit, 287, im Anschluß an BETZ.

[254] KLAUCK, Allegorie, 118.

[255] So zu Recht LÜHRMANN, Gal, 79, der darauf hinweist, daß diese Leerstelle nicht einfach
mit dem „Bund von Golgatha" ausgefüllt werden darf.

[256] Paulus gelingt diese Zusammenordnung von Hagar und Sinaibund nur über den textkritisch äußerst schwierig zu beurteilenden Zwischengedanken, daß „Hagar" den Berg Sinai in
Arabien bedeute. Zur Textkritik etc. s. MUSSNER, Gal, 322; KOCH, Schrift, 206 A.19;
BOUWMAN, Hagar, 3140–3142. Einen ansprechenden Versuch hat STEINHAUSER, Evidence,
vorgelegt, wonach die allegorische Assoziation des Paulus analog der Übersetzung von Gen
16,7 („Der Engel des Herrn fand Hagar an einer Quelle in der Wüste, an der Quelle auf dem
Weg nach Schur") in TgPsJon und TgOnq ermöglicht worden sei. Dort heißt es: „Dann fand
ein Engel sie [Hagar] bei der Quelle an der Straße nach Hagra".

[257] Vgl. dazu LUZ, Bund, 319–321; GRÄSSER, Bund, 76; BETZ, Gal, 422f; KUTSCH, Testament,
142–145; HÜBNER, Biblische Theologie I, 92f.90 A.259: „der Sache, nicht der Terminologie
nach".

[258] KOCH, Schrift, 206. Zur Begründung der Ablehnung von KOCHs Argumentation s.u.

[259] HAACKER, Paulus und das Judentum im Galaterbrief, 100.

[260] Ebd.

vom Neuen Bund in Gal 4[261]. Man soll sie deswegen auch nicht eintragen! Auch Gräßer interpretiert Gal 4,24 von der Entgegensetzung Alter-Neuer Bund her. Er beurteilt den Sachverhalt
jedoch differenziert. Zu Gal 3,15.17 stellt er zutreffend fest: „Strenggenommen ist der *Neue*
Bund der ‚ältere‘, der mit der Abrahamdiatheke gesetzt und in Christus erfüllt ist. Ihr gegenüber ist die Sinaidiatheke ‚jünger‘ und sachlich schon immer durch die ἐπαγγελία als der
παλαιὰ διαθήκη qualifiziert, die zur Verheißungsdiatheke in einem diametralen Gegensatz
steht"[262]. Gräßer sieht auch richtig, daß die Bezeichnung der καινὴ διαθήκη, von der in 2Kor 3
die Rede ist, an die Abrahamdiatheke zurückgekoppelt sein dürfte (vgl. 2Kor 1,20). Er verdient
jedoch insofern keine Zustimmung, als weder in Gal 3 noch in Gal 4 von einer καινὴ διαθήκη
die Rede ist. Daher sind die Antithesen, zu denen Gräßer im Anschluß an Luz kommt[263], für
den Gal so nicht zutreffend[264]. Die Verheißungsdiatheke steht nicht in ‚diametralem Gegensatz‘
zur Sinaidiatheke (vgl. Gal 3,21), und es geht auch nicht um das „totaliter Aliter" der neutestamentlichen Heilssetzung im Gegensatz zur παλαιὰ διαθήκη[265]. Vielmehr kann aufgrund der
Übermacht des Verheißungsbundes an Abraham und der damit gegebenen Inferiorität des
Gesetzes ein wirklicher Gegensatz gar nicht zustandekommen, da alle Versuche, auf dem Weg
über das Gesetz Gerechtigkeit zu erlangen, von vornherein ausgeschlossen sind.

Die Entgegensetzung Alter-Neuer Bund läßt sich für Gal 4 nicht nachweisen[266]. Von verschiedenen Autoren wird daher ein Bezug zum Abrahambund
favorisiert[267]. Es fragt sich, ob sich dafür Gründe beibringen lassen.

1. Schon in Gal 3,15ff spricht Paulus von zwei Verfügungen Gottes, der Abraham-διαθήκη und
dem Sinaigesetz[268]. Hier stehen jedoch nicht explizit zwei διαθῆκαι einander gegenüber,
sondern die an Abraham ergangenen ἐπαγγελίαι werden διαθήκη genannt, während das 430
Jahre später verfügte Gesetz keine nähere Bezeichnung bekommt. Es ist jedoch deutlich, daß in
der Argumentation des Paulus Abraham-διαθήκη und Sinai-διαθήκη einander gegenübergestellt werden. Wenn Gal 4,21ff nicht einfach ein nachgeschobenes Zusatzargument darstellt,
sondern integraler Bestandteil des Gesamtzusammenhanges ist, dann ist zunächst damit zu
rechnen, daß Paulus hier in der gleichen Linie weiterdenkt[269].
2. Die beiden in der Allegorese miteinander in Beziehung gesetzten Größen Hagar/Ismael und
Sara/Isaak haben beide in der Geschichte der Genesis mit Abraham zu tun. Nun wird die eine
Linie aus der Nachkommenschaft Abrahams bewußt herausgenommen, damit die andere die
alleinige Erbschaft antrete. V.28 spricht explizit von der Kindschaft κατὰ Ἰσαάκ, der die

---

[261] LÜHRMANN, Gal, 79. Sein Argument, daß das Thema „Bund" für Paulus trotz Jer 31 zu
sehr vom Gesetz her definiert wäre, gilt aber zumindest so nicht für 2Kor 3.
[262] GRÄSSER, Bund, 68.
[263] GRÄSSER, Bund, 74f.
[264] Auch die Interpretation des Textes bei HÜBNER, Biblische Theologie II, 91–100, bes. 94,
ist m.E. überzogen. Die Absicht, nicht zu verharmlosen, darf nicht dazu führen, Gegensätze ins
Extrem zu steigern.
[265] So GRÄSSER, Bund, 75.
[266] Auch für eine Beziehung zu Jer 31,31ff gibt es keine terminologischen Hinweise. Es ist
daher problematisch, die Existenz der neutestamentlichen Gemeinde allein von der „neuen
Bundes-»Verpflichtung« von Jer 31,31ff her zu verstehen, so STUHLMACHER, Gesetz, 156 (im
Original kursiv). Vgl. auch oben zu 1Kor 11, wo sich ebenfalls eine Beziehung zu Jer 31 nicht
zwingend erweisen ließ.
[267] JONES, Freiheit, 86; MARTYN, Covenants, 184ff.
[268] Zu Gal 3 s. GRÄSSER, Bund, 62ff.
[269] Nach GRÄSSER, Bund, 74, liest sich Gal 4,21ff „sachlich ... wie ein Kommentar zu Gal
3,15ff".

Galater zugeordnet werden. Auch von hier aus ist es wahrscheinlich, daß Paulus Sinai- und Abrahamdiatheke miteinander vergleicht, denn die gesamte Argumentation des Paulus dreht sich um die wahre Nachkommenschaft Abrahams.

Es ist daher wahrscheinlich, daß sich δύο διαθῆκαι (V.24) auf Abraham- und Sinai-διαθήκη bezieht. Der Abrahambund ist der Verheißungsbund, der den Sinaibund als Gesetzesbund überragt.

Damit ergibt sich freilich – abgesehen von der Zusammenordnung von Hagar und Sinai – eine Interpretation der pentateuchischen Abrahamdiatheke mit weitreichenden Konsequenzen. Wie schon in Gal 3,6ff angelegt, werden Abraham und Beschneidung voneinander getrennt[270], ebenso fällt die Landverheißung, die in der Genesis für den Abrahambund konstitutiv ist, heraus[271]. Als Exegese eines alttestamentlichen Textes ist die paulinische Darstellung auch nach rabbinischer Hermeneutik nicht unanfechtbar. Die Zusammenordnung von Beschneidung, Gesetz und Sinaibund (vgl. Gal 5,3) ist von Haus aus nicht gegeben und nur möglich, wenn die Beschneidung als Inbegriff des Gesetzesgehorsams gesehen wird[272].

Doch ist diese Auslegung des Paulus kein völlig neuer Gedanke, sondern nur die Kehrseite seiner These von der Glaubensgerechtigkeit. Im paulinischen Denken sind Abraham und Glaube zusammenzusehen – und zwar ausschließlich.

Von hier aus ist zu fragen, ob es für die paulinische Exegese nicht doch einen *Schrift*grund gibt, auf den Paulus sich zu Recht beziehen kann[273]. Diesen gibt es in der Tat!

Die Abrahamdiatheke wird in der Genesis in zwei Varianten erzählt, Gen 15,1–21 und Gen 17,1–27[274]. Die Beschneidung als Bundeszeichen erhält Abraham nur im priesterschriftlichen Bericht, der jahwistische kennt sie nicht. Wie aus Gal 3,6 (= Zitat Gen 15,6) hervorgeht, bezieht sich Paulus in seiner

---

[270] Dies ist ein Hauptargument für KOCH, Schrift, 205f A.16, für die Ablehnung der Beziehung zur Abrahamdiatheke. Das Argument sticht jedoch schon deshalb nicht, weil durch den gesamten Gal hindurch Paulus selbst Abraham und Beschneidung voneinander trennt. Vgl. dazu auch MARTYN, Covenants, 185f.

[271] Zum Inhalt der Verheißung an Abraham s. oben S. 33ff; dazu einerseits WESTERMANN, BK I.2, 171ff.261ff.312ff, und DERS., Verheißungen, 138ff; andererseits KÖCKERT, Vätergott, 198–247.

[272] SCHOEPS spricht denn auch von Gal 4,21ff als von einem „wüste[n] hellenistische[n] Spekulationsmidrasch auf nicht ganz klarem apokalyptischem Hintergrund" und von einem „Verstoß gegen die Grundregel rabbinischer Hermeneutik" (SCHOEPS, Paulus, 252 A.1; zit. und kritisiert bei KLAUCK, Allegorie, 122 A.408). Man kann sich diesem Urteil auf den ersten Blick nur schwer entziehen, denn – wie es scheint – interpretiert Paulus „gegen den offenkundigen Sinn der Väterüberlieferung selbst" (KOCH, Schrift, 209).

[273] Aufgrund dessen könnte sich dann auch das Urteil von SCHOEPS als falsch erweisen.

[274] In die Diskussion zur Quellenlage der Genesis wird hier nicht eingegriffen. Zur bislang üblichen Sicht, wonach es sich aufgrund der neueren Quellenhypothese in Gen 15 um J und Gen 17 um P handelt, s. WESTERMANN, BK I.2, 256.308, wobei WESTERMANN, ebd., 256, die Zugehörigkeit von 15,1–21* zu J im Anschluß an PERLITT u.a. für fraglich hält.

Argumentation jedoch nicht auf Gen 17, sondern auf Gen 15. Der in Gal 3,16 vorliegende Bezug auf Gen 17,8 ist vergleichsweise unspezifisch, da dieselbe Formulierung τῷ σπέρματι αὐτοῦ auch in Gen 13,15 und 24,7 vorliegt. Paulus nimmt in seinen Briefen aus Gen 17 positiv nur die Zusage auf, daß Abraham der Vater vieler Völker werde (Gen 17,5 – Röm 4,17), und die Tatsache, daß durch das hohe Alter von Abraham und Sara leibliche Nachkommenschaft ausgeschlossen war (Gen 17,1.17 – Röm 4,19). Er argumentiert jedoch im Gegenteil gegen Gen 17, wenn er Röm 4,9ff ausführt, daß die Verheißungs- diatheke[275] Abraham im Stand der Unbeschnittenheit gegeben wurde, wes- halb sie die Beschneidungsdiatheke überwiegt![276] Abraham wurde aufgrund seines Glaubens gerechtfertigt. Für die Beschneidung bleibt somit kein Platz mehr. Sie ist nicht mehr das „Bundeszeichen, worin Gottes Gabe und menschlicher Gehorsam gegenüber dem Gebot einander korrespondieren"[277], sondern sie gilt, wenn sie von den heidenchristlichen Galatern gefordert wird, als Einlaßbedingung ins Volk Gottes und damit als „Werk".

Es ist gut vorstellbar, daß die Gegner des Paulus, die mit Abraham argumentiert haben, dies aufgrund von Gen 17 mit der zum Abrahambund gehörenden Beschneidung taten. Die Struktur der Argumentation würde sich dann kaum von der in Jak 2,14–26 unterscheiden, die gegen die ebenfalls mit Abraham begründete paulinische Lehre von der Gerechtigkeit allein aus dem Glauben gerichtet ist.

Worauf sind nun – und damit ist die nächste Streitfrage angezeigt – die beiden διαθῆκαι in der allegorischen Deutung bezogen: auf Juden und Christen oder Judenchristen (Judaisten) und Heidenchristen? Die Antwort hängt zusammen mit dem Verständnis des „jetzigen" und des „oberen" Jerusalem[278].

Das Ziel der paulinischen Argumentation liegt im Nachweis der vollgülti- gen Gottessohnschaft der Heidenchristen ohne die Beschneidung. Der Ver- gleichspunkt, auf den es Paulus in der Allegorese ankommt, findet sich in der ‚Freiheit' bzw. ‚Sklaverei'[279]. Freiheit bietet das Evangelium, in die Sklaverei

---

[275] Die Verheißung an Abraham heißt in Gen 15,18 ausdrücklich διαθήκη, wobei diese dann inhaltlich gefüllt wird: τῷ σπέρματί σου δώσω τὴν γῆν ταύτην .... Gegen BERGER, Abraham, 54, der die Bezeichnung διαθήκη für die Abrahamverheißung aus Gen 17,4 herleiten will.

[276] Paulus liest somit sowohl im Gal wie auch im Röm Gen 17 von Gen 15 her. Die Be- schneidung kann dann nur noch ein „Siegel" der ohnehin schon vorhandenen Glaubensgerech- tigkeit sein, aber keine conditio sina qua non mehr (Röm 4,11). Was im Gal in der erregten Situation argumentativ noch einen mehr thetischen Eindruck hinterläßt, wird in Röm 4 sorgfäl- tig durchformuliert. Sachlich besteht jedoch kein Unterschied. Gen 15 wird im übrigen schon Jub 14 als Bundesschluß gedeutet; vgl. BERGER, JSHRZ II.3, 402 A.XIVa.

[277] VOLLENWEIDER, Freiheit, 310.

[278] Zu den traditionsgeschichtlichen Hintergründen s. BIETENHARD, Himmlische Welt, und EGO, Wie im Himmel.

[279] MUSSNER, Gal, 324.

gebiert das Gesetz[280]. Nach der Logik, die in der Allegorese insgesamt vorliegt, gehören Hagar, Sinai, jetziges Jerusalem und Sklaverei auf eine, wohingegen ‚unsere' Mutter, Abrahambund, oberes Jerusalem und Freiheit auf die andere Seite zu stehen kommen[281]. Will der Exeget nicht gegen den Text interpretieren, geht kein Weg an der Härte dieser Aussage vorbei: *Insofern die Sinai-διαθήκη ein Identität stiftendes Merkmal darstellt, entspricht den ‚Kindern der Unfreien' das toraobservante Judentum.* Ob es sich dabei um die Juden insgesamt oder nur die Judaisten handelt, ist insofern irrelevant, als es jeweils um die Gesetzesobservanz geht, der die Freiheit des Glaubens gegenübergestellt wird[282]. Weil die Judaisten die Erfüllung bestimmter Gesetzesbestimmungen als Zusatzbedingung neben den Glauben an Christus gestellt haben, stehen sie auf der Seite der Sklaverei wie das empirische Israel insgesamt. Diese Interpretation entspricht auch dem Sachverhalt in Gal 4,5, wo im Zusammenhang von 4,1–7 behauptet wird, daß sich Israel unter dem Gesetz nicht im Stand der Sohnschaft, sondern im Stand der Sklaverei befand. Die Sohnschaft war während der Zeit des Gesetzes suspendiert. Die Interpretation entspricht auch dem gedanklichen Hintergrund der mehr beiläufigen Bemerkung in 2,13, daß zusammen mit Petrus auch οἱ λοιποὶ Ἰουδαῖοι mitgeheuchelt hätten, wobei es sich hier eindeutig um (judenchristliche) Mitglieder der Gemeinde zu Antiochia handelt. Für Paulus existiert somit der Unterschied Juden – Judenchristen nicht in dem heute geläufigen Maß. Für ihn ist und bleibt auch der Glaubende, wenn er aus dem Judentum kommt, „Jude" (vgl. 2,15)[283].

Das empirische Israel wird somit als Nachkommenschaft der Sklavin Hagar qualifiziert. Die Härte dieser Gleichsetzung ist unbestreitbar. Sie ist im Neuen Testament nahezu singulär und begegnet nur noch in der Apk in der Gleichsetzung des jetzigen Jerusalem mit der ‚Großen Stadt' (Apk 11,7f)[284].

---

[280] MARTYN, Covenants, 174ff, hebt darauf ab, daß der eigentliche Vergleichspunkt in dem Begriff γεννῶσα zu finden sei und daß es folglich um zwei unterschiedliche „birthing processes, two different modes of birth" gehe (179), doch klingt das gezwungen.

[281] Auch der betonte Zusammenschluß Pauli mit seinen Lesern unter dem Stichwort „unsere Mutter" (V.26) widerrät einer Identifikation mit Heidenchristen. Zudem ist „der Sinai ... Kennzeichen Israels insgesamt und nicht nur des Judenchristentums"; KOCH, Schrift, 211 A.47; vgl. WALTER, Interpretation, 184 A.29.

[282] Den Versuchen von MUSSNER, Gal, 325, und MARTYN, Covenants, 181ff, die Judenchristen mit dem „jetzigen Jerusalem" zu identifizieren, fehlt die letzte Überzeugungskraft.

[283] Vgl. dagegen das Urteil des Obersten Gerichts in Israel vom 25.12.1989, wonach nicht getaufte, jedoch Jesus als Messias bekennende Juden („Messianische Juden") keine Juden mehr sind und daher nicht im Sinn des israelischen Rückkehrergesetzes bei ihrer Einwanderung nach Israel automatisch Anspruch auf Israelische Staatsbürgerschaft haben (Bericht in epd vom 27.12.89). Bestätigt wurde das Urteil 1992 (vgl. Bericht von M. KRUPP, Gemeindebrief der Erlöserkirche Jerusalem, Okt.–Nov. 1992, 45f) und 1993 (vgl. Bericht von M. KRUPP, Gemeindebrief Erlöserkirche, März–April 1993, 38–40).

[284] ROLOFF, Kirche, 126.185f. Bedenkt man, welche Bedeutung Jerusalem als Welt-, Wallfahrer- und eschatologisches Zentrum im Judentum hatte (vgl. dazu HENGEL, Paulus, 256f), wird die Identifizierung des ‚jetzigen Jerusalem' mit der Knechtschaft noch brisanter.

Dennoch muß sie ausgehalten werden und darf nicht – auch nicht von Röm 9–11 her – vorschnell aufgelöst werden[285].

Ein Blick auf die mit Hagar-Ismael verbundenen traditionsgeschichtlichen Zusammenhänge beleuchtet die Härte dieser Aussagen noch von einer anderen Seite. Nach Gen 16,1 ist Hagar eine ägyptische παιδίσκη. TgOnq Gen 16,9 führt dies fort, indem er den Engel sagen läßt: „Kehr zu deiner Herrin zurück und laß dich von ihr versklavt sein"[286].
   Die Beurteilung Ismaels in der jüdischen Tradition ist ambivalent. Einerseits wird die Gemeinsamkeit Isaaks und Isamels betont (Jub 17,2–3; 22,1–4; 23,7), und Ismael ein „Gerechter" genannt (MekhY Pischa XVI,87 [Lauterbach I, 134]), andererseits ist die Freude Abrahams über Ismael Anlaß für Saras Eifersucht auf ihn und Auslöser der Vertreibung (Jub 17,4ff). Ismael gilt wie Esau als „nicht erwählt" (Jub 15,30), und die rabbinische Literatur deutet das „Spielen" (Gen 21,9f) als Streit um das Erbe Abrahams[287]. Nach Jub 15,26 gilt, was nicht bis zum 8. Tag beschnitten ist, als Kind des Verderbens. Nach Gen 16,16 und 17,1ff wurde Ismael erst mit 13 Jahren beschnitten[288]. Er kann somit nicht als des Bundes teilhaftig angesehen werden.

Nachdem Paulus mit Jes 54,1(LXX) die Verheißung des reichen Kindersegens an Sara in Erinnerung gerufen hat, wird den Galatern in 4,28 die Kindschaft κατὰ Ἰσαάκ zugesprochen[289]. Darauf kommt es Paulus an. V.31 wird diesen Sachverhalt noch einmal wiederholen. Dazwischen stehen V.29 und ein Schriftzitat in V.30. Was ist damit angesprochen? Von der Funktion her bilden V.29f den Erfahrungsbeweis, daß es mit den Ausführungen des Paulus seine Richtigkeit hat. Die Frage ist jedoch, ob es sich dabei um konkrete Verfolgung von Christen durch Juden handelt oder ob Paulus die „Verfolgung" mehr im übertragenen Sinne als durch die judaistischen Eindringlinge ausgelöst ansieht.

Διώκειν begegnet im Gal neben 4,29 in 1,13.23; 5,11; 6,12. Dabei wird es in 1,13.23 als Bezeichnung der Verfolgertätigkeit des vorchristlichen Paulus benutzt. 5,11 spricht Paulus von den Nachstellungen, die er selbst erlebt, wobei an Erlebnisse wie 2Kor 4,7ff; 6,4ff; 11,23ff gedacht

---

[285] Die Frage ist vielmehr, wie Paulus zu dieser und zu der dazu differierenden Sicht im Röm gekommen ist. KLAUCK flüchtet m.E. vor der Härte der paulinischen Aussagen, wenn er aufgrund von Röm 9–11 meint, Paulus wolle vermeiden zu sagen, das nichtglaubende Israel stamme von Hagar, der Ägypterin ab (Allegorie, 118). Es geht vielmehr gerade darum, daß innerhalb der allegorischen Redeweise das ‚jetzige Jerusalem', repräsentiert durch die Sklavin Hagar, als die ‚Mutter' des nichtglaubenden Israel anzusehen ist, so wie das ‚obere Jerusalem', repräsentiert durch Sara (ohne daß diese ausdrücklich genannt wird), allegorisch geredet die ‚Mutter' der Christusgläubigen wird. Die Differenzen zu Röm 9–11 müssen anders erklärt und gelöst werden. Soviel kann jedoch schon hier gesagt werden: In der paulinischen Theologie eine einheitliche Sicht Israels finden zu wollen, ohne mit Entwicklungen und Umbrüchen zu rechnen, ist mir aufgrund von Gal 4,21–31 im Vergleich zu Röm 9–11 nicht möglich.

[286] STEINHAUSER, Evidence, 236f.

[287] Belege bei VOLLENWEIDER, Freiheit, 293 samt A.43; 294.

[288] Diesen Hinweis verdanke ich Prof. Dr. M. KARRER.

[289] In den Heidenchristen sind „Abraham gewissermaßen aus dem Nichts Kinder erwachsen"; KLAIBER, Rechtfertigung, 164, zustimmend zitiert bei VOLLENWEIDER, Freiheit, 286 A.4.

sein dürfte[290]. Gal 6,12 nennt Paulus noch einmal diejenigen, die die Galater zur Beschneidung drängen wollen, solche, die Angst haben τῷ σταυρῷ τοῦ Χριστοῦ „verfolgt" zu werden[291]. Auch hier geht es um konkrete Repressalien[292].

Der Gal bietet somit für das Verbum διώκω einen völlig einheitlichen Sprachgebrauch[293]. Es ist unwahrscheinlich, daß dies in 4,29 anders sein sollte und die konkrete von Juden ausgehende Verfolgung[294] der noch nicht von der Synagoge völlig abgelösten christlichen Gemeinde nicht auch hier anklingen sollte[295].

Doch die Verfolgung der Gläubigen ist nach Paulus ein Echtheitskriterium: Für die Gläubigen ein Anzeichen dafür, daß sie wie Isaak auf der Seite der Verheißung stehen[296], für die Verfolger jedoch dafür, daß sie des Erbes verlustig gehen. Dabei ist die Verwendung des Zitats aufschlußreich[297]: „Um das Zitat von Gen 21,10 ohne zusätzliche Interpretation auf das gegenwärtige Verhältnis zwischen Israel und Gemeinde beziehen zu können, hat Pls μετὰ τοῦ υἱοῦ μου Ἰσαάκ in μετὰ τοῦ υἱοῦ τῆς ἐλευθέρας abgeändert"[298] und hat auch das Demonstrativpronomen bei παιδίσκη zweimal weggelassen. Der Sohn der Sklavin soll nicht mit dem Sohn der Freien zusammen erben. Die Vertreibung Hagars wird dabei zum Schriftbeweis für das Selbstverständnis („wir") als legitime Träger der Abrahamsverheißung[299].

---

[290] Vgl. SCHLIER, Gal, 227. Anders MUSSNER, Gal, 331, der hier an die „bitteren Erfahrungen" denkt, die Paulus „mit judaistischen Mitchristen machen mußte". Sein Ausruf: „Nicht die Juden, sondern die christlichen Judaisten sind die wahren Verfolger!", ebd., hat keine rechte quellenmäßige Basis. Zu Recht notiert COSGROVE, Law, 224 A.26, daß Paulus, wenn er sich auf „the Judaizers' mistreatment of the Galatians" bezieht, nicht von Verfolgung spricht: Gal 1,7; 3,1; 4,17; 5,7.

[291] Es handelt sich dabei um einen Dativus causae, s. BDR § 196,1.

[292] S. dazu BETZ, Gal, 534ff.

[293] S. MERK, Beginn, 96, der trotz dieses richtig erkannten Sachverhaltes dennoch 4,29 auf judaistische Eindringlinge beziehen möchte.

[294] Eine andere Frage ist es, wie diese „Verfolgung" im Detail vorzustellen ist. Man wird in erster Linie an soziale Schikanen, aber auch an konkrete Nachstellungen und synagogale Strafen zu denken haben (vgl. 2Kor 4,7ff; 6,4ff; 11,23ff).

[295] Es ist die Frage, ob nicht auch Gal 6,17 auf 5,11 wieder direkt Bezug nimmt. Auch die Belege aus der Apg (4,1ff; 5,17ff; 7,54ff; 8,1ff; 13,45.50; 14,2.5.19; 18,6.12ff) wie auch 1Thess 2,14ff können, trotz der Tatsache, daß sie von Polemik „mitbedingt" sein können (MUSSNER, Gal, 330 A.70), zur Aufhellung des konkreten Hintergrundes dienen. Zur Frage der Verfolgung der Urkirche durch ihre jüdische Umwelt s. auch HAACKER, Paulus und das Judentum im Galaterbrief, 101–106, der mit der makkabäischen und zelotischen Bewegung in Beziehung setzt und betont, daß es nach damaliger theologischer Vorstellung gar nicht möglich war, Abtrünnige gewähren zu lassen, da dies den Zorn Gottes auf ganz Israel herabziehen würde (104).

[296] So auch MUSSNER, Gal, 331.

[297] Zur haggadischen Gestaltung der Isaak-Ismael-Geschichte, die Paulus hier voraussetzt, s. BILL. III, 575f.

[298] KOCH, Schrift, 211 A.46.

[299] KOCH, Schrift, 121.

6. Zusammenfassung

Die allegorische Schriftinterpretation in Gal 4,21–31, setzt das „jetzige Jerusalem" mit den Söhnen der Sklavin gleich, impliziert damit den Ausschluß vom Erbe und führt dies als Argument für die Glaubensgerechtigkeit an: Die Situation des empirischen Israels wird als Situation unter der Sklaverei qualifiziert (4,25), die Ausstoßung der Juden (4,30) geschieht analog der Ausstoßung Hagars und Ismaels. Der eigentliche Gegensatz ist in V.23 angesprochen: Es gibt einen Sohn κατὰ σάρκα und einen διὰ τῆς ἐπαγγελίας, d.h. κατὰ πνεῦμα (V.29). Die beiden διαθῆκαι sind ein Hilfsgedanke, um die Sohnschaft der Heiden κατὰ πνεῦμα nachzuweisen. „Auf der Grundlage der durch die Allegorese von V 24–28 erreichten Ergebnisse formuliert Gen 21,10 damit den Ausschluß des ›jetzigen Jerusalems‹ aus der legitimen Nachkommenschaft Abrahams, so daß Paulus in V 31 dann die positive Schlußfolgerung für die Gemeinde ziehen kann."[300] Paulus will das Zitat aus Gen 21,10 im Licht von Gal 4,28–29 gelesen haben: „Wenn Gott den Heidenchristen das Erbe gegeben hat (vgl. 3,14.29; 4,1.7), sind die Juden davon ausgeschlossen, und die Christen bilden »das Israel Gottes« (6,16)."[301] „Thus the physical descendants of Sarah become the spiritual descendants of Hagar, and the physical descendants of Hagar (generalized into the Gentiles) become the spiritual descendants of Sarah, who inherit the divine promise"[302].

Das Bibelzitat ist keine Aufforderung an die Galater, die Judaisten auszustoßen, sondern eher ein göttlicher Befehl an dessen Dienstengel und Ausdruck des Schicksals der jeweiligen Gruppe[303]. *Damit ist jedoch klar: Nicht nur die Judaisten, sondern erst recht die Juden selbst stehen laut Gal als solche, die ihre Gerechtigkeit aus dem Gesetz errichten wollen, unter dem Fluch und werden nicht Miterben mit den Isaaksöhnen sein.*

Das Verfolgungsargument ist dabei keineswegs der Auslöser der Ausstoßungsaussagen, sondern nur der konkrete Realitätsbeweis dessen, was auf christologischer Ebene längst grundgelegt ist. Es ist nicht möglich, daß Anhänger der Gesetzesgerechtigkeit zusammen mit den Anhängern der Glaubensgerechtigkeit Gottes Erben sind.

---

[300] KOCH, Schrift, 211.

[301] BETZ, Gal, 430. BETZ sieht im Anschluß an OEPKE richtig, daß nach dem Gal die nichtglaubenden Juden vom Heil ausgeschlossen sind, da sie die Signatur der ausgetriebenen Sklavin Hagar tragen. Er geht jedoch zu weit, wenn er formuliert, die Galater hätten „zwischen Paulus und dem Judentum zu wählen" (BETZ, Gal, 431), vielmehr haben sie nach dem Gal zu wählen zwischen dem Mosegesetz und der Verheißung, die im Evangelium des Paulus zu Wort kommt, wobei die Übernahme der Tora einem Selbstausschluß vom Evangelium und einem sich Stellen unter den Fluch gleichkommt. Dies ist nicht das letzte Wort des Paulus geblieben. Zum Unterschied zwischen Gal 4,21–31 und Röm 11,25–32 s. BETZ, Gal, 430f samt A.121f, und unten im Abschnitt zum Röm.

[302] BARRETT, Allegory, 16.

[303] BARRETT, Allegory, 13.

f) Die Neue Schöpfung und das Ἰσραὴλ τοῦ θεοῦ (6,15f)

Gal 6,11–18 stellt den eigenhändigen Briefschluß dar, der durch seine Form vom Üblichen absticht und die dramatische Situation, in der dieser Brief geschrieben wurde, noch einmal unterstreicht[304]. Paulus benennt dabei nochmals das eigentliche Problem, das ihn zu seinem Schreiben veranlaßt hat[305] und geht auf die ein, die die Beschneidung verlangen. Er nennt sie distanziert ὅσοι, οὗτοι (V.12) und οἱ περιτεμνόμενοι und unterstellt ihnen, daß sie dies nur tun, um sich der Galater rühmen zu können und der Verfolgung zu entgehen. Nachdem Paulus dies für sich selbst abgewiesen hat[306], statuiert er erneut, daß weder Beschneidung noch Unbeschnittenheit etwas gelten, sondern die καινὴ κτίσις. Damit wird in der Schlußpassage des Gal analog Gal 3,26ff und 5,6 (vgl. 1Kor 7,18f; 12,12f) noch einmal der bisher gültige erwählungsgeschichtliche Unterschied als aufgehoben erklärt und dagegen der neue Status in Christus gesetzt. Allen, die nach dieser Richtschnur wandeln, wünscht Paulus Frieden und Erbarmen[307].

καινὴ κτίσις

Was ist mit dem Begriff „Neuschöpfung", den Paulus als Überbietung von περιτομή und ἀκροβυστία einführt, verbunden?

Die Vorstellung der Neuschöpfung hat ihren Ursprung in der Prophetie Dtjes. Dieser kündigt dem exilierten Volk einen Neuanfang an und qualifiziert diesen als neues Werk des Schöpfers, indem er Schöpfungsterminologie heilsgeschichtlich verwendet[308]. Dtjes kennt dabei noch nicht den Begriff „Neuschöpfung", sondern nennt Gottes Tun עֹשֶׂה חֲדָשָׁה (43,19)[309]. Trtjes knüpft an diese Verheißung Dtjes an und spricht von der Neuschöpfung von Himmel und Erde (65,16–25; 66,22), wobei jedoch auch hier die Vorstellung noch im Diesseits verbleibt[310].

---

[304] Zu den Eigentümlichkeiten s. neben den Kommentaren HARNISCH, Einübung, bes. 279–283; STOGIANNOS, Zusammenfassung.

[305] Die Verse 12–16 wirken dabei wie eine Zusammenfassung des gedanklichen Duktus seines Briefes.

[306] V.14 beinhaltet sowohl die Ablehnung des Ruhmes wie auch die Bereitschaft um Christi willen Verfolgung zu leiden!

[307] Daß er dabei auf Formulierungen aus dem jüdischen Gebetbuch zurückgreift, ist unbestreitbar; vgl. SCHLIER, Gal, 283; MUSSNER, Gal, 417; BETZ, Gal, 545f.

[308] Vgl. hierzu neben den Kommentaren v.a. RENDTORFF, R., Die theologische Stellung des Schöpfungsglaubens bei Deuterojesaja, in: DERS., Ges. Stud. z. AT, ThB 57, 1975, 209–219; STECK, Deuterojesaja. Bedeutsam ist, daß Dtjes in seiner Begründung der Heilszusage nicht auf den Exodus als Heilssetzung rekurriert, sondern an Schöpfung und Erzväter anknüpft.

[309] Dtjes ist derjenige, der erstmals רִאשֹׁנוּת und חֲדָשֹׁות bzw. בָּאֹות einander gegenüberstellt, um so die Geschichte auf einer übergeordneten Ebene begreiflich zu machen; vgl. STECK, Deuterojesaja, 290.

[310] Vgl. KRAUS, Schöpfung. Die Rede ist daher am ehesten hyperbolisch zu verstehen; vgl. VÖGTLE, Testament, 51f.55; gegen MELL, Neue Schöpfung, 62ff. Die Sachlage würde sich ändern, sollte V.17a erst später an ein Heilswort für Jerusalem und Juda angefügt worden sein; erwogen bei WESTERMANN, ATD 19, 326; vgl. VÖGTLE, Zukunft, 52.

Woran aber konnte Paulus anknüpfen? Dies macht einen Blick auf auf die Rede von Neuschöpfung im Frühjudentum nötig.

In Auseinandersetzung mit der Forschung[311] hat U. Mell nachgewiesen, daß der traditionsgeschichtliche Hintergrund für die Vorstellung der καινὴ κτίσις in Gal 6,15 und 2Kor 5,17 in Texten wie 11QT 29,7–10; Jub 1,29; 4,24–26 zu finden ist[312]. Der Terminus Neuschöpfung kommt damit aus dem Umfeld des asidäisch geprägten Judentums und wurde dort in Aufnahme deutero- und tritojesajanischer Aussagen gebildet. Er stellt schon vor Paulus einen geprägten Terminus der eschatologischen Hoffnung dar[313] und findet sich begrifflich ausgeprägt in Jub 1,29; 4,26.

Die Belegstellen aus anderen Bereichen, die verschiedentlich angeführt werden, zeigen lediglich die Bedeutung der Neuschöpfungsvorstellung und mögliche Variationen innerhalb der eschatologischen Erwartung, erfüllen jedoch terminologisch nicht die Kriterien, um traditionsgeschichtliche Linien wirklich nachweisen zu können[314].

Daß in Qumran eine kosmische Neuschöpfung erwartet wurde, geht aus 1QS 4,25; 1QH 13,11f; 11QT 29,7–10 eindeutig hervor. K.G. Kuhn, E. Sjöberg, G. Schneider und v.a. H.-W. Kuhn hatten jedoch versucht, zu zeigen, daß für Qumran „das eschatologische Heil schon in die Gegenwart hineinreicht" und daß dieser Sachverhalt mit „Neuschöpfung" zu umschreiben sei. Die Erwartung einer Neuschöpfung werde hier schon durch den Eintritt des einzelnen in den Jachad antizipiert[315]. Als Texte führte Kuhn 1QH 3,19–23, 11,9–14; 15,13–17 an. Die Beweisführung wurde von Mell erneut mit m.E. zwingenden Gründen widerlegt[316]. Zwar erwartete man in Qumran eine eschatologische Neuschöpfung und hatte die Vorstellung eines schon gegenwärtigen Heils, der Eintritt in die Gemeinschaft läßt sich mit dem Terminus Neuschöpfung jedoch nicht zutreffend erfassen.

Die andere Möglichkeit, die diskutiert wurde, war, die Vorstellung der Neuschöpfung aus rabbinischen oder hellenistisch-jüdischen Texten abzuleiten, die dem Umkreis der Proselytenkonversion zugehören[317]. Hier wäre dann sogar eine individuelle Zuspitzung nachzuweisen.

Grundlage der Ableitung aus dem Rabbinismus ist die Anschauung, wie sie in bYev 48b begegnet: „Ein Proselyt, der eben Proselyt geworden ist, gleicht einem neugeborenen Kind" (vgl. bYev 22a; TrGerim II,6: „Ein Proselyt ist wie ein eintägiges Kind"; mPes VIII,8: „Wer sich von seiner Vorhaut scheidet, ist wie einer, der vom Grabe scheidet"). Doch auch diese Herleitung ist

---

[311] Die wichtigste Literatur neben der Monographie von MELL sei genannt: SJÖBERG, Wiedergeburt; DERS., Neuschöpfung; JEREMIAS, Kindertaufe; SCHNEIDER, Idee; DERS., KAINH ΚΤΙΣΙΣ; DERS., Neuschöpfung; KUHN, Enderwartung; STUHLMACHER, Erwägungen.

[312] MELL, Neue Schöpfung, 104ff; 152–159.389–397. (Die kritische Besprechung der Arbeit MELLs durch MURPHY-O'CONNOR, J., Rez. Pauline Studies, RB 1991, 145–151, hier: 150f, die lediglich auf die Passage zu Gal 6,15 eingeht, wird der Arbeit nicht gerecht. Bei aller möglichen Kritik am exegetischen Teil B argumentiert MELL im weitaus umfangreicheren traditionsgeschichtlichen Teil A m.E. überzeugend.)

[313] Wie MELL von einem „terminus technicus" zu reden, scheint mir aufgrund der relativ geringen Zahl der Belege nicht gerechtfertigt.

[314] MELL, Neue Schöpfung, Teil A passim, Zusammenfassung 253–257.

[315] KUHN, Enderwartung, 31.176ff.181.182.186. Damit wäre ein Nebeneinander von Enderwartung und gegenwärtigem Heil, wie es die Verkündigung Jesu prägt, schon in Qumran vorgebildet (KUHN, ebd., 189ff, bes. 204). Die Frage ist nur, ob die Beschreibung mit „Neuschöpfung" angemessen ist.

[316] MELL, Neue Schöpfung, 85ff.89ff.92f. Nach 15,16f bekommt der Fromme zwar jetzt schon Anteil am eschatologischen כבוד, aber nicht im Sinn von Neuschöpfung. Vgl. schon GRÄSSER, E., Rez. KUHN, Enderwartung, DtPfBl 1967, 608: „eine Überinterpretation ... vom NT her".

[317] Vgl. dazu MELL, Neue Schöpfung, 179–200.226–251, mit den entscheidenden Belegen. Hier zu nennende Autoren sind: W.D. DAVIES, J. JEREMIAS, M. WOLTER.

von Mell m.R. zurückgewiesen worden, da sich (a) der Begriff „Neue Schöpfung" im frühen rabbinischen Schrifttum nicht nachweisen läßt[318] und (b) die Wendungen, daß ein Proselyt „einem eben geborenen Kind gleicht" o.ä. zum eschatologischen Neuschöpfungsgedanken in keiner Beziehung stehen[319]. Vielmehr geht es um erbrechtliche Fragen bzw. Fragen kultischer Reinheit, die nicht als Hintergrund der paulinischen Neuschöpfungsterminologie geeignet sind[320].

Dies ändert sich beim Blick auf den hellenistisch-jüdischen Bekehrungsroman Joseph und Asenet[321]. Bedeutsam ist hierbei die Terminologie im Segen Josephs für Asenet (8,9), im Buß-gebet Asenets (12,1–3) und in der Rede des Engels an Asenet (15,2–6): „Gott, der du alles lebendig machst (ὁ ζωοποιήσας τὰ πάντα) ..., segne (εὐλόγησον) diese Jungfrau, erneuere sie mit deinem Geist (ἀνακαίνισον) ..., mache sie wieder lebendig (ἀναζωοποίησον)". Gott gibt Asenet Lebensodem (πνοὴν ζωῆς), durch den Kuß Josephs erhält Asenet πνεῦμα ζωῆς, πνεῦμα σοφίας, πνεῦμα ἀληθείας. Es ist kaum bestreitbar, daß in JosAs die Konversion Asenets als Vorgang individueller Neuschöpfung betrachtet wird (ἀνακαινίζω, ἀναπλάσσω, ἀναζωοποιέω). Asenet wird durch ihre Konversion ein „neues Geschöpf" – jedoch nicht im Gegensatz zum alten, sondern als dessen Erfüllung und Überhöhung[322]. Ob man diesen Vorgang als „Neu-schöpfung" analog dem paulinischen Begriffsgebrauch verstehen darf, ist mehr als fraglich. Es mag sein, daß Paulus diese Konzeption kannte, der Unterschied bleibt jedoch deutlich.

Es bleibt somit als traditionsgeschichtlicher Anknüpfungspunkt die Vorstellung einer „Neu-schöpfung" übrig, wie sie im Rahmen futurischer Eschatologie im Frühjudentum eine bedeutsa-me Rolle spielte. Folgende frühjüdische Texte belegen sachlich (verbal oder nominal) die Neu-schöpfungsvorstellung: 1QS 4,25; 1QH 13,11f; 11QT 29,7–10; 1Hen 72,1; Jub 1,29; 4,26. Dabei ist jeweils eine kosmisch-eschatologische und keine Ausrichtung auf das Individuum zu ver-zeichnen.

Eine weitere Frage ist es, ob Paulus in Gal 6,15 eine vorpaulinische Formel aufnimmt. Die Argumente von Mell, den vorpaulinischen Charakter von Gal 6,15 zu erweisen, wurden schon bei der Diskussion zu 1Kor 7,19 zurückgewiesen[323].

---

[318] Es verhält sich also gerade umgekehrt, als STUHLMACHER, Gerechtigkeit, 219, die Ver-hältnisse darstellt. STUHLMACHER sieht die „ursprünglich im Ritual des großen Versöhnungs-tages beheimatete" Vorstellung von der Neugeburt in Jub 1,29 eschatologisiert. Er nennt dafür (mit SCHRENK, ThWNT II, 216,40; vgl. bei STUHLMACHER, Gerechtigkeit, 219 A.1) als Beleg jedoch nur PesR 40 (s. BILL. III,134), wo R. Jitzchaq (ca. 300 n.Chr.) Gott sprechen läßt: „Tut Buße in den zehn Tagen zwischen Rosch HaSchana und Jom Kippur und ich erkläre euch für gerecht am Jom Kippur und schaffe euch zu einer neuen Kreatur".

[319] MELL, ebd., 199. SJÖBERG, Wiedergeburt, 84f, hatte die ntl. Vorstellung der Neuschöp-fung im palästinischen Judentum ausreichend vorgebildet gesehen, bei der Wiedergeburt rech-nete er noch zusätzlich mit hellenistischen Einflüssen.

[320] Vgl. MELL, aaO, 185.

[321] S. dazu oben S. 82ff.

[322] Erst durch die Konversion zum Gott Israels wird der Mensch zum Menschen.

[323] Die von MELL, Neue Schöpfung, 303f, zwischen asidäischem Frühjudentum und helleni-stischem Urchristentum konstatierte Parallelität im Gebrauch von „Neuschöpfung" ist damit zu modifizieren. Darüber hinaus ist an MELL die Frage zu richten, ob die Hellenisten sich wirklich so weit aus dem Judentum hinausbewegt haben, wie er dies (300ff.321) feststellen will, und ob nicht sein Begriff des synagogalen Judentums in diesem entscheidenden Zusammenhang zu eng ist: „außerhalb *der* Synagoge" (300); „Heilsanspruch [...] *der* Synagoge" (301); „Antithese zur Synagoge" (302);. „sich von *der* Synagoge absetzende [...] Christus-Gruppe" (302) usw. (Her-vorhebungen W.K.). Es schlägt hier m.E. die Aufnahme der problematischen BECKERschen These einer „eigenständigen Erwählungstheologie", die „unabhängig von den heilsgeschichtli-chen Bestimmungen des Judentums" begründet sein soll, durch (303 A.83).

Die Vorstellung der καινὴ κτίσις kann dagegen in der Theologie der Hellenisten durchaus eine Rolle gespielt haben. Dies legt sich aufgrund der traditionsgeschichtlichen Beziehung der aus dem Kreis der Hellenisten stammenden vorpaulinischen Überlieferung in Röm 3,25f[324] zu den genannten frühjüdischen Texten nahe. In diesen findet sich die Erwartung einer Neuschaffung des Heiligtums (11QT 29,7–10; Jub 1,29) bzw. ausgehend davon der Heiligung der Erde (Jub 4,24–26). In Gal 6,15 dagegen wird die Neuschöpfung in Überbietung von Beschneidung und Unbeschnittenheit auf Menschen bezogen. Dies entspricht strukturell der paulinischen Interpretation der vorpaulinischen Überlieferung in Röm 3,25f*, die ebenfalls auf die Heiligtumssühne abzielte und von Paulus auf die Personsühne ausgeweitet und damit ekklesiologisch akzentuiert wurde[325]. Es kann daher vermutet werden, daß Paulus auch in Gal 6,15 die traditionsgeschichtlich vorgegebene Neuschöpfungsaussage ad personam angewendet hat[326].

Paulus greift somit in Gal 6,15 mit καινὴ κτίσις eine Vorstellung auf, die im Frühjudentum im Rahmen der eschatologischen Erwartung mit kosmischem Ausmaß von Bedeutung war und die nach biblischem Zeugnis (Jes 66,18–23) zur Gottesvolkthematik Beziehungen aufweist. Nach Paulus überbietet die καινὴ κτίσις die Bestimmungen von περιτομή und ἀκροβυστία, die in der Zeit vor Christus identitätsstiftend waren. Dabei ist weder eine individualisierende Engführung noch ein Gegensatz zu einem kosmologischen Verständnis impliziert[327]. Dies ist aufgrund der Gesamtstruktur der Aussage in V.14f (V.15 ist begründend mit γάρ angeschlossen) deutlich: Κόσμος bleibt hier „in einer eigentümlichen Schwebe", es ist weder „streng anthropologisch noch kosmologisch" zu verstehen[328]. Es handelt sich vielmehr um einen ekklesiologischen Gebrauch. Versteht man nämlich καινὴ κτίσις im Gesamtzusammenhang des

---

[324] S. zur Begründung im einzelnen meine Arbeit: Tod Jesu, insbes. 232ff. In Röm 3,25f* greift Paulus eine vorpaulinische Überlieferung auf, in der der Tod Jesu im Horizont der eschatologischen Erwartung einer Neuschaffung des Tempels als Heiligtumsweihe begriffen wird. Der traditionsgeschichtliche Hintergrund dieser Erwartung im Frühjudentum findet sich u.a. in Texten wie 11QT 29,7–10; Jub 1,29; 4,24–26; 1Hen 90,28f. Die vorpaulinische Überlieferung stammt vermutlich aus der Zeit vor dem Apostelkonzil, gehört allem Anschein nach in den Horizont der Auseinandersetzung um die Gültigkeit des Tempelkultes nach dem Sühnetod Jesu und hat ihren Sitz im Leben am ehesten im (Tauf-)Katechumenenunterricht.

[325] Exegetische Nachweise s. KRAUS, Tod Jesu, Abschnitte VIII u. IX.

[326] Anmerkungsweise soll noch auf einen weiteren paulinischen Beleg hingewiesen werden, der diese Struktur aufweisen könnte: Unter der Voraussetzung, daß die Analyse von KLAPPERT zutrifft, wäre 1Kor 15,3b–5 noch heranzuziehen. KLAPPERT geht davon aus, daß hinter ὑπὲρ τῶν ἁμαρτιῶν ἡμῶν die aramäische Fassung in TgJes 53,5 steht (KLAPPERT, B., Zur Frage des semitischen oder griechischen Urtextes von I.Kor. XV.3–5, NTS 13, 1966/67, 168–173). Hier jedoch bezieht sich der Sühnetod auf das entweihte Heiligtum (vgl. WOLFF, 1Kor II, 157). Dies würde bedeuten, daß auch die vorpaulinische Überlieferung in 1Kor 15,3bff sich zunächst auf die Neuerrichtung des endzeitlichen Heiligtums bezogen hat. Die paulinische Leistung bestünde dann darin, aufgrund der traditionsgeschichtlichen Zusammenhänge der Heiligtumsweihe eine Interpretation ad personam vorgenommen zu haben.

[327] Zur Kontroverse um das anthropologische oder kosmologische bzw. ekklesiologische Verständnis der καινὴ κτίσις und ihrer Auflösung s. KLAIBER, Rechtfertigung, 96–101: „Das Heil hat ‚eschatologisch kosmisches Ausmaß, zieht aber den einzelnen Menschen in diese ungeheure Verwandlung hinein'" (ebd., 101, Zitat MICHEL); vgl. LUZ, Geschichtsverständnis, 371; VOLLENWEIDER, Zeit, 110f.

[328] MUSSNER, Gal, 414 A.32.

Gal, und d.h. im Rahmen der zentralen Aussage 3,26–29, so ist er als Ausdruck zu verstehen, der die durch Christus gesetzte *Gemeindewirklichkeit* beschreibt. Καινὴ κτίσις benennt die „eschatologische Grundlage der neuen Menschheit"[329], die in der Gemeinde schon angebrochen ist[330]. Paulus hat damit den vorgegebenen Horizont der Gottesvolkes, in das die Völker nach Jes 66,18–23 einbezogen werden sollen, zum Ausdruck gebracht.

Ἰσραὴλ τοῦ θεοῦ
Wie so vieles im Gal, so ist auch das Verständnis von Ἰσραὴλ τοῦ θεοῦ umstritten. Es findet sich die Deutung auf Judenchristen[331], die Kirche aus Juden und Heiden[332], ein „Israel (of God) within (all) Israel", d.h. ein Teil Israels[333], aber auch das alttestamentliche Israel[334]. Wenn man von der bis jetzt erarbeiteten Interpretation v.a. der christozentrischen Engführung der Nachkommenschaft Abrahams und der Hagar-Sara-Allegorese nach Gal 6,16 blickt, scheint es nur noch eine Möglichkeit des Verständnisses zu geben: „Israel Gottes" begreift die Christusgläubigen aus Heiden und Juden in sich, und nicht die Judenchristen oder einen Teil Israels und schon gar nicht das bisherige Israel in toto[335].

Doch auch der unmittelbare Zusammenhang (v.a. V.15) legt dies nahe. Der Ausdruck καὶ ἐπὶ τὸν Ἰσραὴλ τοῦ θεοῦ klappt syntaktisch nach. Daraus jedoch den Verdacht abzuleiten, daß es Paulus „gerade noch in den Sinn komm[e], das Heil Gottes auch auf sein Volk herabzurufen"[336], klingt gezwungen. Eine andere, ungezwungene Lösung ergibt sich, wenn das letzte καί in V.16 epexegetisch verstanden wird[337]: Dann bezieht sich Ἰσραὴλ τοῦ θεοῦ zurück auf αὐτούς, d.h. auf diejenigen, die nach der Richtschnur der Neuschöpfung wandeln. Sie, die identisch sind mit denen ἐν Χριστῷ, stellen das Israel Gottes dar. Paulus verwendet damit den Begriff Ἰσραὴλ im Gal als Bezeichnung auch für Nichtjuden. Doch hat er gerade in 4,21ff deutlich ge-

---

[329] So richtig KLAIBER, Rechtfertigung, 98.

[330] Daß mit diesem Bezug auf die Gemeinde ein „drittes Geschlecht neben Juden- und Heidentum gestellt" werde (so die Bedenken bei KLAIBER, Rechtfertigung, 98), kann ich nicht einsehen. Selbst wenn traditionsgeschichtlich ein kosmologischer Inhalt vorauszusetzen ist, so ist aus dem Kontext im Gal der ekklesiologische Akzent nicht zu übersehen, was KLAIBER, Rechtfertigung, 101, für 2Kor 5,17 auch zugesteht (s.u.).

[331] SCHRENK, Israel Gottes; weitere Vertreter bei SCHLIER, Gal, 283 A.3.

[332] SCHLIER, Gal, 283; dort A.2 weitere Vertreter dieser Auffassung.

[333] RICHARDSON, Israel, 82f.

[334] MUSSNER, Gal, 417, wobei MUSSNER, ebd., A.61, Ἰσραὴλ τοῦ θεοῦ mit dem πᾶς Ἰσραήλ von Röm 11,26 identifiziert.

[335] LUZ, Geschichtsverständnis, 285: Der Gedankengang von 3,1–4,31 spricht „eindeutig dafür", im Sinn der Kirche aus Juden und Heiden zu interpretieren; vgl. ebd., 269; dazu SANDERS, Law, 174; GUTBROD, Art. Ἰσραήλ κτλ., ThWNT III, 390f; HOFIUS, Evangelium und Israel, 301 A.15; GUNDRY VOLF, Paul and Perseverance, 164; CLARK, Israel, 22f.

[336] MUSSNER, Gal, 417.

[337] S. BDR § 442,6; vgl. auch ROHDE, Gal, 278.

macht, daß die wahren Nachkommen Abrahams die Glaubenden sind, und dabei spielt dann die Herkunft keine Rolle mehr. In dem Augenblick, in dem er das empirische, nichtglaubende Israel mit den Kindern der Sklavin identifiziert hat, ist der Grund gelegt, das Israel Gottes inhaltlich anders zu füllen[338].

In dem Begriff „Israel Gottes" klingt jedoch noch ein anderer Zusammenhang aus dem Gal an, nämlich die Bezeichnung der Glaubenden als „Söhne Gottes" (3,26; 4,6f). Wie oben dargelegt, ist hierin das Verständnis Israels als des „Sohnes Gottes" auf die Glaubenden übertragen. Wer glaubt, gehört zum Gottesvolk, ist Nachkomme Abrahams, Erbe der Verheißung, hat die υἱοθεσία und den Geist empfangen, kann Gott Vater nennen und ist damit Glied des Ἰσραὴλ τοῦ θεοῦ.

Ἰσραὴλ τοῦ θεοῦ und Neue Schöpfung in Christus – in diesen beiden Bestimmungen hängt das paulinische Verständnis des Gottesvolkes im Gal. Dabei ist durch die „Neuschöpfung" in Christus der christologische Zusammenhang und durch „Israel Gottes" die erwählungsgeschichtliche Verankerung angezeigt.

g) Zusammenfassung zum Gal

1. Die christologische Grundlegung der paulinischen Position

Die Bedeutung des Gottesvolkmotivs für die paulinische Ekklesiologie wird im Gal terminologisch eindrucksvoll bestätigt. Paulus vertritt jedoch eine an der „Ankunft des Erben" (Gal 3,25; 4,4) ausgerichtete, konsequent christozentrisch durchgeführte Position. Durch die Engführung der Verheißung an Abraham auf den einen Erben, Christus, und durch die interimistische Sicht des Sinaibundes und dessen Begrenzung durch die Abrahamverheißung einerseits und die Erfüllung in Jesus andererseits, bleibt kein Raum mehr für eine selbständige Qualität Israels post Christum natum. Die für das Selbstverständnis Israels wichtigen Komponenten wie Gabe des Gesetzes und Beschneidung werden von Christus her nicht nur relativiert, sondern kommen unter ein negatives Vorzeichen zu stehen. Heil gibt es folglich für die, die auf der Seite Jesu stehen und so durch den Glauben an ihn Anteil an der (alten und in Christus bestätigten) Verheißung an Abraham bekommen. Für sie, die Glaubenden, jedoch gilt, daß sie auch ohne Beschneidung und Gesetzesobservanz volle Gotteskindschaft als Angehörige der Nachkommenschaft Abrahams erhalten. Sie sind die Erben als Söhne Isaaks κατὰ πνεῦμα, wohingegen die Söhne κατὰ σάρκα vom Erbe ausgeschlossen werden. Das gegenwärtige Israel, das sich auf das Gesetz und damit auf den Sinaibund bezieht, sieht

---

[338] „Israel Gottes" ist damit im Gal ein polemischer Begriff, der sich gegen die galatischen Gegner richtet. Dies wird auch durch den unmittelbaren Kontext bestätigt.

Paulus unter der Signatur der Unfreiheit und nicht im Stand derer, die als Söhne Gottes das Heil ererben.

Für die paulinische Theologie insgesamt ist festzuhalten, daß es sich beim Gal und speziell bei der Allegorese in Gal 4,21ff um den einzigen Beleg innerhalb des Corpus Paulinum handelt, wo das gegenwärtige, nichtglaubende Israel als vom Erbe ausgeschlossen vorgestellt wird.

Das Gottesvolk wird im Gal nicht über Tora und Beschneidung definiert, sondern über die ἐπαγγελία an Abraham und den Glauben. Die Taufe bringt die Glaubenden in die Nachkommenschaft Abrahams und damit in die Position der Erben. Darüber hinaus gibt es keine Statusverbesserung mehr. Die Beschneidung ist insofern für Heidenchristen unmöglich und für Judenchristen ein zeitbedingtes Merkmal. Aufgrund der Inferiorität und Episodenhaftigkeit des Sinaigesetzes kann von den Heidenchristen keine Beschneidung gefordert werden, da sie in den Sinaibund gar nicht aufgenommen werden sollen. Die Aufnahme in den Abrahambund geschieht jedoch allein durch den Glauben.

2. Die zeitgeschichtlichen Bedingungen

Die paulinische Position im Gal ist nicht richtig zu würdigen, ohne daß man den Blick auf die Kampfsituation richtet, in der Paulus sich befindet. Wie scharf Paulus gegenüber Gegnern verfahren kann, zeigt sich in Spitzensätzen wie 1,8f; 5,12; 6,13f. Paulus ist in ernsthafter Sorge und Erregung um seine geistlichen „Kinder" (4,19f). In emotional aufgeladener Weise wirbt er um sie (1,6; 4,15ff; 5,7ff; 3,1). Die persönliche Situation des Paulus und auch die der an Christus Glaubenden scheint von Nachstellungen durch Juden gekennzeichnet (4,29; 5,11; 6,12). Die judenchristlichen Mitglieder der Gemeinde scheinen noch innerhalb des jüdischen Religionsverbandes zu stehen und sich so zu verstehen. „Paulus steht hier vor der Notwendigkeit, die Radikalität und Einzigkeit der göttlichen Gnade in einer Situation klar zu machen, wo sich das Gesetz als zweiter, besserer oder zusätzlicher Weg zum Heil anzubieten schien."[339] In dieser Situation bietet Paulus alles auf, was er argumentativ zur Verfügung hat, um die Inferiorität des Sinaibundes und des Gesetzes zu beweisen[340]. Dennoch können seine Ausführungen nicht einfach als zeitgeschichtlich bedingte Polemik abgetan werden. Vielmehr hat Paulus im Gal die christologische Linie durchgezogen und hat damit für die erwählungsgeschichtliche Linie nur noch unterhalb dieser Ebene Platz. Damit ist der letzte Punkt anvisiert.

---

[339] LUZ, Geschichtsverständnis, 285; vielleicht sollte ergänzt werden: als Vorbedingung der Gnade.

[340] Die paulinischen Ausführungen im Gal entsprechen über weite Strecken dem zweiten Abschnitt innnerhalb von Röm 9–11, bes. 10,5ff.

3. Die Vorläufigkeit der Position des Gal

Die in der paulinischen Ekklesiologie festzustellende Dualität einer christologischen und einer erwählungsgeschichtlichen Argumentationsstruktur findet
sich auch im Gal, hier jedoch mit der besonderen Modifikation, daß die Verheißung an Abraham auf den einen Nachkommen, Christus, zentriert wird.
Dies unterscheidet den Gal, wie noch zu zeigen sein wird, vom Röm. Nach
Röm 11,25ff ist die Väterverheißung in Kraft geblieben. Hierin besteht Übereinstimmung mit Gal 3,16a. Jedoch erfolgt dann in Gal 3,16b die Engführung
auf den einen Erben, was im Röm unterbleibt. Dort heißt es vielmehr, die
Israeliten sind „Geliebte der Väter wegen, da Gottes Gnadengaben und Berufung unbereubar sind" (11,28f). Paulus läßt die Zusagen an die Väter für Israel
im Röm weitergelten und vollzieht keine Engführung wie in Gal 3. Damit
hat er die Möglichkeit, auch für das ungläubige Israel noch Hoffnung zu he-
gen, wohingegen im Gal die Verwerfung zwar nicht expressis verbis ausgesprochen, sachlich jedoch durch den Ausschluß vom Erbe und die Identifikation des Sinaibundes mit der Sklaverei vollzogen wird[341].

---

[341] Gegen LUZ, Geschichtsverständnis, 285. Wenn nach STUHLMACHER, Stellung Jesu, 153,
aus Gal 4 und 2Kor 3 keine „theologische Absage des Paulus (oder gar des Christentums) an
Jerusalem als heilsgeschichtlichen Vorort auch der Christenheit" herausgelesen werden darf,
dann kann STUHLMACHER aus dem Gal dafür keine Begründung angeben, sondern
argumentiert mit Röm 9–11 und der paulinischen Kollekte für Jerusalem. Dies wird dem
Gesamtzeugnis des Paulus sicher gerecht, kann jedoch zur Interpretation des Gal nicht
ausreichen.

§ 13 Die Gemeinde als Neue Schöpfung und Volk Gottes nach dem „Versöhnungsbrief" (2Kor 1–8)

a) Vorbemerkungen zu 2Kor 1–8.9[1]

2Kor 1–8.9 bietet zum Thema Gottesvolk zunächst über den zu 1Thess, 1Kor und Gal festgestellten Sachverhalt hinaus keine völlig neuen Aspekte. Er bestätigt vielmehr bislang schon Erarbeitetes: Paulus redet die Gemeinde als ἐκκλησία (τοῦ θεοῦ) an (1,1; vgl. 1Thess 1,1; 1Kor 1,2; 11,16 [hier Plural]) und bezeichnet die Gläubigen als οἱ ἅγιοι (1,1; vgl. 1Kor 1,2). Er geht vom Geistbesitz der Glaubenden aus (1,22; 5,5; vgl. 1Thess 1,5f; 4,8; 5,19.23; 1Kor 3,16f; 12,12f; Gal 3,1–5; 4,5f) und versteht die Ethik als Heiligung derer, die zu Gott gehören (7,1; vgl. 1Thess 3,13; 4,3–8; 5,23; 1Kor 5,1–6,20). Wie schon im Gal spielt das Erwählungsthema (anders als in 1Thess und 1Kor) terminologisch keine Rolle, der theologische Kontext ist jedoch angesprochen durch die Vorstellung der Einsetzung zu Söhnen und Töchtern (6,18; vgl. Gal 3,26–29; 4,1–6).

Die Rede vom sog. „Neuen Bund" nach 2Kor 3[2] ist im Rahmen des vorliegenden Themas nur am Rand von Bedeutung, geht es darin doch nicht primär um die Gemeinde, sondern um die Herrlichkeit des Dienstes des Paulus[3], der als Dienst der καινὴ διαθήκη[4] in seiner Überbietung

---

[1] Bei 2Kor 1–8 handelt es sich nach den oben angestellten Überlegungen um den sog. ‚Versöhnungsbrief', bei Kap. 9 um ein Kollektenschreiben an Achaja. Zur literarkritischen Problematik des 2Kor und den damit zusammenhängenden Fragen wie auch der zeitlichen Einordnung s.o. zu 1Kor, S. 157–159. Der ‚Versöhnungsbrief' dient zwei Absichten: der Vorbereitung des Besuches, der zur endgültigen Beilegung des Zerwürfnisses mit der korinthischen Gemeinde führen soll, und der Anbahnung der Kollekte für Jerusalem (vgl. Lang, NTD 7, 10). Zur besonderen Problematik des Abschnittes 6,14–7,1 s.u. S. 261ff. Erst nach Abschluß des Manuskripts bekam ich ins Gesicht: BIERINGER, R./LAMBRECHT, J., Studies on 2 Corinthians, BEThL CXII, 1994. Der Band enthält z.T. Nachdrucke, aber auch bislang unveröffentlichte Studien.

[2] Zur exegetischen Diskussion s. HORN, Angeld, 310–324; VOLLENWEIDER, Freiheit, 247–284; ROLOFF, Apostolat, 100–103; daneben V.D. OSTEN-SACKEN, Decke; DERS., Geist; HÜBNER, Biblische Theologie I, 93ff; II, 209ff; KREMER, Buchstabe; WRIGHT, N.T., Reflected Glory: 2Corinthians 3:18, in: L.D. HURST/N.T. WRIGHT, Hg., The Glory of Christ in the New Testament, in Memory of G.B. Caird, Oxford 1987, 139–150; RENWICK, Paul, 95–160; THEOBALD, Gnade, 177–211; KERN STOCKHAUSEN, Mose's Veil; GRELOT, P., Note sur 2Corinthiens 3,14, NTS 33, 1987, 135–144; DALTON, Covenant; STEGEMANN, Bund; GRÄSSER, Bund, 77–95 (ebd., 77f weitere Lit.).

[3] Es ist VOLLENWEIDER, Freiheit, 282ff, zuzustimmen, daß die Aussagen über das Apostelamt in 2Kor 3 häufig in Aussagen über den Christenstand ‚hinübergleiten'.

[4] HOFIUS, Gesetz und Evangelium, 105f, betont, daß die Übersetzung mit „Bund" mehr als nur mißverständlich ist, plädiert daher für „Setzung" bzw. „Verfügung" und setzt unter Aufnahme des Materials von KUTSCH, Testament, 3–87, sachlich-inhaltlich die „Alte Setzung"

der Herrlichkeit der παλαιὰ διαθήκη beschrieben wird. 2Kor 3 enthält trotz der teilweise harten Aussagen keine Bestreitung Israels als Gottesvolk, noch der bleibenden Erwählung, sondern zielt ab auf die rechte Form der Schrifterkenntnis, die nach Paulus nur durch Christus gewährleistet ist[5].

Im Rahmen der Gottesvolk-Thematik ist die inhaltliche Fortführung, die die beiden Motive der καινὴ κτίσις (5,17; vgl. Gal 6,15) und der Gemeinde als ναὸς θεοῦ (6,16; vgl. 1Kor 3,16) erfahren, von besonderem Interesse. Hierauf wird im folgenden näher eingegangen.

b) Der neue Maßstab der Erkenntnis: Neuschöpfung in Christus (5,17)

Καινὴ κτίσις wurde von Paulus in Gal 6,15 eingeführt, um die Aufhebung des erwählungsgeschichtlichen Unterschieds zwischen περιτομή und ἀκροβυστία innerhalb der Gemeinde herauszustellen. Dabei umschreibt der Ausdruck die *Gemeindewirklichkeit*. Die Alternative eines anthropologischen oder kosmologischen Verständnisses ist daher fehl am Platz. Ebenso konnte für das Verständnis im Gal die enge Beziehung zur Bezeichnung Ἰσραὴλ τοῦ θεοῦ aufgezeigt werden.

Καινὴ κτίσις begegnet 2Kor 5,17 im 2. Hauptteil des 2Kor, der Apologie des Apostelamtes (2,14–7,4), innerhalb des Kontextes 5,11–6,10, worin Paulus seine „apostolische Existenz als Dienst der Versöhnung und als Leben aus der Versöhnung" darstellt[6]. Den engeren Kontext stellen V.14–21 dar; hier dominiert die Vorstellung von der Stellvertretung Christi[7].

---

analog Gal 4,24 mit der Tora des Mose vom Sinai, die „Neue Setzung" mit dem Evangelium gleich (ebd., 106ff). Gegen das Verständnis im Sinn von „Setzung" votiert LEVIN, Verheißung, 269 A.8. Von παλαιὰ /καινὴ διαθήκη ist jedoch in Gal 4,21ff nicht die Rede; s.o. zu Gal 4,21–31. Hinsichtlich der Beurteilung des Gesetzes als einer zeitlich begrenzten Verordnung Gottes entspricht die paulinische Sicht in 2Kor 3,11.13 dem, was aus dem Gal bekannt ist. Zu καταργέω als apokalyptischem Terminus und seinem Kontrastbegriff μένω s. WISCHMEYER, Weg, 117.121f.145f.168.171 (Lit.); zum zeitlichen Bezug s. VOLLENWEIDER, Freiheit, 273.274ff. Die Gesetzesproblematik ist Paulus somit nicht nur im Gal und Röm bewußt, sondern auch im 2Kor (vgl. HÜBNER, Biblische Theologie II, 210). Zur Frage, welche Bedeutung der Gesetzesproblematik im 2Kor zukommt, s. die überzeugende Argumentation bei VOLLENWEIDER, Freiheit, 269–284; ähnlich HÜBNER, aaO, 214ff. Dem entspricht, daß hinter 2Kor 5,14–21 die paulinische Rechtfertigungslehre sichtbar wird. Die im Vergleich zu Röm und Gal vorliegenden Unterschiede in der Argumentation ergeben sich aus der jeweils aktuellen Problemlage, in die hinein die Briefe geschrieben sind.

[5] Die u.a. von U. WILCKENS vertretene These, wonach sich der „Midrasch in 2 Kor. 3 ... gegen die Synagoge, nicht gegen christliche Gegner" richte, kann nicht überzeugen (WILCKENS, Entwicklung, 164). Es geht, und dies legt der Kontext eindeutig nahe (vgl. HORN, Angeld, 310.313f), um Herrlichkeit und Niedrigkeit des apostolischen Dienstes angesichts der gegnerischen Vorwürfe, wobei entgegen HORN auch 4,7ff stärker zum Kontext gerechnet werden muß.

[6] So die Überschrift zu diesem Abschnitt bei WOLFF, 2Kor, 115; vgl. zur Abgrenzung von 5,11–6,10 BREYTENBACH, Versöhnung, § 7, bes. 120–124; KLAUCK, 2Kor; BULTMANN, 2Kor;

V.14–17 sind christozentrisch, V.18–21 theozentrisch ausgerichtet[8]. V.14 beginnt mit einer These, V.15 schließt mit epexegetischem καί eine Näherbestimmung an. V.16 führt mit ὥστε weiter und bietet eine Folgerung. V.17 folgt eine erneut mit ὥστε eingeführte weitere Folgerung[9]. V.18 liefert zunächst eine Erläuterung, V.19 eine Begründung. V.20 kommt Paulus auf seinen Apostolat zu sprechen, der aus dem Handeln Gottes entspringt, um dann in V.21, anhand einer geprägten Formulierung seine Versöhnungsbotschaft inhaltlich zusammenzufassen. Damit hat er den Gedankengang wieder auf die Stellvertretung Christi und d.h. auf seine Ausgangsthese V.14f zurückbezogen[10].

Die Aussage von der καινὴ κτίσις begegnet als Folgerung aus der Stellvertretung Christi. Zur Interpretation ist daher V.14f mit heranzuziehen. V.14b führt in den Kontext kultischer Sühne[11]: Weil Christus für alle gestorben ist,

---

zur Struktur des Abschnittes: LAMBRECHT, Reconcile Yourselves, 162ff; OLIVEIRA, Diakonie, 259–261.301–306.

[7] Eine Einführung in die Diskussion zu 2Kor 5,14–21 bietet LEWIS, Exercise.

[8] MELL, Neue Schöpfung, 335.

[9] Durch die beiden ὥστε werden „zwei einander beigeordnete Hauptsätze" eingeführt; BREYTENBACH, Versöhnung, 129 A.158, mit Verweis auf BDR § 391.2; MAYSER, Grammatik II/1, 300; II/3, 97. Es ist dabei nicht unerheblich, ob V.17 eine weitere Konsequenz aus V.16 darstellt oder V.16 und V.17 als parallel aufgefaßt werden (gegen BREYTENBACH, Versöhnung, 129 A.157, im Anschluß an BULTMANN, 2Kor, 155.158). M.E. stellt ἐν Χριστῷ εἶναι (V.17) eine Parallelaussage zu μηκέτι ἑαυτῷ ζῆν κτλ. dar (so auch SCHWANTES, Schöpfung, 30). Insofern handelt es bei V.16 und 17 um zwei gleichgeordnete Folgerungen, die in der Stellvertretung Christi ihren Grund haben; vgl. SCHWANTES, Schöpfung, 29 A.19.

[10] Paulus hat in V.21 vermutlich judenchristliche Überlieferung aufgenommen und selbständig verarbeitet, indem er sie auf seine Botschaft von der δικαιοσύνη θεοῦ zuspitzte. Zur Diskussion um die Frage einer Vorlage s. STUHLMACHER, Gerechtigkeit, 77f A.2; KÄSEMANN, Erwägungen; HOFIUS, Sühne, 38ff; DERS., Erwägungen; BREYTENBACH, Versöhnung, 137ff.181f. 191f.195.202f.211; WOLFF, 2Kor, 118.129ff.136.

[11] Vgl. HOFIUS, Sühne, 39ff; MERKLEIN, Bedeutung, 25ff. Paulus nimmt mit der Vorstellung, „Christus starb für uns" traditionelles urchristliches Gut auf (vgl. BREYTENBACH, Versöhnung, 125). Strittig ist dabei, ob es sich um den Kontext der kultischen Sühne handelt. Alle Versuche, V.14b außerhalb dieses Zusammenhangs zu interpretieren, bleiben jedoch unbefriedigend. Die Diskussion kann hier nicht in extenso geführt werden, lediglich einige Anmerkungen müssen genügen: BULTMANN, 2Kor, 152f, will V.14 im Anschluß an DEISSMANN im Sinne juridischer Stellvertretung verstehen, dann bleibt jedoch das ἄρα οἱ πάντες ἀπέθανον unklar (Gleiches gilt für WOLFF, 2Kor, 121). Dies wird von BREYTENBACH, Versöhnung, 127, richtig erkannt. Er führt daher (im Anschluß an SCHNACKENBURG; vgl. ähnlich LAMBRECHT, Reconcile Yourselves, 180; KERTELGE, Verständnis, 121f; DERS.; Rechtfertigung, 234; OLIVEIRA, Diakonie, 351) den Gedanken der ‚corporate personality' ein, das „Schema [...] der Repräsentation der vielen durch den einen" und setzt (im Anschluß KÜMMEL, KERTELGE und FINDEIS) V.14 in Beziehung zu Röm 5,12–21 und 1Kor 15,20f (BREYTENBACH, Versöhnung, 127). Einen Bezug auf 1Kor 15 und Röm 5 findet auch MELL, Neue Schöpfung, 360, jedoch unter Zuhilfenahme des Ur-Mensch-Motivs (vgl. dazu u.a. BULTMANN, 2Kor, 153; BRANDENBURGER, Adam, 164; BLANK, Paulus und Jesus, 315). Paulus verschmelze „die Vorstellung der universalen Stellvertretung mit dem Gedanken der Schicksalsgemeinschaft zwischen dem einen und den vielen" (BREYTENBACH, Versöhnung, 127). Dieser Bezug auf Röm 5 und 1Kor 15 ist jedoch schief: Dort heißt es, daß „in Adam" alle sterben, „in Christus" jedoch alle leben (1Kor 15,22). Weder 1Kor 15,20–22 noch Röm 5,12–21 spricht von einem Sterben Christi ὑπέρ. Das folgende ἄρα (so richtig BREYTENBACH, Versöhnung, 127 A.145) bezieht sich jedoch auf εἷς ὑπὲρ πάντων ἀπέθανεν zurück, steht daher in einer logisch-sachlichen Beziehung zu ὑπέρ. Eine ungezwungene Erklä-

gelten alle als gestorben. Sie sind (V.15) seither ihrer eigenen Verfügungsgewalt entzogen und dem Herrschaftsbereich dessen unterstellt, der für sie gestorben und auferstanden ist. Paulus verbindet hier den Stellvertretungsge-
danken mit der Vorstellung des Herrschaftswechsels. Genau hierauf nimmt
V.17 durch die Formulierung ἐν Χριστῷ εἶναι Bezug[12]. Wer dem Herrschaftsbereich Christi zugehört, hat einen anderen Beurteilungs- und Verste-
hensmaßstab (V.16): Er urteilt nicht mehr κατὰ σάρκα[13], und auch er selbst
kann nicht mehr anhand überkommener Maßstäbe beurteilt werden (V.17):
Er ist καινὴ κτίσις[14]. Der Begriff hat hier, wie auch Gal 6,15, „eschatologisch-
ekklesiologischen Sinn"[15], wobei der kosmische Horizont ähnlich wie im Gal
aus dem Kontext deutlich wird (vgl. zu V.17b Jes 43,19; 48,6f; 65,17; 66,22;
und dann explizit V.19: κόσμον καταλλάσσων)[16], da das neue Geschöpf als

---

rung ergibt sich, wenn man diesen Vers aus dem Zusammenhang der kultischen Sühnevorstel-
lung versteht, wonach das Sühnopfertier den Sünder repräsentiert, und es bei der חטאת zu
einem rituellen Sterben des Opferherren kommt (vgl. dazu GESE, Sühne; JANOWSKI, Sühne;
MERKLEIN, Bedeutung, 25ff; KRAUS, Tod Jesu, Reg. s.v. Sühne; zur Kritik an BREYTENBACH
vgl. die kurzen, aber das Zentrum treffenden Bemerkungen von MERKLEIN, Gericht, 89 A.59.
BREYTENBACH hat sein Verständnis mittlerweile präzisiert und z.T. modifiziert, aber nicht
grundsätzlich revidiert: DERS., Stellvertretung; s.u. A.24). Es ist daher vielmehr auf Gal 3,13 und
Röm 3,25f; 8,3 als Paralleltexte zu verweisen (vgl. OLIVEIRA, Diakonie, 392f, der jedoch 5,21
und nicht 5,14 mit dem Sühnopferkontext in Beziehung setzt). Was die kultische Sühnevorstel-
lung gegenüber allen anderen Konzeptionen auszeichnet und daher als Hintergrund von V.14
empfiehlt, ist die Tatsache, daß im Zentrum der kultischen Sühne ebenfalls der Identitätsgedan-
ke steht (dazu MERKLEIN, Bedeutung, 25; DERS., Gericht, 88f). Zieht man nun (was BREYTEN-
BACH, Versöhnung, 127.137ff, zu Recht tut) V.21 zur Interpretation heran, so wird der Kontext
kultischer Sühne m.E. unmittelbar evident, ganz gleich, ob nun ἁμαρτίαν ἐποίησεν (mit u.a.
MERKLEIN, Gericht, 89; STUHLMACHER, Versöhnung, 125; DERS., JBTh 6, 1991, 344f; WIL-
CKENS, Röm I, 240; MARTIN, 2Kor, 157; OLIVEIRA, Diakonie, 389-393) im Sinn der חטאת
oder (mit u.a. BULTMANN, 2Kor, 166f; HOFIUS, Sühne, 40f; BREYTENBACH, Versöhnung, 140f)
im Sinn eines abstractum pro concreto (d.h. ἁμαρτωλός) aufzufassen ist. Vgl. dazu jetzt die Tabelle bei BIERINGER, R., Sünde und Gerechtigkeit in 2 Korinther 5,21, in: BIERINGER/LAM-
BRECHT, Studien, 461-514, hier: 495.
[12] Zum Rückbezug von V.17 auf V.15 vgl. OLIVEIRA, Diakonie, 277ff (Lit.).
[13] Κατὰ σάρκα bezieht sich vom Satz her als Adverbiale auf οἴδαμεν; BREYTENBACH, Versöhnung, 116 mit A.71-73(Lit.).119.130; SCHWEIZER, ThWNT VII, 131; WOLFF, 2Kor, 122;
anders BULTMANN, 2Kor, 155f; GEORGI, Gegner, 290f. Die Diskussion um die Interpretation
von V.16 wird hier nicht aufgenommen, s. dazu die Hinweise im Exkurs bei WOLFF, 2Kor,
123-127.
[14] Wie PAULSEN, Einheit, 76-80, zu Recht herausarbeitet, stellt 2Kor 5,17 den „Schlüssel"
(besser noch: die zusammenfassende Konsequenz) zu den Stellen 1Kor 7,19; 12,13; Gal 3,26-28;
5,6; 6,15 dar.
[15] BULTMANN, 2Kor, 158; DERS., Theologie, 328ff; vgl. STUHLMACHER, Erwägungen, 8;
KLAIBER, Rechtfertigung, 101, die den Akzent jedoch stärker auf den kosmischen Horizont
legen.
[16] Die Unterscheidung, die KUHN, Enderwartung, 50, zwischen Gal 6,15 und 2Kor 5,17 ein-
trägt, ist insofern nicht gerechtfertigt. Nach BALZ, EWNT II, 770, meint κόσμος hier analog zu
πᾶσα σάρξ (Röm 3,19f) die „Menschenwelt"; ebenso WOLFF, 2Kor, 129; BIERINGER, Versöhnung, 314-318. BULTMANN, 2Kor, 163, übersetzt lediglich mit „Menschen". Der Begriff bleibt

Teil der – noch ausstehenden – gesamten eschatologischen Neuschöpfung zu gelten hat (vgl. Röm 8,19)[17].

V.18–21 sind geprägt von der Versöhnungsvorstellung. Die anaphorische Wendung τὰ δὲ πάντα bezieht sich zusammenfassend zurück auf V.14–17[18]. Ἐκ τοῦ θεοῦ hebt die Aussagen in einen theozentrischen Zusammenhang[19]. Διὰ Χριστοῦ, d.h. durch das Geschehen in Kreuz und Auferstehung, hat Gott die Versöhnung verwirklicht[20]. Das bedeutet: Paulus interpretiert die Sühneaussage von V.14 hier im Horizont der Versöhnung[21]. V.18b nimmt er dann auf seinen Apostolat Bezug, als einer διακονία τῆς καταλλαγῆς[22]. Die Begründung für die Einsetzung des Versöhnungsdienstes liefert V.19, wobei wiederum auf Gott als dem Initiator das entscheidende Gewicht liegt[23]. V.20 und 21 beschreibt Paulus seinen Versöhnungsdienst formal und inhaltlich[24]:

---

angesichts von V.17b ähnlich wie in Gal 6,15 in der Schwebe, er kann weder streng anthropologisch, noch einfach kosmologisch bestimmt werden (vgl. oben MUSSNER zu Gal 6,15).

[17] WOLFF, 2Kor, 127; vgl. HAHN, Siehe jetzt, 250: „καινὴ κτίσις als das Gegenwärtigwerden des eschatologischen Heils ist eine die ganze Welt erfassende Wirklichkeit".

[18] BREYTENBACH, Versöhnung, 132.

[19] THÜSING, Per Christum, 105.

[20] BREYTENBACH, Versöhnung, 132, betont, daß dabei nicht sofort τοῦ θανάτου hinzugedacht werden dürfe, was jedoch aufgrund von V.14f wenig wahrscheinlich ist, im Gegenteil!

[21] Der gleiche Sachverhalt begegnet m.E. in Röm 5,10.

[22] S. dazu ROLOFF, Apostolat, 121–123.

[23] Die verzweigte Diskussion um V.19 (traditionsgeschichtlich, grammatikalisch) wird hier nicht aufgenommen, vgl. dazu neben den Kommentaren v.a. BREYTENBACH, Versöhnung, 110–120 (Lit.), BIERINGER, Versöhnung, passim (mit ausführlichen Literaturhinweisen; es handelt sich um eine auf dessen umfangreicher Dissertation fußende Untersuchung zu V.19; die Dissertation selbst [4 Bände], war mir nicht zugänglich). Zur Diskussion um die Möglichkeit einer Conjugatio periphrastica in V.19a und den Konsequenzen s. HÜBNER, Biblische Theologie II, 227f A.613, und jüngst HOFIUS, Imperfekt (Lit.).

[24] Nach BREYTENBACH, Versöhnung, passim, verstand Paulus seinen Apostolat im Kontext des hellenistischen Versöhnungsgesandten (s. jedoch die Modifikation in DERS., Stellvertretung, 63f). Solche Anklänge können für 2Kor 5,18ff zutreffen, vgl. ähnlich HENGEL, Kreuzestod, 75; HAHN, Siehe jetzt, 247; WINDISCH, 2Kor, 194. Anders urteilt KÄSEMANN, Erwägungen, 48ff, demnach habe Paulus eine aus der hellenistischen Gemeinde stammende kosmologische Versöhnungsanschauung verarbeitet. Nach WOLTER, Rechtfertigung, 35–104, nimmt Paulus Vorstellungen aus dem antiken Judentum auf, in denen Gott in seinem Zorn umgestimmt werde. Nach HOFIUS, Erwägungen, handelt es sich dagegen um eine eigenständige Bildung des Paulus, die dem AT, speziell Dtjes, verpflichtet sei. Gegen BREYTENBACHs Herleitung aus der hellenistischen Diplomatensprache s. STUHLMACHER, JBTh 6, 1991, 343f.345ff. – Was das Verhältnis von Sühne und Versöhnung anbetrifft, so stellt BREYTENBACH, Versöhnung, die Dinge jedoch auf den Kopf: Nach ihm scheint die Versöhnungsvorstellung die Primäre, was durch sühnetheologische Ausführungen interpretiert wird (Teil IV, s. bes. das Fazit 221). Das Verhältnis ist jedoch umgekehrt zu sehen (so schon WOLTER, Rechtfertigung; BREYTENBACH, Stellvertretung, 77 A.61, hat diese Umkehrung in Aufnahme von WOLTER explizit vollzogen): Der Sühnetod Jesu wird von Paulus in 2Kor 5,18ff und Röm 5,10 im Sinn der dadurch vollzogenen Versöhnung zwischen Gott und den Menschen interpretiert. Primär ist das urchristliche Verständnis des Todes Jesu als Sühne, die Versöhnung dagegen paulinisches Interpretament. Dabei geht es nicht um den Versuch, Gott in seinem Zorn umzustimmen (gegen WOLTER, Rechtfertigung). Bei STUHLMACHER, Biblische Theologie I, 296ff.318ff, werden die Begriffe Versöhnung

Der Form nach ergeht die Versöhnungsbotschaft im Modus einer Bitte: „Laßt euch versöhnen mit Gott", inhaltlich lautet die Versöhnungsbotschaft: τὸν μὴ γνόντα ἁμαρτίαν ὑπὲρ ἡμῶν ἁμαρτίαν ἐποίησεν, ἵνα ἡμεῖς γενώμεθα δικαιοσύνη θεοῦ ἐν αὐτῷ[25]. V.21a nimmt dabei die Stellvertretungsvorstellung auf, die in V.14 schon Ausdruck fand. V.21b führt Paulus dies jedoch weiter, indem er in der Zielaussage die Kategorie der Gerechtigkeit Gottes einbringt. Δικαιοσύνη θεοῦ kann dabei dreifach verstanden werden[26]: a) antithetisch zu Sündenmacht (V.21a) im Sinn der Heilsmacht Gottes[27], b) analog zur Aussage, daß Jesus von Gott zur Sünde schlechthin gemacht wurde, werden wir zur Gerechtigkeit Gottes, d.h. „seine Gerechtigkeit macht er an uns offenbar"[28], c) im Sinn des abstractum pro concreto (δικαιωθέντες bzw. δίκαιοι)[29].

Das Verständnis von δικαιοσύνη θεοῦ als Heilsmacht Gottes ist bei Stuhlmacher an zwei Zusatzannahmen gekoppelt: 1. dem Verständnis von ἁμαρτία als Sündenmacht, 2. der Einführung des πνεῦμα-Begriffs als ontologischer Brücke, da nach Paulus πνεῦμα „die mitteilbare Individuation der Gottesmacht" sei, die „in der Taufe den Glaubenden mitgeteilt" werde[30]. Nachdem die erste Annahme von Stuhlmacher selbst nicht mehr geteilt wird und die Einführung des πνεῦμα aufgrund des Kontextes nicht gedeckt ist, muß diese Möglichkeit ausscheiden.

Nachdem sich für ὑπὲρ ἡμῶν ἁμαρτίαν ἐποίησεν ein Verständnis im Sinn des Sühnopfers nahelegt[31], muß für δικαιοσύνη θεοῦ auch Möglichkeit b) ausfallen. Es bleibt daher c) übrig, d.h. δικαιοσύνη θεοῦ ist hier im Sinn eines abstractum pro concreto aufzufassen. Wir haben es also mit einer Metonymie zu tun[32]. Das aber bedeutet, daß δικαιοσύνη θεοῦ an der ersten Belegstelle innerhalb des Corpus Paulinum als Ausdruck einer durch das Handeln Got-

---

und Sühne m.E. wiederum nicht streng genug differenziert (vgl. ebd., 143: Jesus als „Mittler und Versühner", „Wort von der Versühnung"; Hervorhebungen W.K.).

[25] Dabei handelt Paulus als „bevollmächtigter Ausleger des Evangeliums", in dessen Auslegung der Erhöhte selbst zur Gemeinde spricht; ROLOFF, Apostolat, 96.

[26] Zu den Kategorien vgl. BREYTENBACH, Versöhnung, 140.

[27] So STUHLMACHER, Gerechtigkeit, 75f; KERTELGE, Rechtfertigung, 104f.

[28] So SCHLATTER, Paulus, 568f.

[29] So BULTMANN, 2Kor, 166f; DERS., ΔΙΚΑΙΟΣΥΝΗ, 14 A.4; HOFIUS, Sühne, 40f; BREYTENBACH, Versöhnung, 140f; θεοῦ wäre hier dann im Sinn eines Gen. auct. zu verstehen, DINKLER, Verkündigung, 181.

[30] STUHLMACHER, Gerechtigkeit, 76.

[31] Mit den oben A.11 genannten Autoren. Auf die jüngste Darstellung von SCHRÖTER, Versöhner, 291–317, bes. 306ff.314ff, die sich gegen ein Verständnis als Sühnopfer ausspricht, kann hier nur noch summarisch verwiesen werden. SCHRÖTER bewegt sich hinsichtlich der Auslegung von 2Kor 5,18–21 weitgehend in den durch BREYTENBACH vorgezeichneten Bahnen. Die Ablehnung des kultischen Horizontes für Röm 3,25 geschieht ohne differenzierte Diskussion der Primärquellen.

[32] HOFIUS, Sühne, 40f.

tes in Christus ermöglichten *ekklesiologischen Wirklichkeit* erscheint[33]. *Damit interpretieren sich καινὴ κτίσις und δικαιοσύνη θεοῦ gegenseitig*[34].

2Kor 5 nennt also über Gal 6,15 hinaus den Grund, warum περιτομή und ἀκροβυστία nichts mehr gelten: Voraussetzung ist der inklusiv verstandene Sühnetod Jesu. Ἐν Χριστῷ in 2Kor 5,17 ist daher kein Wechselbegriff für „Leib Christi"[35], sondern meint den Bereich, der von Christus und seiner Stellvertretung bestimmt ist (dazu gehört gewiß auch der „Leib Christi").

Die Bezeichnung καινὴ κτίσις, die erstmals in Gal 6,15 als ekklesiologische Begrifflichkeit auftaucht, erfährt somit in 2Kor 5 eine inhaltliche Fortführung, insofern sie im Rahmen der Vorstellung vom Sühnetod Jesu eingebracht und dann im Horizont von Versöhnung und Gerechtigkeit Gottes exemplifiziert wird[36]. Die Behauptung, unsere Stelle würde belegen, daß Paulus „den gesamten Kirchengedanken unter das Thema der δικαιοσύνη θεοῦ" stelle und die „Kirche nicht in erster Linie als neues Gottesvolk, sondern als neue Welt" verstünde[37], geht jedoch an Paulus vorbei. Das paulinische Kirchenverständnis hat vielmehr – wie schon mehrfach erwähnt – zwei Brennpunkte, deren einer christologisch und deren anderer heilsgeschichtlich bestimmt ist. Dies geht für den 2Kor aus dem im folgenden zu besprechenden Text hervor.

c) Die Gemeinde als Tempel und Volk Gottes (6,16)

2Kor 6,14–7,1 gilt vielen Exegeten als nachträglich in den Zusammenhang eingefügt[38]. Als Gründe werden sprachliche und inhaltliche Besonderheiten genannt[39]. Noch vor einigen Jahren

---

[33] Mit NEUGEBAUER, In Christus, 100; gegen STUHLMACHER, Gerechtigkeit, 75 A.3.

[34] Ἐν αὐτῷ, V.21, korrespondiert ἐν Χριστῷ, V.17; so auch HÜBNER, Biblische Theologie II, 231 A.631.

[35] Gegen HAHN, Siehe jetzt, 249; BREYTENBACH, Versöhnung, 141.

[36] Vgl. HAHN, Siehe jetzt, 251f. SCHNELLE, Wandlungen, 52, sieht καινὴ κτίσις (V.17) und δικαιοσύνη θεοῦ (V.21) m.R. auf der gleichen Ebene liegen: „Im stellvertretenden Tod Jesu manifestiert sich die in der Taufe erfahrbare und zugeeignete Gerechtigkeit Gottes." Diese Gerechtigkeit möchte SCHNELLE jedoch unterschieden wissen von der δικαιοσύνη θεοῦ, wie sie im Röm begegnet, da ihr im 2Kor die Beziehung zum Gesetz und zum Glauben fehle (52). Die unterschiedlichen Aspekte, die Paulus im 2Kor bzw. Röm im Blick hat, sind offenkundig, den von SCHNELLE apostrophierten *Gegensatz* kann ich jedoch nicht erkennen.

[37] So STUHLMACHER, Gerechtigkeit, 76; so auch die Grundthese von MÜLLER, Gottes Gerechtigkeit.

[38] SASS, Noch einmal. SASS, aaO, 37 A.7, beklagt zu Recht, daß der Text in wichtigen neueren Monographien (KOCH, BECKER, SCHRAGE) zur paulinischen Theologie übergangen wird. BULTMANN, 2Kor, 181f, widmet dem inhaltlich bedeutsamen Text kaum eine halbe Seite. Die Forschungsgeschichte faßt zusammen FURNISH, 2Kor, 368–383.

[39] Sie werden detailliert aufgeführt und diskutiert bei SASS, Noch einmal, 38–52; vgl. unter den Kommentaren v.a. FURNISH, WOLFF und MARTIN. Die wichtigsten Argumente sind: die Geschlossenheit des Abschnitts, der Eindruck einer Unterbrechung zwischen 6,11–13 und 7,2ff, die ungewöhnliche Häufung von Hapax legomena, der vom übrigen paulinischen Schrifttum

konnte die Interpolationshypothese sogar als „Communis opinio" ausgegeben werden[40]. Doch der Konsens beginnt zu bröckeln. Der gegenwärtige Forschungstrend geht dahin, den Text zumindest als ein von Paulus hier eingefügtes Traditionsstück zu verstehen[41]. Die Stimmen, die von paulinischer Autorschaft ausgehen, häufen sich jedoch[42]. Jüngst hat G. Saß die literarkritischen Argumente nochmals einer Prüfung unterzogen und mit weitestgehend überzeugenden Gründen für die paulinische Authentizität votiert[43]. Wenngleich die sprachlichen und inhaltlichen Besonderheiten nicht eingeebnet werden sollen, liegt die Hypothese paulinischer Autorschaft auch dem folgenden Abschnitt zugrunde.

2Kor 6,14–7,1 macht den Eindruck eines geschlossenen paränetischen Abschnittes. Die einleitende Mahnung V.14a korrespondiert der abschließenden Mahnung 7,1 und läßt so eine Ringkomposition entstehen[44]. V.14b–16a beinhalten fünf rhetorische Fragen, V.16c–18 stellen Schriftzitate dar, deren Funktion es ist, v.a. V.16b zu bestätigen. Dabei hat V.17 durch das einleitende διό und die erneute Betonung durch λέγει κύριος eine gegenüber den beiden anderen Versen abgehobene Stellung, da Paulus hier direkt mit einem Schriftwort seine Paränese formuliert. Im Zentrum des Abschnitts steht

---

abweichende Begriffsgebrauch, die ungewöhnliche Zitierweise und die (vermeintliche) Spannung zu 1Kor 5,10; 7,12–16; 10,27.

[40] Vgl. MELL, Neue Schöpfung, 327 A.3; weitere Autoren bei WOLFF, 2Kor, 147 A.17.

[41] SASS, Noch einmal, 37; WOLFF, 2Kor, 147 A.16; hinzu kommen u.a. FURNISH, 2Kor; WOLFF, 2Kor. Eine besondere Stellung nimmt COLLANGE, Énigmes, ein, der 6,14–7,1 für einen alternativen Schlußteil einer zweiten Auflage des Briefes hält. Die Möglichkeit, daß es sich um einen paulinischen Text handelt, der jedoch aus dem 1Kor 5,9 erwähnten Vorbrief stammt, wird erwogen von MCKELVEY, Temple, 93.98. Wenn jedoch der paulinische Charakter der Aussagen erwiesen ist, dann ist es auch methodisch geboten, die ultima ratio literarkritischer Operationen zu vermeiden.

[42] Sie waren nie ganz verstummt, vgl. die bei WOLFF, 2Kor, 147 A.19, genannten Autoren; hinzu kommen u.a. PATTE, Exegesis; BEALE, Background; SCOTT, Adoption, 187–220 (bes. 217ff); OLIVEIRA, Diakonie, 335ff.337 A.399 (bei OLIVEIRA findet sich jedoch eine andere literarkritische Beurteilung von 2Kor 1–8 als in dieser Arbeit vertreten); ZEILINGER, Echtheit (hier gilt das gleiche wie für OLIVEIRA); RENWICK, Paul, 160 A.2; NEWTON, Concept, 110–114; SCHRÖTER, Versöhner, 324–334; V. DOBBELER, Glaube, 244–246; BELLEVILLE, Letter, 142–164 (BELLEVILLE erkennt in 1,8–7,16 einen einheitlichen „letter body" mit 1,8–11 als „body opening", 1,12–7,2 als „body middle", wobei in 1,12–13 eine „thematic opening" und in 6,1–7,2 eine „request formula" vorliegt und 7,3–16 als „body closing" angesehen wird); schließlich BIERINGER, R., 2 Korinther 6,14–7,1 im Kontext des 2. Korintherbriefes, in: BIERINGER/LAMBRECHT, Studien, 551–570; s. bes. die Tabelle ebd., 559. Anders jedoch wieder CRAFTON, Agency (C. möchte drei unterschiedliche Strategien des Paulus in seinen drei in 2Kor enthaltenen Briefen finden, 6,14ff dabei jedoch ausscheiden); DUFF, Mind (D. rechnet aufgrund theologischer Differenzen mit sekundärer Redaktion); ebenso HÜBNER, Biblische Theologie II, 15. 209 A.554. 220.

[43] SASS, Noch einmal, passim. SASS kann zeigen, daß weder aufgrund des Sprachgebrauchs noch angesichts der Kontextstellung die These einer Interpolation zu rechtfertigen ist. Für den traditionsgeschichtlichen Hintergrund betont er gegenüber den Verfechtern von Qumranparallelen stärker jenen frühjüdischen Traditionsstrang, der auch Jub 1,15–26 sichtbar wird.

[44] SCOTT, Adoption, 188; GNILKA, 2Kor 6,14–7,1, 89; MARTIN, 2Kor, 191.

V.16b, er bildet grammatisch wie inhaltlich den „Dreh- und Angelpunkt" für das Verständnis der Textpassage[45].

Betrachtet man die Stellung des Abschnitts im größeren Kontext, so scheint es auf den ersten Blick, als unterbreche 6,14 den Zusammenhang von 6,11–13 und 7,2ff. Jedoch knüpft 7,2 nicht direkt an 6,13 an, sondern klingt vielmehr wie eine Wiederaufnahme des Gedankens (vgl. προείρηκα 7,3), woraus zu schließen ist, daß zwischen 6,13 und 7,2 schon immer ein Abschnitt stand[46]. Zudem nimmt 6,14 einen Gedankengang auf, der in 6,1 schon angeklungen war und bindet unter Aufnahme des Stichwortes δικαιοσύνη an 5,21 zurück[47]. Fragt man nach der Funktion am jetzigen Platz, so zeigen die Verse die notwendige Kehrseite der Versöhnung des Paulus mit den Korinthern auf[48], nämlich die Trennung von den Gegnern[49]. Der Form nach handelt es sich nach Berger um eine postconversionale Mahnrede[50], wobei der Vergleich mit 1Thess 4,3–12; 1Kor 6,9–11 und Röm 6,17–19 gemeinsame Motive, v.a. die Abgrenzung durch Oppositionen und den Zusammenhang von Reinigung und Heiligung, erkennen läßt[51].

Der interpretatorische Zentralsatz liegt in V.16b vor: „Wir nämlich sind Tempel des lebendigen Gottes". Es handelt sich um eine „begründende Selbstbeschreibung", die sowohl den Zielpunkt der rhetorischen Fragen als auch die Begründung für die Mahnung wie auch den Ausgangspunkt der Schriftzitate darstellt[52]. Die nächste Parallele für die Aussage findet sich in 1Kor 3,16[53].

Traditionsgeschichtliche Überlegungen weisen in das Umfeld des Qumranschrifttums (wobei v.a. die Kombination von Vorstellungen, wie sie sich auch in 1Kor 3 findet, hier den Ausschlag

---

[45] SASS, Noch einmal, 55. Bei SCOTT, Adoption, 188–195, kommt die zentrale Stellung von V.16b zu kurz.

[46] SASS, Noch einmal, 49, im Anschluß an LAMBRECHT, Fragment, 147.

[47] SASS, Noch einmal, 51.

[48] BEALE, Background, 565–575, wobei BEALE, ebd., 568, von einer absichtlichen Unterbrechung der Schlußmahnung ausgeht.

[49] WOLFF, 2Kor, 149; anders u.a. SASS, Noch einmal, 52; FURNISH, 2Kor, 371f (dort weitere Lit.), die die heidnische Umwelt damit gemeint sehen. Nach OLIVEIRA, Diakonie, 331–340, handelt es sich bei den Versen um eine ‚indignatio', die zusammen mit der ‚recapitulatio' (5,12–6,10) und der ‚conquestio' (6,11–13; 7,2–4) die ‚peroratio' der nach rhetorischen Gesichtspunkten gestalteten Apologie des Paulus (2,14–7,4) darstellt. OLIVEIRA sieht dabei jedoch (im Anschluß an THEOBALD, Gnade, 168 A.1) in der Apologie einen eigenständigen Brief des Paulus mit Eingangs- (2,14–17) und Schlußteil (6,11–7,4) vorliegen (OLIVEIRA, Diakonie, 18; vgl. die Zusammenfassung 420–422, die den Leser jedoch mehr verwirrt). Ihm schließt sich ZEILINGER, Echtheit, 71f.74.79, an.

[50] BERGER, Formgeschichte, 130.

[51] Vgl. dazu im Detail SASS, Noch einmal, 48 samt A.64–67.

[52] SASS, Noch einmal, 55.

[53] Die einzige von Paulus unabhängige Parallele im NT liegt in 1Petr 2,5: οἶκος πνευματικός vor.

gibt[54]) und ins Buch Jub. Saß stellt v.a. die Bezüge zu Jub 1,15–26 heraus[55] und minimalisiert die Beziehung zu Qumranstellen. Wenngleich Jub 1,16 das Gottesvolk „Pflanze der Gerechtigkeit" genannt wird, so ist ein Verständnis Israels/der Gemeindemitglieder als „Tempel" doch in Jub 1 nicht belegt[56]. Der „Zusammenhang von Tempelmotiv und Zitat in 2Kor 6,16" entspricht insofern nicht der Verwendung von Ez 37,26f in Jub 1,17[57]. Jub 1 findet sich eine auffällige Ansammlung ähnlicher Motive wie 2Kor 6,14–7,1[58], wobei in erster Linie der analoge biblische Hintergrund (Lev 26,12; Ez 37,26f; 2Sam 7,14) ins Auge fällt.

Weil die Gemeinde „Tempel des lebendigen Gottes" ist, sind ihre Außenbeziehungen nicht gleichgültig[59]. Zwei Sphären, die keine Gemeinschaft haben können, stehen einander gegenüber. Ethik wird dabei als Heiligung verstanden. Das Sein der Gemeinde als Tempel, Volk und Söhne/Töchter bestimmt das Leben der Christen[60].

Zu 1Kor 3,16 wurde festgestellt, daß die Bezeichnung der Gemeinde als ναὸς θεοῦ nur möglich ist unter der Voraussetzung, daß sie als Gottesvolk verstanden wird. Die Art und Weise, wie „Tempel des lebendigen Gottes" (V.16) im folgenden durch die Bundesformel und speziell den Begriff λαός interpretiert wird, macht deutlich, daß das Tempelmotiv in seiner Anwen-

---

[54] Die Feststellung, die Qumran-Anklänge seien nur „marginal" (so COPPENS, Temple, 62), ist trotz der unverkennbaren Unterschiede (s. dazu SASS, Noch einmal, 43 A.35) doch etwas überzogen (s. die Zusammenfassung der Parallelen unter Aufnahme der wichtigsten Literatur bei KLINZING, Umdeutung, 172–182). Der Vorwurf von „Parallelomanie" (so SASS, Noch einmal, 43, im Anschluß an MARTIN und SANDMEL) scheint mir angesichts von 1QS 5,5f; 8,5–11; 11,7f; 1QH 7,8–11, wo die Vorstellungen der Gemeinde als Gottes Tempel, Pflanzung und Bau ähnlich wie 1Kor 3 *in Kombination* auftauchen, auch für jene Autoren, die 2Kor 6,14–7,1 aus Qumran herleiten wollen, ungerechtfertigt. S. ferner im Detail oben zu 1Kor 3.

[55] SASS, Noch einmal, 42–47.56; dies ist nicht neu: ähnlich SCOTT, Adoption, 210f.A.104; und vorher schon DAHL, BYRNE, BETZ, RENSBERGER, KLAIBER.

[56] So auch BYRNE, Sons, 194 A.11.

[57] Gegen SASS, Noch einmal, 45. Auch 4QFlor 1 muß als Parallele ausfallen, denn auch hier geht es nicht um die Gemeinde als Tempel. Zur Diskussion um das Verhältnis von 2Kor 6,16 zu 4QFlor s. KLINZING, Umdeutung, 175ff, der die Deutung von GÄRTNER, Temple, 53f.36ff, m.R. ablehnt. Die einzige wirkliche Parallele sieht KLINZING, aaO, 178f, darin, daß sowohl 2Kor 6,16 wie auch 4QFlor 1 ihr „Vorstellungsmaterial aus der Erwartung eines eschatologischen Tempels" beziehen und damit „traditionsmäßig verwandt" sind.

[58] SCOTT, Adoption, 210f A.104, nennt: Gottes „Heiligtum" inmitten seines Volkes (Jub 1,17.27.29); die Bundesformel nach Lev 26,12 (Jub 1,17); die pluralisierte Form der Adoptionsformel 2Sam 7,14 (Jub 1,24); der Gegensatz Beliar-Gerechtigkeit (Jub 1,20); die Reinigung (Jub 1,23); der „lebendige Gott" (Jub 1,25); Götzendienst (Jub 1,8.9.11). Die von SCOTT auch noch genannte „Exodustypologie" kann ich in 2Kor 6,14ff nirgends erkennen. Eine ähnliche Zusammenstellung bietet SASS, Noch einmal, 45f.

[59] DELLING, Bewältigung, 10f, nennt Belege für ἀφορίζω und Äquivalente, die strukturgleich die Absonderung des Judentums vom Heidentum beinhalten. Der Begriff in der LXX ist dabei überwiegend χωρίζομαι.

[60] Vgl. MERK, Handeln, 150–152. Das Motiv der Gemeinde bzw. der Christen als Tempel begegnet bei Paulus an drei Stellen jeweils innerhalb des Begründungszusammenhanges in einem ethischen Kontext: 1Kor 3,16–23; 6,19f; 2Kor 6,16. Es scheint sich um ein paulinisches Spezifikum zu handeln. Vgl. im Unteschied dazu Eph 2, wo das dogmatische Interesse vorherrscht; so COPPENS, Temple, 57.

dung auf die Gemeinde in den Rahmen des Gottesvolkthemas und nicht in den christologischen Kontext gehört[61].

Dies gilt auch für die Bezeichnung der Glaubenden als Söhne und Töchter Gottes. Es bestätigt sich damit, was zu Gal 3,26ff ausgeführt wurde[62]. Hinter V.18 steht einerseits 2Sam 7,14 in einer auf das ganze Gottesvolk bezogenen Interpretation (vgl. oben zu Gal 3,26–29; 4,5–6). Die Begrifflichkeit „Söhne und Töchter" ist jedoch noch durch andere Stellen angeregt: Jes 43,6, wo das aus dem Exil heimkehrende Gottesvolk als Gottes Söhne und Töchter bezeichnet wird und SapSal 9,7, wo Salomo Gott als den preist, der ihn zum Richter seiner (Gottes) Söhne und Töchter erwählt hat[63].

Besondere Beachtung verdient das Mischzitat in V.16b. Ἐνοικήσω κτλ. führt in den Zusammenhang der atl. Schekina-Theologie[64]. Diese hat schon im AT eine Geschichte mit Wandlungen durchlaufen[65]. Stand in vorexilischer Zeit das Heiligtum auf dem Zion im Zentrum, so verlagerte sich dies in der exilisch-nachexilischen Phase des Umbruchs auf das Volk Israel selbst. Die Verlagerung hat sich in der Vorstellung vom Wohnen JHWHs „inmitten der Israeliten" niedergeschlagen (Ez 43,7.9; Ex 25,8, 29,45f; 1Kön 6,13). Es kommt damit zu einer „Übertragung des in vorexilischer Zeit dem Gottesberg Zion und seinem Tempel zugesagten Heils auf das Volk Israel; anders ausgedrückt: die *Schekina*-Theologie erhält jetzt eine nationale, auf die Restitution Israels als Gottesvolk bezogene, geradezu ekklesiologische Komponente"[66]. Auch in Ez 37,27 geht es nicht nur um Gottes Wohnen am irdischen Heiligtum, „sondern primär um das *Jahwe-Israel-Verhältnis*"[67]. Bedeutsam ist dabei in Ez 37 die Deutung der Schekina-Vorstellung durch die Ankündigung eines „Friedensbundes" bzw. eines „ewigen Bundes" in V.26 und durch die Bundesformel aus Lev 26,12 in V.27b[68]. Dies ist in ähnlicher Weise der Fall in Sach 2,14f.

---

[61] S. dazu oben zu 1Kor 3,16, S. 177f.

[62] Die Gotteskindschaft in 2Kor 6,16 ist dabei keineswegs ein „zukünftiges Gut", wie RUSAM, Gemeinschaft, 91, darstellt, denn die im Schriftzitat verheißene ἐνοίκησις Gottes findet ja in den Gläubigen bereits statt.

[63] In mMSh V,13 wird in einer Auslegung von Dtn 26,15 עם ישראל exemplifiziert als „Söhne und Töchter". Die Zusammenstellung „Söhne und Töchter" begegnet auch Jes 49,22; 60,4; Joel 3,1, hier jedoch stets bezogen auf Jerusalem bzw. Israel. Ob sich in dieser Bezeichnung eine Beziehung zu Gal 3,28 („weder männlich noch weiblich") zeigt (so BYRNE, Sons, 194), scheint auf den ersten Blick möglich, bei näherer Überprüfung jedoch fraglich, da die Kombination „Söhne und Töchter" traditionsgeschichtlich in einen klar zu belegenden Bereich verweist, der sich von dem für „männlich und weiblich" unterscheidet.

[64] Der Begriff ist gewählt im Anschluß an JANOWSKI, Schekina.

[65] Zusammenfassend dazu JANOWSKI, Schekina, 189–191.

[66] JANOWSKI, Schekina, 190.

[67] JANOWSKI, Schekina, 188, kursiv im Original.

[68] Zum Verhältnis von Ez 37,26f zu Lev 26,11f s. JANOWSKI, Schekina, 187f A.103.188 A.105, und die dort zitierte Literatur.

2Kor 6,16b ist nun aber weder mit Lev 26,11f noch mit Ez 37,27 identisch. Aus Lev 26 ist ἐμπεριπατήσω und die Bundesformel übernommen. Hinsichtlich des zweiten Teils überschneidet sich Lev 26,12 mit Ez 37,27, wo das Wohnen Gottes ebenfalls bundestheologisch gedeutet wird. Ez 37,27 spricht jedoch von ἡ κατασκήνωσίς μου ἐν αὐτοῖς[69]. Ἐνοικέω wird dagegen im AT nirgends von Gott verwendet[70]. D.h. das Zitat wurde von Paulus so verändert, daß es jetzt seine Aussage stützt, wonach die Gemeinde selbst der Tempel des lebendigen Gottes ist[71].

V.16b wendet also sowohl die Schechina-Theologie als auch die Bundesformel nach Lev 26,12 und Ez 37,27 auf die christliche Gemeinde an. Diese wird damit mit dem Tempel Gottes gleichgesetzt und in das sonst Israel vorbehaltene Gottesverhältnis eingezeichnet[72].

Nach den oben §4 angestellten Untersuchungen lassen sich als atl. Vorbilder für eine Aussage, die geborene Heiden explizit in das Gottesvolk einschließt, nicht sehr viele Belege beibringen. Für die Anwendung der Bundesformel auf Heiden ist lediglich Sach 2,14f zu nennen[73]. Es ist daher damit zu rechnen, daß neben Ez 37,27 und Lev 26,11f auch Sach 2,14f den traditionsgeschichtlichen Hintergrund für 2Kor 6,16 abgibt. *Die Anwendung der Bundesformel auf Heiden bedeutet jedenfalls nicht weniger als ihre ausdrückliche Eingliederung ins Gottesvolk.*

---

[69] Die verbale Variante in Sach 2,14: κατασκηνώσω ἐν μέσῳ σου.

[70] McKELVEY, Temple, 95 A.1; WINDISCH, 2Kor, 216. Dies kann ausgedehnt werden auf den Bereich der Apokryphen und Pseudepigraphen, s. DENIS, Concordance, s.v.

[71] McKELVEY, Temple, 95. Ἐνοικήσω ἐν αὐτοῖς dürfte damit im NTG[26/27] nicht kursiviert sein.

[72] Daß es sich bei der Formulierung „Gott war in Christo" (2Kor 5,19), um eine Aufnahme der Schekina-Vorstellung handelt, nämlich um „die Einwohnung Gottes in Christus zur Errettung des eschatologischen Gottesvolkes" (so STUHLMACHER, JBTh 6, 1991, 347, unter Hinweis auf Ps 73,2 LXX und Ez 37,26f), ist ein ansprechender Gedanke, der aber in seiner von STUHLMACHER vorgetragenen Zuspitzung noch weiterer Nachfrage bedarf.

[73] SCOTT, Adoption, 199, nennt noch Sach 8,8, was jedoch keinen Anhalt am Text hat. SCOTT, Adoption, 20f, möchte auch nachweisen, daß aufgrund der Aufnahme von Ez 37,27 die Zitatkombination 2Kor 6,16–18 die Vorstellung vom „Neuen Bund" voraussetze. Er folgert dies aus einer Untersuchung des eschatologischen Gebrauchs der Bundesformel. Allein, SCOTT subsumiert Ez 37,27 zusammen mit Jer 31(38),33; 32(39),38 unter die Rubrik: Bundesformel zur Begründung des „Neuen Bundes". Davon ist jedoch in Ez 37 nicht die Rede. Ez redet vom „Friedensbund" und vom „Ewigen Bund", die nicht notwendig einen „Neuen Bund" darstellen, obgleich sie bei LEVIN, Verheißung, 214ff.222ff, nahezu identifiziert werden. Auch die zusätzlichen Argumente, die SCOTT aus dem Vergleich von Ez 37,27 MT und Jer 31,33 MT und dem Zitat von Lev 26,12 zusammen mit Sach 8,8 in Jub 1,17 gewinnen will, unterstützen nicht die These, daß 2Kor 6,16 vom „Neuen Bund" her zu verstehen sei. Gegen ein Verständnis von Jub 1,17 vom „Neuen Bund" her s. auch BERGER, JSHRZ II.3, 317 A.17b, im Anschluß an WOLFF, Jeremia, 122.

Inwiefern Paulus die christliche Gemeinde in den Rahmen des Gottesvolkes einzeichnet, wird nochmals deutlich aus der Zitatkombination V.16d–18[74]. Sie ist im paulinischen Schrifttum nur noch mit Röm 3,10–18 vergleichbar[75]. Es handelt sich in 2Kor 6,16ff jedoch nicht einfach um eine Zitatkombination, sondern um Argumentation anhand von Zitaten (vgl. z.B. Röm 9,20; 10,6f; 10,13; 12,20)[76]. Dies ist bei Paulus durchaus üblich, und zwar dann, wenn er Schriftworte „als unmittelbar gültige Weisungen" anführt[77]. Dies gilt auch für V.17: Hier wird Jes 52,11 als unmittelbare Weisung an die Gemeinde ausgegeben.

Mit der Zitatkombination in Röm 3,10–18 will Paulus belegen, daß keiner ein δίκαιος ist und keinerlei φόβος θεοῦ herrscht[78]. Die Zitate weisen dabei sachliche Verwandtschaft auf, auch hinsichtlich ihrer Kontexte. Sie sind kein „Zufallsprodukt im Augenblick des Briefdiktats"[79], sondern setzen erhebliche Vorarbeit voraus. Gleiches liegt in 2Kor 6,16ff vor: Die biblischen Bezüge Lev 26,11f; Ez 37,27; Jes 52,4.11 und 2Sam 7,8.14 haben alle das besondere (bzw. das durch das Exil geläuterte) Verhältnis des Gottesvolkes zu seinem Gott zum Inhalt[80]. Es handelt sich somit um einen völlig einheitlichen Zusammenhang.

Alle Schriftbelege legen V.16b aus. Diese aber werden in 7,1 als ἐπαγγελίαι verstanden, deren Adressat die Gemeinde ist. Dies stimmt mit dem Verständnis der Verheißungen 2Kor 1,20 zusammen, wonach in Christus alle Gottesverheißungen bestätigt wurden, damit die Glaubenden darauf ihr Amen sprechen können. *Das Gottesvolkprädikat begegnet somit in seiner Anwendung auf die Gemeinde als Verheißung.*

---

[74] Zum Begriff Zitatkombination s. KOCH, Schrift, 172–186. Nach KOCH gibt es bei Paulus nur sieben solcher Zitatkombinationen: Röm 3,10–18; 9,25f; 10,6–8; 11,26f; 11,34f; 14,11; 1Kor 15,54f. 2Kor 6,16ff entfällt für KOCH, Schrift, 172 A.1, als nachpaulinisch.

[75] Daß dies ein zwingendes Argument für Paulus als Autor sei (so SCOTT, Adoption, 194), vermag ich nicht zu sehen. Zu Röm 3,10–18 s. KOCH, Schrift, 179–184.

[76] Zur Frage nach Zitaten mit/ohne Zitateinleitung bei Paulus s. KOCH, Schrift, 12–24.25–32; vgl. die Tabelle ebd., 21ff. Hieraus ergibt sich, daß die nur in 2Kor 6,16b belegte Zitateinführung kein Argument für die Interpolationshypothese liefert. Singulär sind z.B. auch die Einführungen in Röm 9,25 und 2Kor 4,13; vgl. dazu auch HÜBNER, Biblische Theologie II, 15. 225 A.603, der jedoch andere Schlüsse zieht.

[77] KOCH, Schrift, 13; vgl. Dtn 17,7c in 1Kor 5,13b; Prov 25,21.22a in Röm 12,20.

[78] KOCH, Schrift, 179.

[79] KOCH, Schrift, 183.

[80] BEALE, Background, 569, sieht den Akzent anders: Nach ihm geht es jeweils um Gottes Verheißung, das Volk ins Land zurückzuführen. Dies gilt jedoch nicht für Lev 26. Die von BEALE daraus gezogenen weitergehenden Schlüsse, wonach der durchgehende Leitgedanke in 2Kor 5–7 in Pauli Verständnis der Versöhnung als „the beginning of fulfilment of the OT promises of Israel's restoration" (ebd., 579), das er aufgrund der Reflexion seines Damaskuserlebnisses anhand von Dtjes und Trtjes gewonnen habe, zu finden sei, erscheinen insofern zu undifferenziert.

2Kor 6,14–7,1 stellt innerhalb des Corpus Paulinum den ersten Abschnitt dar, in dem die christliche Gemeinde (wenn auch im Zitat, so doch nicht minder deutlich) explizit als Volk Gottes bezeichnet wird. Der Text ist darüber hinaus von Bedeutung, als die Motive ναὸς θεοῦ, Söhne und Töchter Gottes, Gott als Vater und Ethik als Heiligung innerhalb ein und desselben Kontextes erscheinen und damit ihre Beziehung zueinander und zur Gottesvolkthematik deutlich wird. Dies hat Auswirkungen auch auf die Interpretation der übrigen Paulusbriefe, insofern dadurch die einheitliche Grundstruktur der paulinischen Ekklesiologie erkennbar wird.

Abschließend ist zu sagen, daß auch aufgrund des bisherigen Ganges der vorliegenden Arbeit sich paulinische Autorschaft für den Abschnitt 2Kor 6,14–7,1 nahelegt, und zwar aus folgenden Gründen:
- Scheidung der Gemeinde von den ungläubigen Heiden und Abkehr von den εἴδωλα – vgl. 1Thess 1,9; 4,5.7.9; 1Kor 6,9; Röm 6,18f.
- Zusammenstellung von Reinigung und Heiligung – vgl. 1Thess 4,7; 1Kor 6,11; Röm 6,19.
- Ethik als Heiligung – vgl. 1Thess 3,13; 4,3–8; 5,23; 1Kor 5,1–6,20; Röm 6,19.22.
- Licht-Finsternis-Antithetik – vgl. 1Thess 5,5; 2Kor 4,4; Röm 13,12.
- Zusammenhang von Indikativ und Imperativ – vgl. Gal 5,25; Röm 12,1–2.
- Glaubende als Söhne und Töchter – vgl. Gal 3,26; 4,6; Röm 8,19.21.
- Gemeinde als Tempel – vgl. 1Kor 3,16 (6,19).
Alle diese Einzelmotive werden als Einheit verständlich, wenn sie im Horizont der Gottesvolkthematik interpretiert werden. Dies ist in 2Kor 6,16 explizit belegt.

Doch auch wenn es sich durch künftige Forschung zwingend ergeben sollte, daß 2Kor 6,14–7,1 als spätere Interpolation anzusehen ist, müßte das vorliegende Ergebnis nicht völlig revidiert werden, denn die Aussagen entsprechen sachlich dem, was zu den übrigen Paulusbriefen, insbes. zu 1Kor 3 und Gal 3f herausgearbeitet wurde. 2Kor 6,14–7,1 könnte dann immerhin noch als Bestätigung dafür dienen, daß die Bezeichnung der Glaubenden als Tempel Gottes und Söhne Gottes und die übrigen, oben genannten Motive in den Rahmen der Gottesvolkthematik gehören.

§ 14 Juden und Heiden unter der Verheißung Gottes nach dem Römerbrief

a) Vorbemerkungen

Die bisherigen Untersuchungen haben ergeben, daß die Gottesvolkthematik für die Theologie des Paulus einen zentralen Topos darstellt. Einerseits ist ihm das Thema gestellt durch die Tatsache, daß er als Heidenapostel ständig Unbeschnittene zum Glaubensgehorsam gegenüber dem Gott Israels ruft, andererseits durch die Frage, in welcher Beziehung die Glaubenden zum bisherigen Gottesvolk stehen und schließlich welche Stellung Israel als Gottesvolk post Christum innehat. Bislang wurde erarbeitet, daß Paulus die christliche Gemeinde in jene Koordinaten einzeichnet, die nach der Botschaft des AT und der frühjüdischen Schriften für das Gottesvolk Israel gültig sind. Die ἐκκλησία ist zwar entscheidend durch Gottes Handeln in Christus bestimmt, sie wird aber in jenen Kategorien verstanden, die von Israels Selbstverständnis her bekannt sind. Dies geschieht implizit und explizit. Zur Stellung Israels gibt es Texte, in denen das bisherige Selbstverständnis Israels als auserwähltes Volk in Zweifel gezogen wird, bis hin zu Abschnitten, die anscheinend den Charakter Israels als Volk Gottes bestreiten (1Thess 2,14–16; Gal 4,21–31). Die paulinischen Äußerungen sind jedoch in sich disparat, situationsbedingt teilweise stark polemisch oder apologetisch gefärbt und lassen insofern keine einheitliche Linie erkennen.

Der Röm ist jenes Schreiben des Paulus, in dem das Problem von Heiden und Juden am eingehendsten behandelt wird: Es durchzieht den ganzen Brief von 1,16f ab (Röm 2; 3; 4; 9–11; 14; 15) und wird in 9–11 in bestimmter Hinsicht eigens zum Thema. Daß die Gottesvolkthematik im Röm eine herausragende Rolle spielt, bedarf keines näheren Beweises. Dies wird selbst von Autoren zugestanden, die das Zentrum der paulinischen Ekklesiologie im Leib-Christi-Gedanken sehen und die Gottesvolkvorstellung für noch nicht ganz abgelegte judenchristliche Relikte halten. Der Röm ist außerdem ein Schreiben, in dem apologetische bzw. polemische Töne, die als Überspitzungen verstanden werden könnten, am meisten zurücktreten[1]. Es ist daher legitim, von den Darlegungen des Paulus im Röm Klarheit über bislang offen gebliebene Fragen zum Thema Gottesvolk zu erwarten und eine ausgewogene Darstellung der paulinischen Position vorfinden zu wollen. Dabei ist nicht von vornherein auszuschließen, daß Paulus auch Korrekturen an bestimmten früheren Ausführungen vornimmt.

Um die Konturen des Röm angemessen zu verstehen, ist ein kurzer Blick auf den historischen Ort des Briefes vonnöten[2]. Dabei kann es nicht darum gehen, die ganze Breite der Dis-

---

[1] Der Röm läßt sich am ehesten verstehen als theologischer Traktat in Briefform. Dies hängt mit den historischen Umständen seiner Entstehung eng zusammen, s.u.

[2] Zum Aufriß des Röm s. KRAUS, Tod Jesu, 10–14. Vorschläge einer Gliederung nach rhetorischen Gesichtspunkten haben u.a. vorgelegt: JEWETT, R., Following the Argument of Romans, in: DONFRIED, Hg., Debate, 265–277; WUELLNER, W., Paul's Rhetoric of Argumentation in Romans, in: DONFRIED, Hg., Debate, 128–146; ELLIOT, N., The Rhetoric of Romans,

kussion um die Veranlassung und den Zweck des Röm aufzunehmen, sondern lediglich darum, sich einige zentrale Sachverhalte zu vergegenwärtigen[3].

Der Röm wurde etwa im Jahr 56 von Korinth aus geschrieben, bevor Paulus sich nach Jerusalem aufmachte, um die Kollekte zu überbringen[4]. Die zweite Hälfte der 50er Jahre des 1. Jh. ist gekennzeichnet von einem zunehmenden Widerstand gegen die Römer in Judäa und von jüdischen Abgrenzungstendenzen gegenüber Nichtjuden[5]. Das letzte Jahrzehnt vor Ausbruch des jüdischen Krieges stellte auch die paulinische Völkermission in eine schwere Zerreißprobe. Wie aus Apg 20f hervorgeht, mußte Paulus seine bisherige Missionsbasis in Ephesus aufgeben. In Jerusalem ist mit einem Erstarken der antiheidenchristlichen Kräfte zu rechnen (vgl. Apg 21ff und Gal). Das Verhältnis Judenchristen – Heidenchristen stand in Gefahr zu zerbrechen. Paulus mußte die Möglichkeit einer Aufkündigung der Kirchengemeinschaft durch die Ablehnung der Kollekte einkalkulieren. Er erhoffte sich von den römischen Christen Unterstützung durch deren Fürbitte (Röm 15). Auf der anderen Seite wollte Paulus nach Spanien, um dort zu missionieren und suchte eine neue Operationsbasis. Auch hierzu wollte er die römische Gemeinde gewinnen.

Die römische Christenheit war durch das Claudius-Edikt zumindest um einen Teil ihrer jüdischen Glaubensbrüder dezimiert worden[6]. Nach dem Tod des Claudius ist jedoch mit einer Rückkehr von Juden und Judenchristen nach Rom zu rechnen. In der Zwischenzeit befanden sich die Heidenchristen im Aufwind. Dies kann zu einem „überzogene[n] heidenchristliche[n] Bewußtsein"[7] und damit zu Spannungen innerhalb und zwischen den Hausgemeinden geführt haben[8]. Andererseits scheint ein überhebliches Pochen der Judenchristen auf einem heilsgeschichtlichen Vorrang gegenüber den Heidenchristen ebenfalls nicht fernzuliegen[9], und es ist überdies nicht ausgeschlossen, daß die Spannungen durch judaistische Gegner des Paulus, die sich in Rom befanden, erhöht wurden (vgl. Röm 14)[10]. Paulus argumentiert somit nach zwei

---

JSNT.S 45, 1990; ALETTI, J.-N., La Dispositio Rhétorique dans les Épîtres Pauliniennes, NTS 38, 1992, 385–401; HÜBNER, Rhetorik. Vgl. auch CRAFTON, Vision.

[3] Zur Diskussion um den Abfassungszweck des Röm s. neben den bei KRAUS, Tod Jesu, 10 A.2, genannten Autoren noch CRANFIELD, Rom II, 814–823; JERVIS, Purpose; HAACKER, Friedensmemorandum; SCHMELLER, Diatribe, 225–232; STEGEMANN, Menschheit, 1–39; LOHSE, Summa Evangelii. BINDEMANN, Theologie im Dialog, will zeigen, daß Paulus sich im Dialog mit Judenchristen befinde, die noch im Synagogenverband stünden, vgl. ebd., 43.54.55. 64.71 u.ö., doch vermag die These in ihrer Einseitigkeit nicht zu überzeugen. Der Versuch von AUNE, Romans, den Röm als „Logos Protreptikos" zu verstehen, kann einen zutreffenden Aspekt beschreiben, trifft jedoch keinesfalls den Röm insgesamt und darf daher nicht vereinseitigt werden; vgl. die Diskussionsbeiträge in WUNT 58, 1991, 122–124.

[4] Die zeitliche Einordnung von LÜDEMANN, Paulus I, 273, hängt mit dessen Frühansatz des Apostelkonzils etc. zusammen.

[5] Belege: Josephus, Bell 2,118.409f.433; 7,253.323.410; Ant 18,4–10.23–25; 20,102; tSot XIV,10 (R. Jochanan ben Zakkai); dazu HAACKER, Friedensmemorandum, 33 A.25. 34; DERS., Probleme, 3–6.

[6] Dazu LAMPE, Christen, 4–8.

[7] STOLLE, Juden, 155; vgl. die Mahnung Röm 11,18 und das Selbstverständnis der „Starken" gegenüber den „Schwachen" in Röm 14.

[8] Zur Struktur der Gemeinde in Rom s. LAMPE, Christen, 53–65. Non vidi: SCHNEIDER, Die ‚Schwachen' (vgl. ThLZ 116, 1991, 474–476).

[9] Hiergegen argumentiert Paulus, indem er Röm 2,1–29 die Solidarität der Juden mit den Heiden hinsichtlich der Sünde darlegt und Röm 9,6–29 zeigt, daß „auch Israel ... sich dem ständigen freien Erwählungshandeln Gottes" verdankt; ROLOFF, Kirche, 127.

[10] Vielleicht wird hinter Röm 3,8; 9,1–3 der Vorwurf der Illoyalität des Paulus gegenüber seiner Tradition sichtbar; so CRANFIELD, Rom I, 23; Rom II, 814ff. STUHLMACHER, Röm, 12, spricht gar von einer judaistischen „Agitation", die Paulus mit seinem Brief abfangen will. Der

Seiten[11]: einmal in Richtung solcher Heidenchristen, die in Gefahr stehen, ihre Wurzeln zu vergessen, und zum andern in Richtung jener Judenchristen, die die Verkündigung des Heidenapostels und die Stellung der Heidenchristen beargwöhnen[12].

Wenn es zutrifft, daß die Loslösung der christlichen Gemeinden von den Synagogengemeinden im Gefolge des Claudius-Edikts erfolgte, was historisch plausibel erscheint, dann wäre für Röm 9–11; 14f ein konkreter Hintergrund anzunehmen, der nicht nur in der Frage des Verhältnisses von Judenchristen und Heidenchristen, sondern in der Problematik bestünde, was nach der Trennung der Christenheit von der Synagoge und ihrer damit notwendig erfolgten Selbstdefinition als eschatologische Erben konkret mit dem alten Bundesvolk geschehen wird. Damit würde die paulinische Antwort die konkrete Trennungserfahrung reflektieren[13].

In einer Situation voller Ungewißheit, wie der Jerusalembesuch ausgehen wird, aber auch voller Pläne für die Mission im Westen, schreibt Paulus den Röm. Nach eigenen Angaben (1,11–15; 15,22–32) will er sich mit diesem Brief für seinen bevorstehenden Besuch in der Gemeinde einführen, diese für seine weiteren Missionspläne gewinnen und um geistliche Unterstützung für die Kollektenaktion bitten[14]. Die zentrale Stellung, die das Verhältnis Juden(christen) – Heiden(christen) im Brief einnimmt, fügt sich so völlig in die Problemlage, in der Paulus sich auch persönlich befindet.

Die Gottesvolkthematik begegnet im Röm unter drei Aspekten: Zum einen sind analog den bisherigen Paulusbriefen Aussagen zur Gleichstellung von

---

Röm ist jedoch keine „Streitschrift gegen judaistische Lehren" (STUHLMACHER, Röm, 10 in Aufnahme der These von C. WEIZSÄCKER), sonst wäre mit einer anderen Argumentationsrichtung zumindest in 9–11 zu rechnen. Die entscheidende Frage hierbei lautet, ob Paulus die Heidenchristen gegen Agitation stärken oder die Judenchristen unterstützen und die Gefahr eines drohenden Schismas abwenden will. Die von STUHLMACHER, Röm, 14, als Fragen der Gegner interpretierten Stellen 3,31; 6,1; 6,15; 7,7ff usw. sind in ihrer Stoßrichtung nicht einheitlich und daher nur schwer auf eine bestimmte Gruppe von Gegnern zu beziehen. Sie lassen sich auch ohne die Gegnerthese als diatribenartige Stilelemente verstehen (vgl. SCHLIER, Röm, 8).

[11] Es ist m.E. nicht möglich, anders als in dieser allgemeinen Form Aussagen über die Situation der römischen Gemeinde aufgrund des Röm zu wagen. Sowohl für ein zu einseitig an Juden- wie auch an Heidenchristen adressiertes Schreiben, lassen sich jeweils starke Gegenargumente beibringen.

[12] Insofern trifft die Bezeichnung des Röm als „Friedensmemorandum" (HAACKER) einen entscheidenden Aspekt. Wie aus Apg 21,26ff hervorgeht, ist Paulus in dieser Phase seiner Mission auch selbst zu Konzessionen bereit. Ein Verhalten, das mit dem, wie Paulus im Gal reagiert, kaum zu vereinen ist. Paulus war um die Einheit der Juden- und Heidenchristen offenbar gewillt, theologische Spitzensätze zurückzunehmen. Gegen den Bezug des Röm auf einen innergemeindlichen Konflikt in Rom jetzt wieder SÄNGER, Verkündigung, 89–95. Doch der Bezug auf einen solchen Konflikt ist eines, daraus eine konkrete Veranlassung des Röm zu machen, ein anderes (gegen SÄNGER, ebd., 90).

[13] Zur Loslösung von der Synagoge s. LAMPE, Christen, 8f. Die These von SCHMITHALS, Problem, 87–90, bes. 88, im Anschluß an TROCMÉ, wonach Paulus durch den Röm die Christen als ἐκκλησία erst konstituiert und damit aus dem Synagogenverband lösen wolle, geht von problematischen Voraussetzungen aus: 1. der Nichtexistenz einer Ekklesia in Rom; 2. der bestehenden Verbindung von Christen zur Synagogengemeinschaft aufgrund von Röm 14f; s. dagegen auch LAMPE, Christen, 9 A.22. Der Loslösungsvorgang selbst muß stufenweise vorgestellt werden; vgl. THEISSEN, Judentum, 357: 1. Phase: innerjüdische Erneuerungsbewegung (Generation Jesu); 2. Phase: jüdische Sekte, die auf Überwindung der Spaltung hofft (2. Generation, vgl. Röm 11); 3. Phase: Schisma, nach 70 n.Chr.

[14] Dies sind die drei „purposes in writing Romans", die CRANFIELD, Rom II, 814, ohne sich in Spekulation zu verlieren, gelten lassen will.

Juden und Heiden zu verzeichnen. Zum zweiten wird über die bisherigen Ausführungen hinaus die bleibende Erwählung Israels im Röm eigens thematisiert. Zum dritten bietet der Röm eine die Ansätze im Gal weiterführende Neufassung des Gottesvolkthemas im Rahmen der Rechtfertigungslehre. Die innere Geschlossenheit des Gedankengangs im Röm erzwingt im folgenden eine Darstellung, die sich am Duktus des Briefes orientiert. Wir fragen daher zunächst nach dem Evangelium von der Gerechtigkeit Gottes für Juden und Heiden, analysieren dann die Neufassung des Gottesvolkthemas in Röm 4 und 9–11 und fragen schließlich nach der Beziehung von Juden und Heiden in Röm 15,7–13, einem Abschnitt, der zugleich als Zusammenfassung des Röm angesehen werden kann.

Zwei Aspekte von zentraler Bedeutung wird unsere Darstellung herauszuarbeiten suchen: (1) wie Paulus die Bezeichnung ‚Gottesvolk' als Verheißungsbegriff versteht und (2) wie er das Gottesvolkthema mit der Rechtfertigungstheologie verbindet.

b) Das Evangelium von der Gerechtigkeit Gottes für Juden und Heiden

1. Die Solidarität von Juden und Heiden aufgrund der Sünde (1,18–3,20)
    und der Erlösung (3,21–31)

Paulus formuliert in Röm 3,21–26 detaillierter aus, was er in 1,16f thetisch dem gesamten Brief vorangestellt hat.

Die genaue Abgrenzung des Briefthemas ist umstritten. E. Stegemann betont[15], daß das eigentliche Thema nur in V.16b und nicht auch noch in V.17 zu finden sei. Dies hängt davon ab, wie die syntaktischen Abhängigkeitsverhältnisse in V.16f gesehen werden. Dabei bezieht sich V.17 nicht nur als Begründung auf V.16b zurück, sondern knüpft an V.16a wieder an: ἐν αὐτῷ bezieht sich auf εὐαγγέλιον zurück. Nach Stegemann enthält die Themaangabe in V.16 zwei Nuancen, einmal die Juden und Heiden unterschiedslos vermittelte Rettung, zum andern die Priorität der Juden vor den Heiden. Dieser zweite Aspekt werde in V.17 nicht wiederholt, daher könne V.17 allenfalls Überschrift zu 1,19–3,31 (bzw. 4,25) sein. Außerdem werde eben dieser Aspekt in Röm 9–11 aufgegriffen.

Nun trifft es zwar zu, daß V.17 das Ἰουδαίῳ πρῶτον nicht wiederholt, doch gilt die Priorität der Juden vor den Heiden nach dem Argumentationsgang des Röm nur noch innerhalb der Verheißung und des Glaubens, und gerade das Motiv Gottesgerechtigkeit spielt in Röm 9–11 wiederum eine Rolle[16]. Es wird zu zeigen sein, daß Paulus durch seine Argumentation in Kap. 4

---

[15] STEGEMANN, Menschheit, 50ff.

[16] Zum rechten Verständnis von Gerechtigkeit Gottes im Röm darf nicht nur der Begriff δικαιοσύνη θεοῦ herangezogen, sondern muß das ganze Wortfeld untersucht werden: δικαιοῦν, δικαιοῦσθαι, δίκαιος, δικαίωσις, δικαίωμα. Zur Verteilung über den Brief s. SCHLIER, Röm, 138 (vgl. auch DUNN, Epistle, 2871). Angesichts des Befundes bleibt SCHLIERs Urteil (aaO, 128), daß ab Kap. 5 das Thema der δικαιοσύνη ἐκ πίστεως aufgegeben wurde, unverständlich.

und 9–11 auch die Identität Israels neu definiert: entscheidendes Kriterium ist die Väterverheißung, nicht der Sinaibund und das Gesetz. Dabei hat die im Evangelium verkündigte Gottesgerechtigkeit nach Paulus gerade Gesetz und Propheten als seine vorausgehenden Zeugen. Paulus gelingt es auf diese Weise, die bleibende Erwählung Israels als Verheißung mit der Rechtfertigung aller Menschen in Christus zusammenzudenken[17]. Die Offenbarung der Gerechtigkeit Gottes in Christus hält sowohl die Besonderheit Israels als auch die Gleichheit aller in Christus gerechtfertigten Sünder fest. Paulus kann so die rechtfertigungs- und die erwählungstheologische Dimension in ihrer Komplementarität zum Ausdruck bringen[18].

Bei Röm 3,21–26 handelt es sich ohne Zweifel um einen der Zentraltexte des Neuen Testaments. Die paulinischen Aussagen erreichen eine solche Dichte, daß jedes Wort und jede Nuance theologisches Gewicht bekommen. Paulus verarbeitet bei seinen Ausführungen eine urchristliche Überlieferung (V.25–26a*), die seine Kontinuität mit der übrigen urchristlichen Theologie signalisiert; er interpretiert diese aber, indem er sie in den für ihn spezifischen Horizont der Verkündigung der δικαιοσύνη θεοῦ stellt. Die in Jesus Christus geschehene Erlösung wird darin für Paulus erkennbar als hermeneutischer Schlüssel zum Verständnis Gottes, wie er sich in der Geschichte Israels durch Gesetz und Propheten bekannt gemacht hat, wie auch der Menschen, speziell: von Juden und Heiden vor diesem Gott. Juden wie Heiden haben aufgrund der Sünde die δόξα und damit die Gerechtigkeit, die Gott ihnen zugedacht hatte, eingebüßt. Beide werden allein durch Glauben aufgrund der in Jesu Tod vollzogenen Sühne erlöst. Hier hat sich der eschatologische Versöhnungstag ereignet. Es handelt sich um ein Offenbarungsgeschehen, von dem her bisherige Positionen in neuem Licht erscheinen. Durch dieses Geschehen wird die Einheit von Gottes Sein und Gottes Schaffen endgültig und unüberbietbar herausgestellt: Gott ist wesenhaft gerecht und als solcher rechtfertigt er durch seine Gerechtigkeit jeden, der an Jesus glaubt, unabhängig von seiner Herkunft aus Israel oder aus den Völkern[19].

Daß es Paulus um eine konkrete Fragestellung urchristlicher Geschichte, das Thema Juden und Heiden, geht, zeigt die Einbettung des Textes in den Zusammenhang (1,18–3,20 und 3,27–31). Röm 1,18–3,20 bildet einen gedanklichen Bogen: Eingespannt zwischen die Feststellung der Offenbarung des Zornes Gottes über alle Ungerechtigkeit und Ungesetzlichkeit einerseits, und die Diagnose des Gesetzes, daß kein Fleisch durch ἔργα νόμου Gerechtigkeit erlangt habe andererseits, analysiert Paulus nacheinander das Sündersein von Heiden und Juden[20]. Dabei wird klar, daß die Heiden ohne, die Juden mit

---

[17] Vgl. STOLLE, Juden, 156; CRANFIELD, Rom I, 91.

[18] Diese Komplementarität steht in enger Beziehung zu den beiden Linien, die die paulinische Ekklesiologie kennzeichnen, s.o. zu Gal 3,26–29, S. 216ff.222ff.

[19] Zum exegetischen Einzelnachweis dieser Zusammenfassung s. meine Arbeit Tod Jesu, bes. Abschnitte VIII und IX.

[20] Daß es sich in 1,18–32 um die Anklageerhebung gegenüber den Heiden und deren Unterstellung unter das Todesurteil handelt, wird in der Literatur nicht bezweifelt. Daß es ab 2,1 um

und trotz des Mosegesetzes vor Gott als Schuldige dastehen. Beide befinden sich in einer ausweglosen Situation und haben das Gericht zu gewärtigen. Der Vorzug der Juden, daß ihnen das Wort Gottes anvertraut und seine Treuverbundenheit zugesagt wurde (3,1–8), trägt aufgrund der Sünde nichts aus, denn alle sind schuldig vor Gott (3,19f). Der potentiell vorhandene, aber faktisch aufgrund der Sünde unwirksam gewordene Unterschied zwischen Heiden und Juden wird in 3,27–31 erneut aufgegriffen und weitergeführt: Der Ruhm der „Beschneidung" gegenüber der „Unbeschnittenheit" ist ausgeschlossen, weil beide von Gott allein aufgrund des Glaubens gerechtfertigt werden. Der Glaube steht damit nicht in Antithese zum Gesetz, sondern gibt dem Gesetz in seiner Rechtsforderung und in seinem vernichtenden Urteil Recht und richtet es damit auf[21].

Die Voraussetzung der paulinischen Argumentation besteht somit in der grundlegenden, auch von ihm anerkannten erwählungsgeschichtlichen Unterscheidung zwischen dem Gottesvolk Israel, dem das Wort Gottes anvertraut ist, und den Heiden, die Gott nicht kennen. Es geht Paulus darum zu zeigen, daß diese Unterscheidung aufgrund der Sünde nicht zum Tragen gekommen ist. Den Beleg dafür liefert das Gesetz selbst, das Sündenerkenntnis bringt (3,20), zugleich aber auch als Zeuge des Evangeliums in Anspruch genommen wird (3,21b). Die Offenbarung der Gottesgerechtigkeit hat nun beiden, Juden und Heiden, Gerechtigkeit als umfassende Vergebung durch den Glauben an Christus eröffnet.

2. Die Spiritualisierung der Beschneidung (2,25–29)

Innerhalb seines Beweisganges gegenüber den Juden kommt Paulus in 2,25–29 auf die Beschneidung zu sprechen. Er beläßt es nicht dabei, Heiden und Juden gleichermaßen der Übertretung für schuldig zu befinden, sondern geht noch einen Schritt darüber hinaus. Entscheidend ist für ihn nach 2,12ff nicht das Kennen, sondern das *Tun* des Gesetzes. Dabei kann ein Heide, der das Gesetz zwar nicht kennt, dennoch das erfüllen, was es fordert. Dies wendet Paulus auf die Beschneidung an und vollzieht eine Radikalisierung und Umkehrung der traditionellen Gegensatzpaare Jude – Heide, Gerechter – Sünder[22]. Die Beschneidung ist dem, der das Gesetz erfüllt, nützlich[23] – wozu, das wird nicht ausgeführt. Aus dem Zusammenhang läßt sich jedoch erschließen: inso-

---

die Anklage der Juden geht, machen BORNKAMM, Offenbarung, 26ff; DERS., Gesetz, 93ff; EICHHOLZ, Theologie, 82ff; KÄSEMANN, Röm, 50; WILCKENS, Röm I, 93.122ff; SCHLIER, Röm, 66ff; STEGEMANN, Menschheit, 83f, klar.

[21] Zur Funktion des Gesetzes in diesem Zusammenhang s. die weiterführenden Überlegungen bei STEGEMANN, Menschheit, 103–107.76–79, im Anschluß an WILCKENS und FRIEDRICH.

[22] Vgl. STEGEMANN, Menschheit, 90.

[23] Vgl. sachlich entsprechend Röm 3,1f: Der Vorteil der Juden steht grundsätzlich außer Zweifel.

fern sie ihn als Mitglied des Volkes Gottes ausweist, das im eschatologischen Gericht gerettet wird. Wenn jedoch der Beschnittene das Gesetz übertritt, gilt er vor Gott wie ein Heide. Umgekehrt wird dem Unbeschnittenen[24], der das Gesetz beachtet, dies als Beschneidung angerechnet[25]. Denn es zählt nicht die sichtbar am Fleisch vollzogene Beschneidung, sondern die verborgene des Herzens im Geist.

Die Vorstellung einer Herzensbeschneidung ist sowohl im AT wie auch im zeitgenössischen Judentum belegt, jedoch stets auf die Weise, daß sie zur äußerlich vollzogenen Beschneidung hinzutreten muß, und nie so, daß diese jene ersetzen könnte[26]. Diese Grenzlinie wird hier von Paulus überschritten[27].

Gewiß redet Paulus überspitzt[28]: Er traut einem Heiden die Erfüllung der Rechtsforderung – also dessen, was die Tora gebietet – zu, doch ist gerade die Beschneidung eine Forderung ebendieser Tora. D.h. unausgesprochen steht hier schon im Hintergrund, was Paulus in 3,21ff ausführen wird (bzw. das, was er in Gal 3 bereits ausgeführt hat): daß allein der Glaube rechtfertigt und daß der an Christus Glaubende als Mitglied des Gottesvolkes – dem Beschnittenen gleichgestellt – angesehen wird. Damit liegt die Aussage in Röm 2,25ff auf der gleichen Ebene wie die polemische Inanspruchnahme der περιτομή für die Heidenchristen in Phil 3,3[29]. Paulus benutzt die Bezeichnungen „Jude" in Röm 2,25ff, wie auch „Beschneidung" in Phil 3,3 überaus ehrenvoll, behauptet jedoch deren übertragenen Sinn, der sie dann auch auf Heiden anwendbar macht. Paulus behält somit eine zentrale Bestimmung des Gottesvolkes bei, prägt sie jedoch um[30].

Die beiden gerade dargestellten Gedankenkreise bilden die Basis für weitere Argumentation des Paulus im Röm. Sie haben prinzipiell noch nicht über bisher schon Bekanntes hinausgeführt. Dies ändert sich jedoch im folgenden.

---

[24] In V.26 wird ἀκροβυστία im ersten Fall metonymisch, im zweiten konkret gebraucht.

[25] Zu λογίζεσθαι, das hier im Pass. Div. gebraucht wird, vgl. den analogen Gebrauch in Röm 4,3 (Gen 15,6).5.6.8.9.10.11 u.ö. Von den 40 (Mk 15,28 ist textkritisch auszuscheiden) ntl. Belegen von λογίζεσθαι finden sich bei Paulus allein 33, davon 14 im Pass. Div. bzw. mit Gott als Subjekt, die entweder Gottes Anrechnung oder Nicht-Anrechnung zum Ausdruck bringen.

[26] Jer 4,4; 6,10; 9,25f; Ez 44,7.9; Dtn 10,16; 30,6; Jub 1,23; 1QpHab 11,13; 1QS 5,5; Philo, Virt 187ff; Praem 152; Migr 89.92; SpecLeg I,304ff; OdSal 11,1–3.

[27] Nach rabbinischer Auffassung errettet die Beschneidung grundsätzlich vor dem Gericht: ShemR 19 (81c); BerR 48 (30a); TanB, Hayye Sara §6; MTeh 1 §20; s. BILL. IV.2, 1063ff. Nach R. Meir wird zwar ein Heide, der die Tora hält, dem Hohenpriester gleichgeachtet; bBQ 38a; s. BILL. III, 79. Umgekehrt liegen rabbinische Äußerungen vor, wonach ein Heide, der die Toragebote erfüllt, solange er unbeschnitten ist, keineswegs dem Israeliten gleichgestellt wurde, s. BILL. I, 119–121. Die Meinung R. Meirs wurde also nicht allgemein akzeptiert.

[28] Vgl. KÄSEMANN, Röm, 69: „Verliert sich P[au]l[u]s in Hypothesen?"

[29] S.u. zu Phil, S. 341ff.

[30] Gleiches gilt vom Gesetz: auch hier behält Paulus die Rechtsforderung des Gesetzes bei. Nur wer sie erfüllt, kann im Endgericht bestehen. Wie das geschieht, wird hier noch nicht ausgeführt, vgl. STEGEMANN, Menschheit, 92f.

3. Abraham, unser aller Vater (4,1–25)[31]

Röm 4,1–25 stellt das Fundament einer Neudefinition des Gottesvolkes dar, denn Zielpunkt der Ausführungen ist der Nachweis, daß Abraham aufgrund des Glaubens und nicht der Gesetzeswerke gerechtfertigt wurde, und damit die Legitimierung der Heiden- sowie Judenchristen als Kinder Abrahams und Erben der Verheißung aus der Schrift[32]. Dies gilt es nachzuzeichnen. Paulus vollzieht dabei folgende argumentative Schritte: Die Rechtfertigung Abrahams geschah aufgrund des Glaubens (V.1–8); die Rechtfertigung wurde Abraham vor der Beschneidung zuteil, daher wurde er Vater aller Glaubenden (V.9–12). Die Verheißung des Erbes wurde Abraham nicht aufgrund des Gesetzes, sondern der Glaubensgerechtigkeit gegeben. Deshalb bleibt sie für die Glaubenden in Kraft (V.13–17). Abraham glaubte gegen den Augenschein (V.18–22). Die Anrechnung des Glaubens zur Gerechtigkeit gilt nach dem Vorbild Abrahams auch für die an Christus Glaubenden (V.23–25)[33]. Die Person Abrahams wird dabei innerhalb des Gedankengangs auf unterschiedliche Weise verwendet. Zudem werden weitere Schriftworte hinzugezogen, die jeweils der Auslegung von Gen 15,6 dienen[34] (Gen 15,6 begegnet neben V.3 modifiziert auch in V.9 und V.22). Doch gehen wir der Reihe nach vor!

Röm 4,1–25 bietet im Anschluß an 3,21–31 einen Schriftbeweis[35]. Aus Gal 3,6–4,31 ist Abraham bereits bekannt als der, dem der Glaube zur Gerechtigkeit angerechnet wurde. Auch dort

---

[31] Literatur: BERGER, Abraham; DERS., TRE 1, 372–382; ROLOFF, Abraham; SCHMITZ, Abraham; V. DOBBELER, Glaube, 133–145. Die Bedeutung des Rekurses auf Abraham für die spezielle Situation der römischen Gemeinde betont LINCOLN, Abraham, bes. 166ff.

[32] Vgl. LUZ, Geschichtsverständnis, 174. Die erneut bei V.D. OSTEN-SACKEN, Gottesvolk, 216; vgl. schon DERS., Römer 8, 249, vertretene Sicht, wonach Röm 4 die These von 3,31, daß die Tora durch den Glauben aufgerichtet werde, ausführe, setzt einen Aspekt absolut und wurde schon von LUZ, Geschichtsverständnis, 171–173.174f, mit einleuchtenden Gründen bestritten.

[33] Die Gliederung von Röm 4,1–25 erfolgt in der Literatur nicht einheitlich. Unumstritten sind die Zäsuren zwischen V.8 und 9 und V.12 und 13. Gegen WILCKENS, LUZ, mit MICHEL, SCHLIER, STEGEMANN, ist die nächste Zäsur jedoch erst nach V.17 zu setzen. V.18–22 sind eine Erläuterung der inhaltlichen Seite des Glaubens Abrahams. V.23–25 stellen dann eine Anwendung auf die Christen dar. Die von HAHN, Genesis 15,6, 103; CRANFIELD, z.St.; DUNN, z.St., zwischen V.17a und b gesetzte Zäsur ist wenig wahrscheinlich, da sich 17b auf 16b zurückbezieht, vgl. die Wiedergabe der Einheitsübersetzung.

[34] WILCKENS, Röm I, 258; vgl. HAHN, Genesis 15,6, 100f.

[35] Zum textkritischen Problem von V.1 s. WILCKENS, Röm I, 260f. Zur Frage, wie V.1 zu verstehen ist, s. die breite Diskussion bei STEGEMANN, Menschheit, 108–111; vgl. V.D. OSTEN-SACKEN, Römer 8, 246ff. Am meisten leuchtet jene Sicht ein, die davon ausgeht, daß Paulus in V.1 eine rhetorische Frage stellt, „um über den in 3,31 erreichten Diskussionsstand hinaus nun einen folgerichtigen oder weiterführenden Schluß zu ziehen" (STEGEMANN, Menschheit, 109), wobei hier jedoch durchaus ein möglicher Gegnereinwand im Hintergrund stehen kann. Es wäre daher am besten mit ZELLER, Juden, 99, als Objekt des Infinitivs δικαιοσύνη ἐξ ἔργων zu ergänzen (anders WILCKENS, Röm I, 261, der wie MICHEL, z.St.; KUSS, z.St.; KÄSEMANN, z.St.; BERGER, Abraham, 66, u.a. χάριν ergänzt, vgl. dagegen jedoch LUZ, Geschichtsverständnis, 174

spielt Gen 15,6 eine entscheidende Rolle. Der Akzent in Gal 3f liegt jedoch anders als im Röm. In Gal 3f sind Judenchristen nicht im Blick, vielmehr geht es um die Frage, ob Heidenchristen allein aufgrund des Glaubens zur Nachkommenschaft Abrahams und damit zum Gottesvolk gehören können. Um dies sicherzustellen, vollzieht Paulus in Gal 3 eine Engführung der Nachkommenschaftsverheißung und bezieht diese allein auf Christus. Weil die Glaubenden in der Taufe mit Christus verbunden wurden, sind sie Söhne Gottes, Nachkommen Abrahams und damit Erben der Verheißung. Die Beschneidung spielt Gal 3 explizit keine Rolle, ist jedoch in den ἔργα νόμου implizit enthalten. In Gal 3 sind mit der Betonung der Rechtfertigung aus dem Glauben prinzipielle Aussagen über das Gesetz und die, die unter dem Gesetz stehen, verbunden (3,10–14.19–25). Gesetz und Verheißung werden einander gegenübergestellt und die Prävalenz der Verheißung mit der zeitlichen und sachlichen Nachordnung des Gesetzes begründet (3,15–18). In der allegorischen Deutung nach Gal 4,21ff erscheinen Abraham- und Sinai-Diatheke in einem kontradiktorischen Verhältnis.

Im Vergleich dazu sind in Röm 4 folgende Unterschiede zu konstatieren: Bei der Argumentation steht die Glaubensgerechtigkeit selbst im Mittelpunkt. Paulus bringt den Nachweis, daß Gen 15,6 „von Abrahams Rechtfertigung aus Glauben spricht und diese mit der in der Gegenwart durch den Glauben Jesu Christi ermöglichten Rechtfertigung strukturell völlig identisch ist"[36]. Es fehlt die Engführung des einen Erben auf Christus. Damit fehlt auch das argumentative Zwischenglied der Taufe. In Röm 4 sind die Judenchristen mit im Blick. Auch ist gegenüber der schroffen, polemischen Darstellung in Gal 3,10–13.18.19ff der Ton in Röm 4,13ff sehr viel moderater gehalten. Dennoch sind die Parallelen unübersehbar, so daß der Eindruck entsteht, als habe Paulus nach Abschluß der Auseinandersetzung in Galatien das Thema nochmals durchdacht[37].

Paulus knüpft an 3,27ff an. Abraham fungiert in 4,1–8 als Beispiel der in 3,28 behaupteten Rechtfertigung χωρὶς ἔργων νόμου. Die Frage ist: Wie wurde Abraham gerechtfertigt? Die Schrift sagt, daß ihm der Glaube zur Gerechtigkeit angerechnet wurde (Gen 15,6)[38]. Mit diesem Zitat hat Paulus das Stichwort für die folgenden Verse: λογίζεσθαι[39]. Das heißt nicht, der Glaube werde angesehen, „als ob" er Gerechtigkeit wäre, es geht vielmehr um ein Urteil

---

A.148, der im Endeffekt in ähnliche Richtung wie ZELLER tendiert, jedoch κατὰ σάρκα zum Verb zieht). Dies käme auch mit der Tatsache überein, daß Paulus im Gal gerade diese Gegnerposition zu bekämpfen hatte. Wenn nun der Röm kein in erster Linie adressatenorientiertes Schreiben darstellte, dann wäre es nur zu verständlich, wenn Paulus auf dieses Problem hier zu sprechen käme. Die von STEGEMANN, Menschheit, 111, im Anschluß an ZAHN favorisierte Möglichkeit der Übersetzung: „Was also sagen wir? Etwa daß wir Abraham, den Ahnherrn von uns Juden, gefunden haben? In der Tat." scheitert m.E. am Verständnis von Abraham als Vorvater κατὰ σάρκα. Für „uns" (nämlich die Glaubenden auch aus den Heiden, worauf es Röm 4 ankommt), ist Abraham nicht Vorvater κατὰ σάρκα, sondern κατὰ πνεῦμα (vgl. sachlich in gleiche Richtung gehend die Kritik von KOCH, Schrift, 308 A.5, an BERGER).

[36] STEGEMANN, Menschheit, 112; LUZ, Geschichtsverständnis, 175; V.D. OSTEN-SACKEN, Gottesvolk, 220f, wobei jedoch – v.a. bei der Anwendung auf das heutige Verhältnis von Christen und Juden – fides qua und fides quae creditur nicht auseinandergerissen werden dürfen. S. zutreffend KOCH, Schrift, 308 A.3.

[37] Vgl. KOCH, Schrift, 307.

[38] Zum Verständnis von Gen 15,6 in der frühjüdischen und rabbinischen Tradition s. HAHN, Genesis 15,6, 94–97.

[39] Vgl. dazu oben A.25.

Gottes über den Glauben Abrahams[40]. V.7f zieht Paulus Ps 31,1f LXX heran.
Er benutzt dabei die zweite der sieben hermeneutischen Regeln Hillels, die
sog. גזירה שווה[41]. Das verbindende Stichwort ist wiederum λογίζεσθαι. Durch
das Zitat des Psalmwortes wird die Anrechnung des Glaubens zur Gerechtigkeit als Nicht-Anrechnung der Sünde, d.h. Sündenvergebung qualifiziert[42].

In einem zweiten Gedankenschritt fragt Paulus, ob die Seligpreisung des
Psalmwortes nur den Beschnittenen oder auch den Unbeschnittenen gilt. Er
greift variierend auf Gen 15,6 zurück. Aufgrund dessen, daß Abraham die
Glaubensgerechtigkeit als Unbeschnittenem angerechnet wurde, folgert Paulus, daß sie damit auch den Unbeschnittenen gilt[43]. Noch mehr: Abraham „erhielt ein Beschneidungszeichen als Siegel der Glaubensgerechtigkeit im Stand
des Unbeschnittenseins[44], damit er sei (εἰς τὸ εἶναι) Vater aller, die als Unbeschnittene glauben und [auch][45] ihnen (erneut εἰς τό c. inf.) [die] Gerechtigkeit
zugerechnet würde, und [damit er sei] Vater von Beschnittenen, nicht derer
allein, die beschnitten sind, sondern auch derer, die den Weg des Glaubens gehen, den unser Vater Abraham als Unbeschnittener ging".

Das Verständnis von V.12 bereitet Schwierigkeiten. Die obige Übersetzung versucht das
Schwebende der paulinischen Formulierung nachzuempfinden[46]. Zunächst ist festzustellen, daß
καὶ πατέρα περιτομῆς (V.12a) parallel zu πατέρα πάντων τῶν πιστευόντων (V.11b) steht; es
ist also εἰς τὸ εἶναι zu ergänzen. D.h. die Versiegelung Abrahams mit dem Beschneidungszeichen hat zwei Konsequenzen: Abraham wird Vater der Glaubenden und Vater für Beschnittenen. Dann fragt es sich, wer in V.12 angesprochen ist: eine Gruppe, die durch zwei Bestimmungen (Beschneidung und Glaube) oder zwei Gruppen, deren eine durch Beschneidung, deren
andere durch Glauben gekennzeichnet ist. Probleme bereitet die grammatische Konstruktion[47]:
Das τοῖς vor στοιχοῦσιν wird in der Regel als stilistische Härte oder überflüssiger Zusatz

---

[40] Dazu KÄSEMANN, Röm, 104f.106, gegen STEGEMANN, Menschheit, 112. Nach V. RAD,
Anrechnung, 130–135, handelt es sich bei dem im Hintergrund stehenden hebräischen Wort
חשב um einen Begriff, der einen deklaratorischen Akt entweder im Zusammenhang mit einer
Opferdarbringung oder Tor-Liturgien zum Ausdruck bringt. LOHFINK, Landverheißung, 28ff
(ähnlich KAISER, Untersuchung), sieht demgegenüber die Praxis des Heilsorakels im Hintergrund. Weiterführend gegenüber V. RAD und LOHFINK s. SEYBOLD, Art. חשב, ThWAT III,
243–261, hier: 256f.258ff: der Begriff dient Gen 15,6 dazu, „die einmalige Reaktion JHWHs als
einen Urteilsakt theologisch zu fassen" (260). Vgl. dazu auch HAHN, Genesis 15,6, 100–106.
[41] JEREMIAS, Gedankenführung, 271f.
[42] Nach MICHEL, Röm, 165 A.11, ist es „nicht zufällig", daß der im antiken Judentum auf
den Versöhnungstag bezogene Psalmvers Ps 32,1 (31,1 LXX) hier von Paulus zitiert wird; s.
bYom 86b; PesR 45,2 (BRAUDE II,784). Dies käme auch mit dem Bezug auf den Versöhnungstag
in Röm 3,25f überein.
[43] Nach rabbinischer Tradition liegen zwischen Gen 15 und Gen 17 29 Jahre, BILL. III, 203.
[44] Zur grammatischen Konstruktion s. zutreffend WEISS, Röm, 193.
[45] Aufgrund der textkritischen Bezeugung ist das καί als ursprünglich nicht gesichert anzusehen, gleiches gilt für τήν.
[46] Die Übersetzung „Vater der Beschneidung" (so z.B. WILCKENS, Röm I, 264; MICHEL,
Röm, 166) ist jedenfalls durch das Fehlen des Artikels im Griechischen nicht gedeckt.
[47] Es ist keineswegs so, daß in V.11f „zweifellos Juden- und Heidenchristen" gemeint sind; so
aber SÄNGER, Verkündigung, 110, vgl. 112.

verstanden[48]. Überwiegend wird angenommen, daß Paulus nur von Judenchristen spreche, die zweite Bestimmung somit limitierend gemeint sei[49]. Die Konstruktion in V.12 entspricht in etwa der in V.16. Für V.16 finden sich Autoren, die auch das Israel nach dem Fleisch angesprochen sehen[50]. Ohne die Parallelität mit V.16 genauer herauszuarbeiten, hat Stegemann versucht, in V.12 zwei Gruppen zu unterscheiden[51]: Juden, die nicht an Christus glauben, und Judenchristen[52]. Damit würde das zweite τοῖς keine stilistische Härte darstellen, sondern die Formulierung wäre von Paulus bewußt so gewählt. Grammatikalisch wäre dann jedoch eine Inversion zu konstatieren, denn im Fall, daß Paulus zwei Gruppen im Auge hat, wäre statt τοῖς οὐκ vielmehr οὐ τοῖς zu erwarten[53]. Die Annahme einer Inversion bereitet in der Tat weniger Probleme als die einer stilistischen Nachlässigkeit, die bei einem überflüssigen τοῖς vorliegen würde[54]. Eine dritte Möglichkeit wäre noch zu erwägen: Vom Duktus seiner Ausführungen her hat Paulus die Glaubenden aus der Unbeschnittenheit (V.11) und der Beschneidung (V.12b) im Blick. Er stellt gegenüber: Abraham ist πατὴρ πάντων τῶν πιστευόντων δι᾽ ἀκροβυστίας und πατὴρ περιτομῆς τοῖς στοιχοῦσιν κτλ. Bevor er beide Gruppen nebeneinanderstellt, fügt er in V.12β ein, für wen Abraham üblicherweise als Vater angesehen wird: τοῖς ἐκ περιτομῆς. Es würde sich damit bei οὐκ ἐκ περιτομῆς μόνον ἀλλὰ καί um einen Einschub handeln, wobei Paulus seinen mit τοῖς begonnenen Satz in V.12b unter erneuter Aufnahme des τοῖς zu Ende führt. Damit freilich wären οἱ ἐκ περιτομῆς in V.12αβ auch hier die Juden[55].

Die Bezeichnung „Zeichen" bzw. „Siegel" für die Beschneidung scheint atl. und frühjüdisch geläufig (Gen 17,11; Targumim; Jub 15,26; TestHiob 5,2; ShirR 3,8; ShemR 19 [81a]; bShab 137b)[56], sie wird auch Barn 9,6 vorausge-

---

[48] S. WEISS, Röm, 197; LIETZMANN, Röm, 54; CRANFIELD, Rom I, 237; MICHEL, Röm, 167 A.6. Nach BDR § 276 A.2, steht es für αὐτοῖς im Sinn von „ihrerseits"; vgl. die Konjektur im App. des NTG[26/27], die jedoch von der textkritischen Bezeugung her keinesfalls gerechtfertigt ist.

[49] U.a. MICHEL, Röm, 167 A.6; WILCKENS, Röm I, 271f; ZELLER, Juden, 103 A.92; KOCH, Schrift, 312f A.23. WEISS, Röm, 196, folgert dies u.a. aus dem Fehlen des Artikels.

[50] U.a. KLEIN, Idee, 160 (jedoch mit einem völlig anderen Beweisziel als dem hier verfolgten); SCHLIER, Röm, 131; BERGER, Abraham, 70f; WILCKENS, Antwort, 69; MUSSNER, Samen, 160f; anders WILCKENS, Röm I, 271f; KOCH, Schrift, 312f A.23; ZELLER, Juden, 103 A.92; ZELLER, Röm, 102; ROLOFF, Abraham, 247; KÄSEMANN, Röm, 114; SÄNGER, Verkündigung, 110f. SWETNAM, Crux, 110–115, interpretiert V.12 hin auf eine „spiritual circumcision" (115) und möchte sowohl V.12 wie V.16 nur Christen angesprochen sehen.

[51] STEGEMANN, Menschheit, 115–117, im Anschluß an Erwägungen von ZAHN, Röm, 225ff.

[52] Dies entspricht nicht generell der Übersetzung der Vulgata (so aber STEGEMANN, Menschheit, 274 A.19; vgl. dagegen die Vulgata-Ausgabe von R. WEBER), vielmehr der Clementina, der Ausgabe von WORDSWORTH-WHITE und der Vulgata Stuttgartiensis: „... pater circumcisionis non his (C: iis) tantum, qui sunt ex circumcisione, sed et his (C: iis), qui sectantur ...".

[53] So richtig DUNN, Rom I, 211; STEGEMANN, Menschheit, 274 A.19.

[54] Vgl. GASTON, Paul, 124. Die von STEGEMANN, Menschheit, 274 A.19, zur Begründung der Inversion angeführte Belegstelle Röm 16,4 ist jedoch nicht analog gebaut und daher ungeeignet. Ein weiteres Argument würde sich ergeben, wenn in πατὴρ περιτομῆς, V.12, περιτομή nicht als abstractum pro concreto gebraucht wäre [also nicht: „Vater von Beschnittenen"], sondern adjektivische Bedeutung hätte [also: „Beschneidungsvater"], so ZAHN, Röm, 226; STEGEMANN, Menschheit, 115f. Daß Paulus mit V.11f sagen wolle, Abraham sei „zunächst Vater der Heidenchristen, dann erst Vater der Judenchristen" (so MICHEL, Röm, 167), verschiebt die Gewichte gänzlich.

[55] Für philologischen Rat danke ich Herrn StR E. WEBER, Erlangen.

[56] Vgl. dazu MICHEL, Röm, 166.

setzt[57]. Traditionsgeschichtlich klingt hinter V.9–12 die frühjüdische Vorstellung an, daß Abraham als erster „Proselyt" der Vater der Proselyten sei (vgl. MekhY Nezikin XVIII, 36ff [Lauterbach III,140]; TanB, Lekh-lekha §24; vgl. §2)[58], wie auch das Selbstverständnis Israels als σπέρμα Ἀβραάμ[59]. Dies wird jedoch von Paulus dahingehend umgeprägt, daß der Schritt zum Proselyten nicht mehr notwendig ist, sondern allein der Glaube genügt. Abraham fungiert dabei nicht mehr nur als Exempel, sondern als Prototyp und Stammvater. Davon, daß mit V.11f „faktisch ... dem Judentum sowohl Abraham wie die Beschneidung entrissen" werde[60], steht nichts da[61]. Vielmehr wird die Beschneidung in ihrem Zusammenhang mit der Glaubensgerechtigkeit gesehen. D.h. Paulus ordnet ‚das Judentum' aufgrund der Beschneidung in den „Verweisungszusammenhang mit der Glaubensgerechtigkeit" ein[62], in den es eigentlich gehört, selbst wenn es sich dem Glauben verschließt[63]. Daß damit gleichwohl der Grund zu einer Neudefinition des Gottesvolkes gelegt ist, ist deutlich (s.u.).

Warum Abraham Stammvater der Glaubenden sein kann, geht aus dem Glauben Abrahams selbst nicht hervor (das wäre nur ein Analogiefall[64]), sondern wird von Paulus in V.10ff durch „die zeitliche Vorordnung der Gerechtigkeitszusage vor der Beschneidung"[65], die nicht nur historisches, sondern sachliches Gewicht hat, und in V.13ff (dem dritten argumentativen Schritt) durch die Verheißung begründet: weil Abraham und seinem Samen die Verheißung gegeben wurde, Erben der Welt zu sein[66]. Dabei zeigt die Aufnahme von Gen 17,5 (V.17) und Gen 15,5 (V.18), daß Paulus die Verheißung der Nachkommenschaft an Abraham tatsächlich in universalem Sinn versteht. Im Unterschied zu Gal 3,16 ist σπέρμα hier in V.13 nicht auf Chri-

---

[57] Zur Frage, ob mit dem „Siegel" auf die Taufe angespielt werde, s. WILCKENS Röm I, 267.

[58] Dazu SCHMITZ, TRE 1, 383; WIESER, Abrahamvorstellungen, bes. 61.175. Daß die frühjüdische Vorstellung bei Paulus „destruiert" werde (KÄSEMANN, Röm, 109; vgl. KLEIN, Idee, 155f), ist eine Fehleinschätzung.

[59] S. dazu oben zu Gal 3.

[60] So u.a. KÄSEMANN, Röm, 108, im Anschluß an NYGREN, MÜLLER, DIETZFELBINGER, WILCKENS und v.a. KLEIN, Idee, 155ff.

[61] Dies wäre auch dann nicht der Fall, wenn man V.12 wie üblich nur auf die Judenchristen bezieht. Wenn jedoch V.12 (und V.16) in der Israel einschließenden Weise interpretiert werden, läßt sich auch die ansonsten unmotivierte Rede von Abraham, dem προπάτωρ ἡμῶν κατὰ σάρκα, verstehen. Auch hier bestreitet Paulus den Juden keineswegs die Vaterschaft Abrahams, wie er das vermeintlich nach V.12 tun soll.

[62] STEGEMANN, Menschheit, 116.

[63] WILCKENS, Röm I, 266.

[64] KOCH, Schrift, 308.

[65] KOCH, Schrift, 308. Dies entspricht strukturell der Argumentationsweise in Gal 3,17f.19ff.

[66] Bei der Formulierung handelt es sich um eine universal ausgeweitete Landverheißung, wie dies auch sonst im Frühjudentum belegt ist: Sir 44,21; Jub 17,3; 19,21; 22,14; 32,19; Philo, VitMos I, 155; s.o. S. 229f.

stus allein bezogen, sondern auf die „Söhne im Glauben"[67], was aus dem kopulativen ἤ und dem Plural κληρονόμοι (V.14) hervorgeht. Und zwar wurde ihm die Verheißung nicht aufgrund des Gesetzes, sondern der Glaubensgerechtigkeit zuteil, da sonst der Glaube bedeutungslos würde (V.14)[68], und nur die ἐκ νόμου erben könnten[69]. V.16 zieht eine mit διὰ τοῦτο eingeleitete Folgerung.

Entscheidend für die Interpretation (und damit die Gottesvolkthematik) ist das Verständnis von παντὶ τῷ σπέρματι und οὐ τῷ ἐκ τοῦ νόμου μόνον. Wer ist gemeint? Die Entscheidung muß der Zusammenhang ergeben. Außerdem ist Röm 9,7 heranzuziehen und die übrigen Belege für σπέρμα Ἀβραάμ bei Paulus. Die Konstruktion entspricht in etwa der in V.12. Durch das zweite τῷ wird hier jedoch eindeutig eine weitere Gruppe und keine Näherbestimmung der ersten anvisiert. Die als οἱ ἐκ τοῦ νόμου (V.16) Angesprochenen können keine anderen sein als οἱ ἐκ νόμου in V.14[70]. Zu denen ἐκ πίστεως Ἀβραάμ gehören auch die Judenchristen. Die Formulierung παντὶ τῷ σπέρματι wie auch der Schriftbeweis V.17 haben eine umfassende Perspektive im Blick. Der engere Zusammenhang spricht somit dafür, daß *Juden und Heiden* gemeint sind.

Wie steht es mit dem übrigen Sprachgebrauch von σπέρμα Ἀβραάμ bei Paulus? Wird dadurch das eben erarbeitete Verständnis gestützt? Die Bezeichnung gilt in jedem Fall als erwählungsgeschichtlich relevanter Ehrentitel[71]. Im Gal wird damit die Zugehörigkeit der Heidenchristen zum Gottesvolk ausgedrückt (3,29). Der Möglichkeit, daß die nichtglaubenden Juden zu παντὶ τῷ σπέρματι gehören, scheint Röm 9,7 zu widersprechen. Dort wird eine Differenzierung eingeführt, wonach nicht alle, die Kinder Abrahams sind, zugleich auch zum σπέρμα Ἀβραάμ gehören[72]. Zum σπέρμα Ἀβραάμ zu gehören, ist dort eine Sache der Verheißung. Wie jedoch aus Röm 11,1 und 2Kor 11,22 hervorgeht, kann mit σπέρμα Ἀβραάμ auch grundsätzlich die Zugehörigkeit zum Volk Israel gemeint sein. D.h. der Sprachgebrauch bei Paulus läßt die Möglichkeit offen, daß in V.16 Juden und Heiden angesprochen sind. Zudem wird aus Röm 11 deutlich, daß die Verheißung, Same Abrahams zu sein, gerade dem Volk Israel gilt. Und schließlich spricht für die Einbeziehung der Juden auch Röm 15,8, wonach Jesus gekommen ist als Diener der Beschnittenen, um die den Vätern gegebenen Verheißungen zu bestätigen, was mit Röm 4,16 übereinstimmt[73].

---

[67] SCHLIER, Röm, 129 (kursiv im Original).

[68] Bei V.14 handelt es sich um eine „logische reductio ad absurdum" (STEGEMANN, Menschheit, 119).

[69] Zu V.14f und speziell den Voraussetzungen der paulinischen Argumentation s. WILCKENS, Röm I, 270; STEGEMANN, Menschheit, 119f.

[70] So zu Recht KLEIN, Idee, 160; STEGEMANN, Menschheit, 277; MUSSNER, Traktat, 233.

[71] S. dazu oben zu Gal 3,26–29.

[72] Hier wird das Verständnis vorausgesetzt, wie u.a. RESE es erarbeitet hat, daß nämlich „πάντες τέκνα das Subjekt und σπέρμα Ἀβραάμ das Prädikatsnomen in ein und demselben Aussagesatz [sind]: ‚Es ist auch nicht so, daß alle Kinder (Abrahams) Same Abrahams sind, sondern ...'" (RESE, Israel und Kirche, 209). Andernfalls wäre aus Röm 9,7 ohnehin keinerlei Widerspruch zu vermelden, s. dazu näherhin unten S. 299 mit A.175.

[73] Dieser Zusammenhang wird bei SÄNGER, Verkündigung, 112, zu wenig bedacht, wenn er formuliert, daß „nur *die* ἐκ περιτομῆς Abraham zum Vater haben, die in die Fußstapfen des

Damit ist V.16 so zu verstehen: Abraham ist der Vater aller – der Beschnittenen, weil ihre Beschneidung in engster Beziehung zur Glaubensgerechtigkeit
steht und deren Siegel ist, und der Glaubenden (d.h. Judenchristen und Heidenchristen), weil sie den Glauben Abrahams schon ergriffen haben. Das
Gesetz kann die Verheißung des Erbes weder in Kraft setzen, noch zunichte
machen. Abraham ist der Vater aller, weil er die Verheißung aufgrund der
Glaubensgerechtigkeit erhielt und dies jetzt für alle offensteht. Das Schriftzitat in V.17 unterstreicht dies.

V.18–22 stellen eine inhaltliche Erläuterung des Glaubens Abrahams dar
und V.23–25 eine Anwendung für die Glaubenden. Erst in diesen Versen, die
formal wie ein Nachtrag wirken[74], wird deutlich, daß Glaube für Paulus
Glaube an den Gott, der Jesus von den Toten auferweckt hat, heißt, und daß
damit auf das Christusgeschehen Bezug genommen wird[75]. Abraham dient
hier „als Modell des πιστεύων, an dem P[au]l[u]s die Strukturen der πίστις
entfalten kann"[76].

Nach Röm 4 ist somit Abraham neben seiner Funktion als Exempel oder
Exemplar in erster Linie der Stammvater der Glaubenden, ganz gleich, ob sie
nun aus der Beschneidung oder der Unbeschnittenheit kommen. Die Verheißung, Vater vieler Völker zu sein, wurde ihm als Unbeschnittenem zuteil. Er
bleibt nach V.12.16 aber auch Vater der Beschnittenen, da deren Beschneidung in einer untrennbaren Relation zur Glaubensgerechtigkeit steht. D.h.
die Glaubenden sind nach Aussage von Röm 4,11.13 von vornherein σπέρμα
Ἀβραάμ und damit Erben, auch wenn nach Röm 1,16f; 3,1–8; 11,16–24 der
erwählungsgeschichtliche Vorzug der Juden durch das Evangelium nicht
angetastet wird. Die nichtglaubenden Juden sind nach V.16 (vgl. V.12) ebenfalls Erben, insofern aufgrund der Eigenart der Beschneidung als ‚Siegel der
Glaubensgerechtigkeit' und der Eigenart des Gesetzes als Zeuge ebendersel-
ben die Verheißung für die ἐκ περιτομῆς μόνον und die ἐκ τοῦ νόμου μόνον in
Kraft bleibt – und zwar für die Zeit, da ihnen die Glaubensgerechtigkeit zugerechnet wird. Deshalb sind die Juden σπέρμα Ἀβραάμ im Sinne der
ἐπαγγελία. Die Beschneidung wird damit freilich zu einem identitätstiftenden
Merkmal zweiter Ordnung, nämlich zum ‚Siegel' der Glaubensgerechtigkeit.

*Das aber bedeutet, daß bei Paulus auch die Identität Israels selbst anders als üb-
lich begründet wird: nämlich in der Verheißung an Abraham und der Glaubensgerechtigkeit und nicht in der Beschneidung oder im Bundesschluß am Sinai.*
Dies kommt damit überein, daß in Röm 11,28 die bleibende Verbundenheit

---

schon als Unbeschnittener glaubenden Erzvaters treten" (kursiv im Original). Im Gegenteil!
Von der Verheißung her, die durch Christus gerade für die Beschnittenen bekräftigt wurde
(Röm 15,8), ist Abraham auch ihr Vater.

[74] HAHN, Genesis 15,6, 105; STEGEMANN, Menschheit, 123.
[75] Vgl. HAHN, Genesis 15,6, 105f.
[76] KOCH, Schrift, 307.

Gottes mit Israel an den Zusagen gegenüber den Erzvätern festgemacht wird. Es kommt auch überein damit, daß das Exodusgeschehen als Begründungszusammenhang für die Gottesvolkthematik bei Paulus theologisch kaum von Bedeutung ist. Die wenigen direkten Bezugnahmen 1Kor 5,7f; 10,1–13; 2Kor 3; 2Kor 8,15; Röm 9,15.17 sind anders gezielt und lassen nicht erkennen, daß der Exodus für Paulus eine konstitutive Rolle hinsichtlich der Identität Israels als Gottesvolk gespielt hat[77]. Eine Ausnahme bildet Röm 9,4, wo zumindest mit διαθῆκαι, νομοθεσία, λατρεία das Sinaigeschehen mit angesprochen sein dürfte[78], jedoch wirken sich diese Zuwendungen Gottes nach Paulus gerade nicht dahingehend aus, daß Israel in seiner Mehrheit Gottes Handeln in Christus begreift (s.u.). *Damit hat Paulus in Röm 4 das Fundament einer Neudefinition des Gottesvolkes gelegt.* Diese Definition schließt Israel nicht aus, aber ebenso die glaubenden Heiden mit ein.

Aufgrund des eben zu Röm 4 Gesagten gewinnt nun jedoch eine Frage erneut Relevanz, die schon Gal 3f im Raume stand: Wenn Juden und Heiden in der Verheißung an Abraham gemeint sind, warum besteht dann eine so „charakteristische Lücke zwischen Abraham und der Gegenwart"?[79] Der Befund ist äußerst auffällig, daß Paulus zwar die christliche Gemeinde in Kategorien einzeichnet, die dem Selbstverständnis Israels als Gottesvolk entstammen, jedoch die Geschichte dieses Volkes selbst nirgends thematisiert. Zwischen Abraham und der Gegenwart klafft – bis auf Ausnahmen – ein Graben. Erst das Kommen des Gottessohnes macht die *Geschichte* des Gottesvolkes wieder relevant, denn er kommt ἐκ σπέρματος Δαυίδ (Röm 1,3; vgl. Gal 4,4). Nach der Aussage des Gal, insbesondere von 4,1–7, hat es zwischen Abraham und Christus keine „Söhne" im Stand der υἱοθεσία, sondern nur „Unmündige" gegeben, die selbst befreit werden mußten (s.o.). Nach Gal 4,21–31 hat das „jetzige Jerusalem" als Nachkommenschaft κατὰ σάρκα keinen Anteil am Erbe. Ist dies für Röm 4 in gleichem Maße gültig? Und heißt das, daß es „außerhalb der christlichen Gemeinde keine Abrahamssohnschaft gibt und es ante Christum eine solche überhaupt niemals gegeben hat"?[80] In Röm 9,4f spricht Paulus den Israeliten Sohnschaft etc. präsentisch zu. Doch in welchem Modus gilt dies? In Röm 4,12 gilt Abraham auch als Vater der Beschneidung, und nach 4,16 rechnet Paulus auch die Juden zur Nachkommenschaft Abrahams. Gibt es also zwischen Abraham und der Gegenwart doch geschichtliche Kontinuität oder nur radikale Diskontinuität?

---

[77] Vgl. KOCH, Schrift, 303f.306 A.16.
[78] Ob dies auch für υἱοθεσία gilt, ist fraglich. Dafür sprechen könnte Ex 4,22 und Hos 11,1.
[79] KOCH, Schrift, 312–315, hier: 313.
[80] KLEIN, Individualgeschichte, 203.

Die Frage nach der geschichtlichen Kontinuität zwischen Abraham und den Glaubenden war der Hauptstreitpunkt in der Diskussion zwischen U. Wilckens und G. Klein[81]. Wilckens hat versucht, Israel als die leiblichen Nachkommen Abrahams als das heilsgeschichtliche Kontinuum zwischen Abraham und der Gegenwart darzustellen und die Rechtfertigung Abrahams als „Geschehen *am Anfang* der Erwählungsgeschichte" zu verstehen[82]. Demgegenüber insistierte Klein auf der geschichtlichen Diskontinuität und wollte „Kontinuität" nur dort zugeben, „wo man wie Abraham glaubt"[83]. Nach Röm 4,14 werde im Gegenteil das „ganze Volk Israel ... mit aller Schärfe aus der Nachkommenschaft Abrahams eliminiert"[84]. Nun hat Klein gewiß unzulässig systematisiert und Konsequenzen ausgezogen, die Paulus selbst expressis verbis nicht ausgesprochen hat[85]. Doch auch Wilckens wird zu Recht entgegengehalten, daß er sein anscheinend geschlossenes Bild nur so gewinnen kann, „indem er die für Röm 4 (und Gal 3) charakteristische Lücke zwischen Abraham und der Gegenwart mit Hilfe anderer Texte (Röm 9,4f.6–13; 11,13ff) auffüllt, die jedoch ihrerseits ebenfalls kein ‚erwählungsgeschichtliches Kontinuum' zur Darstellung bringen"[86]. Koch hat deshalb anstelle der Frage nach einem geschichtlichen Kontinuum nach der Begründung gefragt, die es Paulus erlaubt, „die Zeiten [zu] überspringen und die Abraham geltende Zusage der Vaterschaft über ‚viele Völker' bzw. die Zusage des in ihm wirksamen Segens für πάντα τὰ ἔθνη, und die heutige Berufung *aller* Glaubenden unmittelbar in Beziehung [zu] setzen"[87]. Er findet sie zum einen darin, daß Paulus, anstatt eine selbständige Geschichtstheologie zu entwerfen, von seiner eschatologischen Situation aus zurückfragt nach dem in der Schrift bezeugten Handeln Gottes und Strukturgleichheiten feststellt, und zum andern und vor allem darin, daß Gottes Handeln an Abraham als ἐπαγγελία schon immer auf die Heilstat in Christus ausgerichtet war und nie nur einen Modellfall darstellte. Es hatte somit schon immer „eine auf die Existenz der heutigen Gemeinde vorausweisende, ja sie begründende Funktion"[88]. Die Lösung Kochs bedeutet einen wichtigen Fortschritt, insbesondere was das Verständnis der ἐπαγγελία angeht. Doch ist auch sie noch nicht völlig befriedigend. Sie kann nicht nur Röm 4,12.16; 9,4f nicht erklären[89], sondern bietet noch keine zureichende Antwort auf die Frage nach der Lücke zwischen Abraham und den Glaubenden[90]. Es kommt hinzu, daß Koch selber über seine Analyse hinausgeht, wenn er formuliert: „In Abraham beginnt die – dann unter dem Ungehorsam Israels und der Verwerfung Gottes verborgene – Linie der Erwählung im Glauben, die die Gemeinde mit der Ursprungssituation Israels verbindet"[91]. Die Frage steht im Raum, was es Paulus erlaubt, diese „Linie" zu ziehen, wenn es sich nicht nur um eine punktuelle Entsprechung handeln soll, womit wir wieder beim Schema von Klein stünden.

Angesichts dieses Sachverhaltes ist zu fragen: Ist nicht die auf Seiten Israels Kontinuität gewährende Instanz durch die Gabe des Gesetzes gegeben? Das

---

[81] Vgl. dazu WILCKENS (1961), Rechtfertigung, 33–49; KLEIN (1963), Idee, 145–169; WILCKENS (1964), Antwort, 50–76; KLEIN (1964), Probleme, 170–177. Dazu WILCKENS, Röm I, 257–285, bes. 282ff; BERGER, Abraham, 75–77. Zur Sache jetzt auch SÄNGER, Verkündigung, 117ff.

[82] WILCKENS, Rechtfertigung, 45 (Hervorhebung im Original).

[83] KLEIN, Idee, 157.

[84] KLEIN, Rekonstruktion, 159.

[85] Vgl. die Kritik von KOCH, Schrift, 313.

[86] KOCH, Schrift, 313.

[87] KOCH, Schrift, 314 (kursiv im Original).

[88] KOCH, Schrift, 314.

[89] Röm 4,12.16 werden von KOCH in limitierendem Sinn verstanden, d.h. nur auf Judenchristen bezogen, s. DERS., Schrift, 308.312f A.23; zu Röm 9,4f s. ebd., 311f A.18.

[90] Diese Antwort wird m.E. auch von SÄNGER nicht gegeben.

[91] KOCH, Schrift, 314f.

Gesetz gilt als Zeuge der in Christus offenbarten Gerechtigkeit Gottes (Röm 3,21), auch wenn es diese aus Mangel an Kraft (Röm 8,3) selbst nicht geben kann. In seinem anklagenden Charakter (Röm 4,15; Röm 3,20; 7,7ff) führt es gleichzeitig zu einem Ruf nach der Vergebung (Röm 7,14–24). Es verbürgt somit die Kontinuität, bis die Gerechtigkeit Gottes in Christus selbst auf den Plan tritt und das Gesetz an seine Grenze weist (Röm 10,4). Von hier aus erschienen dann auch einige Aussagen des Gal in einem erhellenden (positiven) Licht: Das Gesetz ist ein παιδαγωγὸς ... εἰς Χριστόν (Gal 3,24). Es ist selbst nicht wider die Verheißungen (Gal 3,21). Es wurde gegeben, bis zum Kommen des verheißenen Erben (Gal 3,19) und nimmt in Gewahrsam bis zum Kommen des Glaubens (Gal 3,24). In seinem über sich hinausweisenden Charakter verbürgt es damit auf Seiten Israels Kontinuität[92].

So gesehen stimmt es dann freilich nicht, daß bei Paulus „die Zeitstrecke zwischen Abraham und der Gegenwart überhaupt nicht thematisiert" werde[93], sie ist vielmehr über das Gesetz ständig präsent. Richtig verstanden – im Sinne des Paulus – weist das Gesetz (wie auch die Beschneidung) über sich hinaus auf die Gerechtigkeit Gottes (3,21, bzw. die Glaubensgerechtigkeit, 4,11). Es handelt sich daher um Hinweise auf die Gesetz und Beschneidung vorausliegende Promissio, die an Abraham ergangen ist. Insofern Israel das Gesetz anvertraut ist, steht es auch ständig unter der Verheißung. Im Modus der Verheißung bleibt Israel σπέρμα Ἀβραάμ. Im Modus der Verheißung gehört ihm alles, was Röm 9,4f ausführt[94].

Dann aber stellt sich unweigerlich die Frage nach den nichtglaubenden Juden. Was wird mit ihnen geschehen? Und es stellt sich die Frage nach dem

---

[92] Dies würde durchaus mit Röm 10,4 harmonieren, denn das Verständnis von τέλος in Röm 10,4 ist kaum einseitig mit „Ende" oder „Ziel" sachgemäß zu erfassen. Nachdem im antiken Judentum das Gesetz nicht als „Heilsweg" verstanden wurde, kann die häufig anzutreffende Interpretation vom ‚Ende des Gesetzes als Heilsweg' auch nicht der Aspekt sein, den Paulus Röm 10,4 im Blick hat. Doch s. zu dieser Frage weiterhin unten zu Röm 10,4, S. 305f.

[93] KOCH, Schrift, 311.

[94] Ein Indiz zur Bestätigung der Richtigkeit der vorgelegten Interpretation findet sich möglicherweise in der frühjüdischen Apokalyptik. Hier gewährt das Gesetz die Kontinuität im Äonenumbruch. Es ist unwandelbar und daher auch in der kommenden Weltzeit gültig. Nicht Israel, sondern das Gesetz Gottes verbürgt hier die Kontinuität, weil es die Identität Gottes verbürgt (vgl. hierzu VOLLENWEIDER, Freiheit, 159f.365 A.398 mit Belegen; vgl. DERS., Zeit, 103ff). Diese Konzeption könnte bei Paulus im Hintergrund stehen, von ihm jedoch spezifisch abgewandelt worden sein: Nach ihm ist die Identität Gottes im Äonenumbruch gerade nicht vom Gesetz gewährleistet, sondern von der Verheißung Gottes. Die Unwandelbarkeit des Gesetzes bestreitet Paulus und behauptet demgegenüber die Unwandelbarkeit der Verheißung. Sie verbürgt die Identität Gottes über die Zeiten hinweg. Der Grund dafür dürfte im Hinzukommen der Heiden zu suchen sein. Damit wird das Gesetz in seiner wahren Bedeutung „zur Geltung gebracht" und zugleich zur „Episode". Es behält jedoch seine zeitlich begrenzte Funktion. Als solches kann es die Kontinuität vor dem und bis zum Kommen des Glaubens verbürgen.

gegenwärtigen und zukünftigen Verhältnis der Heidenchristen zu Israel.
Hierauf wird Paulus in Röm 9–11 und 15,7–13 antworten.

4. Die Glaubenden als Söhne/Kinder Gottes und Erben (8,14–17.18–30)

Bevor wir jedoch auf Röm 9–11 und 15 zu sprechen kommen, ist im Rahmen
unseres Gesamtthemas noch ein Aspekt aus Kap. 8 zu bedenken. Der Blick
wird dabei noch einmal auf die Christen als Angehörige des Gottesvolkes
gelenkt. Im Vergleich mit Gal 3f fragen wir nach Übereinstimmungen und
neuen Akzentsetzungen.

Im größeren Kontext von Röm 5–8 kommt Paulus auf die „Tiefendimensionen der eschatologischen Zeitenwende"[95], die in Kap. 1–4 und 5,1–11[96] dargestellt wurden, zu sprechen.

Die Gliederung von Röm 8 ist klar zu erkennen[97]: Eindeutige Gliederungssignale finden sich
in V.1 (οὐδὲν ἄρα), V.12 (ἄρα οὖν), V.18 (λογίζομαι γάρ)[98] und V.31 (τί οὖν ἐροῦμεν)[99],
wobei sich die zwei größeren Blöcke V.1–17 und V.18–39 unterscheiden lassen[100].

Das Thema des ersten Teils wird durch V.1–4 bezeichnet[101]. V.5–8 liefern eine negative, V.9–
11 eine positive Begründung dazu. V.12f folgt eine Anwendung mit paränetischem Akzent.
V.14–17 haben Übergangsfunktion, sie knüpfen einerseits an V.12f mit γάρ an und liefern eine
Begründung der Paränese, andererseits bereiten sie V.18ff vor (πάσχειν).

Der zweite Teil des Kapitels eröffnet einen kosmischen Horizont. V.18 nennt das Thema des
Gedankengangs bis V.30. Es geht um die eschatologische Hoffnung für die ganze Schöpfung
angesichts gegenwärtiger Leiderfahrung. Im Zentrum steht die Gewißheit künftiger Herrlichkeit. Insofern bezeugen „die Gegenerfahrungen des Leidens ... in der Wahrnehmung des Glau-

---

[95] VOLLENWEIDER, Freiheit, 323 (im Original kursiv).

[96] Röm 5,1–11 stellt einen Übergangsabschnitt dar, der Beziehungen zum vorhergehenden
wie zum nachfolgenden aufweist (vgl. VOLLENWEIDER, Freiheit, 323). Der thematische Neueinsatz beginnt mit 5,12 (διὰ τοῦτο).

[97] Wenngleich auch hier keine völlige Übereinstimmung besteht. Es geht v.a. um die Abgrenzung des Abschnitts nach vorne und den Beginn des zweiten Teiles. Dazu vgl. WILCKENS,
Röm II, 120. CRANFIELD, Rom I, 28f.403f, sieht eine Zäsur zwischen V.16 und 17, nicht wie die
Mehrheit zwischen V.17 und 18; so u.a. KÄSEMANN, Röm, 204; SCHLIER, Röm, 256; MICHEL,
Röm, 264; WILCKENS Röm II, 119f; PAULSEN, Überlieferung, 179f; VOLLENWEIDER, Freiheit,
347.375. V.D. OSTEN-SACKEN, Römer 8, 138ff, sieht das Thema von V.18ff in V.17c genannt;
dagegen BYRNE, Sons, 102.104 A.95.

[98] Die Signale οἴδαμεν γάρ (V.22), ὡσαύτως δέ (V.26) und οἴδαμεν δέ (V.28) scheinen den
Abschnitt V.18–30 zu untergliedern, stehen jedoch in einer gewisen Spannung zu den inhaltli-
chen Differenzierungen Schöpfung (V.19–22), Glaubende (V.23–25), Geist (V.26f). S. dazu die
Diskussion bei VOLLENWEIDER, Freiheit, 376f.

[99] Mit KÄSEMANN, Röm, 204, lassen sich die Abschnitte so überschreiben: Christliches Leben ... als Leben im Geist, 1–11; ... als Stand in der Kindschaft, 12–17; ... als Hoffnung eschatologischer Freiheit, 18–30; ... als Überwindung, 31–39.

[100] VOLLENWEIDER, Freiheit, 375.

[101] Röm 8,1–4 stellt zudem den Schlüssel zu Röm 7 dar, indem die Verse auf 7,5f zurückgreifen; vgl. KÜMMEL, Römer 7, 69f; dazu LICHTENBERGER, Anthropologie, 207; DERS., Paulus,
364f; VOLLENWEIDER, Freiheit, 346.

bens die verborgene Präsenz der künftigen Doxa"[102]. Der Höhepunkt und gleichzeitig Abschluß wird gebildet vom „Hohenlied der Heilsgewißheit", V.31–39[103].

Die Sohnschaft der Glaubenden ist damit eingebettet in den Zusammenhang des Lebens aus dem Geist[104], der in einem alle Anfechtung weit hinter sich lassenden Hymnus gipfelt. Der Bezug auf die Infragestellung des Evangeliums durch die Leidensexistenz der Glaubenden und die noch nicht sichtbare Verherrlichung[105] wirkt sich aus auf die Rede von der Sohnschaft der Glaubenden, insofern sich in Röm 8 zwei Ebenen erkennen lassen: (1) die Einsetzung in die Sohnschaft und die Vergewisserung durch den Geist, (2) die Erwartung der eschatologischen Offenbarung derselben. Dabei weist die zweite Ebene wiederum zwei Aspekte auf, die ἀπολύτρωσις τοῦ σώματος und die Gleichgestaltung der εἰκὼν τοῦ υἱοῦ αὐτοῦ[106].

Wie das Abraham-Thema, so ist auch die Sohnschaft der Glaubenden von Paulus schon im Gal angesprochen worden[107]. Es handelt sich v.a. um Gal 4,1–7. Ein Vergleich der beiden Texte liefert aufschlußreiche Hinweise[108].

Gal 4,1–7 und Röm 8,14–17 kreisen um die Motive Gabe des Geistes, Sohnschaft[109], Knechtschaft[110], Erbschaft[111]. In beiden Texten hebt Paulus darauf ab, daß der Geist zum Abba-Ruf befreit[112]. In beiden Fällen stehen die Ausführungen des Paulus in Beziehung zur Sendung des Gottessohnes als dem „Grund des Heilsempfangs"[113] (Gal 4,4f; Röm 8,3). Formale Übereinstimmung besteht darin, daß die Argumentation in beiden Fällen in einen Kettenschluß einmündet (Gal 4,7; Röm 8,17)[114].

Der Vergleich zeigt: Es handelt sich bei Röm 8,14–17 um einen Abschnitt, dessen Grundgedanken im Gal weitgehend vorgeprägt sind und mit diesem sachlich übereinstimmen. Dabei

---

[102] VOLLENWEIDER, Freiheit, 375, in Aufnahme von LUZ, Geschichtsverständnis, 376, und LINK, C., Die Welt als Gleichnis, BEvTh 73, ²1982, 238.

[103] WILCKENS, Röm II, 177. Der Abschnitt bildet gleichfalls den Abschluß von Kap. 5–8 indem er auf Motive von 5,1–11 zurückgreift.

[104] Πνεῦμα ist das entscheidende Motivwort, es begegnet in Röm 8,1–30 19mal, in Kap. 1–7 dagegen 4mal, in Kap. 9–16 7mal (Statistik nach SCHLIER, Röm, 236).

[105] Vgl. STEGEMANN, Menschheit, 53f. Mit VOLLENWEIDER, Freiheit, 375, ist jedoch zu betonen, daß der Akzent nicht auf dem Leiden, sondern auf der Hoffnung auf dessen Überwindung liegt. Eine zweite Infragestellung wird dann in Röm 9–11 durch den Unglauben der Mehrheit der Juden bezeichnet, die aber wiederum von der Hoffnungsperspektive überholt wird.

[106] BYRNE, Sons, 126, unterscheidet „i. the revelation of the sons of God (...), ii. υἱοθεσία defined as ‚the redemption of our body', iii. being conformed to the εἰκών of the Son". M.E. sind II. und III. Näherbestimmungen zu I. und nicht selbständige Aspekte.

[107] Vgl. auch 2Kor 6,18.

[108] Vergleiche der einzelnen Aspekte finden sich u.a. bei PAULSEN, Überlieferung, 98–102; V.D. OSTEN-SACKEN, Römer 8, 129ff; WILCKENS, Röm II, 138; SCOTT, Adoption, 250; HORN, Angeld, 395.

[109] Anders als im Gal wird υἱοὶ θεοῦ und τέκνα θεοῦ in Röm 8 wechselweise gebraucht (vgl. PAULSEN, Überlieferung, 117). Zum traditionsgeschichtlichen Hintergrund s. oben zu Gal 3f.

[110] Die in Gal 4 ausdrücklich angesprochene Befreiung aus der Knechtschaft klingt in Röm 8,15 noch in πνεῦμα δουλείας nach.

[111] Zum Motiv der κληρονομία und seiner Verbindung zur Sohnschaft ist auch noch Gal 3,29 heranzuziehen.

[112] Nach Gal 4,6 ist es τὸ πνεῦμα τοῦ υἱοῦ αὐτοῦ, das selbst ruft, in Röm 8,15 ist es das πνεῦμα υἱοθεσίας, das die Glaubenden rufen läßt.

[113] V.D. OSTEN-SACKEN, Römer 8, 129.

[114] V.D. OSTEN-SACKEN, Römer 8, 129.

darf nicht nur Gal 4 Beachtung finden, sondern auch 3,26–29[115]. Über den Gal hinaus werden im Röm zwei weitergehende Interessen des Paulus deutlich: (1) Der Geist bezeugt unserem Geist die Sohnschaft; er ist, wie dann V.23 ausführt, das „Angeld". (2) Erbe sein heißt: Miterbe Christi sein, und dies verbürgt die eschatologische Verherrlichung.

Die jetzige Funktion der Verse 14–17 ist es, eine Begründung der paränetischen Aussagen in V.12f zu geben[116]. V.13c wurde ausgeführt, daß diejenigen, die durch den Geist die Werke des Leibes ertöten, leben werden. V.14 gibt sich als direkte Begründung (ὅσοι γάρ), enthält jedoch keine zureichende Antwort. Diese vollzieht sich vielmehr in drei Stufen: (1) Zunächst erfolgt ein Rückgriff auf den Geist. Wer vom Geist geführt wird, ist Sohn Gottes. Dies zeigt sich darin, daß der Geist Sohnschaft und nicht Knechtschaft bewirkt und Gott Abba nennen läßt[117]. Er bezeugt nämlich dem Geist der Glaubenden, daß sie Gottes Kinder sind. Die Verbindung von Sohnschaft und Geist liegt auch im Gal vor. Dort findet sich jedoch eine umgekehrte Argumentationsrichtung: Aufgrund der Sohnschaft der Glaubenden sendet Gott den Geist[118]. Hier vergewissert die Gabe des Geistes im Stand als Kind Gottes. Sachlich besteht Übereinstimmung darin, daß die Anrufung Gottes als Vater unabdingbar mit dem Geist der Sohnschaft gekoppelt ist[119]. Daß der Geist in den Glaubenden wohnt, ist erstmals V.9, dann V.11 ausgesprochen. V.10 stellt sachlich parallel dazu fest: Christus ist in den Glaubenden. Die Anwesenheit Christi und des Geistes impliziert die leibliche Auferstehung[120]. Dies hat Paulus vor Augen, es folgt jedoch noch ein weiterer Zwischenschritt. (2) Die Kindschaft der Glaubenden verbürgt die Erbschaft. Die spezifische Verbindung von Sohnschaft und Erbschaft ist ebenfalls bereits aus dem

---

[115] Zum größeren Kontext von Röm 8,2–17 kommt auch noch Gal 5 hinzu: Eleutheria, vollzogene Erfüllung des Gesetzes, Antithese von Geist und Pneuma; vgl. VOLLENWEIDER, Freiheit, 359. Ob in Röm 8,14–17 ein Traditionsstück vorliegt, läßt sich nicht durch Vergleich mit Gal 4 im Subtraktionsverfahren herausfinden. Es bleibt so völlig hypothetisch. Versuche zur Herausarbeitung eines Traditionsstückes bei V.D. OSTEN-SACKEN, Römer 8, 130f; WILCKENS, Röm II, 139. Zu Recht geht PAULSEN von der Übernahme traditioneller Motive, aber nicht von einer festen Überlieferung aus, s. die Zusammenfassung DERS., Überlieferung, 98ff.

[116] Vgl. dazu V.D. OSTEN-SACKEN, Römer 8, 134ff.

[117] Aus Röm 8,15 wird deutlich, daß Paulus υἱοθεσία nicht im Sinn von Adoption verwendet, sondern als Ausdruck, das Sohn-Sein der Glaubenden zu benennen.

[118] Dies ist abhängig vom Verständnis des ὅτι in Gal 4,6; vgl. dazu die Diskussion bei V.D. OSTEN-SACKEN, Römer 8, 132f A.11.

[119] V.D. OSTEN-SACKEN, Römer 8, 132f A.12, verweist zu Recht auf die Parallelität zu 1Kor 12,3, wonach niemand Jesus als Kyrios anrufen kann, außer durch den Geist.

[120] Vgl. V.23: Die Offenbarung der Sohnschaft ist Erlösung des Leibes. Wenn der Geist in den Glaubenden wohnt (V.9.11; vgl. 1Kor 3,16), dann ist die Interpretation von V.16 durch HORN, Angeld, 409, wonach sich die ‚Testificatio' des Geistes ausschließlich „worthaft im Gottesdienst" vollziehe, zu eng. Das Zeugnis des Geistes besteht nach Paulus nicht nur darin, daß er die Gläubigen im Gottesdienst Abba rufen läßt (ebd., 411), sondern enthält auch einen Aspekt innerer Vergewisserung, was freilich die gottesdienstliche Situation nicht in Abrede stellen soll (vgl. KÄSEMANN, Röm, 220).

Gal bekannt[121]. Doch auch damit ist das Argumentationsziel nicht erreicht, dazu ist noch eine Näherbestimmung erforderlich. (3) Solcherlei sind die Erben: Miterben Christi, wenn anders[122] sie mit ihm leiden, um auch mit ihm verherrlicht zu werden. V.17b.c enthält den Zielsatz der paulinischen Begründung. Gegenwärtiges Mitleiden mit Christus bedeutet die sichere Anwartschaft auf die Mitverherrlichung.

V.14–17 bringt zwar V.1–17 zum Abschluß, ist jedoch schon auf V.18ff hin konzipiert[123]: Die Sohnschaft der Glaubenden ist eine angefochtene. Dies klingt in V.17c schon an und wird in V.18ff weiter entfaltet. Der Zusage der Sohnschaft durch das Zeugnis des Geistes entspricht noch keine sichtbare, irdisch vorfindliche Realität, sie verschafft sich allenfalls im gottesdienstlichen Ruf schon Gehör. Die Sohnschaft hat daher promissorischen Charakter: Sie gilt und ist ‚wirklich‘, ihre Sichtbarmachung steht jedoch noch aus. Dies wird geschehen in der Erlösung des Leibes (V.23)[124]. V.24a drückt diesen Sachverhalt sentenzhaft unter Aufnahme der Kategorie der Hoffnung aus: τῇ γὰρ ἐλπίδι ἐσώθημεν[125]. Die Spannung besteht dabei nicht zwischen „irdischer Realität" und „himmlischer Erwartung", sondern zwischen *gültiger* Promissio und *sichtbarer* Verwirklichung. Die Wirklichkeit der Sohnschaft selbst wird nicht in Zweifel gezogen. Die Spannung besteht mithin nur innerhalb der Zeitmodi[126]. Kontinuität gewährleistet der Geist, der als „Angeld" die Offenbarung der Sohnschaft, die mit der Erlösung des Leibes einhergeht, verbürgt[127]. Diesen Gedanken nimmt Paulus variierend noch einmal in V.28–30 auf. Es steht auch hier die Gewißheit der Verherrlichung im Mittelpunkt. Da der Besitz des Geistes die Antizipation der δόξα darstellt[128], ist der Gebrauch des Aorists in V.29f theologisch legitim. Gott selbst ist Garant des Heils und hat bereits mit seiner Verwirklichung angefangen[129]. Ziel ist die Gleichgestaltung der Glaubenden dem Bild *des* Sohnes Gottes schlechthin. Insofern ist die gegenwärtig zugesagte Sohnschaft der Glaubenden die Voraussetzung eschato-

---

[121] In Röm 8,14ff ist die κληρονομία durch die υἱοθεσία „initiiert" (PAULSEN, Überlieferung, 102), dies entspricht Gal 3,29; 4,7.

[122] Zum Verständnis des εἴπερ in V.17 als Ausdruck des tatsächlichen Mitleidens und nicht der Bedingung s. die Diskussion bei V.D. OSTEN-SACKEN, Römer 8, 135 A.18.

[123] Vgl. V.D. OSTEN-SACKEN, Römer 8, 137, im Anschluß an LIETZMANN, Römer, 83.

[124] Zum Verständnis von ἀπολύτρωσις s. den Exkurs in KRAUS, Tod Jesu, 177ff.179–183 (Lit.).

[125] Es handelt sich hierbei um eine Grundstruktur paulinischen Denkens, wie auch die Rede von der καινὴ κτίσις zeigt. Zu Recht versteht STUHLMACHER, Erwägungen, 9, Röm 8 als Kommentar des Paulus zur καινὴ κτίσις; zustimmend VOLLENWEIDER, Freiheit, 386 A.503.

[126] Vgl. IWAND, Predigtmeditationen 1, 492–501, hier: 499: „Zeit heißt verzögerte, nicht aber aufgehobene Verheißung vom Kommen des Reiches. Nur noch Zeit steht zwischen Jesu Jüngern und diesem großen Ziel"; s. sachlich in ähnliche Richtung gehend VOLLENWEIDER, Freiheit, 386f; vgl. DERS., Zeit, 109.114f.

[127] Vgl. HORN, Angeld, 393f.

[128] LARSSON, Vorbild, 293; V.D. OSTEN-SACKEN, Römer 8, 283 A.99.

[129] V.D. OSTEN-SACKEN, Römer 8, 283.

logischer Verherrlichung. Diese Interpretation erfährt ihre Bestätigung durch den in V.31–39 von Paulus angestimmten Hymnus: Die Verheißung fordert Einstimmung, d.h. Glauben. Dies vollzieht sich in der doxologischen Rede V.31ff. Der Promissio entspricht damit die Doxologie, in welche sie einmündet. Hierin besteht eine Strukturanalogie zu Röm 11,25–32.33–36 (s.u.).

Rückblickend läßt sich sagen: Paulus führt in Röm 8,14ff ziemlich unvermittelt das Motiv der Sohnschaft der Glaubenden ein. Der Grund dafür liegt nicht in der Absicht, eine Aussage über die Zugehörigkeit der Glaubenden zum Gottesvolk zu machen – dies ist vielmehr die Voraussetzung seiner Argumentation – sondern hat den Zweck, die enge Verbindung mit Jesus Christus auszusagen. Die Einführung des Motivs ist somit nicht ekklesiologisch bestimmt, wie im Gal, sondern christologisch bzw. eschatologisch. Die Darstellung in Röm 8 weist daher gegenüber Gal 3f charakteristische Unterschiede auf: Liegt dort der Akzent auf der Sohnschaft der Glaubenden, *so bedeutet die Sohnschaft in Röm 8 die gewisse Anwartschaft auf die eschatologische Verherrlichung.* Geht es dort um die Einsetzung in die Sohnschaft durch Glauben und Taufe, so ist hier die Sohnschaft die Voraussetzung, *dem* Sohn, Jesus Christus, gleichgestaltet zu werden. Insofern bedeutet Röm 8,14ff.18ff einerseits keinen Widerspruch, sondern eine Bestätigung der bisherigen Interpretation der Sohnschaft im Gal, andererseits jedoch eine Weiterführung unter eschatologischem Blickwinkel.

c) Die Neufassung des Gottesvolkthemas im Blick auf Israel aufgrund der Rechtfertigungslehre

Im folgenden stehen Röm 9–11 im Zentrum der Erörterung. Hierbei handelt es sich um einen Textkomplex, der nicht zuletzt im Kontext des Nachdenkens über das Verhältnis der Kirche zum jüdischen Volk in den letzten Jahrzehnten eine Fülle von Untersuchungen provoziert hat[130]. Die wichtigsten exegetisch strittigen Punkte sind dabei neben Einzelproblemen die Frage der Zusammengehörigkeit von Röm 1–8 mit 9–11, das Thema, der Aufbau und die inhaltliche Kohärenz der Kap. 9–11[131].

---

[130] Umfangreiche Literaturangaben, die hier nicht wiederholt werden müssen, finden sich in den Kommentaren von WILCKENS (EKK) und DUNN (WBC), sodann bei LÜBKING, Paulus und Israel; HÜBNER, Gottes Ich; NIEBUHR, Heidenapostel. Die wichtigsten Arbeiten sind auch bei RÄISÄNEN, Römer 9–11, 2936–2939, verzeichnet.

[131] Es ist bei der Fragestellung der vorliegenden Arbeit nicht möglich, die genannten Probleme in der ihnen gebührenden Ausführlichkeit unter möglichst vollständiger Beiziehung der relevanten Literatur zu behandeln. Sie werden hier im Zuge der Darstellung mitbedacht, aber nicht eigens der Reihe nach entwickelt.

Gesamtverständnis und Einzelverständnis in Röm 9–11 bedingen sich gegenseitig (vgl. RESE, Unwissen, 252). Soviel läßt sich jedoch aufgrund der bisherigen Diskussion des Textkomplexes vorneweg schon sagen: Israel ist für Paulus nicht „primär Spezialfall des religiös gottlosen Menschen" (so die m.E. zutreffende Kennzeichnung der Auffassung KLEINs durch LÜBKING, Paulus und Israel, 94). Bei seinen Gnadengaben handelt es sich nicht „gleichsam um Fakten der

Entscheidend beim Verständnis der Textpassage, ist der Einblick in den Duktus der paulinischen Argumentation. Dabei kommt es zum einen darauf an, die Klammer zu sehen, die durch 9,1-5 und 11,28-32 gebildet wird, zum andern zu bedenken, daß die Darlegung in einen Hymnus mündet, 11,33-36[132].

Am Ende des Beweisganges Röm 1-8 steht die Einsicht: Die an Christus Glaubenden sind die von Gott zu seinem Volk Berufenen. Sie haben als Vorschuß der gegenwärtig zugesagten und zukünftig offenbaren Herrlichkeit den Geist empfangen. Sie sind „Söhne Gottes" und stehen in der gewissen Anwartschaft als „Erben" des Heils. Dies entspricht dem, was Paulus grundle-

---

Vergangenheit", die „in ihrer heillosen Profanität" durch das Evangelium „durchschaut" und „als nicht heilsträchtig" von Paulus „entlarvt" werden (so KLUMBIES, Israels Vorzüge, Zitate: 154.145.156 [was ist das für eine Sprache?!]). Israel hat auch nicht nur „exemplarische Bedeutung", um „Gottes Verhältnis zu den Frommen" sichtbar zu machen (so KÄSEMANN, Paulus und Israel, 196.197; ähnlich KLEIN, Antijudaismus, 432f; DERS., Römer 9,30-10,4, 370.372; ebenso GRÄSSER, Bund, 24, vgl. 228f.284), sondern ist angemessen nur von seiner bleibenden Erwählung her zu verstehen (vgl. z.B. DINKLER, Prädestination, 268; RESE, Vorzüge, 218; LÜB-KING, Paulus und Israel, 92-95; THEOBALD, Kirche und Israel, 16). Die Frage ist jedoch, was dies im einzelnen bedeutet.

[132] Vgl. V.D. OSTEN-SACKEN, Schibbolet, 300f, wobei er jedoch die Klammer in 9,1-5 und 11,25-36 erblicken will (zur Frage, warum 11,28-32 wahrscheinlicher abzuteilen ist, s.u. zu 11,11ff.28ff).

Die Einheit der Darlegungen wird jedoch von vielen bestritten. RÄISÄNEN ist unter denen, die eine Disparatheit in der paulinischen Argumentation sehen, der profilierteste Vertreter (RÄISÄNEN, Römer 9-11, ANRW II.25.4, 2891-2939; DERS., Paul [entspricht sachlich dem Beitrag in ANRW II.25.4]). Er bescheinigt Paulus durchaus das „geistige Ringen", jedoch sei es ihm nicht gelungen, seinen Gedanken eine zwingende Stringenz zu geben. Die Motive, die Paulus veranlaßt hätten, so gegensätzlich zu reden, seien zu unterschiedlich. Paulus ringe v.a. „mit dem Konflikt zwischen heiliger Tradition und neuen Erfahrungen" (ebd., 2935; im Original gesperrt). Dabei sei jedoch der Widerspruch Paulus selbst „anscheinend verborgen geblieben" (ebd., 2932). Die Lösung, die RÄISÄNEN denn auch anbietet, ist eine psychologische: Sie lautet dahin, daß die verschiedenen Ansätze, die Paulus vorführe, jeweils dazu geeignet seien, Paulus selbst „zu trösten und zu ermutigen" (ebd., 2935). Ob das ausreichen kann zur Beschreibung des Ertrags von Röm 9-11 darf füglich bezweifelt werden.

Die Einheitlichkeit des Gedankengangs von Röm 9-11 wird u.a. auch bestritten von DONALDSON, Riches for the Gentiles, 88ff; HÜBNER, Gottes Ich, 122; KLEIN, Gottes Gerechtigkeit, 228f A.9; LÜDEMANN, Paulus und das Judentum, 31-34.52 A.117; MOXNES, Theology, 45-55; STRECKER, Christentum, 304. Spannungen, die sich nicht ohne weiteres harmonisieren lassen, sieht auch WALTER, Interpretation, 173-175, doch sei dies sachbedingt. Doch vgl. dazu die Argumente bei BRANDENBURGER, Schriftauslegung, 43ff.

Man wird v.a. vorsichtig sein, Paulus zu unterstellen, der vermeintliche Widerspruch zwischen Kap. 9 und 11 sei ihm selbst „anscheinend verborgen geblieben" (RÄISÄNEN) oder es gehöre bei „Denker[n] ersten Ranges" dazu, „Aporien, die aufzulösen sie nicht imstande sind", bewußt stehen zu lassen (so HÜBNER, Gottes Ich, 122 unter Zitierung von H. SCHUPP) bzw. Paulus argumentiere „zuweilen sehr bewußt mit Unschärfen" (so HÜBNER, Biblische Theologie II, 313 A.842). SIEGERT, Argumentation, passim, hat, wenngleich man ihm nicht in allen Einzelfragen zustimmen wird, zumindest deutlich gemacht, daß es sich nach inhaltlichen wie auch nach rhetorischen Gesichtspunkten bei Röm 9-11 um einen sinnvollen, nicht widersprüchlichen, sondern zielstrebig argumentierenden Zusammenhang handelt.

gend erstmals Gal 3,6–4,7 formuliert hat. Damit erhebt sich notwendigerweise die Frage, was mit Israel, dem ersten Adressaten des Wortes Gottes, geschieht[133].

Inwiefern die Ekklesia als Volk Gottes zu gelten hat, steht dagegen in Röm 9–11 nicht im Zentrum des Interesses. Dies gilt vielmehr von Röm 8 her als Voraussetzung und kommt in 9–11 nur noch implizit zur Sprache. Das trifft gerade auch für 11,16–24 zu, wie der Anfangs- und der Schlußvers belegen. Eine gewisse Ausnahme könnte höchstens in 9,24–26.30–33 vorliegen, doch auch hier kommt die Berufung der Heiden zum Volk Gottes nur im Rahmen des freien Erwählungshandelns Gottes hinsichtlich Israel in den Blick und nicht als eigenständiges Problem.

Unausgesprochen schwingt diese Frage nach einer möglichen Verstoßung Israels von Anfang an hinter den Ausführungen mit. Paulus formuliert sie jedoch explizit erst in Röm 11,1f[134]. Sie ist insgesamt nicht neu, denn seit Gal 3f steht das Problem im Raum, was angesichts der allein durch den Glauben an Christus zugänglichen Abrahamssohnschaft über Israel als Gottesvolk zu sagen sei. Die Zugehörigkeit zu Israel ist seither keine Voraussetzung mehr zur Teilhabe am Erbe. Paulus hat die Frage nach der Zukunft Israels im Gal nicht breiter behandelt, wenngleich Gal 4,21–31 eine (schroffe) Antwort enthält: Nach diesem Text hat das nichtglaubende Israel seinen Charakter als Gottesvolk eingebüßt und ist vom Erbe ausgeschlossen. Gerade dies wird im Röm ausdrücklich nicht wiederholt. Schon von Röm 4,16 her ist Israel von der Zugehörigkeit zum Samen Abrahams nicht ausgeschlossen. Gal 4,21ff ist jedoch insbesondere mit Röm 11,25–32 – trotz der zeitlichen Nähe der beiden Briefe – sachlich unvereinbar[135].

In den Kategorien von Röm 1–8 lautet die Frage: Wie kann die Gerechtigkeit Gottes, die Zusage seiner Gemeinschaftstreue, die „nicht erst mit Christus neu in die Welt gekommen" ist, sondern vorher schon in Israel wirksam war[136], sich angesichts des ungläubigen Israel bewahrheiten[137]. Es geht somit

---

[133] Vgl. z.B. HOFIUS, Evanglium und Israel, 299; WOLTER, Evangelium und Tradition, 188; RÄISÄNEN, Römer 9–11, 2895.

[134] KÄSEMANN, Röm, 289; SCHLIER, Röm, 321; WILCKENS, Röm I, 19; II, 235; SCHMELLER, Diatribe, 288.

[135] Dies wird uns später noch beschäftigen müssen. Zunächst sei nur konstatierend darauf hingewiesen.

[136] ROLOFF, Kirche, 127.

[137] Damit ist gesagt, daß es auch in Röm 9–11 um die Gottesgerechtigkeit geht und kein neues Thema angeschnitten wird (vgl. z.B. KÄSEMANN, Rechtfertigung, 134; KÜMMEL, Probleme, 22.28; BEKER, Faithfulness, 12; zur älteren Auslegungsgeschichte der Kapitel die Hinweise bei RESE, Vorzüge, 212ff). Die Bezeichnung der Problemstellung durch WALTER, Interpretation, 176 A.13, stellt keinen Gegensatz dar: Röm 9–11 geht es zutiefst um „die Identität des Gottes Israels mit dem Vater Jesu Christi, also um eine offenbarungsgeschichtliche Grundfrage". Schließlich sei noch bemerkt, daß das Thema Gottesgerechtigkeit in Röm 12,1ff unter dem Aspekt der „Gottesgerechtigkeit im christlichen Alltag" weitergeführt wird, s. KÄSEMANN, Röm, 311.

in Röm 9–11 nicht um die Frage „Kirche und Israel", sondern um „Israel"[138], und zwar um den Widerspruch[139] zwischen der Heilszusage, die nach dem Zeugnis der Schrift Israel gilt, und dem gegenwärtigen Stand der Mehrheit Israels außerhalb des Heils in Christus[140].

---

[138] So richtig u.a. WALTER, Interpretation, 189; DUNN, Partings, 148; WOLTER, Evangelium und Tradition, 188; V.D. OSTEN-SACKEN, Schibbolet, 299. Thema bzw. Beweisziel von Röm 9–11 ist somit nicht einfach die Frage nach der Zuverlässigkeit des Gotteswortes, wie dies z.T. aus 9,6 abgeleitet wird (vgl. RESE, Rettung, 423; DERS., Israel und Kirche, 212; THEOBALD, Gnade, 131 A.5; dagegen z.B. BRANDENBURGER, Schriftauslegung, 10), hierbei handelt es sich vielmehr um eine Teilfrage.

[139] WOLTER, Evangelium und Tradition, 189 (ebenso THEOBALD, Kirche und Israel, 9), nennt dies eine „kognitive [...] Dissonanz, deren Bewältigung schon im Zentrum der alttestamentlich-jüdischen Volksklage stand" (vgl. Ps 44; 80; 89; 3Makk 6,2–15; ZusEst C,14–23) und legt Wert darauf, daß der Widerspruch nicht zwischen Erwählung und Unglaube besteht.

[140] Es geht also um eine eminent *theologische* Frage in Röm 9–11. BRANDENBURGER, Schriftauslegung, 8, sieht das Röm 9–11 veranlassende Problem in den missionarischen Absichten des Paulus begründet, nämlich „ob der umstrittene und verdächtigte Apostel mit seinem Evangelium ... in der römischen Christengemeinde verstanden, anerkannt und mitgetragen wird und ... eine Basis für sein weiteres Missionswerk erhält", und drängt alle anderen Erklärungen zurück. Die missionsstrategische Zielsetzung mag – wie im Röm allgemein, so auch in Kap. 9–11 – durchaus mitschwingen, eine monokausale Begründung von hier aus ist jedoch nicht angebracht. Ähnlich wie bei BRANDENBURGER nach BECKER, Paulus, 495f (innerhalb von 486–502), der Grund für die Abfassung von Röm 9–11 darin zu suchen, daß Paulus sich gegen Vorwürfe zur Wehr setzt, er sei gesetzeskritisch und damit gegen Judenchristen und gegen Israel eingestellt. Die Kapitel seien somit lediglich ein situatives Zugeständnis aufgrund missionsstrategischer Erwägungen. Darüber hinaus betont BECKER die isolierte Stellung von Röm 9–11 innerhalb des Röm: Röm 1–8 seien abgeschlossen und bedürften keiner Fortsetzung (495). Ein Fehlen von Kap. 9–11 würde von niemandem vermißt (495). Die sonst verdienstvolle Arbeit Beckers hat an diesem Punkt ein entscheidendes Manko.

Die hier vorgelegte Untersuchung geht mit anderen just von der gegenteiligen Annahme aus. *Begründung:* (1) Röm 9–11 ist Ausführung eines Teiles des in 1,16f angegebenen Themas. (2) Die von Röm 3,1–5 her offenen Fragen erhalten erst hier ihre Antwort (vgl. THEOBALD, Gnade, 136.138; zugestanden von BRANDENBURGER, Schriftauslegung, 5). (3) Röm 9–11 bildet die Grundlage für Röm 15,7–13.25–33 (vgl. dazu DAHL, Zukunft, 39). (4) Die universale Erlösung durch das Evangelium wird einerseits durch die gegenwärtige Leidensexistenz der Glaubenden, andererseits durch die Ablehnung des Evangeliums seitens der Juden in Frage gestellt. D.h. Kap. 5,12–8,39 und 9–11 sind zwei Durchführungen zu ein und demselben Sachverhalt: der Infragestellung der Gottesgerechtigkeit durch die gegenwärtige sog. „Wirklichkeit" (zu dieser Grundstruktur des Röm s. WILCKENS, Röm I, 19; II, 181; STEGEMANN, Menschheit, 53f; SCHMELLER, Diatribe, 285). SCHMELLER, Diatribe, 287, sieht (unter Aufnahme von WILCKENS) wieder stärker den Charakter des Kapitels als „Antwort ‚auf den zentralen Einwand des jüdischen Partners, die universale Heilsverkündigung des Evangeliums für Juden wie Heiden sei erkauft um den Preis des Bruches der Erwählungszusage Gottes an Israel'". Dies hängt jedoch mit seinem Verständnis des Röm als „Dialogus cum Iudaeis" zusammen; s. ebd., 233 A.4, unter Bezug auf JEREMIAS, Gedankenführung, 149. Die von BINDEMANN, Theologie im Dialog, 221f, aufgestellte These, Röm 9–11 richte sich unter offensivem Einsatz der Rechtfertigungsbotschaft gegen judenchristliches Elitedenken, wurde ähnlich von SUHL, Anlaß, 119ff, vertreten, jedoch schon von KÜMMEL, Probleme, 24f, widerlegt.

Ob man diesen Zustand Israels angemessen als „Heilsferne" zu verstehen hat[141] oder als Stand „tiefster Heillosigkeit"[142] oder als „ἀνάθεμα"[143] bezeichnen kann, erscheint mir aufgrund von 11,28f fraglich. Nur wer die Gesamtlinie von Röm 9–11 im Auge behält, ist vor falschen Überspitzungen nach der einen oder anderen Seite gefeit. Zwar sind die Israeliten gemäß dem Evangelium Feinde, jedoch gemäß der Erwählung Geliebte, d.h. die Zusage Gottes überwiegt die Ablehnung des Evangeliums, und auch das gegenwärtige Israel befindet sich nicht einfach im Status der Verlorenheit, sondern im Status des „simul": gefallen und geliebt. Dies läßt sich von 11,28f her am besten als im „Status der Verheißung" begreifen[144].

Damit ist die Gliederung unschwer zu überblicken: In Röm 9,1–5, dem Ausgangspunkt, wird eine Spannung zwischen gegenwärtiger Situation Israels und der Zusage der Schrift an Israel festgestellt. Die Argumentation erfolgt dann in zwei Durchgängen, 9,6–29 (30–33) und 10,1–21[145]. Zunächst begründet Paulus die festgestellte Spannung von Gott her: Erwählung heißt immer Auswahl, sodann von Israel her[146]: das Wort ist an Israel ergangen, aber aufgrund der Verstockung ohne Resonanz geblieben. Ein dritter Durchgang, 11,1–32, der sich wiederum in zwei Abschnitte gliedert (wobei 11,1–10 mit 9,6–29 und 11,11–27 mit 10,1–21 korrespondieren[147]), greift die beiden Argu-

---

[141] So u.a. WOLTER, Evangelium und Tradition, 189, vgl. DERS., EWNT III, 79; NIEBUHR, Heidenapostel, 154ff (Lit.).

[142] So KLUMBIES, Israels Vorzüge, 138 und ff.

[143] So RÄISÄNEN, Römer 9–11, 2896; vgl. KLUMBIES, Rede von Gott, 232: „Status der Verlorenheit"; vgl. ebd., 211ff.235.

[144] Röm 11,28f spielt jedoch z.B. bei KLUMBIES kaum eine Rolle, wie könnte er sonst in DERS., Rede von Gott, 235, schreiben: „Von Gott ist für Paulus nur über Christus zu reden"? Zu Röm 11,23b, das im Zusammenhang der Erörterung des Standes Israels von NIEBUHR, Heidenapostel, 158, angeführt wird, s.u. S. 318.

[145] Schwierigkeiten bereitet der Übergang von Kap. 9 nach 10; so auch jetzt wieder SÄNGER, Verkündigung, 158. 9,30–33 resümiert zum einen 9,6–29, gehört jedoch thematisch auch mit 10,1ff zusammen (vgl. nur den Gebrauch von δικαιοσύνη und das wiederholte Zitat von Jes 28,16 in 9,33 und 10,11) und stellt somit einen Übergang dar (vgl. ZELLER, Röm, 183; vgl. auch SCHMITT, Gottesgerechtigkeit, 69; LÜBKING, Paulus und Israel, 79; KUSS, Röm III, 743). Der eigentliche Neueinsatz erfolgt mit der direkten Anrede in 10,1 (vgl. SIEGERT, Argumentation, 148), wobei Elemente aus 9,1ff aufgegriffen werden. V.30 bietet zwar mit τὶ οὖν ἐροῦμεν einen Neuansatz. Doch wie ist er zu gewichten? Die Verklammerung von V.30–33 mit dem Vorhergehenden ist unübersehbar. V.24 spricht Paulus erstmalig von einer zeitgenössischen Gruppe: ἡμᾶς. Mit V.27 wechselt der Blick auf Israel. V.30 sind die Heiden, V.31 wiederum Israel Subjekt. Das τὶ οὖν ἐροῦμεν in V.30 steht makrosyntaktisch auf der gleichen Stufe wie jenes in 9,14 (vgl. SÄNGER, Verkündigung, 158). Von daher legt es sich nahe, 9,30–33 als Resümee zu verstehen, das den vorherigen Gedankengang über das unterschiedliche Erwählungshandeln Gottes abschließt und zugleich den folgenden Argumentationsgang, der Israels Verhalten im Blick hat, eröffnet.

[146] Hier ist HÜBNER, Biblische Theologie II, 312, zuzustimmen, wenngleich ich den Akzent zu Röm 10,1–21 anders setze.

[147] Zu dieser Korrespondenz vgl. ähnlich WOLTER, Evangelium und Tradition, 189f; SCHMELLER, Diatribe, 288 (beide sehen den Einschnitt zwischen Kap. 9 und 10 nach 9,29). Die beiden λέγω οὖν in 11,1.11 antworten jeweils auf 9,6ff bzw. 10,1ff, stehen jedoch vom Argumentationsgefälle her nicht auf der gleichen Stufe, s.u.

mente erneut auf, bringt signifikante Modifikationen an und führt das Problem in 11,28–32 endgültig einer Lösung zu[148].

1. Israels bleibende Prärogative als göttliche Zusage (9,1–5; vgl. 3,1–8)

Röm 3,1–8 hat Paulus erstmals ausdrücklich den Vorrang der Juden thematisiert[149]. Er hebt dabei in erster Linie darauf ab, daß ihnen das Wort Gottes anvertraut wurde. Damit ist die „Offenbarung in der Schrift umschrieben"[150]. Die Tatsache, daß τινές untreu wurden, hebt die göttliche Treue gegenüber Israel nicht auf. Die δικαιοσύνη θεοῦ bleibt als Bundestreue gegenüber Israel in Kraft. Dennoch hat sich nach 2,25ff; 3,9ff der potentielle Vorteil für Israel aufgrund der Sünde nicht entscheidend ausgewirkt. Von Bedeutung ist hierbei, daß Paulus die Frage nach der Prärogative Israels im Kontext seiner Rechtfertigungslehre stellt und auf die δικαιοσύνη θεοῦ abhebt. Was Röm 3,1–5 in nuce enthält, wird in 9–11 ausführlich entfaltet: „Erst an der Untreue des Volkes zeigt sich die Kraft der grundlosen Treue Gottes, mit der er sich und seinen Worten über alle Krisen hinweg treu bleibt"[151].

Röm 9,1–5[152] beschreibt den Ausgangspunkt der Erörterung von Kap. 9–11. Paulus greift dabei sachlich auf 3,1–5 zurück[153]: Nach V.1–3 lebt Israel gegenwärtig nicht im Bereich des durch Christus erwirkten Heils, nach V.4–5 bleibt Israel gleichwohl Adressat der göttlichen Zusagen[154]. Die Dramatik des

---

[148] Andere Gliederungsvorschläge bieten u.a. HOFIUS, Evangelium und Israel (vgl. DERS., All Israel will be saved), der zwei Argumentationsgänge unterscheidet: 9,6–11,10; 11,11–32 (zum berechtigten Anliegen dieser Gliederung, die jetzt auch SÄNGER, Verkündigung, 162f, unterstützt, s.u. A.173). LÜDEMANN, Paulus und das Judentum, 31–34, und WALTER, Interpretation, 173–175, erkennen drei Stufen: 9,6–29 (Spiritualisierung des Israel-Begriffes); 9,30–11,10 (Restgedanke); 11,11–36 (Israel als Ganzes wird gerettet); SIEGERT, Argumentation, 148, sieht zwei Durchgänge vorliegen: 9,1–33; 10,1–11,32, wobei 10,1–11,32 sich „syntaktisch gesehen [als] ein einziger Komplex" darstelle, „semantisch und pragmatisch ... als zweiter Durchgang ... durch das in c.9 entwickelte Problem" gelten könne. ROLOFF, Kirche, 127ff, unterscheidet drei Anläufe 9,6–29; 9,30–10,21; 11,1–32 (ähnlich DUNN, Epistle, 2842; HÜBNER, Gottes Ich, bes. 60f.99ff; WAGNER, Future, 81ff.97ff; ALETTI, Comment Dieu est-il juste, 140ff, wobei ALETTI die Struktur A/B/A' – 9,6–29/9,30–10,21/11,1–32 findet und 9,1–5 als Exordium, 11,33–36 als Peroratio verstehen möchte; ebd., 142ff.146ff). Die drei autobiographischen Anfänge in 9,1ff; 10,1f und 11,1 bestätigen jedoch das Recht der üblichen Kapiteleinteilung; s. RESE, Rettung, 422 A.4. Die These von PLAG, Israels Wege, wonach Röm 11,25–27 als nichtpaulinischer Einschub zu gelten habe, hat sich in der Forschung zu Recht nicht durchgesetzt (s. dazu STUHLMACHER, Interpretation, 562ff).

[149] Zum konsequenten Gebrauch von Ἰουδαῖος in Kap. 1–8 und Ἰσραήλ ab Kap. 9 und den jeweiligen Inhalten s. LUZ, Geschichtsverständnis, 269f.

[150] KÄSEMANN, Röm, 74; vgl. DUNN, Rom I, 130f, der einerseits damit die Worte Gottes durch Moses und die Propheten angesprochen sieht, andererseits aber auf den für den griechischen Hörer numinosen Unterton verweist. Das πρῶτον könnte darauf hinweisen, daß Paulus ursprünglich eine Reihe von Vorzügen im Auge hatte, dies aber nicht zur Ausführung kam (vgl. KÄSEMANN, Röm, 74).

[151] THEOBALD, Gnade, 139.

[152] Zum kunstvollen Aufbau der Verse vgl. z.B. LUZ, Geschichtsverständnis, 270; DUNN, Epistle, 2868f.

[153] Zur Korrespondenz von 9,1–5 zu 3,1–5 vgl. z.B. STEGEMANN, Menschheit, 96f; RESE, Vorzüge, 213; KÄSEMANN, Röm, 74; THYEN, Studien, 163.

[154] Zum Präsens s. MUSSNER, Traktat, 46.

Abschnitts kann nicht verstanden werden, ohne einerseits die innere Beteiligung des Apostels zu würdigen, die in der dreifach gesteigerten Beteuerung (V.1–2) und schließlich in der schwurähnlich gipfelnden Selbstverfluchung (V.3) zum Ausdruck kommt, und andererseits die Spezifizierung des Begriffs Ἰσραηλῖται durch nicht weniger als acht Bestimmungen in gleicher Weise wahrzunehmen: υἱοθεσία, δόξα, διαθῆκαι, νομοθεσία, λατρεία, ἐπαγγελίαι, πατέρες, ὁ Χριστὸς τὸ κατὰ σάρκα. Entscheidend dabei ist die polare Struktur der Verse 1–3 und 4–5[155]. V.1–3 sind nicht nur „Abwehr von Verdächtigungen des Apostels"[156], sondern beschreiben aus subjektiver Perspektive den einen Pol: Die Brüder und Stammverwandten des Paulus leben nicht in der Heilsgegenwart Christi. Dagegen werden als Gegenpol in V.4f unkonditioniert zentrale Privilegien genannt, die Israel als Gottesvolk gegenüber anderen Völkern auszeichnen[157]. Auffällig ist die präsentische Redeweise in V.4a, weshalb in V.4b jeweils ἐστίν zu ergänzen ist, ebenso die Tatsache, daß die νομοθεσία unter die Vorzüge Israels gezählt wird[158]. Andererseits fehlen wichtige Topoi, die man erwarten würde, wie Tempel, Hl. Stadt und v.a. das Land[159]. Unklar ist auch, was Paulus mit δόξα ansprechen will. Wenn er damit den יהוה כבוד meint[160], dann fragt es sich, warum der Begriff zwischen υἱοθεσία und διαθῆκαι steht[161]. Wenn – was wahrscheinlicher ist[162] – auf die den Menschen zukommende Herrlichkeit angespielt ist, dann besteht eine Spannung zu Röm 3,23, wonach allen Menschen die δόξα aufgrund der Sünde mangelt. Schon zu Gal 4,5 wurde festgestellt, daß die υἱοθεσία Israels während der Zeit des Gesetzes suspendiert und Israel „unter dem Gesetz" den Sklaven gleichgestellt war[163]. Hat Paulus in Röm 9,4 seine früheren Ausagen alle vergessen? Dies ist kaum anzunehmen. Die Lösung muß daher in einer anderen Richtung gesucht werden.

---

[155] Nach SIEGERT, Argumentation, 137, sind sprachtheoretisch und logisch kontradiktorische und polar-konträre Gegensätze zu unterscheiden. Dabei können für den Menschen kontradiktorische Gegensätze sich im Plan Gottes zu polaren relativieren.

[156] So V.D. OSTEN-SACKEN, Schibbolet, 300.

[157] Zur Frage woran dabei im einzelnen zu denken ist, s. die Ausführungen bei LUZ, Geschichtsverständnis, 269–274; DUNN, Rom II, 533ff; SCHLIER, Röm, 286ff; CRANFIELD, Rom II, 460–464.

[158] Daran ändert sich auch nichts, wenn man mit LUZ, Geschichtsverständnis, 272, nicht den „Besitz des Gesetzes ..., sondern das Geschehen der Gesetzgebung, also das Handeln Gottes" angesprochen sieht (kursiv im Original).

[159] So von SIEGERT, Argumentation, 122, vermerkt. Man kann jedoch fragen, ob nicht zumindest das Land in διαθῆκαι und ἐπαγγελίαι und Hl. Stadt und Tempel durch die δόξα angesprochen sind, sofern darunter der יהוה כבוד zu verstehen wäre, bzw. in λατρεία enthalten sind, da der Begriff in der LXX fast immer den Kultus (עבודה) meint; vgl. V.D. OSTEN-SACKEN, Grundzüge, 58; zu λατρεία s. STRATHMANN, ThWNT IV, 61.

[160] S. dazu LUZ, Geschichtsverständnis, 271; SCHLIER, Doxa.

[161] Die Stellung nach υἱοθεσία scheint eine anthropologische Zuspitzung nahezulegen.

[162] So DUNN, Rom II, 533f.

[163] Der Unterschied ist nicht nur „relativ", wie KREMERS, Volk, 156, ihn versteht.

Damit stellt sich die Frage, in welcher Weise diese Auszeichnungen den Juden gelten. Schon die Bezeichnung „sie sind Israeliten" läßt aufmerken, denn durch die Art der Einführung wird deutlich, daß es sich auch hierin – analog dem ersten Vorkommen des Begriffs in Gen 35,10 – um eine von Gott her gültige Qualifikation und nicht um eine Vorfindlichkeit handelt. Vordergründig widerspricht Paulus seiner bisherigen Linie, daß durch Christus die Unterscheidung von Jude und Heide in den Hintergrund getreten ist und die Privilegien Israels aufgrund der Sünde nicht zum Zug kamen.

Zunächst ist es wichtig, den „Gabecharakter" der Privilegien zu erkennen[164]. „Israels Vorzüge sind [...] niemals habituell und können dies auch gar nie werden, sondern bleiben immer Schenkungen"[165]. Von entscheidender Bedeutung ist jedoch die polare Struktur der Verse 1–5. Eine sachgemäße Interpretation wird von vornherein verstellt, wenn diese Spannung nach der einen oder anderen Seite hin aufgelöst wird und V.1–5 entweder nur „auf eine Erinnerung an die Gnadengaben und Verheißungen Gottes an Israel" abzielend[166] oder nur als Ausdruck der „völlige[n] Relativierung der Heilsbedeutsamkeit der Gaben an Israel" verstanden wird[167]. Die Juden werden hier jedoch weder einseitig „als verflucht"[168], noch werden sie einseitig als des Heils teilhaftig angesehen[169], sondern innerhalb einer doppelten Bestimmung.

Nach Käsemann bedeutet die Zuerkennung von υἱοθεσία, δόξα etc., daß Paulus „das Phänomen Israel nicht weniger dialektisch als das des Gesetzes" versteht[170]. Doch was ist mit „dialektisch" gemeint? Antwort hierauf kann nur ein Nachdenken über die Promissio-Struktur des Wortes Gottes an Israel geben: Die Privilegien Israels gelten im Sinn der göttlichen Zusage (Promissio), die Wirklichkeit setzt und auch durch menschliche ἀδικία nicht annulliert werden kann (3,5). Die gegenwärtige Erfahrung mag zwar der göttlichen Zusage widersprechen, kann sie aber nicht aufheben. Damit bestätigt schon die Struktur von Röm 9,1–5, was auch im weiteren Verlauf von Röm 9–11 zutage treten wird: der Verzicht auf die „Aufweisbarkeit des Gottesvolkes"

---

[164] Vgl. LÜBKING, Paulus und Israel, 55.57 samt 184 A.304 (im Kontext von 53–57).

[165] LUZ, Geschichtsverständnis, 273. Inwiefern diese Privilegien „zugleich auch die Privilegien der christlichen Gemeinde, derer sich Gott erbarmt hat", sein sollen (so LUZ, ebd., im Original kursiv), geht aus Röm 9,1–5 nicht hervor.

[166] So z.B. V.D. OSTEN-SACKEN, Schibbolet, 300; auch V.D. OSTEN-SACKEN, Grundzüge, 39–67, wird zu einseitig auf 9,4f der Akzent gelegt und der Grund für den in 9,1–3 zum Ausdruck kommenden Schmerz des Paulus unterbewertet.

[167] So KLUMBIES, Israels Vorzüge, 139. Ähnlich SCHMIDT, Röm, 158, für den der ganze Zusammenhang vom Gedanken „das alles ist für Israel zunächst verloren" beherrscht ist; s. dagegen LÜBKING, Paulus und Israel, 53–57.

[168] So jedoch KLUMBIES, Israels Vorzüge, 139.

[169] So der Tenor des Beitrags von KREMERS, Volk (s.o. A.163).

[170] So KÄSEMANN, Röm, 249.

und zugleich „die volle Wirklichkeit dieses Gottesvolkes", da dessen Vorzüge stets „Gottes eigene Tat bleiben"[171].

Paulus hat mit Röm 9,1–5 eine argumentative Plattform geschaffen, indem er Schriftaussage und Erfahrung in eine polare Spannung zueinander gestellt hat.

2. Die Neudefinition des Gottesvolkes als Volk der Verheißung (9,6–29.30–33)

Röm 9,6–29.30–33 stellt einen ersten Argumentationsgang dar[172]. Paulus denkt das in 9,1–5 angeschnittene Problem von Gottes erwählendem Handeln her durch: Erwählung des einen heißt immer auch Zurücksetzung des anderen. Der Übergang zu V.6 geschieht unvermittelt. Paulus beginnt mit einer These (V.6a), der zwei Begründungen nachgeschoben werden (V.6b.7), V.8 zieht eine Konsequenz. V.6a stellt dabei nicht die „Themafrage" für den ganzen Abschnitt 9–11 dar, sondern muß in seiner begrenzten Reichweite gesehen werden[173]. Thema ist die Zuverlässigkeit des Gotteswortes, d.h. Gottes Verheißungtreue[174]. Die Begründungen nehmen jeweils eine Differenzierung innerhalb eines bekannten Begriffes vor: „Nicht alle, die aus Israel stammen, sind Israel" (V.6b), „und nicht ist es so, daß alle Kinder ‚Nachkommenschaft Abrahams' sind, vielmehr gilt: in Isaak soll dir Nachkommenschaft berufen werden" (V.7)[175]. Die Frage, wer mit dem zweiten „Israel"

---

[171] LUZ, Geschichtsverständnis, 277, in Auslegung von Röm 11,16ff (im Original jeweils kursiv).

[172] Auf das Problem, ob in Röm 9,6–29 ein bewußt gestalteter Midrasch vorliegt, muß hier nicht eingegangen werden; s. dazu die Diskussion bei RÄISÄNEN, Römer 9–11, 2897f.

[173] Vgl. ZELLER, Juden, 114f; BRANDENBURGER, Schriftauslegung, 10 (vgl. 16f), der die Funktion von V.6 nicht über 9,6–29 hinausreichen sieht. Anders z.B. KÄSEMANN, Röm, 251; WILCKENS, Röm II, 191; BORNKAMM, Paulus, 159; WAGNER, Future, 81; NIEBUHR, Heidenapostel, 142f, der V.6a zur Themafrage macht, die in 11,1f.11.29 wiederholt werde. Will man V.6a eine über Kap. 9 hinausgehende Funktion zuschreiben, so reicht diese jedoch im höchsten Fall bis 11,10. Spätestens mit Röm 11,10 ist die These aus 9,6a in jeder Hinsicht abgesichert, denn „die Israel-Verheißung wäre in der Rettung des ‚Restes', der ‚Elite' (11,4–7) verwirklicht worden"; WALTER, Interpretation, 181 (anders ZELLER, Juden, 115). Hierin gründet auch das berechtigte Anliegen der Gliederung von HOFIUS und SÄNGER, die einen Einschnitt in der Beweisführung von Röm 9–11 zwischen 11,10 und 11 lokalisieren: Von 11,11 ab kommt tatsächlich ein über die bisherige Argumentation hinausgehender Aspekt zu Wort, das heilsgeschichtlich begrenzte Verständnis der Verstockung und die Erwartung eschatologischer Rettung ganz Israels (s. weiterhin u. zu 11,11ff).

[174] Ὁ λόγος τοῦ θεοῦ meint im vorliegenden Fall im Unterschied zum sonstigen Gebrauch bei Paulus nicht das Evangelium, sondern ist mit τὰ λόγια τοῦ θεοῦ von Röm 3,2 identisch, vgl. den Gebrauch von λόγος in 9,9; RÄISÄNEN, Römer 9–11, 2897; BRANDENBURGER, Schriftauslegung, 18 A.27; ZELLER, Juden, 114; KÄSEMANN, Röm, 252; WILCKENS, Röm II, 192 A.848; HÜBNER, Gottes Ich, 15f, gegen GÜTTGEMANNS, Heilsgeschichte, 40f; KLUMBIES, Israels Vorzüge, 140ff; DERS., Rede von Gott, 210ff.

[175] Probleme bereitet das Verständnis von V.7a, da hier σπέρμα Ἀβραάμ in einem bei Paulus sonst unüblichen Sinn verwendet zu werden scheint. Wie RESE, Israel und Kirche, 209,

(V.6bβ) gemeint ist, wird kontrovers diskutiert[176]. Der Begriffsgebrauch bei Paulus weist unterschiedliche Nuancen auf[177]. In V.6 werden unterschieden das *„Volk* ‚Israel'", dem die Verheißung gilt und die *„Heilsgemeinde* ‚Israel', an der sich die Verheißung erfüllt"[178]. Als Aussageabsicht von 9,6b läßt sich formulieren: „Israel ist nicht eine durch Abstammung und natürliche Generationenfolge definierte Größe"[179], es verdankt sich vielmehr einem ständigen Berufungshandeln Gottes (V.7: κληθήσεται), durch welches „Verheißungskinder" von „Fleischeskindern" unterschieden werden[180]. Nur die τέκνα τῆς ἐπαγγελίας sind „Kinder Gottes" (V.8)[181].

V.9 bringt ein erstes erläuterndes Beispiel: Sara. Dahinter steht Gen 18,10.14[182]. Die Anfügung geschieht über den Stichwortanschluß ἐπαγγελία. V.10–13 folgt ein zweites Beispiel: die Isaaksöhne Jakob und Esau. Auffällig ist die Terminologie aus dem Bereich der Rechtfertigungslehre (V.12a). Beweisziel ist jeweils die Zuverlässigkeit des Gotteswortes trotz oder gerade wegen des ‚mit Auswahl verfahrenden Ratschlusses Gottes' (V.11b)[183], wodurch stets der eine gegenüber dem anderen hervorgehoben wird.

---

jedoch wahrscheinlich gemacht hat, ist οὐδ᾽ ὅτι (V.7) synonym zu οὐχ οἷον δὲ ὅτι (V.6a) zu verstehen, πάντες τέκνα hat nicht als elliptischer Hauptsatz, sondern als Subjekt zu gelten, σπέρμα ᾿Αβραάμ ist als „Prädikatsnomen in ein und demselben Aussagesatz" anzusehen; so auch BARRETT, Rom, 180f; DUNN, Rom II, 540. Zur Inkongruenz zwischen πάντες und τέκνα, s. LAUSBERG, Handbuch, § 517: „soloecimus (schema) per genera"; vgl. RESE, aaO, 215 A.20.

[176] Vgl. die Diskussion bei DUNN, Rom II, 539f; RESE, Israel und Kirche, 213; unwahrscheinlich ist die These von DINKLER, Prädestination, 267, das zweite „Israel" meine die Judenchristen (vgl. dazu DERS., in: DE LORENZI, Hg., Israelfrage, 49.51).

[177] S. die genauen Belege bei HOFIUS, Evangelium und Israel, 301f.

[178] HOFIUS, Evanglium und Israel, 301. Diese Unterscheidung liegt entgegen RESE, Israel und Kirche, 217 A.51, nicht auf der gleichen Ebene, wie die zwischen einem empirisch-historischen Israel und dem eschatologischen Israel, das mit der Kirche identisch gesetzt wird, so z.B. BULTMANN, Geschichte, 101; ähnlich LÜDEMANN, Paulus und das Judentum, 32.

[179] ROLOFF, Kirche, 127; vgl. DUNN, Partings, 148: „The point of 9.6 is *not*, to disown Israel, but to point out that Israel is defined and determined by promise and election, *not* by physical descent, and *not* by works of the law". Nach RENGSTORF, Ölbaum-Gleichnis, 142, handelt es sich in Röm 9,6f möglicherweise um „eine im palästinischen Rabbinat seiner Zeit vertretene These", die Paulus hier aufnimmt. Die Tatsache, daß das spätere Rabbinat nahezu durchgängig den Standpunkt vertritt, die abstammungsmäßige Herkunft von Abraham verbürge die Teilhabe am Heil, bedeutet nicht, daß dies vor 70 n.Chr. auch schon so gewesen ist, da die spätere Lehre möglicherweise aus der Opposition zum sich formierenden Christentum erklärt werden muß. RENGSTORF, aaO, 140f, nennt Belege aus Philo und der jüdischen Traditionsüberlieferung (Philo, Praem 152; SifDev § 96 zu 14,1 [FINKELSTEIN 157,14ff]; tSan XII,9–XIII,12).

[180] Die Entgegensetzung von τέκνα τῆς σαρκός und τέκνα τῆς ἐπαγγελίας geht über die Unterscheidung von V.6b hinaus. So m.R. KOCH, Schrift, 304 A.6, gegen WILCKENS, Röm II, 192.

[181] Zu υἱοί/τέκνα θεοῦ als Bezeichnung von Gliedern des Gottesvolkes s.o. zu Gal 3,26–29.

[182] Für Detailfragen s. KOCH, Schrift, 141f.171f.

[183] Die Formulierung stammt von LIETZMANN, Röm, 90; vgl. HOFIUS, Evangelium und Israel, 303.

Damit ist die These in V.6a in einer Hinsicht bewiesen[184]: Das Gotteswort ist deswegen nicht hinfällig geworden, weil Gottes Zusagen schon immer nur durch einen Teil des Gottesvolkes realisiert wurden[185].

Aus der bisherigen Begründung von V.6a resultiert jedoch das Problem, ob Gott nicht bei seinem erwählenden Handeln mit Willkür verfahre[186]. Paulus lehnt dies zunächst vehement ab: μὴ γένοιτο (V.14b), liefert aber dann zwei Begründungen nach: „Erstens handelt sich's um Gaben, auf die kein Anspruch besteht (V.15f.); zweitens verfolgt Gott mir [sic!] der Ungleichheit einen guten Zweck"[187]. Diese Antworten provozieren eine weitere Frage (V.19), auf die V.20–29 antworten[188]. Auf den Einwurf der Unwiderstehlichkeit des göttlichen Erwählungshandelns[189] antwortet Paulus zunächst, indem er auf den Status des Menschen als Geschöpf verweist (V.20), das gegenüber dem Schöpfer „[n]ur aus dieser Position heraus" reden kann[190]. Veranschaulicht wird das Argument durch den Verweis auf den Töpfer und dessen Verfügungsrecht über den Ton (V.21). Eine heilsgeschichtliche Anwendung folgt in V.22ff: Gott hätte das gleiche Verfügungsrecht wie der Töpfer, er könnte „Gefäße des Zorns" und „Gefäße des Erbarmens" herstellen. Das Ziel bei der Einführung dieser Anwendung ist jedoch nicht nur vergleichend, sondern in steigerndem Sinn positiv gemeint[191].

---

[184] Vgl. SIEGERT, Argumentation, 127. Von hier aus wird deutlich, daß V.6a niemals die These für den gesamten Abschnitt Röm 9–11 darstellen kann, s.o. A.169.

[185] Man kann fragen, ob hinter diesen Ausführungen schon die Vorstellung vom Rest steht. Dies würde v.a. durch den zutreffenden Aspekt der Gliederung von HOFIUS nahegelegt, daß mit 11,11ff ein Neuansatz zu verzeichnen ist. (Für HOFIUS hat in der Tat der Restgedanke zentrale Bedeutung für 9,6–11,10, s. DERS., Evangelium und Israel, 304f.) Beweisen läßt sich das nicht, denn explizit begegnet der Restgedanke erst in 9,27ff und dann in 11,1–10, noch dazu ist er in beiden Texten nicht völlig einheitlich gebraucht. Doch entspricht die Struktur der Argumentation in 9,6–13 der in 9,27ff: Die Bewahrung der Auswahl bzw. des Restes hat das Hinfälligwerden des Gotteswortes verhindert.

[186] Nach ZELLER, Juden, 115, handelt es sich bei V.14ff um einen Exkurs, doch dies scheint mir nicht gerechtfertigt, die Verbindung zum Vorhergehenden ist sachlich zu eng.

[187] SIEGERT, Argumentation, 128.

[188] Es ist nicht notwendig und auch nicht zutreffend, V.19ff als Unterbrechung des Zusammenhangs zu betrachten, so LUZ, Geschichtsverständnis, 237, im Anschluß an GAUGLER und KÜHL.

[189] Paulus nimmt damit ein Argument auf, das von jüdischer Seite vorgebracht werden könnte.

[190] SIEGERT, Argumentation, 135; vgl. LUZ, Geschichtsverständnis, 240.

[191] SIEGERT, Argumentation, 136; THEOBALD, Gnade, 145f; vgl. LUZ, Geschichtsverständnis, 241. Eine Sachparallele zu V.22f findet sich – was die Vorherbestimmung Gottes angeht – in 1QH 15,15–20 (s. dazu MELL, Neue Schöpfung, 91–93) wie auch 1QS 3,15ff (dazu BECKER, J., Das Heil Gottes. Heils- und Sündenbegriffe in den Qumrantexten und im Neuen Testament, StUNT 3, 1964, 85ff; LICHTENBERGER, Menschenbild, 122–142).

Probleme bereitet jedoch die grammatische Struktur von V.22f[192]. Die meisten Ausleger gehen von einem Anakoluth aus. Eine andere, erwägenswerte Lösung bietet Siegert[193]. V.22 wird dabei verstanden als Vordersatz zu dem mit καί angeschlossenen elliptischen Nachsatz in V.23. Es handelt sich dann um ein καί apodoseos[194]. Damit wäre auch der Anschluß von V.24 geklärt: es müßte kein neuer Satz mit relativischem Anschluß angenommen werden, wie bei NTG[26/27], sondern οὕς würde sich glatt auf σκεύη ἐλέους zurückbeziehen. Unklar bleibt bei dieser Lösung die logische Verknüpfung von V.22 und 23 im Gesamtkontext der paulinischen Argumentation. Es bleibt dabei, daß in V.23 eigentlich ein finites Verb zu erwarten wäre, das ἤνεγκεν in V.22 entspricht.

Eine andere Möglichkeit, die Logik der paulinischen Aussagen zu verstehen, ergibt sich durch Modifikation der Siegertschen Lösung, wenn in der Tat zwischen V.23 und 24 nicht wie in NTG[26/27] ein Einschnitt gesehen wird, jedoch das in V.23 vermißte finite Verb in ἐκάλεσεν (V.24) vorliegt[195]. Dies wäre von der Zeitstufe (Aorist) her durchaus möglich. Verschiedentlich wurde schon vermutet, daß zum Aorist ἤνεγκεν V.22 ein ἐκάλεσεν ursprünglich vorgesehen war wie es jetzt in V.24 vorliegt, aber in V.23 wegen des Satzabbruchs ausgefallen sei[196]. Das καί V.23a wurde von Siegert im Anschluß an Zahn als καί apodoseos wahrscheinlich gemacht. Οὕς in V.24a würde sich dann relativisch auf σκεύη ἐλέους zurückbeziehen, wobei das Maskulinum οὕς als „Wechsel ... ins natürliche Geschlecht" zu erklären wäre[197]. Es handelte sich somit bei οὕς um ein Relativpronomen mit demonstrativer Bedeutung[198], die Annahme eines Anakoluth wäre überflüssig. Damit wäre folgendermaßen zu übersetzen: „Wenn aber Gott, der seinen Zorn zeigen und seine Macht erweisen wollte, in vieler Langmut Gefäße des Zorns, die zum Verderben hergerichtet waren, getragen hat, dann hat er, um den Reichtum seiner Herrlichkeit über Gefäßen des Erbarmens, die er vorher zur Herrlichkeit bereitet hat, kundzugeben, auch diese berufen, (nämlich) uns, nicht nur aus den Juden, sondern auch aus den Heiden."[199]

Es wäre also zu paraphrasieren: Wenn nun Gott, der beabsichtigte, seinen Zorn zu zeigen und seine Macht kundzutun, einerseits gezögert hat mit dem Gericht über die zum Verderben bereiteten ‚Gefäße des Zorns' und diese stattdessen in großer Geduld getragen hat, so hat er noch mehr, um den Reichtum seiner Herrlichkeit an vorher zur Herrlichkeit bereiteten ‚Gefäßen der Barmherzigkeit' kundzutun, gerade auch solche ‚Gefäße der Barmherzigkeit' berufen, nämlich die Glaubenden aus Juden und Heiden[200].

---

[192] Zur Diskussion s. LUZ Geschichtsverständnis, 235–250, bes. 241ff; HÜBNER, Gottes Ich, 49ff; THEOBALD, Gnade, 143–146; LÜBKING, Paulus und Israel, 73–76 (dort jeweils weitere Lit.).

[193] SIEGERT, Argumentation, 132f; ähnlich schon ZAHN, Röm, 461f, vgl. 458 A.24.

[194] Zum sog. καί apodoseos s. BDR § 442 A.14 und BEYER, Syntax, 66–72.

[195] Im linguistischen Schema der Beziehungen von V.22ff, das WINKEL, Argumentationsanalyse, 69, bietet, stehen ἤνεγκεν und ἐκάλεσεν gestrichelt auf einer Ebene. WINKEL zieht daraus jedoch keine Schlüsse hinsichtlich der Referenz des οὕς in V.24a.

[196] Z.B. ZELLER, Juden, 207; SCHLIER, Röm, 300; LÜBKING, Paulus und Israel, 75.

[197] SIEGERT, Argumentation, 132, mit Verweis auf viele derartige Beispiele bei SALOMO GLASSIUS, Philologia Sacra, 1776, 164f.

[198] Vgl. BDR § 293.3d; vgl. Röm 10,14; 14,21.

[199] Für philologischen Rat danke ich wiederum Herrn StR E. WEBER, Erlangen.

[200] Paraphrase in Auseinandersetzung mit SIEGERT, Argumentation, 131f; ZAHN, Röm, 462; LUZ, Geschichtsverständnis, 241ff. Schon hier klingt also an, daß das Verstockungshandeln Gottes nicht Selbstzweck ist, sondern eine positive Absicht verfolgt. Dies wird in 11,11ff im Blick auf die Verhärtung Israels von Paulus heilsgeschichtlich vertieft werden. Daß bei den

Der Bezug auf die aus Juden und Heiden zum Volk der Verheißung Berufenen scheint zunächst im Gefolge der Einwürfe in V.14 und 19 und nicht im direkten Argumentationsgefälle von 9,6ff her zu liegen. Die Fortsetzung V.24ff zeigt jedoch das Gegenteil: In der Berufung aus Juden und Heiden vollzieht sich Gottes Erwählungshandeln und damit die Realisierung seiner Verheißung. Dies wird durch die Schriftzitate bestätigt: Nicht-Volk wird zum Volk und Israel wird bis auf einen Rest dezimiert[201].

Der Restgedanke, wie er in V.27–29 eingeführt wird, hat einen von 11,1–10 unterschiedenen Akzent: Er ist hier im reduktionistischen Sinn gebraucht. Gemeint sind damit die Judenchristen; sie sind der Rest und der Same, den Gott sich aufbewahrt hat[202].

Die Anwendung der beiden Hosea-Zitate auf die Glaubenden hat weitreichende Bedeutung[203]. V.26 bestätigt die bisherige Interpretation von υἱοὶ θεοῦ im Sinn von Mitgliedern des Gottesvolkes, denn V.26 steht in Sachparallele zu V.25. Es handelt sich neben 2Kor 6,16 um den zweiten Beleg im paulinischen Schrifttum, wo λαὸς τοῦ θεοῦ als Bezeichnung der an Christus Glaubenden begegnet[204]. Die Tatsache, daß dies hier – analog 2Kor 6,16 – innerhalb eines Zitates geschieht, darf nicht zu einer sachlichen Abschwächung führen, denn die Art und Weise, wie Paulus das Schriftzitat einbringt und modifiziert, zeigt, daß es ihm nicht nur darum geht, eine Aussage durch einen Schriftbeleg zu illustrieren, sondern daß er das Schriftzitat völlig in seine Argumentation eingebaut hat[205]. Gleiches gilt für die folgenden Jesaja-Zitate[206].

Gefäßen des Zorns an einen Rückgriff auf V.17 zu denken ist, somit Pharao das „Modell des ‚Gefäßes zum Zorn'" für Paulus abgibt (so LUZ, Geschichtsverständnis, 245; vgl. NIEBUHR, Heidenapostel, 155, der ebenfalls eine direkte Übertragung auf Israel ablehnt), erscheint wahrscheinlicher als eine Übertragung auf die ungläubigen Juden (so ZAHN, Röm, 462; SIEGERT, Argumentation, 139; HÜBNER, Gottes Ich, 45; RÄISÄNEN, Römer 9–11, 2902f. Die Parallele von V.22f zu V.17 unterstreicht auch LÜBKING, Paulus und Israel, 73).

[201] Zum Verständnis von V.27.28 in diesem Sinn s. STEGEMANN, Menschheit, 195f, unter Hinweis auf WILCKENS, Röm II, 206f.

[202] S. dazu unten A.206 und weiterhin unten zu 11,1–10.

[203] Es handelt sich um eine Kombination aus Hos 2,25 (2,23 LXX) und 2,1.

[204] Mit der Bezeichnung der Glaubenden als „Volk Gottes" ist jedoch nicht notwendigerweise eine Substitution Israels durch die heidenchristliche Kirche angezeigt; so HÜBNER, Biblische Theologie II, 309. Zum einen würde „Substitution" erfordern, daß Israel zum „Nicht-Volk" erklärt wird, das geschieht jedoch nicht. Zum andern rührt die Fehlinterpretation m.E. auch daher, daß er Röm 9 analog Gal 4,21ff interpretiert (s. ebd., 307) und die Judenchristen „nahezu wie eine *quantité négligeable*" behandelt (309, kursiv im Original). Zum dritten befinden wir uns noch mitten innerhalb der Entwicklung des Gedankengangs. Eine so weitreichende Aussage wie: Paulus vertrete hier „in aller Eindeutigkeit ... die sog. *Substitutionstheorie*" (ebd., 309), kann an dieser Stelle nicht zutreffen.

[205] S. dazu im Detail KOCH, Schrift, 104f.166ff.173f.279f.

[206] S. ebenso KOCH, Schrift, 82f.145–149.167f. Es handelt sich bei V.27f um ein Mischzitat aus Jes 10,22f; Hos 2,1 und Dan 5,28, bei V.29 um ein Zitat aus Jes 1,9f, das mit der LXX übereinstimmt. V.27 wurde aus Hos 2,1 der erste Halbsatz übernommen und damit Jes 10,22f

Die Verse 30–33 heben das mit V.24–29 erreichte Resultat in den Horizont der Rechtfertigungslehre[207]: Die Berufung zum Gottesvolk wird in V.30–33 verstanden als καταλαβεῖν δικαιοσύνην. Hierin zeigt sich, wie das Gottesvolkthema bei Paulus von der Rechtfertigungslehre her zu beurteilen ist und wie umgekehrt die Rechtfertigungslehre die paulinische Antwort auf die Gottesvolkfrage darstellt.

Zusammenfassend: Zum Beweis seiner These, daß das Wort Gottes nicht hinfällig geworden ist, vollzieht Paulus in Röm 9,6–29 eine Neudefinition des „Volkes der Verheißung"[208]. Er tut dies, indem er „die die wahre Abrahamsnachkommenschaft konstituierende Wirkweise des verheißenden Gotteswortes" herausstellt[209]. *,Volk Gottes' ist somit für Paulus im strengen Sinn ein Verheißungsbegriff*[210]. So sehr Paulus eine direkte Gleichsetzung von „Israel" mit der Heilsgemeinde vermeidet, so unzweifelhaft bezeichnet er die aus Juden und Heiden Berufenen in 9,25f als Gottesvolk. Er tut dies mit Worten der

---

abgeändert (KOCH, Schrift, 167f). Dies ist insofern bedeutsam, als Paulus dadurch vermeiden kann, „Israel als Ganzes als λαός zu bezeichnen" (KOCH, Schrift, 168). Hier besteht Kongruenz mit Röm 9,6. Sodann zitiert Paulus variierend aus Jes 10,22f LXX: ἐν δικαιοσύνη κτλ. fällt weg, οἰκουμένη wird zu γῆ. Zwischen Jes 10,22 MT und LXX bestehen wichtige Unterschiede: Jes 10,22 MT bedeutet die Reduktion Israels auf den Rest eindeutig ein Gerichtshandeln Gottes. Die LXX hebt dagegen das Positive der Bewahrung des Restes hervor. Sie kann damit anknüpfen an die positive Sicht, die auch in 10,20f vorliegt und nicht an die reduktionistische von 10,22f (zu Jes 10,20f.22f s. HAUSMANN, Rest, 149ff). Dieses positive Verständnis setzt sich fort in der LXX-Wiedergabe von V.22c.23: „Für den LXX-Übersetzer ist die Bewahrung des ‚Restes' nicht Folge eines nicht konsequent durchgeführten Gerichts (eines nur ‚verkürzt' durchgeführten Wortes), sondern rettende Tat Gottes" (KOCH, Schrift, 147 A.33). Für Paulus ist grundsätzlich von diesem durch die LXX vorgegebenen Verständnis auszugehen, jedoch haben sich bei ihm die Akzente durch die Einfügung von Hos 2,1 und die Änderung am Schluß (ἐν τῇ οἰκουμένῃ ὅλῃ wird in ἐπὶ τῆς γῆς geändert) wieder in Richtung des MT verschoben: der Rest umfaßt reduktionistisch „nur einen äußerst geringen Teil Israels" (KOCH, Schrift, 148.149 A.46).

[207] Insofern handelt es sich bei diesen Versen in der Tat um einen Übergang. Auch den neuen Interpretationsvorschlag von REINBOLD, Paulus, bestätigt dies (gegen REINBOLDs eigene Meinung; vgl. aaO, 260f). Bestechend an REINBOLDs Interpretation ist jedoch, daß er 9,31 auf dem Hintergrund von Röm 3,21 versteht (der νόμος bezeugt die „Glaubensgerechtigkeit"; aaO, 262; vgl. RAISÄNEN, Law, 54; KRAUS, Tod Jesu, 168f) und durch seinen Interpunktionsvorschlag, der V.32 ohne die Annahme einer Ellipse oder eines Asyndetons „aus sich selbst heraus verständlich" sein läßt (257), zu einem kohärenten Verständnis der gesamten Passage gelangt. V.30–33 nehmen Bezug auf das Erwählungshandeln Gottes, von dem Kap. 9 spricht, und auf den Unglauben Israels, der in Kap. 10 thematisiert wird. In Anlehnung an REINBOLD, Paulus, 260, ist zu übersetzen: „Was sollen wir nun sagen: Die Heiden, die nicht nach Gerechtigkeit strebten, haben Gerechtigkeit erlangt. Israel dagegen, das dem Gesetz der Gerechtigkeit nachjagte, hat das Gesetz (das die Glaubensgerechtigkeit bezeugt; 3,21) nicht erreicht. Warum das? Weil sie – nicht aus Glauben, sondern in Werken befangen – an den Stein des Anstoßes gestoßen sind, wie geschrieben steht ..."

[208] ZELLER, Juden, 116; vgl. DAHL, Name, 162; LÜBKING, Paulus und Israel, 64.

[209] LÜBKING, Paulus und Israel, 64.

[210] Hieran kann er in 11,28ff anknüpfen und auf diese Weise „ganz Israel" weiterhin als Volk unter der Verheißung begreifen.

Schrift. V.30–33 stellen ein rechtfertigungstheologisches Resümee dar und leiten gleichzeitig über zu Kap. 10. Das Schriftzitat (V.33) gibt den Grund an, warum Israel nicht glauben kann: Weil Gott einen Stein des Anstoßes in Zion gelegt hat, an dem Israel sich gestoßen hat[211]. Das Kapitel schließt somit unter Bezug auf die gottgesetzte Ursache der Ablehnung des Evangeliums durch Israel[212].

3. Das ungehorsame Israel und die ausgebreiteten Hände Gottes (10,1–21)

Der Punkt, auf den Paulus in Röm 10 zusteuert, läßt sich so umschreiben: Israel lehnt das Evangelium „im Unverstand" ab; dies ist auf die Verstockung durch Gott zurückzuführen[213], denn von den Voraussetzungen her hätte Israel längst das Evangelium annehmen müssen[214]. Dennoch bleiben Gottes Hände zu seinem ungehorsamen Volk ausgebreitet. Damit bekommt das zitierte Jesaja-Wort (65,1) neben dem kritischen einen verheißungsvollen Akzent[215].

Nachdem Paulus in Kap. 9 das Israelthema von dem „mit Auswahl verfahrenden Ratschluß Gottes" (Lietzmann) her durchdacht hat, setzt er in 10,1 zu einem zweiten Argumentationsgang an. Betont spricht er die Briefadressaten direkt an und nimmt auf, was in 9,1–3 schon angeklungen war: Die Rettung Israels ist sein Herzenswunsch und Gebet zu Gott. Sein Augenmerk liegt jetzt auf der Ablehnung des Evangeliums durch Israel, wofür er Gründe nennt.

Das Kapitel wird häufig so verstanden, als wolle Paulus darin die Schuld Israels aufweisen[216]. Doch von „Schuld" ist im ganzen Kapitel nicht die Rede[217].

---

[211] Vgl. LÜBKING, Paulus und Israel, 93: Das Schriftzitat hat „Begründungsfunktion für die die Gegenwart kennzeichnende paradoxe Heilssituation".

[212] Die Bedeutung von 9,33 für den Argumentationsgang Kap. 10 wird auch von LÜBKING, Paulus und Israel, 92 (im Kontext von 80–94), herausgestellt.

[213] M.R. betont RESE, Unwissen, 263: „Subjektiv handelten die Israeliten aus ‚Eifer für Gott' (10,2a), objektiv waren sie gegenüber Gott ungehorsam (10,3c). Die Ursache für diesen Widerspruch zwischen subjektivem Wollen und objektivem Tun der Israeliten ist ihre Unkenntnis der Gerechtigkeit Gottes, die Nichtunterordnung deren konkrete Wirkung." In der Hinzunahme der Heiden jedoch eine der Ursachen für Israels Unglauben sehen zu wollen (so RESE, Unwissen, 264), erscheint mir als Überinterpretation, die durch den Text nicht gedeckt ist. S. dagegen HOFIUS, Evangelium und Israel, 303f, der die Verstockung als „Preisgegebenwerden an die immer schon bestehende Abwendung von Gott" an dieser Stelle anführt (Zitat 304).

[214] Daß man wie V.D. OSTEN-SACKEN, Schibbolet, 301, die Widerspenstigkeit Israels als „schriftgemäß" bezeichnen sollte, erscheint mir fragwürdig.

[215] Vgl. STEGEMANN, Menschheit, 208f.

[216] So HÜBNER, Biblische Theologie II, 315; vgl. DERS., Gottes Ich, 60ff; RÄISÄNEN, Römer 9–11, 2909; KÄSEMANN, Röm, 266; differenzierter, aber dennoch von Israels Schuld sprechen auch LÜBKING, Paulus und Israel, 88ff.94 (im Anschluß an DIETZFELBINGER), und NIEBUHR, Heidenapostel, 156; vgl. dagegen SCHMIDT, Röm, 171f.182; HOFIUS, Evangelium und Israel, 303; RESE, Unwissen, 257f; THEOBALD, Gnade, 150–154.

[217] So m.R. RESE, Unwissen, 257; KÜMMEL, Probleme, 21f.

Zunächst verbleibt Paulus im Horizont des Redens von der δικαιοσύνη θεοῦ, das auch den Abschluß von Kap. 9 geprägt hat. V.2f nennt das Problem: Israel hat zwar „Eifer für Gott, jedoch ohne (rechte) Erkenntnis"[218]. Dabei werden Gottesgerechtigkeit und eigene Gerechtigkeit einander thetisch gegenübergestellt. Israel erkennt die in Christus geoffenbarte Gottesgerechtigkeit nicht an, da sie als δικαιοσύνη ἐκ πίστεως der δικαιοσύνη ἐκ τοῦ νόμου entgegensteht. Bewiesen wird das mit Lev 18,5[219], wo die Verheißung des Lebens auf dem Tun liegt[220]. Durch Christus jedoch ist das Gesetz an seine Grenze gekommen[221].

Auf die breite Debatte zu Röm 10,4 kann hier nicht im Detail eingegangen werden. Nur einige Bemerkungen seien angebracht: Subjekt in Röm 10,4 ist τέλος, Χριστός ist Prädikatsnomen, εἰς δικαιοσύνην κτλ. stellt eine Apposition dar. Der Satz steht in sachlicher Parallele zu Röm 3,21ff, wonach die Gerechtigkeit von Gesetz und Propheten bezeugt wird, und zu 2Kor 3, wonach die Decke in Christus entfernt wird. Christus erfüllt nach Paulus keineswegs „das Gesetz", sondern die Abrahamsverheißung. Nur insofern diese Teil des Gesetzes/der Tora ist, kann er als der ‚Erfüller' bezeichnet werden. Das Verhältnis Christi zum Gesetz ist nach verschiedenen Aspekten zu differenzieren:
- Hinsichtlich der Funktion des Gesetzes als παιδαγωγός ist Christus das Ziel des Gesetzes.
- Hinsichtlich des Verdammungsurteils aufgrund des Gesetzes ist Christus das Ende desselben[222].
- Hinsichtlich der identitätsstiftenden Funktion für das Gottesvolk ist Christus die zeitliche Grenze des Gesetzes[223].

---

[218] HOFIUS, Evangelium und Israel, 303 A.24, weist auf die Parallelaussage 2Kor 3,12ff hin.

[219] Zu den textkritischen Problemen des Verses s. WILCKENS, Röm II, 225 A.1003.

[220] „Eigene Gerechtigkeit" meint in diesem Fall nicht Selbstgerechtigkeit, sondern die auf die Täter des Gesetzes begrenzte Gerechtigkeit. Insoweit ist SANDERS, Law, 38, zuzustimmen; auch hierin, daß dem Gesetz der Bund vorgeordnet ist; Stichwort: „Bundesnomismus"; s. dazu SANDERS, Paulus, 400ff. Zu bestreiten ist jedoch die in manchen neueren Veröffentlichungen zu findende Ansicht, das antike Judentum habe mit der Erfüllung der Tora keinerlei „Lohnerwartung" verbunden, s. z.B. RÄISÄNEN, Law, 178: „Paul suggests ... the ‚non-believing' Jews tried to achieve righteousness by works ... Precisely this, however, is the problem: *Did* the Jews really look for ‚righteousness' (in anything like the Pauline sense of the word) in the Torah? Here the answer must be a clear ‚No'"; oder GASTON, Paul, 18: „For anyone who understands Rabbinic Judaism, Paul's attacks are not merely unfair, they miss the mark completely. The Rabbis never speak of Torah as the means of salvation ... the way of Torah, ‚which is your life' (Deut 32,47), *is* that salvation". Es ist SANDERS, GASTON u.a. zuzustimmen, daß die Tora im Judentum keineswegs als „means of salvation" verstanden wurde. Die Ansicht jedoch, Paulus habe – wie z.B. sein Umgang mit Lev 18,5 in Röm 10,5 zeige – das antike Judentum mißverstanden, hat SCHWARTZ, Leben, gerade anhand der jüdischen Auslegung von Lev 18,5 widerlegt. Damit soll weder das Gesetz als „Heilsweg" noch die antiquierte Sicht des Judentums als Religion der Werkgerechtigkeit repristiniert werden, wie es bei F. WEBER, E. SCHÜRER, W. BOUSSET u.a. den Anschein haben kann, es soll jedoch die bisweilen anzutreffende Unterstellung, Paulus habe das Gesetzesverständnis im Judentum seiner Zeit verzeichnet und argumentiere gegen einen imaginären Gesprächspartner, zurückgewiesen werden.

[221] Wenn Israel dem Evangelium nicht glaubt, dann verfehlt es nach Paulus damit auch den Sinn der Tora, denn die ist Zeuge des Evangeliums; so richtig STOLLE, Juden, 162; vgl. oben A.207.

[222] Hierauf hat LICHTENBERGER, Paulus, hingewiesen. Doch ist dies nur ein Aspekt.

- Hinsichtlich der Forderung nach Gerechtigkeit ist Christus Ziel und Ende des Gesetzes[224].
- Hinsichtlich der Möglichkeit, durch das Tun des Gesetzes das Leben zu erlangen, ist Christus die Offenlegung der Schwäche des Gesetzes und damit dessen Ende (Röm 8,2f)[225].

Die Offenbarung der Gottesgerechtigkeit macht den Interimscharakter des Gesetzes offenkundig. Es ist heilig, gerecht und gut für eine bestimmte heilsgeschichtliche Epoche. Es ist zeitlich und sachlich der Verheißung nachgeordnet. Es findet seine Grenze an der Offenbarung in Christus. Christus erfüllt nicht das Gesetz, aber er erfüllt, worauf das Gesetz zielt: die Gerechtigkeit.

Wichtig im Rahmen des Gottesvolkthemas erscheint mir die Feststellung von Dunn, „that Paul's thought here is to be understood chiefly in terms of his salvation-history perspective" und nicht in einer Art zeitloser Aussage über das Gesetz als solches[226]. Christus als Ende des Gesetzes heißt hinsichtlich des Gottesvolkthemas, daß die Zugehörigkeit zum Volk Gottes post Christum nicht mehr in Kategorien des Gesetzes verstanden werden kann, daß somit Beschneidung, Sabbatobservanz und Speisegesetze, welche hier in erster Linie zu nennen sind[227], keine Kriterien des Aus- oder Einschlusses mehr sein können[228], sondern daß die Zugehörigkeit zum Gottesvolk über die durch Christus universal ausgeweitete Abrahamsverheißung definiert wird.

Paulus begründet seine These vom τέλος τοῦ νόμου durch Dtn 30,12–14[229]. Was Dtn 30 vom Gesetz sagt, wird hier auf Christus bzw. das Wort vom Glauben bezogen. Der Gedankengang kommt zu einer Zäsur mit V.13: Paulus stellt unter Aufnahme von Joel 3,5 LXX fest, daß alle, auch Israel von den Voraussetzungen der Evangeliumsverkündigung her zum rettenden Glauben hätten finden können[230]. Warum verharrt es im Unglauben?

Dies ist die Frage, die hinter dem Abschnitt 10,14–21 steht. V.14 und 15a sind gestaltet im Stil eines „rückläufigen Kettenschlusses" und begründen V.16[231]. Illustriert wird die Litotes, daß „nicht alle dem Evangelium gehorcht haben", mit Jes 53,1 LXX. Sachlich entsprechen ‚die Wenigen' dem Rest in

---

[223] Die Zugehörigkeit zum σπέρμα Ἀβραάμ wird nicht mehr durch das Gesetz gewährleistet, sondern durch den Glauben.

[224] Das Gesetz konnte zwar nach Paulus aufgrund der Sünde nie ein Mittel zur Erlangung der Gerechtigkeit sein, hätte es aber potentiell werden können.

[225] Wie SCHWARTZ, Leben, passim, herausgearbeitet hat, wurde das Gesetz im Frühjudentum in der Tat als Möglichkeit verstanden, Gerechtigkeit zu erlangen.

[226] DUNN, Rom II, 597.

[227] Zu Beschneidung, Sabbatobservanz und Speisegeboten als exemplarischen Bereichen für ἔργα νόμου s. die Arbeiten von DUNN, s.o. zu Gal, S. 215f, und bes. DUNN, Response.

[228] In ähnliche Richtung geht STEGEMANN, Menschheit, 201, wenn er die ‚eigene Gerechtigkeit' als eine die Heiden ausschließende versteht. Ausgehend von DUNNs Sicht des Gesetzes versucht CRANFORD, Election, ähnliche Aspekte schon in der Unterscheidung innerhalb des Israelbegriffs in 9,7ff zu gewinnen.

[229] S. dazu im Detail KOCH, Schrift, 107.153–160.229f.295f. HÜBNER, Gottes Ich, 88.90, bestreitet im Anschluß an ZAHN und SANDAY-HEADLAM ein direktes Zitat aus Dtn 30, hat dies jedoch in DERS., Biblische Theologie II, 314 A.845 und ff, zurückgenommen; zur Begründung des Zitats s. auch ECKSTEIN, Wort.

[230] Vgl. RESE, Unwissen, 262.

[231] KÄSEMANN, Röm, 283; STUHLMACHER, Röm, 143.

9,27ff bzw. 9,6[232]. V.17 zieht sentenzhaft eine Konsequenz zum Leitbegriff ‚glauben'[233].

In den letzten drei Versen wird das Argumentationsziel des Paulus deutlich: Dies besteht nicht darin, einen „indirekte[n], aber darum umso wirkungsvoller[en] Schuldbeweis Israels zu führen"[234], sondern darin, Israels Nichtverstehen, die Heidenmission und Gottes bestehenden Liebeswillen in Beziehung zu setzen. Nach einer rhetorischen Frage stellt Paulus unter Heranziehung von Ps 18,5 LXX zunächst nochmals fest, daß die Möglichkeit, die Botschaft zu hören, für Israel durchaus gegeben war (V.18, vgl. V.8.12f). Trotzdem blieb es beim Unglauben. Dies verlangt nach Erklärung[235]. In einem zweiten, rhetorisch parallel gebauten Schritt fragt Paulus: „Hat Israel denn nicht verstanden?" Von der grammatischen Struktur her wäre eine bejahende Antwort zu erwarten. Vom Kontext, insbesondere von 10,2 her und den in V.19b–21 folgenden Schriftzitaten, muß die Antwort lauten: Israel hat nicht verstanden[236]. Von hier aus wird dann der Sinn der drei Schriftzitate klar: (1) Israel soll eifersüchtig werden auf ein Nicht-Volk; gegen ein unverständiges Volk soll es aufgebracht werden[237]. Hier klingt schon von ferne 11,11ff an. (2) Gott hat sich finden lassen von denen, die nicht nach ihm suchten; die nach ihm suchten, fanden ihn dagegen (noch) nicht. Die Rolle Israels und der Heiden ist somit vertauscht[238]. (3) Gottes Hände bleiben ausgestreckt nach dem ungehorsamen und widersprechenden Volk. Dies gilt nicht nur für die Langmut Gottes in der Vergangenheit[239], sondern für die Gegenwart[240]. Damit klingt

---

[232] SCHLIER, Röm, 317; KÄSEMANN, Röm, 285.

[233] SIEGERT, Argumentation, 153.

[234] So aber LÜBKING, Paulus und Israel, 91; vgl. KOCH, Schrift, 281.

[235] Richtig STEGEMANN, Menschheit, 208.

[236] HOFIUS, Evangelium und Israel, 298 (weitere Gründe für dieses Verständnis s. ebd., A.5); RESE, Unwissen, 262; STEGEMANN, Menschheit, 208. SIEGERT, Argumentation, 154, entscheidet sich zwar für bejahende Antwort, schränkt dann aber ein auf bloßes Wort-Verstehen (156). Sachlich besteht damit Übereinkunft mit HOFIUS, dem es auf das „verstehende Innewerden" ankommt (298).

[237] THEOBALD, Gnade, 153, wertet die Eifersucht Israels als „untrügliches Zeichen dafür, daß Israel ‚*verstanden*' hat". Doch es ist einerseits nirgends gesagt, daß Israel um des Heils der Heiden willen bereits eifersüchtig sei, zum andern wäre im Gegenteil damit zu rechnen, daß die Eifersucht aus dem Nicht-Verstehen des Evangeliums kommt. BELL, Jealousy, bes. 107–153. 336–357, möchte die Rettung ‚ganz Israels' bei der Parusie in Abhängigkeit von der Eifersucht Israels auf die in den Heilsbereich gekommenen Heiden sehen. Auf diese Weise will er auch den (scheinbaren) Widerspruch zwischen der Unterscheidung innerhalb des Israel-Begriffes in Röm 9,6 und der Rettung ‚ganz Israels' in 11,26 lösen (aaO, 3.140f.154.162ff.359 u.ö.). Ich kann jedoch nicht erkennen, daß das Eifersuchts-Motiv eine solch zentrale Rolle in Röm 9–11 spielt, wie BELL ihm dies zuschreibt. Zudem sehe ich keine direkte Verbindung zwischen dem gegenwärtigen Versuch, Israel durch Heiden, die Anteil am Heil gewinnen, eifersüchtig zu machen und der in naher Zukunft erwarteten Rettung ‚ganz Israels' durch den Parusie-Christus. Paulus geht m.E. vielmehr davon aus, daß die Rettung durch den wiederkommenden Christus die Einlösung der Väterverheißung darstellt (s.u.).

[238] STEGEMANN, Menschheit, 208.

[239] So WILCKENS, Röm II, 231, mit Verweis auf Röm 9,22.

hier schon die Treue Gottes an, die in Kap. 11 eigens thematisiert wird. Paulus verweist „auf den Überschuß der Barmherzigkeit Gottes gegenüber dem Gericht"[241]. Das Kapitel, das mit einem Herzenswunsch und der Feststellung des Eifers ohne rechte Einsicht begann, endet damit nicht mit dem Aufweis der Schuld, sondern mit dem Hinweis auf die Treue Gottes trotz des Unglaubens Israels.

4. Der Rest als Vorgriff auf die Vollzahl (11,1–10; vgl. 9,27ff)[242]

Mit 11,1 setzt Paulus zu einem dritten Argumentationsgang an, worin manche Ausführungen aus Kap. 9 und 10 noch einen entscheidenden Schritt weitergeführt werden. Paulus nennt zu Beginn (erstmals) explizit die seit 9,1–5 zur Verhandlung stehende Frage, „hat etwa Gott sein Volk verstoßen?", was sofort vehement in Abrede gestellt wird. Die abschließende Antwort des Paulus wird in vier Stufen gegeben: (1) Gott hat sich einen Rest übriggelassen (V.1–10). (2) Die Verhärtung Israels hat ein heilsgeschichtliches Ziel: die Verkündigung an die Heiden (V.11–15). (3) Das Ausbrechen „einiger" aus Israel aus dem Ölbaum des Gottesvolkes ist nur vorübergehend, die Wiedereinpflanzung ist von Gott zu erwarten (V.16–24). (4) Nach der Vollzahl der Heiden wird ganz Israel gerettet, denn es ist und bleibt geliebt um der Väter willen (V.25–32).

Röm 11,1–10 bezieht sich zurück auf Aussagen in 9,6ff. Dies zeigt sich auch terminologisch: κατ' ἐκλογὴν πρόθεσις (9,11) – λεῖμμα κατ' ἐκλογὴν χάριτος (11,5); οὐκ ἐξ ἔργων ἀλλ' ἐκ τοῦ καλοῦντος (9,12) – εἰ δὲ χάριτι, οὐκέτι ἐξ ἔργων (11,6). Auch die Schärfe der Zurückweisung des Gedankens der endgültigen Verwerfung Israels entspricht 9,6b[243]. 11,1 ist jedoch nicht nur die Wiederholung von 9,6 mit anderen Worten[244], sondern die erstmalige Formulierung der mit 9,1–5 angesprochenen Problemlage: μὴ ἀπώσατο ὁ θεὸς τὸν λαὸν αὐτοῦ? Die Bezeichnung „sein Volk" korrespondiert dabei sachlich den Privilegien in 9,4f[245].

---

[240] Nach KOCH, Schrift, 281, zeigt die Aufteilung von Jes 65,1f in zwei selbständige Zitate, daß Paulus „in Jes 65,1f zwei unterschiedlich ausgerichtete Aussagen enthalten sieht, die er jeweils eigenständig zur Geltung kommen lassen will".

[241] ROLOFF, Kirche, 128.

[242] Lit. zur Restvorstellung in Ausw.: OEPKE, Gottesvolk, 105–110; 148–151; 165–170; DAHL, Volk, 160–162; MÜLLER, Gottes Gerechtigkeit, 45f; JEREMIAS, Gedanke; HERNTRICH/ SCHRENK, Art. λεῖμμα κτλ., ThWNT IV, 198–221; CLEMENTS, Remnant; MÜLLER/PREUSS, Rest; PREUSS, Jahweglaube, 154–204; HAUSMANN, Rest, passim (Lit.).

[243] STEGEMANN, Menschheit, 209.

[244] So DAHL, Zukunft, 41.

[245] Das Urteil von WILCKENS, Röm II, 236 (ebenso HÜBNER, Gottes Ich, 100), trifft nicht den Sachverhalt: „Von Gott wie von Israel her ergibt sich also eigentlich zwingend als bittere Konsequenz, daß Gott sein Volk verstoßen hat." Dieses Verständnis ist nur möglich, wenn

Die Antwort auf die Frage der Zuverlässigkeit des Gotteswortes (9,6) könnte mit dem Verweis auf den geretteten Rest gesichert sein[246]. Es geht Paulus jedoch um mehr. Dies liegt an dem speziellen Verständnis, unter dem Paulus das Restmotiv hier einbringt.

Als ersten Nachweis der Nicht-Verstoßung führt Paulus sich selbst ein. Σπέρμα Ἀβραάμ (V.1b) meint in diesem Fall die Zugehörigkeit zu Israel, jenem Israel, dem nach 9,4f die Zusagen Gottes gelten und durch das nach 9,6ff eine Scheidung mitten hindurchgeht. V.2 wiederholt Paulus die Frage von V.1 als verneinten Aussagesatz. Dabei wird 1Sam 12,22 zitiert[247], wobei jedoch die dortige Futurform in einen Aorist verwandelt wurde. Durch die Hinzufügung von ὃν προέγνω wird Röm 8,29f sachlich erneuert[248]: Wen Gott „vorhererkannt" hat, den gibt er nicht mehr preis. Das gilt auch für Israel, wie der zweite Nachweis, das Beispiel des Elia aus 1Kön 19 belegen soll[249]. Der Klage des Elia (V.3) wird die Antwort Gottes entgegengesetzt (V.4)[250]: Gott hat sich einen Rest übrigbehalten[251]. Die Einfügung des ἐμαυτῷ in das Zitat betont die bewahrende Aktion auf Seiten Gottes[252]. Hierauf wird dann in V.6 wieder Bezug genommen, wenn es heißt, dieser Rest habe nicht aufgrund von Werken, sondern aufgrund der Gnade seinen Bestand. V.5 stellt die strukturelle Gleichheit des Handelns Gottes zur Zeit des Elia und der paulinischen Gegenwart heraus. V.7 faßt Paulus den gegenwärtigen Stand

---

Röm 10 im Sinn des Aufweises der Schuld Israels und 11,1 zu sehr von 9,6 her verstanden wird; vgl. auch die Kritik bei NIEBUHR, Heidenapostel, 156 A.93.

[246] Gesetzt den Fall, Paulus hörte seinen Gedankengang mit Röm 11,10 auf, die Zusagen Gottes hätten damit ohne Zweifel Bestand.

[247] Die Aussage begegnet jedoch auch anderwärts im AT, vgl. Ps 74,1; 94,14; Sir 47,22.

[248] Vgl. SIEGERT, Argumentation, 165.

[249] Zu den (inhaltlich weniger relevanten) Unterschieden zwischen 1Kön 19,18 MT und LXX s. die Analyse bei KOCH, Schrift, 75–77. Die Anführung aus 1Kön 19 in Röm 11 ist der einzige Beleg der Verwendung einer Geschichtsüberlieferung des AT, die zeitlich nach Exodus und Wüstenwanderung liegt, vgl. KOCH, Schrift, 306. Kontinuität innerhalb der Geschichte des Gottesvolkes wird damals wie auch gegenwärtig nur durch das Handeln Gottes gewährleistet.

[250] Paulus hat bei der Zitation in V.3 stärker in den Text eingegriffen als beim Zitat in V.4; s. KOCH, Schrift, 74f.104. Die Korrekturen des LXX-Zitates in V.4 sind aufgrund des MT erfolgt, v.a. die Änderung von καταλείψεις (2.P.sg.Fut.) in κατέλιπον (1.P.sg.Ao.). Nach KOCH, Schrift, 76, handelt es sich dabei jedoch um vorpaulinisch rezensierte LXX-Zitate, da bei Paulus sonst keine „analoge Tendenz zur Revision von Zitaten aus sprachlichen Gründen" zu finden sei. Hierfür spricht auch, daß Paulus durch die Ersetzung von ὑπολέλειμμαι 1Kön 19,10 LXX eine „überaus günstige sprachliche Assoziation an Röm 9,27 (τὸ ὑπόλειμμα σωθήσεται – Jes 10,22) selbst beseitigt" hätte; KOCH, Schrift, 77. Die Auslassung von ἐν Ἰσραήλ und die Hinzufügung von ἐμαυτῷ dürfte jedoch auf das Konto des Paulus gehen; vgl. KOCH, Schrift, 76 A.91.92.

[251] Der Begriff λεῖμμα begegnet in der LXX nur in 1Kön 19,4, also an der von Paulus zitierten Stelle. Er ist Übersetzung von שְׁאָרִית, was sonst mit ἐγκατάλειμμα (-λιμμα); ἐπίλοιπος; κατάλειμμα (-λιμμα); λῆμμα; λοιπός; περίλοιπος, ὑπόλειμμα (-λιμμα) wiedergegeben wird (Aufstellung nach DOS SANTOS, 202).

[252] Dies unterstreicht, daß bei Paulus der Restgedanke mit dem Erwählungsgedanken verbunden ist.

resümierend zusammen[253], um ihn in V.8–10 mit Schriftworten zu erhärten. Die Verse erinnern sachlich an 9,30–33. Diese Schriftworte zeigen, daß Paulus sich nicht damit begnügt, festzustellen, Israel habe das Heil nicht erlangt, sondern daß er die Unempfänglichkeit Israels für das Evangelium auf ein aktives Verhärten durch Gott zurückführt[254]. Das erste Zitat ist ein Mischzitat aus Dtn 29,3; Jes 29,10 und einem Anklang aus Jes 6,9f[255]. Im zweiten Zitat klingt Ps 68,23f LXX an[256]. Tertium comparationis ist jeweils die Verstockung, die sehenden Auges das Sehen verhindert. Einer weitergehenden Deutung, in der Aspekte der zitierten Texte detailliert auf die zeitgeschichtliche Situation Israels übertragen werden, ist zu widerraten[257]. V.8–10 wird sachlich und inhaltlich begrenzt durch die Aussagen in V.11ff. Διὰ παντός ist auch nicht mit „für immer" wiederzugeben, sondern mit „fortgesetzt"[258].

Damit ist die erste Stufe der vierfachen Antwort Pauli abgeschlossen: Gott hat sich einen Rest übriggelassen. Zu fragen wäre aber noch genauer nach der Art, wie Paulus das Restmotiv innerhalb von Röm 11,1–10 einbringt[259]. Seine Verwendung weist gegenüber 9,27ff signifikante Unterschiede auf[260]: 9,27ff dominiert der reduktionistische Aspekt: Israel wird dezimiert bis auf einen kleinen Rest. Es fehlte nicht viel, so würde Israel Sodom und Gomorra gleich[261]. Röm 11,4 erscheint dagegen die göttliche Aussage, ein Rest sei noch vorhanden, als tröstliche Antwort auf die Klage, die vorher mit Worten Elias formuliert wurde[262]. Dabei ist zu beachten, daß Paulus das Zitat in der theologischen Linie von 1Kön 19 verwendet: Auch dort ist der Rest im Handeln Gottes begründet[263]. Außerdem steht Röm 11 nicht die Dezimierung bis auf

---

[253] Ἐκλογή bezieht sich dabei auf die Judenchristen; WILCKENS, Röm II, 238; SCHMELLER, Diatribe, 292.

[254] Vgl. MICHEL, Röm, 341.

[255] Vgl. DUNN, Rom II, 648f; WILCKENS, Röm II, 238; KOCH, Schrift, 111.121.170f, wobei KOCH Jes 6,9f nicht erwähnt.

[256] S. dazu DUNN, Rom II, 649; WILCKENS, Röm II, 238; KOCH, Schrift, 111.137f.

[257] DUNN, Rom II, 644.

[258] S. CRANFIELD, Rom II, 552; DUNN, Rom II, 643f. Der Interpretation von WILCKENS, Röm II, 239f, und anderen, die diese begrenzte Bedeutung von V.8–10 nicht sehen, kann somit keinesfalls zugestimmt werden.

[259] Das Restmotiv begegnet im NT explizit nur Röm 9–11. Anklänge finden sich Apk 11,13; 12,17.

[260] Vgl. LÜBKING, Paulus und Israel, 76.102; NIEBUHR, Heidenapostel, 145 A.35; der Unterschied wird eingeebnet bei SIEGERT, Argumentation, 140.

[261] Der Gerichtsaspekt des Restgedankens in Röm 9,27ff läßt sich kaum bestreiten.

[262] Inwiefern es sich bei der Klage Elias in 1Kön 19 um die Gattung der prophetischen Klage handelt, muß hier nicht entschieden werden, vgl. dazu MÜLLER/PREUSS, Rest, 55; HENTSCHEL, Eliaerzählungen, 102; HAUSMANN, Rest, 123f. Die Stelle gilt manchen Autoren als der älteste Beleg für die Restvorstellung im AT (z.B. MÜLLER/PREUSS, Rest, 57; FICHTNER, BAT 12.1, 290), was sich jedoch quellenkritisch als problematisch erweist (vgl. STECK, Überlieferung, 20ff; HAUSMANN, Rest, 123f).

[263] Dies wird von HAUSMANN, Rest, 124, zutreffend herausgestellt (anders NIEBUHR, Heidenapostel, 144f A.34). Das Verständnis der Restverheißung in 1Kön 19,18 bei HAUSMANN,

einen Rest, sondern die Erhaltung eines Überrestes im Zentrum. Dies gilt als Ausdruck für Gottes gnädiges Erwählungshandeln und als Anfang der größeren Zahl[264]. Der Rest verbürgt die Kontinuität des Gottesvolkes. Schließlich heißt es Röm 11,7 im Pass. Div., οἱ δὲ λοιποὶ ἐπωρώθησαν, was auf eine übergreifende Absicht schließen läßt[265]: Ähnlich wie beim Pharao geschieht die Verstockung zugunsten anderer, wie Paulus dann V.11ff explizit darlegen wird.

Dieses nicht-reduktionistische, sondern verheißungsvolle, keimhafte Verständnis des Restes im Sinn eines Vorgriffs auf die Vollzahl[266] steht bestimmten Tendenzen im Frühjudentum entgegen, wo die Rettung des Restes in der Regel eine Alternative zur Rettung Israels darstellt[267]. Es läßt sich jedoch traditionsgeschichtlich ins AT zurückverfolgen und knüpft an den Hauptstrom der Verwendung im AT an[268]. Der Sitz im Leben der Rede vom Rest im AT liegt in der „konkrete[n] Erfahrung der Dezimierung des Volkes"[269]. Die Erfahrung wird „theologisch-ätiologisch gedeutet" und dem eigenen Interpretationsmuster eingeordnet[270]. Der Restgedanke führt dabei auch den Gerichtsaspekt mit sich[271]. Der Rest trägt „Mahnung (nicht wieder vom Willen JHWHs abzufallen) wie Verheißung (einer heilvollen Zukunft)" in sich[272]. Mit ihm ist die Weiterexistenz, z.T. sogar der Neuanfang gegeben und das Heil „angebrochen"[273]. Die Funktion der Rede vom Rest besteht darin, daß dieser als „Keim des weiteren Neuen" verstanden wird: „Der einem Rest zunächst vor allem innewohnende Aspekt des Reduzierten, Dezimierten, weniger Wichtigen und Wertvollen wird umfunktioniert zu einer Aussage, die die besondere

---

Rest, 124, als „bedingte" Zusage Gottes erscheint mir jedoch nicht zwingend. Über den Text hinaus geht auch BINDEMANN, Theologie im Dialog, 235–237, wenn er Israels Gottesverehrung als „Götzendienst der Werkgerechtigkeit" (237) mit dem in 1Kön 19 erwähnten Baalsdienst typologisch gleichsetzt. Vor übersteigerten Antithesen ist zu warnen: Wo wird „Israels Streben nach ἰδία δικαιοσύνη als Götzendienst" in Röm 9–11 „entlarvt" (236)?

[264] Vgl. SCHRENK, ThWNT IV, 218: „Der Rest soll sich zur Vollzahl gestalten. Er ist also eine produktive Zahl, keine unabänderliche Minorität"; gegen MÜLLER, Gottes Gerechtigkeit, 45f. Ob der Gedanke an die Fülle schon in der Zahl 7000 aus 1Kön 19,18 enthalten ist, kann überlegt werden, ist jedoch kaum zu entscheiden. Positiv: RENGSTORF, ThWNT II, 628f; CRANFIELD, Rom II, 547; DUNN, Rom II, 637; negativ: HÜBNER, Gottes Ich, 101.

[265] SIEGERT, Argumentation, 165; NIEBUHR, Heidenapostel, 151.

[266] Es sei vermerkt, daß diese Struktur der Rede mit dem Verständnis des Geistes als „Angeld" durchaus harmoniert.

[267] Dies wird von MÜLLER, Gottes Gerechtigkeit, 45f, zwar richtig gesehen (Zustimmung bei WILCKENS, Röm II, 239 A.1069), seine Schlüsse, die er daraus für Paulus zieht, sind jedoch zu bestreiten. In den rabbinischen Texten überwiegt die Rettung ganz Israels; vgl. mSan X,1; vgl. 1Makk 4,11; PsSal 17,21–29.42–46; AssMos 10,7–11; Sib 5,384. An frühjüdischen Texten zum Restgedanken vgl. CD 1,3–5; 2,7–13; 3,12f; 1QM 13,7–10; 14,8f; 1QH 6,8; 1Hen 90,30; 106,18; 4Esr 6,25; 7,28; 9,7f; 12,34; 13,18f.24.49f; syrBar 40,2; 77,2–5. TestLev 15,4 heißt es, (sachlich entsprechend CD 1,4) daß um der Patriarchen willen ein Rest übriggelassen werde, doch auch dies ist reduktionistisch zu verstehen.

[268] Dazu HAUSMANN, Rest, bes. 206f. Die folgenden Überlegungen im Anschluß an HAUSMANN.

[269] HAUSMANN, Rest, 211; dies hat im AT verschiedentlich militärische Konnotationen.

[270] HAUSMANN, Rest, 211.

[271] HAUSMANN, Rest, 214.

[272] HAUSMANN, Rest, 215.

[273] HAUSMANN, Rest, 215.

Wichtigkeit der als Rest bezeichneten Personengruppe zum Ausdruck bringt."[274] Die dargestellten Aspekte lassen sich auf Paulus in analoger Weise anwenden.

5. Die Rolle Israels bei der Erlösung der Welt (11,11–15)

Röm 11,11–15 läßt sich so zusammenfassen: (1) Israel ist gefallen, und zwar aufgrund göttlicher Missionsstrategie. (2) Einige Juden lassen sich jetzt schon eifersüchtig machen und bekommen Anteil am Christusheil. Dies kann jedoch nie auf die Mehrheit Israels zutreffen. (3) Die Zurückstoßung Israels führt in seiner Konsequenz zum Heil für die Heiden. Die schließliche Annahme Israels bedeutet die Vollendung der Geschichte Gottes mit seinem Volk.

Der mit 11,11 beginnende Abschnitt weist einen einheitlichen gedanklichen Duktus bis V.27 auf. Die Einleitung V.11a knüpft an V.8–10 an. Sie ist parallel zu 11,1 gebaut und wird ebenso sofort mit μὴ γένοιτο verneint. Sie steht jedoch nicht auf der gleichen Stufe wie V.1, sondern leitet nach der ersten Antwort V.1b–10 nun eine zweite Antwort V.11–27 ein. In V.11b–12.13–15 und V.16–24 folgen zwei Begründungen[275]. V.25–27 wird die in V.24 in Aussicht gestellte Wiedereinpfropfung als μυστήριον ausgeführt.

Die erste Begründung, die Paulus in V.11b–15 gibt, lautet, daß die Verhärtung Israels durch Gott eine zeitweilige Zurückstellung darstellt, um die Heiden des Heiles in Christus teilhaftig werden zu lassen. Das Ziel dabei ist, Israel zur Eifersucht zu reizen[276]. Dieser Gedanke wird von Paulus unter Aufnahme von Dtn 32,21 entwickelt, einem Text, der schon Röm 10,19 zitiert wurde. Das Ziel ist der Nachweis „heilsgeschichtliche[r] Kontinuität ..., die paradoxerweise sogar noch den scheinbaren Ausfall Israels umschließt"[277]. Paulus stellt diesen Gedanken in zwei parallelen Aussagen dar, zuerst generell (V.11b–12), dann unter Einschluß seiner Person als Heidenapostel (V.13–15). Die Argumentationsstruktur geht dabei jeweils von der Heilsverkündigung an die Heiden und dem Eifersüchtigwerden Israels aus und endet in V.12 und V.15 in einem Schluß a minore ad maius. In πλήρωμα (V.12) klingt schon V.25–27 an.

---

[274] HAUSMANN, Rest, 217.

[275] Eine andere Aufteilung nimmt SCHMELLER, Diatribe, 289, vor, indem er V.13–15 zu 16–24 zieht. Dagegen steht jedoch vieles: V.11b–12 und V.13–15 sind von der Struktur her parallel gebaut und drücken den gleichen Sachverhalt auf zweifache Weise aus. Ebenso sind die „makrosyntaktischen Bindungen" zwischen V.11–12 und 13–15 sehr eng (SIEGERT, Argumentation, 166). V.13–24 läßt sich nicht als „Erläuterung ... an die Adresse der Heidenchristen" von V.11c–12 verstehen (so SCHMELLER, ebd.). Problematisch ist auch die Begrenzung des Abschnittes mit V.24, denn V.25 bezieht sich mit γάρ hierauf zurück (vgl. die Gliederung von SIEGERT, Argumentation, 119).

[276] Es steht dem heutigen Interpreten nicht zu, dies besserwisserisch zu hinterfragen, er hat zu interpretieren; gegen SANDERS, Law, 198; DONALDSON, Riches for the Gentiles, 89.

[277] SCHMELLER, Diatribe. 293.

Die Frage besteht, was mit παράπτωμα und ἥττημα angesprochen ist. Es kann sich jedenfalls nicht um den endgültigen Heilsverlust handeln, sondern um einen temporären „Fehltritt" und „Ausfall"[278].

Probleme bereiten ebenfalls ἀποβολή und πρόσλημψις (V.15). Die Mehrzahl der Ausleger geht bei ἡ ἀποβολὴ αὐτῶν von einem Gen. obj. aus und versteht die Aussage im Sinn der Verwerfung durch Gott[279]. Dies wird verschiedentlich bestritten und ἀποβολή statt dessen auf die Ablehnung Jesu/des Evangeliums durch Israel gedeutet[280]. Dies ist jedoch aus verschiedenen Gründen unwahrscheinlich: (1) Αὐτῶν als Gen. subj. fehlt das notwendige Objekt[281]. (2) Der Kontext legt die erste Deutung nahe. (3) Πρόσλημψις ist Hap. leg. im NT. Der Gebrauch von προσλαμβάνω in Röm 14,1; 15,7; Phlm 17 ist stets bezogen auf die Annahme von Menschen (teilweise durch Gott) und nicht auf die Annahme des Evangeliums. (3) Im vergleichbaren Gegensatzpaar ἐκβολή /πρόσλημψις Sir 10,21[282] geht es ebenfalls um Verwerfung/Annahme durch Gott. (4) Die rabbinische Parallele MTeh 22 § 7 zu V.2ff belegt ebenso dieses Verständnis: „Unsere Rabbinen haben gelehrt: Auf (Gottes) Zorn folgt alsbald (seine) Gnade, auf Finsternis Licht, ..., auf Verwerfung *(rḥwq)* Annahme *(qjrwb),* auf Fall *(npjlh)* Aufrichtung *(qjmh).*"[283]

Die Zurückstoßung Israels, die sich in Gottes Verhärtung manifestiert, hat zur Versöhnung des Kosmos geführt, indem dadurch die Heidenmission vorangetrieben wurde. Dann kann, so folgert Paulus, die (Wieder-)Annahme Israels nur Leben aus den Toten, d.h. die Auferstehung der Toten bedeuten. Die Annahme Israels ist „für den Apostel (...) der letzte Akt der Heilsgeschichte"[284]. Zum rechten Verständnis von V.15 ist es notwendig, sich der dogmengeschichtlichen Implikationen des Begriffs „Verwerfung" zu entschlagen und ihn als Beschreibung eines temporären Handelns Gottes zu begreifen[285].

Den Ansatz für seine heilsgeschichtliche Abfolge hat Paulus vermutlich dem Motiv der Völkerwallfahrt zum Zion entnommen. Er hat es jedoch „gleichsam auf den Kopf [ge]stellt"[286]. Vorläufig okkupieren die christusgläu-

---

[278] WILCKENS, Röm II, 243; MICHEL, Röm, 272; SCHMELLER, Diatribe, 293f A.22.

[279] S. KÄSEMANN, WILCKENS, SCHLIER, MICHEL, KUSS, ZELLER, CRANFIELD, DUNN jeweils z.St.; SÄNGER, Verkündigung, 175 A.614. HOFIUS, Evangelium und Israel, 307 A.39, verweist auf PsClemHom 3,9; Platon, Leg 630d; Euripides, Tr 667f.

[280] KREMERS, Ölbaumgleichnis, 167ff; THYEN, Heil, 175 A.51; V.D. OSTEN-SACKEN, Grundzüge, 106; DERS., Schibbolet, 302; STEGEMANN, Menschheit, 214. Die jüngst von JEGHER-BUCHER, Erwählung, angestellten Überlegungen bringen keine prinzipiell neuen Aspekte. Sie versucht „Verwerfung" zu vermeiden, muß dann jedoch mit dem schillernden Begriff „Verlust" operieren.

[281] JEGHER-BUCHER, Erwählung, 329.

[282] Der Vers stellt zwar eine Glosse dar, dennoch ist es keineswegs „merkwürdig" (so JEGHER-BUCHER, Erwählung, 327) diese anzuführen.

[283] Zitiert nach HOFIUS, Evangelium und Israel, 308 A.40.

[284] KÄSEMANN, Röm, 297.

[285] Die Interpretation V.D. OSTEN-SACKENS, Schibbolet, 302, ist dagegen nicht frei von Überspitzungen: „Ihre Gegenwart danken sie [die Völker] Israels Nein und ihre Zukunft seinem Ja."

[286] ROLOFF, Kirche, 128; s.u. zu Röm 11,25–27.

bigen Heiden die ursprünglich Israel zugehörigen Plätze im Heilsbereich[287], jedoch nicht auf Dauer, denn Israel wird – so die Erwartung des Paulus – am Ende dazustoßen.

6. Die eingepfropften Wildlinge und die zeitweilig ausgebrochenen Zweige (11,16–24)

Die eigentliche Zielaussage und der „zentrale Zug"[288] des Ölbaumgleichnisses liegen in der gewissen Zuversicht, daß die ausgebrochenen Zweige von Gott – wider alle Natur – wieder eingepfropft werden[289]. Es geht also primär um Israel und erst sekundär um die Christen. Dies gilt es nachzuzeichnen.

Mit V.16 führt Paulus eine weitere Begründung für seine These in V.11a ein. Es handelt sich wiederum um eine Zweiheit, vgl. εἰ δέ (V.16a) und καὶ εἰ (V.16b). Zur Interpretation von V.16b–24 ist die Stellung des Textabschnitts innerhalb der paulinischen Gesamtargumentation besonders zu beachten[290]: Es geht noch immer um Israel unter der ἀποβολή und den ἐπαγγελίαι. Die beiden Analogien aus dem Bereich des Kultus und der Natur machen daher nicht primär das Verhältnis Israels zu den Heidenchristen deutlich[291], sondern beziehen sich beide auf den Stand Israels. Erst im Zusammenhang des Nachdenkens über die ‚herausgebrochenen Zweige' kommt Paulus zu Aussagen, die auch das Verhältnis Israel-Heidenchristen betreffen[292].

Der erste Vergleich stammt aus dem Bereich des Kultus. Biblische Grundlage ist Num 15,20f (vgl. Ez 44,30; Neh 10,38; Jub 32,15; Philo, SpecLeg 1,132.137f; Josephus, Ant 4,71; vgl. mZev IX,1: Der Altar macht das, was auf ihn gehört, heilig)[293]. Nach alttestamentlicher und frühjüdischer Anschauung gilt die Nahrung, von der ein Teil als Hebeopfer (חלה; vgl. den Mischnatraktat Challa) abgesondert wurde, bis zum Vollzug des Opfers als heilig[294]. Unter diesen Bedingungen bedeutet das Bildwort, daß „die religiöse Qualität eines Teiles ... die religiöse Qualität des Ganzen ... garantiert"[295]. Dies kann im

---

[287] Vgl. ROLOFF, Kirche, 128.

[288] ROLOFF, Kirche, 128 A.105.

[289] ROLOFF, Kirche, 129; ZELLER, Röm, 194; V.D. OSTEN-SACKEN, Schibbolet, 304.

[290] Anders wird dies gesehen von RENGSTORF, Ölbaum-Gleichnis, 127.

[291] Gegen SIEGERT, Argumentation, 167.

[292] Es scheint mir von daher fragwürdig, Röm 11,16ff und 15,7–13 unter der Überschrift „Israel als Interpretament des Gnadenrufs an die Heiden" zu behandeln, wie ZELLER, Juden, 215ff, dies tut. Damit wird es freilich auch problematisch, die Textpassage in erster Linie als „kirchenkritisch" zu lesen, zumindest wenn damit die Zielrichtung des Paulus getroffen sein soll, s. z.B. EICHHOLZ, Theologie, 299f.

[293] Vgl. dazu MICHEL, Röm, 247f; BERGER, Abraham, 84; RENGSTORF, Ölbaum-Gleichnis, 128–135; WILCKENS, Röm II, 246; BILL. IV.1, 665–668.

[294] Vgl. RENGSTORF, Ölbaum-Gleichnis, 128f; SIEGERT, Argumentation, 167.

[295] RENGSTORF, Ölbaum-Gleichnis, 129.

Zusammenhang von Röm 11 nur heißen: Israel ist aufgrund der Erzväter als geheiligt anzusehen[296].

Das zweite Bildwort hat seinen biblischen Hintergrund in Jer 11,16: Israel gilt dort als ‚üppiger Ölbaum von schöner Gestalt'[297]. Zunächst geht es jedoch nur um die Wurzel (V.16b). Nach 1Hen 93,5 ist Abraham erwählt als ‚die Pflanze des gerechten Gerichts', nach ihm wird ‚die ewige Pflanze der Gerechtigkeit' kommen (vgl. 93,10). 1Hen 93,8 nennt Israel ‚das Geschlecht der auserwählten Wurzel'. TestJud 24,5 gilt Abraham als die ‚Wurzel'. Hierdurch ist der traditionsgeschichtliche Hintergrund hinlänglich klar[298]. Die Struktur des Arguments entspricht der in V.16a. Inhaltlich bedeutet das Bildwort: „Israel bleibt wegen der Heiligkeit der Väter ein heiliges Volk."[299]

Der Übergang zum eigentlichen Ölbaumgleichnis in V.17 kommt unvermittelt. Paulus spricht zuerst von ausgebrochenen Zweigen (V.17a), um dann in direkter Anrede, jedoch ohne jemand direkt zu nennen, auf diejenigen, die von einem wilden Ölbaum stammen, als eingepfropfte Wildlinge einzugehen (V.17b) und in eine Mahnung gegen deren mögliche Überheblichkeit überzugehen (V.18). Der Vergleich mit Röm 9,6ff bereitet gewisse Schwierigkeiten, da im Ölbaumgleichnis alle Israeliten als Zweige jenes Baumes gelten, dessen Wurzel die Erzväter darstellen[300]. Die Schwierigkeiten sind indes nicht unüberwindlich. Es handelt sich beim Ölbaumgleichnis im Grunde um eine Allegorie[301], die Paulus aktuell entwickelt. Dies erkennend, kann dann auch die Meinung abgewiesen werden, das Bild sei in sich nicht stimmig[302]. Entscheidend für das Verstehen ist die Punkt-für-Punkt-Übertragung: ‚Einige ausgebrochene Zweige' entspricht Israel und ist „die allegorische Benennung

---

[296] Der Nachweis der Richtigkeit dieser Deutung kann erst vom weiteren Kontext aus geschehen. Die naheliegende Vermutung, mit ἀπαρχή seien die Judenchristen gemeint, wird durch das Folgende widerlegt (WILCKENS, Röm II, 246 A.1101; gegen LIETZMANN, CRANFIELD z.St.; V.D. OSTEN-SACKEN, Schibbolet, 303). Die Deutung von RENGSTORF, Ölbaum-Gleichnis, 129ff, auf Adam als ἀπαρχή weist ebenfalls Probleme auf: Zum einen sind die von RENGSTORF beigebrachten Belege sämtlich aus einer späteren Zeit, wenngleich dies kein absolut schlagkräftiges Argument ist, da die Tradition älter sein kann. Zum andern hebt Paulus gerade nicht auf eine universalistische Schau der Menschheit ab, sondern auf das partielle Israel. Zum dritten ist „Adam" in Röm 5,12ff schon in anderem Zusammenhang aufgetaucht, so daß ein Wechsel hier nicht wahrscheinlich ist. Und schließlich geht bei einem Bezug auf Adam die Parallelität von V.16a und 16b verloren (so WILCKENS, Röm II, 246 A.1101).

[297] Vgl. die weiteren Bilder für Israel aus der Pflanzenwelt Jes 5,1–7; Jer 2,21; Ez 15,1–8; 19,10–14; Hos 10,1; Ps 80,9–16; Jub 1,16; 1Hen 10,16; 84,6; 93,2.5.8.10; 1QS 8,5; 11,8; 1QH 6,15; 8,5.10; vgl. auch 1Kor 3,6–9.

[298] RENGSTORF, Ölbaum-Gleichnis, 135ff, bringt noch rabbinische Belege; vgl. weiterhin SÄNGER, Verkündigung, 128f.

[299] BERGER, Abraham, 84; vgl. KÄSEMANN, Röm 295; WILCKENS, Röm II, 246 (beachte die Kritik an DINKLER, ebd., A.1103).

[300] WILCKENS Röm II, 246.

[301] SIEGERT, Argumentation, 167; SCHMELLER, Diatribe, 297ff.

[302] So m.R. SIEGERT, Argumentation, 167.

des Problems, um das die Kapitel 9–11 kreisen"[303]. Der ,wilde Ölbaum' entspricht der Heidenwelt, das ,Einpfropfen wilder Zweige' der Aufnahme von
Heidenchristen ins Gottesvolk. Die ,Teilgabe am Fett und Saft' der Wurzel
meint den Glauben nach dem Vorbild Abrahams[304]. Besondere Probleme
bereitet der Vorgang des Einpfropfens[305]: Er widerstrebt aller botanischen
Praxis, doch ist gerade das Widernatürliche des Vorgangs der Punkt, auf den
Paulus abhebt[306]. Dies wird sich in gesteigertem Maß dann V.24 wiederholen[307].

V.19 bringt einen Einwand, den Paulus V.20 aufgreift und hinsichtlich der
Unterscheidung von Glaube und Unglaube weiterführt. Eine weitere Mahnung, ehrfürchtig und nicht hochfahrend zu denken, schließt sich V.20b an.
V.21 folgt eine Begründung dieser Mahnung unter ausdrücklichem Bezug auf
das Unnatürliche des Einpfropfungsvorgangs. V.22a beinhaltet eine Zusammenfassung und V.22b ein Drohwort. Mit V.23 blickt Paulus wieder auf
Israels Zukunft: Unter der Voraussetzung, daß die ,ausgebrochenen Zweige'
nicht im Unglauben verharren, werden sie aufgrund der Macht Gottes in ihre
natürliche Umgebung wieder eingepfropft werden. Damit ist freilich die
botanische Praxis völlig in ihr Gegenteil verkehrt, doch darauf kommt es
Paulus an. Der Duktus des Textes steuert auf V.24 zu, wenngleich dies nicht
in jeder Hinsicht zielstrebig erfolgt. Insbesondere der Einwand in V.19 und
die darauf folgenden Überlegungen haben eine Paränese entstehen lassen, die
sich in erster Linie auf innere Einstellungen und Haltungen der Heidenchristen beschränkt[308]. Das Ölbaumgleichnis selbst steht daher logisch nicht völlig kohärent innerhalb der Verse 16 und 24, wo die Vorstellung der grundlegenden Heiligkeit Israels einerseits und die erwartete Teilhabe Israels am Heil
andererseits zum Ausdruck kommen.

In der Bildrede V.17–24 selbst lassen sich drei Aspekte ausmachen, von denen die ersten beiden paränetisch[309], der letzte lehrhaft ausgerichtet ist: (1)
V.17f soll die Erkenntnis der Einpflanzung in den edleren Wurzelstock jeglichen Hochmut ausschließen. (2) V.19–22 soll angesichts der ausgehauenen

---

[303] SIEGERT, Argumentation, 167.

[304] SIEGERT, Argumentation, 168f. Inwiefern die Tatsache, daß wilde Ölbäume keine Früchte
tragen, zum Verständnis der Allegorie beiträgt, wird diskutiert bei DAVIES, Romans 11:13–24.

[305] Auf den Ölbaum als „Sinnträger besonderer Art" weist SIEGERT, Argumentation, 168,
hin.

[306] STUHLMACHER, Röm, 152, weist zwar auf die Praxis hin, daß auch in der Antike wilde
Reiser zu Revitalisierungszwecken in alte Ölbäume gepfropft wurden, doch gehört das paradoxe Vorgehen im Ölbaumgleichnis zum System.

[307] Vgl. ROLOFF, Kirche, 128 A.105.

[308] So SCHMELLER, Diatribe, 299.

[309] Insofern enthält das Ölbaumgleichnis durchaus einen kritischen Akzent gegenüber einer
möglichen Überheblichkeit von Heidenchristen in Rom (und anderswo) und ist dann in zweiter Linie auch als kirchenkritisch zu beurteilen, wie EICHHOLZ u.a. herausgestellt haben.

Zweige vor Heilssicherheit gewarnt werden. (3) V.23f soll die Wiederein-pflanzung der natürlichen Zweige in Aussicht gestellt werden[310].

Nachdem die großen Linien des Textabschnitts nun herausgestellt wurden, sind noch folgende interpretatorische Einzelprobleme anzusprechen: 1. Wer ist mit der Wurzel (V.18) gemeint? Und wie ist von daher die Beziehung der Heidenchristen zu Israel zu beschreiben? 2. Wie läßt sich die Beziehung von Glaube/Unglaube zu Eingepfropft-/Ausgerissen-werden fassen, ohne in Wi-derspruch zum göttlichen Erwählen/Verwerfen zu kommen?

Ad 1.: Beim Ölbaumgleichnis besteht die Gefahr, daß das Hinzukommen der Heiden zum Gottesvolk – anders als bei Paulus sonst üblich – als eine Art Proselytismus verstanden wird[311]. Dies mag teilweise durch die Tradition begründet sein, die Paulus aufnimmt[312]. Es ist jedoch nicht der Fall, wenn streng darauf geachtet wird, daß es die Wurzel ist, an deren Saft und Fett die Christusgläubigen Anteil bekommen[313]. Hierbei ist in erster Linie an Ab-raham zu denken[314]. Die an Christus Glaubenden bleiben damit über Abra-ham ursprunghaft mit Israel verbunden – eine Kirche ohne Beziehung zu Israel wäre für Paulus undenkbar – aber sie werden nicht in den Bund Gottes mit Israel aufgenommen, sondern in die Verheißungsgeschichte, die von Ab-raham herkommt und an der Israel in erster Linie Anteil hat[315].

Ad 2.: Das „verwickeltste Problem" der Kap. 9–11[316] ist die Möglichkeit des Heilsverlustes bzw. des Heilsgewinns der am Ölbaum befindlichen bzw. der ausgebrochenen Zweige in V.22.23. Die „Bedingung" ‚in der Güte zu bleiben'

---

[310] Die drei Aspekte in Aufnahme von SCHMELLER, Diatribe, 300.

[311] ZELLER, Röm, 197; vgl. DERS., Juden, 215.

[312] Vgl. dazu RENGSTORFF, Ölbaum-Gleichnis, 135ff; MICHEL, Röm, 348f.

[313] Gegen MUSSNER, Traktat, 68–74, der ausgehend von der Möglichkeit, daß „Wurzel" im Hebräischen auch den „Wurzelsproß" meinen kann, Israel mit dem Stamm gleichsetzt, der die Kirche trägt. Dies widerspricht jedoch dem, was z.B. Röm 4 über Abraham zu lesen ist. In der Tendenz von MUSSNER liegt auch die Darstellung von ZELLER, Juden, 215, wonach die Heiden nach Röm 11,16ff in das „Eigentumsvolk Gottes ... huldvoll eingelassen" würden. Über MUSS-NER noch hinausgehend KLAPPERT, Traktat, 92, der mit Wurzel „auch de[n] Stamm, der aus dem Wurzelstock emporgewachsen und der das sich dem Evangelium verweigernde Mehrheits-Israel mit umschließt", angesprochen sieht; dagegen m.R. HOFIUS, Evangelium und Israel, 309 A.43. Die Bildhaftigkeit von Röm 11,16ff darf auch nicht dazu führen, das Verhältnis von ‚Kir-che' und ‚Synagoge' allein aufgrund des Ölbaumgleichnisses im Sinn der Integration der Heiden in den Bund Gottes mit Israel zu verstehen; so auch wieder BEKER, Faithfulness, 16. Zur Typi-sierung der verschiedenen Modelle der Verhältnisbestimmung s. KLAPPERT, Verlust, 107–114; daneben MUSSNER, Traktat, 72ff.

[314] So die meisten neueren Ausleger, u.a. WILCKENS, Röm II, 246f; STUHLMACHER, Röm, 152; ZELLER, Röm, 196; MUSSNER, Traktat, 69f; ROLOFF, Kirche, 129; SÄNGER, Verkündigung, 128. SCHMELLER, Diatribe, 297, denkt aufgrund von 11,28 an die Erzväter insgesamt; WALTER, Interpretation, 180, denkt am ehesten daran, daß Gott selbst gemeint ist; nach V.D. OSTEN-SACKEN, Schibbolet, 303; DERS., Theologia crucis, 486, sind es die Judenchristen.

[315] So auch SÄNGER, Verkündigung, 127f.195.

[316] So SIEGERT, Argumentation, 171, hinsichtlich des ἐπιμένειν in V.23. Dies ist jedoch aus-zudehnen auf den möglichen Heilsverlust in V.22.

(V.22) ist keine echte Bedingung, die von menschlicher Seite aus erfüllt werden könnte oder nicht[317]. Ebenso ist das ‚Verharren im Unglauben‘ oder dessen Verlassen keineswegs in die Möglichkeit der Ungläubigen gestellt. Es ist m.E. theologisch nicht legitim, den Glauben so in die Möglichkeitsform zu bringen: „Vor den von Gott ausgebrochenen Zweigen ... liegt die Möglichkeit, wieder eingepfropft ... zu werden, wenn sie nicht im Unglauben bleiben."[318] Von 11,24 her wird dies überholt, von V.26f her ist dies gar ausgeschlossen[319]. Nach Röm 9,6–10,21 handelt es sich nicht darum, daß Israel, ‚weil‘ es im Unglauben verharrte, verstockt wurde, sondern darum, daß Israel aufgrund der Verstockung nicht glauben kann[320]. Dies kann in 11,22.23 nicht aufgehoben sein. „Der Glaube ist für Paulus ja nicht eine verfügbare Möglichkeit menschlicher Entscheidung und somit nicht Bedingung, Voraussetzung und Grund der Heilsteilhabe, sondern er ist – als alleiniges Werk und ausschließliche Gabe Gottes selbst – der *Modus* der Heilsteilhabe. Und der Unglaube ist dementsprechend nicht Grund und Ursache der Heilsverschlossenheit, sondern deren *Gestalt*."[321] Damit können die beiden Dative τῇ ἀπιστίᾳ und τῇ πίστει sachgemäß nicht kausal, sondern nur modal verstanden werden.[322]

Die Schlußwendung V.24b stellt eine indikativische Aussage dar, die von keinerlei Bedingungen begleitet ist. Das Fut. Pass. muß dabei als Pass. Div. aufgefaßt werden[323]. Wie das Wiedereinpfropfen geschehen wird, ist noch offen. V.25–27 machen dies explizit.

7. Die Rettung ganz Israels (11,25–27)

Röm 11,25–27 stellen die letzte Stufe der paulinischen Argumentation dar. Die Verse führen das aus, worauf Paulus seit V.11 zugesteuert ist und was in V.24 schon aufblitzte: Die Mehrzahl Israels ist nicht dauerhaft verworfen, sondern nur zeitweilig verhärtet und wird schließlich auch der Rettung teilhaftig.

---

[317] Sie besteht m.E. nicht nur im Verzicht auf Stolz, so SIEGERT, Argumentation, 170.

[318] So NIEBUHR, Heidenapostel, 158.

[319] So richtig HOFIUS, Evangelium und Israel, 310 A.48, der ἐὰν μὴ ἐπιμένωσιν τῇ ἀπιστίᾳ nicht als Bedingung auffaßt, sondern als die „*objektive* [...] Voraussetzung, die Gott selbst bei der Parusie Christi schaffen wird" (kursiv im Original). So auch SÄNGER, Verkündigung, 178, mit Bezug auf HOFIUS und RESE und dem Hinweis auf die gleiche Aussagestruktur in 2Kor 3,16.

[320] So m.R. stark betont von HOFIUS, Evangelium und Israel, 303.

[321] So die überzeugende Darlegung von HOFIUS, Evangelium und Israel, 304 (Hervorhebung W.K.).

[322] HOFIUS, Evangelium und Israel, 310. Es läßt sich somit nicht mit SIEGERT, Argumentation, 171, sagen, Paulus habe „das Unbefriedigende" an seiner Antwort bis einschließlich 11,24 vermutlich selbst erkannt und in V.25–27 eine Lösung aufgezeigt.

[323] MUSSNER, Ganz Israel, 244; HOFIUS, Evangelium und Israel, 310 A.49.

In einem zweigliedrigen Gedankenschritt wird dies von Paulus dargelegt: V.25b, V.26f[324]. Paulus knüpft mit γάρ an V.24 an[325] und präzisiert, auf welche Weise Gott die „Wiedereinpfropfung" durchführen wird. Die Verse wirken auch durch die Rückverweise wie eine weiterführende Zusammenfassung von 11,11–24[326]:

V.25b (Verhinderung eigenmächtiger Klugheit) – V.18.20;
V.25c (Verstockung nur teilweise über Israel) – V.7.11;
V.25d (Absicht der Verstockung ist Heidenmission) – V.12.15;
V.26a (Endziel ist Israels Rettung) – V.24.

Paulus setzt ein mit einer für den Röm singulären Formulierung, die die Bedeutung des Folgenden hervorhebt. Sie ist vergleichbar mit den Einführungsformeln in 1Thess 4,13.15 und 1Kor 15,51, wo jeweils auf eine vorher dargelegte Problemlage mit einem Offenbarungswort weiterführend geantwortet wird[327]. Das Herrenwort in 1Thess 4,15 erfüllt dabei „strukturell ... die gleiche Funktion wie das μυστήριον" in 1Kor 15,51 und Röm 11,25[328].

Im Rahmen der Gottesvolkthematik sind zu Röm 11,25–27 folgende Aspekte wichtig:

(1) Bei der Ansage der Rettung ganz Israels handelt es sich um eine in göttlicher Autorität gegründete Offenbarungserkenntnis, ein μυστήριον[329]. Diese Erkenntnis überwiegt die aus der gegenwärtigen Situation des ungläubigen Israel möglicherweise zu ziehenden Schlüsse. Inhaltlich entspricht das dem Bedeutungsgehalt von μυστήριον, einem Begriff, der, aus der Apokalyptik kommend, „das von Gott vorherbestimmte Geschehen der endzeitlichen Zukunft umschreibt, das jetzt menschlicher Einsicht verborgen ist und erst beim Anbruch der Endereignisse allen offenbar werden soll"[330]. Von der Struktur der Argumentation her entspricht dies Röm 8,18ff: Die vor Augen liegende „Wirklichkeit" steht in einem antithetischen Verhältnis zu der in Gottes Augen gültigen Wirklichkeit und wird von dieser schließlich überholt.

---

[324] Zur Zweigliedrigkeit s. HOFIUS, Evangelium und Israel, 311ff.

[325] WILCKENS, Röm II, 251.

[326] Vgl. STEGEMANN, Menschheit, 218. Die übliche Gliederung, die V.25–32 zusammenfaßt, berücksichtigt nicht genügend, daß V.28–32 Summe und Klimax des gesamten Zusammenhangs von Kap. 9–11 darstellen, und daß V.28, indem er die polare Struktur von 9,1–5 wieder aufgreift, gemeinsam mit diesen Versen eine Inklusion bildet; s. näherhin unten zu 11,28ff.

[327] Wie durch diese Paralleltexte belegt wird, ist die Tatsache der „gewichtigen Einführungsformel" kein Argument dafür, in V.25 einen neuen, bis V.32 gehenden Abschnitt zu erkennen; gegen WILCKENS, Röm II, 251.

[328] SIEGERT, Argumentation, 171.

[329] Zutreffend hebt SIEGERT, Argumentation, 171, die Metonymie in μυστήριον hervor: „das Wort meint sowohl den Vorgang wie den Inhalt der Offenbarung, sowohl das Geheimnis wie auch seine Mitteilung". Zum traditionsgeschichtlichen Hintergrund der Begrifflichkeit jetzt SÄNGER, Verkündigung, 183–191.

[330] ROLOFF, Kirche, 129 A.107; WILCKENS, Röm II, 253; WOLTER, Evangelium und Tradition, 190; Belege: Dan 2,19–30.47; 4,9 [Th.].

(2) Das Wissen um dieses μυστήριον verhindert eigenmächtige Klugheit. Dahinter steht die Absicht, einerseits aktuelle heidenchristliche Überheblichkeit zu verhindern, aber auch falschen Schlußfolgerungen aus der Ablehnung des Evangeliums durch Israel für die Zukunft das Wort abzuschneiden. Mit dieser eindeutigen Aussage über die endgültige Teilhabe Israels am Heil, ist jeglicher denkbaren Substitution des ersterwählten Gottesvolkes wie auch jedem christlichen Selbstverständnis, das auf Kosten Israels gewonnen wird, die Basis entzogen.

(3) Die Schriftzitate V.26b–27, die noch zur inhaltlichen Ausführung des ,Mysteriums' hinzugehören[331], lassen die Rettung Israels als Tat des ,Retters' Christus und als Sündenvergebung verstehen[332].

(4) Mit dieser gottgeschenkten Erkenntnis der letztendlichen Rettung ganz Israels sind das mögliche Urteil aus 1Thess 2,16 und die Folgerungen aus Gal 4,21–31 einer grundlegenden Revision unterzogen[333].

(5) Der Inhalt des μυστήριον wird nach dem ὅτι–rec. in doppelter Weise angegeben: (a) Israel ist nur zum Teil verhärtet bis zum Eingang der Fülle der Heiden, (b) ganz Israel wird gerettet und zwar durch den Parusie-Christus[334]. Umstritten ist hierbei neben dem Verständnis von ἀπὸ μέρους[335], ἄχρι οὖ[336]

---

[331] V.26a und b dürfen daher, gegen BECKER, Paulus, 498, nicht auseinandergerissen werden. Nach SÄNGER, Verkündigung, 180f.192f, besteht der Inhalt des μυστήριον einzig in der Erkenntnis des Sinns und der Funktion der Verstockung Israels als einer zeitlich bis zum Eingang der Fülle der Heiden befristeten Verhärtung. Ich kann jedoch nicht sehen, daß die Rettung ganz Israels und auch die Art und Weise (καὶ οὕτως) dieser Rettung nur eine Fortsetzung der mit 11,11–15 und 11,23f schon angezeigten Linie wäre (s.a. unten bei Anm.341.371).

[332] S. dazu im Detail KOCH, Schrift, 109.113.175–177.241f. Es handelt sich bei dem Schriftzitat vermutlich um einen Text, der schon in vorpaulinischen Gemeinden christologisch gebraucht wurde, s. dazu KOCH, Beobachtungen, 186–189.

[333] Ob Paulus mit V.25aβ seine Aussage 1Thess 2,16 als „Wort eigenmächtiger menschlicher Klugheit" darstellen und „die römischen Heidenchristen vor eben jenem Urteil warnen möchte" (so HOFIUS, Evangelium und Israel, 311), kann man fragen, aber m.E. nicht entscheiden.

[334] Die Deutung von LUZ, Geschichtsverständnis, 294f, (ähnlich u.a. KOCH, Beobachtungen, 188) auf das bereits erfolgte Kommen Jesu, bringt mehr Schwierigkeiten als sie lösen kann. Vgl. dagegen CRANFIELD, Rom II, 578 samt A.2; HÜBNER, Gottes Ich, 114; DUNN, Rom II, 682.

[335] Ἀπὸ μέρους ist als präpositionale Wendung adnominal zu πώρωσις zu ziehen, sie hat numerischen, nicht temporalen Sinn; HOFIUS, Evangelium und Israel, 312; WILCKENS, Röm II, 255 A.1141; DUNN, Rom II, 679; anders MICHEL, Röm, 355; LUZ, Geschichtsverständnis, 289 A.98, die zu γέγονεν ziehen. Es geht um jene teilweise Verstockung, die den nicht zum ,Rest' gehörenden Israeliten widerfahren ist. DUNN, ebd., hebt das Festhalten Pauli an einem „concept of Israel as a unified whole", das aus der Formulierung spreche, hervor.

[336] Ἄχρι οὖ hat in jedem Fall eine temporale Komponente (STUHLMACHER, Interpretation, 560; LÜBKING, Paulus und Israel, 123; HOFIUS, Evangelium und Israel, 312f). Bei ἄχρι οὖ … ἔλθη handelt es sich darüber hinaus um einen prospektiven Konjunktiv mit finalem Aspekt; JEREMIAS, Beobachtungen, 196; WILCKENS Röm II, 254 A.1142. Damit ist jedoch der von STUHLMACHER gegen LUZ herausgestellte zeitliche Aspekt keinesfalls in Abrede gestellt.

und πλήρωμα[337] v.a. die Interpretation von καὶ οὕτως und πᾶς Ἰσραήλ und die Frage des Anteils Christi an der Rettung Israels.

Entscheidend für die Interpretation von V.25–27 ist das Verständnis der Verknüpfung von V.25b und V.26a durch καὶ οὕτως. Die logische Bedeutung hat dabei die größte Wahrscheinlichkeit für sich[338], zumal sie auch durch die in πλήρωμα zum Ausdruck kommende Vorstellung vom eschatologischen Maß gestützt wird[339]. Dies bedeutet, daß in V.25b die sachliche und zeitliche Voraussetzung für die Rettung Israels enthalten ist[340]. „Sobald der Einzug der zum Glauben an Christus gekommenen Heiden in das Heil vollendet ist, wird das Gottesvolk insgesamt des Heils teilhaftig werden"[341].

Hinter πᾶς Ἰσραήλ steht das hebräische כל ישראל, daher bedarf es keines Artikels. Paulus könnte damit auf die Tradition anspielen, die auch mSan X,1 begegnet: כל ישראל יש להם חלק לעולם הבא[342]. Die Notwendigkeit, daß mit „ganz Israel" die Juden und nicht die Judenchristen und Heidenchristen gemeint sind[343], ergibt sich v.a. aus dem Gegenüber zu ἀπὸ μέρους, V.25b, und den sonst in Röm 9–11 begegnenden restringierenden Aussagen: 9,27; 11,5; 11,7; 11,14. Πᾶς Ἰσραήλ steht somit in direkter Korrespondenz zum ‚Rest', für den schon zu 11,1ff dargestellt wurde, daß er für Paulus hier als ‚Angeld' auf die Vollzahl zu verstehen ist[344].

---

[337] Hinter πλήρωμα τῶν ἐθνῶν steht die Vorstellung vom eschatologischen Maß; vgl. dazu STUHLMANN, Maß, 164–188. Damit ist nicht numerisch an ‚alle' Heiden schlechthin zu denken, sondern an die von Gott gesetzte Zahl derer, die gerettet werden (HOFIUS, Evangelium und Israel, 313; HAHN, Römer 11,26a, 229; DELLING, ThWNT VI, 297–304). Ob man zu εἰσέρχεσθαι als Ortsangabe εἰς τὴν βασιλείαν (so KÄSEMANN, Röm, 301.303; MICHEL, Röm, 355) oder εἰς τὴν ζωήν (so SCHLIER, Röm, 339) ergänzen soll, hat kein zu großes Gewicht, wenn klar ist, daß damit jeweils die eschatologische „Heilsvollendung" gemeint ist (HAHN, Römer 11,26a, 227). Die bei WILCKENS, Röm II, 254f; HOFIUS, Evangelium und Israel, 313, bevorzugte Ergänzung „in die endzeitliche Heilsgemeinde Israel" ist insofern problematisch, als nach der paulinischen Diktion im Röm der Begriff „Israel" nicht auf Heiden angewendet wird.

[338] Vgl. dazu die hier nicht zu wiederholende Diskussion bei HOFIUS, Evangelium und Israel, 314f; GUNDRY VOLF, Paul and Perseverance, 179–181.

[339] Im Anschluß an STUHLMANN, Maß, 165, betont DUNN, Rom II, 681, jedoch zu Recht: „Some temporal weight cannot be excluded from καὶ οὕτως".

[340] Die Befristung der Verhärtung ist daher nur ein Teilinhalt des ‚Mysteriums'; anders NIEBUHR, Heidenapostel, 146f A.46.

[341] ROLOFF, Kirche, 129; MICHEL, Röm, 355; vgl. DAHL, Zukunft, 41: „Das Geheimnisvolle liegt weniger darin, daß ganz Israel gerettet wird, denn davon reden viele Texte des AT, als in der Art und Weise, in welcher es geschehen wird, auf dem Umweg über die Heiden."

[342] Vgl. TestBenj 10,11; Tob 1,6.

[343] So aber JEREMIAS, Beobachtungen, 199; dagegen GUNDRY VOLF, Paul and Perseverance, 181ff. Dafür spricht auch die Beziehung von 11,26 zu 11,15, wo analog zu mSan X,1 das Motiv der Auferstehung begegnet.

[344] Der Akzent ist somit gegenüber HOFIUS, Evangelium und Israel, 316, zu verschieben: πᾶς Ἰσραήλ ist nicht nur „betonter Gegenbegriff" zu ‚Rest' etc., sondern er ist Gegenbegriff zu ‚Rest' in 9,27 und ‚einige' in 11,14, aber er ist Korrelatbegriff zu ‚Rest' in 11,4f. Zur Frage, ob es sich dabei um die numerische Vollzahl handelt s. einerseits STUHLMANN, Maß, 179, andererseits GUNDRY VOLF, Paul and Perseverance, 184 (jeweils mit Lit.).

Die in der gegenwärtigen Diskussion mehrfach gestellte Frage, ob Israel auf einem ‚Sonderweg' oder ‚an Christus vorbei' zum eschatologischen Heil gelangt[345], stellt sich für Paulus so nicht. Aufgrund der übrigen Aussagen im Römerbrief und den weiteren Paulusbriefen ist Teilhabe am eschatologischen Heil für Paulus allein und ausschließlich über Christus möglich[346]. Die Frage kann sich lediglich auf den Modus beziehen, wie diese Heilsteilgabe durch Christus erfolgt. Sie geschieht gewiß nicht auf dem Weg missionarischer Verkündigung des Evangeliums[347]. Doch wird es sich um nichts anderes als die Anerkenntnis des Retters aus Zion, d.h. des Parusie-Christus handeln[348]. Gemäß paulinischen Kategorien (2Kor 5,7) wird man bei dieser Anerkenntnis jedoch nicht von „glauben", sondern eher von „schauen" sprechen[349]. Die Überwindung der ἀπιστία (V.23) liegt für Israel nicht in der πίστις[350], sondern im εἶδος. Israel wird also nach paulinischer Erwartung wohl nicht ‚sola fide' des eschatologischen Heils teilhaftig, aber doch ‚sola gratia' und ‚solo Christo'[351].

---

[345] Vgl. dazu MUSSNER, Geschlecht, 33–37; DERS., Traktat, 59–61, DERS., Ganz Israel, 251; HVALVIK, Sonderweg. MUSSNERs These ist auch durch die neuere Kritik von HÜBNER, Biblische Theologie II, 318f, noch nicht widerlegt. Unzutreffende Kritik an MUSSNER übt GRÄSSER, Heilswege; zur Gegenkritik s. MUSSNER, Heil, 211; ROLOFF, Kirche, 130 A.110.

[346] Eine andere Frage ist die von WOLTER, Evangelium und Tradition, 191ff, angesprochene Problematik einer christologischen bzw. theologischen Schrifthermeneutik, wie sie schon durch V.26b, verstärkt jedoch durch V.28ff gestellt wird.

[347] Paulus denkt schon gar nicht an heidenchristliche Judenmission, vgl. z.B. MUSSNER, Ganz Israel, 253; differenziert auch SÄNGER, Verkündigung, 194f; anders z.B. WAGNER, Future, 110.

[348] Daß mit ὁ ῥυόμενος der Parusie-Christus gemeint ist, ergibt sich aus 1Thess 1,10, wo ῥύεσθαι vom wiederkommenden Christus ausgesagt wird, aus bSan 98a, wo Jes 59,20 messianisch gedeutet wird und aus ἐκ Σιών, das sonst kaum zu erklären wäre; ZELLER, Juden, 259, HOFIUS, Evangelium und Israel, 318; SCHMITT, Gottesgerechtigkeit, 111; KOCH, Schrift, 177; WAGNER, Future, 106; anders u.a. RESE, Rettung, 423, und erneut STANLEY, Redeemer, bes. 137ff; SÄNGER, Verkündigung, 168f. MUSSNER, Traktat, 59 A.102a, verweist noch auf 4QFlor 1,11b–13, wo ein Zusammenhang besteht zwischen dem Auftreten des Messias am Ende der Tage und der Rettung Israels. Σιών hat im übrigen unterschiedliche Bedeutungen: Im Sinn von Land Israel versteht STANLEY, Redeemer, 138, im Anschluß an DAVIES, W.D., The Gospel and the Land, Berkeley 1974, 196, vgl. 152; im Sinn des himmlischen Jerusalem verstehen u.a. HAHN, Römer 11,26a, 227; JEREMIAS, Beobachtungen, 200; KÄSEMANN, Röm 301; LÜBKING, Paulus und Israel, 124. Zur Entstehung des ἐκ Σιών anstelle des ἕνεκεν Σιών s. SCHALLER, Textgestalt. SÄNGER, Verkündigung, 169f, nimmt an, Paulus habe unter Beiziehung von Ps 13,7 (LXX) und Ps 49,1f (LXX), die im Vokabular auffällig mit Jes 59,19 (LXX) übereinstimmen, die Änderung qua Analogieschluß (Gezera schawa) vorgenommen.

[349] In diesem Zusammenhang von einem ‚Glauben' Israels zu sprechen (so z.B. ZELLER, Juden, 245; HOFIUS, Evangelium und Israel, 319f; WAGNER, Future, 106f; ROLOFF, Kirche, 129f) halte ich für nicht angemessen. Zu dieser Frage s. die bei STANLEY, Redeemer, 139f A.53, genannten Autoren, v.a. W.D. DAVIES.

[350] So aber wieder BELL, Jealousy, 144f, der dies jedoch konsequenterweise annehmen muß, da er die Rettung ‚ganz Israels' in unmittelbarem Zusammenhang zur völkerumspannenden Heidenmission des Paulus sieht (vgl. BELL, a.a.O. 164f).

[351] Vgl. MUSSNER, Ganz Israel, 251 (DERS., Traktat, 60, spricht doch wieder von „Glauben"); LONGENECKER, Answers, 98ff (Lit.). Abzulehnen ist jedoch die u.a. von GAGER, Origins, 200f,

Fragt man, wie Paulus zur Erkenntnis des Geheimnisses πᾶς Ἰσραὴλ σωθήσεται (11,26) gekommen ist, dann läßt sich am ehesten an das Studium der
Schrift denken, allem voran das des Jesajabuches[352]. Dabei ist nicht ausgeschlossen, daß 11,26a zwar nicht als formales Zitat, aber eben doch als Aussage auf dem konkreten Hintergrund einer Schriftstelle, nämlich Jes 45,25 LXX
zu verstehen ist: ἀπὸ κυρίου δικαιωθήσονται καὶ ἐν τῷ θεῷ ἐνδοξασθήσονται
πᾶν τὸ σπέρμα τῶν υἱῶν Ἰσραήλ[353]. Dies würde auch zur Klärung der Frage
beitragen, wie der Unterschied in der Beurteilung des Status Israels zwischen
dem Gal und dem Röm zustande gekommen ist.

Insgesamt bedeutet das von Paulus mitgeteilte μυστήριον eine Umkehrung
der traditionellen Vorstellung der Völkerwallfahrt zum Zion[354]. Dies gilt
gerade auch dann, wenn καὶ οὕτως nicht wie καὶ τότε rein zeitlich, sondern
logisch verstanden wird. Nicht die Heiden kommen zum endzeitlich verherr-
lichten Israel (vgl. PsSal 17,31), sondern das gegenwärtig Christus ablehnende
Israel stößt zu den gläubigen Heiden und Juden hinzu[355]. Paulus gibt zwar
keine explizite Begründung für die Umkehrung des traditionellen Motivs,
doch lassen sich Querverbindungen zu anderen paulinischen Theologumena
aufzeigen: Voraussetzung für seine Umkehrung ist einerseits das Christusgeschehen in seiner eschatologischen Dimension und zum anderen sein Verständnis der Promissio an Abraham, die von vornherein auf alle Glaubenden
abzielte[356].

---

vertretene These, wonach Israels Errettung auf dem Weg der Tora unter Absehung von Jesus
geschehe. Diese Zwei-Wege-Theorie ist hinsichtlich der paulinischen Theologie zweifellos eine
Fehlinterpretation, doch kann sie auch kein brauchbares Modell zur heutigen Verhältnisbestimmung von Christen und Juden sein. Vgl. dazu den Briefwechsel von G. HARDER mit E.L.
EHRLICH in: HARDER, Kirche und Israel, 223–245.

[352] Vgl. dazu HÜBNER, Gottes Ich, 121–123.

[353] Vgl. HÜBNER, Gottes Ich, 121.123.

[354] Belege für die Völkerwallfahrt u.a. Ps 22,28ff; 102,23; Jes 2,2–5; 55,5; 56,6–8; 60,1ff; Mi 4,2;
Zef 3,9; Sach 2,11; 14,16; Tob 13,11ff; 14,6–7; PsSal 17,30ff; Sib 3,710–720; 772–775; TestSeb 9,8;
TestBenj 9,2. Vgl. zur Sache KÄSEMANN, Frühkatholizismus, 244; DERS., Röm, 303f; PLAG,
Wege, 43ff.56ff; STUHLMACHER, Interpretation, 560f; DUNN, Rom II, 680ff; BELL, Jealousy,
132ff. STUHLMACHER, aaO, 561, verweist darauf, daß in PsSal 17,21ff.30ff das Motiv der Völkerwallfahrt in Kombination mit der endzeitlichen Entsühnung Israels durch den Gesalbten begegne. Dabei darf jedoch der gegen die Heiden gerichtete Affekt in PsSal 17 nicht übersehen
werden. Die Tendenz der Aussagen in PsSal 17 ist somit Röm 11,25f völlig gegenläufig.

[355] Vgl. den Rückbezug auf Röm 11,1, auf den ZELLER, Juden, 209, hinweist.

[356] Nach ALLISON, Suggestion, 23–30, hat Paulus ein traditionelles eschatologisches Schema
übernommen und modifiziert: 1. Israel hat das Ziel verfehlt, 2. es muß sich bekehren, 3. wenn
dies erfolgt ist, bricht das Ende an; vgl. TestDan 6,4; TestSim 6,2–7; TestJud 23,5; AssMos 1,18;
syrBar 78,6f; 4Esr 4,38–43; bSan 97b; bShab 118b; bBB 10a; yTaan 63d; Apg 3,19f; 2Petr 3,11f.

8. „Geliebte um der Väter willen" – „Gottesvolk" als Verheißungsbegriff
(11,28–32)

V.28–32 stellt die den ganzen Argumentationsgang seit 9,1 zusammenfassende
Schlußthese dar, der ein hymnischer Schluß in V.33–36 folgt[357]. Dabei werden
entscheidende Schlüsselworte aus 9–11 wieder aufgegriffen[358]. Doch nicht nur
Aspekte aus 9–11, sondern auch aus Röm 1–8 kommen nochmals zum Zug[359].
V.28–32 sind daher nicht nur als Schlußfolgerung[360] oder Entfaltung[361] von
11,25–27 zu interpretieren, sondern stellen eine eigenständige Einheit dar, die
das Resümee des ganzen Zusammenhanges von Kap. 9–11 bildet[362].

V.28 beginnt mit einem Lehrsatz in Form einer Antithese[363]. Paulus greift
damit die polare Grundstruktur von 9,1–5 wieder auf[364]. Aufgrund des Christusereignisses und seiner Folgen ist die direkte Gleichsetzung von Israel mit
dem Gottesvolk problematisiert worden. Nur ein Teil, der ‚Rest', blieb übrig. Aufgrund der Väter bleibt Israel Volk Gottes auch in der Ablehnung
Jesu[365]. Die Kontinuität wird gewährleistet durch Gott selbst, der an seiner
ἐκλογή festhält. Mit der Bezeichnung ἀγαπητοί ist dabei nicht nur ein Gegenbegriff zu ἐχθροί gefunden, sondern dies ist unmittelbarer Ausdruck für den
Charakter Israels als Gottesvolk. So wie 1Thess 1,4 die Glaubenden als
ἠγαπημένοι ὑπὸ [τοῦ] θεοῦ den alttestamentlichen Frommen gleichgestellt und
ins Gottesvolk eingegliedert werden, so wird hier durch die Bezeichnung
ἀγαπητοί an Israels Charakter als Volk Gottes festgehalten[366].

V.29 nimmt mit χαρίσματα sachlich Bezug auf Gal 3,18b, wonach gilt: τῷ
δὲ 'Αβραὰμ δι' ἐπαγγελίας κεχάρισται ὁ θεός. Die Aussage ist jedoch im Kontext des Röm nicht ohne Anklang an 9,4f zu hören. Χαρίσματα gibt das hebräische חסדים wieder, das nach Jes 55,3; 2Chr 6,42 „Hulderweisungen" und

---

[357] RESE, Rettung, 427; vgl. WOLTER, Evangelium und Tradition, 191.

[358] DUNN, Rom II, 677; HÜBNER, Gottes Ich, 124.

[359] Der Gegensatz ἀπειθέω/ἀπείθεια – ἐλεέω/ἔλεος läßt die Grundstruktur von 1,18–3,20 –
3,21–5,11 anklingen, und V.32 „repeats with breathtaking brevity the conclusion of 5:12–21,
with the status and role of Israel within the world-wide and history-long purpose of God finally
clarified, by an ironic eschatological reversal of the salvation-history pattern of ‚Jew first and
also Greek'"; DUNN, Rom II, 677.

[360] JEREMIAS, Beobachtungen, 201f; LUZ, Geschichtsverständnis, 295; STUHLMACHER, Interpretation, 557; differenzierter KÄSEMANN, Röm, 304.

[361] HOFIUS, Evangelium und Israel, 320.

[362] HÜBNER, Biblische Theologie II, 320.

[363] Stilistisch handelt es sich um eine Parhomoeosis, s. SIEGERT, Argumentation, 174.

[364] Vgl. WOLTER, Evangelium und Tradition, 191.

[365] Es ist m.E. nicht notwendig hier von einer Inkongruenz im Gebrauch von διά c. Acc.
auszugehen; so u.a. JEREMIAS, Beobachtungen, 202; HOFIUS, Evangelium und Israel, 320. Es
liegt in beiden Fällen kausaler Sinn vor; vgl. zu διά c. Acc. KRAUS, Tod Jesu, 94f.

[366] Vgl. dazu im einzelnen oben zu 1Thess 1,4, S. 127f. HOFIUS, Evangelium und Israel, 321
A.96, betont m.R., daß in Jes 51,2 LXX im Zusammenhang einer Aussage über Gottes Zuwendung an Abraham ἀγαπᾶν neben καλεῖν erscheint.

„Gnadenzusagen" in sich vereinigt[367]. Paulus versteht die Gnadengaben und die Erwählung Israels als Ausdruck der dem Abraham gegebenen Verheißungen. Σπέρμα Ἀβραάμ steht nach Röm 9,9 allein auf dem Verheißungswort Gottes. *Wie schon Röm 9,9, so macht erneut 11,28–32 deutlich, daß Paulus das Gottes-Volk-Sein Israels von der Verheißung an Abraham her versteht. Es läßt sich somit von Röm 4,16 über 9,9 bis zu 11,28–32 eine durchgehaltene Linie feststellen: „Gottesvolk" ist für Paulus ein Verheißungsbegriff.*

Damit stellt sich die Frage, ob Paulus seine seit dem Gal praktizierte christologische Schrifthermeneutik, aufgrund derer sich die Zugehörigkeit zu dem in Abraham erwählten Gottesvolk nur über Christus bestimmen läßt, in V.28f durch eine theologische begrenzt[368], mithin die Christologie von der Theologie her suspendiert wird[369]. Die beiden Bestimmungen κατὰ τὸ εὐαγγέλιον und κατὰ τὴν ἐκλογήν stehen in V.28 unausgeglichen nebeneinander. V.29 stellt unmißverständlich das Übergewicht der χαρίσματα und der κλῆσις gegenüber der vom Evangelium her gültigen Feindschaft heraus. Indes ist die Lösung dieses Problems in V.26b–27 angezeigt: Weil Paulus hinsichtlich der Erwählung Israels „aufgrund seiner christologischen Schrifthermeneutik ... nur die Diskontinuität der Tradition und Israels gegenwärtige Heilsferne feststellen kann, bleibt er für den Erweis, daß damit kein endgültiger Heilsverlust Israels ausgesagt ist, auf den Weg esoterischer Offenbarung gewiesen"[370]. Gerade in dieser Offenbarung wird ihm aber die eschatologische Koinzidenz des verheißenden Gotteswortes mit dem Parusie-Christus, mithin die Koinzidenz von Theologie und Christologie offenbart[371].

V.30f wiederholen, was 11,11ff der Sache nach schon dargelegt wurde. Begnadigung der Heiden und Ungehorsam der Juden stehen in einem doppelten

---

[367] ZOBEL, ThWAT III, 64f; HOFIUS, Evangelium und Israel, 321.

[368] Vgl. zur Sache die bei SÄNGER, Verkündigung, 124f, genannten Autoren und SÄNGERs Entgegnung, aaO, 131f.

[369] Nach WOLTER, Evangelium und Tradition, 191f, vollzieht Paulus in Röm 11,28f nach Gal 1,11–24 einen erneuten Paradigmenwechsel, indem er „seiner christologischen Schrifthermeneutik eine im eigentlichen Sinn des Wortes theo-logische Hermeneutik in einem spannungsvollen Nebeneinander an die Seite [stellt]" und damit „eine *Autonomie des Schriftzeugnisses* von der Erwählung Israels" behauptet, „die auch durch das auf Heilsferne lautende Urteil des Evangeliums bzw. einer christologischen Schrifthermeneutik nicht supendiert ist" (Zitate 191; kursiv im Original).

[370] WOLTER, Evangelium und Tradition, 190.

[371] Dies ist ein neues Indiz dafür, daß der Inhalt des ,Mysteriums' nicht nur in der Befristung der Verstockung oder der endgültigen Annahme Israels gesucht werden darf, sondern in beiden o.g. Aspekten gesehen werden muß.
Insofern hat sich gegenüber Gal 4,21–31 dann doch ein Wandel vollzogen: Zwar hält Paulus seine Aussage, daß das nichtglaubende Israel nicht in der durch Christus vermittelten Kontinuität der Erwählung Abrahams steht, aufrecht, er stellt ihr aber die zweite Aussage, daß Israel um der Väter willen geliebt sei, so an die Seite, daß damit de facto Gal 4,21ff revoziert wird; anders WOLTER, Evangelium und Tradition, 192.

Korrespondenzverhältnis: „Einerseits steht Gottes Erbarmen mit den ungehorsamen Heiden in einem bestimmten Verhältnis zum Ungehorsam der
Juden; andererseits steht das Erbarmen Gottes mit den Heiden in einem bestimmten Verhältnis zum Erbarmen Gottes mit den Juden."[372]

V.32 gibt mit dem finalen ἵνα das Ziel des göttlichen Erwählens und Nicht-
Erwählens an: das Heil aller. Hierin „meldet sich ... nochmals und abschließend die paulinische Rechtfertigungslehre zu Wort"[373]. Gott erbarmt sich
aller. Rettung geschieht als Rechtfertigung der Sünder[374].

*Die Glaubenden aus Heiden und Juden sind Volk Gottes, insofern sie über den
Glauben teilhaben an den Zusagen Gottes an Abraham. Die nichtglaubenden Juden sind Volk Gottes, insofern die über ihnen ausgesprochene Verheißung durch
Gottes Treue weiterhin in Kraft ist und auch durch ihren Unglauben nicht aufgehoben werden kann. In beiden Fällen ist die Qualifizierung nicht an den Menschen ablesbar, sondern hat ihren Bestand im göttlichen Verheißungswort.*

Damit ist weder Israel durch die Ekklesia substituiert, noch ist es ausgeschlossen, von der Ekklesia als dem Volk Gottes zu sprechen. Nach paulinischem Verständnis können nur beide zusammen den eschatologischen Lobpreis Gottes sprechen. Dies vollzieht Paulus stellvertretend in Röm 11,33–36
und kommt noch einmal darauf zurück in 15,7–13.

d) „Freut euch, ihr Heiden, mit seinem Volk" (15,7–13)

Unter den Voraussetzungen von Röm 11,28ff gilt es jetzt 15,7–13 zu interpretieren. Der Text steht üblicherweise nicht im Mittelpunkt des Interesses der
Ausleger – zu Unrecht![375] Handelt es sich doch bei den Versen 8.9a ähnlich
wie in Röm 1,3f um „eine Zusammenfassung der Christologie des Paulus"[376].
Zudem ist der Abschnitt geeignet, den Fluchtpunkt der Rede vom Gottesvolk bei Paulus kenntlich zu machen.

Röm 15,7–13 unterscheidet sich von Röm 9–11 darin, daß hier wiederum
beide, Juden und Heiden im Blick sind, während es in Kap. 9–11 zentral um
das Israelthema ging. Die Verse 7–13 stehen am Ende des argumentierenden
Teiles des Röm (‚letter body'); es folgen lediglich die Ausführungen über die
Pläne des Apostels, Schlußempfehlungen, Grußliste, Segenswunsch und Lobpreis.

---

[372] Zur Diskussion der Dative s. im einzelnen STEGEMANN, Menschheit, 222f.
[373] KÄSEMANN, Röm, 304.
[374] HOFIUS, Evangelium und Israel, 322.
[375] So auch HAHN, Mission, 92.
[376] So die EKD-Studie ‚Christen und Juden II', 34.

Dabei ist 15,7–13 eng verkoppelt mit der ab 14,1 diskutierten Frage des Verhältnisses der Starken zu den Schwachen[377], stellt aber dennoch eine nicht völlig im Kontext von 14,1–15,13 aufgehende Einheit dar. 15,6 endete mit einer auf die gemeinsame Doxologie hinzielenden Schlußformel. 15,7–13 schließt einerseits als Schlußparaklese daran an, andererseits redet Paulus, eingeführt durch λέγω γάρ, ab V.8 mehr grundsätzlich. Zudem stehen die Verse in Korrespondenz zu 1,16f und nehmen die dort erstmals begegnende Reihenfolge von Juden und Christen explizit wieder auf. Insofern kann 15,7–13 auch als zusammenfassendes Schlußwort der Hauptargumentationslinie des Röm angesehen werden[378], in dem die beiden Aspekte, wonach Christus die Treuverbundenheit Gottes gegenüber den Juden und die Öffnung der Verheißungen für die Heiden garantiert, von Paulus unterstrichen werden[379].

Folgende Aspekte sind im Rahmen des Gottesvolkthemas von Bedeutung: (1) Die „Annahme" durch Christus. (2) Christi Werk für Juden und Heiden: Befestiger der Väterverheißung, Bringer der Barmherzigkeit Gottes. (3) Das Ziel des Handelns Christi: gemeinsamer Lobpreis Gottes. Die atl. Zitate haben stets Juden und Heiden im Blick, mit einem gewissen Schwerpunkt auf den Heiden.

Mit διό wird eine Folgerung aus dem Dargelegten eingeleitet. Ἀλλήλους bezieht sich sachlich auf ὁμοθυμαδόν, V.6, zurück. Προσλαμβάνεσθε nimmt 14,1.3 wieder auf. Der Gedankengang des Paulus kreist um die gegenseitige Gemeinschaftsgewährung aufgrund der von Gott in Christus gewährten Gemeinschaft. Die Struktur der Argumentation entspricht der in 1Kor 8–10, wenngleich die Problemlage jeweils unterschiedlich ist: Paulus argumentiert mit der „Annahme" durch Gott (14,3) bzw. durch Christus (15,7b), die die ge-

---

[377] WILCKENS, Röm III, 105: „Resultat aus der ganzen Mahnung 14,1–15,6". Das inhaltliche Problem dieses Abschnittes muß hier nicht diskutiert werden; vgl. dazu die Kommentare. Zur Frage der Beziehungen von Röm 14f zu 1Kor 8–10 s. die Darstellung bei CRANFIELD, Rom II, 690–696. Nachdem in Röm 14f εἰδωλόθυτος fehlt, kann die Beziehung zu 1Kor 8–10 nicht zu eng gesehen werden. Die Erwähnung von καθαρός und κοινός Röm 14,14.20, wie auch der Bezug auf die ‚besonderen Tage' (14,5), legen es nahe, an charakteristisch jüdische/judenchristliche Streitfragen zu denken (CRANFIELD, Rom II, 694; DUNN, Rom II, 800), die zwar von den Streitfragen in der galatischen Krise unterschieden werden müssen (CRANFIELD, Rom II, 695), jedoch eine Affinität zu dem im Aposteldekret angesprochenen Problemkreis haben. Seit den Makkabäeraufständen waren gerade jene Gesetzesbestimmungen Testfälle für das Judesein speziell in der Diaspora (DUNN, Rom II, 800).

[378] Vgl. DUNN, Rom II, 844: „concluding summary"; STEGEMANN, Menschheit, 45ff; so auch KECK, Christology, 85; SASS, Röm 15,7–13; s. auch KÄSEMANN, Röm, 372. 15,7–13 ist somit mehr als nur dritter Abschnitt der apostolischen Paränese zum Verhältnis von Starken und Schwachen (so aber MICHEL, Röm, 441; vgl. SCHLIER, Röm, 423; STUHLMACHER, Röm, 205; CRANFIELD, Rom II, 739) oder ein „Nachtrag" bzw. „Anhang" (so KOCH, Schrift, 281). Zur These von SCHMITHALS, Röm, 157–161, wonach Röm 15,8–13 ursprünglich Abschluß von Röm 1–11,36* sein soll, s. WILCKENS, Röm III, 104. Richtig sieht SCHMITHALS jedoch die enge Verbindung von 15,7–13 zu Röm 9–11 und zum Thema Juden und Heiden im Römerbrief.

[379] DUNN, Rom II, 845. Zur epistolographischen Funktion des Briefkorpusabschlusses Röm 15,7–13 siehe jetzt MÜLLER, Schluß, 201–210.

genseitige Annahme notwendig und möglich macht. Dabei heißt προσλαμβάνεσθαι nicht nur „die alltägliche Anerkennung der Bruderschaft"[380], sondern die öffentliche Anerkennung als Bruder, die auch die Gemeinschaft am Tisch des Herrn mitumfaßt[381]. Dieses Verständnis wird nahegelegt durch Phlm 17, wo Paulus die Annahme des Onesimus als Bruder von Philemon erwartet, was einem öffentlichen Akt entspricht[382], wie auch durch den Begriffsgebrauch in der LXX.

Mit Gott als Subjekt begegnet προσλαμβάνεσθαι 1Sam 12,22; Ps 18,6 (17,17 LXX); 27,10 (26,10 LXX); 65,4 (64,5 LXX); 73,24 (72,24 LXX), mit einem Menschen 2Makk 8,1; 10,15; SapSal 17,11 (10 LXX; nur hier im Akt.)[383]. In den Apokryphen und Pseudepigraphen findet sich der Begriff Arist 2,2; 206,5; grApkBar 4,15; TestAss 1,8; TestHiob 10,5, jeweils im Akt. mit Menschen als Subjekt. Im NT liegen außerhalb des Corpus Paulinum Belege vor: Mt 16,22 par Mk 8,32; Apg 17,5; 18,26; 27,33.36; 28,2, jedoch stets mit Menschen als Subjekt. Von besonderer Bedeutung sind die atl. Belege 1Sam 12,22; Ps 27,10; 65,5; 73,24, wo es jeweils um die Annahme von Menschen durch Gott geht. Ps 65,5 stehen „erwählen" und „annehmen" (als Üs. von קרב pi.) im Par. memb.; 1Sam 12,22 bezeichnet προσελάβετο (als Üs. von עשה לעם) die „Annahme" als Volk des Herrn und steht im direkten Gegensatz zu „verstoßen" (ἀπώσεται, Üs. von נטש). Dies entspricht dem paulinischen Sprachgebrauch in Röm 11,15, wo die eschatologische Annahme Israels durch πρόσλημψις (Gegensatz: ἀποβολή) wiedergegeben ist.

Προσλαμβάνεσθαι bezeichnet somit Röm 15,7 die gegenseitige Annahme als Bruder/Schwester, die durch die Aufnahme des jeweils anderen in die Gemeinschaft mit Christus zur Ehre Gottes motiviert ist. Die unausgesprochene Voraussetzung hinter dieser Aufforderung lautet: Wer an Christus glaubt, gehört zum Volk Gottes und dieses darf nicht aufgespalten werden (vgl. 1Kor 3; 10).

Λέγω γάρ, V.8, markiert den Übergang ins Grundsätzliche. V.8 sind die Juden angesprochen, V.9 die Heiden. Paulus gebraucht die üblichen Bezeichnungen[384], von den Christen als einem „tertium genus hominum" kann zu dieser Zeit noch keine Rede sein[385]. Paulus formuliert eine doppelte Zielrichtung des Werkes des Christus.

Für die Juden bedeutet das Kommen Christi ein βεβαιῶσαι τὰς ἐπαγγελίας τῶν πατέρων. Die Mehrzahl der Ausleger gibt βεβαιόω durch „erfüllen" wie-

---

[380] So KÄSEMANN, Röm, 354, zu 14,1; vgl. DUNN, Rom II, 795.796.803 u.ö.: „to welcome" ist m.E. zu blaß.

[381] MICHEL, Röm, 422; CRANFIELD, Rom II, 700.

[382] Diese Annahme bedeutet eine Konkretion von Gal 3,27f.

[383] Ein Beleg findet sich noch in Hi 24,2 (Aq). Πρόσλημψις bzw. πρόσλημψις findet sich Josephus, Ant 17,17; 18,353 und Sir 10,21 v.l. (hier wäre DENIS, Concordance, zu ergänzen).

[384] Περιτομή ist hier wie in Röm 3,30; 4,12 Bezeichnung für das jüdische Volk; vgl. CRANFIELD, Rom II, 740.

[385] Dazu HARNACK, Mission, 262ff.281ff.

der[386]. Dies ist problematisch, denn es suggeriert, Christus sei der „Erfüller" einer vormals gegebenen Verheißung. Damit ist das Mißverständnis, das im Schema von „Verheißung und Erfüllung" liegt, ins NT zurückprojiziert. Βεβαιόω wird dann mit πληρόω gleichgesetzt.

Zunächst heißt βεβαιόω „bekräftigen", „bestätigen", „für etwas garantieren", „versichern"[387]. In den Papyrusurkunden findet sich βεβαιόω im Sinn von „sicherstellen", „gewährleisten", „erhärten", „bestätigen", „bekräftigen"[388], βεβαίωσις bedeutet „Sicherstellung", „Gewährleistung"[389]. Die üblicherweise genannten Belege für βεβαιόω = erfüllen[390] werden mit solcher Übersetzung nur unzureichend wiedergegeben: Diod. Sic. 1,5,3; Polyb. 3,111,10 (βεβαιώσειν ἡμῖν πέπεισμαι τὰς ἐπαγγελίας). Hier geht es darum, daß Hannibal seine Ankündigungen (Verheißungen) als „zuverlässig" erweist und damit faktisch „erfüllt". Inschr. v. Priene 123,9[391] (ἐβεβαίωσεν τὴν ἐπαγγελίαν παραστή[σ]ας μὲν τοῖς ἐντεμενίοις θεοῖς τὴν θυσίαν. Er erwies die Verheißung als zuverlässig, indem er den geweihten Göttern das Opfer darbrachte). In einem abgeleiteten Sinn kann auch hier in Verbindung mit ἐπαγγελία die Übersetzung „die Verheißung als zuverlässig erweisen" = „erfüllen" gerechtfertigt sein[392]. Doch ist dies keinesfalls zwingend, wie aus Röm 4,16 hervorgeht[393]. Das Problem der Übersetzung von 15,8 wird sich daher kaum allein auf philologischer Ebene lösen lassen; es spielt vielmehr die jeweilige Sicht der paulinischen Theologie hinein: Geht Paulus davon aus, daß in Christus die Väterverheißungen „erfüllt" sind? Denkt Paulus in 15,8 an einen in der Vergangenheit abgeschlossenen Vorgang der „Erfüllung" oder an ein noch stattfindendes Ereignis in der Zukunft, das die Wahrheit der Väterverheißungen ans Licht bringen wird? Dann jedoch wäre Christus der, der die Gültigkeit der Väterverheißungen bestätigt und bekräftigt. Klärung kann nur ein Blick auf sachverwandte Aussagen des Paulus bringen: Aufgrund der Parallelität zu 2Kor 1,20 (in Christus sind die Gottesverheißungen bestätigt, τὸ ναί, aber nicht erfüllt, damit die Gemeinde ihr Amen darauf sagen kann) und aufgrund der Beziehung von Röm 15,8 zu 4,11.13.16.17; 9,4; 11,28f scheint hinreichend deutlich, daß Paulus nicht im Schema von „Verheißung und Erfüllung" denkt, sondern vom wirkmächtigen Gotteswort ausgeht, das im Moment des Aussprechens Wirklichkeit setzt. Daher ist der Bedeutung „bekräftigen" der Vorzug zu geben[394].

Damit ist gesagt: Der Dienst Christi für die Beschnittenen besteht darin, daß er die den Vätern gegebenen Verheißungen als in Kraft stehend bestätigt hat[395], um damit die göttliche ἀλήθεια zu erweisen[396]. Die Frage, was konkret

---

[386] BAUER-ALAND, WB⁶, 277; EWNT I, 505 (A. FUCHS); ThWNT I, 602,22 (SCHLIER); HAHN, Mission, 92; CRANFIELD, Rom II, 741; WILCKENS, Röm III, 106; differenzierter MICHEL, Röm, 448; KÄSEMANN, Röm, 373.

[387] Vgl. LSJ, 312; es findet sich hier kein Beleg, für den die Übersetzung „fulfil" angegeben wird.

[388] Vgl. PREISIGKE, WB, 262f.

[389] PREISIGKE, WB, 263.

[390] Vgl. BAUER-ALAND, WB⁶, 277.

[391] Text bei F. HILLER V. GAERTINGEN, Inschriften von Priene, Berlin 1906, 117f.

[392] Nach SASS, Röm 15,7–13, 522 A.23, trifft das auch für Philo, Her 96; Somn 1,181 und Josephus, Ant 8,109 zu.

[393] Vgl. DUNN, Rom II, 847.

[394] Vgl. DUNN, Rom II, 847.

[395] Er wahrt damit das „Erstlingsrecht" Israels; STEGEMANN, Menschheit, 46, in Aufnahme von KÄSEMANN, Röm, 373.

mit der Väterverheißung gemeint ist, ergibt sich aus einem Blick auf Röm 4,11.13.16.17: es ist die Verheißung, daß Abraham Vater vieler Völker sein werde und daß ihm und seinen Nachkommen das Erbe zufallen soll.

V.9 wendet sich der Blick zu den Heiden. Τὰ δὲ ἔθνη ist ein „konstruktionslos angehängter Akkusativ ...", der sich inhaltlich auf V7b (ὁ Χριστὸς προσελάβετο ὑμᾶς) bezieht und dem dann ein finaler Infinitv folgt"[397]. Für die Heiden bedeutet das Kommen Christi den Anlaß, in den Lobpreis Gottes einzustimmen, so daß Juden und Heiden ὁμοθυμαδὸν ἐν ἑνὶ στόματι Gott, den ‚Vater unseres Herrn Jesu Christi' preisen (vgl. V.6)[398]. Hier unterscheidet sich Paulus von der Hauptlinie im AT und Frühjudentum. Gleichwohl wird die Teilnahme der Heiden am Gotteslob von Paulus in einer Zitatenkette als „schriftgemäß" nachgewiesen[399]. Paulus bezieht sich hierbei auf vier Belege: Ps 17,50 LXX[400]; Dtn 32,43 LXX; Ps 117,1 (116,1 LXX); Jes 11,10 LXX[401]. Folgende Aspekte verdienen Erwähnung:

---

[396] Ἀλήθεια meint im vorliegenden Fall die göttliche Wahrhaftigkeit, Zuverlässigkeit; BAUER-ALAND, WB⁶, 69; CRANFIELD, Rom II, 741. ZELLER, Juden, 221, vermerkt zu Recht die Akzentverschiebung gegenüber dem Gal, wo die Unterwerfung Christi als „Übernahme des Gesetzesfluchs" verstanden wird.

[397] KOCH, Schrift, 282 A.23; zur Konstruktion s. WILCKENS, Röm III, 106; THÜSING, Per Christum, 43f; ZELLER, Juden, 219; DUNN, Rom II, 847f; CRANFIELD, Rom II, 742; syntaktisch ist auch denkbar τὰ δὲ ἔθνη auf λέγω γάρ zu beziehen. STEGEMANN, Menschheit, 47, hält es für möglich, den Satz als Ellipse zu verstehen: λέγω γὰρ Χριστὸν διάκονον γεγενῆσθαι (τῶν ἐθνῶν) ὑπὲρ ἐλέους εἰς τὸ δοξάσαι αὐτοὺς τὸν θεόν. Von einem elliptischen Verständnis geht jetzt auch SASS, Röm 15,7–13, 517, aus. Jedoch möchte er V.9a nicht wie STEGEMANN auf V.8a, sondern auf V.8b beziehen, so daß inhaltlich gesagt wäre, die Bestätigung der Väterverheißungen würde auch durch das Lob Gottes der Heiden erfolgen. Dann jedoch ist es verwunderlich, daß die folgenden begründenden Schriftzitate keinen Bezug zu Väterverheißung haben. Wenn man also von elliptischem Verständnis ausgehen will, verdient die Lösung, V.9a auf V.8a zu beziehen, daher den Vorzug.

[398] „In V.8 steht nichts davon, daß die Juden Gott preisen sollen" – so ZELLER, Juden, 219, im Anschluß an THÜSING, Per Christum, 43. Nur unter Absehung von V.6 läßt sich jedoch so formulieren. Es stimmt eben nicht, daß Gott „eigentlich ... durch seine Zusage nur der Beschneidung verpflichtet" war (ZELLER, Juden, 219), zumindest nach Paulus hatte die Abrahamsverheißung schon immer die Heiden im Blick.

[399] KOCH, Schrift, 283; KÄSEMANN, Röm, 373. Die Öffnung für die Völker wird nach KOCH, Schrift, 242, schon durch die vorpaulinische Verwendung von Schriftzitaten deutlich, wie sie sich aus den Paulusbriefen erschließen läßt. KOCH nennt: Jes 45,23c (Phil 2,10f); Jes 11,10 (Röm 15,12); Jes 28,16 (Röm 9,33; 1Petr 2,6); Jes 59,20.21a (Röm 11,26f). Vgl. zur Sache auch KECK, Christology, 93f; HAYS, Echoes, 73.

[400] Nach KOCH, Schrift, 34f, handelt es sich hier nicht um ein Zitat aus 2Sam 22,50. In einem Teil der Überlieferung stimmt 2Sam 22,50 mit Ps 17,50 völlig überein. Es ist nicht ausgeschlossen, daß hierbei eine sekundäre Angleichung aufgrund von Röm 15,9 vorliegt.

[401] Die mehrfach festgestellte Reihenfolge Tora-Nebiim-Ketubim innerhalb der Zitatenkollektion ergibt sich nur, wenn man V.9b als Überschrift über die folgenden nimmt (so z.B. SCHLIER, Röm, 425), was aber (1) durch die Anreihungsformel καὶ πάλιν λέγει nicht angezeigt ist. Außerdem entspricht (2) die Reihenfolge nicht der im hebr. Kanon. Zudem ist (3) das Jesaja-Zitat durch die ausdrückliche Verfasserangabe von den übrigen Zitaten deutlich abgehoben.

(1) Das erste Zitat hat „Eröffnungsfunktion: Es beschreibt mit ἐν ἔθνεσιν den Bereich, in dem jetzt das Gotteslob ergeht"[402]. Der Lobpreis der Heiden hat jedoch gegenüber dem atl. Kontext einen neuen Sinn erhalten: Er ist auf das Heilshandeln Gottes in Christus bezogen (ὑπὲρ ἐλέους) und nicht mehr auf Gottes Heilstat an Israel[403].

(2) V.10 und 11 bieten jeweils eine direkte Aufforderung zum Gotteslob an die Heiden und zwar mit Worten der Schrift. Dtn 32,43 erfährt dabei dezidiert eine Aufnahme in der LXX-Fassung, die sich von der des MT erheblich unterscheidet.

Der MT bietet:

הַרְנִינוּ גוֹיִם עַמּוֹ כִּי דַם־עֲבָדָיו יִקּוֹם וְנָקָם יָשִׁיב לְצָרָיו וְכִפֶּר אַדְמָתוֹ עַמּוֹ[404]

„Preist ihr Nationen sein Volk, denn er rächt das Blut seiner Knechte, und zahlt Rache heim seinen Gegnern, aber das Land seines Volkes entsühnt er."[405]

Die LXX-Fassung lautet dagegen:

εὐφράνθητε, οὐρανοί, ἅμα αὐτῷ, καὶ προσκυνησάτωσαν αὐτῷ πάντες υἱοὶ θεοῦ· εὐφράνθητε, ἔθνη, μετὰ τοῦ λαοῦ αὐτοῦ, καὶ ἐνισχυσάτωσαν αὐτῷ πάντες ἄγγελοι θεοῦ· ὅτι τὸ αἷμα τῶν υἱῶν αὐτοῦ ἐκδικᾶται, καὶ ἐκδικήσει καὶ ἀνταποδώσει δίκην τοῖς ἐχθροῖς καὶ τοῖς μισοῦσιν ἀνταποδώσει, καὶ ἐκκαθαριεῖ κύριος τὴν γῆν τοῦ λαοῦ αὐτοῦ.[406]

Die LXX hat statt עַמּוֹ vermutlich עִם עַמּוֹ gelesen und hatte möglicherweise einen erweiterten Text als den heutigen MT vorliegen[407]. Im jetzigen Zustand der Überlieferung werden Wesen unterschiedlichster Kategorien zum Lob Gottes aufgordert: Söhne Gottes, Heidenvölker, Gottesvolk, Engel, Himmel. Ein umfassender Lobpreis durch die gesamte Schöpfung ist angezielt. Daß dabei im biblischen Text schon wie bei Paulus eine Gleichstellung aller Angeredeten im Blick war, ist kaum anzunehmen[408]. Paulus kann diese Linie dann jedoch ausziehen.

---

[402] KOCH, Schrift, 282. Zur Diskussion, wer hierbei als Subjekt von ἐξομολογήσομαι zu denken ist, s. KOCH, ebd. A.24; SASS, Röm 15,7–13, 524.

[403] HAHN, Mission, 92; ZELLER, Juden, 221f; KOCH, Schrift, 282 A.25.

[404] Der App. in BHS schlägt unter Einbeziehung von LXX und Qumran-HS vor zu lesen: „Erhebt den Siegesschrei ihr Himmel, zusammen mit ihm, werft euch vor ihm nieder ihr Götter"; vgl. die Einheitsübersetzung.

[405] Übersetzung nach V. RAD, ATD 8, 139.

[406] TgOnq bietet (in der Übersetzung von GROSSFELD, Aramaic Bible 9, 1988, Hervorhebungen im Original): „Give praise to His people, O you nations, for the *cause* of His *righteous* servants will be avanged; moreover the punishment will be revested to His enemies, and so He will atone *for His land and for His people.*" Der Aufruf zum Gotteslob an die Nationen ist auch in TgNeof1 enthalten; s. DIÉZ MACHO, Targum Neofiti 1, V, 281.

[407] Dieses Problem kann hier nicht weiterverfolgt werden; vgl. dazu STEGEMANN, Menschheit, 49f; CRÜSEMANN, Studien, 41f; SKEHAN, Qumran.

[408] DUNN, Rom II, 849.

V.11 zitiert Ps 116,1 LXX mit einer leichten Angleichung an das Hebräische. Gewisse Probleme bietet auch hier der MT: אֻמִּים ist ein ungewöhnlicher Plural (gewöhnlich: אֻמּוֹת), weshalb die Konjektur לְאֻמִּים (Pl. von לְאֹם) „Völker", „Nationen" vorgeschlagen wird[409], zumal dies häufig parallel zu גוים steht[410].

(3) V.12 ist durch die Angabe des Verfassers von den übrigen Zitaten abgehoben und benennt die innere Voraussetzung für das Gotteslob der Völker: „Christus als Grund und Inhalt der Hoffnung – und damit auch der Rettung – gerade der ἔθνη"[411]. Ἐν τῇ ἡμέρᾳ ἐκείνῃ ist dabei sachgemäß ausgelassen, da in Christus das Eschaton schon angebrochen ist[412]. Jesus wird in V.12 ausdrücklich als Davidssohn verstanden, „d.h. als Träger zentraler jüdischer Heilserwartung"[413].

Der letzte Vers stellt mit dem Opt. πληρώσαι einen „konduktiven Gotteszuspruch" dar[414], mit welchem er die Gemeinde dem Wirken des Geistes Gottes unterstellt. Mit diesem Vers schlägt Paulus den Bogen zurück zu Röm 1,16f[415].

Zielpunkt von Röm 15,7–13 – und damit des Röm insgesamt – ist das gemeinsame Gotteslob von Juden und Heiden angesichts des durch Christus verbürgten Heils[416]. „Die Assoziierung der Heidenvölker zum Heil" hebt dabei einerseits keineswegs „Israels besondere Rolle in Gottes Heilsökonomie"

---

[409] S. KRAUS, BK XV.2, 798.

[410] Gen 25,23; Jes 34,1; 43,9; Ps 2,1 u.ö., s. KBS s.v.

[411] KOCH, Schrift, 283.

[412] Paulus scheint dabei ein schon vor ihm christlich gebrauchtes Schriftzitat zu verwenden; s. dazu im Detail KOCH, Beobachtungen, 184ff.

[413] KOCH, Schrift, 241; vgl. CRANFIELD, Rom II, 747.

[414] Zur formgeschichtlichen Bezeichnung „konduktiver Gotteszuspruch" s. MÜLLER, Schluß, 116 (innerhalb von 113–117). 206 (innerhalb 205–210). MÜLLER weist nach, daß die Bezeichnungen „Segensspruch" (vgl. z.B. JEWETT, Form, 21f: „homiletic benediction") oder „Fürbitte-Segen" (s. z.B. WILCKENS, Röm III, 108; ähnlich KECK, Christology, 87.92) oder auch „Gebetswunsch" (so z.B. DUNN, Rom II, 853) für Texte wie 1Thess 5,23f; Röm 15,5–6; 15,13 u.a. formgeschichtlich nicht sachgemäß sind (MÜLLER, Schluß, 78–96.96–102.113–117) und schlägt statt dessen die Bezeichnung „konduktiver Gotteszuspruch" vor. Dessen Strukturmerkmale sind nach MÜLLER, Schluß, 117: a) indirekte Anrede Gottes im Satzsubjekt, b) Verb (in der Regel im Optativ, c) Anrede der Adressaten im Satzobjekt, d) ggf. Finalsatz (εἰς τό ...).

[415] DUNN, Rom II, 853. Nach MÜLLER, Schluß, 208, ist Röm 15,13 innerhalb des Briefkorpusabschlusses (15,7–13) des Röm „eine Art ‚Summe' dieses Briefes" insgesamt, insofern hier fünf für den Röm entscheidende Wortfelder anklingen: Hoffnung/hoffen, Freude/freuen, Frieden, Glaube/glauben, δύναμις. Die Tatsache, daß in Röm 15,13 die Begriffe δικαιοσύνη, νόμος etc. nicht begegnen, darf nicht dazu verleiten, das Thema der Rechtfertigung als „abgeblendet" zu betrachten (MÜLLER, aaO, 209). Als paulinische ‚Lösung' der Gottesvolkproblematik im Röm bildet die Rechtfertigungslehre gerade auch für 15,7–13 die innere Voraussetzung.

[416] Die heute relevanten Sachfragen im Verhältnis von Christen und Juden angesichts dieses Textes werden genannt bei REICHRATH, Juden und Christen.

auf, sondern setzt diese voraus und bestätigt sie[417]. Andererseits werden die Heiden auch nicht in den Bund Israels integriert[418] oder „der Heilsgemeine [!] Israel" hinzugeführt[419], sondern aufgefordert, Gott *mit* seinem Volk zu preisen[420]. „Die doxologische Union von Juden und Heiden löst weder Israel als Gottes Volk ab noch verwischt sie die geschichtlich unterschiedenen Identitäten von Juden und Heiden. Beider Einheit ist in der Fülle für Paulus nur eschatologisch, am Ende der Zeit, denkbar. In Zeit und Geschichte findet sie ihren Ausdruck aber schon in der Solidarität von Juden und Heiden im Gotteslob."[421]

---

[417] STEGEMANN, Menschheit, 49 (Hervorhebung im Original).

[418] ZELLER, Juden, 221.

[419] So aber WILCKENS, Röm III, 107.

[420] Das μετά c. gen. meint nicht nur „inmitten von", sondern „zusammen mit"; vgl. BAUER-ALAND, WB⁶, 1031; KOCH, Schrift, 282 A.26.

[421] STEGEMANN, Menschheit, 49.

§ 15 Das himmlische Bürgerrecht nach dem Zeugnis des Philipperbriefs

a) Vorbemerkungen

Am Schluß des Durchgangs durch das Corpus Paulinum unter dem Aspekt der Gottesvolkthematik soll ein Blick auf Phil 3 stehen[1]. Die Gottesvolkthematik bekommt hier aktuelle Relevanz, insofern Gegenmissionare die Philipper dazu bewegen wollen, sich beschneiden zu lassen. Bevor jedoch der Text inhaltlich diskutiert werden kann, sind einige Vorfragen anzusprechen, die die literarische Einheitlichkeit und den Abfassungsort des Phil betreffen[2].

Die literarische Einheit des Phil ist umstritten. Phil 3 unterscheidet sich, sowohl was Thema, Sprachstil als auch Stimmung des Verfassers anbetrifft, unübersehbar von Kap. 1–2. Außerdem scheint zwischen 4,9 und 4,10 ein Bruch zu bestehen[3]. Nachdem der Phil lange Zeit den meisten Auslegern als redaktionelle Komposition aus verschiedenen Paulusbriefen galt, mehren sich in der jüngeren Diskussion zu Recht wieder Stimmen, die die Einheitlichkeit des Briefes annehmen[4]. Dem Verfechter literarischer Uneinheitlichkeit obliegt in jedem Fall die Beweislast[5]. V.a. muß er zeigen, worin die kompositorische Absicht liegt. Dies will beim Phil nicht gelingen. Ein bewußt planender Redaktor hätte, so müßte man urteilen, nicht gut geplant[6]. Geht man davon aus, daß es sich beim Phil um ein „Gelegenheitsschreiben" handelt, dann sind Gedankensprünge durchaus im Rahmen des üblichen[7]. Außerdem bezieht sich der Stimmungsumschwung, der häufig für Kap. 3 verzeichnet wird, nicht auf die Philipper, sondern auf die Gegner. Die betont

---

[1] Der Philemonbrief trägt zum Thema nichts Wesentliches bei und kann daher unberücksichtigt bleiben.

[2] Die folgenden Überlegungen zu Einleitungsfragen wollen keinen neuen Forschungsbeitrag leisten, sondern sind der Versuch, sich Rechenschaft über den Standort zu geben, bevor die Gottesvolkthematik in Phil 3 angesprochen werden kann.

[3] Zu den unterschiedlichen Teilungshypothesen s. MENGEL, Studien, 201f; MÜLLER, Phil, 7.

[4] S. die Darstellung der Forschungsgeschichte bei MENGEL, Studien (die jüngere Diskussion seit E. LOHMEYER, ebd., 190–221); vgl. SCHENK, Philipperbrief; SUHL, Briefe, 149–161; MÜLLER, Phil, 4–14; NIEBUHR, Heidenapostel, 79ff. Für Einheitlichkeit votiert auch BLOOMQUIST, Function, 97–118, aufgrund der von ihm festgestellten Parallelen zur antiken Epistolographie. Ebd., 117, findet sich eine nicht überzeugende Darstellung der rhetorischen Struktur des Briefes. BLOOMQUIST läßt den mit 3,1 begonnenen thematischen Teil erst mit 4,7 schließen. Übereinstimmung besteht unter den Auslegern weitestgehend darin, in Phil 3 einen thematisch eigenständigen Teil zu sehen, wobei der Einsatz mit 3,1a; 3,1b oder 3,2 angegeben wird.

[5] Gegen SCHMITHALS, Irrlehrer, 59 A.59, mit MENGEL, Studien, 303f.

[6] MÜLLER, Phil, 9.

[7] MÜLLER, Phil, 8.12.

freundliche Haltung gegenüber den Adressaten durchzieht vielmehr den ganzen Brief. Damit wird die Erklärung des Themawechsels in Kap. 3 zum entscheidenden Problem. Mengel hat dies in überzeugender Weise gelöst durch die Annahme neu eingetroffener Nachrichten aus Philippi nach der Niederschrift von Phil 1,1-2,24[8]. War mit Phil 3,1 der eigentliche Schluß intendiert, so sah sich Paulus durch Nachrichten über die eingedrungenen Irrlehrer und den Streitfall der Frauen genötigt, in Kap. 3 und 4 dazu Stellung zu beziehen[9]. Der Phil ist damit kein von Paulus „ganzheitlich" verfaßtes Schreiben, er stellt jedoch eine „literarische Einheit" dar[10].

Ein weiteres Problem bietet die zeitliche und lokale Einordnung des Phil[11]. Die Alternative besteht darin, den Phil vor oder in die röm. Gefangenschaft zu datieren (Ephesus oder Rom; evtl. Caesarea)[12]. Seit dem markionitischen Prolog (2. Jh.) wird der Phil nach Rom eingeordnet[13]. Dies wird jedoch bestritten[14]. Hauptargumente sind die Änderung der Reisepläne in Phil 1,26; 2,24 gegenüber Röm 15,23f.28 und die weite Entfernung zwischen Rom und Philippi, die einen regen Nachrichtenaustausch nicht ermögliche.

Die Ankündigung des Kommens nach Philippi ist angesichts von Röm 15,23f.28 in der Tat ein starkes Argument gegen Rom. Jedoch geht aus dem Phil hervor, daß die Gemeinde am Gefangenschaftsort des Paulus nicht frei von Gegnern seiner Missionsarbeit ist (1,15ff; 2,21)[15]. Abgesehen davon, daß Reisepläne auch bei Paulus geändert werden können, wäre eine Rückwendung nach Philippi v.a. dann nicht ungewöhnlich, wenn Paulus in Rom die gewünschte Unterstützung für seine Spanienpläne nicht gefunden hat[16]. Ein mehrfacher Nachrichtenaustausch wird vom Text des Phil nicht gefordert[17], zudem ist die Strecke auch bei ungünstigen

---

[8] MENGEL, Studien, 314f; übernommen bei MÜLLER, Phil, 10f. Außerdem scheint ein Vergleich von 1,23 mit 3,11 nahezulegen, daß auch die Situation, in der Paulus sich befindet, sich geändert hat: Hoffnung auf die allgemeine Auferstehung, nicht mehr Erwartung des bevorstehenden Martyriums (MÜLLER, Phil, 11).

[9] Eine solche „temporale Teilungshyposthese" entspricht der von C. WOLFF zu 1Kor; vgl. MÜLLER, Phil, 12. Dies würde auch dem Befund von TROBISCH, Entstehung, 120, entsprechen, wonach es kein antikes Vergleichsmaterial für die redaktionelle Komposition mehrerer Briefe im Sinn einer Verschachtelung gibt.

[10] MENGEL, Studien, 315 (im Original z.T. gesperrt). Der Versuch, Phil 3,2ff als „digressio" oder Exkurs zu beurteilen (so SCHOON-JANSSEN, Apologien, 142f.126–129, unter partieller Aufnahme von GARLAND, Composition) scheitert an der Heftigkeit der Polemik in 3,2ff, die zu einem Exkurs nicht paßt (MÜLLER, Phil, 14 samt A.37).

[11] Richtig KARRER, M., Art. Philipperbrief, EKL III (1992), 1181f, hier: 1182: „Bei Einheitlichkeit entscheidet A [=Phil 1,1–3,1] über Ort und Zeit."

[12] *Ephesus:* DEISSMANN, Paulus, 13 A.2 (Begründer der These); BORNKAMM, Paulus, 245; FRIEDRICH, Phil, 129ff; GNILKA, Phil, 199; SCHENK, Philipperbriefe, 338; MÜLLER, Phil, 18ff; *Caesarea:* LOHMEYER, Phil, 3f; *Rom:* MERK, Handeln, 174; WIEFEL, Hauptrichtung, 79; STREKKER, Befreiung, 230; LÜDEMANN, Paulus I, 142 A.80; SCHADE, Christologie, 190; ROLOFF, Apg, 372; SCHNELLE, Wandlungen, 31ff.

[13] KÜMMEL, Einleitung, 284 A.5; die entscheidenden Argumente ebd., 284f; Apg 28 spricht von einer zweijährigen Haft; Phil 1,12–18 scheint auf Rom zu passen; MÜLLER, Phil, 15.

[14] Die einzelnen Argumente bei KÜMMEL, Einleitung, 285ff.

[15] Vgl. 1Clem 5,2ff, wonach Paulus und Petrus in Rom διὰ ζῆλον καὶ φθόνον zu Tode kamen (s. dazu FISCHER, Die Apostolischen Väter, 31 A.39). Ebenso könnte die in Phil 2,1ff so stark beschworene Einheit der Gemeinde ein Reflex auf eine Uneinigkeit der Gemeinde vor Ort sein: 2,3 wiederum ἐριθεία, vgl. 1,15 ἔρις.

[16] Zu dieser Annahme besteht Anlaß: s. die Darstellung der Ankunft des Paulus in Rom und das beredte Schweigen der Apg über die römische Gemeinde und ihr Verhältnis zu Paulus; dazu ROLOFF, Apg, 368.372.

[17] KÜMMEL, Einleitung, 286.

Verhältnissen in ca. vier Wochen zurückzulegen[18]. Die späte Abfassung wird daneben gestützt durch das Fehlen der Kollekte für Jerusalem[19] und den Titel ἐπίσκοπος in 1,1[20], der ein Fortschreiten in der Ämterentwicklung voraussetzt[21].

Das Hauptproblem der Ansetzung in die ephesinische Zeit des Paulus (52–55) besteht darin, daß weder Paulus noch die Apg explizit eine Gefangenschaft in Ephesus erwähnen. Auch aus 1Kor 15,30ff und 2Kor 1,8–11 lassen sich keine zweifelsfreien Angaben über eine ephesinische Gefangenschaft entnehmen[22]. Gleichwohl käme auch bei Ephesus der Phil in große zeitliche Nähe zum Röm zu stehen[23], nun allerdings vor dem Röm und nicht danach[24].

Wir haben somit beim Phil von literarischer Einheitlichkeit auszugehen. Die Frage des Abfassungsortes läßt sich zwar nicht zweifelsfrei entscheiden, die größere Wahrscheinlichkeit behält jedoch Rom. Der Phil wäre damit das letzte uns vorliegende Gemeindeschreiben des Apostels. Die Frage, die sich im Rahmen des Gottesvolkthemas stellt, lautet dahin, ob Paulus seine beeindruckende Lösung im Röm in seinem letzten Schreiben fortführt oder erneut andere Akzente setzt.

b) Die Reklamierung der „Beschneidung" für die Heidenchristen (3,2–11)

Die Philipper sind ἅγιοι ἐν Χριστῷ Ἰησοῦ (1,1; 4,21)[25] und haben den Geist empfangen (1,27). Bei ihnen gibt es παράκλησις ἐν Χριστῷ, παραμύθιον ἀγάπης, κοινωνία πνεύματος, σπλάγχνα καὶ οἰκτιρμοί (2,1). Sie sind τέκνα θεοῦ (2,15) und Paulus möchte, daß sie am Tag Christi εἰλικρινεῖς καὶ ἀπρόσκοποι (1,10), πεπληρωμένοι καρπὸν δικαιοσύνης (1,11), ἄμεμπτοι καὶ ἀκέραιοι (2,15)

---

[18] Für die Entfernung Ephesus – Philippi werden immerhin auch noch 7–9 Tage benötigt; MÜLLER, Phil, 17. Weitere Berechnungen bei LÜDEMANN, Paulus I, 142 A.180.

[19] LÜDEMANN, Paulus I, 142 A.180. Das Argument von BECKER, Paulus, 27 (zustimmend MÜLLER, Phil, 15), die Sammlung sei erst nach der Ephesuszeit in Gang gekommen, nachdem der Phil schon geschrieben war, verfängt nicht, da die Sammlung schon in Gal 2,10; 1Kor 16,1; 2Kor 8 u. 9 erwähnt wird, und der Phil nach dem Gal geschrieben wurde (s.u.).

[20] Abwegig, weil mit der literarkritischen Teilung verbunden, ist die These F.C. BAURs, die von SCHENK, Philipperbriefe, 78–82, wieder aufgegriffen wird, die σύν-Wendung stelle eine nachpaulinische Glosse dar.

[21] ROLOFF, J., Art. Amt IV, TRE 2, 509–533, hier: 522. Der von SCHADE, Christologie, 181–190, festgestellte sprachliche Befund belegt m.E. nur eine zeitliche Nähe zum Röm, aber keine eindeutige Nachordnung des Phil. Inhaltliches Gewicht für eine Ansetzung des Phil ans Ende der paulinischen Wirksamkeit hat jedoch das Fehlen von Kollektennotizen und die Erwähnung von Episkopen in Phil 1,1 (SCHADE, Christologie, 189). Auffällig gegenüber dem 2Kor und dem Röm ist der Gebrauch von ἐκ θεοῦ δικαιοσύνη (3,9). Daraus läßt sich jedoch keine Einordnung des Phil nach dem Gal, aber vor 2Kor 1–8, ableiten.

[22] KÜMMEL, Einleitung, 290f; anders MÜLLER, Phil, 18f; FURNISH, 2Kor, 122–125.

[23] Anders MÜLLER, Phil, 24, der Röm weiter abrücken will.

[24] Unterstützung könnte nach MÜLLER, Phil, 20f, die Einordnung nach Ephesus durch die im Phlm vorausgesetzte Situation erhalten, sofern auch dieser in jene ephesinische Gefangenschaft zu datieren wäre.

[25] Zur These, daß es in Philippi (ähnlich wie in Rom) keine ἐκκλησία gegeben habe und daher die Anrede zu erklären sei, s. SCHENK, Philipperbriefe, 78.

vor Gott dastehen. Dennoch scheint ihnen etwas zu fehlen, denn es gibt Agitatoren, die die Philipper zur Beschneidung überreden wollen[26]. Dies geht aus der Paronomasie κατατομή (3,2) und der Bezeichnung κακοὶ ἐργάται, die auf missionarische Aktivitäten schließen läßt, hervor[27]. Paulus reagiert mit ungeheurer Heftigkeit auf dieses Ansinnen und bietet argumentativ und polemisch alles auf, um sie davon abzubringen[28].

Unabhängig von allen literarkritischen Teilungsvorschlägen besteht Einigkeit in der Einschätzung von Phil 3 als einer thematischen Einheit[29]. Die Verse 2–21 sind geprägt von der Antithetik zwischen ,wir' und den ,anderen', ,wir' und den ,Hunden'/den ,bösen Arbeitern'/der ,Zerschneidung', ,wir' und den ,vielen', ,wir' und den ,Feinden des Kreuzes'[30]. Der Gedankengang läßt sich wie folgt nachzeichnen[31]: 3,2–4a Warnung vor den Gegnern mit Begründung; V.4b–11: Argumentation anhand des Beispiels seiner eigenen Person (V.4b–6: die Vorzüge des Paulus als frommer Jude; V.7–11: die Wende zum Glauben an Christus und ihre Konsequenzen); V.12–16: die wahre Vollkommenheit; V.17–21: Aufruf zur Nachahmung des apostolischen Vorbilds; 4,1: Schlußmahnung zur Standhaftigkeit[32].

Paulus setzt unvermittelt mit einer dreifachen Warnung ein. Bei „Hunde" und „böse Arbeiter" handelt es sich um Polemik, die auch sonst anzutreffen ist[33], bei „Zerschneidung" ist die Grenze zum Sarkasmus überschritten. Die

---

[26] Die Gegnerposition lautet zweifelsfrei: Laßt euch beschneiden; mit NIEBUHR, Heidenapostel, 87.88.89; LÜDEMANN, Paulus II, 155; SCHENK, Philipperbriefe, 276; gegen GOPPELT, Christentum, 136f; GNILKA, Phil, 187.

[27] NIEBUHR, Heidenapostel, 88.

[28] Wenn der Phil in Rom geschrieben ist, dann ist damit zu rechnen, daß die Erfahrungen des Paulus bei seinem letzten Jerusalemaufenthalt in die Argumentation einfließen, ebenso die Erfahrungen mit der römischen Gemeinde selbst.

[29] Es ist lediglich zu diskutieren, ob 3,1 und 4,1 noch hinzugenommen werden müssen (vgl. NIEBUHR, Heidenapostel, 79; MÜLLER, Phil, 136). 3,1 und 4,1 könnten durch die paränetischen Imperative, die Anrede ,Brüder' und das vorausweisende τὸ λοιπόν bzw. das rückverweisende ὥστε als eine Inklusion verstanden werden (NIEBUHR, Heidenapostel, 79). Ursprünglich war jedoch mit 3,1 der Schluß des Briefes anvisiert (MENGEL, Studien, 314; MÜLLER, Phil, 136). Von den in 3,2ff erwähnten Irrlehrern war vorher keine Rede (mit GNILKA, Phil, 99; MÜLLER, Phil, 136; gegen NIEBUHR, Heidenapostel, 83.89 samt den in A.53 Genannten). 4,1 bildet eine zusammenfassende Schlußmahnung, die mit ὥστε auf den gesamten Abschnitt 3,2–21 zurückverweist. Daher ist der Einschnitt vor 3,2 (nicht vor 3,1) und nach 4,1 (nicht nach 3,21) zu sehen (mit MÜLLER, Phil, 136ff).

[30] MERK, Handeln, 192; SCHENK, Philipperbriefe, 254f; MÜLLER, Phil, 174.

[31] Gliederung in Anlehnung an MÜLLER, Phil, VIf.139.

[32] Andere Gliederungsvorschläge bei SCHENK, Philipperbriefe, 252; ERNST, Phil, 88ff; GNILKA, Phil, 184. NIEBUHR, Heidenapostel, 83ff, bietet keine eigentliche Gliederung, sondern eine Nachzeichnung des Gedankengangs.

[33] Vgl. BILL. III, 621f; I, 724; Apk 22,14; Did 9,5; IgnEph 7,1; dazu MICHEL, ThWNT III, 1100–1103; ἐργάται kann Selbstbezeichnung der Leute gewesen sein; GNILKA, Phil, 186 A.10. Dies wird jetzt bestätigt durch HARAGUSHI, Unterhaltsrecht. Demnach entspricht der Sprachgebrauch ἐργάτης alter palästinischer Missionssprache (179).

Heftigkeit der Invektive wird verständlich, wenn es sich um ähnliche Gegner handelt wie in Galatien[34].

Der Forderung der Gegner nach Beschneidung der Philipper setzt Paulus die These entgegen: „Wir sind die Beschneidung"[35]. Es geht dabei nicht nur um eine Spiritualisierung der Beschneidung[36], sondern um die Aussage der eigenen Identität in den Kategorien jüdischen Selbstverständnisses. Entscheidend ist die doppelte Aufnahme des Stichwortes περιτομή: polemisch und identifizierend[37]. Die Selbstbezeichnung περιτομή muß aus der Antithese zu κατατομή begriffen werden. Es soll damit ein doppeltes gesagt werden: Die die Beschneidung fordernden Gegner sind keine Vertreter der „wahren" Beschneidung[38], und der Eintritt in die Heilsgemeinschaft, den die Beschneidung gewährleisten soll, ist bei den Heidenchristen bereits vollzogen. „Mit der Feststellung: ‚Wir (die beschnittenen und unbeschnittenen Christen) sind die Beschneidung' (3,3) nimmt er [Paulus] den entscheidenden Inhalt der Beschneidungsforderung, die dem Proselyten gewährte uneingeschränkte Teilhabe an Israel, auf und für die Gemeinde in Anspruch. Er stellt damit den der Beschneidungsforderung innewohnenden Anspruch nicht in Frage, setzt aber dem Vollzug der Beschneidung an Christen die durch die Christusgemeinschaft vermittelte Heilsteilhabe exklusiv entgegen."[39] Andererseits ist damit nicht gesagt, daß περιτομή hier als „wahres Israel" im Gegenüber zum empirischen Israel zu verstehen ist[40]; ebenso ist περιτομή auch nicht als „Bezeichnung des neuen Gottesvolkes" adäquat umschrieben[41], weil damit die direkte Opposition zur Gegnerposition unzulässig generalisiert wird.

Die genaue Bestimmung der Gegner bereitet Schwierigkeiten[42]. Eine Identifizierung aufgrund der paulinischen Äußerungen ist nur indirekt möglich[43].

---

[34] MÜLLER, Phil, 11, zu den Gegnern s.u.

[35] Oder wenn man περιτομή als Abstractum pro concreto auffaßt: Wir sind die Beschnittenen. Zum kollektiven Gebrauch von περιτομή bzw. ἀκροβυστία bei Paulus s.o. zu 1Kor, S. 168–170.

[36] So richtig SCHENK, Philipperbriefe, 292.

[37] NIEBUHR, Heidenapostel, 84 A.29.

[38] Diese Bezeichnung muß hier gewagt werden, wenngleich mir die Problematik nur zu deutlich ist.

[39] NIEBUHR, Heidenapostel, 98.

[40] So MEYER, ThWNT VI, 82,41.

[41] So GNILKA, Phil, 187.

[42] S. dazu SCHENK, Philipperbrief, 3294–3299; DERS., Philipperbriefe, 291ff; SCHMITHALS, Irrlehrer, 47–87; LÜDEMANN, Paulus II, 153–158; MENGEL, Studien, 212–221; BAUMBACH, Irrlehrer; WATSON, Paul, 75ff; MEARNS, Identity; KLEIN, Antijudaismus, 434ff; DERS., Antipaulinismus; BECKER, Paulus, 277–285.340–344; HAWTHORNE, Phil, XLIV–XLVII; GNILKA, Phil, 211–218 (Lit.); MÜLLER, Phil, 186–191 (Lit.).

[43] M.R. bestreitet NIEBUHR, daß Inhalte und Grundlagen der gegnerischen Argumentation „einfach spiegelbildlich aus der paulinischen Argumentation erschlossen werden" könnten; Heidenapostel, 88 samt A.46, gegen MEARNS, Identity, 194–204. Nach GNILKA, Phil, 213, liegt der „judaisierende Charakter der philippischen Irrlehre ... offen zutage". Doch was heißt „judaisierend" präzise? Die These von ULONSKA, Gesetz, 321, „herumziehende Eunuchen des Kybe-

Aus dem Begriff ἐργάται ergibt sich kein Anhaltspunkt, daß es christliche Missionare waren, ebenso lassen κύνες wie auch die Klage in V.18f keine genauere Identifizierung zu[44].

An erster Stelle ist die Frage einer einheitlichen Gegnerfront in V.2ff und V.18ff zu klären. V.18ff hat es zunächst den Anschein, als würde eine weitere Gruppe von Gegnern angesprochen, doch wäre dann ein textliches Signal zu erwarten, das dies deutlich macht. Außerdem weist τούς anaphorisch auf V.2 zurück[45]. Es ist somit von einer einheitlichen Gegnerfront auszugehen.

Der Begriff κακοὶ ἐργάται erinnert an 2Kor 11,13, ebenso der Gebrauch des Stichworts καυχᾶσθαι[46]. Auch die Aufbietung der persönlichen Vorzüge, 2Kor 11,22f, kann mit Phil 3,5f verglichen werden[47]. Doch geht die Tendenz der Auseinandersetzung im 2Kor in eine völlig andere Richtung als im Phil, insbesondere spielt anders als in Phil 3 das Gesetz in 2Kor 10–13 keine Rolle[48].

Ein näherliegender Anhaltspunkt zur Bestimmung der Gegner kann aus dem Vergleich mit dem Gal erwachsen. Die Situation in Philippi weist Analogien zur Problemlage in Galatien auf. Dort ging es darum, durch Übernahme der Beschneidung und Beachtung wesentlicher Bestimmungen der Tora Vollmitglied des Gottesvolkes zu werden. Im Gal argumentiert Paulus jedoch erwählungsgeschichtlich, während er im Phil seine eigene Person einbringt[49]. Nun ist es methodisch nicht zulässig, die Äußerungen im Phil vom Gal her zu erklären, jedoch lassen sich bestimmte Denkstrukturen erhellen. Auch im Gal wird ausgeführt, daß die Beschneidungsforderung dem durch

---

le-Attis-Kultes gefährden in einer synkretistischen Umwelt die Gemeinde, die sich dem paulinischen ἀγάπη-Kult verschrieben hat", ist jedenfalls nach MÜLLER, Phil, 190 A.267, als „phantastisch" zu bezeichnen.

[44] Vgl. NIEBUHR, Heidenapostel, 88f, und die dort A.52, Genannten.

[45] SCHENK, Philipperbriefe, 255.259; MÜLLER, Phil, 174. 𝔓46 fügt vor τοὺς ἐχθρούς ein βλέπετε ein, das textkritisch gewiß sekundär ist, jedoch nur aufgrund der Voraussetzung der Gleichheit der Gegner möglich wird. Gegen die Gleichsetzung der Gegner in V.2 und V.18ff wendet sich u.a. KLEIN, Antipaulinismus, 312, wegen des iterativen πολλάκις und des verschärfenden νῦν δὲ καὶ κλαίων. Doch ist dies keineswegs zwingend, vgl. MÜLLER, Phil, 175 A.175.

[46] MÜLLER, Phil, 188, im Anschluß an KOESTER, Purpose, 321. Beziehungen zum 2Kor sieht auch LÜDEMANN, Paulus II, 155–158.

[47] GNILKA, Phil, 213.215f, sieht die Gegner im Anschluß an GEORGI und BIEHLER in starker Analogie zu den Gegnern des Paulus im 2Kor. Er kennzeichnet sie mit fünf Kriterien: (a) Sie sind in die „universalistischen Tendenzen des zeitgenössischen Judentums" einzureihen, (b) sie vertreten eine θεῖος ἀνήρ-Christologie, (c) den Nachfolgern dieses θεῖος ἀνήρ ist es möglich, die μορφὴ θανάτου zu überwinden, (d) dies dokumentiert sich „in einem erhöhten Lebensbewußtsein und eindrucksvollem Auftreten", (e) als Vollkommene vermitteln sie „das wahre Erkennen" (ebd., 218). Indes sind diese Kennzeichnungen zu stark an 2Kor orientiert und lassen sich nicht in Phil 3 nachweisen. Wichtiger ist daher der Vergleich mit dem Gal.

[48] Engere Beziehungen zu den korinthischen Gegnern sieht LÜDEMANN, Paulus II, 158.

[49] MÜLLER, Phil, 29f.

das Evangelium vermittelten vollgültigen Heil widerspricht (Gal 2,21; 3,1; 5,2.4.11; 6,12). Ein direkter Vergleich zeigt deutliche Parallelen:

Phil		Gal	
3,3	καυχώμενοι ἐν Χριστῷ Ἰησοῦ	6,13f	ἐν ... σαρκὶ καυχήσωνται, καυχᾶσθαι ... ἐν τῷ σταυρῷ
3,9	μὴ ἔχων ἐμὴν δικαιοσύνην τὴν ἐκ νόμου ἀλλὰ τὴν διὰ πίστεως	2,16f	οὐ δικαιοῦται ... ἐξ ἔργων νόμου ἐὰν μὴ διὰ πίστεως
3,9	εὑρεθῶ	2,17	εὑρέθημεν
3,10	κοινωνίαν [τῶν] παθημάτων αὐτοῦ, συμμορφιζόμενος τῷ θανάτῳ αὐτοῦ	2,19	Χριστῷ συνεσταύρωμαι
3,20	ἀπεκδεχόμεθα	5,5	ἀπεκδεχόμεθα[50]

Auch die Frontstellung in Phil 3,18f findet ihre Parallele im Gal: 5,11; 6,12 (vgl. 2,21)[51]. Phil 3 paßt damit in den größeren Kontext anti-heidenchristlicher Aktivitäten von Judenchristen[52]. Läßt sich also aus Phil 3 allein nicht mit Ausschließlichkeit judenchristliche Gegnerschaft behaupten, so ist diese aufgrund der Gesamtbeurteilung der ntl. Zeitgeschichte, insbesondere der Nachgeschichte des Apostelkonzils[53], doch wahrscheinlich.

Paulus begegnet dieser Gegnerforderung, indem er die Übernahme der Beschneidung im Status eines Christen als ‚Vertrauen auf das Fleisch' kennzeichnet (V.3f). Damit wird zunächst nichts gegen die Beschneidung generell oder von Judenchristen gesagt. Aber als Zusatzbedingung für Heidenchristen bedeutet sie einen Rückfall hinter Christus und ist daher strikt abzulehnen. Dies wird am Beispiel des Paulus selbst demonstriert. Paulus zählt seine herkunftsmäßigen Vorzüge auf (V.5f)[54]. Ziel dieser Aufzählung ist es, die – von der Forderung der Judaisten her gesehen – nahezu unüberbietbare Privilegierung herauszustellen, um damit den Kontrast zur Christuserkenntnis zu vergrößern und die vergleichsweise mindere Bedeutung der Privilegien umso stärker betonen zu können. Es sind absolute Spitzenformulierungen, die Paulus in V.8b–11 findet, um die Großartigkeit dessen zu beschreiben, was ihm der Glaube an Christus bedeutet. Sie machen die grundstürzende Erkenntnis deutlich, deren Initium Paulus bei Damaskus widerfuhr. Daran solen sich die Philipper ein Beispiel nehmen.

Doch selbst wenn die Funktion der Ich-Rede in V.7–11 nicht darin besteht, „den grundsätzlichen Bruch des Paulus mit seiner jüdischen Vergangenheit zum Ausdruck zu bringen ..., sondern ... seine Bewertung seiner jüdischen

---

[50] Zu dieser Aufstellung vgl. NIEBUHR, Heidenapostel, 90; dazu LÜDEMANN, Paulus II, 157f.

[51] Die von BAUMBACH, Irrlehrer, 301f, aufgezeigten Bezüge zum Röm unterstützen die Abfassung des Phil nach dem Röm und damit in Rom.

[52] Das heißt freilich nicht, daß es sich in Galatien und Philippi jeweils um die gleiche Gruppe gehandelt haben muß; MÜLLER, Phil, 24.

[53] Vgl. MÜLLER, Phil, 191.

[54] Zur Detailinterpretation s. NIEBUHR, Heidenapostel, 103–109.

Vorzüge angsichts der Christusoffenbarung den Philippern als vorbildlich für die von ihnen in einer analogen Situation zu treffende Bewertung und Entscheidung" darzustellen[55], so ist damit das Problem keineswegs beseitigt, daß Paulus im Vollzug seiner Argumentation die in Röm 9,4f und 11,28f als Gnadengaben bezeichneten Vorzüge Israels völlig abwertet und zuletzt als σκύβαλα bezeichnet[56]. Paulus stellt heraus, daß alle unabhängig von der Christuserfahrung „als Gewinn zu erachtenden Vorzüge [am achten Tag Beschnittener, Israelit, Benjaminit etc.] im Blick auf die Christusgemeinschaft und die mit ihr verbundene Teilhabe am eschatologischen Heil nutzlos sind (V.7f)."[57] Solche Argumentation ist jedoch nur verständlich in einer absoluten Extremsituation. Denn wenn die Gnadengaben Gottes nach Röm 11 unbereubar sind, wenn die Beschneidung nach Röm 4 als ‚Siegel der Glaubensgerechtigkeit' anzusehen ist und wenn „Israel" eben eine geistliche und keine fleischliche Größe darstellt, dann kann das nicht gleichzeitig – auch nicht um Christi willen – als ‚Scheiß' denunziert werden[58], zumal ‚Christus ein Diener der Beschneidung wurde, um der Wahrheit Gottes willen, damit er die Väterverheißungen bekräftige' (Röm 15,8)[59].

c) Himmlische Berufung und himmlisches Bürgerrecht (3,12–16.17–21)

Wenn es wahrscheinlich ist, daß in Philippi ebenfalls judenchristliche Missionare die Gläubigen aus den Heidenvölkern zur Beschneidung nötigen wollten, mit der Begründung, ihnen fehle noch etwas zur Vollkommenheit, dann schließt sich der Gedankengang in V.12–16.17–21 nahtlos an und es muß

---

[55] NIEBUHR, Heidenapostel, 99f, gegen RÄISÄNEN, Law, 176 A.75; SANDERS, Law, 137.139f; WILCKENS, Enwicklung, 177; WATSON, Paul, 73–80.

[56] Man verstellt sich die Schärfe der paulinischen Aussage, wenn sie nur funktional verstanden wird. Daher ist auch die Auslegung von NIEBUHR, Heidenapostel, 101f.104, an dieser Stelle nicht radikal genug: Paulus knüpfe an „zentrale Inhalte jüdischen Heilsverständnisses positiv" an und nehme sie „für die christliche Gemeinde in Anspruch", löse sie jedoch aus ihrer „Bindung an die exklusive Sozialgestalt der jüdischen Religion" (101f); das Urteil in V.7-11 betreffe nicht „die Vorzüge als solche, sondern nur ihre Funktion beim Zugang zum Heil" (104). Durch die Polemik droht jedoch der Inhalt selbst verloren zu gehen. Vgl. in diesem Zusammenhang – jedoch nicht sehr in die Tiefe gehend – auch NEWMAN, Paul's Glory Christology, 208–212.

[57] NIEBUHR, Heidenapostel, 98.

[58] Es ist vom Text her nicht möglich, σκύβαλα nur auf einen Teil der Aufzählung zu beziehen (z.B. die Verfolgung der Gemeinde). Σκύβαλα (V.8) stellt eine Steigerung von ζημία (V.7.8a) dar, und dies ist über πάντα (V.8a) und ἅτινα (V.7) auf alle Vorzüge zu beziehen.

[59] Dies ist keine von außen an Paulus herangetragene Kritik, die ein heutiger Exeget besserwisserisch sich vorzutragen getraute. Vielmehr wird Paulus hier schlicht ‚beim Wort' genommen. Man ist versucht, Parallelen zur Juden- und Ketzerpolemik in den Spätschriften Luthers zu ziehen. In beiden Fällen stellt die Angst um die Erhaltung der Gemeinde ein entscheidendes Movens für die Schärfe des Ausdrucks dar.

nicht mit einer zweiten Gruppe von Gegnern gerechnet werden[60]. Erst der Beschnittene würde nach der Gegneransicht ,vollkommen' sein und über die Beschneidung außerdem Anteil bekommen am πολίτευμα der jüdischen Gemeinde[61].

Paulus geht zunächst auf die Frage der Vollkommenheit ein[62]. ,Vollkommen sein' bzw. ,es ergriffen haben' sind dabei als „Reizworte" zu verstehen, „die in der augenblicklichen Gemeindesituation von Bedeutung sind" und einen Hinweis auf die Gegner enthalten[63]. Die gegnerischen Missionare verkündigten „a message of righteousness and perfection that was attainable *now* simply by submitting to circumcision and complying with certain laws"[64]. Paulus sagt den Philippern indirekt zu, daß sie – recht verstanden – bereits ,vollkommen' sind (V.15). Er prägt damit den Begriff der Vollkommenheit um: τέλειοι sind jene, die von Christus ergriffen wurden und der himmlischen Berufung nachjagen, nicht jene, die meinen, hier auf Erden über Zusatzbedingungen wie Beschneidung erst Vollkommenheit erreichen zu sollen[65].

V.17 bringt mit direkter Anrede ,Brüder' die Mahnung, es Paulus und seinen Mitstreitern nachzutun[66]. In V.18 kommt die emotionale Beteiligung des Apostels zum Ausdruck. Der Inhalt der Bezeichnung ,Feinde des Kreuzes Christi' wird aus dem Vergleich mit Gal 5,11; 6,12.14 deutlich: Indem die Gegner Zusatzbedingungen aufstellen und den Heidenchristen, die ohne Beschneidung auskommen wollen, die Existenzberechtigung absprechen[67],

---

[60] S.o. bei A.45.

[61] Vgl. dazu NIEBUHR, Heidenapostel, 95.

[62] Die Parallelität mit dem Gal legt es nahe, daß es sich um judenchristliche Agitatoren handelt, die den Heidenchristen zur „Vervollkommnung" helfen wollen.

[63] MENGEL, Studien, 267; vgl. MERK, Handeln, 190; FRIEDRICH, Phil, 120 (er geht jedoch von gnostischen Schwärmern aus); GNILKA, Phil, 201; anders NIEBUHR, Heidenapostel, 85.91, der zu Recht ein *„enthusiastisches* Vollkommenheitsbewußtsein" für die Gegner ablehnt, jedoch V.12-16 insgesamt nicht gegen die Gegner gerichtet sein läßt (Hervorhebung W.K.). Nach obiger Interpretation ist V.12-15 auch nicht als Verteidigung gegenüber Unterstellungen anzusehen (so aber MÜLLER, Phil, 163ff.190).

[64] HAWTHORNE, Phil, XLVII (HAWTHORNE geht jedoch von jüdischen, nicht judenchristlichen Missionaren aus). Es ist dabei keineswegs nötig, den Judenchristen ein enthusiastisches Vollkommenheitsideal zu unterstellen.

[65] Τέλειοι ist damit weder „ironisch", noch einfach „ernst" gemeint (so die Frage von GNILKA, Phil, 200), sondern in der spezifischen Prägung, die Paulus ihm durch die voraufgehenden Verse gegeben hat.

[66] Das Verhalten des Paulus ist hier als „Muster" zu verstehen. Es geht jedoch nicht nur um „Wiederholung des Vorbilds", sondern um einen „Ausdruck des Gehorsams", wie auch ein Vergleich mit 1Kor 4,16 ergibt; MICHAELIS, W., Art. μιμέομαι κτλ., ThWNT IV, 661-678, hier: 670 (im Original z.T. gesperrt); einen anderen Akzent sieht LARSSON, E., Art. μιμέομαι, EWNT II, 1053-1057, hier: 1055, doch sollte dies nicht als auschließlicher Gegensatz betrachtet werden. Ein Vergleich mit 1Kor 4,16; 11,1 ergibt zudem, daß die Mimesis in Phil 3,17 nicht auf den Bereich der Ethik zu begrenzen ist, sondern eine Gesamthaltung betrifft; vgl. LARSSON, EWNT II, 1054f; FRIEDRICH, Phil, 121. Die Auslegung von LOHMEYER, Phil, 150ff, ist belastet von dessen Spezialthese, daß es sich um Martyriumsparänese handle.

[67] MÜLLER, Phil, 176.

erweisen sie sich als ‚Feinde des Kreuzes Christi‘, deren Sinn auf Irdisches ausgerichtet ist (V.19)[68]. Damit hat Paulus zu V.2–4 eine Beziehung hergestellt, die wie eine Inklusion wirkt. V.19 bietet eine polemische Konkretion. Es kommt dabei nicht darauf an, jedes Detail zuzuordnen, sondern den starken Gegensatz herauszustellen[69]. ‚Ihr Gott ist der Bauch‘ ist mehrdeutig. Aufgrund von Röm 16,18 legt es sich am ehesten nahe, daß mit ‚Bauch‘ der eigene Vorteil gemeint ist, die Selbstsucht[70]. Φρονεῖν τὰ ἐπίγεια heißt: sich am Irdischen orientieren. Es faßt die Denk- und Handlungsrichtung zusammen (vgl. Mk 8,33; TestHiob 48,2; 49,1; Röm 8,5–7; Kol 3,2)[71].

V.20f stellt eine nachgeschobene Motivierung zu V.17.18f dar[72]. Der Beginn mit ἡμῶν γάρ ist strukturanalog zu V.3: ἡμεῖς γάρ[73]. V.20 ist als eine Antithese zur Gegnermeinung zu verstehen. Hier nun wird deutlich, worauf die Beschneidungsforderung abzielte: Um der bleibenden Beziehung zur jüdischen Gemeinschaft willen, um diesem πολίτευμα anzugehören, halten die Agitatoren in Philippi es für nötig, daß auch die Heidenchristen sich beschneiden lassen[74]. Theologisch steht dahinter die Vorstellung, daß die Aufnahme ins Gottesvolk eine Eingliederung in den Bund Gottes mit Israel voraussetzt. Dagegen setzt Paulus, daß für die Glaubenden τὸ πολίτευμα ἐν οὐρανοῖς ὑπάρχει[75]. Sie haben bereits Anteil an der himmlischen Bürgerschaft, die jegliche weltliche Bürgerschaft bei weitem in den Schatten stellt[76]. Phil 3,20f bedeutet eine Ablehnung irdischer Institutionalisierung der christlichen Ge-

---

[68] Auch nach Gal 6,12 suchen sie weltliche Anerkennung. BETZ, Nachfolge, 149.151, will unter den ‚Feinden des Kreuzes‘ bestimmte Gemeindeglieder verstehen, doch dies ist ganz unwahrscheinlich.

[69] MÜLLER, Phil, 177.

[70] Die Auslegung von MÜLLER, Phil, 178, κοιλία in direkte Beziehung zu σκύβαλα zu setzen und mit „das menschliche Ausscheidungsorgan" wiederzugeben, erscheint dann doch etwas überzogen. Die von LOHMEYER, Phil, 154, genannten Belege, wonach ‚Bauch‘ im griech.-röm. Bereich ein geflügeltes Wort „für ungehemmte sinnliche Begierden" geworden sei, enthalten den Begriff κοιλία gerade nicht.

[71] Τὰ ἐπίγεια steht in Beziehung zu περιπατοῦσιν (V.18a) und damit in Antithese zu dem, was Paulus als τύπος repräsentiert. Hierdurch wird nochmals deutlich, daß es bei der Mimesis um eine Gesamthaltung und nicht nur um Ethik geht.

[72] Vgl. MERK, Handeln, 192.

[73] Dies stellt einen weiteren Hinweis auf den gleichen Personenkreis in V.2ff und V.18ff dar; MERK, Handeln, 192; SCHENK, Philipperbriefe, 256; MÜLLER, Phil, 179.

[74] Vgl. SUHL, Briefe, 184f.199; NIEBUHR, Heidenapostel, 97.

[75] KLIJN, Paul's Opponents, 283; NIEBUHR, Heidenapostel, 102, betonen m.R. den gegenwärtigen Aspekt des ὑπάρχει.

[76] Richtig NIEBUHR, Heidenapostel, 102: „Die betonte Lokalisierung des gegenwärtigen Politeuma der Christen im Himmel im Gegensatz zu einer auf das Irdische gerichteten Gesinnung impliziert als Gegensatz das Streben nach Teilhabe an einem irdischen Politeuma". Die hieran von MÜLLER, Phil, 189 A.265, geübte Kritik kann dagegen nicht überzeugen. Sollte die Aussage ἡμῶν γὰρ τὸ πολίτευμα ἐν οὐρανοῖς wie SCHENK, Philipperbriefe, 324, vermutet, eine These der Gegner sein, so wäre der Gedankengang m.E. völlig verdunkelt. VOLLENWEIDER, Freiheit, 297, sieht Phil 3,20(f) dagegen in größter Nähe zu Gal 4,26.

meinde analog bisherigen Kategorien und damit eine Anwendung von Gal 3,26–29 auf soziologischer Ebene.

Das Verständnis von πολίτευμα muß aus der konkreten Opposition zu den Gegnern geklärt werden[77]. „Als primärer Assoziationsbereich bei den Adressaten kommt daher zunächst die mit dem Stichwort πολίτευμα verbundene Sozialgestalt jüdischer Diasporagemeinden in Frage."[78] Die jüdischen Politeumata, die für sehr viele Städte bezeugt sind[79], stellten eigenständige, mit rechtlichen und religiösen Privilegien ausgestattete Korporationen dar[80]. Nachdem die Gemeinde in Philippi vermutlich auch im Umfeld der Synagoge entstanden ist und sich zunächst aus ‚Gottesfürchtigen' zusammensetzte, hat Niebuhr im Anschluß an Suhl die einleuchtende These vertreten, daß die Auseinandersetzung um die Beschneidung in Philippi in jenen Raum der Diskussion um die Zugehörigkeit zu oder Distanz von der jüdischen Gemeinde gehört[81]. In diesen Klärungsprozeß waren nicht nur die judenchristlichen, sondern – als frühere Gottesfürchtige – auch die heidenchristlichen Gemeindeglieder involviert. Man wollte „die unbeschnittenen christlichen Synagogenanhänger vor die Entscheidung ... stellen: entweder Übernahme der Beschneidung und damit uneingeschränkte Aufnahme in die Synagogengemeinschaft mit allen dazugehörigen Privilegien oder Ausscheiden aus dem Synagogenverband und Verzicht auf dessen sozialen, rechtlichen und politischen Schutz."[82] Im Gegensatz zu Niebuhr[83] und Suhl[84] ist m.E. jedoch von judenchristlichen Agitatoren auszugehen, die (neben der theologischen Anschauung, daß zur Vollkommenheit die Beschneidung gehört) auf soziologischer Ebene durch den ungehinderten Umgang mit heidenchristlichen Gemeindegliedern ihr eigenes Verhältnis zur Synagogengemeinde tangiert sahen und über den Eintritt der Heidenchristen ins jüdische Politeuma eine Klärung dieser Situation herbeiführen wollten.

---

[77] Gegen MÜLLER, Phil, 180.

[78] NIEBUHR, Heidenapostel, 102; vgl. FELDMEIER, Fremde, 80ff. Der Begriff kann im engeren und weiteren Sinn gebraucht werden: vgl. dazu 2Makk 12,7; Arist 310; CIG Nr. 5362 (= SEG XVI Nr. 931); Josephus, Ant 1,5.13; 11,157; Ap 2,145.164f.184.250.257. Bei Philo ist der Staat der Weltbürger (Conf 109; Jos 69; Op 143; SpecLeg 2,45; Agr 81), der Himmel als Heimat der Seele (Conf 78; Agr 65) oder der Platz im Himmel (Praem 152) gemeint. S. dazu ALAND, Verhältnis, ANRW II.23.1, 60–246, hier: 186ff (vgl. schon DERS., Verhältnis, in: DERS., Neutestamentliche Entwürfe, 26–123, bes. 50–59); SCHÜRER, History, III.1, 88f; STRATHMANN, ThWNT VI, 516–535, der jedoch aaO, 535, für Phil 3,20 keine Parallelität zu den jüdischen πολιτεύματα annehmen möchte (dagegen m.R. FELDMEIER, Fremde, 81 A.36, im Anschluß an ALAND, ANRW II.23.1, 186ff).

[79] SMALLWOOD, Jews, 226: „... it is probably safe to assume that a *politeuma* was the standard political organization of all Jewish communities of any size in the East." Belege existieren für Alexandria, Berenike (Cyrenaika), Ephesus und weitere ionische Städte, Antiochia, Sardes, Caesarea, Leontopolis; s. NIEBUHR, Heidenapostel, 95 A.82, im Anschluß an SCHÜRER, History III.1, 88f; SMALLWOOD, Jews, 139. Zu den Privilegien und Kompetenzen s. RABELLO, Condition (Lit.); RAJAK, Jewish Rights; SCHÜRER, History III.1, 87–137 (Lit. s. ebd., 1–3).

[80] Das entscheidende Privileg war das der Versammlungsfreiheit, vgl. RABELLO, Condition, 694ff.719–722; SMALLWOOD, Jews, 135f; NIEBUHR, Heidenapostel, 95.

[81] NIEBUHR, Heidenapostel, 96f; SUHL, Briefe, 184f.186ff.199. Abgelehnt wird NIEBUHRs Sicht von MÜLLER, Phil 189f A.265, jedoch ohne wirkliche Begründung.

[82] NIEBUHR, Heidenapostel, 97.

[83] Er geht von jüdischen Agitatoren aus, ebd., 88–92.97.

[84] SUHL, Briefe, 184.197f, rechnet mit aus Ephesus gekommenen beschnittenen Heidenchristen als Agitatoren.

Die Schlußmahnung Phil 4,1 macht deutlich, warum die paulinische Polemik – die psychologisch verständlich, theologisch jedoch nicht unproblematisch ist – so hart ausgefallen ist. Paulus ist im Gefängnis. Ohne direkt Einfluß nehmen zu können, sieht er seine Gemeinde, seinen ‚Siegeskranz‘ bedroht. Wenn durch Irrlehrer sein Siegeskranz zunichte gemacht wird, dann wird ihm die Frucht geraubt, mit der er als Heidenapostel vor Gott erscheinen wollte[85]. Schon immer hatte Paulus mit judaistischen Gegnern zu tun: Gal 2,4f; 2,7–9; 2,11–14; 2Kor 2–7; 2Kor 11,22f. Stets ging es um die Bestreitung seines Apostolats für die Heiden, entweder durch Verweis auf Beschneidung und Gesetz oder auf angeblich mangelnde Vollmacht. Es waren nicht immer die gleichen Gegner[86], aber immer stand die Legitimität seiner Verkündigung auf dem Spiel, daß in Christus auch die Heiden von Gott zu seinem Volk erwählt worden waren. Mit der Agitation in Philippi ist selbst die Gemeinde, zu der Paulus eine besondere Beziehung wie zu sonst keiner hat, bedroht.

d) Zusammenfassung

Die Problemlage und der Gedankengang, auf welche in Phil 3 Bezug genommen wird, erschließen sich am besten vom Schluß her: Ein theologisches und ein soziologisches Problem überlagern sich. Theologisch geht es um die Frage nach dem Verhältnis der Heidenchristen zum Gottesvolk Israel. Soziologisch geht es um die Frage von Nähe und Distanz zum πολίτευμα der Juden. Dazu wird von den heidenchristlichen Gläubigen die Übernahme der Beschneidung gefordert. Denkbar ist, daß diese Forderung auf dem Hintergrund jenes Ausdifferenzierungsprozesses erhoben wurde, in dem es um die Verhältnisbestimmung der neu entstandenen Gruppe der Christus-Gläubigen zur Synagogengemeinde ging. Nachdem auch in Philippi die christliche Gemeinde im Umfeld der Synagogengemeinde entstanden ist[87], wurde ein solcher Prozeß unausweichlich. Der Kontakt zu den Heidenchristen stellte für Judenchristen zunehmend ein Problem dar. Wenn die Agitatoren Judenchristen waren, dann konnten sie damit rechnen, daß mit der Übernahme der Beschneidung durch die Heidenchristen die Kontakte zur Synagogengemeinschaft nicht abrissen. Sie hätten dann einerseits den sozialen, rechtlichen und politischen Schutz der Synagogengemeinde nicht aufgeben müssen, andererseits hätten die Heidenchristen als Proselyten in den Genuß eben dieses Schutzes gelangen können.

---

[85] Vgl. zur Sache Phil 1,26; 2,16; 1Thess 2,19f; 2Kor 1,11; dazu LOHMEYER, Phil, 164: Phil 4,1 ist „nur auf Grund der Anschauung möglich, daß am Tage des Herrn das gläubige Leben der Gemeinde dem Apostel ‚zum Ruhme‘ dient".

[86] MÜLLER, Phil, 175.

[87] SUHL, Briefe, 184f.199; NIEBUHR, Heidenapostel, 97.

Paulus setzt gegen solche Bestrebungen die These: „Wir sind die Beschneidung". Damit soll gesagt sein: Was theologisch mit der Beschneidung erreicht
werden soll, die Eingliederung ins Gottesvolk, ist bereits vollzogen. Wer jetzt
auf Beschneidung setzt, richtet sein Vertrauen auf Irdisches, auf das Fleisch.
Um die Unmöglichkeit dieser Position zu verdeutlichen, bringt Paulus sein
eigenes Lebensbeispiel ein. Sich auf Beschneidung, jüdische Herkunft und
Gesetzesgerechtigkeit zu verlassen, wäre für Paulus möglich gewesen, wurde
ihm aber aufgrund der Erkenntnis Christi zunichte gemacht und bedeutete
für die Philipper auf das ‚Fleisch' zu bauen.

Werden damit die Kennzeichen jüdischer Identität selbst als sarkisch und
daher heillos dargestellt? Die entscheidende theologische Frage, die sich aus
Phil 3 ergibt, lautet, ob Paulus hier hinter seine Ausführungen von Röm 9-11
zurückgefallen ist. Hält Paulus die – insbesondere in Röm 9,4f und 11,28f
ausgesprochene – bleibende Zuwendung Gottes zu Israel und damit die Privilegien Israels in ihrem promissorischen Charakter aufrecht oder geht das alles
in der Polemik als σκύβαλα unter?[88] Die Gefahr einer polemischen Überspitzung liegt in Phil 3 nahe. Wenn es sich um Judenchristen handelt, die, ähnlich
wie in Galatien, die Beschneidung von den Heidenchristen fordern, dann ist –
unter der Voraussetzung, daß der Phil in Rom geschrieben wurde und die
anti-heidenchristlichen Kräfte auch an der Lage des Paulus selbst Mitschuld
tragen – der polemische Ausbruch des Apostels verständlich. Paulus fürchtet
um sein Werk in Philippi. Gleichwohl kann dies die Spannungen zu den
Aussagen im Röm nicht beseitigen. Die sarkastische Polemik in Phil 3 kann
jedenfalls die theologisch abgewogene Darstellung in Röm 9-11 nicht aufwie-
gen oder gar zunichte machen[89].

Als bleibende Aspekte für die Gottesvolkthematik lassen sich aus Phil 3
entnehmen: (1) Der Text ist ein Beispiel dafür, wie Paulus den Status der
christlichen Gemeinde analog dem Selbstverständnis des Gottesvolkes Israel
versteht und wie er Kategorien, die zum exklusiven Interpretationsrahmen
Israels gehören, selbstverständlich auf die Christen anwendet. (2) Der Umgang mit seiner eigenen Vergangenheit zeigt, daß er die Privilegien Israels als
durch den Glauben an den Auferstandenen für überboten erachtet. (3)
Schließlich macht das Insistieren auf der himmlischen in Unterscheidung von
jeglicher irdischen Bürgerschaft deutlich, daß Paulus auch die Zugehörigkeit
zum πολίτευμα Israels nur als vorläufig relevant ansieht.

---

[88] Nach RÄISÄNEN, Law, 176; SANDERS, Law, 137.139; WILCKENS, Entwicklung, 177; WAT-
SON, Paul, 77f; GNILKA, Phil, 187, kommen die Kennzeichen „Israelit", „Benjaminit", usw.
auch unter das Stichwort „Fleisch" zu stehen. NIEBUHR, Heidenapostel, 99.100.104, ist der Ansicht, daß sie geistlich bleiben, und erst das Sich-darauf-verlassen sie zum „Fleisch" werden läßt.

[89] Wenn der Phil vor dem Röm zeitlich einzuordnen wäre, dann müßten Röm 9-11 und 15
als paulinische Selbstkorrektur angesehen werden, wodurch die polemische Spitze in Phil 3,
ähnlich wie in 1Thess 2,14ff; Gal 4,21ff überholt würde.

IV. Teil
Ertrag

Im folgenden soll es darum gehen, den Gesamtertrag der vorliegenden Untersuchung zu sichern.

Das übergreifende Resultat lautet dahin, daß die Gottesvolk-Thematik einen integralen Bestandteil der paulinischen Theologie darstellt. Sie steht bereits am Ausgangspunkt der theologischen Entwicklung des Apostels und wird von ihm unter den wechselnden Umständen durchgehalten. Paulus war als Heidenapostel durch die äußeren Gegebenheiten ständig mit dem Gottesvolk-Problem konfrontiert, aber nicht nur das: beim Gottesvolk-Thema handelt es sich auch von der inneren Logik der paulinischen Theologie her um einen zentralen Topos. Insofern bildet die Darstellung der Gottesvolk-Thematik bei Paulus eine Fallstudie im Blick auf seine theologische Gesamtentwicklung.

Zur Ergebnissicherung im einzelnen lassen wir uns von einigen Fragen leiten.

a) Wo steht Paulus auf den Schultern jüdischer Tradition?

1) Das vordergründig auffälligste Ergebnis der Untersuchung lautet, daß Paulus hinsichtlich der Gleichstellung oder Integration von Heiden ins Gottesvolk explizit nur an ganz wenigen Stellen an alttestamentliche oder frühjüdische Texte anknüpft.

Hierbei ist einmal Gen 12,3 LXX (vgl. die Parallelen Gen 18,18; 22,18; 26,4; 28,14) zu nennen, ein Beleg, der erstmals im Gal ausdrücklich Relevanz bekommt und Paulus die Möglichkeit gibt, die universale Segenszusage an Abraham auf die Heiden auszudehnen. Damit ist nicht gesagt, daß die Segensmittlerschaft Abrahams nicht schon vorher für Paulus Bedeutung hatte[1], in der galatischen Krise jedoch gebraucht er die Vorstellung, daß ‚in Abraham‘ alle Völker der Erde gesegnet werden sollen, in antithetischer Weise gegen seine die Beschneidung fordernden Gegner und interpretiert sie in Kombina-

---

[1] Paulus greift jedoch betont auf Abraham und nicht auf Jes 19,24, wo von der Segensmittlerschaft Israels die Rede ist, zurück.

tion mit Gen 15,6 – anders als frühjüdische Tradition – im Sinn der Glaubensgerechtigkeit (Gal 3,6–9).

Daneben greift Paulus in 2Kor 6,16 explizit auf die Bundesformel zurück und wendet sie – analog Sach 2,15 MT – auf die Heidenvölker an (s.o. S. 265ff).

Ansonsten lassen sich von den in § 4–5 diskutierten alttestamentlichen und frühjüdischen Belegen keine weiteren direkten Bezugnahmen nennen.

Das bedeutet jedoch nicht, daß eine traditionsgeschichtliche Diskontinuität zu konstatieren wäre. Vielmehr knüpft Paulus *sachlich* an jene alttestamentliche Traditionslinie an, die als theologische Strömung der nachexilischen Zeit anhand verschiedener Prophetentexte aufgezeigt werden konnte (Jes 19,16–25; 25,6–8; 56,3–8; 66,18–22; Sach 2,15)[2]. Hierin wurde mit einer Modifikation des Gottesvolkkonzeptes entweder im Sinn einer eschatologischen Öffnung für die Heiden oder einer Gleichstellung der Heidenvölker mit Israel gerechnet. Wenngleich also keine durch Zitate belegten Bezugnahmen aufzuweisen sind, so muß in dieser alttestamentlichen Traditionslinie der eigentliche traditionsgeschichtliche Hintergrund für die beschneidungsfreie Heidenmission des Paulus gesehen werden, in der die Völker aufgrund des Glaubens dem Gottesvolk gleichgestellt waren.

Anders verhält es sich mit Beziehungen Pauli zu frühjüdischen Konzeptionen. Die frühjüdische Überlieferung sieht die Möglichkeit einer Eingliederung von Heiden ins Gottesvolk grundsätzlich nur im Rahmen des Proselytismus (s.o. § 5–6). Zwar ist innerhalb des palästinischen Judentums zwischen schroffen Abgrenzungstendenzen und moderaten Einstellungen zu differenzieren, jedoch steht Paulus mit seiner Haltung aufs Ganze gesehen gegen den Hauptstrom der frühjüdischen Überlieferung.

Eine Ausnahme bildet lediglich 1Hen 90,37f (vgl. 10,21f). Ein direkter Bezug hierauf läßt sich bei Paulus zwar nicht nachweisen, jedoch kommt seine These von der Aufhebung der Unterschiede zwischen περιτομή und ἀκροβυστία (1Kor 7,19; 12,13; Gal 3,28; 5,6; 6,15) sachlich damit überein.

Die eben getroffene Feststellung einer hinsichtlich der Gottesvolkfrage weitgehenden Diskontinuität zum palästinischen Judentum gilt auch für das griechischsprechende Diasporajudentum. Für diesen Bereich konnten wir zwar das Bemühen feststellen, trotz aller rituellen Unterschiede das Verbindende im Gottesglauben zwischen Juden und Heiden aufzuzeigen, was eine nicht zu unterschätzende denkerische Vorarbeit bedeutet, die in der Praxis teilweise zu einer offeneren Haltung gegenüber Heiden führte. Jedoch ist eine

---

[2] S.o. § 4. Die behandelten Psalmtexte sind bewußt ausgeklammert, da die vorgetragene Exegese vorerst noch nicht als gesichert gelten kann.

Gleichstellung oder Integration auch hier letztendlich nur über die Annahme der Tora denkbar[3].

2) Eine weitere, jedoch außerordentlich schwer zu beantwortende Frage lautet, ob diese denkerische Vorarbeit des griechischsprechenden Judentums – wie zeitweilig geschehen – als „Praeparatio Evangelica" zu bezeichnen ist[4]. Denn auf der einen Seite hat die missionarische Haltung des Diasporajudentums gewiß den Boden dafür bereitet, daß urchristliche Missionare das Evangelium zu den Heiden brachten. Die ersten Heidenmissionare waren nach Ausweis der Apg bezeichnenderweise griechischsprechende Judenchristen. Andererseits zielte die Mission des griechischsprechenden Judentums im Endergebnis auf eine Unterstellung der Heiden unter das Mose-Gesetz[5]. Es wird sich also vor allem – abgesehen von inhaltlichen Bestimmungen – allgemein um die Aufnahme eines missionarischen Impulses handeln. Auch Philos Konzeption stellt für das Urchristentum keinen unmittelbaren Anknüpfungspunkt dar, denn zwar rechnet er grundsätzlich mit der endzeitlichen Aufhebung des erwählungsgeschichtlichen Unterschiedes zwischen Juden und Heiden und der Eingliederung von Heiden ins Gottesvolk, jedoch zeigen sich im Detail wiederum große Gegensätze: Der erwählungsgeschichtliche Unterschied wird nicht mit eschatologischer, sondern protologischer Begründung aufgehoben und die Eingliederung der Heiden findet nicht anders als über die universale Ausweitung des Geltungsbereiches der Tora statt.

3) Die Möglichkeit, daß Paulus bzw. das vorpaulinische griechischsprechende Judenchristentum an ein depraviertes Diasporajudentum anknüpfen konnte und dies angeblich auch tat[6], muß m.E. ausscheiden. Zum einen ist in der Gruppe um Stephanus keine grundsätzliche Relativierung der Tora festzustellen wie etwa bei den hellenistischen ‚Allegoristen'. Zum andern findet sich dann bei Paulus eine dezidiert andere, nämlich christologische Begründung, weshalb die Tora an ihr Ende gekommen sei. Damit steht die Aussage des Paulus sehr viel näher bei 1Hen 90,37f als bei Tendenzen im griechischsprechenden Judentum, über deren Relevanz zumal kein sicheres Urteil möglich ist. Auch die frühchristliche Tempelkritik ist nicht auf gängige hellenistisch(-jüdische) Kultkritik zurückzuführen, sondern leitet sich zum einen aus der Kultkritik Jesu her, zum andern nimmt sie Bezug auf eschatologische Erwartungen hinsichtlich eines neuen Ortes der Gottesbegegnung und -präsenz, wie sie sich sowohl im AT als auch im palästinischen Judentum finden,

---

[3] Eine Aussage, inwiefern die TestXII als Voraussetzung in Frage kommen, kann erst nach weiterer literarkritischer Erforschung erfolgen.

[4] So z.B. HENGEL/LICHTENBERGER und N. WALTER.

[5] Hierbei spielt Abraham ebenfalls eine Rolle, jedoch – anders als bei Paulus – als erster Proselyt und nicht als Prototyp dessen, der Gott vertraut und auch nicht als Segensmittler für die Völker im Sinn des Paulus.

[6] So z.B. J. KLAUSNER.

so daß Anleihen aus dem hellenistischen Bereich nicht gemacht werden müssen[7].

4) Es mag daher zutreffen, daß „als Hintergrund der Stephanus-Gruppe jenes weltoffene, in positivem Kontakt zur hellenistischen Welt stehende Diaspora-Judentum anzusehen [ist], das schon von sich aus darüber nachdachte, wie der Zwiespalt zwischen dem Glauben an den Einen Gott aller Menschen und der national-partikularisierenden Wirkung einer jeden Art von Tora-Propaganda zu überbrücken sein mochte"[8] – um einen gänzlich neuen Gedanken handelt es sich dabei jedoch nicht: Der die ganze Welt einschließende universalistische Horizont ist schon durch den atl. Gottesglauben bezeugt, wie er z.B. bei Dtjes und in seinem Gefolge begegnet, und nicht erst durch das griechischsprechende Judentum. Auf der theologisch prinzipiellen Ebene lassen sich auffälligerweise im hier diskutierten Zusammenhang weder für Paulus noch für Stephanus (soweit die Apg ein solches Urteil ermöglicht) direkte Anleihen aus dem griechischsprechenden Diasporajudentum namhaft machen. Als Begründung für die Aufnahme von Heiden ins Gottesvolk dient bei Paulus gerade nicht eine (eschatologisch) ausgeweitete Tora und auch nicht der Proselytismus, sondern die Teilhabe an der Abrahamssohnschaft aufgrund des Glaubens und der Taufe (Gal 3,26–29).

Es muß also dabei bleiben, daß die Konzeption des Paulus – bis auf 1Hen 90 – keine direkten Vorläufer im Frühjudentum hat, Paulus vielmehr hinter die frühjüdische auf die biblische Tradition zurückgreift.

5) Dieser Eindruck eines theologischen Neuansatzes ändert sich, wenn die prinzipielle Ebene verlassen wird und die konkreten ethischen Richtlinien in den Blick kommen, wie sie Paulus z.B. im 1Thess für die Gläubigen aus den Völkern formuliert. „Ihr sollt heilig sein, denn ich bin heilig" (Lev 19,2) gilt für biblische und frühjüdische Ethik und könnte auch über der Lebenshaltung stehen, wie sie Paulus von den Thessalonichern und Korinthern erwartet. Hinsichtlich der materialen Ausgestaltung der ethischen Forderung steht der Apostel damit in der Tat auf den Schultern frühjüdischer Tradition. Die Erwartungen des Paulus an die heidenchristlichen Gläubigen entsprechen z.T. direkt denen von jüdischen Missionaren an die Konvertiten (s.o. S. 139ff).

b) Wo kommen spezifisch ‚christliche' Erfahrungen und Impulse zur Geltung?

1) Paulus knüpft mit seiner Ekklesiologie an Vorstellungen der Urgemeinde an: Die ἐκκλησία τοῦ θεοῦ stellt das endzeitliche Gottesvolk dar. Paulus greift in den Verfolgertexten (1Kor 15,9; Gal 1,13; Phil 3,6; vgl. 1Thess 2,14) termi-

---

[7] S. hierzu KRAUS, Tod Jesu, 194–234.
[8] WALTER, Diaspora-Juden, 14.

nologisch und vorstellungmäßig direkt darauf zurück. Dabei versteht sich die Urgemeinde nicht nur als Teil des Gottesvolkes, sondern als Anbruch der Fülle und als Repräsentant des Ganzen. Die Bezeichnung ἐκκλησία (τοῦ θεοῦ) stellt auch bei Paulus den Schlüsselbegriff der Ekklesiologie dar, wie schon das 44malige Vorkommen belegt. Jedoch liegt bei ihm der Ton auf der besonderen Stellung jeder einzelnen Gemeinde als ἐκκλησία.

2) Nach paulinischem Zeugnis sind die Gemeinden ἐκκλησίαι (τοῦ θεοῦ) mit der Näherbestimmung ἐν Χριστῷ Ἰησοῦ (1Thess 2,14), bzw. ἐκκλησίαι τοῦ Χριστοῦ (Röm 16,16) oder ἡ ἐκκλησία ἐν θεῷ πατρὶ καὶ κυρίῳ Ἰησοῦ Χριστῷ (1Thess 1,1) usw. Damit wird schon durch die Verwendung des Begriffs ἐκκλησία samt seiner Näherbestimmung etwas deutlich von der doppelten Wurzel des paulinischen Kirchenverständnisses. Der Gottesvolk-Charakter der Gemeinde selbst ist zweifach begründet: christologisch und erwählungsgeschichtlich (s.o. S. 124ff.160ff). Es kann daher weder von einem Vorrang des christologischen Ansatzes der paulinischen Ekklesiologie gesprochen werden, noch einseitig von einem erwählungsgeschichtlichen. Vielmehr müssen beide Ansätze in ihrer jeweiligen Funktion gesehen werden: Die erwählungsgeschichtliche Linie verbürgt die Kontinuität mit der Urgemeinde und d.h. mit dem Gott Israels und seinem Volk. Die christologische Begründung ermöglicht das gleichberechtigte Hinzukommen der Heiden. Die gleiche Struktur, wie sie mit der Verwendung des Begriffs ἐκκλησία deutlich wird, zeigt sich auch an einer anderen Zentralstelle paulinischer Ekklesiologie, Gal 3,26–29 (s.o. S. 216ff.222ff): Die Glaubenden sind als Nachkommen Abrahams Volk Gottes, doch diese Abrahamssohnschaft ist christologisch vermittelt durch Glauben und Taufe.

3) Beachtet man jeweils die Funktion des christologischen bzw. erwählungsgeschichtlichen Ansatzes, dann ist es nicht mehr möglich, Leib-Christi- und Gottesvolk-Motiv – wie teilweise behauptet – als Alternativen zu betrachten. Vielmehr ist dann von einer in der jeweiligen Funktion begründeten Komplementarität beider auszugehen[9]. Indem die Gemeinde als Ekklesia beim Herrenmahl zusammenkommt (1Kor 11,18ff), wird sie als Leib Christi konkret. Damit zielt Paulus ab auf den Ereignischarakter der Ekklesia und auf deren Einheit in der Vielfalt (1Kor 12,12–27). In Konkurrenz zum Volk-Gottes-Sein der Gemeinde steht das jedoch nicht, denn dessen Skopus besteht darin, sie in der Tiefe der Gottesgeschichte zu verankern. Wer ἐν Χριστῷ ist, ist der Nachkommenschaft Abrahams und *zugleich* dem Leib Christi zugehörig[10]. Zwar ist das Gottesvolk-Motiv grundlegend in der paulinischen Ekkle-

---

[9] Damit bestätigt sich das Bild einer Ellipse mit zwei Brennpunkten auf funktionaler Ebene.

[10] Dieses Verhältnis wird deutlich in einem Vergleich von 1Kor 12,13 (εἰς ἓν σῶμα ἐβαπτίσθημεν; ἓν πνεῦμα ἐποτίσθημεν) und Gal 3,28f (πάντες γὰρ ὑμεῖς εἷς ἐστε ἐν Χριστῷ Ἰησοῦ. εἰ δὲ ὑμεῖς Χριστοῦ, ἄρα τοῦ Ἀβραὰμ σπέρμα ἐστέ). In beiden Fällen wird die Einheit der Gemeinde in der Christuszugehörigkeit begründet. Gerade die Christuszugehörigkeit bedingt jedoch die Zugehörigkeit zum Gottesvolk.

siologie, aber eben in christologischer Vermittlung. Das Verhältnis von Volk-Gottes- und Leib-Christi-Motiv bei Paulus könnte nur dann als Konkurrenz verstanden werden, wenn deren jeweilige Funktion nicht angemessen berücksichtigt würde.

4) Abgesehen von den genannten spezifisch christlichen Erfahrungen und Impulsen sind Paulus folgende Grunddaten als Voraussetzungen seiner Ekklesiologie vorgegeben: (α) Das Verständnis der Auferstehung Jesu als Anbruch der Endereignisse und damit verbunden das eschatologische Zeitverständnis. (β) Die Ansätze einer soteriologischen Deutung des Todes Jesu, die auf umfassende Sündenvergebung angelegt waren und die Zueignung dieser Sündenvergebung in der Taufe. (γ) Das Verständnis des endzeitlichen Gottesgeistes als Gabe Gottes an alle Getauften.

c)   Ist es Paulus gelungen, die Gottesvolk-Thematik in seine Ekklesiologie
zu integrieren oder ist diese ein Fremdkörper geblieben?

Die Mehrzahl der Veröffentlichungen zur Gottesvolk-Thematik bei Paulus ist davon geprägt, daß sie von den wenigen Belegen für den Begriff ‚Volk Gottes‘ im paulinischen Schrifttum her argumentiert – wobei dann häufig nur Röm 9,25f; 2Kor 6,16 und Gal 6,16 als Textbasis zur Verwendung kommen – und sich dabei verleiten läßt, von der numerischen Geringfügigkeit auf eine sachliche Zweitrangigkeit der diesbezüglichen Thematik zu schließen. Ein solches Verfahren läßt die Gottesvolk-Vorstellung dann wie einen Fremdkörper oder ein judenchristliches Relikt erscheinen, das Paulus aus seiner Tradition zwar noch mitschleppt, dem aber kein eigenständiges Gewicht mehr zukommt. Die vorliegende Untersuchung hat demgegenüber zu zeigen versucht, daß die Gottesvolk-Thematik auch in Bezeichnungen wie ἅγιοι, ἐκλεκτοί, υἱοὶ θεοῦ, σπέρμα Ἀβραάμ etc. begegnet und daneben in Grundstrukturen paulinischer Ekklesiologie, wie der Gabe des endzeitlichen Gottesgeistes, dem Verständnis der Ethik als Heiligung, der Teilhabe am Erbe, der direkten Übertragung alttestamentlicher Motive auf die christliche Gemeinde, der übertragenen Interpretation der Beschneidung usw. Ausdruck findet. Paulus stand somit keineswegs vor der Notwendigkeit, die Gottesvolkthematik als einen zwar vorgegebenen, aber fremden Aspekt in seine Ekklesiologie zu integrieren, sondern hat seine Ekklesiologie von daher aufgebaut. Paulus hat freilich das Gottesvolk-Konzept nicht in seiner traditionellen Form belassen, sondern umgestaltet, indem er die Kategorie der ‚Promissio‘ einbrachte und zur entscheidenden Bestimmung machte.

d) Welche Lern- und Erfahrungsprozesse hat Paulus durchgemacht?

Der in § 8–15 dargestellte Befund erlaubt es, folgende Entwicklung nachzuzeichnen:

1) Das Gottesvolk-Thema steht bereits am Ausgang der paulinischen Theologie. Es war ihm vorgegeben durch die Tatsache, daß die Urgemeinde sich als ἐκκλησία τοῦ θεοῦ, d.h. als endzeitliches Gottesvolk verstand. Besondere Brisanz erhielt es in den Auseinandersetzungen, die das Apostelkonzil begleiteten (Gal 2,1–10). Dabei wurde das „beschneidungsfreie" Evangelium des Paulus und die damit erreichte völlige Gleichstellung von Heiden und Juden im endzeitlichen Gottesvolk durch die Vertreter der Urgemeinde ausdrücklich bestätigt. Die Frage der Beziehungen von Juden- und Heidenchristen innerhalb des Gottesvolkes stand auch im Hintergrund des Antiochia-Konfliktes (Gal 2,11–14). Paulus war nicht bereit, den Status der Heidenchristen anders als allein durch das Evangelium normieren zu lassen. Insofern ist die Gottesvolk-Thematik nicht von Paulus gesucht, sondern historisch als Vorgegebenheit zu betrachten.

2) In der ersten Phase der selbständigen Heidenmission nach seiner Trennung von Antiochia ist das Gottesvolk-Thema präsent über die hier anzutreffende Erwählungstheologie (vgl. § 9). Die Erwählung und Berufung von Heiden ist nach dem Zeugnis des 1Thess eine Hinzuberufung in das endzeitliche Gottesvolk, das ohne seine Verwurzelung in der Geschichte des Handelns Gottes in Israel nicht gedacht werden kann. Die gläubigen Heiden werden dabei völlig gleichgestellt. Dies wird durch den Ansatz der Ethik, die sich als ἁγιασμός umschreiben läßt, unterstrichen. Die Blickrichtung paulinischen Denkens geht hierbei auf die Ekklesia; über den Status des ungläubigen Israel läßt sich aufgrund des 1Thess keine generelle Aussage treffen. Die die Ekklesia verfolgenden Juden werden jedoch als dem eschatologischen Gericht verfallen angesehen. Die Gesetzesproblematik spielt in dieser Phase noch keine explizite Rolle.

3) Auch im 1Kor ist die Stoßrichtung paulinischer Argumentation auf die Ekklesia selbst gerichtet (vgl. § 10). Neben der kreuzestheologischen Konzentration finden sich im 1Kor Ansätze, Israel als Gottesvolk in den Hintergrund zu drängen. Dies geschieht insbesondere durch die direkte Übertragung atl. Motive auf die christliche Gemeinde. Das Verständnis der Ekklesia als endzeitliches Gottesvolk, wie auch deren Verwurzelung in der Geschichte Gottes mit Israel wird dadurch jedoch eher verstärkt als geschwächt.

4) Eine neue Problemlage kündigt sich im ‚Tränenbrief' nach Korinth (2Kor 10–13) an, wo Paulus es gegenüber seinen Gegnern ablehnt, der Herkunft aus Israel einen besonderen Stellenwert einzuräumen (vgl. § 11). Auch in dieser Phase spielt die Gesetzesfrage explizit noch keine Rolle. Dies ändert sich in der Folgezeit, wie der Gal ausweist.

5) Die Frage ‚Wer gehört zum Gottesvolk?‘ stellt das zentrale Thema dar, um das die Ausführungen des Paulus im Gal kreisen (vgl. § 12). Ausgelöst durch judenchristliche Gegenmissionare muß sich Paulus mit der theologischen Begründung der Zugehörigkeit der Heidenchristen zum Volk Gottes allein aufgrund des Glaubens und der Taufe auseinandersetzen. Die Gegenposition fordert als Zusatzbedingung statt dessen die Befolgung bestimmter ἔργα νόμου, wozu an vorderster Stelle die Beschneidung gehört. Damit ist die Frage nach der Bedeutung und bleibenden Relevanz des Gesetzes unabweisbar gestellt. Die Lösung, die Paulus findet, stellt eine neue Reflexionsstufe dar.

Angestoßen vermutlich durch die Position der Gegenmissionare, findet Paulus anhand der ‚Anrechnung des Glaubens (Abrahams) zur Gerechtigkeit‘ (Gen 15,6) zu einer vorher nicht nachweisbaren rechtfertigungstheologischen Begründung der Zugehörigkeit der Heidenchristen zum Gottesvolk, und zwar unter exegetischem Rückgriff auf Gen 12 bzw. 15. Er begründet eine bislang geübte Praxis (Aufgabe der Beschneidung) theologisch in doppelter Weise von Abraham her: Die Gerechtigkeit Abrahams bestand im Glauben und die Verheißung an Abraham zielte schon immer auf die Völker ab (Gal 3,6–9). Die entscheidende Initiative Gottes, sich ein Volk zu schaffen, erging nach dem Gal in der Verheißung an Abraham (Gen 12,3). Damit sind die Bestimmungen ‚Söhne Gottes‘, ‚Nachkommen Abrahams‘ und ‚Erben‘ schon im Gal (wie später im Röm) exklusiv auf die Verheißung bezogen (3,15ff.19ff; 4,21–31).

Insofern Paulus im Zuge seiner Argumentation auf frühere Ansätze wie auch auf vorpaulinische Tauftradition zurückgreifen und diese zum Ziel führen kann (vgl. 1Kor 1,30; 6,11)[11], stellt die Rechtfertigungslehre nicht einfach eine Spätfrucht, sondern eine konsequente Entfaltung seines theologischen Denkens dar. Insgesamt jedoch bedeutet die rechtfertigungstheologische Position des Gal gegenüber 1Thess und 1Kor eine Weiterentwicklung auf qualitativ neuem Niveau. Auch das Verständnis als ‚Kampflehre‘ reduziert und verengt unzulässig ihre Bedeutung. Andererseits kommt gerade hierdurch der äußere Anlaß, der zu theologischem Weiterdenken nötigte, sachgemäß in den Blick.

Die Rechtfertigungslehre im Gal stellt sicher, daß die Heiden in gleicher Weise Erben der Verheißung des Gottes Israels sind. Damit ist die Rechtfertigungslehre von Anfang an (und nicht erst im Röm) mit der Gottesvolk-Thematik verbunden, ja sie stellt die paulinische Lösung des Gottesvolkproblems dar. Von ihrem Ansatz her ist die Rechtfertigungslehre keineswegs so konzipiert, daß sie zur Trennung von Christen und Juden beitragen sollte, wenngleich ihre Wirkungsgeschichte davon nicht freigesprochen werden kann. Ihren antinomistischen Zug erhält die Rechtfertigungslehre im Gal aufgrund

---

[11] Schon die Urgemeinde hat aller Wahrscheinlichkeit nach die Taufe (mit der Geistverleihung) als Integration in das endzeitliche Gottesvolk verstanden; vgl. ROLOFF, Kirche, 69–71.

der Kampfsituation. Die prinzipielle Ablehnung des Gesetzes als Identität stiftende Instanz für das Gottesvolk ist davon jedoch unabhängig.

Die Juden kommen im Gal erstmals direkt in den Blick – jedoch unter überwiegend negativem Akzent. Die christologische Engführung der Nachkommenschaftsverheißung wie auch die interimistische Sicht des Sinaibundes lassen keinen Raum mehr für Israel als Gottesvolk. Durch die allegorische Interpretation der beiden διαθῆκαι (Gal 4,21–31) kommen die Juden als Söhne κατὰ σάρκα außerhalb der Verheißungslinie zu stehen. Damit ist der Weg frei für ein neues Verständnis von ‚Israel‘, was Paulus (nur hier) in Gal 6,16 auch vollzieht. Als Ἰσραὴλ τοῦ θεοῦ tritt die Kirche aus Juden und Heiden die Erbschaft des bisherigen Gottesvolkes an. Die Position des Gal stellt jedoch im Gesamtrahmen der paulinischen Theologie eine polemische Überspitzung dar, die nicht als letztes Wort anzusehen ist.

6) Die Gottesvolk-Thematik ist auch im ‚Versöhnungsbrief‘ nach Korinth (2Kor 1–8) präsent (vgl. § 13). Von Bedeutung ist einerseits die Weiterentwicklung der Rechtfertigungslehre, insofern die aus Gal 6,15 bekannte ekklesiologische Bestimmung καινὴ κτίσις (2Kor 5,17) im Rahmen der Vorstellung vom Sühnetod Jesu interpretiert und in den Horizont der δικαιοσύνη θεοῦ, die hier ebenfalls eine ekklesiologische Wirklichkeit meint, gestellt wird (5,14–21). Zum andern findet sich in 2Kor 6,16 einer der wenigen Belege, in denen Paulus Gottesvolkterminologie direkt auf die Kirche anwendet. Die Angehörigen des Gottesvolkes werden aufgefordert, sich – analog der Absonderung des Judentums vom Heidentum – von den Gegnern zu distanzieren.

7) Die besondere Bedeutung des Röm hinsichtlich der Gottesvolk-Thematik besteht darin, daß Paulus hier die in früheren Briefen teilweise divergierenden Linien zu einem stimmigen Gesamtbild zusammenfaßt.

Nachdem er in Gal 3–4 einerseits den Gottesvolkgedanken festgehalten, Israel andererseits jedoch preisgegeben hatte, denkt Paulus in Röm 9–11 den Gottesvolkgedanken erneut von den Zusagen Gottes an Israel her durch und kommt zu einem entgegengesetzten Ergebnis. Dabei ist Röm 9–11 keinesfalls als situativer Anhang an Kap. 1–8 zu sehen, sondern als integraler Bestandteil der paulinischen Gedankenführung. Aus Röm 9–11 wird deutlich, daß die Theologie des Apostels, die in der Rechtfertigungslehre ihren Gipfel erreicht und in der Verkündigung der δικαιοσύνη θεοῦ ihr Spezifikum hat, ohne die explizite Beantwortung der Israel-Frage nicht vollständig ist. Röm 9–11 ist die Ausführung der These von Gottes Gerechtigkeit in der Tiefe der Geschichte. Gottes Gerechtigkeit erweist sich so als seine Verheißungstreue, die jetzt aber Heiden und Juden einschließt[12].

---

[12] Von einer Beibehaltung des Gottesvolkgedankens unter gleichzeitiger Umprägung von der δικαιοσύνη θεοῦ her, die dann nicht mehr als Bundestreue, sondern als Schöpfertreue verstanden wird, und damit der Aufhebung des Bundesgedankens im Schöpfungsgedanken, ist im Röm, speziell in Kap. 9–11, nichts zu spüren. Aufgrund meiner früheren Untersuchung zu Röm

Zu Gottes Volk zu gehören, gründet nach Paulus in der Zusage der Erwählung durch Gott. ‚Volk Gottes' ist damit nach dem Röm selbst ein Verheißungsbegriff (vgl. Röm 4,16; 8,14–17.28–30; 9,6–29; 11,28–32). Dies gilt für
Juden und Heiden – wobei die Spitzenaussage im Blick auf Israel nicht einfach darin besteht, daß die Verheißung weiterhin gilt, vielmehr ist Christus
selbst ‚Diener der Beschneidung' geworden, um der Wahrhaftigkeit Gottes
willen, damit er die Väterverheißungen bestätige (Röm 15,8). Die bleibende
Erwählung Israels als Volk Gottes wird damit sowohl verheißungstheologisch wie christologisch begründet. Daher kann Röm 9–11 im Zusammenhang mit 15,7–13 als die israelbezogene Ausführung der christologischen
These in 2Kor 1,20 verstanden werden.

Die paulinische Gottesvolk-Konzeption im Rahmen der Rechtfertigungslehre – wie sie im Röm begegnet – ist die einzige Konzeption innerhalb des
NT, die fähig ist, das Problem Israel-Heiden so zu lösen, daß die Einheit des
Gottesvolkes gewahrt und zugleich beiden Seiten Rechnung getragen wird,
d.h. sowohl die Berechtigung des christlichen Selbstverständnisses als endzeitliches Gottesvolk als auch die bleibende Erwählung Israels als Volk, dem
Gott sich unlöslich verbunden hat, ihr Recht behalten.

Ein schwieriges Problem stellt die Diskrepanz zwischen den Aussagen des
Gal und des Röm dar. Versuche, die Gründe für diese ‚Wandlung' herauszu-
finden, stehen in der Gefahr, spekulativ zu werden. Folgendes läßt sich namhaft machen: (α) Die Aussagen des Gal sind stark situativ bestimmt. Die polemische Situation gab Anlaß zu Überspitzungen. (β) Aus der Darstellung des
Abraham-Themas in Gal 3 bzw. Röm 4 geht hervor, daß Paulus das Thema
zwischen Gal und Röm nochmals durchgearbeitet hat, in Röm 4 somit eine
aufgrund theologischer Überlegungen revidierte Fassung vorliegt. (γ) Es ist
nicht auszuschließen, daß Paulus ein Auseinanderbrechen der Kirchengemeinschaft zwischen Judenchristen und Heidenchristen befürchtete und daher nicht nur zu Kompromissen bereit war, sondern zur Erhaltung der Einheit der Ekklesia willens war, seine Position neu zu überdenken[13]. (δ) Der
Röm läßt Tendenzen einer möglichen Loslösung der Heidenchristen von
Israels Verheißungsgeschichte erkennen. Dem versucht Paulus gegenzusteu-
ern. (ε) Paulus schreibt den Röm auch als Selbstempfehlung, um Unterstützung für seine Spanienpläne zu bekommen. Er will damit wohl auch mögliche Mißverständnisse ausräumen.

Bei der Frage, warum die Begrifflichkeit λαὸς θεοῦ nur an ganz wenigen
Stellen auf die Kirche angewendet begegnet, ist wiederum nur eine tastende

---

3,25f ist auch dort nicht von einer Uminterpretation der Bundestreue durch die Schöpfertreue
auszugehen.
[13] Ein Beispiel dafür ist die in Apg 21,18–26 berichtete Auslösung der Nasiräer, die nach dem
Gesetzesverständnis des Gal unmöglich erscheint, deren historischer Kern aber kaum bestritten
werden kann; vgl. neben den Kommentaren v.a. BORNKAMM, Verhalten, 160f; STROBEL, Aposteldekret als Folge, 93–98; LÜDEMANN, Paulus II, 84–94, bes. 88ff.

Antwort möglich. Der einzige Beleg, an dem Paulus dem atl. Gottesvolk seine Stellung ausdrücklich streitig macht, findet sich in Gal 6,16, jenem Brief, in dem Paulus in einer äußerst dramatischen Situation die Galater davor bewahren will, das Gesetz als eine zweite, zusätzliche Bedingung zur Erlangung des Heils zu übernehmen. In diesem Zusammenhang gilt das aufgrund von ‚Gesetzeswerken' konstituierte Judentum als heillos und vom Erbe ausgeschlossen. Eine durchgängige Anwendung des Gottesvolkbegriffes auf die Ekklesia würde voraussetzen, daß Paulus mit gleicher Konsequenz von einer Enterbung Israels ausginge[14]. Es kommt hinzu, daß Paulus im Zuge seiner Argumentation im Röm auch die Identität Israels neu bestimmt, indem er die Verheißung zum entscheidenden Kriterium macht. Es scheint, daß der Begriff so Israel-spezifisch ist, daß eine andersgeartete Anwendung Schwierigkeiten bereitet. Die faktische Gleichstellung der Heiden mit den Juden in der Ekklesia führt zu keiner Gleichbenennung. Darin drückt sich die bleibende Unterscheidung der Erst- und der Zweiterwählten aus. Λαὸς θεοῦ ist fest mit der israelitischen Erwählungsgeschichte verbunden. Die Heiden bekommen über Jesus Anteil an den Väterverheißungen und am künftigen Erbe, aber sie werden nicht mit Israel identisch, wie dies insbesondere aus Röm 15,7–13 hervorgeht.

8) Im Phil, dem letzten paulinischen Gemeindebrief, bricht noch einmal die Frage nach der legitimen Zugehörigkeit von Heidenchristen zum Gottesvolk auf. Paulus reagiert auf die gegnerische Position mit äußerst scharfer Polemik. Dies ist nicht als Rücknahme der im Röm gefundenen Position zu verstehen, sondern wiederum aus der Situation als polemische Überspitzung zu begreifen. Der Phil bestätigt jedoch noch einmal die grundlegende Bedeutung der Gottesvolk-Kategorie für die paulinische Ekklesiologie. In diesem letzten paulinischen Gemeindeschreiben finden sich aber schon Ansätze eines übergreifenden Ausdifferenzierungsprozesses, an dessen Ende die endgültige Trennung von Kirche und Synagoge stehen wird.

e) In welchem größeren Zusammenhang steht die Entwicklung und Veränderung der Volk-Gottes-Vorstellung?

Überblickt man die Entwicklung der Volk-Gottes-Vorstellung bei Paulus, so bestätigt sich einerseits die auch anderwärts aufgestellte These einer sukzessi-

---

[14] Nach der endgültigen Trennung von Kirche und Synagoge erhält das Gottesvolk-Motiv eine andere Ausrichtung, es wird zur Möglichkeit, Israels angebliche Heillosigkeit und die Heilsteilhabe der Christen auszusagen; vgl. hierzu den Begriffsgebrauch der dritten Generation (z.B. 1Petr, Apk).

ven ‚Wandlung' innerhalb der paulinischen Theologie[15]. Die entscheidende Frage ist jedoch, aufgrund welcher Einflüsse diese Wandlung zustande kam und ob es sich dabei um eine konsequente Entfaltung und tiefere Durchdringung eines von Anfang an vorhandenen Substrats handelt oder ob dabei auch regelrechte Umbrüche zu verzeichnen sind. Zudem müssen äußere Einflüsse und theologische Erkenntniszuwächse unterschieden werden.

Nachdem die paulinische Theologie eine Theologie im Vollzug ist, kann es gar nicht anders sein, als daß Paulus in seinen Briefen auf konkrete Umstände reagiert und sich dies in einer Entwicklung der Gedankenführung niederschlägt. Einen nicht zu unterschätzenden Einfluß haben dabei die Gegner der paulinischen ‚beschneidungsfreien' Heidenmission ausgeübt, die jedoch nur Repräsentanten einer bestimmten Strömung in einem sich selbst definierenden Urchristentum darstellen. Theologische Erkenntniszuwächse lassen sich v.a. aufgrund des Umgangs mit der Schrift nachweisen[16].

Die paulinische Rechtfertigungslehre wurde schon – wenngleich durch eine bestimmte Konfliktlage in Galatien veranlaßt – als konsequente Entfaltung früherer Ansätze dargestellt. Hier kann also nur von einer Wandlung im Sinn tieferer Durchdringung gesprochen werden. Beim Israel-Thema dagegen handelt es sich um eine Wandlung, die mehr ist als eine konsequente Entwicklung. Die Unterschiede zwischen 1Thess und Röm einerseits und zwischen Gal und Röm andererseits sind nur als Umbruch wahrnehmbar. Daß es sich dabei nicht um von außen aufgezwungene, sondern um zwar situativ mitveranlaßte, letztlich aber in der paulinischen Theologie und im Umgang mit der Schrift begründete Neuansätze handelt, geht aus der Neubearbeitung des Abraham-Themas in Röm 4 und den Ausführungen zu Israel in Röm 11,25ff hervor.

---

[15] Für die paulinische Pneumatologie ist die Arbeit von HORN, Angeld, zu vergleichen; s. die grundsätzlichen Bemerkungen ebd., 116ff. S. daneben u.a. FURNISH, Development; SCHNELLE, Wandlungen; BEKER, Paul's Theology.

[16] Eine explizite Auseinandersetzung mit der u.a. von DIETZFELBINGER, KIM (weitere Belege bei SÖDING, Thessalonicherbrief, 181 A.7) und zuletzt wieder von STUHLMACHER, Biblische Theologie I, 234–252, bes. 247ff.262, vertretenen These, die paulinische Theologie sei als konsequente Entfaltung des Damaskuserlebnisses aufzufassen, womit eine zunächst beeindruckende innere Geschlossenheit und Konstanz des theologischen Denkens bei Paulus erreicht wird, ist in der vorliegenden Arbeit nicht erfolgt. Implizit ist durch die Entwicklung des Gottesvolkthemas jedoch deutlich geworden, daß die These sachlich nicht aufrecht zu erhalten ist und auch dann nicht, wenn man eine andere chronologische Anordnung der Paulusbriefe zugrunde legt. Auch eine frühe Ansetzung des Gal führt angesichts der Unterschiede in der Israelfrage im Vergleich zum Röm nicht daran vorbei, eine Wandlung der paulinischen Theologie zu konstatieren.

f) Hat Paulus das mit dem Thema Volk Gottes gestellte theologische Problem gelöst oder es als ungelöst oder gar unlösbar hinterlassen?

1) Zunächst ist festzuhalten: Paulus hat selbst keinen neuen Oberbegriff gebildet, der Israel und die Heiden einschließen könnte bzw. geeignet wäre, atl. und ntl. Gottesvolk zusammenzuschauen. Gal 6,16 liegt mit Ἰσραὴλ τοῦ θεοῦ zwar ein solcher übergreifender Ansatzpunkt vor, dieser wird jedoch von Paulus nicht wieder aufgegriffen und ausgebaut. Den Weg, im Gefälle der Argumentation des Gal im Röm fortzufahren, hat Paulus also nicht beschritten, vielmehr hat er bestimmte Überspitzungen, die v.a. den Status Israels betreffen, zurückgenommen. Dies ist von weitreichender Bedeutung.

Andererseits hat Paulus den Gottesvolk-Begriff auch nicht aufgegeben und durch eine Vorstellung wie ‚die eine Menschheit‘ o.ä. ersetzt. Das bedeutet: Paulus stellt sich vollkommen hinein in das atl. Erbe und richtet sein Kirchenverständnis danach aus.

Dennoch hat er am Gottesvolk-Begriff selbst in Unterscheidung von seiner jüdischen Umwelt eine bedeutsame Modifikation vorgenommen, indem er das Gottesvolk nicht vom Bund Gottes mit Israel am Sinai und auch nicht vom Beschneidungsbund Gottes mit Abraham her versteht, sondern ‚Volk Gottes‘ streng von der durch Gott an Abraham ergangenen Verheißung her bestimmt. Von hier aus gesehen gibt es dann doch einen Oberbegriff, den Paulus verwendet hat, um die Einheit des alt- und neutestamentlichen Gottesvolkes auszusagen: σπέρμα Ἀβραάμ. Paulus hat ihn aus der Tradition übernommen, aber verheißungstheologisch gefüllt[17].

2) Für seine Zeit hat Paulus damit im Röm das mit dem Thema Volk Gottes gestellte theologische Problem des Verhältnisses von Juden und Christen gelöst, und zwar mittels der Kategorie der Promissio und mit der Umkehrung der Vorstellung der Völkerwallfahrt zum Zion (Röm 11,25ff). Für die Briefe davor kann nicht von einer Lösung gesprochen werden, da in ihnen die Gültigkeit der göttlichen Zusage an Israel nicht ausreichend berücksichtigt wird[18]. Die Kategorie der Promissio ermöglicht es Paulus, einerseits die bleibende Erwählung Israels, andererseits die volle Teilhabe der glaubenden Heiden am Erbe auszusagen. Die Umkehrung der Vorstellung von der Völkerwallfahrt zum Zion bietet die Möglichkeit, die gegenwärtige Dialektik, die den Status Israels kennzeichnet, eschatologisch aufgehoben sein zu lassen. Damit ist die Einheit des Gottesvolkes gewahrt. Dadurch ist zugleich die

---

[17] Die übergeordnete Redeform für „Freut euch, ihr Heiden, mit Seinem Volk" wäre damit: „... alles, was Odem hat, lobe mit Abrahams Samen ..." (EKG 234,5 = EG 317,5).

[18] Dies ist auch der Haupteinwand gegenüber anderen neutestamentlichen Entwürfen zum Problem des christlich-jüdischen Verhältnisses. Das Problem muß neutestamentlich jedoch insgesamt als unabgeschlossen bezeichnet werden; vgl. ROLOFF, Kirche, 323.

universale Bedeutung des Todes Jesu festgehalten und damit die Einheit der
paulinischen Christologie und Soteriologie.

*g) Worin besteht die bleibende Gültigkeit des paulinischen Entwurfs,
und an welchen Stellen muß Paulus „fortgeschrieben" werden?*

1) Die paulinische Volk-Gottes-Theologie erwächst aus dem paulinischen
Evangelium: Sie ist engstens verkoppelt mit der Rechtfertigungslehre, und
diese wiederum ist Konsequenz aus der Christologie. Deshalb kann auch die
paulinische Position, wie sie uns in ihrer Endgestalt im Röm begegnet, als
Folgerung aus der Mitte der neutestamentlichen Botschaft verstanden werden. Insofern hat die paulinische Position für uns normative Relevanz[19].

2) Bleibende Gültigkeit darf Paulus auch beanspruchen hinsichtlich seines
Umgangs mit dem AT. Er ist derjenige neutestamentliche Autor, der an der
Selbstaussage der Schrift von seinem Christusglauben her festhält, indem er
die unverbrüchliche Treue Gottes zu seinem Volk Israel ernstnimmt[20].

3) Auch die paulinische Sicht Israels als Gottesvolk unter Anwendung der
Kategorie der Promissio bedarf keinerlei Revision. Hierin liegt vielmehr ein
möglicher Ansatzpunkt für eine künftige Verhältnisbestimmung von Christen und Juden, denn diese Kategorie ist geeignet, das Selbstverständnis der
Christen wie auch der Juden als Volk Gottes anzuerkennen[21].

In diesem Zusammenhang ist gegenüber neueren Arbeiten zu betonen, daß
Paulus an keiner Stelle von einer Integration der Heiden in den Bund Gottes
mit *Israel* ausgeht[22]. Auch setzt er das Judentum nicht mit dem Stamm oder
der edlen Wurzel, worin die Heiden eingepfropft würden, gleich (Röm
11,16ff), vielmehr ist auch hier die Teilhabe an der Väterverheißung von aus-

---

[19] Angesichts solcher Sachlage muß die paulinische Position auch ins kritische Gespräch mit
anderen neutestamentlichen Entwürfen gebracht werden.

[20] Auf diese Frage – den paulinischen Schriftgebrauch betreffend – wurde in der vorliegenden
Arbeit nicht in extenso eingegangen, vgl. aber dazu LUZ, Paulinische Theologie.

[21] Die Kategorie der Verheißung spielt im Blick auf Israel auch in der Apologie der CA eine
Rolle: Hiernach sind die Patriarchen und Heiligen des Alten Bundes gerecht vor Gott durch
ihren Glauben an die Verheißung vom künftigen Christus (BSLK 365,52ff). Es kommt, so kann
man die Apologie hier verstehen, darauf an, alles von Gottes Handeln zu erwarten, ihm zu
vertrauen und nicht zu meinen, das Heil selbst erwirken zu können. Wenn von christlicher
Seite eingeräumt wird, daß Jesus als ‚Messias' die alttestamentlichen Verheißungen nicht einfach erfüllt hat, sondern die durch ihn geschehene Rettung eine Rettung auf Hoffnung darstellt,
bei der nach wie vor ein uneingelöster Rest aussteht, dann würde solcher Glaube an die göttliche Verheißung auch für Juden von heute gelten können. Ob hier nicht ein systematisch-theo-
logischer Ansatz zu finden wäre, jüdischen Glauben angemessen zu verstehen, ohne ihn christlich zu vereinnahmen und zugleich ohne fides quae und fides qua creditur unerlaubt zu vermi-
schen?

[22] So z.B. der Synodalbeschluß der Rhein. Kirche, 1980, 4.4. Text bei RENDTORFF/HENRIX,
Hg., Kirchen, 593–596.

schlaggebender Bedeutung. Daher ist die Kategorie ,Bund' nicht geeignet, ohne nähere Spezifizierung ein Modell zur Bestimmung des Verhältnisses von Juden und Christen abzugeben[23].

4) Probleme bereitet jedoch die zweite Komponente der paulinischen Lösung. Die Umkehrung der traditionellen Vorstellung der Völkerwallfahrt zum Zion ist in Röm 11,25ff verbunden mit einer konkreten zeitlichen Erwartung: der in nicht allzu ferner Zukunft abgeschlossenen Verkündigung an die Heiden und der dann zu erwartenden Parusie des Christus samt der Hinwendung der Juden zu ihm. Diese Erwartung hat sich so nicht erfüllt. Die gedehnte Zeit bedeutet zwar keine Annullierung der Promissio, sie erfordert jedoch hermeneutische Überlegungen, insofern die sozialgeschichtlichen und theologischen Gegebenheiten in der Mitte des 1. Jhs. für unsere Zeit nicht mehr zutreffen. Die zeitliche Differenz hat, sowohl was Sozialgestalt als auch Lehre anbetrifft, eine Differenz des Judentums und des Christentums im 20. Jh. gegenüber der jeweils eigenen Vergangenheit im 1. Jh. mit sich gebracht. Die damaligen Bestimmungen können also nicht direkt in die heutige Zeit übertragen werden. Die Kirche darf deshalb ihr Bild vom Judentum nicht einfach aus dem NT beziehen, sondern muß dies rückkoppeln an das Selbstverständnis des heutigen Judentums und muß zugleich die Jahrhunderte während rende traurige Geschichte des Verhältnisses von Christen zu Juden im Auge behalten. Wer dennoch anders verfährt, muß sich den Vorwurf anachronistischer Imitation gefallen lassen.

Die exegetische Arbeit führt bis an diesen Punkt heran, indem sie offenlegt, welche Konstituenten den urchristlichen Verstehenshintergrund geprägt haben. Jeder weitere Schritt muß unter hermeneutischer Fragestellung im interdisziplinären Gespräch erfolgen[24].

---

[23] S. dazu EKD-Studie „Christen und Juden II", 54f. Die sich auf Israel beziehenden Bundesschlüsse im AT haben stets das Land mit im Blick, an dem die Heiden keinen Anteil haben (vgl. Lev 26,42; 1Chr 16,15–18). Der Sinai-Bund hat das Gesetz mit zum Inhalt. Der einzige Bund, der die Aufnahme von Heiden ermöglichte, wäre der Abraham-Bund, obwohl auch hier das Land eine große Rolle spielt (Gen 12,7; 13,15; 15,18; 17,8). Paulus hat auf die Abraham-Berit zurückgegriffen und den Anteil am Land als Teilhabe an der Basileia interpretiert (1Thess 2,12).

[24] Ansätze hierzu finden sich z.B. bei LINDBECK, Story-shaped church, bes. 170ff. Angesichts der christlichen Mitverantwortung und Schuld an der Shoah wird man auch sagen müssen, daß jeder weitere Schritt nur als ein „Denken aus der Umkehr heraus" (H.J. IWAND) möglich sein wird.

Literaturverzeichnis

Das Literaturverzeichnis umfaßt die in den Anmerkungen zitierten Titel, sofern sie für den Argumentationsgang herangezogen wurden. Weiterführende Literaturhinweise, Rezensionen, Literaturberichte etc. sind in der Regel nur in den Anmerkungen vollständig bibliographiert. Artikel aus Wörterbüchern und Sammelwerken (BHH, EJ, EncJud, EWNT, RAC, RGG, THAT, ThWAT, ThWNT, TRE), werden am Heranziehungsort genannt und nur in wenigen Fällen im Literaturverzeichnis aufgeführt. Aufsatzsammlungen werden bei Mehrfacherwähnung unter dem Namen des/r Hg. vollständig bibliographiert. Für die biblischen und sonstigen antiken Texte wurden die wissenschaftlichen Standardausgaben benützt (BHS; LXX-Rahlfs; LXX-Gottingensia soweit erschienen; Vulgata ed. Weber). Andernfalls sind die Editionen/Editoren in den Anmerkungen angegeben. Die im folgenden verzeichneten Textausgaben und Übersetzungen werden meist abgekürzt zitiert.

A. Textausgaben und Übersetzungen

I. Bibel

Die Bibel. Die Heilige Schrift des Alten und Neuen Bundes. Deutsche Ausgabe mit den Erläuterungen der Jerusalemer Bibel, hg. von D. Arenhoevel, A. Deissler und A. Vögtle, Freiburg u.a. ⁴1968.

Neue Jerusalemer Bibel. Einheitsübersetzung mit dem Kommentar der Jerusalemer Bibel, neu bearb. und hg. von A. Deissler und A. Vögtle in Verb. mit J.M. Nützel, Freiburg u.a. 1985.

Cathcart, K./Maher, M./McNamara, M., Hg., The Aramaic Bible. The Targums Bd. 1ff, Edinburgh 1987ff.

Díez Macho, A., Hg., Neophyti 1. Targum Palestinense MS de la Bibliotheca Vaticana, I–V, Madrid/Barcelona 1968–1978.

Stenninger, J.F., The Targum of Isaiah, Oxford 1949.

The Bible in Aramaic. Based on Old Manuscripts and Printed Texts I–III, ed. by A. Sperber, Leiden 1959–1962.

II. Frühjudentum, Apokryphen-Pseudepigraphen

Aristeasbrief:
– Lettre d'Aristée à Philocrate. Introduction, texte critique, traduction et notes, index complet des mots grecs, par A. Pelletier, SC 89, Paris 1962.
Henoch:
– Apokalypsis Henochi Graece, ed. M. Black, PVTG III, Leiden 1970.
– Black, M., The Book of Enoch or I Enoch. A New English Edition, SVTP 7, Leiden 1985.
– The Books of Enoch. Aramaic Fragments of Qumran Cave 4, ed. by J.T. Milik with the collaboration of M. Black, Oxford 1976.
Jesus Sirach:
– Ecclesiasticus. Textus hebraeus secundum fragmenta reperta, ed. P. Boccaccio, Rom 1976.
– The Book of Ben Sira. Text, Concordance and an Analysis of the Vocabulary. The Historical Dictionary of the Hebrew Language. Published by The Academy of the Hebrew Language and the Shrine of the Book, Jerusalem 1973.
– Strack, H.L., Die Sprüche Jesus', des Sohnes Sirachs. Der jüngst aufgefundene hebräische Text mit Anmerkungen und Wörterbuch, SIJB 31, Leipzig 1903.
Joseph und Asenet:
– Burchard, C., Ein vorläufiger Text zu Joseph und Asenet, DBAT 14, 1979, 2–53; 16, 1982, 37–39.
Josephus Flavius:
– Flavii Josephi Opera, ed. B. Niese, Berlin 1888ff.
– Flavius Josephus, De Bello Judaico. Der Jüdische Krieg, I–III, griechisch-deutsch, hg. von O. Michel und O. Bauernfeind, Darmstadt 1963–1969.
– Josephus (in Nine Volumes) with an English Tranlation by H.St.J. Thackeray/R. Marcus/A. Wikgren/L.H. Feldmann, LCL, London Cambridge (MA) 1926ff.
– Des Flavius Josephus Jüdische Altertümer. Übersetzt und mit Einleitung und Anmerkungen versehen von Dr. H. Clementz, (Reprint) Wiesbaden 1985[6].
Jubiläen:
– Rönsch, H., Das Buch der Jubiläen: oder die kleine Genesis. Unter Beifügung des revidirten Textes der in der Ambrosiana aufgefundenen lateinischen Fragmente, (Reprint) Amsterdam 1970 (= 1874).
Philo von Alexandrien:
– Philonis Alexandrini Opera quae supersunt, I–VII, ed. L. Cohn/P. Wendland, Berlin 1896–1926 (= 1963).
– Philo. With an English Translation by F.H. Colson and G.H. Whitaker. 10 Volumes and 2 Supplementary Volumes by R. Marcus, LCL, London Cambridge (MA) 1929ff.
– Cohn, L./Heinemann, I./Adler, M., Die Werke Philos von Alexandrien in deutscher Übersetzung I–VI, Berlin 1896–1930.
Sibyllinen:
– Geffcken, J., Die Oracula Sibyllina, GCS 8, Leipzig 1902.

Testament Salomos:
- The Testament of Solomon ed. C.C. McCown, Untersuchungen zum NT 9, Leipzig 1922.

Sammelwerke:
- Fragmenta Pseudepigraphorum quae supersunt Graeca. Una cum historicorum et auctorum iudaeorum hellenistarum fragmentis, coll. et ord. A.-M. Denis, PVTG III, Leiden 1970.
- Charles, R.H., Hg., The Apocrypha and Pseudipigrapha of the Old Testament in English I.II, Oxford 1963 (= 1913).
- Charlesworth, J.H., Hg., The Old Testament Pseudepigrapha I.II, New York 1983.1985 (zit.: N.N., in: Charlesworth I.II).
- Kautzsch, E., Hg., Die Apokryphen und Pseudepigraphen des Alten Testaments I.II, Darmstadt 1975 (= Tübingen 1900; zit.: N.N., in: Kautzsch I.II).
- Kümmel, W.G. u.a., Hg., Jüdische Schriften aus hellenistisch-römischer Zeit (JSHRZ), Gütersloh 1974ff.
- Rießler, P., Altjüdisches Schrifttum außerhalb der Bibel, Heidelberg ⁴1979 (= Augsburg 1928).

III. Qumran

Allegro, J.M., Discoveries in the Judean Desert of Jordan V. Qumran Cave 4,I (4Q158–4Q186), DJD V, Oxford 1968.

Baillet, M., Discoveries in the Judean Desert VII. Qumran Grotte 4,III (4Q482–4Q520), DJD VII, Oxford 1982.

Baillet, M., Un recueil liturgique de Qumran, Grotte 4: Les Paroles de Luminaires, RB 68, 1961, 195–250.

Baillet, M./Milik, J.T./Vaux, R. de, Discoveries in the Judean Desert of Jordan III. Les ‚petites grottes‘ de Qumran. Exploration de la falaise. Les grottes 2Q ... 10Q. Le rouleau de cuivre, DJD III, Oxford 1962.

Barthélemy, D./Milik, J.T., Discoveries in the Judean Desert I. Qumran Cave I, DJD I, Oxford ⁴1964.

Beyer, K., Die Aramäischen Texte vom Toten Meer, Göttingen 1984 (= ATTM I).

Beyer, K., Die aramäischen Texte vom Toten Meer. Ergänzungsband, Göttingen 1994 (= ATTM II).

García Martínez, F., The Dead Sea Scrolls Translated, Leiden u.a. 1994.

Kapera, Z.J., Hg., An Anonymously Received Pre-Publication of the 4QMMT, The Qumran Chronicle 2, Krakau 1990, 1–12.

Lohse, E., Hg., Die Texte aus Qumran, hebräisch-deutsch, Darmstadt ³1981.

Maier, J., Die Tempelrolle vom Toten Meer, UTB 829, München Basel 1978.

Maier, J., Die Texte vom Toten Meer I.II, München/Basel 1960.

Newsom, C., Songs of the Sabbath Sacrifice. A Critical Edition, HSS 27, 1985.

Qimron, E./Strugnell, J., An Unpublished Halachic Letter from Qumran, in: Biblical Archaeology Today. Proceedings of the International Congress on Biblical Archaeology Jerusalem, April 1984, Jerusalem 1985, 400–407.

Quimron, E./Strugnell, J., Discoveries in the Judaean Desert X. Qumran Cave 4,V, Miqṣat Maʿaśe Ha-Torah, DJD X, Oxford 1994.

Sanders, J.A., The Psalms Scroll of Qumran Cave 11, DJD IV, 1965.

VanderKam, J.C./Milik, J.T., A Preliminary Publication of a Jubilees Manuscript from Qumran Cave 4: 4QJub[d] (4Q219), Biblica 73, 1992, 62–83.

Vaux, R. de/Milik, J.T., Discoveries in the Judean Desert VI. Qumran Grotte 4,II, DJD VI, Oxford 1977.

Yadin, Y., A Midrash on 2 Sam VII and Ps I–II (4Q Florilegium), IEJ 9, 1959, 95–98.

Yadin, Y., The Scroll of the War of the Sons of the Light against the Sons of Darkness, Oxford 1962.

Yadin, Y., The Temple Scroll I–III, Jerusalem 1983.

IV. Rabbinische Schriften

Mischna, Talmud, Tosefta:
- Der Babylonische Talmud mit Einschluß der vollständigen Mishna, hg., übersetzt und mit kurzen Erklärungen versehen von L. Goldschmidt, I–IX, Den Haag 1933–1935.
- Die Mischna. Text, Übersetzung und ausführliche Erklärung, begr. von G. Beer und O. Holtzmann, hg. von L. Rost u. K.H. Rengstorf, Gießen – Berlin 1912ff.
- Mischnajot. Die sechs Ordnungen der Mischna. Hebräischer Text mit Punktation, deutscher Übersetzung und Erklärung von M. Auerbach/E. Baneth/J.Cohn/D. Hoffmann/M.Petuchowski/A.Sammter, Basel ³1968.
- Mishnayot I–IV + Suppl. Text, Translation and Commentary by P. Blackman, London 1951–54.
- The Babylonian Talmud. Translated into English with Notes, Glossary and Indices, ed. by J. Epstein, London 1938ff (Soncino-Talmud-Ausgabe).
- Talmud Jeruschalmi, Nachdruck der Krotoschiner Ausgabe, New York 1949.
- Übersetzung des Talmud Yerushalmi, hg. von Martin Hengel u.a., Tübingen 1983ff.
- The Tosephta. Based on the Erfurt and Vienna Codices. Ed. M.S. Zuckermandel, with „Supplement to the Tosephta" by S. Liebermann. New ed. with additional notes and corrections, Jerusalem 1970.
- The Tosefta. Translated from the Hebrew, I–VI, ed. J. Neusner/R.S. Sarason, New York 1977–1986.

Außerkanonisches:
- Aboth de Rabbi Nathan, ed. from Manuscripts with an Introduction, Notes and Appendices by S. Schechter, New York 1945 (= Wien 1887).
- Polster, G., Der kleine Talmudtraktat über die Proselyten, Angelos 2, 1926, 2–38 (= Polster, Gerim).

Midraschim:
- Bacher, W., Die Aggada der Tannaiten I, Berlin 1965 (Reprint).
- Bereschit Rabba. Mit kritischem Apparat und Kommentar von J. Theodor und Ch. Albeck, I–III, Jerusalem ²1965.
- Der tannaitische Midrasch Sifre zu Numeri, hg. von K.G. Kuhn, Rabb. Texte II. Tannaitische Midraschim 3, Stuttgart 1959.

– Mechilta d'Rabbi Ismael, ed. H.S. Horovitz/I.A. Rabin, Jerusalem ²1970.
– Mekilta de-Rabbi Ishmael. A critical edition on the basis of the manuscripts and early editions with an English translation, introduction and notes by J.Z. Lauterbach, I–III, Philadelphia 1935.
– Midrasch Tanchuma. Ein aggadischer Commentar zum Pentateuch von Rabbi Tanchuma ben Rabbi Abba, ed. S. Buber, 2 Bde., Wilna 1885.
– Midrasch Tanhuma B. R. Tanchuma über die Tora, genannt Midrasch Jelammedenu, 2 Bde., JeC 5–6, Bern u.a. 1980–82.
– Midrasch Tehillim (Schocher Tob), ed. S. Buber, Jerusalem 1966 (= Wilna 1891).
– Pesiqta Rabbati. Midrasch für den Fest-Cyclus und die ausgezeichneten Sabbate, ed. M. Friedmann, Tel Aviv 1963 (= Wien 1880).
– Pesikta Rabati. Discourses for feasts, fasts and special Sabbaths, 2 Bde., ed. W.E. Braude, New Haven 1968.
– Siphre d'be Rab. Fasciculus primus: Siphre ad Numeros adjecto Siphre Zutta, ed. S. Horovitz, SGFWJ. Corpus Tannaiticum III,3, Jerusalem 1966 (= Leipzig 1917).
– Sifra. Halachischer Midrasch zu Levitikus, übers. von J. Winter, SGFWJ 42, Breslau 1938.
– Wünsche, A., Der Midrasch Bereschit Rabba, Leipzig 1881.
– Wünsche, A., Der Midrasch Bemidbar Rabba, Leipzig 1885.
– Wünsche, A., Der Midrasch Debarim Rabba, Leipzig 1882.
– Wünsche, A., Der Midrasch Schemot Rabba, Leipzig 1882.
– Wünsche, A., Der Midrasch Wajikra Rabba, Leipzig 1884.
– Wünsche, A., Midrasch Tehillim I.II, Trier 1892.1893.

V. Frühchristentum und Patristik

– Der Hirt des Hermas, hsrg. von M. Whittaker, Berlin ²1967.
– Didache, Barnabasbrief, Zweiter Klemensbrief, Schrift an Diognet, hg. von K. Wengst, SUC II, Darmstadt 1984.
– Die Apostolischen Väter (1Clem, Ign, Pol, Quadr), hg. von J.A. Fischer, SUC I, Darmstadt ²1986.
– The Apostolic Fathers with an English Translation by K. Lake, I.II, LCL, London/ Cambridge MA 1959.1965.

VI. Antike griechische Quellen und Inschriften

Diodorus Siculus: With an English Translation by C.H. Oldfather u.a., LCL, 12 Bde., Cambridge MA/London 1933–1967.
Dionysius von Halicarnassus: The Roman Antiquities with an English Translation by E. Cary, LCL, 7 Bde., London/Cambridge MA 1961–1971 (Nachdruck 1837– 1950).
Dittenberger, W., Orientis Graeci Inscriptiones Selectae I–II, Hildesheim 1960 (= Leipzig 1903.1905; zit.: Dittenberger, OGIS).
Epiktet: Epicteti Dissertationes ab Arriano digestae, ed. H. Schenkl, Leipzig 1916.

Livius: With an English Translation by B.O. Forster u.a., LCL, 14 Bde., London/ Cambridge MA 1967–1969 (Nachdruck 1919–1959).

Plato: Platonis Opera, ed. I. Burnet, Oxford 1900ff.

Plutarch: Plutarchus, Vitae Parallelae, ed. K. Ziegler, Leipzig 1957ff.

Polybius: The Histories with an English Translation by W.R. Paton, LCL, 6 Bde., Cambridge MA/London 1975–1979 (Nachdruck 1922–1927).

Porphyrius: Porphyrii Philosophi Platonici Opuscula selecta, iterum recognovit Augustus Nauck, Leipzig 1886.

Seneca: L. Annaei Senecae Opera quae supersunt I–III, ed. F. Haase, Leipzig 1862–1865.

Stern, M., Greek and Latin Authors on Jews and Judaism (GLAJJ), 3 Bde., Leiden 1974/Jerusalem 1980/1984.

Tacitus: The Histories and the Annals with an English Translation by C.H. Moore/J. Jackson, LCL, 4 Bde., London/Cambridge MA 1968–1970 (Nachdruck 1925–1937).

B. Hilfsmittel und Sammelwerke

Aland, K. u.a., Hg., Vollständige Konkordanz zum griechischen Neuen Testament unter Zugrundelegung aller modernen kritischen Textausgaben und des Textus Receptus, I–III, Berlin u.a. 1978–1983.

Alcalay, R., The Complete Hebrew-English Dictionary, Ramat Gan – Jerusalem 1970.

Balz, H./Schneider, G., Hg., Exegetisches Wörterbuch zum Neuen Testament I–III, Stuttgart u.a. 1978–1983 (Literatur-Nachträge [2]1992).

Barthélemy, D./Rickenbacher, O., Konkordanz zum Hebräischen Sirach (mit syr.-hebr. Index), Göttingen 1973.

Bauer, W., Griechisch-deutsches Wörterbuch zu den Schriften des Neuen Testaments und der übrigen urchristlichen Literatur, Berlin u.a. 1971 (= [5]1963).

Bauer, W., Griechisch-deutsches Wörterbuch zu den Schriften des Neuen Testamentes und der frühchristlichen Literatur, hg. von K. u. B. Aland, Berlin u.a. 1988 (zit.: Bauer-Aland, [6]WB).

Beyer, K., Semitische Syntax im Neuen Testament I, Satzlehre Teil 1, StUNT 1, Göttingen [2]1968.

Blaß, F./Debrunner, A., Grammatik des neutestamentlichen Griechisch, bearbeitet von F. Rehkopf, Göttingen [15]1979 (zit.: BDR).

Botterweck, J./Ringgren, H., Hg., Theologisches Wörterbuch zum Alten Testament, I–VII, Stuttgart u.a. 1970ff.

Coenen, L./Beyreuther, E./Bietenhard, H., Hg., Theologisches Begriffslexikon zum Neuen Testament I.II, Wuppertal [4]1977.

Computer-Konkordanz zum Novum Testamentum Graece von Nestle-Aland, 26. Aufl. und zum Greek New Testament, 3rd Edition, hg. vom Institut für Neutestamentliche Textforschung und vom Rechenzentrum der Universität Münster, Berlin u.a. 1980.

Cremer, H., Biblisch-theologisches Wörterbuch der neutestamentlichen Graecität, hg. von J. Kögel, Gotha [30]1915.

Denis, A.-M., Hg., Concordance Greque des Pseudépigraphes d'Ancien Testament, Louvain 1987.

Dos Santos, E.C., An Expanded Index for the Hatch-Redpath Concordance to the Septuagint, Jerusalem o.J.

Gesenius, W., Hebräisches und aramäisches Handwörterbuch über das Alte Testament, bearbeitet von F. Buhl, Berlin u.a. 1962 (= [17]1915).

Gesenius, W., Hebräisches und Aramäisches Handwörterbuch über das Alte Testament, hsrg. von R. Meyer/H. Donner, 1.Lfg., [18]1987.

Hatch, E./Redpath, H., A Concordance to the Septuagint and the Other Greek Versions of the Old Testament (Including the Apocryphal Books) I–III, Graz 1975 (= Oxford 1897).

Jenni, E./Westermann, C., Hg., Theologisches Handwörterbuch zum Alten Testament I.II, München Zürich 1971.

Kittel, G./Friedrich, G., Hg., Theologisches Wörterbuch zum Neuen Testament, I–X, Stuttgart u.a. 1933–1979.

Klauser, T., Hg., Reallexikon für Antike und Christentum, Stuttgart 1950ff.

Klatzkin, J., Hg., Encyclopaedia Judaica. Das Judentum in Geschichte und Gegenwart I–X, Berlin 1928–1934 (=EncJud).

Koehler, L./Baumgartner, W., Hebräisches und aramäisches Lexikon zum Alten Testament, 3. Aufl. neu bearbeitet von W. Baumgartner und J.J. Stamm, Lfg. I–IV, Leiden 1967–1990 (zit.: KBS).

קונקורדנציה חדשה לתורה נביאים וכתובים, hg. von A. Eben-Schoschan, Jerusalem 1985.

Kraft, H., Clavis Patrum Apostolicorum, Darmstadt 1963.

Krause, G./Müller, G., Hg., Theologische Realenzyklopädie, Berlin u.a. 1976ff.

Kuhn, K.G., Konkordanz zu den Qumran-Texten, Göttingen 1960.

Kuhn, K.G., Nachträge zur Konkordanz zu den Qumrantexten, RdQ 4, 1963, 163–234.

Lampe, G.W.E., A Patristic Greek Lexicon, Oxford 1961.

Lausberg, H., Handbuch der literarischen Rhetorik I.II, München [2]1973.

Liddell, H.G./Scott, R./Jones, H., A Greek-English Lexicon, Oxford [9]1968 (+ Suppl.).

Mayer, G., Index Philoneus, Berlin u.a. 1974.

Mayser, E., Grammatik der griechischen Papyri aus der Ptolemäerzeit, 2 Bde. in 5 Teilbänden, Berlin Leipzig 1904–1936.

Metzger, B.M., A Textual Commentary on the Greek New Testament, London u.a. 1971.

Moulton, J.H., A Grammar of New Testament Greek III, Syntax by N. Turner, Edinburgh 1963.

Pape, W., Griechisch-Deutsches Handwörterbuch, 3 Bde., Braunschweig [2]1888.

Preisigke, F./Kiessling, E., Wörterbuch der griechischen Papyrusurkunden I–IV, Heidelberg Marburg 1924ff.

Rehkopf, F., Septuaginta-Vokabular, Göttingen 1989.

Reicke, B./Rost, L., Hg., Biblisch-Historisches Handwörterbuch I–IV, Göttingen 1962ff.
Rengstorf, K.H., Hg., A Complete Concordance to Flavius Josephus I–IV, Leiden 1973–1983.
Roth, C./Wigoder, G., Hg., Encyclopaedia Judaica 1–16 (+ Suppl.), Jerusalem 1971ff.
Schwyzer, E., Griechische Grammatik auf der Grundlage von K. Brugmanns Griechischer Grammatik 1.2, HAW I.1/2, München ²1953/1950.
Veteris Testamenti Concordantiae Hebraicae atque Chaldaicae, hg. von S. Mandelkern, I.II, Graz 1975 (= 1937).

C. Sekundärliteratur

Aageson, J.W., Scripture and Structure in the Development of the Argument in Romans 9–11, CBQ 48, 1986, 265–289.
Adinolfi, M., La santitá del matrimonio in 1 Tess. 4,1–8, RivBib 24, 1976, 165–184.
Adinolfi, M., Le frodi di 1 Tess 4,6a e l'epiclerato, BibOr 18, 1976, 29–38.
Aland, K., Das Verhältnis von Kirche und Staat in der Frühzeit, ANRW II.23.1, 1979, 60–246.
Aland, K., Das Verhältnis von Kirche und Staat nach dem Neuen Testament und den Aussagen des 2. Jahrhunderts, in: ders., Neutestamentliche Entwürfe, ThB 63, 1979, 26–123.
Aletti, J.N., Comment Dieu est-il juste? Clefs pour interpréter l'épître aux Romains, Paris 1991.
Allison, D.C., Romans 11:11–15. A Suggestion, PRSt 12, 1985, 23–30.
Allmen, D. van, La famille de Dieu. La symbolique familiale dans le paulinisme, OBO 41, 1981.
Amir, Y. (J.), Die hellenistische Gestalt des Judentums bei Philon von Alexandrien, FCJD 5, 1983.
Amir, Y. (J.), Die messianische Idee im hellenistischen Judentum, FrRu 25, 1973, 195–203.
Anandakumara, S., The Gentile Reactions to the Christ-Kerygma, Diss. Hamburg 1975.
Asting, R., Die Heiligkeit im Urchristentum, FRLANT 46, 1930.
Aus, R.D., Three Pillars and Three Patriarchs. A Proposal Concerning Gal 2,9, ZNW 70, 1979, 252–261.
Bachmann, M., Sünder oder Übertreter. Studien zur Argumentation in Gal 2,15ff., WUNT 59, 1992.
Badenas, R., Christ the End of the Law. Romans 10.4 in Pauline Perspective, JSNT.S 10, 1985.
Baeck, L., Der Glaube des Paulus, in: ders., Paulus, die Pharisäer und das Neue Testament, Frankfurt/M. 1961, 7–37. (auch in: K.H. Rengstorf, Hg., Das Paulusbild in der neueren Deutschen Forschung, WdF 24, Darmstadt 1964, 565–590).

Balch, D.L. u.a., Hg., Greeks, Romans, and Christians, FS A.J. Malherbe, Minneapolis 1990.

Baltensweiler, H., Die Ehe im Neuen Testament, AThANT 52, 1967.

Balz, H.R., Heilsvertrauen und Welterfahrung. Strukturen der paulinischen Eschatologie nach Römer 8,18–39, BEvTh 59, 1971.

Bamberger, B.J., Proselytism in the Talmudic Period, New York ²1968.

Bammel, E., Gottes διαθήκη (Gal III.15–17) und das jüdische Rechtsdenken, NTS 6, 1959/60, 313–319.

Bammel, E., Judenverfolgung und Naherwartung. Zur Eschatologie des Ersten Thessalonicherbriefs, ZThK 56, 1959, 294–315.

Barrera, J.T./Montaner, L.V., Hg., The Madrid Qumran Congress I.II, StTDJ 11.1/2, 1992.

Barrett, C.K., A Commentary on the Epistle to the Romans, BNTC, 1957.

Barrett, C.K., Freedom and Obligation: A Study of the Epistle to the Galatians, London 1985.

Barrett, C.K., Paul's Opponents in II Corinthians, NTS 17, 1971, 233–254.

Barrett, C.K., Romans 9.30–10.21: Fall and responsibility of Israel, in: de Lorenzi, Hg., Israelfrage, 99–121.

Barrett, C.K., The Allegory of Abraham, Sarah, and Hagar in the Argument of Galatians, in: J. Friedrich u.a., Hg., Rechtfertigung, FS E. Käsemann, 1–16 (auch in: ders., Essays on Paul, London 1982, 154–170).

Barth, G., Der Brief an die Philipper, ZBK.NT 9, 1979.

Barth, M., Das Volk Gottes. Juden und Christen in der Botschaft des Paulus, in: M. Barth/J. Bloch/F. Mußner/R.J. Zwi Werblowsky, Paulus – Apostat oder Apostel. Jüdische und christliche Antworten, Regensburg 1977, 45–134.

Barth, M., Jesus, Paulus und die Juden, ThSt 91, 1967.

Barth, M., The People of God, JSNT.S 5, 1983.

Baumann, A., Christliches Zeugnis und die Juden heute. Zur Frage der Judenmisson, Vorlagen 5, Hannover 1981.

Baumbach, G., Die antirömischen Aufstandsgruppen, in: Maier/Schreiner, Hg., Literatur, 273–283.

Baumbach, G., Die Frage nach den Irrlehrern in Philippi, Kairos 13, 1971, 252–266.

Baumert, N., Brautwerbung. Das einheitliche Thema von 1Thess 4,3–8, in: Collins, Hg., Correspondence, 316–339.

Baumert, N., Frau und Mann bei Paulus. Überwindung eines Mißverständnisses, Würzburg 1992.

Baumgarten, J., Exclusions from the Temple: Proselytes and Agrippa I, JJS 33, 1982, 215–225.

Baumgarten, J., The Exclusion of „Netinim" and Proselytes in 4Q Florilegium, RdQ 8, 1972–74, 87–96.

Baumgarten, J., The Qumran Sabbath Shiroth and Rabbinic Merkabah Traditions, RdQ 13, 1988, 199–213.

Baxter, A.G./Ziesler, J.A., Paul and Arboriculture: Romans 11.17–24, JSNT 24, 1985, 25–32.

Bea, Augustin Kardinal, Die Kirche und das jüdische Volk, Freiburg 1966.

Beale, G.K., The Old Testament Background of Reconciliation in 2 Corinthians 5–7 and its Bearing on the Literary Problem of 2 Corinthians 6.14–7.1, NTS 35, 1989, 550–581.

Beck, N.A., Mature Christianity. The Recognition and Repudiation of the Anti-Jewish Polemic of the New Testament, Selinsgrove u.a. 1985.

Becker, J. u.a., Die Anfänge des Christentums. Alte Welt und neue Hoffnung, Stuttgart u.a. 1987.

Becker, J., Die Erwählung der Völker durch das Evangelium. Theologiegeschichtliche Erwägungen zum 1Thess, in: W. Schrage, Hg., Studien zum Text und zur Ethik des Neuen Testaments, FS H. Greeven, BZNW 47, 1986, 82–101.

Becker, J., Paulus. Der Apostel der Völker, Tübingen 1989.

Becker, J., Untersuchungen zur Entstehungsgeschichte der Testamente der Zwölf Patriarchen, AGJU 8, 1970.

Behm, J., Der Begriff Diatheke im Neuen Testament, Leipzig 1912.

Beker, J.C., Paul the Apostle. The Triumph of God in Life and Thought, Philadelphia ²1984.

Beker, J.C., Paul's Theology: Consistent or Inconsistent?, NTS 34, 1988, 364–377.

Beker, J.C., The Faithfulness of God and the Priority of Israel in Paul's Letter to the Romans, HThR 79, 1986, 10–16.

Belkin, S., Philo and the Oral Law. The Philonic Interpretation of Biblical Law in Relation to the Palestinian Halaka, Cambridge (MA) 1940.

Bell, R.H., Provoked to Jealousy. The Origin and Purpose of the Jealousy Motif in Romans 9–11, WUNT II.63, 1994.

Bellen, H. Συναγωγὴ τῶν Ἰουδαίων καὶ Θεοσεβῶν. Die Aussage einer bosporanischen Freilassungsinschrift (CIRB 71) zum Problem der ‚Gottfürchtigen‘, JAC 8/9, 1965/66, 171–176.

Belleville, L., A Letter of Apologetic Self-Commendation: 2Cor. 1:8–7:16, NT 31, 1989, 142–163.

Ben-Yashar, M., Noch zum miqdaš ʾadam in 4Q Florilegium, RdQ 10, 1979–81, 587f.

Berger, K. Volksversammlung und Gemeinde Gottes. Zu den Anfängen der christlichen Verwendung von „ekklesia", ZThK 73, 1976, 167–207.

Berger, K., Art. Abraham II, TRE 1, 372–382.

Berger, K., Abraham in den paulinischen Hauptbriefen, MThZ 17, 1966, 47–89 (zit.: Berger, Abraham).

Berger, K., Die impliziten Gegner. Zur Methode des Erschließens von „Gegnern" in neutestamentlichen Texten, in: D. Lührmann/G. Strecker, Hg., Kirche, FS G. Bornkamm, Tübingen 1980, 373–400.

Berger, K., Formgeschichte des Neuen Testaments, Heidelberg 1984.

Berger, K., Jüdisch-hellenistische Missionsliteratur und apokryphe Apostelakten, Kairos 17, 1975, 232–248.

Berger, K./Colpe, C., Religionsgeschichtliches Textbuch zum Neuen Testament, TNT 1, 1987.

Berner, W.D., Initiationsriten in Mysterienreligionen, im Gnostizismus und im antiken Judentum, Diss. Göttingen 1972.

Bernhardt, K.H., Gott und Bild. Ein Beitrag zur Begründung und Deutung des Bilderverbotes im Alten Testament, ThA 2, 1956.

Bertholet, A., Die Stellung der Israeliten und der Juden zu den Fremden, Freiburg und Leipzig 1896.

Betz, H.D., 2. Korinther 8 und 9. Ein Kommentar zu zwei Verwaltungsbriefen des Apostels Paulus, München 1993.

Betz, H.D., Der Galaterbrief. Ein Kommentar zum Brief des Apostels Paulus an die Gemeinden in Galatien, München 1988.

Betz, H.D., Geist, Freiheit und Gesetz. Die Botschaft des Paulus an die Gemeinden in Galatien, ZThK 71, 1974, 78–93.

Betz, H.D., Nachfolge und Nachahmung Jesu Christi im Neuen Testament, BHTh 37, 1967.

Betz, H.D., The Literary Composition and Function of Paul's Letter to the Galatians, NTS 21, 1975, 353–379.

Betz, O., Der gekreuzigte Christus, unsere Weisheit und Gerechtigkeit (Der alttestamentliche Hintergrund von 1. Korinther 1–2), in: G.F. Hawthorne/O. Betz, Hg., Tradition and Interpretation in the New Testament, FS E.E. Ellis, Grand Rapids 1987, 195–215.

Betz, O., Die Proselytentaufe der Qumrangemeinde und die Taufe im Neuen Testament, in: ders., Jesus. Der Herr der Kirche. Ges. Aufs. z. Biblischen Theologie II, WUNT 92, 1990, 21–48.

Beuken, W.A.M., Haggai-Sacharja 1–8. Studien zur Überlieferungsgeschichte der frühnachexilischen Prophetie, SSN 10, 1967.

Beuken, W.A.M., Jesaja deel IIIA, POT, Nijkerk 1979.

Bialoblocki, S., Die Beziehungen des Judentums zu Proselyten und Proselytentum, Berlin 1930.

Bickerman, E., The Septuagint as a Translation, PAAJR 28, 1959, 1–39.

Bickerman, E., Der Gott der Makkabäer. Untersuchungen über Sinn und Ursprung der makkabäischen Erhebung, Berlin 1937.

Bieringer, R., 2Kor 5,19a und die Versöhnung der Welt, EThL 63, 1987, 295–326.

Bieringer, R./Lambrecht, J., Studies on 2 Corinthians, BEThL CXII, 1994.

Bietenhard, H., Die himmlische Welt im Urchristentum und Spätjudentum, WUNT 2, 1951.

Billerbeck, P./(Strack, H.L.), Kommentar zum Neuen Testament aus Talmud und Midrasch I–IV, München 1922ff (= ⁴1965).

Bindemann, W., Theologie im Dialog. Ein traditionsgeschichtlicher Kommentar zu Römer 1–11, Leipzig 1992.

Black, M., The New Creation in I Enoch, in: R.W. MacKinney, Hg., Creation, Christ and Culture, FS T.F. Torrance, Edinburgh 1976, 13–21.

Blank, J., Paulus und Jesus. Eine theologische Grundlegung, StANT 18, 1968.

Blank, S., Studies in Post-Exilic Universalism, HUCA 11, 1936, 159–191.

Blidstein, G., 4Q Florilegium and Rabbinic Sources on Bastard and Proselyte, RdQ 8, 1972–74, 431–435.

Bloesch, D.G., ,All Israel Will Be Saved'. Supersessionism and the Biblical Witness, Interp 43, 1989, 130–142.

Bloomquist, L.G., The Function of Suffering in Philippians, JSNT.S 78, 1993.

Blum, E., Die Komposition der Vätergeschichte, WMANT 57, 1984.

Blum, E., Studien zur Komposition des Pentateuch, BZAW 189, 1990.

Böner-Klein, Dagmar, Midrasch Sifre Numeri. Voruntersuchungen zur Redaktionsgeschichte, JudUm 39, 1993.

Borgen P., Observations on the Theme „Paul and Philo". Paul's preaching of circumcision in Galatia (Gal. 5:11) and debates on circumcision in Philo, in: S. Pedersen, Hg., Die paulinische Literatur und Theologie, Århus/Göttingen 1980, 85–102.

Borgen, P., Paul Preaches Circumcision and Pleases Men, in: M.D. Hooker/S.G. Wilson, Hg., Paul and Paulinism, FS C.K. Barrett, London 1982, 37–46.

Bornkamm, G., Das missionarische Verhalten des Paulus nach 1Kor 9,19–23 und in der Apostelgeschichte, in: ders., Geschichte und Glaube II. Ges. Aufs. IV, BEvTh 53, 1971, 149–161.

Bornkamm, G., Die Offenbarung des Zornes Gottes. Röm 1–3, in: ders., Das Ende des Gesetzes. Paulusstudien, Ges. Aufs. I, BEvTh 16, ⁴1961, 9–33.

Bornkamm, G., Die Vorgeschichte des sogenannten Zweiten Korintherbriefes, in: ders., Geschichte und Glaube II, 162–194.

Bornkamm, G., Gesetz und Natur. Röm 2,14–16, in: ders., Studien zu Antike und Urchristentum. Ges. Aufs. II, BEvTh 28, 1959, 93–118.

Bornkamm, G., Paulus, UB 119, Stuttgart u.a. ⁴1979.

Borse, U., Der Standort des Galaterbriefes, BBB 41, 1972.

Bousset, W./Greßmann, H., Die Religion des Judentums im späthellenistischen Zeitalter, HNT 21, ³1926.

Bouttier, M., Complexio oppositorum. Sur les formules de I Cor. XII.13; Gal. III.26–8; Col. III.10,11, NTS 23, 1977, 1–19.

Bouwman, G., De twee testamenten. Een exegese van Gal 4,21–31, Bjidr 48, 1987, 259–276.

Bouwman, G., Die Hagar- und Sara-Perikope (Gal 4,21–31). Exemplarische Interpretation zum Schriftbeweis bei Paulus, ANRW II.25.4, 1987, 3135–3155.

Brandenburger, E., Adam und Christus. Exegetisch-religionsgeschichtliche Untersuchung zu Röm. 5,12–21 (1.Kor. 15), WMANT 7, 1962.

Brandenburger, E., Der Leib-Christi-Gedanke bei Paulus, in: ders., Studien zur Geschichte und Theologie des Urchristentums, SBAB.NT 15, 1993, 360–368.

Brandenburger, E., Paulinische Schriftauslegung in der Kontroverse um das Verheißungswort Gottes (Röm 9), ZThK 82, 1985, 1–47.

Braun, F.M., Les Testaments des XII Patriarches et le problème de leur origine, RB 67, 1960, 516–549.

Bréhier, E., Les idées philosophiques et religieuses de Philon d'Alexandrie, 1908.

Brennan, J.P., Some Hidden Harmonies of the Fifth Book of Psalms, in: R. McNamara, Hg., Essays in Honor of Joseph B. Brennan, Rochester 1971, 126–151.

Breytenbach, C., Versöhnung. Eine Studie zur paulinischen Soteriologie, WMANT 60, 1989 (zit.: Breytenbach, Versöhnung).

Breytenbach, Versöhnung, Stellvertretung und Sühne. Semantische und traditionsgeschichtliche Bemerkungen am Beispiel der paulinischen Briefe, NTS 39, 1993, 59–79.

Bringmann, K., Hellenistische Reform und Religionsverfolgung in Judäa. Eine Untersuchung zur jüdisch-hellenistischen Geschichte (175–163 v.Chr.), AAWG.PH III.132, 1983.

Brinsmead, B.H., Galatians – Dialogical Response to Opponents, SBL.DS 65, 1982.

Brocke, E./Seim, J., Hg., Gottes Augapfel. Beiträge zur Erneuerung des Verhältnisses von Christen und Juden, Neukirchen 1986.

Broer, I., „Antisemitismus" und Judenpolemik im Neuen Testament. Ein Beitrag zum besseren Verständnis von 1Thess 2,14–16, BN 20, 1983, 59–91 (zuerst in: B. Gemper, Hg., Religion und Verantwortung als Elemente gesellschaftlicher Ordnung, Beih. zu den Siegener Studien, 1982, 734–772).

Broer, I., ‚Darum: Wer da meint zu stehen, der sehe zu, daß er nicht falle.'. 1 Kor 10,12f im Kontext von 1 Kor 10,1–13, in: H. Merklein, Hg., Neues Testament und Ethik, FS R. Schnackenburg, Freiburg 1989, 299–325.

Broer, I., ‚Der ganze Zorn ist schon über sie gekommen'. Bemerkungen zur Interpolationshypothese und zur Interpretation von 1Thess 2,14–16, in: Collins, Hg., Correspondence, 137–159.

Broer, I., Antijudaismus im Neuen Testament? Versuch einer Annäherung anhand von zwei Texten (1Thess 2,14–16 und Mt 27,24f), in: L. Oberlinner/P. Fiedler, Hg., Salz der Erde – Licht der Welt, FS A. Vögtle, Stuttgart 1991, 321–355.

Broer, I., Die Juden im Urteil der Autoren des Neuen Testaments. Anmerkungen zum Problem historischer Gerechtigkeit im Angesicht einer verheerenden Wirkungsgeschichte, ThGl 82, 1992, 2–33.

Broer, J., Die Konversion des Königshauses von Adiabene nach Josephus (Ant XX), in: G. Mayer u.a., Hg., Nach den Anfängen fragen, FS G. Dautzenberg, Gießen 1994, 133–162.

Brooke, G., Exegesis at Qumran. 4Q Florilegium in its Jewish Context, JSOT.S 29, 1985.

Bruce, F.F., Further Thoughts on Paul's Autobiography. Galatians 1:11–2:14, in: E.E. Ellis/E. Gräßer, Hg., Jesus und Paulus, FS W.G. Kümmel, Göttingen 1975, 21–29.

Bruce, F.F., Galatian Problems 3: The ‚Other' Gospel, BJRL 53, 1970/71, 253–271.

Bruce, F.F., Paul: Apostle of the Free Spirit, Exeter 1977.

Bruce, F.F., The Epistle to the Galatians, The New International Greek Testament Commentary, Grand Rapids 1982.

Buck C.H./Freer T., Saint Paul. A Study of the Development of His Thought, New York 1969.

Bultmann, C., Der Fremde im antiken Juda. Eine Untersuchung zum sozialen Typenbegriff „ger" und seinem Bedeutungswandel in der alttestamentlichen Gesetzgebung, FRLANT 153, 1992.

Bultmann, R., Der Stil der paulinischen Predigt und die kynisch-stoische Diatribe, FRLANT 13, 1910.

Bultmann, R., Der zweite Brief an die Korinther, KEK Sonderband, hg. von E. Dinkler, 1976.

Bultmann, R., Geschichte und Eschatologie im Neuen Testament, in: ders., Glauben und Verstehen (= GuV) III, Tübingen 1960, 91–106.

Bultmann, R., Karl Barth, ‚Die Auferstehung der Toten', in: ders., GuV I, Tübingen ⁷1972, 38–64.

Bultmann, R., Theologie des Neuen Testaments, Tübingen ⁵1965 (⁸1980 um Vorwort und Nachträge erweiterte Auflage, hg. von O. Merk).

Bultmann, R., Weissagung und Erfüllung, in: ders., GuV II, Tübingen 1952, 162–186.

Bultmann, R., Zur Auslegung von Galater 2,15–18, in: ders., Exegetica. Aufsätze zur Erforschung des Neuen Testaments, hg. von E. Dinkler, Tübingen 1967, 394–399.

Burchard, C., Der dreizehnte Zeuge. Traditions- und kompositionsgeschichtliche Untersuchungen zu Lukas' Darstellung der Frühzeit des Paulus, FRLANT 103, 1970.

Burchard, C., Untersuchungen zu Joseph und Aseneth. Überlieferung – Ortsbestimmung, WUNT 8, 1965.

Burchard, C./Jervell, J./ Thomas, J., Studien zu den Testamenten der Zwölf Patriarchen. Drei Aufsätze, hg. von W. Eltester, BZNW 36, 1969.

Burkill, T.A., Theological Antinomies: Ben Sira and St. Mark, in: ders., New Light on the Earliest Gospel, Ithaka London 1972, 121–179.

Byrne, B., „Sons of God" – „Seed of Abraham". A study of the idea of the sonship of God of all Christians in Paul against the Jewish background, AnBib 83, 1979.

Callaway, M.C., The Mistress and the Maid: Midrashic Traditions behind Gal 4,21–31, RadRel 2, 1975, 94–101.

Calvert, N.L., Abraham and Idolatry: Paul's Comparison of Obedience to the Law with Idolatry in Galatians 4.1–10, in: C.A. Evans/J.A. Sanders, Hg., Paul and the Scriptures of Israel, JSNT.S 83, 1993, 222–237.

Campbell, W.S., The Freedom and Faithfulness of God in Relation to Israel, JSNT 13, 1981, 27–45.

Camponovo, O., Königtum, Königsherrschaft und Reich Gottes in den frühjüdischen Schriften, OBO 58, 1984.

Carbone, S.P., La Misericordia universale di Dio in Rom 11,30–32, RivBib.S 23, 1991.

Carras, G.P., Jewish Ethics and Gentile Converts. Remarks on 1 Thes 4,3–8, in: Collins, Hg., Correspondence, 306–315.

Causse, A., La mythe de la nouvelle Jérusalem du Deutéro-Esaie à la IIIe Sibylle, RHPhR 18, 1938, 377–414.

Charlesworth, J.H., The Pseudepigrapha and Modern Research. With a Supplement, SBL Septuagint and Cognate Studies 7 S, [2]1981.

Chazon, E.G., 4QDibHam: Liturgy or Literature?, RdQ 15, 1991/92, 447–455.

Chester, A., Jewish Messianic Expectations and Meditorial Figures and Pauline Christology, in: Hengel/Heckel, Hg., Paulus, WUNT 58, 17–89.

Christen und Juden. Eine Studie des Rates der Evangelischen Kirche in Deutschland, im Auftrag des Rates der EKD hg. vom Kirchenamt der EKD, Gütersloh 1975 (= Rendtorff/Henrix, Hg., Kirchen, 558–578).

Christen und Juden II. Eine Studie der Evangelischen Kirche in Deutschland, im Auftrag des Rates der EKD hg. vom Kirchenamt der EKD, Gütersloh 1991.

Cipriani, S., ‚Illa quae sursum est Jerusalem ...‘: Esegesi e teologia di un testo paolino (Gal. 4,25–27), in: Gerusalemme, FS C.M. Martini, Brescia 1982, 219–236.

Clark, K.W., The Israel of God, in: ders., The Gentile Bias and Other Essays, ed. J.L. Sharpe III, NT.S 54, 1980, 21–29.

Classen, C.J., Paulus und die antike Rhetorik, ZNW 82, 1991, 1–33.

Clements, R.E., ‚A Remnant Chosen by Grace‘ (Romans 11:5): The Old Testament Background and Origin of the Remnant Concept, in: D.A. Hagner/M.J. Harris, Hg., Pauline Studies, FS F.F. Bruce, Exeter 1980, 106–121.

Clements, R.E., Isaiah 1–39, NCeB 12.1, Grand Rapids u.a. 1980.

Cohen, S.H.D., Conversion to Judaism in Historical Perspective: From Biblical Israel to Postbiblical Judaism, CJud 36, 1983, 31–45.

Cohen, S.J.D., Crossing the Boundary and Becoming a Jew, HThR 82, 1989, 13–33.

Collange, J.F., Énigmes de la deuxième Épître de Paul aux Corinthiens, MSSNTS 18, 1972.

Collins, J.J., A Symbol of Otherness: Circumcision and Salvation in the First Century, in: J. Neusner/E.S. Frerichs, Hg., ‚To See Ourselves as Others See Us'. Christians, Jews, ‚Others' in Late Antiquity, Chico (CA) 1985, 163–186.

Collins, J.J., Messianism in the Maccabean Period, in: J. Neusner u.a., Hg., Judaisms and Their Messiahs at the Turn of the Christian Era, Cambridge 1987, 97–109.

Collins, J.J., The Development of the Sibylline Tradition, ANRW II.20.1, 1986, 421–459.

Collins, J.J., The Sibylline Oracles of Egyptian Judaism, SBL.DS 13, 1974.

Collins, R.F., A Propos the Integrity of 1Thes, EThL 55, 1979, 67–106.

Collins, R.F., Hg., The Thessalonian Correspondence, BEThL 87, 1990.

Collins, R.F., Studies on the First Letter to the Thessalonians, BEThL 66, 1984.

Collins, R.F., The Unity of Paul's Paraenesis in 1Thess. 4.3–8, in: ders., Studies, 326–335.

Conzelmann, H., Der erste Brief an die Korinther, KEK V, 1969.

Conzelmann, H., Die Apostelgeschichte, HNT 7, ²1972.

Conzelmann, H., Heiden – Juden – Christen. Auseinandersetzungen in der Literatur der hellenistisch-römischen Zeit, BHTh 62, 1981.

Coppens, J., The Spiritual Temple in the Pauline Letters and its Background, in: E.V. Livingstone, Hg., StEv VI, TU 112, 1973, 53–66.

Cosgrove, C.H., The Law Has Given Sarah No Children (Gal 4:21–30), NT 29, 1987, 219–235.

Cothenet, E., A l'arrière-plan de l'allégorie d'Agar et de Sara (Ga 4,21–31), in: M. Carrez/J. Doré/P. Grelot, Hg., De la Tôrah au Messie, FS H. Cazelles, Paris 1981, 457–465.

Crafton, J.A., Paul's Rhetorical Vision and the Purpose of Romans: Toward a New Understanding, NT 32, 1990, 317–339.

Crafton, J.A., The Agency of the Apostle. A Dramatic Analysis of Paul's Responses to Conflict in 2 Corinthians, JSNT.S 51, 1991.

Cranfield, C.E.B., ‚The Works of the Law' in the Epistle to the Romans, JSNT 43, 1991, 89–101.

Cranfield, C.E.B., The Epistle to the Romans I.II, ICC, Edinburgh 1979.1983.

Cranford, M., Election and Ethnicity. Paul's View of Israel in Romans 9.1–13, JSNT 50, 1993, 27–41.

Crownfield, F.R., The Singular Problem of the Dual Galatians, JBL 64, 1945, 491–500.

Crüsemann, F., Die Eigenständigkeit der Urgeschichte, in: J. Jeremias/L. Perlitt, Hg., Die Botschaft und die Boten, FS H.W. Wolff, Neukirchen 1981, 11–29.

Crüsemann, F., Studien zur Formgeschichte von Hymnus und Danklied in Israel, WMANT 32, 1969.

Dabelstein, R., Die Beurteilung der Heiden bei Paulus, BET 14, 1981.

Dahl, N.A., Das Volk Gottes. Eine Untersuchung zum Kirchenbewußtsein des Urchristentums, 1941 (= Darmstadt ²1963).

Dahl, N.A., Der Name Israel. Zur Auslegung von Gal. 6,16, Jud 6, 1950, 161–170.

Dahl, N.A., Die Zukunft Israels in paulinischer Sicht, in: Kirche und Judentum. Lutherische Beiträge, hg. E.L. Schmidt, Neuendettelsau 1974, 39–43.

Dahl, N.A., Studies in Paul. Theology for the Early Christian Mission, Minneapolis 1977.

Dalton, W.J., Is the Old Covenant Abrogated (2Cor 3.14)?, ABR 35, 1987, 88–95.

Daube, D., Conversion to Judaism and Early Christianity, in: ders., Ancient Jewish Law, Leiden 1981, 1–47.

Daube, D., The New Testament and Rabbinic Judaism, London 1956.

Dautzenberg, G., Der Verzicht auf das apostolische Unterhaltsrecht, Bib. 50, 1969, 212–232.

Dautzenberg, G., Der zweite Korintherbrief als Briefsammlung. Zur Frage der literarischen Einheitlichkeit und des theologischen Gefüges von 2Kor 1–8, ANRW II.25.4, 1987, 3045–3066.

Dautzenberg. G., „Da ist nicht männlich und weiblich". Zur Interpretation von Gal 3,28, Kairos 24, 1982, 181–206.

Davenport, G.L., The Eschatology of the Book of Jubilees, StPB 20, 1971.

Davies, G.L., Hagar, El-Hegra and the Location of Mount Sinai with an Additional Note on Reqem, VT 22, 1972, 152–163.

Davies, P.R., The Damascus Covenant. An Interpretation of the ‚Damascus Document‘, JSOT.S 25, 1983.

Davies, W.D., Jewish and Pauline Studies, Philadelphia 1984.

Davies, W.D., Paul and Rabbinic Judaism. Some Elements in Pauline Theology, London ²1955.

Davies, W.D., Romans 11:13–24, A Suggestion, in: A. Benoit u.a., Hg., Paganisme, Judaisme, Christianisme, Mélanges offert à Marcel Simon, Paris 1978, 131–144.

Deidun, T.J., New Covenant Morality in Paul, AnBib 89, 1981.

Deines, R., Die Abwehr der Fremden in den Texten aus Qumran. Zum Verständnis der Fremdenfeindlichkeit in der Qumrangemeinde, in: R. Feldmeier/U. Heckel, Hg., Heiden, 59–91.

Deissler, A., Der Volk überschreitende Gottesbund der Endzeit, in: F. Hahn, Hg., Zion – Ort der Begegnung, FS L. Klein, BBB 90, 1993, 7–18.

Deissmann, A., Paulus. Eine kultur- und religionsgeschichtliche Skizze, Tübingen ²1925.

Delitzsch, F., Biblischer Kommentar über die Psalmen, Leipzig ⁵1894, hg. von Friedr. Delitzsch.

Delling, G., Die Bewältigung der Diasporasituation durch das hellenistische Judentum, Göttingen 1987.

Delling, G., Die Bezeichnung ‚Söhne Gottes‘ in der jüdischen Literatur der hellenistisch-römischen Zeit, in: J. Jervell/W.A. Meeks, Hg., God's Christ and His People, FS N.A. Dahl, Oslo 1977, 18–28.

Delling, G., Die „Söhne (Kinder) Gottes" im Neuen Testament, in: R. Schnackenburg u.a., Hg., Die Kirche des Anfangs, FS H. Schürmann, Freiburg 1978.

Delling, G., Die Begegnung zwischen Hellenismus und Judentum, ANRW II.20.1, 1986, 3–39.

Delling, G., Die Taufe im Neuen Testament, Berlin 1963.

Delling, G., Einwirkungen der Sprache der Septuaginta in ‚Joseph und Aseneth‘, JSJ 9, 1978, 29–56.

Delling, G., Merkmale der Kirche nach dem Neuen Testament, NTS 13, 1967, 297–316.

Denis, A.-M., Introduction aux Pseudépigraphes grecs d'Ancien Testament, SVTP 1, 1970.

Derenbourg, J., Essai sur l'histoire et la géographie de la Palestine, 1867.

Derrett, J.D.M., New Creation: Qumran, Paul, the Church, and Jesus, RdQ 13, 1988, 597–608.

Deselaers, P., Das Buch Tobit, OBO 43, 1982 (zit.: Deselaers, Buch).

Deselaers, P., Das Buch Tobit, GSL.AT 11, 1990 (zit.: Deselaers, Tobit).

Dibelius, M., An die Thessalonicher I.II. An die Philipper, HNT 11, ²1925; ³1937.

Dietrich, W., Gott als König, ZThK 77, 1980, 251–268.

Dietzfelbinger, C., Die Berufung des Paulus als Ursprung seiner Theologie, WMANT 58, 1985.

Dimant, D., 4Q Florilegium and the Idea of the Community as Temple, in: A. Caquot u.a., Hg., Hellenica et Judaica, FS V. Nikiprowetzki, Paris 1986, 165–189.

Dimant, D., History According to the Vision of the Animals, Jerusalem Studies in Jewish Thought 2, 1982, 18–27 (hebr.).

Dimant, D., Jerusalem and the Temple in the Animal Apocalypse (1Enoch 85–90) in the Light of the Dead Sea Scrolls Thought, Shnaton 5–6, 1981–82, 177–183 (hebr.).

Dimant, D., Qumranian Sectarian Literature, CRINT II.2, Assen 1984, 483–550.

Dinkler, E., Die ekklesiologischen Aussagen des Paulus im kritischen Rückblick auf Barmen III, in: ders., Im Zeichen des Kreuzes. Aufsätze, hg. von O. Merk u. M. Wolter, BZNW 61, 1992, 316–340.

Dinkler, E., Die Verkündigung als eschatologisch-sakramentales Geschehen, in: G. Bornkamm/K. Rahner, Hg., Die Zeit Jesu, FS H. Schlier, Freiburg 1970, 169–189.

Dinkler, E., Prädestination bei Paulus, in: ders., Signum Crucis. Aufsätze zum Neuen Testament und zur christlichen Archäologie, Tübingen 1967, 241–269.

Dinkler, E., Earliest Christianity, in: ders., The Idea of History in the Ancient Near East, New Haven 1955, 171–214.

Dobbeler, A. v., Glaube als Teilhabe. Historische und semantische Grundlagen der paulinischen Theologie und Ekklesiologie des Glaubens, WUNT II.22, 1987.

Dobschütz, E. v., Die Thessalonicher-Briefe, KEK X, 1974 (= 1909).

Dodd, C.H., The Epistle of Paul to the Romans, MNTC, 1947.

Donaldson, T., ‚Riches for the Gentiles‘ (Rom 11:12): Israel's Rejection and Paul's Gentile Mission, JBL 112, 1993, 81–98.

Donaldson, T., Proselytes or ‚Righteous Gentiles‘? The Status of Gentiles in Eschatological Pilgrimage Patterns of Thought, JSP 7, 1990, 3–27.

Donaldson, T., The ‚Curse of the Law‘ and the Inclusion of the Gentiles: Galatians 3.13–14, NTS 32, 1986, 94–112.

Donfried, K.P., Hg., The Romans Debate, Augsburg 1977.

Donfried, K.P., Paul and Judaism. 1Thessalonians 2:13-16 as a Test Case, Interp 38, 1984, 242-253.

Donfried, K.P., The Theology of 1 Thessalonians as a Reflection of Its Purpose, in: M.P. Horgan/P.J. Kobelski, Hg., To Touch the Text. Biblical and Related Studies in Honor of J.A. Fitzmyer S.J., New York 1989, 243-260.

Donner, H., Adoption oder Legitimation? Erwägungen zur Adoption im Alten Testament auf dem Hintergrund der orientalischen Rechte, OrAnt 8, 1969, 87-119.

Donner, H., Jesaja LVI.1-7: Ein Abrogationsfall innerhalb des Kanons - Implikationen und Konsequenzen, in: J.A. Emerton, Hg., Congress Volume Salamanca 1983, VT.S 36, 1985, 81-95.

Drane, J.W., Paul. Libertine or Legalist?, London 1975.

Duff, P.B., The Mind of the Redactor: 2Cor 6:14-7:1 in its Secondary Context, NT 35, 1993, 160-180.

Dülmen, A. van, Die Theologie des Gesetzes bei Paulus, SBM 5, 1968.

Dunn, J.D.G., ‚Righteousness from the Law‘ and ‚Righteousness from Faith‘: Paul's Interpretation of Scripture in Romans 10:1-10, in: G.F. Hawthorne/O. Betz, Hg., Tradition and Interpretation in the New Testament, FS E.E. Ellis, Grand Rapids, 1987, 216-228.

Dunn, J.D.G., ‚The Body of Christ‘ in Paul, in: M.J. Wilkins/T. Paige, Hg., Worship, Theology and Ministry in the Early Church, FS R.P. Martin, JSNT.S 87, 1992, 146-162.

Dunn, J.D.G., Echoes of Intra-Jewish Polemic in Paul's Letter to the Galatians, JBL 112, 1993, 459-477.

Dunn, J.D.G., Jesus, Paul, and the Law. Studies in Mark and Galatians, Louisville 1990.

Dunn, J.D.G., Paul and ‚covenantal nomism‘, in: ders., Partings, 117-139+303-307.

Dunn, J.D.G., Paul's Epistle to the Romans: An Analysis of Structure and Argument, ANRW II.25.4, 1987, 2842-2890.

Dunn, J.D.G., Romans 1-8; Romans 9-16, WBC 38A/B, 1988.

Dunn, J.D.G., The Incident at Antioch (Gal 2.11-18), in: ders., Jesus, Paul, and the Law, 129-182.

Dunn, J.D.G., The Israel of God, in: ders., Partings 140-162+307-311.

Dunn, J.D.G., The New Perspective on Paul, in: ders., Jesus, Paul, and the Law, 183-214.

Dunn, J.D.G., The Partings of the Ways Between Christianity and Judaism and their Significance for the Character of Christianity, London u.a. 1991.

Dunn, J.D.G., The Theology of Galatians, in: ders., Jesus, Paul, and the Law, 242-264.

Dunn, J.D.G., Works of the Law and the Curse of the Law (Gal 3.10-14), in: ders., Jesus, Paul, and the Law, 215-241.

Dunn, J.D.G., Yet once more - ‚The Works of the Law‘: A Response, JSNT 46, 1992, 99-117.

Eckert, J., Das paulinische Evangelium im Widerstreit, in: J. Hainz, Hg., Theologie im Werden, Paderborn u.a. 1992, 301-328.

Eckert, J., Die urchristliche Verkündigung im Streit zwischen Paulus und seinen Gegnern nach dem Galaterbrief, BU 6, 1971.

Eckert, J., Die Verteidigung der apostolischen Autorität im Galaterbrief und im zweiten Korintherbrief. Ein Beitrag zur Kontroverstheologie, ThGl 65, 1975, 1–19.

Eckert, J., Paulus und Israel. Zu den Strukturen paulinischer Rede und Argumentation, TThZ 87, 1978, 1–13.

Eckert, J., Zur Erstverkündigung des Apostels Paulus, in: J. Hainz, Hg., Theologie im Werden, Paderborn u.a. 1992, 279–299.

Eckstein, H.-J., ,Nahe ist dir das Wort'. Exegetische Erwägungen zu Röm 10,8, ZNW 79, 1988, 204–220.

Ego, B., Im Himmel wie auf Erden. Studien zum Verhältnis von himmlischer und irdischer Welt im rabbinischen Judentum, WUNT II.34, 1989.

Ehrlich, A.B., Randglossen zur hebräischen Bibel I, Leipzig 1908.

Eichholz, G., Die Theologie des Paulus im Aufriß, Neukirchen ⁴1983.

Eisenman, R./Wise, M., The Dead Sea Scrolls Uncovered, Shaftesbury 1992.

Eißfeld, O., Einleitung in das Alte Testament, Tübingen ⁴1976.

Elliger, K. Leviticus, HAT I.4, 1966.

Elliger, W., Paulus in Griechenland, SBS 92/93, 1978.

Ellis, E.E., A Note on First Corinthians 10,4, JBL 76, 1957, 53–56.

Ellis, E.E., Prophecy and Hermeneutic in Early Christianity. New Testament Essays, WUNT 18, 1978.

Ernst, J., Die Briefe an die Philipper, an Philemon, an die Kolosser, an die Epheser, RNT 1974.

Fabry, H.J., Studien zur Ekklesiologie des Alten Testaments und der Qumrangemeinde, Habil. Bonn 1979.

Fascher, E., Der erste Brief des Paulus an die Korinther I, ThHK 7.I, 1975.

Fascher, E., Zum Begriff des Fremden, ThLZ 96, 1971, 161–168.

Faw, C., E., The Anomaly of Galatians, BR 4, 1960, 25–38.

Feld, H., ,Christus Diener der Sünde'. Zum Ausgang des Streites zwischen Petrus und Paulus, ThQ 153, 1973, 119–131.

Feldman, L.H., Jew and Gentile in the Ancient World, Princeton 1993.

Feldman, L.H., Jewish ,Sympathizers' in Classical Literature and Inscriptions, TAPA 81, 1950, 200–208.

Feldman, L.H., Proselytes and ,Sympathizers' in the Light of the New Inscriptions from Aphrodisias, REJ 148, 1989, 265–305.

Feldman, L.H., The Omnipresence of the God-Fearers, BAR 12, 1986, 58–69.

Feldmeier, R., Die Christen als Fremde. Die Metapher der Fremde in der antiken Welt, im Urchristentum und im 1. Petrusbrief, WUNT 64, 1992.

Feldmeier, R./Heckel, U., Hg., Die Heiden. Juden, Christen und das Problem des Fremden, WUNT 70, 1994.

Feldmeier, R., Weise hinter „eisernen Mauern". Jüdische Identität zwischen Akkulturation und Absonderung im Aristeasbrief, in: M. Hengel/A.M. Schwemer, Hg., Die Septuaginta zwischen Judentum und Christentum, WUNT 72, 1994, 20–37.

Feuillet, A., Un sommet religieux de l'Ancien Testament. L'Oracle d'Isaïe, XIX (VV. 16–25) sur la Conversion de l'Égypte, RSR 39, 1951, 65–87.

Fichtner, J., Das erste Buch von den Königen, BAT 12.1, ²1979.

Finn, T.M., The God-fearers Reconsidered, CBQ 47, 1985, 75–84.

Fischer, K.M., Tendenz und Absicht des Epheserbriefes, FRLANT 111, 1973.

Fischer, U., Eschatologie und Jenseitserwartung im hellenistischen Diasporajudentum, BZNW 44, 1978.

Fitzmyer, J.A., 4Q246: The ‚Son of God' Document from Qumran, Bib. 74, 1993, 153–174.

Fitzmyer, J.A., The Dead Sea Scrolls: Major Publications and Tools for Study, SBL Resources for Biblical Study 20, 1990.

Fitzmyer, J.A., The Qumran Scrolls and the New Testament after Forty Years, RdQ 13, 1988, 609–620.

Foerster, W., Abfassungszeit und Ziel des Galaterbriefes, in: W. Eltester/F.H. Kettler, Hg., Apophoreta, FS E. Haenchen, BZNW 30, 1964, 135–141.

Fohrer, G., Das Buch Jesaja III, Zürich 1964.

Fohrer, G., Geschichte der israelitischen Religion, Berlin 1969.

Fohrer, G., Israels Haltung gegenüber den Kanaanäern und anderen Völkern, JSSt 13, 1968, 64–75.

Forkman, G., The Limits of the Religious Community, Lund 1972.

Frank, K.S., Zur altkirchlichen Kanongeschichte, in: W. Pannenberg/T. Schneider, Hg., Verbindliches Zeugnis I. Kanon – Schrift – Tradition, DiKi 7, 1992, 128–155.

Frankemölle, H., Juden und Christen nach Paulus. Israel als Volk Gottes und das Selbstverständnis der christlichen Kirche, TuG 74, 1984, 59–80.

Fredriksen, P., Judaism, the Circumcision of Gentiles, and Apocalyptic Hope: Another Look at Galatians 1 and 2, JThS 42, 1991, 532–564.

Friedrich, G., Der Brief an die Philipper, in: G. Friedrich u.a., Die kleineren Briefe des Apostels Paulus, NTD 8, [10]1965.

Friedrich, J. u.a., Hg., Rechtfertigung, FS E. Käsemann, Göttingen/Tübingen 1976.

Füglister, N., Strukturen der alttestamentlichen Ekklesiologie, MySal IV.1, 1972, 23–99.

Furnish, V.P., Development in Paul's Thought, JAAR 48, 1980, 289–303.

Furnish, V.P., II Corinthians, AncB 32A, 1984.

Fürst, H., Paulus u. die „Säulen" der Jerusalemer Urgemeinde (Gal 2,6–9): Studiorum Paulinorum Congressus Internationalis Catholicus II 1961, AnBib 18, 1963, 3–10.

Gager, J.G., The Origins of Anti-Semitism. Attitudes Toward Judaism in Pagan and Christian Antiquity, New York 1983.

Galley, K., Altes und neues Heilsgeschehen bei Paulus, AzTh I.22, 1965.

García Martínez, F., El Rollo del Templo (11QTemple). Bibliografia Sistematica, RdQ 12, 1985–87, 425–440.

García Martínez, F., Qumran and Apocalyptic, StTDJ 9, 1992.

García Martínez, F., The Temple Scroll: A Systematic Bibliography 1985–1991, in: Barrera/Montaner, Hg., Madrid Qumran Congress II, 1992, 393–403.

Gracía Martínez, F., Qumran Origins and Early History: A Groningen Hypothesis, FolOr 25, 1988, 113–136.

Gracía Martínez, F., A ‚Groningen' Hypothesis of Qumran Origins and Early History, RdQ 14, 1990, 521–541.

Garland, D.E., The Composition and Unity of Philippians, NT 27, 1985, 141–173.

Garlington, D.B., ‚The Obedience of Faith'. A Pauline Phrase in Historical Context, WUNT II.38, 1991.

Gärtner, B., The Temple and the Community in Qumran and the New Testament, MSSNTS 1, 1965.

Gaston, L., Israel's Enemies in Pauline Theology, NTS 28, 1982, 400–423.

Gaston, L., Paul and the Torah, in: A.T. Davis, Hg., Antisemitism and the Foundations of Christianity, New York 1979, 48–71.

Gaston, L., Paul and the Torah, Vancouver 1987.

Gaventa, B.R., Galatians 1 and 2: Autobiography as Paradigm, NT 28, 1986, 309–326.

Georgi, D., Die Gegner des Paulus im 2. Korintherbrief. Studien zur religiösen Propaganda in der Spätantike, WMANT 11, 1964.

Georgi, D., Gott auf den Kopf stellen: Überlegungen zu Tendenz und Kontext des Theokratiegedankens in paulinischer Praxis und Theologie, in: J. Taubes, Hg., Religionstheorie und Politische Theologie 3: Theokratie, Paderborn 1987, 148–205.

Gese, H., Das Gesetz, in: ders., Zur biblischen Theologie. Alttestamentliche Voträge, BEvTh 78, 1977, 55–84.

Gese, H., Die Sühne, in: ders., Zur biblischen Theologie, 85–106.

Gese, H., Τὸ δὲ Ἀγὰρ Σινὰ ὄρος ἐστὶν ἐν τῇ Ἀραβίᾳ (Gal 4,25) in: ders., Vom Sinai zum Zion. Alttestamentliche Beiträge zur biblischen Theologie, BEvTh 64, 1974, 49–62.

Getty, M.A., Paul and the Salvation of Israel: A Perspective on Romans 9–11, CBQ 50, 1988, 456–469.

Getty, M.A., Paul on the Covenants and the Future of Israel, BTB 17, 1987, 92–99.

Gilbert, G., The Making of a Jew. „God-Fearer" or Convert in the Story of Izates, UTSR 44, 1991, 299–313.

Gilliard, F.D., The Problem of the Antisemitic Comma between 1Thessalonians 2.14 and 15, NTS 35, 1989, 481–502.

Gillman, J., Pauls ΕΙΣΟΔΟΣ: The Proclaimed and the Proclaimer (1Thes 2,8), in: Collins, Hg., Correspondence, 62–70.

Gnilka, J. Der Philipperbrief, HThK X.3, ⁴1987.

Gnilka, J., 2Kor 6,14–7,1 im Lichte der Qumranschriften und der Zwölf-Patriarchen-Testamente, in: J. Blinzler, Hg., Neutestamentliche Aufsätze, FS J. Schmid, Regensburg 1963, 86–99.

Goldschmidt, D./Kraus, H.-J., Hg., Der ungekündigte Bund, Stuttgart 1962.

Goldstein, J.A., How the Authors of 1 and 2 Maccabees Treated the ‚Messianic' Promises, in: J. Neusner u.a., Hg., Judaisms and Their Messiahs at the Turn of the Christian Era, Cambridge 1987, 69–96.

Gollwitzer, H./Sterling, E., Hg., Das gespaltene Gottesvolk, Stuttgart 1966.

Goodenough, E.R., An Introduction to Philo Judaeus, Oxford ²1962.

Goodenough, E.R., The Politics of Philo Judaeus, New Haven 1938 (Reprint 1967).

Goodman, M., Proselytising in Rabbinic Judaism, JJS 40, 1989, 175–185.

Goppelt, L., Christentum und Judentum im ersten und zweiten Jahrhundert. Ein Aufriß der Urgeschichte der Kirche, BFChTh 2.55, 1954.

Goppelt, L., Israel und die Kirche, heute und bei Paulus, in: ders., Christologie und Ethik. Aufsätze zum Neuen Testament, Göttingen 1968, 165–189.

Goppelt, L., Typos. Die typologische Deutung des Alten Testaments im Neuen, BFChTh 2.43, 1939.

Gorion, E. ben/Morgenstern, J. u.a., Art. Beschneidung, EncJud IV, 346–361.

Gräßer, E., Das eine Evangelium. Hermeneutische Erwägungen zu Gal 1,6–10, ZThK 66, 1969, 306–344.

Gräßer, E., Der Alte Bund im Neuen. Exegetische Studien zur Israelfrage im Neuen Testament, WUNT 35, 1985.

Gräßer, E., Zwei Heilswege? Zum theologischen Verhältnis von Israel und Kirche, in: P.-G.Müller/W. Stenger, Hg., Kontinuität und Einheit, FS F. Mußner, Freiburg, 1981, 411–429 (auch in: ders., Bund, 212–230).

Grimm, W., Zum Hintergrund von Mt 8,11f/Lk 13,28f, BZ NF 16, 1972, 255–257.

Groß, H., Tobit Judit, NEB.AT 19, 1987.

Groß, H., Weltherrschaft als religiöse Idee im Alten Testament, BBB 6, 1953.

Groß, W., Israel und die Völker: Die Krise des YHWH-Volk-Konzepts im Jesajabuch, in: E. Zenger, Hg., Der Neue Bund im Alten, QD 146, 1993, 149–167.

Groß, W., Jakob, der Mann des Segens. Zu Traditionsgeschichte und Theologie der priesterschriftlichen Jakobsüberlieferungen, Bib. 49, 1968, 321–344.

Groß, W., Wer soll YHWH verehren? Der Streit um die Aufgabe und die Identität Israels in der Spannung zwischen Abgrenzung und Öffnung, in: H.J. Voigt, Hg., Kirche in der Zeit, FS W. Kasper, München 1989, 11–32.

Groß, W., YHWH und die Religionen der Nicht-Israeliten, ThQ 169, 1989, 34–44.

Gundry Volf, J.M., Paul and Perseverance. Staying in and Falling Away, WUNT II.37, 1990.

Gunkel, H., Die Psalmen, HK II.2, Göttingen ⁴1926.

Gunther, J., St. Paul's Opponents and Their Background. A Study of Apocalyptic and Jewish Sectarian Teachings, NT.S 35, 1973.

Güttgemanns, E., Heilsgeschichte bei Paulus oder Dynamik des Evangeliums?, in: ders., studia linguistica neotestamentica, BEvTh 60, 1971, 34–58.

Haacker, K., Der Holocaust als Datum der Theologiegeschichte, in: Brocke/Seim, Hg., Gottes Augapfel, 137–145.

Haacker, K., Der Römerbrief als Friedensmemorandum, NTS 36, 1990, 25–41.

Haacker, K., Exegetische Probleme des Römerbriefs, NT 20, 1978, 1–21.

Haacker, K., Paulus und das Judentum im Galaterbrief, in: Brocke/Seim, Hg., Gottes Augapfel, 95–111.

Haacker, K., Paulus und das Judentum, Jud 33, 1977, 161–177.

Haenchen, E., Die Apostelgeschichte, KEK III, ¹⁵1968.

Hagner, D.A., Paul's Quarrel with Judaism, in: C.A. Evans/D.A. Hagner, Hg., Anti-Semitism and Early Christianity, Minneapolis 1993, 128–150.

Hahn, F., ,Siehe jetzt ist der Tag des Heils'. Neuschöpfung und Versöhnung nach 2. Korinther 5,14–6,2, EvTh 33, 1973, 244–253.

Hahn, F., Das Gesetzesverständnis im Römer- und Galaterbrief, ZNW 67, 1976, 29–63.

Hahn, F., Das Verständnis der Mission im Neuen Testament, WMANT 13, 1963.

Hahn, F., Die alttestamentlichen Motive in der urchristlichen Abendmahlsüberlieferung, EvTh 27, 1967, 337–374.

Hahn, F., Einheit der Kirche und Kirchengemeinschaft in neutestamentlicher Sicht, in: F. Hahn u.a., Einheit der Kirche, QD 84, 1979, 9–51 (= ders., Exegetische Beiträge zum ökumenischen Gespräch. Ges. Aufs. 1, Göttingen 1986, 116–158).

Hahn, F., Genesis 15,6 im Neuen Testament, in: H.W. Wolff, Hg., Probleme Biblischer Theologie, FS G. v. Rad, München 1971, 90–107.

Hahn, F., Taufe und Rechtfertigung. Ein Beitrag zur paulinischen Theologie in ihrer Vor- und Nachgeschichte, in: J. Friedrich u.a., Hg., Rechfertigung, FS E. Käsemann, 95–124.

Hahn, F., Warum die Christen nicht Juden geblieben sind, in: W. Homolka/O. Ziegelmeier, Hg., Von Wittenberg nach Memphis, FS R. Schwarz, Göttingen 1989, 47–61.

Hahn, F., Zum Verständnis von Römer 11,26a „...und so wird ganz Israel gerettet werden", in: M.D. Hooker/S.G. Wilson, Hg., Paul and Paulinism, FS C.K. Barrett, London 1982, 221–234.

Hainz, J., Ekklesia. Strukturen paulinischer Gemeinde-Theologie und Gemeinde-Ordnung, BU 9, 1972.

Hainz, J., Gemeinde des Gekreuzigten. Skizze zur paulinischen Ekklesiologie, in: ders., Hg., Theologie im Werden, Paderborn u.a. 1992, 329–349.

Hainz, J., Koinonia. ,Kirche' als Gemeinschaft bei Paulus, BU 16, 1982.

Hainz, J., Vom ,Volk Gottes' zum ,Leib Christi'. Biblisch-theologische Perspektiven paulinischer Ekklesiologie, JBTh 7, 1992, 145–164.

Halbe, J., Das Privilegrecht Jahwes Ex 34,10–26, FRLANT 114, 1975.

Hall, R.G., The Rhetorical Outline for Galatians, JBL 106, 1987, 277–287.

Hampel, V., Menschensohn und historischer Jesus. Ein Rätselwort als Schlüssel zum messianischen Selbstverständnis Jesu, Neukirchen 1990.

Hanhart, R., Die Bedeutung der Septuaginta für die Definition des ,Hellenistischen Judentums', in: J.A. Emerton, Hg., Congress Volume Jerusalem 1986, VT.S 40, 1988, 67–80.

Hanhart, R., Sacharja, BK XIV.7, Lfg. 2, 1991.

Hanhart, R., Text und Textform des Buches Tobit, MSU 17/AAWG.PH 139, Göttingen 1984.

Hanson, A.T., Studies in Paul's Technique and Theology, London 1974.

Hanson, P.D., Das berufene Volk. Entstehen und Wachsen von Gemeinde in der Bibel, Neukirchen 1993.

Hanson, P.D., The Dawn of Apocalyptic, Philadelphia 1975.

Haraguchi, T., Das Unterhaltsrecht des frühchristlichen Verkündigers. Eine Untersuchung zur Bezeichnung ἐργάτης im Neuen Testament, ZNW 84, 1993, 178–195.

Harder, G., Kontinuität und Diskontinuität des Gottesvolkes, in: ders., Kirche und Israel. Arbeiten zum christlich-jüdischen Verhältnis, hg. von P. v.d. Osten-Sakken, SJVCG 7, 1986, 155–169.

Harnack, A.v., Die Mission und Ausbreitung des Christentums in den ersten drei Jahrhunderten, Leipzig ⁴1924.

Harnisch, W., Einübung des neuen Seins, ZThK 84, 1987, 279–296.

Haspecker, J., Gottesfurcht bei Jesus Sirach, Rom 1967.

Haufe, G., Reich Gottes bei Paulus und in der Jesustradition, NTS 31, 1985, 467–472.

Haupt, D., Das Testament des Levi, Diss. Halle 1969.

Hausmann, J., Israel, JHWH und die Völker – Jesaja 19,18–25 zwischen Utopie und Realpolitik, LuThK 17, 1993, 59–71.

Hausmann, J., Israels Rest. Studien zum Selbstverständnis der nachexilischen Gemeinde, BWANT 124, 1987.

Havener, I., The Pre-Pauline Christological Credal Formulae of 1 Thessalonians, in: SBL.SP 20, 1981, 105–128.

Hawthorne, G.F., Philippians, WBC 43, 1983.

Hays, R.B., Echoes of Scripture in the Letters of Paul, New Haven 1989.

Hays, R.B., The Faith of Jesus Christ: An Investigation of the Narrative Substructure of Galatians 3:1–4:11, SBL.DS 56, 1983.

Heckel, U., Kraft in Schwachheit. Untersuchungen zu 2Kor 10–13, WUNT II.56, 1993.

Heckel, U., Paulus und die Charismatiker, ThBeitr 23, 1992, 117–138.

Hegermann, H., Das griechischsprechende Judentum, in: Maier/Schreiner, Hg., Literatur, 328–352.

Hengel, M., Der alte und der neue ‚Schürer‘, JSSt 35, 1990, 19–72.

Hengel, M., Der Kreuzestod Jesu Christi als Gottes souveräne Erlösungstat. Exegese über 2.Korinther 5,11–21, in: Theologie und Kirche. Reichenau-Gespräch 1967, 60–89.

Hengel, M., Der vorchristliche Paulus, in: Hengel/Heckel, Hg., Paulus, 177–293.

Hengel, M., Die Zeloten. Untersuchungen zur jüdischen Freiheitsbewegung in der Zeit von Herodes I. bis 70 n.Chr., AGJU 1, ²1976.

Hengel, M., Juden, Griechen und Barbaren. Aspekte der Hellenisierung des Judentums in vorchristlicher Zeit, SBS 76, 1976.

Hengel, M., Judentum und Hellenismus, WUNT 10, ³1988.

Hengel, M., Qumrân und der Hellenismus, in: M. Delcor, Hg., Qumrân, BEThL 46, 1978, 333–372.

Hengel, M., Zur urchristlichen Geschichtsschreibung, Stuttgart 1979.

Hengel, M./Charlesworth, J.H./Mendels, D., The Polemical Character of „On Kingship" in the Temple Scroll: An Attempt at Dating 11QTemple, JJS 37, 1986, 28–38.

Hengel, M./Heckel, U., Hg., Paulus und das antike Judentum, WUNT 58, 1991.

Hengel, M./Lichtenberger, H., Die Hellenisierung des antiken Judentums als Praeparatio Evangelica, Humanistische Bildung 4, 1981, 1–30.

Hengel, M./Schwemer, A.M., Hg., Königsherrschaft Gottes und himmlischer Kult, WUNT 55, 1991.

Hentschel, G., Die Eliaerzählungen, EThSt 33, 1977.

Hester, J.D., The ‚Heir‘ and Heilsgeschichte: A Study of Galatians 4:1ff., in: F. Christ, Hg., Oikonomia. Heilsgeschichte als Thema der Theologie, FS O. Cullmann, Hamburg-Bergstedt 1967, 118–125.

Hester, J.D., The Rhetoric Structure of of Galatians 1:11–2:14, JBL 103, 1984, 223–233.

Hofius, O., ‚All Israel Will be Saved‘: Divine Salvation and Israel's Deliverance in Romans 9–11, PSB.S 1, 1990, 19–39.

Hofius, O., 2Kor 5,19a und das Imperfekt, ThLZ 118, 1993, 790–795.

Hofius, O., Das Evangelium und Israel. Erwägungen zu Römer 9–11, ZThK 83, 1986, 297–324.

Hofius, O., Das Gesetz des Mose und das Gesetz Christi, ZThK 80, 1982, 262–286 (= ders., Paulusstudien, WUNT 51, 1989, 50–74).

Hofius, O., Erwägungen zur Gestalt und Herkunft des paulinischen Versöhnungsgedankens, ZThK 77, 1980, 186–199.

Hofius, O., Gesetz und Evangelium nach 2. Korinther 3, JBTh 4, 1989, 105–149.

Hofius, O., Sühne und Versöhnung. Zum paulinischen Verständnis des Kreuzestodes Jesu, in: ders., Paulusstudien, 33–49.

Holl, K., Der Kirchenbegriff des Paulus in seinem Verhältnis zu dem der Urgemeinde, in: ders., Gesammelte Aufsätze zur Kirchengeschichte II. Der Osten, Tübingen 1928, 44–67.

Hollander, H.W./Jonge, M. de, The Testaments of the Twelve Patriarchs. A Commentary, SVTP 8, 1985.

Holmberg, B., Paul and Power. The Structure of Authority in the Primitive Church as Reflected in the Pauline Epistles, New Testament Series 11, Lund 1978.

Hölscher, G., Sinai und Choreb, in: Festschrift Rudolf Bultmann zum 65. Geburtstag überreicht, Stuttgart/Köln 1949, 127–132.

Holtz, T., Christliche Interpolationen in ,Joseph und Aseneth', NTS 14, 1967/68, 482–497 (= ders., Geschichte und Theologie des Urchistentums. Ges. Aufs., hg. von E. Reinmuth u. C. Wolff, WUNT 57, 1991, 55–71).

Holtz, T., Das Gericht über die Juden und die Rettung ganz Israels. 1.Thess 2,15f. und Röm 11,25f., in: ders., Geschichte, 313–325.

Holtz, T., Der erste Brief an die Thessalonicher, EKK XIII, 1986.

Holtz, T., Jesus aus Nazaret, Einsiedeln u.a. 1981.

Holtz, T., Die Bedeutung des Apostelkonzils für Paulus, NT 16, 1974, 110–148 (= ders., Geschichte, 140–170).

Horn, F.W., Das Angeld des Geistes. Studien zur paulinischen Pneumatologie, FRLANT 154, 1992.

Horn, F.W., Saulus. Neuere Arbeiten zum vorchristlichen Paulus, ZRGG 46, 1994, 65–69.

Horst, P.W. van der, Das Neue Testament und die jüdischen Grabinschriften aus hellenistisch-römischer Zeit, BZ NF 36, 1992, 161–178.

Horst, P.W. van der, Observations on a Pauline Expression, NTS 19, 1972/73, 181–187.

Hossfeld, F.-L., Die Metaphorisierung der Beziehung Israels zum Land im Frühjudentum und im Christentum, in: F. Hahn, Hg., Zion – Ort der Begegnung, FS L. Klein, BBB 90, 1993, 19–33.

Howard, G., Paul: Crisis in Galatia. A Study in Early Christian Theology, MSSNTS 35, 1979.

Howard, G., Was James an Apostle? (Gal 1,19), NT 19, 1977, 63f.

Hruby, K., Begriff und Funktion des Gottesvolkes in der Rabbinischen Tradition, Jud 21, 1965, 230–256; 22, 1966, 167–191.

Hübner, H., Art. Galaterbrief, TRE 12, 5–14.

Hübner, H., Biblische Theologie des Neuen Testaments I.II, Göttingen 1990.1993.

Hübner, H., Das ganze und das eine Gesetz, KuD 21, 1975, 239–256.

Hübner, H., Das Gesetz bei Paulus. Ein Beitrag zum Werden der paulinischen Theologie, FRLANT 119, ³1982.

Hübner, H., Der Galaterbrief und das Verhältnis von antiker Rhetorik und Epistolographie, ThLZ 109, 1984, 241–250.

Hübner, H., Die Rhetorik und die Theologie. Der Römerbrief und die rhetorische Kompetenz des Paulus, in: C.J. Classen u.a., Hg., Die Macht des Wortes. Aspekte gegenwärtiger Rhetorikforschung (Ars Rhetorica 4), Marburg 1992, 165–179.

Hübner, H., Gal 3,10 und die Herkunft des Paulus, KuD 19, 1973, 215–231.

Hübner, H., Gottes Ich und Israel. Zum Schriftgebrauch des Paulus in Römer 9–11 FRLANT 136, 1984.

Hübner, H., Identitätsverlust und paulinische Theologie. Anmerkungen zum Galaterbrief, KuD 24, 1978, 181–193.

Hübner, H., Pauli theologiae proprium, NTS 26, 1979/80, 445–473.

Hübner, H., Rechtfertigung und Sühne bei Paulus. Eine hermeneutische und theologische Besinnung, NTS 39, 1993, 80–93.

Hübner, H., Was heißt bei Paulus „Werke des Gesetzes"?, in: O. Merk/E. Gräßer, Hg., Glaube und Eschatologie, FS W.G. Kümmel, Tübingen 1985, 123–133.

Hughes, F.W., The Rhetoric of 1 Thessalonians, in: Collins, Hg., Correspondence, 94–116.

Hughes, J.J., Hebrews IX 15ff. and Galatians III 15ff. A Study in Covenant Practice and Procedure, NT 21, 1979, 27–96.

Hultgård, A., L'eschatologie des Testaments des Douze Patriarches I.II, Uppsala 1977.1982.

Hvalvik, R., A ‚Sonderweg' for Israel. A Critical Examination of a Current Interpretation of Romans 11.25–27, JSNT 38, 1990, 87–107.

Iwand, H.J., Predigtmeditationen 1, Göttingen [3]1966.

Janowski, B., Das Königtum Gottes in den Psalmen. Bemerkungen zu einem neuen Gesamtentwurf, ZThK 86, 1989, 389–454 (= ders., Gottes Gegenwart in Israel, Neukirchen 1993, 148–213).

Janowski, B., Er trug unsere Sünden. Jes 53 und die Dramatik der Stellvertretung, ZThk 90, 1993, 1–24 (= ders., Gottes Gegenwart, 303–326).

Janowski, B., „Ich will in eurer Mitte wohnen". Struktur und Genese der exilischen *Schekina*-Theologie, JBTh 2, 1987, 165–193 (= ders., Gottes Gegenwart, 119–147).

Janowski, B., Sühne als Heilsgeschehen. Studien zur Sühnetheologie der Priesterschrift und zur Wurzel KPR im Alten Orient und im Alten Testament, WMANT 55, 1982.

Janssen, E., Das Gottesvolk und seine Geschichte. Geschichtsbild und Selbstverständnis im palästinensischen Schrifttum von Jesus Sirach bis Jehuda ha-Nasi, Neukirchen 1971.

Jegher-Bucher, V., Erwählung und Verwerfung im Römerbrief?, ThZ 47, 1991, 326–336.

Jeremias, Joachim, Der Gedanke des ‚Heiligen Restes' im Spätjudentum und in der Verkündigung Jesu, in: ders., Abba. Studien zur Neutestamentlichen Theologie und Zeitgeschichte, Göttingen 1966, 121–132.

Jeremias, Joachim, Der Ursprung der Johannestaufe, ZNW 28, 1929, 312–320.

Jeremias, Joachim, Die Kindertaufe in den ersten vier Jahrhunderten, Göttingen 1958.

Jeremias, Joachim, Einige vorwiegend sprachliche Beobachtungen zu Röm 11,25–36, in: de Lorenzi, Hg., Israelfrage, 193–205.

Jeremias, Joachim, Jesu Verheißung für die Völker, Stuttgart ²1979.

Jeremias, Joachim, Neutestamentliche Theologie I, Gütersloh ²1979.

Jeremias, Joachim, Zur Gedankenführung in den paulinischen Briefen, in: ders., Abba, 269–276.

Jeremias, Jörg, מִשְׁפָּט im ersten Gottesknechtslied, VT 22, 1972, 31–42.

Jeremias, Jörg, Das Königtum Gottes in den Psalmen, FRLANT 141, 1987.

Jervell, J., Der unbekannte Paulus, in: S. Pedersen, Hg., Die Paulinische Literatur und Theologie, Århus/Göttingen 1980, 29–49.

Jervell, J., Ein Interpolator interpretiert. Zu der christlichen Bearbeitung der Testamente der zwölf Patriarchen, in: C. Burchard u.a, Studien, 30–61.

Jervis, L.A., The Purpose of Romans. A Comparative Letter Structure Investigation, JSNT.S 55, 1991.

Jewett, R., A Chronology of Paul's Life, Philadelphia 1979.

Jewett, R., Paulus-Chronologie, München 1982.

Jewett, R., The Agitators and the Galatian Congregation, NTS 17, 1970/71, 198–212.

Jewett, R., The Form and Function of the Homiletic Benediction, ATR 51, 1969, 18–34.

Jewett, R., The Law and the Coexistence of Jews and Gentiles in Romans, Interp 39, 1985, 341–356.

Jewett, R., The Thessalonian Correspondence, Foundations and Facets, Philadelphia 1986.

Johnson, D.G., The Structure and Meaning of Romans 11, CBQ 46, 1984, 91–103.

Jones, F.S., ,Freiheit' in den Briefen des Apostels Paulus, GTA 34, 1987.

Jonge, M. de, The Interpretation of the Testaments of the Twelve Patriarchs in Recent Years, in: ders., Hg., Studies on the Testaments of the Twelve Patriarchs, SVTP 3, Leiden 1975, 183–192

Jonge, M. de, The Testaments of the Twelve Patriarchs: Christian and Jewish, NedThT 39, 1985, 265–275.

Jovino, La chiesa comunita' di santi negli atti degli Apostoli e nelle lettere di San Paolo, Palermo 1975.

Jülicher, A., Der Brief an die Römer, SNT 2, Göttingen 1917.

Jutzler, K., Holocaust als theologisches Datum. Systematische Überlegungen, ThBeitr 13, 1982, 49–59.

Kaiser, O., Der Prophet Jesaja Kapitel 13–39, ATD 18, ³1983.

Kaiser, O., Traditionsgeschichtliche Untersuchung von Genesis 15, ZAW 70, 1958, 107–126.

Kant, L.H., Jewish Inscriptions in Greek and Latin, ANRW II.20.2, 1987, 671–713.

Karrer, M., Der Gesalbte. Die Grundlagen des Christustitels, FRLANT 151, 1991.

Karrer, M., Der Kelch des neuen Bundes. Erwägungen zum Verständnis des Herrenmahls nach 1Kor 11,23b–25, BZ NF 34, 1990, 198–221.

Käsemann, E., An die Römer, HNT 8a, ³1974.

Käsemann, E., Anliegen und Eigenart der paulinischen Abendmahlslehre, in ders., Exegetische Versuche und Besinnungen (EVB) I, Göttingen ⁶1970, 11–34.

Käsemann, E., Das theologische Problem des Motivs vom Leibe Christi, in: ders., Paulinische Perspektiven, Tübingen ²1972, 178–210.

Käsemann, E., Erwägungen zum Stichwort ‚Versöhnungslehre im Neuen Testament', in: E. Dinkler, Hg., Zeit und Geschichte, FS R. Bultmann, Tübingen 1964, 47–59.

Käsemann, E., Leib und Leib Christi. Eine Untersuchung zur paulinischen Begrifflichkeit, BHTh 9, 1933.

Käsemann, E., Paulus und Israel, in : ders., EVB II, Göttingen ³1970, 194–197.

Käsemann, E., Paulus und der Frühkatholizismus, EVB II, 239–252.

Käsemann, E. Rechtfertigung und Heilsgeschichte im Römerbrief, in: ders., Paulinische Perspektiven, 108–139.

Käsemann, E., Die Heilsbedeutung des Todes Jesu bei Paulus, in: ders., Paulinische Perspektiven, 61–107.

Kasting, H., Die Anfänge der urchristlichen Mission. Eine historische Untersuchung, BEvTh 55, 1969.

Keck, L.E., Christology, Soteriology, and the Praise of God (Romans 15:7-13), in: R.T. Fortna u.a., Hg., The Conversation Continues. Studies in Paul and John, FS J.L. Martyn, Nashville 1990, 85–97.

Kellermann, U., Tritojesaja und das Geheimnis des Gottesknechts. Erwägungen zu Jes 59,21; 61,1-3; 66,18-24, BN 58, 1991, 46–82.

Kennedy, G.A., New Testament Interpretation through Rhetorical Criticism, Chapel Hill/London 1984.

Kepple, R.J., An Analysis of Antiochene Exegesis of Galatians 4:24-26, WTJ 39, 1977, 239–249.

Kern Stockhausen, C., Mose's Veil and the Glory of the New Covenant. The Exegetical Substructure of II Cor. 3,1 – 4,6, AnBib 116, 1989.

Kern-Ulmer, B., Die Bewertung der Proselyten im rabbinischen Schrifttum, Jud 50, 1994, 1–17.

Kertelge, K., Apokalypsis Jesou Christou (Gal 1,12), in: J. Gnilka, Hg., Neues Testament und Kirche, FS R. Schnackenburg, Freiburg 1974, 266–281.

Kertelge, K., Das Verständnis des Todes Jesu bei Paulus, in: K. Kertelge, Hg., Der Tod Jesu, QD 74, 1976, 114–136.

Kertelge, K., Rechtfertigung bei Paulus, NTA NF 3, ²1971.

Kertelge, K., Zur Deutung des Rechtfertigungsbegriffs im Galaterbrief, BZ NF 12, 1968, 211–222 (= ders., Grundthemen paulinischer Theologie, Freiburg u.a. 1991, 111–122).

Kettunen, M., Der Abfassungszweck des Römerbriefs, AASF Diss. Hum. Litt. 18. Helsinki 1979.

Kim, S., The Origin of Paul's Gospel, WUNT II.4, ²1984.

King, D.H., Paul and the Tannaim. A Study in Galatians, WThJ 45, 1983, 340–370.

Kirchberg, J., Theologie in der Anrede als Weg zur Verständigung zwischen Christen und Juden, ITSt 31, 1991.

Kittel, R., Die Psalmen, KAT XIII, ⁶1929.

Klaiber, W., Rechtfertigung und Gemeinde. Eine Untersuchung zum paulinischen Kirchenverständnis, FRLANT 127, 1982.

Klappert, B., Der Verlust der Wiedergewinnung der israelitischen Kontur der Leidensgeschichte Jesu (...), in: H.H. Henrix/M. Stöhr, Hg., Exodus und Kreuz im ökumenischen Dialog zwischen Juden und Christen, Aachen 1978, 107–153.

Klappert, B., Traktat für Israel (Römer 9–11). Die paulinische Verhältnisbestimmung von Israel und Kirche als Kriterium neutestamentlicher Sachaussagen über die Juden, in: M. Stöhr, Hg., Jüdische Existenz und die Erneuerung der christlichen Theologie, ACJD 11, 1981, 58–137.

Klauck, H.-J., 1. Korintherbrief, NEB.NT 7, 1984.

Klauck, H.-J., 2. Korintherbrief, NEB.NT 8, 1986.

Klauck, H.-J., Allegorie und Allegorese in synoptischen Gleichnistexten, NTA NF 13, ²1986.

Klauck, H.-J., Herrenmahl und hellenistischer Kult. Eine religionsgeschichtliche Untersuchung zum ersten Korintherbrief, NTA NF 15, 1982.

Klauck, H.-J., Volk Gottes und Leib Christi, oder: Von der kommunikativen Kraft der Bilder, in: ders., Alte Welt und neuer Glaube. Beiträge zur Religionsgeschichte, Forschungsgeschichte und Theologie des Neuen Testaments, NTOA 29, 1994, 277–301.

Klausner, J., Die messianischen Vorstellungen des jüdischen Volkes im Zeitalter der Tannaiten, Berlin 1904.

Klausner, J., From Jesus to Paul, (Jerusalem 1939) engl. London ²1946.

Klausner, J., Von Jesus zu Paulus, Königstein 1980 (= 1950).

Klausner, J., The Messianic Idea in Israel, Jerusalem 1955.

Klein, G., ‚Christlicher Antijudaismus‘. Bemerkungen zu einem semantischen Einschüchterungsversuch, ZThK 79, 1982, 411–450.

Klein, G., Antipaulinismus in Philippi. Eine Problemskizze, in: D.A. Koch u.a. Hg., Jesu Rede von Gott und ihre Nachgeschichte im frühen Christentum, FS W. Marxsen, Gütersloh 1989, 297–313.

Klein, G., Exegetische Probleme in Römer 3,21–4,25. Antwort an Ulrich Wilckens (1964), in: ders., Rekonstruktion, 170–177.177–179.

Klein, G., Galater 2,6–9 und die Geschichte der Jerusalemer Urgemeinde, in : ders., Rekonstruktion, 99–118.118–128.

Klein, G., Gottes Gerechtigkeit als Thema der neuesten Paulus-Forschung, in: ders., Rekonstruktion, 225–236.

Klein, G., Individualgeschichte und Weltgeschichte bei Paulus. Eine Interpretation ihres Verhältnisses im Galaterbrief, in: ders., Rekonstruktion, 180–221.221–224.

Klein, G., Rekonstruktion und Interpretation. Ges. Aufs. zum Neuen Testament, BEvTh 50, 1969.

Klein, G., Römer 4 und die Idee der Heilsgeschichte (1963), in: ders., Rekonstruktion, 145–169.

Klein, G., Römer 9,30–10,4, GPM 28, 1973/74, 366–374.

Klein, G., Werkruhm und Christusruhm im Galaterbrief und die Frage nach einer Entwicklung des Paulus, in: W. Schrage, Hg., Studien zum Text und zur Ethik des Neuen Testaments, FS H. Greeven, BZNW 47, 1986, 196–211.

Klinzing, G., Die Umdeutung des Kultus in der Qumrangemeinde und im Neuen Testament, StUNT 7, 1971.

Kljin, A.F.J., Paul' Opponents in Philippians iii, NT 7, 1964/65, 278–284.

Klumbies, P.-G., Die Rede von Gott bei Paulus in ihrem zeitgeschichtlichen Kontext, FRLANT 155, 1992.

Klumbies, P.-G., Israels Vorzüge und das Evangelium von der Gottesgerechtigkeit in Röm 9–11, WuD NF 18, 1985, 135–157.

Koch, D.-A., Beobachtungen zum christologischen Schriftgebrauch in den vorpaulinischen Gemeinden, ZNW 71, 1980, 174–191.

Koch, D.-A., Die Schrift als Zeuge des Evangeliums. Untersuchungen zur Verwendung und zum Verständnis der Schrift bei Paulus, BHTh 69, 1986.

Koch, K., Zur Geschichte der Erwählungsvorstellung in Israel, ZAW 67, 1955, 205–226.

Köckert, M., Leben in Gottes Gegenwart, JBTh 4, 1989, 29–61.

Köckert, M., Vätergott und Väterverheißung, FRLANT 142, 1988.

Koenen, K., Ethik und Eschatologie im Tritojesajabuch, WMANT 62, 1990.

Koester, C.A., The Dwelling of God, CBQ.MS 22, 1989.

Koester, H., Introduction to the New Testament II, New York 1982.

Koester, H., The Purpose of the Polemic of a Pauline Fragment (Philippians III), NTS 8, 1961/62, 317–332.

Komlosch, Y., „... נבואת הישועה". The Prophecy of Salvation Is 56,1–8, Bar-Ilan-Annual 11, 1973, 11–16.

Kraabel, A.T., The Disappearance of the ‚God-Fearers‘, Numen 28, 1981, 113–126 (= Overman/MacLennan, Hg., Diaspora Jews, 119–130).

Kraft, H., Die Entstehung des Christentums, Darmstadt 1981.

Kraus, H.-J., Das Evangelium der unbekannten Propheten. Jesaja 40–66, Neukirchen 1990.

Kraus, H.-J., Das heilige Volk. Zur alttestamentlichen Bezeichnung ʻam qādōš, in: ders., Biblisch-theologische Aufsätze, Neukirchen 1972, 37–49.

Kraus, H.-J., Psalmen 1–63, BK XV.1, ⁴1972.

Kraus, H.-J., Psalmen 64–150, BK XV.2, ⁴1972.

Kraus, H.-J., Schöpfung und Weltvollendung, EvTh 24, 1964, 462–485.

Kraus, W., Der Jom Kippur, der Tod Jesu und die ‚Biblische Theologie‘, JBTh 6, 1991, 155–172.

Kraus, W., Der Tod Jesu als Heiligtumsweihe, WMANT 66, 1991.

Kremer, J., „Denn der Buchstabe tötet, der Geist aber macht lebendig“. Methodologische und hermeneutische Erwägungen zu 2Kor 3,6b, in: J. Zmijewski/E. Nellesen, Hg., Begegnung mit dem Wort, FS H. Zimmermann, BBB 53, 1980, 219–250.

Kremers, H., Das jüdische Volk ist noch immer ‚Israel‘ – Volk Gottes, in: ders., Liebe und Gerechtigkeit. Ges. Beitr., hg. von A. Weyer, Neukirchen 1990, 153–161.

Kremers, H., Das Ölbaumgleichnis in Röm 11,17–24, in: ders., Liebe und Gerechtigkeit, 163–173.

Kretschmar, G., Die Kirche aus Juden und Heiden. Forschungsprobleme der ersten christlichen Jahrhunderte, in: J. van Ammersfoort/J. van Oort, Hg., Juden und Christen in der Antike, Kampen 1990, 9–43.

Kretschmar, G., Gemeinschaft der Heiligen im Neuen Testament und in der Frühen Kirche, US 43, 1988, 266–276.

Krochmalnik, D., Die Frau in der Schöpfung nach der jüdischen Tradition, Nachrichten d. Landesverbandes d. Israelitischen Kultusgemeinden in Bayern Nr. 38, 1989, 21–29.

Kuhn, H.-W., Enderwartung und gegenwärtiges Heil. Untersuchungen zu den Gemeindeliedern von Qumrân, StUNT 4, 1966.

Kuhn, K.G., Les rouleaux de cuivre de Qumrân, RB 61, 1954, 193–205.

Kuhn, K.G., Ursprung und Wesen der talmudischen Einstellung zum Nichtjuden, Forschungen zur Judenfrage 3, 1939, 199–234.

Kuhn, K.G./Stegemann, H., Art. Proselyten, PRE.S IX, 1248–1283.

Kühn, U., Alttestamentliches Volk Gottes und christliche Gemeinde, in: S. Kreuzer/K. Lüthi, Hg., Zur Aktualität des Alten Testaments, FS G. Sauer, Frankfurt u.a 1992, 271–280.

Kümmel, W.G., Das literarische und geschichtliche Problem des Ersten Thessalonicherbriefes, in: ders., Heilsgeschehen und Geschichte. Ges. Aufs. 1933–1964, MThSt 3, 1965, 406–416.

Kümmel, W.G., Die Probleme von Römer 9–11 in der gegenwärtigen Forschungslage, in: de Lorenzi, Hg., Israelfrage, 13–33 (= W.G. Kümmel, Heilsgeschehen und Geschichte II. Ges. Aufs. II, MThSt 16, 1978, 245–260).

Kümmel, W.G., Die Theologie des Neuen Testaments nach seinen Hauptzeugen: Jesus, Paulus, Johannes, GNT 3, 1969.

Kümmel, W.G., Einleitung in das Neue Testament, Heidelberg [20]1980.

Kümmel, W.G., Römer 7 und das Bild des Menschen im Neuen Testament. Zwei Studien, ThB 53, 1974.

Kuss, O., Der Römerbrief III (Röm 8,19–11,36), Regensburg 1978.

Kutsch, E., Neues Testament – Neuer Bund? Eine Fehlübersetzung wird korrigiert, Neukirchen 1978.

Kvanvig, H.S., Roots of Apocalyptic. The Mesopotamian Background of the Enoch Figure and of the Son of Man, WMANT 61, 1988.

Lambrecht, J., „Reconcile yourselves ...“: A Reading of 2Cor 5,11–21, in: L. di Lorenzi, Hg., The Diakonia of the Spirit (2Kor 4,7–7,4), Rom 1989, 161–191.

Lambrecht, J., Thanksgiving in 1 Thessalonians 1–3, in: Collins, Hg, Correspondence, 183–205.

Lambrecht, J., The Fragment 2Cor VI 14–VII 1. A Plea for its Authenticity, in: T. Baarda u.a., Hg., Miscellanea Neotestamentica II, NT.S 47, 1978, 143–161.

Lambrecht, J., The Line of Thought in Gal. 2.14b–21, NTS 24, 1978, 484–495.

Lambrecht, J., Transgressor by Nullifying God's Grace. A Study of Gal 2,18–21, Bib. 72, 1991, 217–236.

Lampe, P., Die stadtrömischen Christen in den ersten beiden Jahrhunderten, WUNT II.18, [2]1989.

Lang, F., Die Briefe an die Korinther, NTD 7, 1986.

Lang, F., Gesetz und Bund bei Paulus, in: J. Friedrich u.a., Hg., Rechtfertigung, FS E. Käsemann, 305–320.

Larsson, E., Christus als Vorbild. Eine Untersuchung zu den paulinischen Tauf- und Eikontexten, ASNU 23, 1962.

Le Déaut, R., Traditions targumiques dans le Corpus Paulinien?, Bib. 42, 1961, 28–48.

Lehmann, M.R., A Re-Interpretation of 4QDibrê Ham-Me'oroth, RdQ 5, 1964, 106–110.

Levin, C., Die Verheißung des neuen Bundes in ihrem theologiegeschichtlichen Zusammenhang ausgelegt, FRLANT 137, 1985.

Levinskaya, I., The Inscription from Aphrodisias and the Problem of God-Fearers, TynB 41, 1990, 312–318.

Lewis, J.P., Hg., Interpreting 2 Corinthians 5:14–21. An Exercise in Hermeneutics, SBEC 17, Lewiston (NY) 1989.

Liao, P.S.H., The Meaning of Galatians 4:21–31. A New Perspective, NEAJT 22/23, 1979, 115–132.

Lichtenberger, H., Atonement and Sacrifice in the Qumran Community, in: W.S. Green, Hg., Approaches to Ancient Judaism II, Ann Arbor 1980, 159–171.

Lichtenberger, H., Eine weisheitliche Mahnrede in den Qumranfunden (4Q185), in: M. Delcor, Hg., Qumran, BEThL 46, 1978, 151–162.

Lichtenberger, H., „Im Lande Israel zu wohnen wiegt alle Gebote der Tora auf". Die Heiligkeit des Landes und die Heiligung des Lebens, in: Feldmeier/Heckel, Hg., Die Heiden, 92–107.

Lichtenberger, H., Paulus und das Gesetz, in: Hengel/Heckel, Hg., Paulus, WUNT 58, 361–378.

Lichtenberger, H., Studien zum Menschenbild in Texten der Qumrangemeinde, StUNT 15, 1980.

Lichtenberger, H., Studien zur paulinischen Anthropologie in Römer 7, Habil. Tübingen 1985.

Lichtenberger, H., Täufergemeinden und frühchristliche Täuferpolemik im letzten Drittel des 1. Jahrhunderts, ZThK 84, 1987, 36–57.

Lietzmann, H., An die Korinther I+II, HNT 9, erg. von W.G. Kümmel, ⁴1949 (zit.: Lietzmann/Kümmel, 1/2Kor).

Lietzmann, H., An die Römer, HNT 8, ⁵1971.

Lietzmann, H., An die Galater, HNT 10, ³1932.

Lifshitz, B., Du nouveau sur les ‚sympathisants‘, JSJ 1, 1970, 77–84.

Lifshitz, B., Prolegomenon zu J.B. Frey, Corpus Inscriptionum Judaicarum (CIJ) 1, New York ²1975, 21–107.

Lincoln, A.T., Abraham Goes to Rome: Paul's Treatment of Abraham in Romans 4, in: M.J. Wilkins/T. Paige, Hg., Worship, Theology and Ministry in the Early Church, FS R.P. Martin, JSNT.S 87, 1992, 163–179.

Lindbeck, G., The story-shaped church: critical exegesis and theological interpretation, in: G. Green, Hg., Scriptural Authority and Narrative Interpretation, Philadelphia 1987, 161–178.

Lindemann, A., Art. Herrschaft Gottes/Reich Gottes IV, TRE 15, 196–218.

Linton, O., Art. Ekklesia I: Bedeutungsgeschichtlich, RAC 4, 1959, 905–921.

Lips, H. v., Weisheitliche Traditionen im Neuen Testament, WMANT 64, 1990.

Lohfink, G., Die Korrelation von Reich Gottes und Volk Gottes bei Jesus, in: ders., Studien zum Neuen Testament, SBAB.NT 5, 1989, 77–90.

Lohfink, N., Alliance, Torah et Pelerinage des Nations au Mont Sion, Sidic (Roma) 24, 1991, 3–16.

Lohfink, N., Der neue Bund und die Völker, KuI 6, 1991, 115–133.

Lohfink, N., Die Landverheißung als Eid. Eine Studie zu Gn 15, SBS 28, 1967.

Lohfink, N., Die Universalisierung der ‚Bundesformel' in Ps 100,3, ThPh 65, 1990, 172–183.

Lohfink, N., Einige Beobachtungen zu Psalm 26, in: F.V. Reiterer, Hg., Ein Gott – eine Offenbarung, FS N. Füglister, Würzburg 1991, 189–204.

Lohmeyer, E., Der Brief an die Philipper, KEK IX.1, ¹⁴1974.

Lohse, E., Israel und die Christenheit, KVR 102, 1960.

Lohse, E., Summa Evangelii – Zu Veranlassung und Thematik des Römerbriefes, NAWG 3, 1993, 91–119.

Longenecker, B.W., Different Answers to Different Issues: Israel, the Gentiles and Salvation History in Romans 9–11, JSNT 36, 1989, 95–123.

Löning, K., Der Stephanuskreis und seine Mission, in: Becker u.a., Anfänge, 80–101.

Lorenzi, L. de, Hg., Die Israelfrage nach Röm 9–11, SMBen 3, 1977.

Löwe, H., Christus und die Christen. Untersuchungen zum Verständnis der Kirche in den großen Paulusbriefen und im Kolosser- und Epheserbrief, Diss. Heidelberg 1965.

Lübking, H.-M., Paulus und Israel im Römerbrief. Eine Untersuchung zu Römer 9–11, EHS.T 260, 1986.

Lucchesi, E., Nouveau parallèle entre Saint Paul (Gal. III 16) et Philon d'Alexandrie (Quaestiones in Genesim)?, NT 21, 1979, 150–155.

Lüdemann G., Paulus, der Heidenapostel I, FRLANT 123, 1980; II, FRLANT 130, 1983.

Lüdemann, G., Das Judenedikt des Claudius (Apg 18,2), in: C. Bussmann/W. Radl, Hg., Der Treue Gottes trauen, FS G. Schneider, 1992, 289–298.

Lüdemann, G., Paulus und das Judentum, TEH 215, München 1983.

Lührmann, D., Der Brief an die Galater, ZBK.NT 7, 1978.

Lührmann, D., Die 430 Jahre zwischen den Verheißungen und dem Gesetz (Gal 3,17), ZAW 100, 1988, 420–423.

Lührmann, D., The Beginnings of the Church at Thessalonica, in: Balch u.a., Hg., Greeks, 237–249.

Lührmann, D., Wo man nicht mehr Sklave oder Freier ist, WuD 13, 1975, 53–83.

Lull, D.J., The Spirit in Galatia. Paul's Interpretation of Pneuma as Divine Power, SBL.DS 49, 1980.

Lütgert, W., Gesetz und Geist. Eine Untersuchung zur Vorgeschichte des Galaterbriefes, BFChTh 6, 1919.

Lux, R., Das Erbe der Gewaltlosen. Überlegungen zu Mt 5,5 und seiner Vorgeschichte, in: Meinhold/Lux, Hg., Gottesvolk, 75–90.

Luz, U., Das Evangelium nach Matthäus II. Mt 8–17, EKK I.2., 1990.

Luz, U., Das Geschichtsverständnis des Paulus, BEvTh 49, 1968.

Luz, U., Der alte und der neue Bund bei Paulus und im Hebräerbrief, EvTh 27, 1967, 318–336.

Luz, U., Paulinische Theologie als Biblische Theologie, in: M. Klopfenstein/U. Luz, Hg., Mitte der Schrift?, JeC 11, 1987, 119–147.

MacLennan, R.S./Kraabel, A.T., The God-Fearers – A Literary and Theological Invention, BAR 12, 1986, 46–53.64 (= Overman/MacLennan, Hg., Diaspora Jews, 131–143).

Maier, F.W., Israel in der Heilsgeschichte nach Röm 9–11, BZfr 11, 1929.

Maier, G., Mensch und freier Wille nach den jüdischen Religionsparteien zwischen Ben Sira und Paulus, WUNT 12, 1971.

Maier, J., Tempel und Tempelkult, in: Maier/Schreiner, Hg., Literatur, 371–390.

Maier, J., Zum Gottesvolk- und Gemeinschaftsbegriff in den Schriften vom Toten Meer, Diss. Wien 1958.

Maier, J., Zwischen den Testamenten, NEB.AT Erg. 3, 1990.

Maier, J./Schreiner, J., Hg., Literatur und Religion des Frühjudentums. Eine Einführung, Würzburg u.a. 1973.

Maillot, A., Essai sur les citations vétérotestamentaires contenues dans Romains 9 à 11, ETR 57, 1982, 55–73.

Malherbe, A.J., ‚Gentle as a Nurse‘. The Cynic Background to IThess ii, NT 12, 1970, 203–217.

Malherbe, A.J., Paul and the Thessalonians, Philadelphia 1987.

Malherbe, A.J., ‚Pastoral Care‘ in the Thessalonian Church, NTS 36, 1990, 375–391.

Manson, T.W., The Church's Ministry, London 1948.

Manus, C.U., Luke's Account of Paul in Thessalonica (Acts 17,1–9), in: Collins, Hg., Correspondence, 27–38.

Marböck, J., Die ‚Geschichte Israels‘ als ‚Bundesgeschichte‘ nach dem Sirachbuch, in: E. Zenger, Hg., Der Neue Bund im Alten, QD 146, 1993, 177–197.

Marcus, J., The Circumcision and the Uncircumcision in Rome, NTS 35, 1989, 67–81.

Marcus, R., The σεβόμενοι in Josephus, JJS 14, 1952, 247–250.

Marinković, P., „Geh in Frieden" (2Kön 5,19). Sonderformen legitimer JHWHverehrung durch Heiden in heidnischer Mitwelt, in: Feldmeier/Heckel, Hg., Die Heiden, 3–21.

Marshall, I.H., 1 and 2 Thessalonians, NCeB 12.1, Grand Rapids u.a. 1983.

Marshall, I.H., Church and Temple in the New Testament, TynB 40, 1989, 203–222.

Marshall, I.H., Election and Calling to Salvation in 1 and 2 Thessalonians, in: Collins, Hg., Correspondence, 259–276.

Marshall, I.H., Pauline Theology in the Thessalonian Correspondence, in: M.D. Hooker/S.G. Wilson, Hg., Paul and Paulinism, FS C.K. Barrett, London 1982, 173–183.

Martin, R.P., II Corinthians, WBC 40, 1986.

Martin-Achard, R., Israël et les nations, CTh 42, Neuchâtel 1959.

Martyn, J.L., The Covenants of Hagar and Sarah, in: J.T. Carroll, u.a., Faith and History, FS P.W. Meyer, Atlanta 1991, 160–192.

Martyn, J.L., A Law-Observant Mission to Gentiles. The Background of Galatians, SJTh 38, 1985, 307–324.

Martyn, J.L., Apocalyptic Antinomies in Paul's Letter to the Galatians, NTS 31, 1984/85, 410–424.

Marxsen, W., Einleitung in das Neue Testament, Gütersloh ⁴1978.

Mason, S., Paul, Classical Anti-Jewish Polemic, and the Letter to the Romans, in: D.J. Hawkin/T. Robinson, Hg., Self-Definition and Self-Discovery in Early Christianity, FS B.F. Meyer, SBEC 26, 1990, 181–223.

Mayer, B., Unter Gottes Heilsratschluß. Prädestinationsaussagen bei Paulus, fzb 15, 1974.

Mayer, G., Aspekte des Abrahambildes in der hellenistisch-jüdischen Literatur, EvTh 32, 1972, 118–127.

McCarthy, D.J., Notes on the Love of God in Deuteronomy and the Father-Son Relationship between Yahweh and Israel, CBQ 27, 1965, 144–147.

McEleney, N.J., Conversion, Circumcision and the Law, NTS 20, 1974, 319–341.

McGehee, M., A Rejoinder to Two Recent Studies Dealing with 1Thess 4:4, CBQ 51, 1989, 82–89.

McKelvey, R.J., The New Temple. The Church in the New Testament, OTM 3, 1969.

McNamara, M., To de (Hagar) Sina oros estin en tê Arabia (Gal 4:25a): Paul and Peter, Milltown Studies 2, 1978, 24–41.

Mearns, C.L., The Identity of Paul's Opponents at Philippi, NTS 33, 1987, 194–204.

Meeks, W.A., The Image of the Androgyne: Some Uses of a Symbol in Early Christianity, HR 13, 1974, 165–208.

Meeks, W.A., Urchristentum und Stadtkultur. Die soziale Welt der paulinischen Gemeinden, Gütersloh 1993.

Meinhold, A., Zustand und Zukunft des Gottesvolkes im Maleachibuch, in: Meinhold/Lux, Hg., Gottesvolk, 175–192.

Meinhold, A./Lux, R., Hg., Gottesvolk. Beiträge zu einem Thema Biblischer Theologie, FS S. Wagner, Berlin 1991.

Mell, U., Neue Schöpfung. Eine traditionsgeschichtliche und exegetische Studie zu einem soteriologischen Grundsatz paulinischer Theologie, BZNW 56, 1989.

Mengel, B., Studien zum Philipperbrief, WUNT II.8, 1982.

Merk, O., Der Beginn der Paränese im Galaterbrief, ZNW 60, 1969, 83–104.

Merk, O., Handeln aus Glauben. Die Motivierungen der paulinischen Ethik, MThSt 5, 1968.

Merk, O., Miteinander. Zur Sorge um den Menschen im Ersten Thessalonicherbrief, in: R. Landau u.a., Hg., „Daß allen Menschen geholfen werde". FS M. Seitz, Stuttgart 1993, 125–133.

Merk, O., Verantwortung im Neuen Testament, in: E. Würthwein/O. Merk, Verantwortung, Biblische Konfrontationen, Stuttgart u.a. 1982, 117–184.

Merk, O., Zur Christologie im ersten Thessalonicherbrief, in: C. Breytenbach u.a., Hg., Anfänge der Christologie, FS F. Hahn, Göttingen 1991, 97–110.

Merklein, H., ‚Nicht aus den Werken des Gesetzes …'. Eine Auslegung von Gal 2,15–21, in: ders. u.a., Hg., Bibel in jüdischer und christlicher Tradition, FS J. Maier, BBB 88, 1993, 121–136.

Merklein, H., Der erste Brief an die Korinther Kap. 1–4, ÖTK 7.1, 1992.

Merklein, H., Der Sühnetod Jesu nach dem Zeugnis des Neuen Testaments, in: H.P. Heinz u.a., Hg., Versöhnung in der jüdischen und christlichen Liturgie, QD 124, 1990, 155–183.

Merklein, H., Die Bedeutung des Kreuzestodes Christi für die paulinische Gerechtigkeits- und Gesetzesthematik, in: ders., Studien, 1–106.

Merklein, H., Studien zu Jesus und Paulus, WUNT 43, 1987.

Merklein, H., Die Einheitlichkeit des ersten Korintherbriefes, in: ders., Studien, 345–375.

Merklein, H., Die Ekklesia Gottes. Der Kirchenbegriff bei Paulus und in Jerusalem, in: ders., Studien, 296–318.

Merklein, H., Entstehung und Gehalt des paulinischen Leib-Christi-Gedankens, in: ders., Studien, 319–344.

Merklein, H., Erwägungen zur Überlieferungsgeschichte der neutestamentlichen Abendmahlstraditionen, in: ders., Studien, 157–180.

Merklein, H., Gericht und Heil, JBTh 5, 1990, 71–92.

Meuzelaar, J.J., Der Leib des Messias. Eine exegetische Studie über den Gedanken vom Leib Christi in den Paulusbriefen, GTB 35, Assen 1961.

Meyer, R., Bemerkungen zum literargeschichtlichen Hintergrund der Kanontheorie des Josefus, in: ders., Zur Geschichte und Theologie des Judentums in hellenistisch-römischer Zeit, Neukirchen 1989, 196–207.

Meyer, R., Das Gebet des Nabonid, SSAW 107.3, Berlin 1962 (= ders., Geschichte, 71–129).

Michaelis, W., Einleitung in das Neue Testament, Bern [3]1961.

Michaelis, W., Judaistische Heidenchristen, ZNW 30, 1931, 83–89.

Michel, O., Der Brief an die Römer, KEK 4, [5]1978.

Michel, O., Fragen zu 1.Thessalonicher 2,14–16: Antijüdische Polemik bei Paulus, in: ders., Dienst am Wort. Ges. Aufs. hg. von K. Haacker, Neukirchen 1986, 202–210.

Middendorp, T., Die Stellung Jesu Ben Siras zwischen Judentum und Hellenismus, Leiden 1973.

Mildenberger, F., Biblische Dogmatik. Eine Biblische Theologie in dogmatischer Perspektive I, Stuttgart u.a. 1991.

Milik, J.T., Le travail d'édition des fragments manuscrits de Qumrân, RB 63, 1956, 49–67.

Milik, J.T., Ten Years of Discovery in the Wilderness of Judaea, London 1959.

Monsengwo-Pasinya, L., Isaïe XIX,16–25 et universalisme dans la LXX, in: J.A. Emerton, Hg., Congress Volume Salamanca 1983, VT.S 36, 1985, 192–207.

Montagnini, F., Il monte Sinai si trova in Arabia (Gal 4,25), BeO 11, 1969, 33–37.

Moore, J.F., Judaism in the First Centuries of the Christian Era. The Age of the Tannaim I–III, Cambridge (MA) [7]1967.

Morgan Gillman, F., Jason of Thessalonica (Acts 17,5–9), in: Collins, Hg., Corrspondence, 39–49.

Morgenstern, J., The Rest of the Nations, JSSt 2, 1957, 225–231.

Moxnes, H., Theology in Conflict. Studies in Paul's Understanding of God in Romans, NT.S 53, Leiden 1980.

Müller, C., Gottes Gerechtigkeit und Gottes Volk. Eine Untersuchung zu Römer 9–11, FRLANT 86, 1964.

Müller, K., 1Kor 1,18–25. Die eschatologisch-kritische Funktion der Verkündigung des Kreuzes, BZ NF 10, 1966, 246–272.

Müller, K., Art. Apokalyptik/Apokalypsen III, TRE 3, 202–251.

Müller, K., Die frühjüdische Apokalyptik, in: ders., Studien zur frühjüdischen Apokalyptik, SBAB.NT 11, 1991, 35–173.

Müller, K., Zur Datierung rabbinischer Aussagen, in: H. Merklein, Hg., Neues Testament und Ethik, FS R. Schnackenburg, Freiburg u.a. 1989, 551–587.

Müller, M., Vom Schluß zum Ganzen. Der Briefkorpusabschluß als Zugang zur ,Texthermeneutik' des Apostelbriefes, Diss. Erlangen 1994.

Müller, U.B., Der Brief des Paulus an die Philipper, ThHK 11.1, 1993.

Müller, U.B., Prophetie und Predigt im Neuen Testament, StNT 10, Gütersloh 1975.

Müller, W.E./Preuß, H.D., Die Vorstellung vom Rest im Alten Testament, Neukirchen 1973.

Munck, J., Christus und Israel. Eine Auslegung von Röm 9–11, AJut.T 7, 1956.

Munck, J., Paulus und die Heilsgeschichte, AJut.T 6, 1954.

Murphy-O'Connor, J., Relating 2 Corinthians 6.14–7.1 to its Context, NTS 33, 1987, 272–275.

Mußner, F., ,Ganz Israel wird gerettet werden' (Röm 11,26), Kairos 18, 1976, 241–255.

Mußner, F., Der Galaterbrief, HThK IX, ⁴1981.

Mußner, F., Dieses Geschlecht wird nicht vergehen. Judentum und Kirche, Freiburg u.a. 1991.

Mußner, F., Hagar, Sinai, Jerusalem: Zum Text von Gal 4,25a, ThQ 135, 1955, 56–60.

Mußner, F., Heil für alle. Der Grundgedanke des Römerbriefs, Kairos 23, 1981, 207–214 (= ders., Geschlecht, 29–38).

Mußner, F., Paulinischer Antijudaismus? Zum Widerspruch zwischen 1 Thess 2,14–16 und Röm 9–11, in: ders., Geschlecht, 73–76.

Mußner, F., Traktat über die Juden, München 1979.

Mußner, F., Wer ist ,der ganze Samen' in Röm 4,16?, in: ders., Die Kraft der Wurzel, Freiburg u.a. 1987, 160–163.

Neuenzeit, P., Das Herrenmahl. Studien zur paulinischen Eucharistieauffasung, StANT 1, 1960.

Neugebauer, F., In Christus. Eine Untersuchung zum Paulinischen Glaubensverständnis, Göttingen 1961.

Neusner, J., A History of the Jews in Babylonia I–V, Leiden 1965–1970.

Neusner, J., Babylonisches Judentum während der Zeit des 2. Tempels, in: Maier/Schreiner, Hg., Literatur, 321–327.

Neusner, J., The Conversion of Adiabene to Judaism, JBL 83, 1964, 60–66.

Neusner, J., The Rabbinic Traditions about the Pharisees before 70 I–III, Leiden 1971.

Neusner, J./Frerichs, E.S., Hg., ,To See Ourselves as Others See Us'. Christians, Jews, ,Others' in Late Antiquity, Chico (CA) 1985.

Newman, C.C., Paul's Glory-Christology. Tradition and Rhetoric, NT.S 69, 1992.

Newton, M., The Concept of Purity at Qumran and in the Letters of Paul, MSSNTS 53, 1985.

Nickelsburg, G.W.E., Jewish Literature Between the Bible and the Mishnah, Philadelphia 1981.

Niebuhr, K.-W., Gesetz und Paränese, WUNT II.28, 1987.

Niebuhr, K.-W., Heidenapostel aus Israel. Die jüdische Identität des Paulus nach ihrer Darstellung in seinen Briefen, WUNT 62, 1992.

Nikiprowetzky, V., La Sibylle juive et le ,Troisième Livre' des ,Pseudo-Oracles Sibyllins' depuis Charles Alexandre, ANRW II.20.1, 1986, 460–542.

Noack, B., Current and Backwater in the Epistle to the Romans, StTh 19, 1965, 155–166.

Nolland, J., Uncircumcised Proselytes?, JSJ 12, 1981, 173–194.

Noth, M., Das System der zwölf Stämme Israels, BWANT IV.1, 1930.

Noth, M., Josua, HAT 7, ²1953

Noth, M., Könige 1, BK IX.1, 1968.

Noth, M., Überlieferungsgeschichte des Pentateuch, Stuttgart 1948.

Novak, D., The Image of the Non-Jew in Judaism, Toronto 1983.

O'Neill, J.C., Paul's Letter to the Romans, London 1975.

Oeming, M., Das wahre Israel. Die ‚genealogische Vorhalle' 1 Chronik 1-9, BWANT 128, 1990.

Oepke, A., Das Neue Gottesvolk in Schrifttum, Schauspiel, bildender Kunst und Weltgestaltung, Gütersloh 1950.

Oepke, A., Leib Christi oder Volk Gottes bei Paulus?, ThLZ 79, 1954, 363–368.

Oepke, A./Rohde, J., Der Brief des Paulus an die Galater, ThHK IX, ³1973.

Oesterreicher, J.M., Israel's Misstep and her Fall. The Dialectic of God's Saving Design in Romans 9-11, in: Studiorum Paulinorum Congressus I, AnBib 17, Rom 1963, 317–327.

Okeke, G.E., I Thessalonians 2.13-16: The Fate of the Unbelieving Jews, NTS 27, 1981, 127–136.

Olbricht, T.H., An Aristotelian Rhetorical Analysis of 1 Thessalonians, in: Balch u.a., Hg., Greeks, 216–236.

Oliveira, A. de, Die Diakonie der Gerechtigkeit und der Versöhnung in der Apologie des 2. Korintherbriefes, NTA NF 21, 1990.

Ollrog, W.-H., Paulus und seine Mitarbeiter, WMANT 50, 1979.

Orlinsky, H.M., Nationalism – Universalism and Internationalism in Ancient Israel, in: FS H.G. May, Nashville 1970, 206–236.

Osten-Sacken, P. v.d., Die Decke des Mose. Zur Exegese und Hermeneutik von Geist und Buchstabe in 2. Korinther 3, in: ders., Die Heiligkeit der Tora, München 1989, 87–115.

Osten-Sacken, P. v.d., Evangelium und Tora. Aufsätze zu Paulus, ThB 77, 1987.

Osten-Sacken, P. v.d., Die paulinische theologia crucis als Form apokalyptischer Theologie, EvTh 39, 1979, 477–496 (= ders., Evangelium und Tora, 56–79).

Osten-Sacken, P. v.d., Geist im Buchstaben. Vom Glanz des Mose und des Paulus, EvTh 41, 1981, 230–235 (= ders., Evangelium und Tora, 150–155).

Osten-Sacken, P. v.d., Grundzüge einer Theologie im christlich-jüdischen Gespräch, ACJD 12, 1982.

Osten-Sacken, P. v.d., Römer 8 als Beispiel paulinischer Soteriologie, FRLANT 112, 1975.

Osten-Sacken, P. v.d., Römer 9-11 als Schibbolet christlicher Theologie, in: ders., Evangelium und Tora, 294–314.

Osten-Sacken, P. v.d., Vom Gottesvolk zu den Gottesvölkern? Zum neuen Lesen der alten Texte, in: Meinhold/Lux, Hg., Gottesvolk 209–223.

Overman, J.A./MacLennan, R.S., Hg., Diaspora Jews and Judaism. Essays in Honor of, and in Dialog with, A.T. Kraabel, SFSHJ 41, 1992.

Overman, J.A., The God-Fearers: Some Neglected Features, in: Overman/MacLennan, Hg., Diapora Jews, 145–152.

Park, H.-W., Die Kirche als ‚Leib Christi' bei Paulus, TVG 378, Gießen u.a. 1992.

Pascher, J., Η ΒΑΣΙΛΙΚΗ ΟΔΟΣ. Der Königsweg zu Wiedergeburt und Vergottung bei Philon von Alexandreia, Paderborn 1931.

Pastor, F., A propósito de Gal 4,25a, EstB 31, 1972, 205–210.

Pastor, F., Alegoria o tipologia en Gal 4,21–31, EstB 34, 1975, 113–119.

Patsch, H., Abendmahl und historischer Jesus, CThM A 1, 1972.

Patte, D., A Structural Exegesis of 2 Corinthians 2:14–7:4 with Special Attention on 2:14–3:6 and 6:11–7:4, SBL.SP 26, 1987, 23–49.

Paulsen, H., Einheit und Freiheit der Söhne Gottes – Gal 3,26–29, ZNW 71, 1980, 74–95.

Paulsen, H., Überlieferung und Auslegung in Römer 8, WMANT 43, 1974.

Pax, E., Beobachtungen zur Konvertitensprache im ersten Thessalonicherbrief, SBFLA 21, 1971, 220–261.

Percy, E., Der Leib Christi (σῶμα Χριστοῦ) in den paulinischen Homologumena und Antilegomena, AUL NF 38.1, 1942.

Pereira, F., The Galatian Controversy in the Light of the Targums, IJT 20, 1971, 13–29.

Perrin, N., Jesus and the Language of the Kingdom, London 1976.

Peters, N., Das Buch Jesus Sirach oder Ecclesiasticus, EHAT 25, Münster 1913.

Pfammatter, J./Furger, F., Hg., Judentum und Kirche: Volk Gottes, ThBer 3, Einsiedeln 1974.

Philonenko, M., Joseph et Aséneth, StPB 13, 1968.

Piper, J., The Justification of God. An Exegetical and Theological Study of Romans 9:1–23, Grand Rapids 1983.

Plag, C., Israels Wege zum Heil. Eine Untersuchung zu Römer 9 bis 11, AzTh I.40, 1969.

Ponsot, H., Et ainsi tout Israel sera sauvé: Rom., XI, 26a. Salut et conversion, RB 89, 1982, 406–417.

Porton, G.G., Forbidden Transactions: Prohibited Commerce with Gentiles in Earliest Rabbinism, in: Neusner/Frerichs, Hg., To See Ourselves, 317–335.

Porton, G.G., Goyim. Gentiles and Israelites in Mishnah-Tosefta, BJSt 155, 1988.

Preuß, H.D., Jahweglaube und Zukunftserwartung, BWANT 87, 1968.

Preuß, H.D., Theologie des Alten Testaments I.II, Stuttgart u.a. 1991. 1992.

Procksch, O., Jesaja I, KAT IX, 1930.

Procksch, O., Theologie des Alten Testaments, Gütersloh 1950.

Puech, E., Une apocalypse messianique (4Q521), RdQ 15, 1992, 475–522.

Rabello, A.M., Christian News from Israel 21, 1970/71, 28f.

Rabello, A.M., The Legal Condition of the Jews in the Roman Empire, ANRW II.13, 1980, 662–762.

Rad, G. v., Das erste Buch Mose. Genesis, ATD 2–4, 1949.

Rad, G. v., Das fünfte Buch Mose. Deuteronomium, ATD 8, 1964.

Rad, G. v., Die Anrechnung des Glaubens zur Gerechtigkeit, in: ders., Ges. Stud., ThB 8, ³1965, 130–135.

Räisänen, H., Galatians 2.16 and Paul's Break with Judaism, in: ders., Torah and Christ, 168–184.

Räisänen, H., Paul and the Law, WUNT 29, ²1987.

Räisänen, H., Paul, God, and Israel: Romans 9–11 in Recent Research, in: J. Neusner u.a, Hg., The Social World of Formative Christianity and Judaism, FS H.C. Kee, Philadelphia 1988, 178–206.

Räisänen, H., Römer 9–11: Analyse eines geistigen Ringens, ANRW II.25.4, 1987, 2891–2939.

Räisänen, H., The Idea of Divine Hardening. A Comparative Study of the Notion of Divine Hardening, Leading Astray and Inciting to Evil in the Bible and the Qur'ân, Publications of the Finnish Exegetical Society (SESJ) 25, ²1976.

Räisänen, H., The Torah and Christ. Essays in German and English on the Problem of the Law in Early Christianity, Publications of the Finnish Exegetical Society (SESJ) 45, 1986.

Räisänen, H., Zionstora und Biblische Theologie. Zu einer Tübinger Theorie, in: ders., Torah and Christ, 337–365.

Rajak, T., Jewish Rights in the Greek Cities under Roman Rule: A New Approach, in: W.S. Green, Hg., Approaches to Ancient Judaism V, BJSt 32, 1985, 19–35.

Ramsey, H. and L., The Place of Gal in the Career of Paul, Ann Arbor 1961.

Refoulé, F., „... et ainsi tout Israël sera sauvé". Romains 11,25–32, LeDiv 117, Paris 1984.

Reichrath, H.L., Juden und Christen – Eine Frage von ‚Ökumene'? Was uns Römer 15,7–13 dazu lehrt, Jud 47, 1991, 22–30.

Reinbold, W., Paulus und das Gesetz: Zur Exegese von Röm 9,30–33, BZ NF 38, 1994, 253–264.

Reinmuth, E., Geist und Gesetz. Studien zu Voraussetzungen und Inhalt der paulinischen Paränese, ThA 44, 1985.

Renaud, B., Das Verhalten Israels den Völkern gegenüber als prophetische Kritik, Conc (D) 24, 1988, 455–461.

Rendtorff, R., Arbeitsbuch Christen und Juden. Zur Studie des Rates der EKD, Gütersloh ²1980.

Rendtorff, R., Das überlieferungsgeschichtliche Problem des Pentateuch, BZAW 147, 1976.

Rendtorff, R., Hat denn Gott sein Volk verstoßen? Die Evangelische Kirche und das Judentum seit 1945. Ein Kommentar, ACJD 18, 1989.

Rendtorff, R./Henrix, H.H., Hg., Die Kirchen und das Judentum. Dokumente von 1945–1985, Paderborn/München 1988.

Rengstorf, K.H., Das Ölbaum-Gleichnis in Röm 11,16ff. Versuch einer weiterführenden Deutung, in: E. Bammel u.a., Hg., Donum Gentilicium, FS D. Daube, Oxford 1978, 127–164

Rengstorf, K.H., Hg., Das Paulusbild in der neueren deutschen Forschung, WdF 24, 1964.

Renwick, D.A., Paul, the Temple, and the Presence of God, BJSt 224, 1991, 95–160;

Rese, M., Die Rettung der Juden nach Römer 11, in: A. Vanhoye u.a., Hg., L'apôtre Paul, BEThL 73, 1986, 422–430.

Rese, M., Die Rolle Israels im apokalyptischen Denken des Paulus, in: J. Lambrecht u.a., Hg., L'Apocalypse johannique et l'Apocalyptique dans le Nouveau Testament, BEThL 53, 1980, 311–318.

Rese, M., Die Vorzüge Israels in Röm. 9,4f. und Eph. 2,12. Exegetische Anmerkungen zum Thema Kirche und Israel, ThZ 31, 1975, 211–222.

Rese, M., Israel und Kirche in Römer 9, NTS 34, 1988, 208–217.

Rese, M., Israels Unwissen und Ungehorsam und die Verkündigung des Glaubens durch Paulus in Römer 10, in: D.A. Koch u.a., Hg., Jesu Rede von Gott und ihre Nachgeschichte im frühen Christentum, FS W. Marxsen, Gütersloh 1989, 252–266.

Reynolds, J./Tannenbaum, R., Jews and God-Fearers in Aphrodisias: Greek Inscriptions with Commentary, Cambridge Philological Society Suppl. 12, 1987.

Richardson, P., Israel in the Apostolic Church, MSSNTS 10, 1969.

Richardson, P., Pauline Inconsistency: I Corinthians 9:19–23 and Galatians 2:11–14, NTS 26, 1980, 347–362.

Riesner, R., Die Frühzeit des Apostels Paulus. Studien zur Chronologie, Missionsstrategie und Theologie, WUNT 71, 1994.

Robinson, D.W.B., The Distinction Between Jewish and Gentile Believers in Galatians, ABR 13, 1965, 29–48.

Roetzel, C., Διαθῆκαι in Romans 9,4, Bib. 51, 1970, 377–390.

Rohde, J., Der Brief des Paulus an die Galater, ThHK IX, [4-1]1989.

Roloff, J., Abraham im Neuen Testament. Beobachtungen zu einem Aspekt Biblischer Theologie, in: ders., Exegetische Verantwortung in der Kirche. Aufsätze, hg. von M. Karrer, Göttingen 1990, 231–254.

Roloff, J., Anfänge der soteriologischen Deutung des Todes Jesu (Mk. X.45 und Lk. XXII.27), in: ders., Verantwortung, 117–143.

Roloff, J., Apostolat – Verkündigung – Kirche. Ursprung, Inhalt und Funktion des kirchlichen Apostelamtes nach Paulus, Lukas und den Pastoralbriefen, Gütersloh 1965.

Roloff, J., Die Apostelgeschichte, NTD 5, 1981.

Roloff, J., Die Bedeutung des Gottesvolk-Gedankens für die neutestamentliche Ekklesiologie, GlLern 2, 1987, 34–46.

Roloff, J., Die Kirche im Neuen Testament, GNT 10, 1993.

Roloff, J., Die Offenbarung des Johannes, ZBK.NT 18, 1984.

Roloff, J., Neues Testament. Neukirchener Arbeitsbücher, Neukirchen [4]1985.

Romaniuk, K., Die „Gottesfürchtigen" im Neuen Testament. Beiträge zur neutestamentlichen Theologie der Gottesfrucht (sic!), Aeg. 44, 1964, 66–91.

Ropes, J., H., The Singular Problem of the Epistle to Galatians, Cambridge (MA) 1969.

Rost, L., Die Vorstufen von Kirche und Synagoge im Alten Testament, BWANT IV.24, 1938.

Rost, L., Einleitung in die alttestamentlichen Apokryphen und Pseudepigraphen einschließlich der großen Qumran-Handschriften, Heidelberg [3]1985.

Rudolph, W., Jeremia, HAT I.12, [3]1968.

Rudolph, W., Haggai – Sacharja 1–8 – Sacharja 9–14 – Maleachi, KAT XIII.4, 1976.

Ruether, R.R., Faith and Fratricide. The Theological Roots of Anti-Semitism, New York, 1974.

Rüger, P., Text und Textform im hebräischen Sirach, BZAW 112, 1970.

Rusam, D., Die Gemeinschaft der Kinder Gottes. Das Motiv der Gotteskindschaft und die Gemeinden der johanneischen Briefe, BWANT 133, 1993.

Rusam, D., Neue Belege zu den στοιχεῖα τοῦ χόσμου (Gal 4,3.9; Kol 2,8.20), ZNW 83, 1992, 119–125.

Sacchi, P., Das Problem des ‚wahren Israel‘ im Lichte der universalistischen Auffassungen des Alten Orients, JBTh 7, 1992, 77–100.

Safrai, S., Die Wallfahrt im Zeitalter des Zweiten Temples, FCJD 3, 1981.

Sampley, J.P., „Before God, I do not lie" (Gal. I.20). Paul's Self-Defence in the Light of Roman Legal Praxis, NTS 23, 1976/77, 477–482.

Sanday, W./Headlam, A., Critical and Exegetical Commentary on the Epistle to the Romans, ICC, Edinburgh 1925.

Sanders, E.P., Jesus and Judaism, London ²1987.

Sanders, E.P., Jewish Association with Gentiles and Galatians 2:11–14, in: R.T. Fortna u.a., Hg., The Conversation Continues. Studies in Paul and John, FS J.L. Martyn, Nashville 1990, 170–188.

Sanders, E.P., Paul, the Law, and the Jewish People, Philadelphia 1983.

Sanders, E.P., Paul and Palestinian Judaism. A Comparison of Patterns of Religion, London 1977.

Sanders, E.P., Paulus und das palästinische Judentum. Ein Vergleich zweier Religionsstrukturen, StUNT 17, 1985.

Sanders, E.P., The Covenant as a Soteriological Category and the Nature of Salvation in Palestinian and Hellenistic Judaism, in: R. Hamerton-Kelly/R. Scroggs, Hg., Jews, Greeks and Christians, FS W.D. Davies, SJLA 21, 1976, 11–44.

Sanders, J.T., Paul's „Autobiographical" Statements in Galatians 1–2, JBL 85, 1966, 335–343.

Sandnes, K.O., Paul – One of the Prophets?, WUNT II.43, 1991.

Sänger, D., Antikes Judentum und die Mysterien, WUNT II.5, 1980.

Sänger, D., Die Verkündigung des Gekreuzigten und Israel. Studien zum Verhältnis von Kirche und Israel bei Paulus und im frühen Christentum, WUNT 75, 1994.

Sänger, D., Neues Testament und Antijudaismus, KuD 34, 1988, 210–231.

Sänger, D., Rettung der Heiden und Erwählung Israels. Einige vorläufige Erwägungen zu Römer 11,25–27, KuD 32, 1986, 99–119.

Saß, G., Noch einmal: 2Kor 6,14–7,1. Literarkritische Waffen gegen einen ‚unpaulinischen‘ Paulus?, ZNW 84, 1993, 36–64.

Saß, G., Röm 15,7–13 – als Summe des Römerbriefs gelesen, EvTh 53, 1993, 510–527.

Saywer, J.F.A., „Blessed my People Egypt" (Jesaiah 19.25), in: J.D. Martin u.a., Hg., A Word in Season, FS W. McKane, JSOT.S 42, 1986, 57–71.

Schade, H.H., Apokalyptische Christologie bei Paulus. Studien zum Zusammenhang von Christologie und Eschatologie in den Paulusbriefen, GTA 18, ²1984.

Schäfer, P., Die Torah der messianischen Zeit, ZNW 65, 1974, 27–42.

Schaller, B., Philon von Alexandreia und das „Heilige Land", in: G. Strecker, Hg., Das Land Israel in biblischer Zeit. Jerusalem-Symposion 1981, GTA 25, 1983, 172–187.

Schaller, B., ΗΞΕΙ ΕΚ ΣΙΩΝ Ο ΡΥΟΜΕΝΟΣ. Zur Textgestalt von Jes 59:20f. in Röm 11:26f., in: A. Pietersma u.a. Hg., De Septuaginta, FS J.W. Wevers, Mississauga 1984, 201–206.

Schaper, J., Psalm 47 und sein „Sitz im Leben", ZAW 106, 1994, 262–275.

Schechter, S., Some Aspects of Rabbinic Theology, New York 1936.

Schenk, W., Der Philipperbrief in der neueren Forschung (1945–1985), ANRW II.25.4, 1987, 3280–3313.

Schenk, W., Die Philipperbriefe des Paulus. Kommentar, Stuttgart u.a. 1984.

Schenke, H.-M./Fischer, K.-M., Einleitung in die Schriften des Neuen Testaments I, Berlin 1978.

Schenke, L., Die Urgemeinde. Geschichtliche und theologische Entwicklung, Stuttgart u.a. 1990.

Schenker, A., Gott als Vater – Söhne Gottes. Ein vernachlässigter Aspekt einer biblischen Metapher, FZPhTh 25, 1978, 3–55 (= ders., Text und Sinn des Alten Testaments, OBO 103, 1991, 1–53).

Schiffman, L.H., Exclusion from the Sanctuary and the City of the Sanctuary in the Temple Scroll, HAR 9, 1985, 301–320.

Schiffman, L.H., Legislation Concerning Relations with Non-Jews in the Zadokite Fragments and in Tannaitic Literature, RdQ 11, 1983, 379–389.

Schiffman, L.H., Miqṣat Maʿaśeh Ha-Torah and the Temple Scroll, RdQ 14, 1989–90, 435–457.

Schiffman, L.H., Proselytism in the Writings of Josephus, in: U. Rappaport, Hg., Josephus Flavius, Jerusalem 1982, 247–265.

Schiffman, L.H., The Conversion of the Royal House of Adiabene in Josephus and Rabbinic Sources, in: L.H. Feldman/G. Hata, Hg., Josephus, Judaism, and Christianity, Detroit 1987, 293–312.

Schiffman, L.H., The Law of the Temple Scroll and its Provenance, FolOr 25, 1988, 85–98.

Schiffmann, L.H., The New Halakhic Letter (4QMMT) and the Origin of the Dead Sea Sect, BA 59, 1990, 64–73.

Schiffman, L.H., The Temple Scroll and the System of Jewish Law of the Second Temple Period, in: G.J. Brooke, Hg., Temple Scroll Studies, JSP.S 7, 1989, 239–255.

Schimanowski, G., „Abgrenzung und Identitätsfindung". Paulinische Paränese im 1. Thessalonicherbrief, in: Feldmeier/Heckel, Hg., Die Heiden, 297–316.

Schlatter, A., Paulus, der Bote Jesu. Eine Deutung seiner Briefe an die Korinther, Stuttgart 1934.

Schlier, H., Christus und die Kirche im Epheserbrief, BHTh 6, 1930.

Schlier, H., Der Brief an die Galater, KEK VII, ⁵1971.

Schlier, H., Der Römerbrief, HThK 6, 1977.

Schlier, H., Doxa bei Paulus als heilsgeschichtlicher Begriff, in: ders., Besinnung auf das Neue Testament, Exegetische Aufsätze und Vorträge II, Freiburg u.a. ²1967, 307–318.

Schlier, H., Grundzüge einer paulinischen Theologie, Freiburg u.a. 1978.

Schlier, H., Zu den Namen der Kirche in den Paulinischen Briefen, in: ders., Besinnung, 294–306.

Schmeller, T. Paulus und die ‚Diatribe'. Eine vergleichende Stilinterpretation, NTA NF 19, 1987.

Schmidt, H., Israel, Zion und die Völker. Eine motivgeschichtliche Untersuchung zum Verständnis des Universalismus im Alten Testament, Diss. Zürich 1966.

Schmidt, H.W., Der Brief des Paulus an die Römer, ThHK 6, 1962.

Schmidt, J.M., Biblische Vorstellungen von ‚Bund' als Grundlage und Orientierung für das jüdisch-christliche Gespräch, in: H.G. Geyer u.a, Hg., Wenn nicht jetzt, wann dann?, FS H.-J. Kraus, Neukirchen 1983, 153–168.

Schmidt, K.L. - Buber, M., Kirche, Staat, Volk, Judentum. Zwiegespräch im Jüdischen Lehrhaus in Stuttgart am 14. Januar 1933, in: Schmidt, K.L., Neues Testament – Judentum – Kirche, hg. von G. Sauter, ThB 69, 1981, 149–165.

Schmidt, K.L., Die Kirche des Urchristentums. Eine lexikographische und biblisch-theologische Studie, aus: Festgabe für A. Deissmann, Tübingen ²1932, 258–319.

Schmidt, L., ‚De Deo'. Studien zur Literarkritik und Theologie des Buches Jona, des Gesprächs zwischen Abraham und Jahwe in Gen 18,22ff und in Hi 1, BZAW 143, 1976.

Schmidt, L., Israel ein Segen für die Völker? (Das Ziel des jahwistischen Werkes – eine Auseinandersetzung mit H.W. Wolff), ThViat 12, 1975, 135–151.

Schmidt, L., Väterverheißungen und Pentateuchfrage, ZAW 104, 1992, 1–27.

Schmidt, W.H., ‚Volk Gottes'. Aspekte des Alten Testaments, GlLern 2, 1987, 19–32.

Schmithals, W., Der Römerbrief als historisches Problem, StNT 9, 1975.

Schmithals, W., Der Römerbrief. Ein Kommentar, Gütersloh 1988.

Schmithals, W., Die Gnosis in Korinth. Eine Untersuchung zu den Korintherbriefen, FRLANT 66, ³1969.

Schmithals, W., Die Häretiker in Galatien, in: ders., Paulus und die Gnostiker, ThF 35, Hamburg 1965, 9–46.

Schmithals, W., Die Irrlehrer des Philipperbriefes, in: ders., Paulus und die Gnostiker, 47–87.

Schmithals, W., Judaisten in Galatien?, ZNW 74, 1983, 27–58.

Schmithals, W., Paulus als Heidenmissionar und das Problem seiner theologischen Entwicklung, in: D.A. Koch u.a., Hg., Jesu Rede von Gott und ihre Nachgeschichte, FS W. Marxsen, Gütersloh 1989, 235–251.

Schmitt, H.-C., Die nichtpriesterliche Josephsgeschichte, BZAW 154, 1980.

Schmitt, R., Gottesgerechtigkeit - Heilsgeschichte - Israel in der Theologie des Paulus, EHS.T 240, 1984.

Schmitz, O., Abraham im Spätjudentum und im Urchristentum, in: Aus Schrift und Glaube. Theologische Abhandlungen für A. Schlatter, Stuttgart 1922, 99–123.

Schnabel, E.J., Law and Wisdom from Ben Sira to Paul, WUNT II.16, 1985.

Schnackenburg, R., Das Urchristentum, in: Maier/Schreiner, Hg., Literatur, 284–309.

Schneider, G., Die Idee der Neuschöpfung beim Apostel Paulus und ihr religionsgeschichtlicher Hintergrund, TThZ 68, 1959, 257–270.

Schneider, G., ΚΑΙΝΗ ΚΤΙΣΙΣ. Die Idee der Neuschöpfung beim Apostel Paulus und ihr religionsgeschichtlicher Hintergrund, Diss. Trier 1959.

Schneider, G., Neuschöpfung oder Wiederkehr? Eine Untersuchung zum Geschichtsbild der Bibel, Düsseldorf 1961.

Schneider, N., Die ‚Schwachen‘ in der christlichen Gemeinde Roms. Eine hist.-exeget. Untersuchung zu Röm 14,1–15,13, Diss. Wuppertal 1989.

Schnelle, U., Die Ethik des 1. Thessalonicherbriefes, in: Collins, Hg., Correspondence, 295–305.

Schnelle, U., Gerechtigkeit und Christusgegenwart. Vorpaulinische und paulinische Tauftheologie, GTA 24, ²1986.

Schnelle, U., Wandlungen im paulinischen Denken, SBS 137, 1989.

Schnider, F./Stenger, W., Studien zum neutstamentlichen Briefformular, NTTS 11, 1987.

Schoeps, H.-J., Paulus. Die Theologie des Apostels im Lichte der jüdischen Religionsgeschichte, Tübingen 1959.

Schöllgen, G., Hausgemeinden, ΟΙΚΟΣ-Ekklesiologie und monarchischer Episkopat. Überlegungen zu einer neuen Forschungsrichtung, JAC 31, 1988, 74–90.

Schoon-Janßen, J., Umstrittene ‚Apologien‘ in den Paulusbriefen, GTA 45, 1991.

Schrage, W., „... den Juden ein Skandalon"?, in: Brocke/Seim, Hg., Augapfel, 59–76.

Schrage, W., Die konkreten Einzelgebote in der paulinischen Paränese, Gütersloh 1961.

Schrage, W., „Israel nach dem Fleisch" (1Kor 10,18), in: H.G. Geyer, Hg., Wenn nicht jetzt, wann dann?, FS H.-J. Kraus, Neukirchen 1983, 143–151.

Schrage, W., ‚Ekklesia‘ und ‚Synagoge‘. Zum Ursprung des urchristlichen Kirchenbegriffs, ZThK 60, 1963, 178–202.

Schrage, W., Der erste Brief an die Korinther I. 1Kor 1,1–6,11, EKK VII.1, 1991.

Schreckenberg, H., Die christlichen Adversus-Iudaeos-Texte und ihr literarisches und historisches Umfeld I (1.–11. Jh.), EHS.T 172, 1982; II (11.–13. Jh.), EHS.T 335, 1988; III (13.–20. Jh.) EHS.T 497, 1994.

Schreiner, J., Berufung und Erwählung Israels zum Heil der Völker, BiLe 9, 1968, 94–114.

Schreiner, J., Segen für die Völker in der Verheißung an die Väter, BZ NF 6, 1962, 1–31.

Schreiner, J., Zur Stellung von Psalm 22 im Psalter. Folgen für die Auslegung, in: ders., Hg., Beiträge zur Psalmenforschung, fzb 60, 1988, 241–277.

Schrenk, G., Die Weissagung über Israel im Neuen Testament, Zürich 1951.

Schrenk, G., Was bedeutet ‚Israel Gottes‘?, Jud 5, 1949, 81–94.

Schröter, J., Der versöhnte Versöhner. Paulus als unentbehrlicher Mittler im Heilsvorgang zwischen Gott und Gemeinde nach 2Kor 2,14–7,4, TANZ 10, 1993.

Schuller, E., 4Q372: A Text about Joseph, RdQ 14, 1989, 349–376.

Schüpphaus, J., Die Psalmen Salomos, ALGHJ 7, 1977.

Schürer, E., The History of the Jewish People in the Age of Jesus Christ I–III, Revised and Edited by G. Vermes/F. Miller/M. Goodman/M. Black, Edinburgh 1973–1987 (zit.: Schürer, History I–III).

Schüssler Fiorenza, E., Zu ihrem Gedächtnis ... Eine feministisch-theologische Rekonstruktion der christlichen Ursprünge, München 1988 (entspr.: dies., In Memory of Her, 1985).

Schwantes, H., Schöpfung der Endzeit. Ein Beitrag zum Verständnis der Auferwekkung bei Paulus, AzTh I.12, 1963.

Schwartz, D.R., Leben durch Jesus versus Leben durch die Torah. Zur Religionspolemik der ersten Jahrhunderte, Franz-Delitzsch-Vorlesung 1991, Münster 1993.

Schwartz, D.R., On Sacrifice by Gentiles in the Temple of Jerusalem, in: ders., Studies in the Jewish Background of Christianity, WUNT 60, 1992, 102–116.

Schwartz, D.R., On two Aspects of a Priestly View of Descent at Qumran, in: L.H. Schiffman, Hg., Archaeology and History in the Dead See Scrolls, JSP.S 8, 1990, 157–179.

Schwartz, D.R., The Three Temples of 4Q Florilegium, RdQ 10, 1979–81, 83–91.

Schwartz, J., Jubilees, Bethel and the Temple of Jacob, HUCA 56, 1985, 63–85.

Schwarz, E., Identität durch Abgrenzung, EHS.T 162, 1982.

Schweizer, E. Theologische Einleitung in das Neue Testament, GNT 2, 1989.

Schweizer, E., Altes und Neues zu den ,Elementen der Welt' in Kol 2,20; Gal 4,3.9; in: K. Aland/S. Meurer, Hg., Wissenschaft und Kirche, FS Lohse, Bielefeld 1989, 111–118.

Schweizer, E., Der Kirchenbegriff im Evangelium und den Briefen des Johannes, in: ders., Neotestamentica. Deutsche und englische Aufsätze 1951–1963, Zürich u.a. 1963, 254–271.

Schweizer, E., Die Kirche als Leib Christi in den paulinischen Homologumena, in: ders., Neotestamentica, 272–292.

Schweizer, E., Gemeinde und Gemeindeordnung im Neuen Testament, AThANT 35, 1959.

Schweizer, E., What Do We Really Mean When We Say ,God sent his son', in: J.T. Carroll u.a., Hg., Faith and History, FS P.W. Meyer, Atlanta 1990, 298–312.

Schweizer, E., Zur Herkunft der Präexistenzvorstellung bei Paulus, in: ders., Neotestamentica, 105–109.

Schwemer, A.M., Gott als König und seine Königsherrschaft in den Sabbatliedern aus Qumran, in: Hengel/ Schwemer, Hg., Königsherrschaft Gottes, 45–118.

Schwemer, A.M., Irdischer und himmlischer König, in: Hengel/Schwemer, Hg., Königsherrschaft Gottes, 309–359.

Scott, J.M., Adoption as Sons of God, WUNT II.48, 1992.

Scroggs, R., Paul as Rhetorician: Two Homilies in Romans 1–11, in: R. Hamerton-Kelly/R. Scroggs, Hg., Jews, Greeks and Christians, FS W.D. Davies, Leiden 1976, 271–298.

Seeligmann, I.L., The Septuagint Version on Isaiah, Leiden 1948.

Segal, A.F., Bund in den rabbinischen Schriften, KuI 6, 1991, 147–162.

Sehmsdorf, E., Studien zur Redaktionsgeschichte von Jesaja 56–66 I.II, ZAW 84, 1972, 517–562 (I).562–576 (II).

Seidel, H., Lobgesänge im Himmel und auf Erden, in: Meinhold/Lux, Hg., Gottesvolk, 114–124.

Sekine, S., Die Tritojesajanische Sammlung (Jes 56–66) redaktionsgeschichtlich untersucht, BZAW 175, 1989.

Sekki, A.E., The Meaning of *Ruah* at Qumran, SBL.DS 115, 1989.

Sellin, G., Gotteserkenntnis und Gotteserfahrung bei Philo von Alexandrien, in: H.-J. Klauck, Hg., Monotheimus und Christologie, QD 138, 1992, 17–40.

Sellin, G., Hauptprobleme des Ersten Korintherbriefes, ANRW II.25.4, 1987, 2940–3044.

Senft, C., L'élection d'Israël et la justification (Romains 9 à 11), in: L'Evangile, hier et aujourd'hui, FS F.-J. Leenhardt, Genève 1968, 131–142.

Siegert, F., Argumentation bei Paulus gezeigt an Röm 9–11, WUNT 34, 1985.

Siegert, F., Die Heiden in der pseudo-philonischen Predigt De Jona, in: Feldmeier/Heckel, Hg., Die Heiden, 52–58.

Siegert, F., Drei hellenistisch-jüdische Predigten I, WUNT 20, 1980.

Siegert, F., Drei hellenistisch-jüdische Predigten II, WUNT 61, 1992.

Siegert, F., Gottesfürchtige und Sympathisanten, JSJ 4, 1973, 109–164.

Siker, J.S., From Gentile Inclusion to Jewish Exclusion: Abraham in Early Christian Controversy with Jews, BTB 19, 1989, 30–36.

Simon, M., Art. Gottesfürchtiger, RAC XI, 1060–1070.

Simpson, J.W. jr., The Problems Posed by 1 Thessalonians 2,15–16 and a Solution, HBT 12, 1990, 42–72.

Sisti, P.A., Le due alleanze (Gal 4,21–31), BeO 11, 1969, 25–31.

Sjöberg, E., Gott und die Sünder im palästinischen Judentum nach dem Zeugnis der Tannaiten und der apokryphisch-pseudepigraphischen Literatur, BWANT 79, 1938.

Sjöberg, E., Neuschöpfung in den Toten-Meer-Rollen, StTh 9, 1955, 131–136.

Sjöberg, E., Wiedergeburt und Neuschöpfung im palästinischen Judentum, StTh 4, 1950, 44–85.

Skehan, P.W., Qumran and the Present State of Old Testament Text Studies: The Masoretic Text, JBL 78, 1959, 21–25.

Skehan, P.W./di Lella, A.A., The Wisdom of Ben Sira, AncB 39, 1987.

Slingerland, H.D., The Testaments of the Twelve Patriarchs, SBL.MS 21, 1977.

Smallwood, E.M., The Jews under Roman Rule. From Pompey to Diocletian, SJLA 20, 1976.

Smend, R., Die Bundesformel, ThSt(B) 68, Zürich 1963 (= ders., Die Mitte des Alten Testaments. Ges. Stud. 1, BEvTh 99, 1986, 11–39).

Smend, R., Die Entstehung des Alten Testaments, ThW 1, 1978.

Smit, J., The Letter of Paul to the Galatians: A Deliberative Speech, NTS 35, 1989, 1–26.

Smit, J., Redactie in de brief aan de galaten. Retorische analyse van Gal 4,12–6,18, TTh 26, 1986, 113–144.

Smith, J.Z., Fences and Neighbors: Some Contours of Early Judaism, in: ders., Imagining Religion: From Babylon to Jonestown, Chicago 1982.

Söding, Th., Der Erste Thessalonicherbrief und die frühe paulinische Evangeliumsverkündigung. Zur Frage einer Entwicklung der paulinischen Theologie, BZ NF 35, 1991, 180–203.

Söding, Th., Zur Chronologie die paulinischen Briefe. Ein Diskussionsvorschlag, BN 56, 1991, 31–59.

Sohn, Seock-Tae, The Divine Election of Israel, New York 1986 (UMI).

Standaert, B., La rhétorique antique et l'Epître aux Galates, FV 84, 1985, 33–40.

Stanley, C.D., ,The Redeemer Will Come ἐκ Σιων': Romans 11,26–27 Revisited, in: C.A. Evans/J.A. Sanders, Hg., Paul and the Scriptures of Israel, JSNT.S 83, 1993, 118–142.

Stanley, C.D., ‚Under a Curse': A Fresh Reading of Galatians 3.10–14, NTS 36, 1990, 481–511.

Steck, O.H., Beobachtungen zur Anlage von Jes 65–66, BN 38/39, 1987, 103–116.

Steck, O.H., Bereitete Heimkehr, SBS 121, 1985.

Steck, O.H., Der Abschluß der Prophetie im Alten Testament, BThSt 17, 1991.

Steck, O.H., Deuterojesaja als theologischer Denker, KuD 15, 1969, 280–293.

Steck, O.H., Gottesvolk und Gottesknecht in Jes 40–66, JBTh 7, 1992, 51–75.

Steck, O.H., Israel und das gewaltsame Geschick der Propheten, WMANT 23, 1967.

Steck, O.H., Studien zu Tritojesaja, BZAW 203, 1991.

Steck, O.H., Überlieferung und Zeitgeschichte in den Elia-Erzählungen, WMANT 26, 1968.

Stegemann, E., ‚Das Gesetz ist nicht wider die Verheißungen!' Thesen zu Galater 3,15–29, in: E. Freund u.a., Hg., Theologische Brosamen für Lothar Steiger, DBAT.B 5, Heidelberg 1985, 389–395.

Stegemann, E., Der eine Gott und die eine Menschheit. Israels Erwählung und die Erlösung von Juden und Heiden nach dem Römerbrief, Habil. Heidelberg 1981.

Stegemann, E., Der Neue Bund im Alten. Zum Schriftverständnis des Paulus in II Kor 3, ThZ 42, 1986, 97–114.

Stegemann, E., Die umgekehrte Tora, Jud 43, 1987, 4–20.

Stegemann, E., Zur antijüdischen Polemik in 1Thess 2,14–16, KuI 5, 1990, 54–64.

Stegemann, H., „Das Land" in der Tempelrolle und in anderen Texten aus den Qumranfunden, in: G. Strecker, Hg., Das Land Israel in biblischer Zeit, GTA 25, 154–171.

Stegemann, H., Die Essener, Qumran, Johannes der Täufer und Jesus, Freiburg 1993.

Stegemann, W., Anlaß und Hintergrund der Abfassung von 1Th 2,1–12, in: G. Freund u.a., Hg., Theologische Brosamen für Lothar Steiger, DBAT.B 5, Heidelberg 1985, 397–416.

Stegemann, W., Paul and the Sexual Mentality of His World, BTB 23, 1993, 161–166.

Stegemann, W., Zwischen Synagoge und Obrigkeit, FRLANT 152, 1991.

Stegner, W.R., Romans 9.6–29 – a Midrash, JSNT 22, 1984, 37–52.

Steinhauser, M.G., Gal 4,25a: Evidence of Targumic Tradition in Gal 4,21–31?, Bib. 70, 1989, 234–240.

Stemberger., G., Pharisäer, Sadduzäer, Essener, SBS 144, 1991.

Stendahl, K., Der Jude Paulus und wir Heiden, München 1978.

Stendahl, K., Paul among Jews and Gentiles and other Essays, Philadelphia 1975.

Stendahl, K., The Bible and the Role of Women. A Case Study in Hermeneutics, Philadelphia 1966.

Stenning, J.F., Hg., The Targum of Isaiah, Oxford 1949.

Steudel, A., 4QMidrEschat: „A Midrash on Eschatology" (4Q174 + 4Q177), in: Barrera/Montaner, Hg., Madrid Qumran Congress II, 531–541.

Stern, S., Jewish identity in early rabbinic writings, AGJU 23, 1994.

Stiegler, S., Die nachexilische JHWH-Gemeinde in Jerusalem – ein Beitrag zu einer alttestamentlichen Ekklesiologie, Diss. Halle/Wittenberg 1987 (jetzt: BEAT 34, 1994).

Stogiannos, V., Die eigenhändige Zusammenfassung des Galaterbriefes des Paulus (Gal 6,11–18), DBM 14, 1985, 11–23.

Stolle, V., Die Juden zuerst – Das Anliegen des Römerbriefs, LuThK 14, 1990, 154–165.

Strack, H.L./Stemberger, G., Einleitung in Talmud und Midrasch, München ⁷1982.

Strecker, G., Befreiung u. Rechtfertigung. Zur Stellung der Rechtfertigungslehre in der Theologie des Paulus, in: J. Friedrich u.a., Hg., Rechtfertigung, FS E. Käsemann, 479–508 (zit. nach: ders., Eschaton und Historie. Aufsätze, Göttingen 1979, 229–259).

Strobel, A., Das Aposteldekret als Folge des antiochenischen Streites, in: Müller, P.-G./Stenger, W., Hg., Kontinuität und Einheit, FS F. Mußner, Freiburg 1981, 81–104.

Strobel, A., Das Aposteldekret in Galatien: Zur Situation von Gal I und II, NTS 20, 1974, 177–190.

Strobel, A., Der erste Brief an die Korinther, ZBK.NT 6.1, 1989.

Strobel, A., Untersuchungen zum eschatologischen Verzögerungsproblem auf Grund der spätjüdisch-urchristlichen Geschichte von Habakuk 2,2ff, NT.S 2, 1961.

Strotmann, A., „Mein Vater bist du!" (Sir 51,10). Zur Bedeutung der Vaterschaft Gottes in kanonischen und nichtkanonischen frühjüdischen Schriften, FTS 39, 1991.

Stuhlmacher, P., Biblische Theologie des Neuen Testaments I, Göttingen 1992.

Stuhlmacher, P., Das paulinische Evangelium I. Vorgeschichte, FRLANT 95, 1968.

Stuhlmacher, P., Der Brief an die Römer, NTD 6, 1989.

Stuhlmacher, P., Der Brief an Philemon, EKK XVIII, ²1981.

Stuhlmacher, P., Die Stellung Jesu und des Paulus zu Jerusalem, ZThK 86, 1989, 140–156.

Stuhlmacher, P., Erwägungen zum ontologischen Charakter der καινὴ κτίσις bei Paulus, EvTh 27, 1967, 1–35.

Stuhlmacher, P., Gerechtigkeit Gottes bei Paulus, FRLANT 87, 1965.

Stuhlmacher, P., Das Gesetz als Thema biblischer Theologie, in: ders., Versöhnung, Gesetz und Gerechtigkeit. Aufsätze zur biblischen Theologie, Göttingen 1981, 136–165.

Stuhlmacher, P., Jesu Auferweckung und die Gerechtigkeitsanschauung der vorpaulinischen Missionsgemeinden, in: ders., Versöhnung, 66–86.

Stuhlmacher, P., Zur neueren Exegese von Röm 3,24–26, in: ders., Versöhnung, 117–135.

Stuhlmacher, P., Zur Interpretation von Römer 11,25–32, in: H. W. Wolff, Hg., Probleme biblischer Theologie, FS G. von Rad, München 1971, 555–570.

Stuhlmacher, P., Cilliers Breytenbachs Sicht von Sühne und Versöhnung, JBTh 6, 1991, 339–354.

Stuhlmann, R., Das eschatologische Maß im Neuen Testament, FRLANT 132, Göttingen 1983.

Suhl, A., Der konkrete Anlaß des Römerbriefes, Kairos 13, 1971, 119–130.

Suhl, A., Die Galater und der Geist. Kritische Erwägungen zur Situation in Galatien, in: D.A. Koch u.a., Hg., Die Rede von Gott und ihre Nachgeschichte im frühen Christentum, FS W. Marxsen, Gütersloh 1989, 267–296.

Suhl, A., Paulus u. seine Briefe, StNT 11, 1975.

Suhl, A., Der Galaterbrief – Situation und Argumentation, ANRW II.25.4, 1987, 3067–3134.

Sumney, J.L., Identifying Paul's Opponents. The Question of Method in 2 Corinthians, JSNT 40, 1990, 123–126.

Swetnam, J., The Curious Crux at Romans 4,12, Bib. 61, 1980, 110–115.

Tannenbaum, R., Jews and God-Fearers in the Holy City of Aphrodite, BAR 12, 1986, 54–57.

Tcherikover, V., Hellenistic Civilisation and the Jews, Philadelphia ²1961.

Tcherikover, V., The Ideology of the Letter of Aristeas, in: S. Jellicoe, Hg., Studies in the Septuagint: Origins, Recensions, and Interpretations, New York 1974, 181–207.

Theißen, G., Aporien im Umgang mit den Antijudaismen des Neuen Testaments, in: E. Blum u.a., Hg., Die Hebräische Bibel und ihre zweifache Nachgeschichte, FS R. Rendtorff, Neukirchen 1990, 535–553.

Theißen, G., Die Starken und Schwachen in Korinth. Soziologische Analyse eines theologischen Streites, in: ders., Studien zur Soziologie des Urchristentums, WUNT 19, 1979, 272–289.

Theißen, G., Judentum und Christentum bei Paulus. Sozialgeschichtliche Überlegungen zu einem beginnenden Schisma, in: Hengel/Heckel, Hg., Paulus, WUNT 58, 331–359.

Theißen, G., Legitimation und Lebensunterhalt: Ein Beitrag zur Soziologie urchristlicher Missionare, NTS 21, 1975, 192–221.

Theißen, G., Psychologische Aspekte paulinischer Theologie, FRLANT 131, 1983.

Theobald, M., Die überströmende Gnade. Studien zu einem paulinischen Motivfeld, fzb 22, 1982.

Theobald, M., Kirche und Israel nach Röm 9–11, Kairos 29, 1987, 1–22.

Thielman, F., From Plight to Solution. A Jewish Framework for Understanding Paul's View of the Law in Galatians and Romans, NT.S 61, 1989.

Thomas, J., Aktuelles im Zeugnis der zwölf Väter, in: Burchard u.a., Studien, 62–150.

Thüsing, W., Per Christum in Deum. Studien zum Verhältnis von Christozentrik und Theozentrik in den paulinischen Hauptbriefen, NTA NF 1, ³1986.

Thüsing, W., Rechtfertigungsgedanke und Christologie in den Korintherbriefen, in: J. Gnilka, Hg., Neues Testament und Kirche, FS R. Schnackenburg, Freiburg 1974, 301–324.

Thyen, H., „... nicht mehr männlich und weiblich ..." Eine Studie zu Galater 3,28, in: F. Crüsemann/H. Thyen, Hg., Als Mann und Frau geschaffen, Gelnhausen/Berlin 1978, 107–201.

Thyen, H., ‚Das Heil kommt von den Juden‘, in: D. Lührmann/G. Strecker, Hg., Kirche, FS G. Bornkamm, Tübingen 1980, 163–184.

Thyen, H., Studien zur Sündenvergebung im Neuen Testament und seinen alttestamentlichen und jüdischen Voraussetzungen, FRLANT 96, 1970.

Tomson, P.J., Paul and the Jewish Law. Halakha in the Letters of the Apostle to the Gentiles, CRINT III.1, 1990.

Trebilco, P.R., Jewish Communities in Asia Minor, MSSNTS 69, 1991.

Trilling, W., Der zweite Brief an die Thessalonicher, EKK XIV, 1980.

Trilling, W., Die beiden Briefe des Apostels Paulus an die Thessalonicher, ANRW II.25.4, 1987, 3365–3403.

Trobisch, D., Die Entstehung der Paulusbriefsammlung, NTOA 10, 1989.

Tromp, J., The Sinners and the Lawless in Psalm of Solomon 17, NT 35, 1993, 344–361.

Tyson, J.B., „Works of Law" in Galatians, JBL 92, 1973, 423–431.

Tyson, J.B., Paul's Opponents in Galatia, NT 10, 1968, 241–254.

Ulonska, H., Gesetz und Beschneidung. Überlegungen zu einem paulinischen Ablösungskonflikt, in: D.A. Koch u.a., Hg., Jesu Rede von Gott und ihre Nachgeschichte im frühen Christentum, FS W. Marxsen, Gütersloh 1989, 314–331.

Ulonska, H., Paulus und das Alte Testament, Diss. Münster 1964.

Umemoto, N., Juden, ‚Heiden' und das Menschengeschlecht in der Sicht Philons von Alexandria, in: Feldmeier/Heckel, Hg., Die Heiden, 22–51.

Unnik, W.C. van, Das Selbstverständnis der jüdischen Diaspora in der hellenistisch-römischen Zeit, hg. von P.W. van der Horst, AGJU 17, 1993.

VanderKam, J.C., Textual and Historical Studies in the Book of Jubilees, HSM 14, 1977.

Vanhoye, A., La composition de 1 Thessaloniciens, in: Collins, Hg., Correspondence, 73–86.

Vanhoye, A., Un médiateur des anges en Gal 3,19–20, Bib. 59, 1978, 403–411.

Vellanickal, M., The Divine Sonship of Christians in the Johannine Writings, AnBib 72, 1977.

Vermes, G., Baptism and Jewish Exegesis: New Light from Ancient Sources, NTS 4, 1958, 308–319.

Vermes, G., The Gospel of Jesus the Jew, Newcastle 1981.

Vermeylen, J., Du prophète Isaïe à l'Apocalyptique II, Paris 1978.

Vielhauer, P., Geschichte der urchristlichen Literatur, Berlin ²1978 (zit.: V., Einleitung).

Vielhauer, P., Gesetzesdienst und Stoicheiadienst im Galaterbrief, in: J. Friedrich u.a. Hg., Rechtfertigung, FS E. Käsemann, 543–555.

Vielhauer, P., Oikodome. Aufsätze zum Neuen Testament 2, hg. von G. Klein, ThB 65, 1979.

Vielhauer, P., Paulus und das Alte Testament (1969), in: ders., Oikodome, 196–228.

Vielhauer, P., Paulus und die Kephaspartei in Korinth, NTS 21, 1975, 341–352.

Vogels, W., L'Égypte mon peuple – L'Universalisme d'Is 19,16–25, Bib. 57, 1976, 494–514.

Vögtle, A., Das Neue Testament und die Zukunft des Kosmos, Düsseldorf 1970.

Vollenweider, S., Freiheit als neue Schöpfung. Eine Untersuchung zur Eleutheria bei Paulus und in seiner Umwelt, FRLANT 147, 1989.

Vollenweider, S., Zeit und Gesetz. Erwägungen zur Bedeutung apokalyptischer Denkformen bei Paulus, ThZ 44, 1988, 97–116.

Volz, P., Die Eschatologie der jüdischen Gemeinde im neutestamentlichen Zeitalter, Tübingen ²1934.

Vouga, F., La construction de l'histoire en Galates 3–4, ZNW 75, 1984, 259–269.

Wacholder, B.Z., Biblical Chronology in the Hellenistic World Chronicles, HThR 61, 1968, 451–481.

Wächter, L., Jüdisches und christliches Messiasverständnis, in: ders., Jüdischer und christlicher Glaube, AzTh 57, Stuttgart 1975, 9–25.

Wagner, G., The Future of Israel: Reflections on Romans 9–11, in: W.H. Gloer, Hg., Eschatology and the New Testament, FS G.R. Beasley-Murray, Peabody (MA) 1988, 77–112.

Wallis, G., Das Tritojesajabuch, in: ders., Hg., Erfüllung und Erwartung. Studien zur Prophetie auf dem Weg vom Alten zum Neuen Testament, Berlin 1990, 71–90.

Walter, N., Christusglaube und heidnische Religiosität in paulinischen Gemeinden, NTS 25, 1979, 422–442.

Walter, N., Der Thoraausleger Aristobulos, TU 86, 1964.

Walter, N., Hellenistische Diaspora-Juden an der Wiege des Urchristentums, bislang unveröffentlichtes Manuskript.

Walter, N., Jüdisch-hellenistische Literatur vor Philon v. Alexandrien (unter Ausschluß der Historiker), ANRW II.20.1, 1986, 67–120.

Walter, N., Kann man als Jude auch Grieche sein? Erwägungen zur jüdisch-hellenistischen Pseudepigraphie, in: Reeves, J.C./Kampen J., Hg., Persuing the Text, FS Ben Zion Wacholder, JSOT.S 124, 1994, 150–163.

Walter, N., Paulus und die Gegner des Christusevangeliums in Galatien, in: A. Vanhoye, Hg., L'apôtre Paul, BEThL 73, 351–356.

Walter, N., Zur Interpretation von Römer 9–11, ZThK 81, 1984, 172–195.

Wanke, G., Die Zionstheologie der Korachiten in ihrem traditionsgeschichtlichen Zusammenhang, BZAW 97, 1966.

Waschke, E.-J., Die Frage nach Israel als die Frage nach dem Bekenntnis seiner Erwählung, in: Meinhold/Lux, Hg., Gottesvolk, 11–28.

Watson, F., 2Cor 10–13 and Paul's Painful Letter to the Corinthians, JThS 35, 1985, 324–346.

Watson, F., Paul, Judaism and the Gentiles. A Sociological Approach, MSSNTS 56, 1986.

Wechsler, A., Geschichtsbild und Apostelstreit. Eine forschungsgeschichtliche und exegetische Studie über den antiochenischen Zwischenfall (Gal 2,11–14), BZNW 62, 1991.

Wedderburn, A.J.M., Paul and the Law, SJTh 38, 1986, 613–622.

Wedderburn, A.J.M., The Body of Christ and Related Concepts in 1 Corinthians, SJTh 24, 1971, 74–96.

Wedderburn, A.J.M., The Reasons for Romans, hg. von J. Riches, Edinburgh 1988.

Weder, H., Das Kreuz Jesu bei Paulus. Ein Versuch über den Geschichtsbezug des christlichen Glaubens nachzudenken, FRLANT 125, 1981.

Wegenast, K., Das Verständnis der Tradition bei Paulus und in den Deuteropaulinen, WMANT 8, 1962.

Wehmeier, G., Der Segen im Alten Testament. Eine semasiologische Untersuchung der Wurzel ‚brk‘, ThDiss 6, Basel 1970.

Weinert, F.D., 4Q159: Legislation for an Essene Community outside of Qumran?, JSJ 5, 1974, 179–207.

Weiser, Alfons, Die Apostelgeschichte. Kapitel 13–28, ÖTK 5.2, 1985.

Weiser, Arthur, Das Buch Jeremia 1–25, ATD 20, ⁷1976.

Weiser, Arthur, Die Psalmen II, ATD 15, 1950.

Weiss, B., Der Brief an die Römer, KEK IV, ⁹1899.

Weiß, H.-F.; „Volk Gottes" und „Leib Christi". Überlegungen zur paulinischen Ekklesiologie, ThLZ 102, 1977, 411–420.

Weiß, J., Der erste Korintherbrief, KEK V, ⁹1910.

Welten, P., Zur Frage nach dem Fremden im Alten Testament, in: E.L. Ehrlich/B. Klappert, Hg., „Wie gut sind deine Zelte, Jaakow ...", FS R. Mayer, Gerlingen 1986, 130–138.

Wenschkewitz, H., Die Spiritualisierung der Kultusbegriffe Tempel, Priester und Opfer im Neuen Testament, Angelos 4, 1932, 70–230.

Wentling, J.L., Unraveling the Relationship between 11QT, the Eschatological Temple, and the Qumran Community, RdQ 14, 1989–90, 61–73.

Werblowsky, R.J. Zwi, Paulus und der Bund mit Juden und Heiden, in: M. Stöhr, Hg., Lernen mit Israel, Berlin 1993, 38–49.

Westermann, C., Prophetische Heilsworte, FRLANT 145, Göttingen 1987.

Westermann, C., Das Buch Jesaja Kap. 40–66, ATD 19, 1970.

Westermann, C., Genesis 12–36, BK I.2, 1981.

Westermann, C., God and His People. The Church in the Old Testament, Interp 17, 1963, 259–270.

Westermann, Die Verheißungen an die Väter. Studien zur Vätergeschichte, FRLANT 116, 1976.

Wiebe, W., Die Wüstenzeit als Typus der messianischen Heilszeit, Diss. Göttingen 1939.

Wiederkehr, D., Volk Gottes (AT), MySal Erg., Einsiedeln 1981, 253–255.

Wiefel, W., Die Hauptrichtung des Wandels im eschatologischen Denken des Paulus, ThZ 30, 1974, 65–81.

Wiefel, W., Die Heiligen im Neuen Testament, in: Meinhold/Lux, Hg., Gottesvolk, 29–42.

Wieser, F.E., Die Abrahamvorstellungen im Neuen Testament, EHS.T 317, 1987.

Wikenhauser, A., Die Kirche als der mystische Leib Christi nach dem Apostel Paulus, Münster 1940.

Wilckens, U. Weisheit und Torheit. Eine exegetisch-religiongeschichtliche Untersuchung zu 1. Kor 1 und 2, BHTh 26, 1959.

Wilckens, U., Das Neue Testament und die Juden. Antwort an David Flusser, EvTh 34, 1974, 602–611.

Wilckens, U., Der Brief an die Römer I.II.III, EKK VI.1–3, 1978–1982.

Wilckens, U., Die Rechtfertigung Abrahams nach Röm 4 (1961), in: ders., Rechtfertigung als Freiheit. Paulusstudien, Neukirchen 1974, 33–49.

Wilckens, U., Zu Röm 3,21–4,25. Antwort an G. Klein (1964), in: ders., Paulusstudien, 50–76.

Wilckens, U., Zur Entwicklung des paulinischen Gesetzesverständnisses, NTS 28, 1982, 154–190.

Wilcox, M., The „God-Fearers" in Acts – A Reconsideration, JSNT 13, 1981, 102–122.

Wildberger, H., Das Freudenmahl auf dem Zion, ThZ 33, 1977, 373–383.

Wildberger, H., Jesaja 13–27, BK X.2, 1978.

Willi-Plein, I., Israel als Bezeichnung eines nachisraelitischen Gottesvolkes, Jud 37, 1981, 70–75.148–153.

Willis, W.L., Paul's Instruction to the Corinthian Church on the Eating of Idol Meat, Diss. South. Method. Univ. 1981 (UMI 1982).

Wilson, I., In That Day. From Text to Sermon on Isaiah 19:23–25, Interp 22, 1967, 66–86.

Wilson, R. McLachlan, Gnostics – in Galatia?, StEv IV.1, 1968, 358–367.

Windisch, H., Der zweite Korintherbrief, KEK VI, ⁹1924 (neu hg. von G. Strecker 1970).

Winkel, J., Argumentationsanalyse von Röm 9–11, LingBibl 58, 1986, 65–79.

Wischmeyer, O., Das Adjektiv ΑΓΑΠΗΤΟΣ in den paulinischen Briefen. Eine traditionsgeschichtliche Miszelle, NTS 32, 1986, 476–480.

Wischmeyer, O., Der höchste Weg. Das 13. Kapitel des 1. Korintherbriefes, StNT 13, 1981.

Wischmeyer, O., Die Kultur des Buches Jesus Sirach, Habil. Heidelberg 1992 (jetzt: BZNW 77, 1995).

Wise, M.O., The Covenant of Temple Scroll XXIX,3–10, RdQ 14, 1989–90, 49–60.

Wise, M.O., The Temple Scroll. Its Composition, Date, Purpose and Provenance, Ph.D. Diss. Chicago 1988 (UMI).

Witherington, B., Rite and Rights for Women – Galatians 3.28, NTS 27, 1980/81, 593–604.

Wolff, C., Der erste Brief des Paulus an die Korinther II, ThHK 7.II, 1982.

Wolff, C., Der zweite Brief des Paulus an die Korinther, ThHK 8, 1989.

Wolff, C., Jeremia im Frühjudentum und Urchristentum, TU 118, 1976.

Wolff, H.W., Das Kerygma des Jahwisten, in: ders., Gesammelte Studien zum Alten Testament, ThB 22, ²1973, 345–373.

Wolff, H.W., Dodekapropheton 1, Hosea, BK XIV.1, ³1976.

Wolff, H.W., Hg., Probleme biblischer Theologie, FS G. v.Rad, München 1971.

Wolff, K.E., „Geh in das Land, das ich dir zeigen werde ..." Das Land Israel in der frühen rabbinischen Tradition und im Neuen Testament, EHS.T 340, 1989.

Wolfson, H., Philo. Foundations of Religious Philosophy in Judaism, Christianity, and Islam I–II, Cambridge (MA) 1947f.

Wolter, M., Evangelium und Tradition. Juden und Heiden zwischen solus Christus und sola scriptura (Gal 1,11–24; Röm 11,25–36), in: H.H. Schmid u.a., Hg., Sola Scriptura, Gütersloh 1991, 180–193.

Wolter, M., Rechtfertigung und zukünftiges Heil, BZNW 43, 1978.

Worgul, G.S., People of God, Body of Christ. Pauline Ecclesiological Contrasts, BTB 12, 1982, 24–28.

Woude, A.S. van der, Bemerkungen zum Gebet des Nabonid, in: M. Delcor, Hg., Qumrân, BEThL 46, 1978, 121–129.

Woude, A.S. van der, Fünfzehn Jahre Qumranforschung (1974–1988), ThR 54, 1984, 221–261; 55, 1990, 245–307; 57, 1992, 1–57.225–253.

Wright, N.T., Christ, the Law and the People of God: the Problem of Romans 9–11, in: ders., The Climax of the Covenant. Christ and the Law in Pauline Theology, Edinburgh 1991, 231–257.

Wuellner, W., The Argumentative Structure of 1 Thessalonians as Paradoxical Encomium, in: Collins, Hg., Correspondence, 117–136.

Yarbrough, O.L., Not Like the Gentiles: Marriage Rules in the Letters of Paul, SBL.DS 80, 1985.

Young, N.H., Paidagogos: The Social Setting of a Pauline Metaphor, NT 29, 1987, 150–176.

Zahn, T. v., Der Brief des Paulus an die Galater, KNT IX, ³1922.

Zahn, T. v., Der Brief des Paulus an die Römer, KNT VI, ³1925.

Zeilinger, F., Die Echtheit von 2Cor 6:14–7:1, JBL 112, 1993, 71–80.

Zeller, D., Das Logion Mt 8,11f/Lk 13,28f und das Motiv der „Völkerwallfahrt" BZ NF 15 1971, 222–237; 16, 1972, 84–93.

Zeller, D., Der Brief an die Römer, RNT, Regensburg 1985.

Zeller, D., Der Zusammenhang von Gesetz und Sünde im Römerbrief, ThZ 38, 1982, 193–212.

Zeller, D., Juden und Heiden in der Mission des Paulus. Studien zum Römerbrief, fzb 1, Würzburg ²1976.

Zenger, E., Art. Herrschaft Gottes/Reich Gottes II, TRE 15, 176–189.

Zenger, E., Der Gott Abrahams und die Völker. Beobachtungen zu Psalm 47, in: M. Görg, Hg., Die Väter Israels, FS J. Scharbert, Stuttgart 1989, 413–430.

Zenger, E., Israel und Kirche im einen Gottesbund? Auf der Suche nach einer für beide akzeptablen Verhältnisbestimmung, KuI 6, 1991, 99–114.

Zenger, E., Israel und Kirche im gemeinsamen Gottesbund. Beobachtungen zum theologischen Programm des 4. Psalmenbuchs (Ps 90–106), in: M. Marcus u.a, Hg., Israel und Kirche heute, FS E.L. Ehrlich, Freiburg u.a. 1991, 236–254.

Zenger, E., Jesus von Nazaret und die messianischen Hoffnungen des alttestamentlichen Israel, in: W. Kasper, Hg., Christologische Schwerpunkte, ppb, Düsseldorf 1980, 37–78.

Zenger, E., Was wird anders bei kanonischer Psalmenauslegung?, in: F.V. Reiterer, Hg., Ein Gott – eine Offenbarung, FS N. Füglister, Würzburg 1991, 397–413.

Zimmerli, W., Das zweite Gebot, in: ders., Gottes Offenbarung, ThB 19, ²1963, 234–248.

Zimmerli, W., Ezechiel 25–48, BK XIII.2, ²1979.

Zimmerli, W., Zur Sprache Tritojesajas, in: ders., Gottes Offenbarung, 217–233.

Zimmermann, F., The Book of Tobit, JAL, New York 1958.

Zmijewski, J., Der Stil der paulinischen Narrenrede. Analyse der Sprachgestaltung in 2Kor 11,1–12,10 als Beitrag zur Methodik von Stiluntersuchungen neutestamentlicher Texte, BBB 52, 1978.

Zuntz, G., Aristeas Studies I: „The Seven Banquets", JSSt 4, 1955, 21–36.

Register

A. Stichworte (Auswahl)

B. Griechische Begriffe (Auswahl)

C. Hebräische/aramäische Begriffe (Auswahl)

172 נטע

134 סגלה
20 סריס

26 עבד
296 עבודה
93 עולם הבא
עם 26, 32, 33, 331
עם יהוה 19, 42, 229
26 עמי מצרים

170 ערלה

125 קהל אל

247 ראשונות
49 רש

309 שארית
61 שבועה
93 שכחי אלהים

D. Stellenregister (Auswahl)
S. 111–119 sind nicht berücksichtigt

Wissenschaftliche Untersuchungen zum Neuen Testament

Alphabetische Übersicht der ersten und zweiten Reihe

Anderson, Paul N.: The Christology of the Fourth Gospel. 1996. *Band II/78.*

Appold, Mark L.: The Oneness Motif in the Fourth Gospel. 1976. *Band II/1.*

Arnold, Clinton E.: The Colossian Syncretism. 1995. *Band II/77.*

Bachmann, Michael: Sünder oder Übertreter. 1992. *Band 59.*

Baker, William R.: Personal Speech-Ethics in the Epistle of James. 1995. *Band II/68.*

Bammel, Ernst: Judaica. 1986. *Band 37.*

Bauernfeind, Otto: Kommentar und Studien zur Apostelgeschichte. 1980. *Band 22.*

Bayer, Hans Friedrich: Jesus‹ Predictions of Vindication and Resurrection. 1986. *Band II/20.*

Bell, Richard H.: Provoked to Jealousy. 1994. *Band II/63.*

Betz, Otto: Jesus, der Messias Israels. 1987. *Band 42.*

– Jesus, der Herr der Kirche. 1990. Band 52.

Beyschlag, Karlmann: Simon Magus und die christliche Gnosis. 1974. *Band 16.*

Bittner, Wolfgang J.: Jesu Zeichen im Johannesevangelium. 1987. *Band II/26.*

Bjerkelund, Carl J.: Tauta Egeneto. 1987. *Band 40.*

Blackburn, Barry Lee: Theios Aner and the Markan Miracle Traditions. 1991. *Band II/40.*

Bockmuehl, Markus N.A.: Revelation and Mystery in Ancient Judaism and Pauline Christianity. 1990. *Band II/36.*

Böhlig, Alexander: Gnosis und Synkretismus. Teil 11989. *Band 47* -Teil 2 1989. *Band 48.*

Böttrich, Christfried: Weltweisheit – Menschheitsethik – Urkult. 1992. *Band II/50.*

Büchli, Jörg: Der Poimandres – ein paganisiertes Evangelium. 1987. *Band II/27.*

Bühner, Jan A.: Der Gesandte und sein Weg im 4.Evangelium. 1977. *Band II/2.*

Burchard, Christoph: Untersuchungen zu Joseph und Aseneth. 1965. *Band 8.*

Cancik, Hubert (Hrsg.): Markus-Philologie. 1984. *Band 33.*

Capes, David B.: Old Testament Yaweh Texts in Paul's Christology. 1992. *Band II/47.*

Caragounis, Chrys C.: The Son of Man. 1986. *Band 38.*

– siehe *Fridrichsen, Anton.*

Carleton Paget, James: The Epistle of Barnabas. 1994. *Band II/64.*

Crump, David: Jesus the Intercessor. 1992. *Band II/49.*

Deines, Roland: Jüdische Steingefäße und pharisäische Frömmigkeit. 1993. *Band II/52.*

Dobbeler, Axel von: Glaube als Teilhabe. 1987. *Band II/22.*

Dunn , James D. G. (Hrsg.): Jews and Christians. 1992. *Band 66.*

Ebertz, Michael N.: Das Charisma des Gekreuzigten. 1987. *Band 45.*

Eckstein, Hans-Joachim: Der Begriff Syneidesis bei Paulus. 1983. *Band II/10.*

– Verheißung und Gesetz. 1996. *Band 86.*

Ego, Beate: Im Himmel wie auf Erden. 1989. *Band II/34.*

Ellis, E. Earle: Prophecy and Hermeneutic in Early Christianity. 1978. *Band 18.*

– The Old Testament in Early Christianity. 1991. *Band 54.*

Ennulat, Andreas: Die ›Minor Agreements‹. 1994. *Band II/62.*

Feldmeier, Reinhard: Die Krisis des Gottessohnes. 1987. *Band II/21.*

– Die Christen als Fremde. 1992. *Band 64.*

Feldmeier, Reinhard und *Ulrich Heckel* (Hrsg.): Die Heiden. 1994. *Band 70.*

Forbes, Christopher Brian: Prophecy and Inspired Speech in Early Christianity and its Hellenistic Environment. 1995. *Band II/75.*

Fornberg, Tord E.: siehe *Fridrichsen, Anton.*

Fossum, Jarl E.: The Name of God and the Angel of the Lord. 1985. *Band 36.*

Frenschkowski, Marco: Offenbarung und Epiphanie. Band 1 1995. *Band II/79* – Band 2 1996. *Band II/80.*

Frey, Jörg: Eugen Drewermann und die biblische Exegese. 1995. *Band II/71.*

Fridrichsen, Anton: Exegetical Writings. Hrsg. von C.C. Caragounis und T. Fornberg. 1994. *Band 76.*

Garlington, Don B.: 'The Obedience of Faith‹. 1991. *Band II/38.*

– Faith, Obedience, and Perseverance. 1994. *Band 79.*

Garnet, Paul: Salvation and Atonement in the Qumran Scrolls. 1977. *Band II/3.*

Gräßer, Erich: Der Alte Bund im Neuen. 1985. *Band 35.*

Green, Joel B.: The Death of Jesus. 1988. *Band II/33.*

Gundry Volf, Judith M.: Paul and Perseverance. 1990. *Band II/37.*

Hafemann, Scott J.: Suffering and the Spirit. 1986. *Band II/19.*

– Paul, Moses, and the History of Israel. 1995. *Band 81.*

Heckel, Theo K.: Der Innere Mensch. 1993. *Band II/53.*

Heckel, Ulrich: Kraft in Schwachheit. 1993. *Band II/56.*

– siehe *Feldmeier, Reinhard.*

– siehe *Hengel, Martin.*

Heiligenthal, Roman: Werke als Zeichen. 1983. *Band II/9.*

Hemer, Colin J.: The Book of Acts in the Setting of Hellenistic History. 1989. *Band 49.*

Hengel, Martin: Judentum und Hellenismus. 1969, ³1988. *Band 10.*

– Die johanneische Frage. 1993. *Band 67.*

Hengel, Martin und *Ulrich Heckel* (Hrsg.): Paulus und das antike Judentum. 1991. *Band 58.*

Hengel, Martin und *Hermut Löhr* (Hrsg.): Schriftauslegung im antiken Judentum und im Urchristentum. 1994. *Band 73.*

Hengel, Martin und *Anna Maria Schwemer* (Hrsg.): Königsherrschaft Gottes und himmlischer Kult. 1991. *Band 55.*

– Die Septuaginta. 1994. *Band 72.*

Herrenbrück, Fritz: Jesus und die Zöllner. 1990. *Band II/41.*

Hoegen-Rohls, Christina: Der nachösterliche Johannes. 1996. *Band II/84.*

Hofius, Otfried: Katapausis. 1970. *Band 11.*

– Der Vorhang vor dem Thron Gottes. 1972. *Band 14.*

– Der Christushymnus Philipper 2,6–11. 1976, ²1991. *Band 17.*

– Paulusstudien. 1989, ²1994. *Band 51.*

Holtz, Traugott: Geschichte und Theologie des Urchristentums. 1991. *Band 57.*

Hommel, Hildebrecht: Sebasmata. Band 1 1983. *Band 31* – Band 2 1984. *Band 32.*

Hvlavik, Reidar: The Struggle of Scripture and Convenant. 1996. *Band II/82.*

Kähler, Christoph: Jesu Gleichnisse als Poesie und Therapie. 1995. *Band 78.*

Kamlah, Ehrhard: Die Form der katalogischen Paränese im Neuen Testament. 1964. *Band 7.*

Kim, Seyoon: The Origin of Paul's Gospel. 1981, ²1984. *Band II/4.*

– »The ›Son of Man‹« as the Son of God. 1983. *Band 30.*

Kleinknecht, Karl Th.: Der leidende Gerechtfertigte. 1984, ²1988. *Band II/13.*

Klinghardt, Matthias: Gesetz und Volk Gottes. 1988. *Band II/32.*

Köhler, Wolf-Dietrich: Rezeption des Matthäusevangeliums in der Zeit vor Irenäus. 1987. *Band II/24.*

Korn, Manfred: Die Geschichte Jesu in veränderter Zeit. 1993. *Band II/51.*

Koskenniemi, Erkki: Apollonios von Tyana in der neutestamentlichen Exegese. 1994. *Band II/61.*

Kraus, Wolfgang: Das Volk Gottes. 1995. *Band 85.*

Kuhn, Karl G.: Achtzehngebet und Vaterunser und der Reim. 1950. *Band 1.*

Lampe, Peter: Die stadtrömischen Christen in den ersten beiden Jahrhunderten. 1987, ²1989. *Band II/18.*

Lieu, Samuel N.C.: Manichaeism in the Later Roman Empire and Medieval China. ²1992. *Band 63.*

Löhr, Hermut: siehe *Hengel, Martin.*

Löhr, Winrich Alfried: Basilides und seine Schule. 1996. *Band 83.*

Maier, Gerhard: Mensch und freier Wille. 1971. *Band 12.*
– Die Johannesoffenbarung und die Kirche. 1981. *Band 25.*
Markschies, Christoph: Valentinus Gnosticus? 1992. *Band 65.*
Marshall, Peter: Enmity in Corinth: Social Conventions in Paul's Relations with the Corinthians. 1987. *Band II/23.*
Meade, David G.: Pseudonymity and Canon. 1986. *Band 39.*
Meadors, Edward P.: Jesus the Messianic Herald of Salvation. 1995. *Band II/72.*
Mell, Ulrich: Die »anderen« Winzer. 1994. *Band 77.*
Mengel, Berthold: Studien zum Philipperbrief. 1982. *Band II/8.*
Merkel, Helmut: Die Widersprüche zwischen den Evangelien. 1971. *Band 13.*
Merklein, Helmut: Studien zu Jesus und Paulus. 1987. *Band 43.*
Metzler, Karin: Der griechische Begriff des Verzeihens. 1991. *Band II/44.*
Metzner, Rainer: Die Rezeption des Matthäusevangeliums im 1. Petrusbrief. 1995. *Band II/74.*
Niebuhr, Karl-Wilhelm: Gesetz und Paränese. 1987. *Band II/28.*
– Heidenapostel aus Israel. 1992. *Band 62.*
Nissen, Andreas: Gott und der Nächste im antiken Judentum. 1974. *Band 15.*
Noormann, Rolf: Irenäus als Paulusinterpret. 1994. *Band II/66.*
Obermann, Andreas: Die christologische Erfüllung der Schrift im Johannesevangelium. 1996. *Band II/83.*
Okure, Teresa: The Johannine Approach to Mission. 1988. *Band II/31.*
Park, Eung Chun: The Mission Discourse in Matthew's Interpretation. 1995. *Band II/81.*
Philonenko, Marc (Hrsg.): Le Trône de Dieu. 1993. *Band 69.*
Pilhofer, Peter: Presbyteron Kreitton. 1990. *Band II/39.*
– Philippi. Band 1 1995. *Band 87.*
Pöhlmann, Wolfgang: Der Verlorene Sohn und das Haus. 1993. *Band 68.*
Probst, Hermann: Paulus und der Brief. 1991. *Band II/45.*
Räisänen, Heikki: Paul and the Law. 1983, ²1987. *Band 29.*
Rehkopf, Friedrich: Die lukanische Sonderquelle. 1959. *Band 5.*
Rein, Matthias: Die Heilung des Blindgeborenen (Joh 9). 1995. *Band II/73.*
Reinmuth, Eckart: Pseudo-Philo und Lukas. 1994. *Band 74.*
Reiser, Marius: Syntax und Stil des Markusevangeliums. 1984. *Band II/11.*
Richards, E. Randolph: The Secretary in the Letters of Paul. 1991. *Band II/42.*
Riesner, Rainer: Jesus als Lehrer. 1981, ³1988. *Band II/7.*
– Die Frühzeit des Apostels Paulus. 1994. *Band 71.*
Rissi, Mathias: Die Theologie des Hebräerbriefs. 1987. *Band 41.*
Röhser, Günter: Metaphorik und Personifikation der Sünde. 1987. *Band II/25.*
Rose, Christian: Die Wolke der Zeugen. 1994. *Band II/60.*
Rüger, Hans Peter: Die Weisheitsschrift aus der Kairoer Geniza. 1991. *Band 53.*
Sänger, Dieter: Antikes Judentum und die Mysterien. 1980. *Band II/5.*
– Die Verkündigung des Gekreuzigten und Israel. 1994. *Band 75.*
Salzmann, Jorg Christian: Lehren und Ermahnen. 1994. *Band II/59.*
Sandnes, Karl Olav: Paul – One of the Prophets? 1991. *Band II/43.*
Sato, Migaku: Q und Prophetie. 1988. *Band II/29.*
Schaper, Joachim: Eschatology in the Greek Psalter. 1995. *Band II/76.*
Schimanowski, Gottfried: Weisheit und Messias. 1985. *Band II/17.*
Schlichting, Günter: Ein jüdisches Leben Jesu. 1982. *Band 24.*
Schnabel, Eckhard J.: Law and Wisdom from Ben Sira to Paul. 1985. *Band II/16.*
Schutter, William L.: Hermeneutic and Composition in I Peter. 1989. *Band II/30.*
Schwartz, Daniel R.: Studies in the Jewish Background of Christianity. 1992. *Band 60.*
Schwemer, Anna Maria: siehe *Hengel, Martin*
Scott, James M.: Adoption as Sons of God. 1992. *Band II/48.*
– Paul and the Nations. 1995. *Band 84.*

Siegert, Folker: Drei hellenistisch-jüdische Predigten. Teil I 1980. *Band 20* – Teil II 1992. *Band 61.*
– Nag-Hammadi-Register. 1982. *Band 26.*
– Argumentation bei Paulus. 1985. *Band 34.*
– Philon von Alexandrien. 1988. *Band 46.*
Simon, Marcel: Le christianisme antique et son contexte religieux I/II. 1981. *Band 23.*
Snodgrass, Klyne: The Parable of the Wicked Tenants. 1983. *Band 27.*
Söding, Thomas: siehe *Thüsing, Wilhelm.*
Sommer, Urs: Die Passionsgeschichte des Markusevangeliums. 1993. *Band II/58.*
Spangenberg, Volker: Herrlichkeit des Neuen Bundes. 1993. *Band II/55.*
Speyer, Wolfgang: Frühes Christentum im antiken Strahlungsfeld. 1989. *Band 50.*
Stadelmann, Helge: Ben Sira als Schriftgelehrter. 1980. *Band II/6.*
Strobel, August: Die Stunde der Wahrheit. 1980. *Band 21.*
Stuckenbruck, Loren T.: Angel Veneration and Christology. 1995. *Band II/70.*
Stuhlmacher, Peter (Hrsg.): Das Evangelium und die Evangelien. 1983. *Band 28.*
Sung, Chong-Hyon: Vergebung der Sünden. 1993. *Band II/57.*
Tajra, Harry W.: The Trial of St. Paul. 1989. *Band II/35.*
– The Martyrdom of St.Paul. 1994. *Band II/67.*
Theißen, Gerd: Studien zur Soziologie des Urchristentums. 1979, [3]1989. *Band 19.*
Thornton, Claus-Jürgen: Der Zeuge des Zeugen. 1991. *Band 56.*
Thüsing, Wilhelm: Studien zur neutestamentlichen Theologie. Hrsg. von Thomas Söding. 1995. *Band 82.*
Twelftree, Graham H.: Jesus the Exorcist. 1993. *Band II/54.*
Visotzky, Burton L.: Fathers of the World. 1995. *Band 80.*
Wagener, Ulrike: Die Ordnung des »Hauses Gottes«. 1994. *Band II/65.*
Wedderburn, A. J. M.: Baptism and Resurrection. 1987. *Band 44.*
Wegner, Uwe: Der Hauptmann von Kafarnaum. 1985. *Band II/14.*
Welck, Christian: Erzählte ›Zeichen‹. 1994. *Band II/69.*
Wilson, Walter T.: Love without Pretense. 1991. *Band II/46.*
Zimmermann, Alfred E.: Die urchristlichen Lehrer. 1984, [2]1988. *Band II/12.*

Einen Gesamtkatalog erhalten Sie gern vom Verlag
J. C. B. Mohr (Paul Siebeck), Postfach 2040, D-72010 Tübingen.